U0710468

简体横排

前四史

漢書

上册

〔汉〕班　固　撰
〔唐〕颜师古　注

中華書局

出版说明

一

《汉书》亦称《前汉书》，班固撰。固字孟坚，后汉扶风安陵（故城在今陕西咸阳市东）人，生于光武帝建武八年（公元三二年）。他的父亲班彪字叔皮，生平好述作，专心于史籍。当时有好些人做过司马迁《史记》的续篇，班彪都觉得不满意，于是博采遗事异闻，作成后传六十五篇。班彪死于建武三十年（公元五四年），班固回到家乡，有志完成父业，就着手这部大著作，那时他才二十三岁。后来有人上书明帝，告他私改国史，他因此被捕下狱，所有的书稿都被抄。他的弟弟班超怕他遭遇危险，赶到洛阳去替他上书辨白，同时当地官吏也把他的书稿送到京师。明帝看过了，觉得他才能卓异，就把他叫到京师，派他做兰台令史（事在永平五年，公元六二年）。兰台是汉朝皇家藏书的地方，有六名官员叫令史，他就是这六员之一。随后他升迁为郎，典校秘书，明帝叫他把他那部没有完成的书继续做下去。从此一连做了二十多年，直到章帝建初的中叶。

和帝永元初，窦宪出击匈奴，以班固为中护军，参与谋议。此后几年，班固都在窦宪幕中。窦宪在燕然山刻石勒功，那篇大文章就是班固的手笔。窦宪原是外戚，此番出击匈奴立了功，封了侯，威势更可炙手。因此班固家里的人也不免有仗势欺人的事。有一次洛阳令种兢路遭班固家奴的侮辱，不久之后，窦宪失势自杀，宾客都遭拿问，种兢就趁此逮捕了班固。永元四年（公元九二年），固死在狱中，时年六十一。

他死时，《汉书》还有八表和《天文志》没有作成，和帝命其妹班昭参考东观藏书替他补作，又命他的同郡人马续帮助班昭作成《天文志》。所以这部《汉书》正如赵翼所指出，是“经过四人（即彪、固、昭、续）手，阅三四十年始成完书”的。

二

《汉书》是我国第一部纪传体的断代史。

我国古代原有像《春秋》那样按年月记事的史书，叫做编年体。至于用“本纪”序帝王，“列传”志人物的纪传体，则创始于司马迁的《史记》。班固作《汉书》沿袭《史记》，所不同的是《史记》有“世家”，《汉书》没有；《史记》记载典章制度的部分叫做“书”，《汉书》改称“志”。一部《汉书》就是由十二本纪、八表、十志和七十列传组成的。

《史记》上起黄帝，下迄汉武，通贯古今，不以一个朝代为限，所以叫通史。《汉书》纪传所记则断自汉高祖，止于王莽，都是西汉一代的史实，所以叫断代史（表、志也有不限于西汉的，如《古今人表》就包括很多汉以前的人物，但这是个别的）。断代为史始于班固，以后列朝的所谓“正史”都沿袭《汉书》的体裁，正如刘知几所说“自尔讫今，无改斯道”了。

班固在《叙传》里说“为春秋考纪、表、志、传，凡百篇”，那末《汉书》的自定本是一百卷。而《隋书·经籍志》和《旧唐书·经籍志》著录都作一百十五卷，《唐志》又说《颜师古注汉书》一百二十卷。《四库书目提要》仅云“皆以卷帙太重，故析为子卷”，没有说明那第一次被析出的十五卷和第二次被析出的五卷到底是哪几卷。现在我们查出第五十七、六十四、八十、九十六和一百卷的篇题底下都有颜师古说明析卷的注文（武英殿本第一百卷的篇题底下漏脱了那条注），从此可知颜师古作注时析出的就是这五卷。今本卷一、十五、十九、二十一、二十四、二十五、二十八、九十四、九十七都有一个分卷，卷二十七有四个分卷，卷九十九有两个分卷，一共多出十五卷来，那第一次析出的大概就是这一部分。《汉书》经过了一分再分，本纪就有十三卷，表有十卷，志有十八卷，列传有七十九卷，这才是我们现在这部一百二十卷本《汉书》的面貌。

三

《后汉书·班昭传》说:“时《汉书》始出,多未能通者。同郡马融伏于阁下,从昭受读。”又《三国·吴志·孙登传》说:“权欲登读《汉书》,习知近代之事,以张昭有师法,重烦劳之,乃令休从昭受读,还以授登。”由此可见《汉书》是自始就认为难读的,所以它行世不及百年,到了灵帝时代(公元一六八—— 一八九)就有服虔、应劭等人替它作了音义。魏、晋、南北朝作《汉书》音注的人更多,到了唐初颜师古(公元五八一——六四五)作注,所征引的注本已共有二十三家,具见本书前面他所撰的《叙例》。

宋、明两朝治《汉书》侧重校订,清代学者才并重释义,成书也比前代多得多。到了光绪二十六年(公元一九〇〇年)王先谦的《汉书补注》刊行,被征引的专著和参订者多至六十七家,在当时可说是集大成了。

四

现在我们用王先谦的《汉书补注》本(下面简称王本)作为底本,分段标点,析出注文,可是只收颜注,不收补注。校勘记里有时征引《补注》诸家说,读者欲知其来源,请参看《补注》本的《序例》。此外还有近人杨树达的《汉书窥管》(科学出版社一九五五年版),校勘记也征引到它。

我们用来校王本的是北宋景祐本(商务印书馆影印的百衲本)、明末毛氏汲古阁本、清乾隆武英殿本(简称殿本)和同治金陵书局本(简称局本)四种本子。这几种本子互有短长,但王本最后出,注中备录诸家的意见,对以前各本的得失已经有所论证,所以用它作底本较为方便。

我们的校勘方法是不主一本,择善而从。除了比较各本的异文,也参考了前人的研究成果,二者之中,侧重前者。前人的说法如果在版本上找不出根据,我们就不轻易信从。例如《天文志》的“中宫”、“东宫”、“南宫”、“西宫”、“北宫”,王念孙和钱大昕都说“宫”当为“官”,但是我们查不出版本的征据，而且本志上文明说“皆有州国官宫物类之象”，王氏补注说“官如三公、藩臣，宫如紫宫、阁道”，可见官与宫各为一事，不得混而为一。所以我们仍存其旧文，没有照王、钱之说校改。

但是也有本书没有版本的征据而在别的书里可以找到旁证的，我们就根据旁证校改了。例如《高祖本纪》上“雍地定八十馀县”一句（三八页九行），各本都作“雍州”。王先谦说“州”字误，当为“地”。我们查了《通鉴》这一句正作“雍地”，而《地理志》里也没有雍州，我们就根据王说校改了。

我们用来互校的五种本子可以区分成两个系统。王本自言“以汲古本为主”，局本也自称“毛氏正本”，所以汲古本和局本、王本成一个系统。殿本根据明监本，明监本根据南宋刘之问的建安本，这一条线往上通过宋祁的校本而连到北宋景祐本，所以景祐本跟殿本成一个系统。我们的校勘记里以“景祐、殿本都作某”的形式为最多，就是这一个缘故。

王本以汲古本为主，它对汲古本非常忠实，但王氏仍旧“遵用官本（即殿本）校定，详载文字异同”，只是不用殿本改汲古本的正文和注文。这就是王本跟局本不同的一点。王氏发见的文字异同详载他的补注中。注文有两种形式：其一是“某字官本作某，是”，又其一是“某字官本作某”，不下断语。凡是他用第一形式作注的地方，我们拿殿本的异文去对景祐本，往往彼此符合，而异文也往往比原文所用的字优长，因此我们就把底本原来的字用圆括弧括起来放在上头，再把改正的字用方括弧括起来放在底下，同时在校勘记里写着“景祐、殿本都作某。王先谦说作某是”（其他各家之说可从的，也同样处理）。至于他用第二形式不下断语的地方，我们拿殿本的异文去对景祐本，往往不合，倒是底本原来的字跟景祐本相同，我们就照底本不改动，也不提殿本的异文。这就是我们校勘本书的一般方法。此外，校勘记里也有说“景祐、殿、局本都作某”的，也有说“景祐、汲古、殿、局本都作某”的，也有说“殿、局本都作某”的，也有单说“景祐本作某”或是“殿本作某”的，读者可由我们的一般方法推知其意。

我们不仅校字而已，同时还校正旧注的句读，例如卷一上的校勘记〔6〕和卷七的校勘记〔2〕。

这个本子是西北大学历史系的同志们分段标点的，经傅东华先生整理加工作了校勘记，难免有不妥之处，希望读者指正。

中华书局编辑部

一九六〇年七月

汉书叙例

唐正议大夫行秘书少监琅邪县开国子 颜师古撰

储君体上哲之姿，膺守器之重，俯降三善，博综九流，观炎汉之馀风，究其终始，懿孟坚之述作，嘉其宏赡，以为服、应曩说疎紊尚多，苏、晋众家剖断盖尠，蔡氏纂集尤为牴牾，自兹以降，蔑足有云。怅前代之未周，愍将来之多惑，顾召幽仄，俾竭刍荛，匡正睽违，激扬郁滞，将以博喻胄齿，远覃邦国，弘敷锦带，启导青衿。曲禀宏规，备蒙嘉惠，增荣改观，重价流声。斗筲之材，徒思罄力，驽蹇之足，终慚远致。岁在重光，律中大吕，是谓涂月，其书始就。不耻狂简，辄用上闻，粗陈指例，式存扬搉。

《汉书》旧无注解，唯服虔、应劭等各为音义，自别施行。至典午中朝，爰有晋灼，集为一部，凡十四卷，又颇以意增益，时辩前人当否，号曰《汉书集注》。属永嘉丧乱，金行播迁，此书虽存，不至江左。是以爰自东晋迄于梁、陈，南方学者皆弗之见。有臣瓒者，莫知氏族，考其时代，亦在晋初，又总集诸家音义，稍以己之所见，续厕其末，举驳前说，喜引《竹书》，自谓甄明，非无差爽，凡二十四卷，分为两帙。今之《集解音义》则是其书，而后人见者不知臣瓒所作，乃谓之应劭等《集解》。王氏《七志》，阮氏《七录》，并题云然，斯不审耳。学者又斟酌瓒姓，附著安施，或云傅族，既无明文，未足取信。蔡谟全取臣瓒一部散入《汉书》，自此以来始有注本。但意浮功浅，不加隐括，属辑乖舛，错乱实多，或乃离析本文，隔其辞句，穿凿妄起。职此之由，与未注之前大不同矣。谟亦有两三处错意，然于学者竟无弘益。

《汉书》旧文多有古字，解说之后屡经迁易，后人习读，以意刊改，传写既多，弥更浅俗。今则曲核古本，归其真正，一往难识者，皆从而释之。

古今异言，方俗殊语，末学肤受，或未能通，意有所疑，辄就增损，流遁忘返，秽滥实多。今皆删削，克复其旧。

诸表列位，虽有科条，文字繁多，遂致舛杂。前后失次，上下乖方，昭穆参差，名实亏废。今则寻文究例，普更刊整，澄荡愆违，审定阡陌，就其区域，更为局界，非止寻读易晓，庶令转写无疑。

礼乐歌诗，各依当时律吕，修短有节，不可格以恒例。读者茫昧，无复识其断章，解者支离，又乃错其句韵，遂使一代文采，空韫精奇，累叶钻求，罕能通习。今并随其曲折，剖判义理，历然易晓，更无疑滞，可得讽诵，开心顺耳。

凡旧注是者，则无间然，具而存之，以示不隐。其有指趣略举，结约未伸，衍而通之，使皆备悉。至于诡文僻见，越理乱真，匡而矫之，以祛惑蔽。若汎说非当，芜辞竞逐，苟出异端，徒为烦冗，祇秽篇籍，盖无取焉。旧所阙漏，未尝解说，普更详释，无不洽通。上考典谟，旁究《苍》、《雅》，非苟臆说，皆有援据。六艺残缺，莫睹全文，各自名家，扬镳分路。是以向、歆、班、马、仲舒、子云所引诸经或有殊异，与近代儒者训义弗同，不可追驳前贤，妄指瑕颣，曲从后说，苟会扃涂。今则各依本文，敷畅厥指，非不考练，理固宜然，亦犹康成注《礼》，与其《书》、《易》相偝，元凯解《传》，无系毛、郑《诗》文。以类而言，其意可了。爰自陈、项，以讫哀、平，年载既多，综缉斯广，所以纪传表志时有不同，当由笔削未休，尚遗秕稗，亦为后人传授，先后错杂，随手率意，遂有乖张。今皆穷波讨源，搆会甄释。

字或难识，兼有借音，义指所由，不可暂阙。若更求诸别卷，终恐废于披览。今则各于其下，随即翻音。至如常用可知，不涉疑昧者，众所共晓，无烦翰墨。

近代注史，竞为该博，多引杂说，攻击本文，至有诋诃言辞，掎摭利病，显前修之纰僻，骋己识之优长，乃效矛盾之仇雠，殊乖粉泽之光润。

今之注解，翼赞旧书，一遵轨辙，闭绝歧路。

诸家注释，虽见名氏，至于爵里，颇或难知。传无所存，具列如左：

荀悦字仲豫，颍川人，后汉秘书监。撰《汉纪》三十卷，其事皆出《汉书》。

服虔字子慎，荥阳人，后汉尚书侍郎，高平令，九江太守。初名重，改名祇，后定名虔。

应劭字仲瑗，一字仲援，一字仲远。汝南南顿人，后汉萧令，御史营令，泰山太守。

伏俨字景宏，琅邪人。

刘德，北海人。

郑氏，晋灼《音义·序》云不知其名，而臣瓒《集解》辄云郑德。既无所据，今依晋灼但称郑氏耳。

李斐，不详所出郡县。

李奇，南阳人。

邓展，南阳人，魏建安中为奋威将军，封高乐乡侯。

文颖字叔良，南阳人，后汉末荆州从事，魏建安中为甘陵府丞。

张揖字稚让，清河人，一云河间人。魏太和中为博士。止解《司马相如传》一卷。

苏林字孝友，陈留外黄人，魏给事中领秘书监，散骑常侍，永安卫尉，太中大夫，黄初中迁博士，封安成亭侯。

张晏字子博，中山人。

如淳，冯翊人，魏陈郡丞。

孟康字公休，安平广宗人，魏散骑常侍，弘农太守，领典农校尉，勃海太守，给事中，散骑侍郎，中书令，后转为监，封广陵亭侯。

项昭，不详何郡县人。

韦昭字弘嗣，吴郡云阳人，吴朝尚书郎，太史令，中书郎，博士祭酒，中书仆射，封高陵亭侯。

晋灼，河南人，晋尚书郎。

刘宝字道真，高平人，晋中书郎，河内太守，御史中丞，太子中庶子，吏部郎，安北将军。侍皇太子讲《汉书》，别有《驳义》。

臣瓒，不详姓氏及郡县。

郭璞字景纯，河东人，晋赠弘农太守。止注《相如传序》及游猎诗赋。

蔡谟字道明，陈留考城人，东晋侍中五兵尚书，太常领秘书监，都督徐、兖、青三州诸军事，领徐州刺史，左光禄大夫开府仪同三司，领扬州牧，侍中司徒不拜，赠侍中司空，谥文穆公。

崔浩字伯深，清河人，后魏侍中特进抚军大将军，左光禄大夫，司徒，封东郡公。撰荀悦《汉纪》音义。

汉书目录

上册

中册

下册

汉书卷一上

高帝纪第一上

师古曰："纪，理也，统理众事而系之于年月者也。"

高祖，①沛丰邑中阳里人也，②姓刘氏。③母媪④尝息大泽之陂，⑤梦与神遇。⑥是时雷电晦冥，⑦父太公往视，则见交龙于上。已而有娠，⑧遂产高祖。

①荀悦曰："讳邦，字季。邦之字曰国。"张晏曰："礼谥法无'高'，以为功最高而为汉帝之太祖，故特起名焉。"师古曰："邦之字曰国者，臣下所避以相代也。"

②应劭曰："沛，县也。丰，其乡也。"孟康曰："后沛为郡而丰为县。"师古曰："沛者，本秦泗水郡之属县。丰者，沛之聚邑耳。方言高祖所生，故举其本称以说之也。此下言'县乡邑告喻之'，故知邑系于县也。"

③师古曰："本出刘累，而范氏在秦者又为刘，因以为姓。"

④文颖曰："幽州及汉中皆谓老妪为媪。"孟康曰："媪，母别名，音乌老反。"师古曰："媪，女老称也，孟音是矣。史家不详著高祖母之姓氏，无得记之，故取当时相呼称号而言也。其下王媪之属，意义皆同。至如皇甫谧等妄引谶记，好奇骋博，强为高祖父母名字，皆非正史所说，盖无取焉。宁有刘媪本姓实存，史迁肯不详载？即理而言，断可知矣。他皆类此。"

⑤师古曰："蓄水曰陂。盖于泽陂堤塘之上休息而寝寐也。陂音彼皮反。"

⑥师古曰："遇，会也。不期而会曰遇。"

⑦师古曰："晦冥皆谓暗也。言大雷电而云雾昼暗。"

⑧应劭曰："娠，动，怀任之意。《左传》曰邑姜方娠。"孟康曰："娠音身，《汉史》身多作娠，古今字也。"师古曰："孟说是也。《汉书》皆以娠为任身字。'邑姜方震'，自为震动之字，不作娠。"

高祖为人，隆準而龙颜，①美须髯，②左股有七十二黑子。③宽仁爱人，意豁如也。④常有大度，不事家人生产作业。及壮，试吏，⑤为泗上亭长，⑥廷中吏无所不狎侮。⑦好酒及色。常从王媪、武负贳酒，⑧时饮醉卧，武负、王媪见其上常有怪。高祖每酤留饮，酒雠数倍。⑨及见怪，岁竟，此两家常折券弃责。⑩

①服虔曰："準音拙。"应劭曰："隆，高也。準，頰权準也。颜，额颡也。"李斐曰："準，鼻也。"文颖曰："音準的之準。"晋灼曰："《战国策》云'眉目準(頰)〔頞〕权衡'，[1]《史记》秦始皇蜂目长準。李说文音是也。"师古曰："頰权頔字，岂当借準为之？服音应说皆失之。"

②师古曰："在颐曰须，在頰曰髯。髯音人占反。"

③师古曰："今中国通呼为黡子，吴楚俗谓之志。志者，记也。"

④师古曰："豁然开大之貌，音呼活反。"

⑤应劭曰："试用补吏。"

⑥师古曰："秦法十里一亭。亭长者，主亭之吏也。亭谓停留行旅宿食之馆。"

⑦师古曰："廷中，郡府廷之中。廷音定。他皆类此。"

⑧如淳曰："武，姓也。俗谓老大母为阿负。"师古曰："刘向《列女传》云'魏曲沃负者，魏大夫如耳之母也'。此则古语谓老母为负耳。王媪，王家之媪也。武负，武家之母也。贳，赊也。李登、吕忱并音式制反，而今之读者谓与射同，乃引地名射阳其字作贳以为证验，此说非也。假令地名为射，自是假借，亦犹鲖阳音纣，莲勺音酌，当时所呼，别有意义，岂得即定其字以为正音乎？"

⑨如淳曰："雠，亦售也。"

⑩师古曰："以简牍为契券，既不征索，故折毁之，弃其所负。"

高祖常繇咸阳，①纵观秦皇帝，②喟然大息，曰："嗟乎，大丈夫当如此矣！"③

①应劭曰："繇者，役也。"文颖曰："咸阳，今渭北渭城是也。"师古曰："咸阳，秦所都。繇读曰徭，古通用字。"

②师古曰："纵，放也。天子出行，放人令观。观音工唤反。"

③师古曰："喟，叹息貌。大息言其叹息之大。喟音丘位反。"

单父人吕公①善沛令，辟仇，从之客，因家焉。②沛中豪杰吏闻令有重客，皆往贺。③萧何为主吏，④主进，⑤令诸大夫曰："进不满千钱，坐之堂下。"⑥高祖为亭长，素易诸吏，⑦乃绐为谒曰"贺钱万"，⑧实不持一钱。谒入，吕公大惊，起，迎之门。⑨吕公者，好相人，见高祖状貌，因重敬之，引入坐上坐。⑩萧何曰："刘季固多大言，少成事。"高祖因狎侮诸客，遂坐上坐，无所诎。⑪酒阑，⑫吕公因目固留高祖。⑬竟酒，后。吕公曰："臣少好相人，⑭相人多矣，无如季相，愿季自爱。臣有息女，愿为箕帚妾。"⑮酒罢，吕媪怒吕公曰："公始常欲奇此女，与贵人。⑯沛令善公，求之不与，何自妄许与刘季？"吕公曰："此非儿女子所知。"卒与高祖。⑰吕公女即吕后也，生孝惠帝、鲁元公主。⑱

①孟康曰："单音善。父音甫。"师古曰："《地理志》山阳县也。"

②师古曰："与沛令相善，因辟仇亡匿，初就为客，后遂家沛也。仇，雠也，音求。"

③师古曰："以礼物相庆曰贺。"

④孟康曰："主吏，功曹也。"

⑤文颖曰："主赋敛礼进，为之帅也。"郑氏曰："主赋敛礼钱也。"师古曰："进者，会礼之财也。字本作賮，又作赆，音皆同耳。古字假借，故转而为进。賮又音才忍反。《陈遵传》云陈遂与宣帝博，数负进，帝后诏云可以偿博进未。其进虽有别解，然而所赌者之财疑充会食，义又与此通。"

⑥师古曰："令，号令也。大夫，客之贵者总称耳。"

⑦师古曰："素，故也，谓旧时也。易，轻也，音弋豉(也)〔反〕。"[2]

⑧应劭曰："绐，欺也。"师古曰："为谒者，书刺自言爵里，若今参见尊贵而通名也。盖当时自陈姓名，并列贺钱数耳。绐音徒在反。"

⑨师古曰："以其钱多，故特礼之。"

⑩师古曰："上坐，尊处也。令于尊处坐。上坐音才卧反，次下亦同。"

⑪师古曰："诎，曲慑也，音丘勿反。"

⑫文颖曰："阑言希也。谓饮酒者半罢半在，谓之阑。"

⑬师古曰："不欲对坐者显言，故动目而留之。"

⑭张晏曰："古人相与语多自称臣，自卑下之道也，若今人相与言自称仆也。"

⑮师古曰："息，生也。言己所生之女。"

⑯师古曰："奇，异也。谓显而异之，而嫁于贵人。"

⑰师古曰："卒，终也。"

⑱服虔曰："元，长也。食邑于鲁。"韦昭曰："元，谥也。"师古曰："公主，惠帝之姊也，以其最长，故号曰元。吕后谓高帝曰张王以鲁元故不宜有谋，齐悼惠王尊鲁元公主为太后，当时并已谓之元，不得为谥也。韦说失之。"

高祖尝告归之田。①吕后与两子居田中，有一老父过请饮，吕后因铺之。②老父相后曰："夫人天下贵人也。"令相两子，见孝惠帝，曰："夫人所以贵者，乃此男也。"③相鲁元公主，亦皆贵。老父已去，高祖适从旁舍来，吕后具言客有过，相我子母皆大贵。高祖问，曰："未远。"乃追及，问老父。老父曰："乡者夫人儿子皆以君，④君相贵不可言。"高祖乃谢曰："诚如父言，不敢忘德。"⑤及高祖贵，遂不知老父处。

①服虔曰："告音如嗥呼之嗥。"李斐曰："休谒之名，吉曰告，凶曰宁。"孟康曰："古者名吏休假曰告。告又音嚳。汉律，吏二千石有予告，有赐告。予告者，在官有功最，法所当得也。赐告者，病满三月当免，天子优赐其告，使得带印绶将官属归家治病。至成帝时，郡国二千石赐告不得归家。至和帝时，予赐皆绝。"师古曰："告者，请谒之言，谓请休耳。或谓之谢，谢亦告也。假为嗥嚳二音，并无别义，固当依本字以读之。《左氏传》曰'韩献子告老'，《礼记》曰'若不得谢'。《汉书》诸云谢病皆同义。"

②师古曰："铺食之铺，屈原曰'铺其糟'是也。以食食人亦谓之铺，《国语》曰'国中童子无不铺也'，《吕氏春秋》曰'下壶飧以铺之'是也。父本请饮，后因食之，故言铺也。铺音必胡反。"

③师古曰："言因有此男，故大贵。"

④如淳曰："言并得君之贵相也。以或作似。"师古曰："如说非也。言夫人及儿子以君之故，因得贵耳，不当作似也。乡读曰向。"

⑤师古曰："诚，实也。"

高祖为亭长，乃目竹皮为冠，令求盗之薛治，①时时冠之，②及贵常冠，所谓"刘氏冠"也。③

①应劭曰："以竹始生皮作冠，今鹊尾冠是也。求盗者，亭卒。旧时亭有两卒，

一为亭父，掌开闭埽除，一为求盗，掌逐捕盗贼。薛，鲁国县也，有作冠师，故往治之。"文颖曰："高祖居贫志大，取其约省，与众有异。"韦昭曰："竹皮，竹筠也。今南夷取竹幼时绩以为帐。"师古曰："之，往也。竹皮，笋皮，谓笋上所解之箨耳，非竹筠也。今人亦往往为笋皮巾，古之遗制也。韦说失之。巳，古以字。箨音托。"

②师古曰："爱珍此冠，休息之暇则冠之。"

③师古曰："后遂号为'刘氏冠'者，即此冠也。后诏曰'爵非公乘以上不得冠刘氏冠'者，即此冠。"

高祖以亭长为县送徒骊山，①徒多道亡。自度比至皆亡之，②到丰西泽中亭，止饮，③夜皆解纵所送徒。④曰："公等皆去，吾亦从此逝矣！"⑤徒中壮士愿从者十馀人。高祖被酒，⑥夜径泽中，⑦令一人行前。⑧行前者还报曰："前有大蛇当径，愿还。"高祖醉，曰："壮士行，何畏！"乃前，拔剑斩蛇。蛇分为两，道开。行数里，醉困卧。后人来至蛇所，有一老妪夜哭。人问妪何哭，妪曰："人杀吾子。"人曰："妪子何为见杀？"妪曰："吾子，白帝子也，化为蛇，当道，今者赤帝子斩之，⑨故哭。"人乃以妪为不诚，⑩欲苦之，⑪妪因忽不见。⑫后人至，高祖觉。⑬告高祖，高祖乃心独喜，自负。⑭诸从者日益畏之。

①应劭曰："秦始皇葬于骊山，故郡国送徒士往作。"文颖曰："在新丰南。"项氏曰："故骊戎国也。"

②师古曰："度音徒各反。比音必寐反。他皆类此。"

③师古曰："丰邑之西，其亭在泽中，因以为名。"

④师古曰："纵，放也。"

⑤师古曰："逝，往也。"

⑥师古曰："被，加也。被酒者，为酒所加。被音皮义反。"

⑦师古曰："径，小道也。言从小道而行，于泽中过，故其下曰有大蛇当径。"

⑧师古曰："行，案行也，音胡更反。"

⑨应劭曰："秦襄公自以居西，主少昊之神，作西畤，祠白帝。至献公时栎阳雨金，以为瑞，又作畦畤，祠白帝。少昊，金德也。赤帝尧后，谓汉也。杀之者，明汉当灭秦也。"

⑩师古曰："谓所言不实。"

⑪苏林曰："欲困苦辱之。"师古曰："今书苦字或作笞。笞，击也，音丑之反。"

⑫师古曰："见音胡电反。他皆类此。"

⑬师古曰："觉谓寝寐而寤也，音功效反。"

⑭应劭曰："负，恃也。"

秦始皇帝尝曰"东南有天子气"，于是东游以猒当之。① 高祖隐于芒、砀山泽间，② 吕后与人俱求，常得之。高祖怪，问之，吕后曰："季所居上常有云气，故从往常得季。"③ 高祖又喜。沛中子弟或闻之，多欲附者矣。

①师古曰："猒，塞也，音一涉反。"

②应劭曰："芒属沛国，砀属梁国，二县之界有山泽之固，故隐其间。"苏林曰："芒音忙遽之忙。砀音唐。"师古曰："砀亦音宕。所言属沛国、梁国者，皆是注释之人据见在所属，非必本当时称号境界。他皆类此。"

③师古曰："言随云气所在而求得之。"

秦二世元年① 秋七月，陈涉起蕲，② 至陈，自立为楚王，③ 遣武臣、张耳、陈馀略赵地。④ 八月，武臣自立为赵王。郡县多杀长吏以应涉。九月，沛令欲以沛应之。掾、主吏萧何、曹参曰：⑤"君为秦吏，今欲背之，帅沛子弟，恐不听。愿君召诸亡在外者，⑥ 可得数百人，因以劫众，⑦ 众不敢不听。"乃令樊哙召高祖。⑧ 高祖之众已数百人矣。

①应劭曰："始皇欲以一至万，示不相袭。始者一，故称二世。"

②苏林曰："蕲音机，县名，属沛国。"

③李奇曰："秦灭楚，楚人怨秦，故涉因民之欲，自称楚王，从民望也。"

④师古曰："凡言略地者，皆谓行而取之，用功力少。"

⑤师古曰："曹参为掾，萧何为主吏。"

⑥师古曰："时苦秦虐政，赋役烦多，故有逃亡辟吏。"

⑦师古曰："劫谓威胁之。"

⑧师古曰："哙音快。"

于是樊哙从高祖来。沛令后悔，恐其有变，乃闭城城守，① 欲诛萧、曹。萧、曹恐，逾城保高祖。② 高祖乃书帛射城上，与沛父老曰："天下同苦秦久矣。今父老虽为沛令守，诸侯并起，今屠沛。③沛今共诛令，择可立立之，以应诸侯，即室家完。④不然，父子俱屠，无为也。”父老乃帅子弟共杀沛令，开城门迎高祖，欲以为沛令。高祖曰：“天下方扰，诸侯并起，⑤(令)〔今〕置将不善，[3]一败涂地。⑥吾非敢自爱，恐能薄，⑦不能完父兄子弟。⑧此大事，愿(吏)〔更〕择可者。”[4]萧、曹(等)皆文吏，[5]自爱，恐事不就，⑨后秦种族其家，⑩尽让高祖。诸父老皆曰：“平生所闻刘季奇怪，当贵，且卜筮之，莫如刘季最吉。”高祖数让。众莫肯为，⑪高祖乃立为沛公。⑫祠黄帝，祭蚩尤于沛廷，⑬而衅鼓旗。⑭帜皆赤，⑮[6]由所杀蛇白帝子，(所)杀者赤帝子故也。[7]于是少年豪吏如萧、曹、樊哙等皆为收沛子弟，得三千人。

①师古曰：“城守者，守其城也。守音狩。他皆类此。”

②师古曰：“保，安也，就高祖以自安。”

③师古曰：“屠谓破取城邑，诛杀其人，如屠六畜然。”

④师古曰：“完，全也。”

⑤师古曰：“扰，乱也。”

⑥师古曰：“一见破败，即当肝脑涂地。”

⑦师古曰：“能谓材也。能本兽名，形似熊，足似鹿，为物坚中而强力，故人之有贤材者，皆谓之能。”

⑧师古曰：“乡邑之人，老及长者父兄之行，少及幼者子弟之党，故总而言之。”

⑨师古曰：“就，成也。”

⑩师古曰：“诛及种族也。”

⑪师古曰：“数音所角反。他皆类此。”

⑫孟康曰：“楚旧僭称王，其县宰为公。陈涉为楚王，沛公起应涉，故从楚制，称曰公。”

⑬应劭曰：“黄帝战于阪泉，以定天下。蚩尤亦古天子，好五兵，故祠祭之，求福祥也。”臣瓒曰：“《孔子三朝记》云蚩尤庶人之贪者，非天子也。管仲曰‘割庐山发而出水，金从之出，蚩尤受之以作剑戟’也。”师古曰：“瓒所引者同是《大戴礼》，出《用兵篇》，而非《三朝记》也。其馀则如应说。沛廷，沛县之廷。”

⑭应劭曰：“衅，祭也。杀牲以血涂鼓衅呼为衅。”臣瓒曰：“《礼记》及《大戴礼》

有衅庙之礼,皆无祭事。"师古曰:"许慎云'衅,血祭也',然即凡杀牲以血祭者皆为衅,安在其无祭事乎?又古人新成钟鼎,亦必衅之,岂取衅呼为义?应氏之说亦未允也。呼音火亚反。"

⑮师古曰:"帜,幖也,音式志反。旗旂之属,帜即总称焉,史家字或作识,或作志,音义皆同。"

是月,项梁与兄子羽起吴。田儋与从弟荣、横起齐,①自立为齐王。韩广自立为燕王。魏咎自立为魏王。陈涉之将周章西入关,至戏,②秦将章邯距破之。③

①服虔曰:"儋音负担之担。"师古曰:"音丁甘反。"

②应劭曰:"章字文,陈人也。戏,弘农湖县西界也。"孟康曰:"水名也。"苏林曰:"在新丰东南三十里。"师古曰:"戏在新丰东,今有戏水驿。其水本出蓝田北界横岭,至此而北流入渭。孟、苏说是。东越郑及华阴数百里,然始至湖西界,应说大失之矣。戏音许宜反。"

③苏林曰:"邯音酒酣之酣。"师古曰:"音下甘反。"

秦二年十月,①沛公攻胡陵、②方与,③还守丰。秦泗川监平将兵围丰。④二日,出与战,破之。令雍齿守丰。十一月,沛公引兵之薛。秦泗川守壮兵败于薛,⑤走至戚,⑥沛公左司马得杀之。⑦沛公还军亢父,⑧至方与。赵王武臣为其将所杀。十二月,楚王陈涉为其御庄贾所杀。魏人周市略地丰沛,使人谓雍齿曰:"丰,故梁徙也,⑨今魏地已定者数十城。齿今下魏,魏以齿为侯守丰;⑩不下,且屠丰。"雍齿雅不欲属沛公,⑪及魏招之,即反为魏守丰。⑫沛公攻丰,不能取。沛公还之沛,怨雍齿与丰子弟畔之。

①文颖曰:"十月,秦正月。始皇即位,周火德,以五胜之法胜火者水,秦文公获黑龙,此水德之瑞,于是更名河为'德水',十月为正月,谓建亥之月水得位,故以为岁首。"

②邓展曰:"属山阳,章帝元和元年改为胡陵。"

③郑氏曰:"音房预,属山阳郡。"

④文颖曰:"泗川,今沛郡也,高祖更名沛。秦时御史监郡,若今刺史。平,其名也。"师古曰:"泗川郡川字或为水,其实一也。"

⑤如淳曰："秦并天下为三十六郡，置守、尉、监。此泗川有监有守。壮，其名也。"

⑥郑氏曰："音忧戚之戚。"如淳曰："音将毒反。"师古曰："东海之县也，读如本字。"

⑦师古曰："得者，司马之名。"

⑧郑氏曰："亢音人相抗答，父音甫，属任城郡。"

⑨文颖曰："晋大夫毕万封魏，今河东河北县是也。其后为秦所逼徙都，今魏郡魏县是也。至文侯孙惠王，畏秦，复徙都大梁，今浚仪县大梁亭是也。故世或言魏惠王，或言梁惠王。至孙假为秦所灭，转东徙于丰，故曰丰故梁徙也。"臣瓒曰："《史记》及《世本》毕万居魏，昭子徙安邑，文侯亦居之。《汲郡古文》云惠王之六年自安邑迁于大梁。"师古曰："魏不常都于魏郡魏县，瓒说是也。其他则如文氏之释。"

⑩师古曰："封为侯，因令守丰。"

⑪苏林曰："雅，素也。"

⑫师古曰："为音于伪反。"

正月，张耳等立赵后赵歇为赵王。①东阳甯君、秦嘉立景驹为楚王，②在留。③沛公往从之，道得张良，遂与俱见景驹，请兵以攻丰。时章邯从陈，别将④司马尼将兵北定楚地，⑤屠相，⑥至砀。东阳甯君、沛公引兵西，与战萧西，⑦不利，还收兵聚留。二月，攻砀，三日拔之。⑧收砀兵，得六千人，与故合九千人。三月，攻下邑，拔之。⑨还击丰，不下。四月，项梁击杀景驹、秦嘉，止薛，沛公往见之。项梁益沛公卒五千人，五大夫将十人。⑩沛公还，引兵攻丰，拔之。雍齿奔魏。

①郑氏曰："歇音遏绝之遏。"苏林曰："歇音毒歇。"师古曰："依本字以读之，不当借音。"

②文颖曰："秦嘉，东阳郡人，为甯县君。景驹，楚族。景，氏；驹，名也。"晋灼曰："东阳，县也。"臣瓒曰："《陈胜传》云'凌人秦嘉'，然即嘉非东阳人。嘉初起于郯，号大司马，又不为甯县君。东阳甯君自一人，秦嘉又一人。"师古曰：'东阳甯君及秦嘉二人是也。东阳者，为其所属县名。甯君者，姓甯，时号为君。"

③师古曰："留，县名。"

④如淳曰："从陈涉将也。涉在陈，其将相别在他许，皆称陈。"师古曰："从谓追讨也。《尚书》曰'夏师败绩，汤遂从之'。"

⑤如淳曰："尸，章邯司马。"师古曰："尸，古夷字。"

⑥师古曰："相，县名。"

⑦师古曰："萧县之西。"

⑧师古曰："拔者，破城邑而取之，言若拔树木，并得其根本也。"

⑨师古曰："下邑，县名。"

⑩苏林曰："五大夫，弟九爵名。以五大夫为将，凡十人。"

五月，项羽拔襄城还。项梁尽召别将。① 六月，沛公如薛，② 与项梁共立楚怀王孙心为楚怀王。③ 章邯破杀魏王咎、齐王田儋于临济。④ 七月，大霖雨。⑤ 沛公攻亢父。章邯围田荣于东阿。沛公与项梁共救田荣，大破章邯东阿。田荣归，沛公、项羽追北，⑥ 至城阳，攻屠其城。军濮阳东，复与章邯战，又破之。

①师古曰："别将，谓小将别在他所者。"

②师古曰："如，往也。他皆类此。"

③应劭曰："六国为秦所并，楚最无罪，为百姓所思，故求其后，立为楚怀王，以祖谥为号，顺民望也。"

④师古曰："破其军而杀其身。"

⑤师古曰："雨三日以上为霖。"

⑥服虔曰："师败曰北。"韦昭曰："古背字也，背去而走也。"师古曰："北，阴幽之处，故谓退败奔走者为北。《老子》曰'万物向阳而负阴'。许慎《说文解字》云'北，乖也'。《史记·乐书》曰'纣为朝歌北鄙之音'，'朝歌者不时，北者败也，鄙者陋也'。是知北即训乖，训败，无劳借音。韦昭之徒并为妄矣。"

章邯复振，① 守濮阳，环水。② 沛公、项羽去，攻定陶。八月，田荣立田儋子市为齐王。定陶未下，沛公与项羽西略地至雍丘，与秦军战，大败之，斩三川守李由。③ 还攻外黄，外黄未下。

①李奇曰："振，整也。"如淳曰："振，起也，收散卒自振迅而起。"晋灼曰："《左氏》云'振废滞'，如说是也。"

②文颖曰："决水以自环守为固也。"张晏曰："依河水以自环绕作垒。"师古曰："文说是也。环音宦。"

③应劭曰："三川，今河南郡也。由，李斯子。"韦昭曰："有河、洛、伊，故曰三川也。"

项梁再破秦军，有骄色。宋义谏，不听。秦益章邯兵。九月，章邯夜衔枚击项梁定陶，①大破之，杀项梁。时连雨自七月至九月。沛公、项羽方攻陈留，闻梁死，士卒恐，乃与将军吕臣引兵而东，徙怀王自盱台都彭城。②吕臣军彭城东，项羽军彭城西，沛公军砀。魏咎弟豹自立为魏王。后九月，③怀王并吕臣、项羽军自将之。以沛公为砀郡长，④封武安侯，将砀郡兵。以羽为鲁公，封长安侯，吕臣为司徒，其父吕青为令尹。⑤

①师古曰："衔枚者，止言语谨嚣，欲令敌人不知其来也。《周官》有衔枚氏。枚状如箸，横衔之，繣挈于项。繣者，结碍也。挈，绕也。盖为结纽而绕项也。繣音获。挈音颉。"

②郑氏曰："音眗怡。"师古曰："眗音许于反。"

③文颖曰："即闰九月也。时律历废，不知闰，谓之后九月。"如淳曰："时因秦以十月为岁首，至九月则岁终。后九月即闰月。"师古曰："文说非也。若以律历废不知闰者，则当径谓之十月，不应有后九月。盖秦之历法，应置闰者总致之于岁末。观其此意，当取《左传》所谓归馀于终耳。何以明之？据《汉书·表》及《史记》，汉未改秦历之前，迄至高后、文帝，屡书后九月，是知故然，非历废也。"

④苏林曰："长如郡守也。"韦昭曰："秦名曰守，是时改曰长。"

⑤应劭曰："天子曰师尹，诸侯曰令尹。时去六国尚近，故置令尹。"臣瓒曰："诸侯之卿，唯楚称令尹，其馀国称相。时立楚之后，故置官司皆如楚旧也。"师古曰："瓒说得之。"

章邯已破项梁，以为楚地兵不足忧，乃渡河北击赵王歇，大破之。歇保钜鹿城，秦将王离围之。赵数请救，怀王乃以宋义为上将，项羽为次将，范增为末将，北救赵。

初，怀王与诸将约，先入定关中者王之。①当是时，秦兵强，常乘胜逐北，诸将莫利先入关。②独羽怨秦破项梁，奋势，③愿与沛公西入关。怀王诸老将皆曰："项羽为人慓悍祸贼，④尝攻襄城，襄城无噍类，⑤所过无不残灭。且楚数进取，⑥前陈王、项梁皆败，⑦不如更遣长者扶义而西，⑧告谕秦父兄。秦父兄苦其主久矣，今诚得长者往，毋侵暴，宜可下。项羽不可遣，独沛公素宽大长者。"卒不许羽，而遣沛公西收陈王、项梁散卒。乃道砀⑨至(阳城)〔城阳〕[8]与杠里，⑩攻秦军壁，破其二军。

①师古曰："约，要也，谓言契也。自函谷关以西总名关中。"

②师古曰："不以入关为利，言畏秦也。"

③晋灼曰："愤激也。"

④师古曰："慓，疾也。悍，勇也。祸贼者，好为祸害而残贼也。慓音频妙反，又匹妙反。悍音胡旦反。"

⑤如淳曰："噍音祚笑反。无复有活而噍食者也。青州俗呼无子遗为无噍类。"

⑥如淳曰："楚谓陈涉。数进取，多所攻取也。"师古曰："楚者，总言楚兵，陈涉、项梁皆是。"

⑦孟康曰："前陈王，陈涉也。"师古曰："孟说非也。此言前者陈王及项梁皆败，今须得长者往，非谓涉为前陈王也，安有后陈王乎？"

⑧师古曰："扶，助也，以义自助也。扶字或作杖，杖亦倚任之意。"

⑨孟康曰："道由砀。"

⑩孟康曰："二县名也。"师古曰："杠音江。"

秦三年十月，齐将田都畔田荣，将兵助项羽救赵。沛公攻破东郡尉于成武。①十一月，项羽杀宋义，并其兵渡河，自立为上将军，诸将黥布等皆属。十二月，沛公引兵至栗，②遇刚武侯，③夺其军四千馀人，并之，与魏将皇欣、武满军合，攻秦军，破之。故齐王建孙田安④下济北，从项羽救赵。羽大破秦军钜鹿下，虏王离，走章邯。⑤

①孟康曰："尉，郡都尉也。"师古曰："本谓之郡尉，至景帝时乃改曰都尉。"

②韦昭曰："栗，沛郡县名也。"

③应劭曰："楚怀王将也。《功臣表》棘蒲刚侯陈武。武一姓柴。刚武侯宜为刚侯武，魏将也。"孟康曰："《功臣表》柴武以将军起薛，至霸上，入汉中，非

怀王将，又非魏将也，例未有称谥者。"师古曰："史失其名姓，唯识其爵号，不知谁也。不当改刚武侯为刚侯武。应氏以为怀王将，又云魏将，无所据矣。"

④师古曰："建，齐襄王子也，立四十四年为秦兵所击，以兵降秦。秦虏之，迁建于河内，遂灭齐。"

⑤师古曰："章邯被破而走。"

二月，沛公从砀北攻昌邑，遇彭越。越助攻昌邑，未下。沛公西过高阳，①郦食其为里监门，②曰："诸将过此者多，吾视沛公大度。"乃求见沛公。沛公方踞床，使两女子洗。③郦生不拜，长揖曰：④"足下必欲诛无道秦，不宜踞见长者。"于是沛公起，摄衣谢之，延上坐。食其说沛公袭陈留。⑤沛公以为广野君，以其弟商为将，将陈留兵。三月，攻开封，未拔。⑥西与秦将杨熊会战白马，⑦又战曲遇东，⑧大破之。杨熊走之荥阳，⑨二世使使斩之以徇。⑩四月，南攻颍川，屠之。因张良遂略韩地。⑪

①文颖曰："聚邑名，属陈留圉。"臣瓒曰："《陈留传》在雍丘西南。"

②服虔曰："音历异基。"苏林曰："监门，门卒也。"

③师古曰："踞，反企也。洗，洗足也。踞音据。洗音先典反。"

④师古曰："长揖者，手自上而极下。"

⑤臣瓒曰："轻行无钟鼓曰袭。"

⑥师古曰："开封，县名，属荥阳。"

⑦师古曰："白马亦县名，属东郡。"

⑧文颖曰："地名也。"苏林曰："曲音龋。遇音颙。"师古曰："龋音丘羽反。"

⑨师古曰："西走也。"

⑩师古曰："徇，行示也。《司马法》曰'斩以徇'，言使人将行遍示众士以为戒。"

⑪文颖曰："河南新郑南至颍川南北，皆韩地也。以良累世相韩，故因之。"

时赵别将司马卬①方欲渡河入关，沛公乃北攻平阴，②绝河津。南，战雒阳东，军不利，从轘辕③至阳城，收军中马骑。六月，与南阳守齮战犨东，④（大）破之。[9]略南阳郡，南阳守走，保城守宛。⑤沛公引兵过宛西。⑥张良谏曰："沛公虽欲急入关，秦兵尚众，距险。⑦今不下宛，宛从后击，强秦在前，此危道也。”于是沛公乃夜引军从他道还，偃旗帜，迟明，围宛城三帀。⑧南阳守欲自刭，⑨其舍人陈恢曰：⑩“死未晚也。”乃逾城见沛公，曰：“臣闻足下约先入咸阳者王之，今足下留守宛。宛郡县连城数十，其吏民自以为降必死，故皆坚守乘城。⑪今足下尽日止攻，士死伤者必多；引兵去宛，宛必随足下。足下前则失咸阳之约，后有强宛之患。为足下计，莫若约降，⑫封其守，因使止守，⑬引其甲卒与之西。诸城未下者，闻声争开门而待足下，足下通行无所累。”⑭沛公曰：“善。”七月，南阳守齮降，封为殷侯，封陈恢千户。引兵西，无不下者。至丹水，高武侯鳃、襄侯王陵降。⑮还攻胡阳，遇番君别将梅鋗，⑯与偕攻析、郦，⑰皆降。所过毋得卤掠，⑱秦民喜。遣魏人甯昌使秦。是月章邯举军降项羽，羽以为雍王。瑕丘申阳下河南。⑲

①师古曰：“卬音五刚反。”

②孟康曰：“县名也，属河南。魏文帝改曰河阴。”

③臣瓒曰：“险道名也，在缑氏东南。”师古曰：“直渡曰绝。轘音环。”

④师古曰：“犨，县名也。齮音蚁。犨音昌由反。”

⑤师古曰：“宛，南阳之县也，音於元反。”

⑥师古曰：“未拔宛城而兵过宛城西出。”

⑦师古曰：“依险阻而自固以距敌。”

⑧服虔曰：“欲天疾明也。”文颖曰：“迟，未（明）也。[10]天未明之顷已围其城矣。”晋灼曰：“文说是也。”师古曰：“文、晋二家得其大意耳。此言围城事毕，然后天明，明迟于事，故曰迟明。变为去声，音丈二反。《汉书》诸言迟某事者，义皆类此。《史记》迟字作邌，亦徐缓之意也，音黎。”

⑨郑氏曰：“刭音姑鼎反。以刀割颈为刭。”

⑩文颖曰：“主厩内小吏，官名也。”苏林曰：“蔺相如为宦者令舍人。韩信为侯，亦有舍人。”师古曰：“舍人，亲近左右之通称也，后遂以为私属官号。恢音口回反。”

⑪师古曰：“乘，登也，谓上城而守也。《春秋左氏传》曰‘授兵登陴’。”

⑫师古曰：“共为要约，许其降也。”

⑬师古曰：“封其郡守为侯，即令守其郡。”

⑭师古曰："累音力瑞反。"

⑮苏林曰："鳃音鱼鳃之鳃。"晋灼曰："《功臣表》戚鳃也。王陵，安国侯王陵也。"韦昭曰："汉封王陵为安国侯，初起兵时在南阳。南阳有穰县，疑襄当为穰，而无禾，字省耳。"臣瓒曰："时韩成封穰侯，江夏有襄，是陵所封也。"师古曰："戚鳃初从即为郎，以都尉守蕲城，非至丹水乃降也。此自一人耳，不知其姓。王陵亦非安国侯者。晋说非也。韦氏改襄为穰者，盖亦穿凿也。"

⑯苏林曰："番，音婆，豫章番阳县。"韦昭曰："吴芮初为番令，故号曰番君。铜音呼玄反。"

⑰苏林曰："郦音蹢躅之蹢。"如淳曰："音持益反。"师古曰："析、郦，二县名。苏、如两音并同耳。析县今内乡。郦即菊潭县也。"

⑱应劭曰："卤与虏同。"师古曰："毋，止之辞也，音与无同。他皆类此。掠音力向反，谓略夺也。"

⑲服虔曰："瑕丘，县名。申，姓；阳，名也。"文颖曰："姓瑕丘，字申阳。"臣瓒曰："《项羽传》瑕丘公申阳，是瑕丘县公也。"师古曰："文说非也。此申阳即项羽所封河南王者耳，何云姓瑕丘乎？"

八月，沛公攻武关，①入秦。秦相赵高恐，乃杀二世，使人来，欲约分王关中，②沛公不许。九月，赵高立二世兄子子婴为秦王。子婴诛灭赵高，遣将将兵距峣关。③沛公欲击之，张良曰："秦兵尚强，未可轻。愿先遣人益张旗帜于山上为疑兵，④使郦食其、陆贾往说秦将，啗以利。"⑤秦将果欲连和，沛公欲许之。张良曰："此独其将欲叛，恐其士卒不从，不如因其怠懈击之。"沛公引兵绕峣关，逾蒉山，⑥击秦军，大破之蓝田南。遂至蓝田，又战其北，秦兵大败。

①应劭曰："武关，秦南关，通南阳。"文颖曰："武关在析西百七十里。"

②师古曰："自与沛公中分关中之地。"

③应劭曰："峣音尧。峣山之关。"李奇曰："在上洛北，蓝田南，武关之西。"

④师古曰："益，多也，多张旗帜，过其人数，令敌疑有多兵。"

⑤师古曰："啗者，本谓食啗耳，音徒敢反。以食馁人，令其啗食，音则改变为徒滥反。今言以利诱之，取食为譬。他皆类此。"

⑥郑氏曰："蒉音匮。"苏林曰："蒉音蒯。"师古曰："苏音是也，丘怪反。"

元年冬十月，①五星聚于东井。②沛公至霸上。③秦王子婴素车白马，系颈以组，④封皇帝玺符节，⑤降枳道旁。⑥诸将或言诛秦王，沛公曰："始怀王遣我，固以能宽容，且人已服降，杀之不祥。"乃以属吏。⑦遂西入咸阳，欲止宫休舍，⑧樊哙、张良谏，乃封秦重宝财物府库，还军霸上。萧何尽收秦丞相府图籍文书。十一月，召诸县豪桀曰："父老苦秦苛法久矣，⑨诽谤者族，耦语者弃市。⑩吾与诸侯约，先入关者王之，吾当王关中。与父老约，法三章耳：杀人者死，伤人及盗抵罪。⑪馀悉除去秦法。吏民皆按堵如故。⑫凡吾所以来，为父兄除害，非有所侵暴，毋恐！且吾所以军霸上，待诸侯至而定要束耳。"⑬乃使人与秦吏行至县乡邑告谕之。⑭秦民大喜，争持牛羊酒食献享军士。沛公让不受，曰："仓粟多，不欲费民。"民又益喜，唯恐沛公不为秦王。

①如淳曰："《张（仓）〔苍〕传》云[11]以高祖十月至霸上，故因秦以十月为岁首。"

②应劭曰："东井，秦之分野。五星所在，其下当有圣人以义取天下。占见《天文志》。"

③应劭曰："霸上，地名，在长安东三十里，古曰滋水，秦穆公更名霸。"师古曰："霸水上，故曰霸上，即今所谓霸头。"

④应劭曰："子婴不敢袭帝号，但称王耳。素车白马，丧人之服。组者，天子韨也。系颈者，言欲自杀也。"师古曰："此组谓绶也，所以带玺也。韨音弗。"

⑤应劭曰："玺，信也，古者尊卑共之。《左传》襄公在楚，季武子使公冶问玺书，追而与之。秦汉尊者以为信，群下乃避之。"师古曰："符谓诸所合符以为契者也。节以毛为之，上下相重，取象竹节，因以为名，将命者持之以为信。"

⑥苏林曰："亭名也，在长安东十三里。"师古曰："枳音轵。轵道亭在霸成观西四里。"

⑦师古曰："属，委也，音之欲反。"

⑧师古曰："舍，息也，于殿中休息也。一曰舍谓屋舍也。"

⑨师古曰："苛，细也，音何。"

⑩应劭曰："秦法禁民聚语。耦，对也。"师古曰："族谓诛及其族也。弃市者，取刑人于市，与众弃之。"

⑪服虔曰："随轻重制法也。"李奇曰："伤人有曲直，盗臧有多少，罪名不可豫定，故凡言抵罪，未知抵何罪也。"师古曰："抵，至也，当也。服、李二说，意并得之，自外诸家，皆妄解释，故不取也。抵音丁礼反。"

⑫应劭曰："按，按次第。堵，墙堵也。"师古曰："言不迁动也，堵音睹。"

⑬师古曰："要亦约。"

⑭师古曰："军中遣人与秦吏相随，遍至诸县乡邑而告谕也。"

或说沛公曰："秦富十倍天下，地形强。今闻章邯降项羽，羽号曰雍王，王关中。即来，沛公恐不得有此。可急使守函谷关，①毋内诸侯军，稍征关中兵以自益，距之。"沛公然其计，从之。十二月，项羽果帅诸侯兵欲西入关，关门闭。闻沛公已定关中，羽大怒，使黥布等攻破函谷关，遂至戏下。沛公左司马曹毋伤闻羽怒，欲攻沛公，使人言羽曰："沛公欲王关中，令子婴相，珍宝尽有之。"欲以求封。亚父范增说羽曰：②"沛公居山东时，贪财好色，今闻其入关，珍物无所取，妇女无所幸，此其志不小。吾使人望其气，皆为龙，成五色，此天子气。急击之，勿失。"于是飨士，旦日合战。③是时，羽兵四十万，号百万。沛公兵十万，号二十万，④力不敌。会羽季父左尹项伯素善张良，⑤夜驰见张良，具告其实，欲与俱去，毋特俱死。⑥良曰："臣为韩王送沛公，不可不告，亡去不义。"乃与项伯俱见沛公。沛公与伯约为婚姻，曰："吾入关，秋豪无所敢取，⑦籍吏民，封府库，待将军。⑧所以守关者，备他盗也。日夜望将军到，岂敢反邪！愿伯明言不敢背德。"项伯许诺，即夜复去。戒沛公曰："旦日不可不早自来谢。"项伯还，具以沛公言告羽，因曰："沛公不先破关中兵，公巨能入乎？⑨且人有大功，击之不祥，不如因善之。"羽许诺。

①文颖曰："是时关在弘农县衡岭，今移东，在河南穀城县。"师古曰："今桃林县南有洪溜涧水，即古所谓函谷也。其水北流入河，夹河之岸尚有旧关馀迹焉。穀城即新安。"

②如淳曰："亚，次也。尊敬之次父，犹管仲为仲父。"

③师古曰："飨谓饮食也。旦日，明旦也。"

④师古曰："兵家之法，不言实数，皆增之。"

⑤师古曰："伯者，其字也，名缠。"

⑥文颖曰:“特,独也。无为独与沛公俱死。”苏林曰:“特,但也。”师古曰:“苏说是也。但,空也,空死而无成名。”

⑦文颖曰:“豪,秋乃成好,举盛而言也。”师古曰:“豪成之时,端极纤细,適足谕小,非言其盛。”

⑧师古曰:“籍谓为簿籍。”

⑨服虔曰:“巨音渠,犹未应得入也。”师古曰:“服说非也。巨读曰讵,讵犹岂也。”

沛公旦日从百馀骑见羽鸿门,①谢曰:“臣与将军勠力攻秦,②将军战河北,臣战河南,不自意先入关,能破秦,与将军复相见。③今者有小人言,令将军与臣有隙。”④羽曰:“此沛公左司马曹毋伤言之,不然,籍何以(生)〔至〕此?”〔12〕羽因留沛公饮。范增数目羽击沛公,⑤羽不应。范增起,出谓项庄曰:“君王为人不忍,⑥汝入以剑舞,因击沛公,杀之。不者,汝属且为所虏。”庄入为寿。⑦寿毕,曰:“军中无以为乐,请以剑舞。”因拔剑舞。项伯亦起舞,常以身翼蔽沛公。樊哙闻事急,直入,怒甚。羽壮之,赐以酒。哙因谯让羽。⑧有顷,沛公起如厕,招樊哙出,置车官属,⑨独骑,与樊哙、靳彊、滕公、纪成步,从间道走军,⑩使张良留谢羽。羽问:“沛公安在?”⑪曰:“闻将军有意督过之,⑫脱身去,间至军,⑬故使臣献璧。”羽受之。又献玉斗范增。增怒,撞其斗,起曰:“吾属今为沛公虏矣!”⑭

①孟康曰:“在新丰东十七里,旧大道北下坂口名。”

②师古曰:“勠力,并力也,音力竹反,又力周反。”

③师古曰:“意不自谓得然。”

④师古曰:“隙谓间隙,言乖离不合。”

⑤师古曰:“动目以谕之。”

⑥师古曰:“庄,项羽从弟。”

⑦师古曰:“凡言为寿,谓进爵于尊者,而献无疆之寿。”

⑧师古曰:“谯让,以辞相责也。谯音才笑反。”

⑨师古曰:“置,留也,不以自随。”

⑩晋灼曰:“纪成,纪通父也。”服虔曰:“走音奏。”师古曰:“间,空也,投空隙而

行，不公显也。走谓趣向也，服音是矣。凡此之类，音义皆同。”

⑪师古曰：“安在，何在也。他皆类此。”

⑫师古曰：“督谓视责也。”

⑬师古曰：“脱，免也，不敢谒辞，苟自免而去，间行以至军也。脱音他活反。”

⑭师古曰：“撞音丈江反。”

沛公归数日，羽引兵西屠咸阳，杀秦降王子婴，烧秦宫室，所过无不残灭，秦民大失望。羽使人还报怀王，怀王曰：“如约。”①羽怨怀王不肯令与沛公俱西入关，而北救赵，后天下约。乃曰：“怀王者，吾家所立耳，非有功伐，何以得专主约！②本定天下，诸将与籍也。”春正月，③阳尊怀王为义帝，实不用其命。

①师古曰：“谓令沛公王关中。”

②师古曰：“积功曰伐。《春秋左氏传》曰‘大夫称伐’。”

③如淳曰：“以十月为岁首，而正月更为三时之月。”服虔曰：“汉正月也。”师古曰：“凡此诸月号，皆太初正历之后，记事者追改之，非当时本称也。以十月为岁首，即谓十月为正月。今此真正月，当时谓之四月耳。他皆类此。”

二月，羽自立为西楚霸王，①王梁、楚地九郡，都彭城。背约，更立沛公为汉王，王巴、蜀、汉中四十一县，都南郑。②三分关中，立秦三将：章邯为雍王，都废丘；③司马欣为塞王，④都栎阳；⑤董翳为翟王，⑥都高奴。⑦楚将瑕丘申阳为河南王，都洛阳。赵将司马卬为殷王，都朝歌。⑧当阳君英布为九江王，都六。⑨怀王柱国共敖为临江王，⑩都江陵。⑪番君吴芮为衡山王，都邾。⑫故齐王建孙田安为济北王。徙魏王豹为西魏王，都平阳。徙燕王韩广为辽东王。燕将臧荼为燕王，⑬都蓟。⑭徙齐王田市为胶东王。齐将田都为齐王，都临菑。⑮徙赵王歇为代王。赵相张耳为常山王。汉王怨羽之背约，欲攻之，丞相萧何谏，乃止。⑯

①文颖曰：“《史记·货殖传》曰淮以北沛、陈、汝南、南郡为西楚，彭城以东东海、吴、广陵为东楚，衡山、九江、江南、豫章、长沙为南楚。羽欲都彭城，故自称西楚。”孟康曰：“旧名江陵为南楚，吴为东楚，彭城为西楚。”师古曰：“孟说是也。”

②师古曰：“即今之梁州南郑县。”

③孟康曰："县名，今槐里是。"韦昭曰："即周时犬丘，懿王所都，秦欲废之，更名废丘。"

④韦昭曰："在长安东，名桃林塞。"师古曰："取河、华之固为厄塞耳，非桃林也。塞音先代反。"

⑤苏林曰："栎音药。"师古曰："即今之栎阳县是其地。"

⑥文颖曰："本上郡，秦所置，项羽以董翳为王，更名为翟。"

⑦师古曰："今在鄜州界。"

⑧师古曰："即今之朝歌县也。"

⑨师古曰："六者，县名，本古国，皋陶之后。"

⑩应劭曰："柱国，上卿官也，若相国矣。共敖，其姓名也。"孟康曰："本南郡，改为临江国。"师古曰："共音龚。"

⑪师古曰："即今之荆州江陵县。"

⑫文颖曰："邾音朱，县名，属江夏。"

⑬郑氏曰："荼音荼毒之荼。"如淳曰："音舒。"师古曰："郑音是也，音大胡反。"

⑭师古曰："蓟即幽州蓟县。"

⑮师古曰："在今青州。"

⑯服虔曰："称丞相者，录事追言之。"

夏四月，诸侯罢戏下，各就国。①羽使卒三万人从汉王，楚子、诸侯人之慕从者数万人，②从杜南入蚀中。③张良辞归韩，汉王送至褒中，④因说汉王烧绝栈道，⑤以备诸侯盗兵，亦视项羽无东意。⑥

①师古曰："戏谓军之旌麾也，音许宜反，亦读曰麾。先是，诸侯从项羽入关者，各帅其军，听命于羽，今既受封爵，各使就国，故总言罢戏下也。一说云时从项羽在戏水之上，故言罢戏下，此说非也。项羽见高祖于鸿门，已过戏矣。又入秦烧秦宫室，不复在戏也。《汉书》通以戏为麾字，义见《窦田灌韩传》。"

②文颖曰："楚子，犹言楚人也。诸侯人，犹诸侯国人。"

③李奇曰："蚀音力，在杜南。"如淳曰："蚀，入汉中道川谷名。"

④师古曰："即今梁州之褒县也。旧曰褒中，言居褒谷之中。隋室讳忠，改为褒内。"

⑤师古曰："栈即阁也，今谓之阁道。"

⑥如淳曰："视音示。"师古曰："言令羽知汉王更无东出之意也。《汉书》多以视为示，古通用字。"

汉王既至南郑，诸将及士卒皆歌讴思东归，① 多道亡还者。② 韩信为治粟都尉，亦亡去，萧何追还之，因荐于汉王，曰："必欲争天下，非信无可与计事者。"于是汉王齐戒设坛场，③ 拜信为大将军，问以计策。信对曰："项羽背约而王君王于南郑，④ 是迁也。⑤ 吏卒皆山东之人，日夜企而望归，⑥ 及其锋而用之，可以有大功。天下已定，民皆自宁，不可复用。⑦ 不如决策东向。"因陈羽可图、⑧ 三秦易并之计。⑨ 汉王大说，⑩ 遂听信策，部署诸将。⑪ 留萧何收巴蜀租，给军〔粮〕食。[13]

①师古曰："讴，齐歌也，谓齐声而歌，或曰齐地之歌。讴音一侯反。"

②师古曰："未至南郑，在道即亡归。"

③师古曰："齐读曰斋。筑土而高曰坛，除地为场。"

④师古曰："上王音于放反。"

⑤如淳曰："秦法，有罪迁徙之于蜀汉。"

⑥师古曰："企谓举足而竦身。"

⑦师古曰："宁，安也，各安其处。"

⑧师古曰："图谓谋而取之。"

⑨应劭曰："章邯为雍王，司马欣为塞王，董翳为翟王，分王秦地，故曰三秦。"

⑩师古曰："说读曰悦。"

⑪师古曰："分部而署置。"

五月，汉王引兵从故道① 出袭雍。雍王邯迎击汉陈仓，雍兵败，还走；战好畤，② 又大败，走废丘。汉王遂定雍地。东如咸阳，引兵围雍王废丘，而遣诸将略地。

①孟康曰："县名，属武都。"

②孟康曰："畤音止，神灵之所止也。好畤，县名，属右扶风。"师古曰："即今雍州好畤县。"

田荣闻羽徙齐王市于胶东而立田都为齐王，大怒，以齐兵迎击田都。都走降楚。六月，田荣杀田市，自立为齐王。时彭越在钜野，① 众万馀人,无所属。荣与越将军印,因令反梁地。越击杀济北王安,荣遂并三齐之地。②燕王韩广亦不肯徙辽东。秋八月,臧荼杀韩广,并其地。塞王欣、翟王翳皆降汉。

①师古曰:"钜野,泽名,因以为县,今属郓州。"

②服虔曰:"齐与济北、胶东。"

初,项梁立韩后公子成为韩王,张良为韩司徒。羽以良从汉王,韩王成又无功,故不遣就国,与俱至彭城,杀之。及闻汉王并关中,而齐、梁畔之,羽大怒,乃以故吴令郑昌为韩王,距汉。令萧公角击彭越,①越败角兵。时张良徇韩地,②遗羽书曰:"汉欲得关中,如约即止,不敢复东。"羽以故无西意,而北击齐。

①苏林曰:"萧公,官号也。"孟康曰:"萧令也,时令皆称公。"师古曰:"孟说是也。"

②苏林曰:"徇音巡,抚其民人也。"孟康曰:"徇,略也。"师古曰:"孟说是。音辞峻反。"

九月,汉王遣将军薛欧、王吸出武关,①因王陵兵,②从南阳迎太公、吕后于沛。羽闻之,发兵距之阳夏,③不得前。

①师古曰:"欧音乌垢反。吸音翕。"

②如淳曰:"王陵亦聚党数千人,居南阳。"

③郑氏曰:"音假借之假。"师古曰:"即今亳州阳夏县。"

二年冬十月,项羽使九江王布杀义帝于郴。①陈馀亦怨羽独不王己,从田荣藉助兵,②以击常山王张耳。耳败走降汉,汉王厚遇之。陈馀迎代王歇还赵,歇立馀为代王。张良自韩间行归汉,汉王以为成信侯。

①文颖曰:"郴,县名,属桂阳。"如淳曰:"郴音綝。"师古曰:"说者或以为《史记·本纪》及《汉注》云衡山、临江王杀之江中,谓《汉书》言黥布杀之为错。然今据《史记·黥布传》四月阴令九江王等行击义帝,其八月布使将追杀之郴,又与《汉书·项羽》、《英布传》相合,是则衡山、临江与布同受羽命,而杀

之者布也。非班氏之错。郴綝二字并音丑林反。”

②师古曰:“藉,借也。”

汉王如陕,①镇抚关外父老。②河南王申阳降,置河南郡。使韩太尉韩信击韩,韩王郑昌降。十一月,立韩太尉信为韩王。汉王还归,都栎阳,使诸将略地,拔陇西。以万人若一郡降者,封万户。③缮治河上塞。④故秦苑囿园池,令民得田之。⑤

①师古曰:“陕,今陕州陕县也,音式冉反。”

②师古曰:“镇,安也。抚,慰也。”

③师古曰:“若者,豫及之辞,言以万人或以一郡降者,皆封万户。”

④晋灼曰:“《晁错传》秦北攻胡,筑河上塞。”师古曰:“缮,补也。”

⑤师古曰:“养鸟兽曰苑,苑有垣曰囿,所以种植谓之园。田谓耕作也。囿音宥。”

春正月,羽击田荣城阳,荣败走平原,平原民杀之。齐皆降楚,楚焚其城郭,齐人复畔之。诸将拔北地,虏雍王弟章平。赦罪人。二月癸未,令民除秦社稷,立汉社稷。施恩德,赐民爵。①蜀汉民给军事劳苦,复勿租税二岁。②关中卒从军者,复家一岁。举民年五十以上,有修行,能帅众为善,置以为三老,乡一人。择乡三老一人为县三老,与县令丞尉以事相教,复勿繇戍。③以十月赐酒肉。

①臣瓒曰:“爵者,禄位。民赐爵,有罪得以减也。”

②师古曰:“复者,除其赋役也,音方目反。其下并同。”

③师古曰:“繇读曰徭。”

三月,汉王自临晋渡河,①魏王豹降,将兵从。下河内,虏殷王卬,置河内郡。至脩武,陈平亡楚来降。汉王与语,说之,②使参乘,监诸将。南渡平阴津,③至洛阳,新城三老董公遮说汉王曰:“臣闻‘顺德者昌,逆德者亡’,‘兵出无名,事故不成’。④故曰:‘明其为贼,敌乃可服。’⑤项羽为无道,放杀其主,⑥天下之贼也。夫仁不以勇,义不以力,⑦三军之众为之素服,以告之诸侯,为此东伐,⑧四海之内莫不仰德。此三王之举也。”⑨汉王曰:“善,非夫子无所闻。”于是汉王为义帝发丧,袒而大哭,⑩哀临三日。⑪发使告诸侯曰:"天下共立义帝,北面事之。今项羽放杀义帝江南,大逆无道。寡人亲为发丧,兵皆缟素。⑫悉发关中兵,收三河士,⑬南浮江汉以下,愿从诸侯王⑭击楚之杀义帝者。"

①师古曰:"旧县名,其地居河之西滨,东临晋境,本列国时秦所名也,即今之同州朝邑县界也。"

②师古曰:"说读曰悦。"

③苏林曰:"在河阴。"

④苏林曰:"名者,伐有罪。"

⑤应劭曰:"为音无为之为。布告天下,言项羽杀义帝,明其为贼乱,举兵征之,乃可服也。"郑氏曰:"为音人相为之为。"师古曰:"应说是也。"

⑥师古曰:"杀读曰弑。诸弑君者,其例皆同。"

⑦李奇曰:"彼有仁,我不能以勇服;彼有义,我不能以力服。"文颖曰:"以,用也。己有仁,天下归之,可不用勇而天下自服;己有义,天下奉之,可不用力而天下自定。"师古曰:"为义帝发丧,此为行仁义,不用勇力,文说是也。"

⑧师古曰:"为并音于伪反。"

⑨师古曰:"三王:夏、殷、周也。言以德义取天下,则可比踪于三王。"

⑩如淳曰:"袒亦如礼袒踊也。"师古曰:"袒谓脱衣之袖也,音徒旱反。"

⑪师古曰:"众哭曰临,音力禁反。"

⑫师古曰:"缟,白素也,音工老反。"

⑬韦昭曰:"河南、河东、河内也。"

⑭服虔曰:"汉名王为诸侯王。"师古曰:"服说非也。当时汉未有此称号,直言诸侯及王耳。自谦言随诸侯王之后也。"

夏四月,田荣弟横收得数万人,立荣子广为齐王。羽虽闻汉东,既击齐,欲遂破之而后击汉,汉王以故得劫五诸侯兵,①东伐楚。到外黄,彭越将三万人归汉。汉王拜越为魏相国,令定梁地。汉王遂入彭城,收羽美人货赂,置酒高会。②羽闻之,令其将击齐,而自以精兵三万人从鲁出胡陵,至萧,晨击汉军,大战彭城灵壁东③睢水上,④大破汉军,多杀士卒,睢水为之不流。⑤围汉王三帀。大风从西北起,折木发屋,扬砂石,昼晦,⑥楚军大乱,而汉王得与数十骑遁去。过沛,使人求室家,室家亦已亡，不相得。汉王道逢孝惠、鲁元，载行。楚骑追汉王，汉王急，推堕二子。滕公下收载，遂得脱。⑦审食其从太公、吕后间行，反遇楚军，⑧羽常置军中以为质。诸侯见汉败，皆亡去。塞王欣、翟王翳降楚，殷王卬死。

①应劭曰："雍、翟、塞、殷、韩也。"如淳曰："塞、翟、魏、殷、河南也。"韦昭曰："塞、翟、韩、殷、魏也。雍时已败。"师古曰："诸家之说皆非也。张良遗羽书云：'汉欲得关中，如约即止，不敢复东。'东谓出关之东。今羽闻汉东之时，汉固已得三秦矣。五诸侯者，谓常山、河南、韩、魏、殷也。此年十月，常山王张耳降，河南王申阳降，韩王郑昌降。(二)〔三〕月，[14]魏王豹降，虏殷王卬。皆在汉东之后，故知谓此为五诸侯。时虽未得常山之地，据《功臣表》云张耳弃国，与大臣归汉，则亦有士卒也。又《叔孙通传》云二年汉王从五诸侯入彭城。尔时雍王犹在废丘被围，即非五诸侯之数也。寻此纪文昭然可晓，前贤注释，并失指趣。"

②服虔曰："大会也。"

③孟康曰："故小县，在彭城南。"

④师古曰："睢音虽。"

⑤师古曰："杀人既多，填于睢水。"

⑥师古曰："晦，暗也。"

⑦郑氏曰："滕公，夏侯婴也。"师古曰："脱音他活反。"

⑧师古曰："此审食其及武帝时赵食其读皆与郦食其同，音异基。而近代学者，郦则为异基，审则为食基，赵则食其，非也。同是人名，更无别义，就中舛驳，何所据依？且荀悦《汉纪》三者并为异基字，断可知矣。太公、吕后本避楚军，乃反与之遇，而见拘执。"

吕后兄周吕侯①将兵居下邑，②汉王往从之。稍收士卒，军砀。

①苏林曰："以姓名侯也。"晋灼曰："《外戚表》周吕令武侯泽也。吕，县名，封于吕以为国。"师古曰："周吕，封名；令武，其谥也。苏云以姓名侯，非也。"

②师古曰："县名也。"

汉王西过梁地，至虞，①谓谒者随何曰："公能说九江王布使举兵畔楚，项王必留击之。得留数月，吾取天下必矣。"随何往说布，果使畔楚。

①师古曰:"即今宋州虞城县。"

五月,汉王屯荥阳,萧何发关中老弱未傅者悉诣军。① 韩信亦收兵与汉王会,兵复大振。与楚战荥阳南京、索间,破之。② 筑甬道,属河,③ 以取敖仓粟。④ 魏王豹谒归视亲疾。⑤ 至则绝河津,反为楚。⑥

①服虔曰:"傅音附。"孟康曰:"古者二十而傅,三年耕有一年储,故二十三而后役之。"如淳曰:"律,年二十三傅之畴官,各从其父畴学之,高不满六尺二寸以下为罢癃。《汉仪注》云民年二十三为正,一岁为卫士,一岁为材官骑士,习射御骑驰战陈。又曰年五十六衰老,乃得免为庶民,就田里。今老弱未尝傅者皆发之。未二十三为弱,过五十六为老。"师古曰:"傅,著也。言著名籍,给公家徭役也。服音是。"

②应劭曰:"京,县名。今有大索、小索亭。"晋灼曰:"音册。"师古曰:"音求索之索。"

③应劭曰:"恐敌钞辎重,故筑垣墙如街巷也。"郑氏曰:"甬音踊。"师古曰:"属,联也,音之欲反。"

④孟康曰:"敖,地名,在荥阳西北,山上临河有大仓。"

⑤师古曰:"谒,请也。亲谓母也。"

⑥师古曰:"断其津济以距汉军。为音于伪反。"

六月,汉王还栎阳。壬午,立太子,赦罪人。令诸侯子在关中者皆集栎阳为卫。引水灌废丘,废丘降,章邯自杀。雍(州)〔地〕[15]定,八十馀县,置河上、渭南、中地、陇西、上郡。① 令祠官祀天地四方上帝山川,以时祠之。兴关中卒乘边塞。② 关中大饥,米斛万钱,③ 人相食。令民就食蜀汉。

①服虔曰:"河上,即左冯翊也。渭南,京兆也。中地,右扶风也。"师古曰:"凡新置五郡。"

②李奇曰:"乘,守也。"师古曰:"乘,登也。登而守之,义与上乘城同。"

③师古曰:"一斛直万钱。"

秋八月,汉王如荥阳,谓郦食其曰:"缓颊往说魏王豹,① 能下之,以魏地万户封生。"② 食其往,豹不听。汉王以韩信为左丞相,与曹参、灌婴俱击魏。食其还,汉王问:"魏大将谁也?"对曰:"柏直。"王曰:"是口尚乳臭，不能当韩信。③骑将谁也？”曰：“冯敬。”曰：“是秦将冯无择子也，虽贤，不能当灌婴。步卒将谁也？”曰：“项它。”④曰：“是不能当曹参。吾无患矣。”九月，信等虏豹，传诣荥阳。定魏地，置河东、太原、上党郡。信使人请兵三万人，愿以北举燕赵，东击齐，南绝楚粮道。汉王与之。

①张晏曰：“缓颊，徐言引譬喻也。”

②师古曰：“生犹言先生。他皆类此。”

③师古曰：“乳臭，言其幼少。”

④师古曰：“它字与他同，并音徒何反。”

三年冬十月，韩信、张耳东下井陉击赵，①斩陈馀，获赵王歇。置常山、代郡。甲戌晦，日有食之。十一月癸卯晦，日有食之。

①服虔曰：“井陉，山名，在常山，今为县。”师古曰：“陉音形。”

随何既说黥布，布起兵攻楚。楚使项声、龙且攻布，①布战不胜。十二月，布与随何间行归汉。汉王分之兵，与俱收兵至成皋。

①韦昭曰：“且音子闾反。”

项羽数侵夺汉甬道，汉军乏食，与郦食其谋桡楚权。①食其欲立六国后以树党，②汉王刻印，将遣食其立之。以问张良，良发八难。汉王辍饭吐哺，③曰：“竖儒④几败乃公事！”⑤令趋销印。⑥又问陈平，乃从其计，与平黄金四万斤，以间疏楚君臣。⑦

①服虔曰：“桡，弱也。”师古曰：“音女教(而)〔反〕，[16]其字从木。”

②师古曰：“树，立也。”

③师古曰：“辍，止也。哺，口中所含食也。饭音扶晚反。哺音步。”

④师古曰：“言其贱劣无智，若童竖也。”

⑤师古曰：“几，近也。乃，汝也。公，汉王自谓也。几音钜依反。”

⑥师古曰：“趋读曰促。促，速也。他皆类此。”

⑦师古曰：“间音居苋反。次下反间，其音亦同。”

夏四月，项羽围汉荥阳，汉王请和，割荥阳以西者为汉。亚父劝项羽急攻荥阳，汉王患之。陈平反间既行，羽果疑亚父。亚父大怒而去，发病死。

五月，将军纪信曰："事急矣！臣请诳楚，可以间出。"① 于是陈平夜出女子东门二千馀人，楚因四面击之。纪信乃乘王车，黄屋左纛，②曰："食尽，汉王降楚。"楚皆呼万岁，之城东观，以故汉王得与数十骑出西门遁。令御史大夫周苛、魏豹、枞公守荥阳。③ 羽见纪信，问："汉王安在？"曰："已出去矣。"羽烧杀信。而周苛、枞公相谓曰："反国之王，难与守城。"④ 因杀魏豹。

①师古曰："间出，投间隙私出，若言间行微行耳。纪信诈为汉王，而王出西门遁，是私出也。"

②李斐曰："天子车以黄缯为盖里。纛，毛羽幢也，在乘舆车衡左方上注之。蔡邕曰以犛牛尾为之，如斗，或在騑头，或在衡。"应劭曰："雉尾为之，在左骖，当镳上。"师古曰："纛音毒，又徒到反。应说非也。"

③应劭曰："枞公者，不知其名，故曰公。"苏林曰："音枞木之枞。"师古曰："音千容反。"

④师古曰："谓豹先已经畔汉。"

汉王出荥阳，至成皋。自成皋入关，收兵欲复东。辕生说汉王①曰："汉与楚相距荥阳数岁，汉常困。愿君王出武关，项王必引兵南走，②王深壁，令荥阳成皋间且得休息。使韩信等得辑河北赵地，③连燕齐，君王乃复走荥阳。如此，则楚所备者多，力分。汉得休息，复与之战，破之必矣。"汉王从其计，出军宛叶间，④与黥布行收兵。

①文颖曰："辕姓，生谓诸生。"

②师古曰："走亦谓趋，向也，音奏。次后亦同。"

③师古曰："辑与集同，谓和合也。《诗序》曰'劳来还定安集之'。《春秋左氏传》曰'群臣辑睦'。他皆类此。"

④师古曰："叶，县名，古叶公之国，音式涉反。宛县叶县之间也。"

羽闻汉王在宛，果引兵南，汉王坚壁不与战。是月，彭越渡睢，①与项声、薛公战下邳，破杀薛公。羽使终公守成皋，而自东击彭越。汉王引兵北，击破终公，复军成皋。六月，羽已破走彭越，② 闻汉复军成皋，乃引兵西拔荥阳城，生得周苛。羽谓苛："为我将，以公为上将军，封三万户。"周苛骂曰："若不趋降汉，今为虏矣！③ 若非汉王敌也。"羽亨周苛，④ 并杀枞公，而虏韩王信，遂围成皋。汉王跳，⑤ 独与滕公共车出成皋玉门，⑥ 北渡河，宿小脩武。⑦ 自称使者，晨驰入张耳、韩信壁，而夺之军。乃使张耳北收兵赵地。

①师古曰："过睢水也。睢音虽。"

②师古曰："破之而令遁走。"

③师古曰："若，汝也。趋读曰促。"

④师古曰："亨谓煮而杀之，音普庚反。他皆类此。"

⑤如淳曰："跳音逃，谓走也。《史记》作逃。"晋灼曰："跳，独出意也。"师古曰："晋说是也，音徒雕反。"

⑥张晏曰："成皋北门。"

⑦晋灼曰："在大脩武城东。"

秋七月，有星孛于大角。① 汉王得韩信军，复大振。八月，临河南乡，② 军小脩武，欲复战。郎中郑忠说止汉王，高垒深堑勿战。汉王听其计，使卢绾、刘贾将卒二万人，骑数百，③ 渡白马津入楚地，佐彭越烧楚积聚。④ 复击破楚军燕郭西，⑤ 攻下睢阳、外黄十七城。九月，羽谓海春侯大司马曹咎曰："谨守成皋。即汉王欲挑战，慎勿与战，⑥ 勿令得东而已。我十五日必定梁地，复从将军。"⑦ 羽引兵东击彭越。

①李奇曰："孛，彗类也，是谓妖星，所以除旧布新也。"师古曰："孛音步内反。"

②师古曰："乡读曰向。"

③苏林曰："绾音以绳绾结物之绾。"师古曰："音乌板反。"

④师古曰："所畜军粮刍稿之属也。积音子赐反。聚音才喻反。"

⑤师古曰："燕，县名，古南燕国。"

⑥李奇曰："挑音徒了反。"臣瓒曰："挑战，擿娆敌求战也，古谓之致师。"师古曰："李音瓒说是。擿音他历反。娆音乃了反。"

⑦师古曰："从，就也。"

汉王使郦食其说齐王田广，罢守兵与汉和。

四年冬十月，韩信用蒯通计，袭破齐。齐王亨郦生，东走高密。项羽闻韩信破齐，且欲击楚，使龙且救齐。

汉果数挑成皋战，楚军不出，使人辱之数日，大司马咎怒，渡兵汜水。①士卒半渡，汉击之，大破楚军，尽得楚国金玉货赂。大司马咎、长史欣皆自刭汜水上。汉王引兵渡河，复取成皋，军广武，②就敖仓食。

①张晏曰："汜水在济阴界。"如淳曰："汜音祀。《左传》曰'鄙在郑地汜'。"臣瓒曰："高祖攻曹咎于成皋，咎渡汜水而战，今成皋城东汜水是也。"师古曰："瓒说得之，此水不在济阴也。'鄙在郑地汜'，释者又云在襄城，则非此也。此水旧读音凡，今彼乡人呼之音祀。"

②孟康曰："于荥阳筑两城而相对，名为广武城，在敖仓西三室山上。"

羽下梁地十馀城，闻海春侯破，乃引兵还。汉军方围钟离眜于荥阳东，①闻羽至，尽走险阻。②羽亦军广武，与汉相守。丁壮苦军旅，老弱罢转饷。③汉王、羽相与临广武之间而语。羽欲与汉王独身挑战，汉王数羽曰：④"吾始与羽俱受命怀王，曰先定关中者王之。羽负约，王我于蜀汉，罪一也。羽矫杀卿子冠军，自尊，罪二也。⑤羽当以救赵还报，⑥而擅劫诸侯兵入关，罪三也。怀王约入秦无暴掠，羽烧秦宫室，掘始皇帝冢，收私其财，罪四也。⑦又强杀秦降王子婴，罪五也。诈坑秦子弟新安二十万，王其将，⑧罪六也。皆王诸将善地，而徙逐故主，令臣下争畔逆，罪七也。出逐义帝彭城，自都之，夺韩王地，并王梁楚，多自与，罪八也。使人阴杀义帝江南，罪九也。夫为人臣而杀其主，杀其已降，为政不平，主约不信，天下所不容，大逆无道，罪十也。吾以义兵从诸侯诛残贼，使刑馀罪人击公，⑨何苦乃与公挑战！"羽大怒，伏弩射中汉王。汉王伤胸，乃扪足曰："虏中吾指！"⑩汉王病创卧，张良强请汉王起行劳军，以安士卒，⑪毋令楚乘胜。汉王出行军，疾甚，因驰入成皋。

①师古曰："眜音莫葛反。其字从本末之末。"

②师古曰："走音奏。"

③师古曰："罢读曰疲。转，运；饷，馈也，音式向反。"

④师古曰："数，责其罪也，音所具反。"

⑤如淳曰:"卿者,卿大夫之号。子者,子男之爵。冠军,人之首也。"文颖曰:"卿子,时人相褒尊之辞,犹言公子也。时上将,故言冠军。"师古曰:"矫,托也,托怀王命而杀之也。卿子冠军,文说是也。"

⑥李奇曰:"前受命于怀王往救赵,当还反报。"

⑦师古曰:"掘而发之,收取其财以私自有也。掘音其勿反。"

⑧李奇曰:"章邯等为王。"

⑨师古曰:"言轻贱也。"

⑩师古曰:"扪,摸也。伤胸而扪足者,以安众也。扪音门。中音竹仲反。"

⑪师古曰:"行音下更反。其下亦同。"

十一月,韩信与灌婴击破楚军,杀楚将龙且,追至城阳,虏齐王广。齐相田横自立为齐王,奔彭越。汉立张耳为赵王。

汉王疾瘉,①西入关,至栎阳,存问父老,置酒。枭故塞王欣头栎阳市。②留四日,复如军,军广武。关中兵益出,而彭越、田横居梁地,往来苦楚兵,绝其粮食。

①师古曰:"瘉与愈同。愈,差也。"

②师古曰:"枭,县首于木上。"

韩信已破齐,使人言曰:"齐边楚,①权轻,不为假王,恐不能安齐。"汉王怒,欲攻之。张良曰:"不如因而立之,使自为守。"春二月,遣张良操印,立韩信为齐王。②秋七月,立黥布为淮南王。八月,初为算赋。③北貉、燕人来致枭骑助汉。④汉王下令:⑤军士不幸死者,吏为衣衾棺敛,⑥转送其家。⑦四方归心焉。⑧

①师古曰:"边,共为边界。"

②师古曰:"操,持也,音千高反。"

③如淳曰:"《汉仪注》民年十五以上至五十六出赋钱,人百二十为一算,为治库兵车马。"

④应劭曰:"北貉,国也。枭,健也。"张晏曰:"枭,勇也,若六博之枭也。"师古曰:"貉在东北方,三韩之属皆貉类也,音莫客反。"

⑤师古曰:"令,教命也。下音胡嫁反。他皆类此。"

⑥师古曰:"棺音工唤反。敛音力赡反。与作衣衾而敛尸于棺。"

⑦师古曰："转，传送也。"

⑧师古曰："以仁爱故。"

项羽自知少助食尽，韩信又进兵击楚，羽患之。汉遣陆贾说羽，请太公，羽弗听。汉复使侯公说羽，羽乃与汉约，中分天下，割鸿沟以西为汉，①以东为楚。九月，归太公、吕后，军皆称万岁。乃封侯公为平国君。②羽解而东归。汉王欲西归，张良、陈平谏曰："今汉有天下太半，③而诸侯皆附，楚兵罢食尽，④此天亡之时，不因其几而遂取之，⑤所谓养虎自遗患也。"汉王从之。

①应劭曰："在荥阳东南二十里。"文颖曰："于荥阳下引河东南为鸿沟，以通宋、郑、陈、蔡、曹、卫，与济、汝、淮、泗会于楚，即今官渡水也。"

②师古曰："以其善说，能平和邦国。"

③韦昭曰："凡数三分有二为(大)〔太〕半，[17]有一分为少半。"

④师古曰："罢读曰疲。"

⑤郑氏曰："几，微也。"师古曰："几，危也。"

【校勘记】

〔1〕 眉目準(频)〔頞〕权衡，　景祐、汲古、殿、局本都作"頞"。王先谦说作"頞"是。

〔2〕 音弋豉(也)〔反〕。　景祐、殿、局本都作"反"。王先谦说作"反"是。

〔3〕 (令)〔今〕置将不善，　景祐、殿本都作"今"。王先谦说作"今"是。

〔4〕 愿(吏)〔更〕择可者。　景祐、殿本都作"更"。王先谦说作"更"是。

〔5〕 萧、曹(等)皆文吏，　景祐本无"等"字。杨树达说无"等"字是。

〔6〕 祭蚩尤于沛廷，而衅鼓旗。⑭帜皆赤，　注⑭原在"鼓"字下，明颜读"衅鼓"句绝。吴仁傑据《封禅书》"祠蚩尤，衅鼓旗"之文，以为"旗"字当属上句。王先谦、杨树达都说吴读是。

〔7〕 (所)杀者赤帝子故也。　王念孙说下"所"字涉上"所"字而衍。

〔8〕 至(阳城)〔城阳〕　齐召南据《史记》及《曹参传》改。王先谦说齐说是。

〔9〕 (大)破之。　景祐本无"大"字，《史记》亦无。王先孙说系后人所加。

〔10〕 迟，未(明)也。 景祐、殿本都无“明”字。王先谦说无“明”字是。

〔11〕 《张(仓)〔苍〕传》云 殿本作“苍”。王先谦说作“苍”是。

〔12〕 籍何以(生)〔至〕此？ 钱大昭说明南监、闽本都作“至”。王念孙据《史记·项羽纪》、《高祖纪》及《通鉴·汉纪》，以为“生”当为“至”字之误。

〔13〕 给军〔粮〕食。 景祐、殿本及《通鉴》都有“粮”字。

〔14〕 (二)〔三〕月， 景祐、汲古、殿、局本都作“三”。王先谦说作“三”是。

〔15〕 雍(州)〔地〕 王先谦说“州”字误，当为“地”。按《通鉴》亦作“地”。

〔16〕 音女教(而)〔反〕， 景祐、殿本都作“反”。王先谦说作“反”是。

〔17〕 为(大)〔太〕半， 景祐、汲古、殿、局本都作“太”。

汉书卷一下

高帝纪第一下

五年冬十月，汉王追项羽至阳夏南①止军，与齐王信、魏相国越期会击楚，至固陵，②不会。楚击汉军，大破之。汉王复入壁，深堑而守。谓张良曰："诸侯不从，奈何？"良对曰："楚兵且破，未有分地，③其不至固宜。④君王能与共天下，可立致也。⑤齐王信之立，非君王意，信亦不自坚。⑥彭越本定梁地，始君王以魏豹故，拜越为相国。今豹死，越亦望王，而君王不早定。今能取睢阳以北至偲城皆以王彭越，⑦从陈以东傅海与齐王信，⑧信家在楚，其意欲复得故邑。能出捐此地以许两人，⑨使各自为战，则楚易败也。"于是汉王发使使韩信、彭越。至，皆引兵来。

①师古曰："夏音工雅反，已解于上。"

②晋灼曰："即固始也。"师古曰："后改为固始耳。《地理志》固始属淮阳。"

③李奇曰："信、越等未有益地之分。"师古曰："分音扶问反。"

④师古曰："理宜然也。"

⑤师古曰："共有天下之地，割而封之。"

⑥师古曰："因信自请为假王，乃立之耳，故曰非君王意。"

⑦师古曰："睢音虽。"

⑧师古曰："傅读曰附。"

⑨师古曰："捐，弃也，音弋全反。"

十一月，刘贾入楚地，围寿春。汉亦遣人诱楚大司马周殷。殷畔楚，以舒屠六，①举九江兵迎黥布，并行屠城父，②随刘贾皆会。

①如淳曰："以舒之众屠破六县。"师古曰："六者，县名，即上所谓九江王都六者也，后属庐江郡。"

②如淳曰:"并行,并击也。"师古曰:"城父,县名。父音甫。"

十二月,围羽垓下。①羽夜闻汉军四面皆楚歌,②知尽得楚地,羽与数百骑走,是以兵大败。灌婴追斩羽东城。③楚地悉定,独鲁不下。汉王引天下兵欲屠之,为其守节礼义之国,乃持羽头示其父兄,鲁乃降。初,怀王封羽为鲁公,及死,鲁又为之坚守,故以鲁公葬羽于穀城。④汉王为发(葬)〔丧〕,[1]哭临而去。⑤封项伯等四人为列侯,赐姓刘氏。⑥诸民略在楚者皆归之。汉王还至定陶,驰入齐王信壁,夺其军。初项羽所立临江王共敖前死,子尉嗣立为王,不降。遣卢绾、刘贾击虏尉。

①应劭曰:"垓音该。"李奇曰:"沛洨县聚邑名也。"师古曰:"洨音衡交反。"

②应劭曰:"楚歌者,鸡鸣歌也。汉已略得其地,故楚歌者多鸡鸣时歌也。"师古曰:"楚歌者,为楚人之歌,犹言吴歈越吟耳。若以鸡鸣为歌曲之名,于理则可,不得云鸡鸣时也。高祖令戚夫人楚舞,自为作楚歌,岂亦鸡鸣时乎?"

③晋灼曰:"九江县。"

④师古曰:"即济北穀城。"

⑤师古曰:"临音力禁反。"

⑥师古曰:"皆羽之族,先有功于汉者。"

春正月,追尊兄伯号曰武哀侯。①下令曰:"楚地已定,义帝亡后,欲存恤楚众,以定其主。齐王信习楚风俗,更立为楚王,②王淮北,都下邳。魏相国建城侯彭越勤劳魏民,卑下士卒,③常以少击众,数破楚军,其以魏故地王之,号曰梁王,都定陶。"又曰:"兵不得休八年,万民与苦甚,④今天下事毕,其赦天下殊死以下。"⑤

①应劭曰:"兄伯早亡,追谥之。"

②师古曰:"更,改也。"

③师古曰:"言安辑魏地,保其人众也。下音胡稼反。"

④如淳曰:"与音相干与之与。"师古曰:"音弋庶反。"

⑤如淳曰:"死罪之明白也。《左传》曰斩其木而弗殊。"韦昭曰:"殊死,斩刑也。"师古曰:"殊,绝也,异也,言其身首离绝而异处也。"

于是诸侯上疏曰:"楚王韩信、韩王信、淮南王英布、梁王彭越、故衡山王吴芮、①赵王张敖、燕王臧荼昧死再拜言,②大王陛下:③先时秦为亡道,天下诛之。大王先得秦王,定关中,于天下功最多。存亡定危,救败继绝,以安万民,功盛德厚。又加惠于诸侯王有功者,使得立社稷。地分已定,而位号比拟,亡上下之分,④大王功德之著,于后世不宣。⑤昧死再拜上皇帝尊号。"汉王曰:"寡人闻帝者贤者有也,⑥虚言亡实之名,非所取也。今诸侯王皆推高寡人,将何以处之哉?"诸侯王皆曰:"大王起于细微,灭乱秦,威动海内。又以辟陋之地,⑦自汉中行威德,诛不义,立有功,平定海内,功臣皆受地食邑,非私之也。大王德施四海,诸侯王不足以道之,居帝位甚实宜,愿大王以幸天下。"⑧汉王曰:"诸侯王幸以为便于天下之民,则可矣。"于是诸侯王及太尉长安侯臣绾等三百人,⑨与博士稷嗣君叔孙通⑩谨择良日二月甲午,上尊号。汉王即皇帝位于汜水之阳。⑪尊王后曰皇后,太子曰皇太子,追尊先媪曰昭灵夫人。

①张晏曰:"汉元年,项羽立芮为衡山王,后又夺之地,谓之番君,是以曰故。"

②张晏曰:"秦以为人臣上书当言昧犯死罪而言,汉遂遵之。"

③应劭曰:"陛者,升堂之陛。王者必有执兵陈于阶陛之侧,群臣与至尊言,不敢指斥,故呼在陛下者而告之,因卑以达尊之意也。若今称殿下、阁下、侍者、执事,皆此类也。"

④师古曰:"言大王与臣等并称王,是为比类相拟,无尊卑之差别也。地分音扶问反。"

⑤师古曰:"言位号不殊,则功德之著明者,不宣于后世也。"

⑥师古曰:"言贤德之人乃可有帝号。"

⑦师古曰:"辟读曰僻。"

⑧晋灼曰:"《汉仪注》民臣被其德以为侥幸也。"师古曰:"幸者,吉而免凶,可庆幸也,故福喜之事皆称为幸,而死谓之不幸。"

⑨师古曰:"绾,卢绾也。"

⑩孟康曰:"稷嗣,邑名。"

⑪张晏曰:"在济阴界,取其泛爱弘大而润下也。"师古曰:"据《叔孙通传》曰为皇帝于定陶,则此水在济阴是也。音敷剑反。"

诏曰:①"故衡山王吴芮与子二人、兄子一人,从百粤之兵,②以佐诸侯，诛暴秦，有大功，诸侯立以为王。项羽侵夺之地，谓之番君。③其以长沙、豫章、象郡、桂林、南海立番君芮为长沙王。"④又曰："故粤王亡诸世奉粤祀，秦侵夺其地，使其社稷不得血食。⑤诸侯伐秦，亡诸身帅闽中兵以佐灭秦，⑥项羽废而弗立。今以为闽粤王，王闽中地，勿使失职。"

①如淳曰："诏，告也。自秦汉以下，唯天子独称之。"

②服虔曰："非一种，若今言百蛮也。"

③师古曰："番音蒲何反。"

④臣瓒曰："《茂陵书》象郡治临尘，去长安万七千五百里。"文颖曰："桂林，今郁林也。"师古曰："桂林，今之桂州境界左右皆是其地，非郁林也。"

⑤师古曰："祭者尚血腥，故曰血食也。"

⑥如淳曰："闽音缗。"应劭曰："音文饰之文。"师古曰："闽越，今泉州建安是其地也。其人本蛇种，故其字从虫。如音是也。虫音许尾反。"

帝乃西都洛阳。夏五月，兵皆罢归家。诏曰："诸侯子在关中者，复之十二岁，①其归者半之。②民前或相聚保山泽，不书名数，③今天下已定，令各归其县，复故爵田宅，④吏以文法教训辨告，勿笞辱。⑤民以饥饿自卖为人奴婢者，皆免为庶人。军吏卒会赦，其亡罪而亡爵及不满大夫者，皆赐爵为大夫。⑥故大夫以上赐爵各一级，⑦其七大夫以上，皆令食邑，⑧非七大夫以下，皆复其身及户，勿事。"⑨又曰："七大夫、公乘以上，皆高爵也。⑩诸侯子及从军归者，甚多高爵，吾数诏吏先与田宅，及所当求于吏者，亟与。⑪爵或人君，上所尊礼，⑫久立吏前，会不为决，⑬甚亡谓也。⑭异日秦民爵公大夫以上，令丞与亢礼。⑮今吾于爵非轻也，吏独安取此！⑯且法以有功劳行田宅，⑰今小吏未尝从军者多满，⑱而有功者顾不得，⑲背公立私，守尉长吏教训甚不善。⑳其令诸吏善遇高爵，称吾意。㉑且廉问，有不如吾诏者，以重论之。"㉒

①师古曰："复音方目反。"

②师古曰："各已还其本土者，复六岁也。"

③师古曰："保，守也，安也。守而安之，以避难也。名数，谓户籍也。"

④师古曰："复，还也，音扶目反。"

⑤师古曰："辨告者，分别义理以晓喻之。"

⑥如淳曰："军吏卒会赦，得免罪，及本无罪而亡爵级者，皆赐爵为大夫。"师古曰："大夫，第五爵也。"

⑦师古曰："就加之也。级，等也。"

⑧臣瓒曰："秦制，列侯乃得食邑，今七大夫以上皆食邑，所以宠之也。"师古曰："七大夫，公大夫也，爵第七，故谓之七大夫。"

⑨应劭曰："不输户赋也。"如淳曰："事谓役使也。"师古曰："复其身及一户之内皆不徭赋也。复音扶目反。"

⑩师古曰："公乘，第八爵。"

⑪师古曰："亟，急也，音居力反。"

⑫师古曰："爵高有国邑者，则自君其人，故云或人君也。上谓天子。"

⑬师古曰："有辨(说)〔讼〕及陈请者，[2]不早为决断。"

⑭师古曰："亡谓者，失于事宜，不可以训。"

⑮应劭曰："言从公大夫以上，民与令丞亢礼。亢礼者，长揖不拜。"师古曰："异日，犹言往日也。亢者，当也，言高下相当，无所卑屈，不独谓揖拜也。"

⑯师古曰："于何得此轻爵之法也。"

⑰苏林曰："行音行酒之行，犹付与也。"

⑱如淳曰："多自满足也。"

⑲师古曰："顾犹反也，言若人反顾然。"

⑳师古曰："守，郡守也。尉，郡尉也。长吏，谓县之令长。"

㉑师古曰："称，副也。"

㉒师古曰："廉，察也。廉字本作覝，其音同耳。"

帝置酒雒阳南宫。上曰：①"通侯诸将②毋敢隐朕，③皆言其情。吾所以有天下者何？项氏之所以失天下者何？"高起、王陵对曰：④"陛下嫚而侮人，⑤项羽仁而敬人。然陛下使人攻城略地，所降下者，因以与之，与天下同利也。项羽妒贤嫉能，有功者害之，贤者疑之，战胜而不与人功，得地而不与人利，此其所以失天下也。"上曰："公知其一，未知其二。夫运筹帷幄之中，决胜千里之外，吾不如子房；填国家，抚百姓，给饷馈，不绝粮道，吾不如萧何；⑥连百万之众，战必胜，攻必取，吾不如韩信。三者皆人杰，吾能用之，⑦此吾所以取天下者也。项羽有一范增而不能用,此所以为我禽也。"群臣说服。⑧

①如淳曰:"蔡邕云上者尊位所在也。但言上,不敢言尊号耳。"

②应劭曰:"旧曰彻侯,避武帝讳曰通侯。通亦彻也。通者,言其功德通于王室也。"张晏曰:"后改为列侯。列者,见序列也。"

③如淳曰:"朕,我也。蔡邕曰古者上下共之。咎繇与帝舜言称朕,屈原曰'朕皇考',至秦独以为尊称,汉遂因之而不改也。"

④张晏曰:"诏使高官者起,故陵先对。"孟康曰:"姓高,名起。"臣瓒曰:"《汉帝年纪》高帝时有信平侯臣陵、都武侯臣起。魏相、邴吉高帝时奏事有将军臣陵、臣起。"师古曰:"张说非也。若言高官者起,则丞相萧何、太尉卢绾及张良、陈平之属时皆在陵上,陵不得先对也。"

⑤师古曰:"嫚,易也,读与慢同。"

⑥师古曰:"填与镇同。镇,安也。餽亦馈字。"

⑦师古曰:"杰言桀然独出也。"

⑧师古曰:"说读曰悦。"

初,田横归彭越。项羽已灭,横惧诛,与宾客亡入海。上恐其久为乱,遣使者赦横,曰:"横来,大者王,小者侯;①不来,且发兵加诛。"横惧,乘传诣雒阳,②未至三十里,自杀。上壮其节,为流涕,发卒二千人,以王礼葬焉。

①师古曰:"大者,谓其长率,即横身也。小者,其徒属也。"

②如淳曰:"律,四马高足为置传,四马中足为驰传,四马下足为乘传,一马二马为轺传。急者乘一乘传。"师古曰:"传者,若今之驿,古者以车,谓之传车,其后又单置马,谓之驿骑。传音张恋反。"

戍卒娄敬求见,说上曰:"陛下取天下与周异,而都雒阳,不便,不如入关,据秦之固。"上以问张良,良因劝上。是日,车驾西都长安。①拜娄敬为奉春君,②赐姓刘氏。六月壬辰,大赦天下。

①师古曰:"凡言车驾者,谓天子乘车而行,不敢指斥也。是日,即其日也。著是日者,言从善之速也。长安本秦之乡名,高祖作都焉。"

②张晏曰:"春,岁之始也,今娄敬发事之始,故号曰奉春君也。"

秋七月,燕王臧荼反,上自将征之。九月,虏荼。诏诸侯王视有功者立以为燕王。荆王臣信等十人①皆曰："太尉长安侯卢绾功最多，请立以为燕王。"使丞相哙将兵平代地。

①如淳曰："荆亦楚也。"贾逵曰："秦庄襄王名楚，故改讳荆，遂行于世。"晋灼曰："《诗》曰'奋伐荆楚'，自秦之先故以称荆也。"师古曰："晋说是也。《左传》又云'荆尸而举'，亦已久矣。"

利幾反，上自击破之。利幾者，项羽将。羽败，利幾为陈令，降，上侯之颍川。上至雒阳，举通侯籍召之，①而利幾恐，反。②

①苏林曰："都以侯籍召之。"

②师古曰："普召通侯，而利幾自以项羽将，故恐惧而反也。"

后九月，徙诸侯子关中。治长乐宫。

六年冬十月，令天下县邑城。①

①张晏曰："皇后、公主所食曰邑。令各自筑其城也。"师古曰："县之与邑，皆令筑城。"

人告楚王信谋反，上问左右，左右争欲击之。用陈平计，乃伪游云梦。①十二月，会诸侯于陈，楚王信迎谒，因执之。诏曰："天下既安，豪桀有功者封侯，新立，未能尽图其功。②身居军九年，或未习法令，或以其故犯法，③大者死刑，吾甚怜之。其赦天下。"田肯贺上曰："甚善，陛下得韩信，又治秦中。④秦，形胜之国也，⑤带河阻山，县隔千里，⑥持戟百万，秦得百二焉。⑦地势便利，其以下兵于诸侯，譬犹居高屋之上建瓴水也。⑧夫齐，东有琅邪、即墨之饶，⑨南有泰山之固，西有浊河之限，⑩北有勃海之利，地方二千里，持戟百万，县隔千里之外，齐得十二焉。⑪此东西秦也。非亲子弟，莫可使王齐者。"上曰："善。"赐金五百斤。上还至雒阳，赦韩信，封为淮阴侯。

①韦昭曰："在南郡之华容也。"师古曰："梦读如本字，又音莫风反。"

②师古曰："新立，言新即帝位也。图谓谋而赏之。"

③韦昭曰："言未习知法令而犯之者，有司因以故犯法之罪罪之，故帝愍焉。"师古曰："此说非也，言以未习法令之故，不知避罪，遂致犯刑，帝原其本情，

故加怜之。"

④师古曰:"治谓都之也。秦中谓关中,秦地也。"

⑤张晏曰:"得形势之胜便也。"

⑥郑氏曰:"县音悬。"师古曰:"此本古之悬字耳,后人转用为州县字,乃更加心以别之,非当借音。他皆类此。"

⑦应劭曰:"言河山之险,与诸侯相县隔,绝千里也。所以能禽诸侯者,得天下之利百二也。"李斐曰:"河山之险,由地势高,顺流而下易,故天下于秦县隔千里也。持戟百万,秦得百二焉。"苏林曰:"百二,得百中之二,二万人也。秦地险固,二万人足当诸侯百万人也。"师古曰:"县隔千里,李、应得之。秦得百二,苏说是也。"

⑧如淳曰:"瓴,盛水瓶也。居高屋之上而幡瓴水,言其向下之势易也。建音蹇。"苏林曰:"瓴读曰铃。"师古曰:"如、苏音说皆是。建音居偃反。"

⑨师古曰:"二县近海,财用之所出。"

⑩晋灼曰:"齐西有平原,河水东北过高唐。高唐即平原也。孟津号黄河,故曰浊河也。"

⑪应劭曰:"齐得十之二耳,故愍王称东帝,后复归之,卒为秦所灭者,利钝之势异也。"李斐曰:"齐有山河之限,地方二千里,是与天下县隔也。设有持戟百万之众,齐得十中之二焉。百万十分之二,亦二十万也。但文相避,故言东西秦,其势敌也。"苏林曰:"十二,得十中之二,二十万人当百万。言齐虽固,不如秦二万乃当百万也。"晋灼曰:"案文考义,苏说是也。"师古曰:"苏、晋之释得其意也。秦得百二者,二万人当诸侯百万人也。齐得十二者,二十万人当诸侯百万也。所以言县隔千里之外者,除去秦地,而齐乃与诸侯计利便也。"

甲申,始剖符封功臣曹参等为通侯。①诏曰:"齐,古之建国也,今为郡县,其复以为诸侯。②将军刘贾数有大功,及择宽惠脩絜者,王齐、荆地。"春正月丙午,韩王信等奏请以故东阳郡、鄣郡、吴郡五十三县立刘贾为荆王,③以砀郡、薛郡、郯郡三十六县立弟文信君交为楚王。④壬子,以云中、雁门、代郡五十三县立兄宜信侯喜为代王,以胶东、胶西、临淄、济北、博阳、城阳郡七十三县立子肥为齐王,以太原郡三十一县为韩国,徙韩王信都晋阳。

①师古曰："剖，破也，与其合符而分授之也。剖音普口反。"

②师古曰："为国以封诸侯王。"

③文颖曰："东阳，今下邳也。鄣郡，今丹(杨)〔阳〕[3]也。吴郡，本会稽也。"韦昭曰："鄣郡，今故鄣县也，后郡徙丹(杨)〔阳〕，转以为县，故谓之故鄣也。"师古曰："鄣音章。"

④文颖曰："薛郡，今鲁国是也。郯郡，今东海郡也。"师古曰："郯音谈。"

上已封大功臣(三)〔二〕十馀人，[4]其馀争功，未得行封。上居南宫，从復道上①见诸将往往耦语，以问张良。良曰："陛下与此属共取天下，今已为天子，而所封皆故人所爱，所诛皆平生仇怨。今军吏计功，以天下为不足用遍封，②而恐以过失及诛，故相聚谋反耳。"上曰："为之奈何？"良曰："取上素所不快，③计群臣所共知最甚者一人，先封以示群臣。"三月，上置酒，封雍齿，因趣丞相急定功行封。④罢酒，群臣皆喜，曰："雍齿且侯，吾属亡患矣！"

①如淳曰："復音複，上下有道，故谓之復。"

②师古曰："言有功者多，而土地少。"

③师古曰："言有旧嫌者也。"

④师古曰："趣读曰促。"

上归栎阳，五日一朝太公。太公家令说太公曰："天亡二日，土亡二王。皇帝虽子，人主也；太公虽父，人臣也。奈何令人主拜人臣！如此，则威重不行。"后上朝，太公拥彗，①迎门却行。②上大惊，下扶太公。太公曰："帝，人主，奈何以我乱天下法！"于是上心善家令言，③赐黄金五百斤。夏五月丙午，诏曰："人之至亲，莫亲于父子，故父有天下传归于子，子有天下尊归于父，此人道之极也。前日天下大乱，兵革并起，万民苦殃，朕亲被坚执锐，④自帅士卒，犯危难，平暴乱，立诸侯，偃兵息民，天下大安，此皆太公之教训也。诸王、通侯、将军、群卿、大夫已尊朕为皇帝，而太公未有号。今上尊太公曰太上皇。"⑤

①李奇曰："为恭也，如今卒持帚也。"师古曰："彗者，所以埽也，音似岁反。"

②师古曰："却退而行也，音丘略反。"

③师古曰："晋太子庶子刘宝云善其发悟己心，因得尊崇父号，非善其令父敬己。"

④师古曰："被坚谓甲胄也。执锐谓利兵也。被音皮义反。"

⑤师古曰："太上，极尊之称也。皇，君也。天子之父，故号曰皇。不预治国，故不言帝也。"

秋九月，匈奴围韩王信于马邑，信降匈奴。

七年冬十月，上自将击韩王信于铜鞮，①斩其将。信亡走匈奴，(与)其将曼丘臣、王黄②共立故赵后赵利为王，③[5]收信散兵，与匈奴共距汉。上从晋阳连战，乘胜逐北，至楼烦，会大寒，士卒堕指者什二三。④遂至平城，为匈奴所围，七日，用陈平秘计得出。⑤使樊哙留定代地。

①师古曰："县名也。鞮音丁奚反。"

②师古曰："姓曼丘，名臣也。曼丘、母丘本一姓也，语有缓急耳。曼音万。"

③师古曰："故赵，六国时赵也。"

④师古曰："十人之中，二三堕指。"

⑤应劭曰："陈平使画工图美女，间遣人遗阏氏，云汉有美女如此，今皇帝困厄，欲献之。阏氏畏其夺己宠，因谓单于曰：'汉天子亦有神灵，得其土地，非能有也。'于是匈奴开其一角，得突出。"郑氏曰："以计鄙陋，故秘不传。"师古曰："应氏之说出桓谭《新论》，盖谭以意测之，事当然耳，非纪传所说也。"

十二月，上还过赵，不礼赵王。是月，匈奴攻代，代王喜弃国，自归雒阳，赦为合阳侯。辛卯，立子如意为代王。

春，令郎中有罪耐以上，请之。①民产子，复勿事二岁。②

①应劭曰："轻罪不至于髡，完其耏鬓，故曰耏。古耐字从彡，发肤之意也。杜林以为法度之字皆从寸，后改如是。言耐罪已上，皆当先请也。耐音若能。"如淳曰："耐犹任也，任其事也。"师古曰："依应氏之说，耏当音而，如氏之解则音乃代反，其义亦两通(而)〔耏〕谓颊旁毛也。[6]彡，毛发貌也，音所廉反，又先廉反。而《功臣侯表》宣曲侯通耏为鬼薪，则应氏之说斯为长矣。"

②师古曰："勿事，不役使也。"

二月，至长安。萧何治未央宫，立东阙、北阙、前殿、武库、大仓。①上见其壮丽，甚怒，谓何曰："天下匈匈，劳苦数岁，成败未可知，②是何治宫室过度也！"何曰："天下方未定，故可因以就宫室。③且夫天子以四海为家，非令壮丽亡以重威，且亡令后世有以加也。"上说。④自栎阳徙都长安。置宗正(宫)〔官〕[7]以序九族。夏四月，行如雒阳。⑤

①师古曰："未央殿虽南向，而上书奏事谒见之徒皆诣北阙，公车司马亦在北焉。是则以北阙为正门，而又有东门、东阙。至于西南两面，无门阙矣。盖萧何初立未央宫，以厌胜之术，理宜然乎？"

②师古曰："匈匈，喧扰之意。"

③师古曰："就，成也。"

④师古曰："说读曰悦。"

⑤师古曰："如，往也。"

八年冬，上东击韩信馀寇于东垣。①还过赵，赵相贯高等耻上不礼其王，阴谋欲弑上。上欲宿，心动，问："县名何？"曰："柏人。"上曰："柏人者，迫于人也。"去弗宿。

①孟康曰："真定也。"师古曰："垣音辕。"

十一月，令士卒从军死者为槥，①归其县，县给衣衾棺葬具，②祠以少牢，长吏视葬。十二月，行自东垣至。③

①服虔曰："槥音卫。"应劭曰："小棺也，今谓之椟。"

②如淳曰："棺音贯，谓棺敛之服也。"臣瓒曰："初以槥致其尸于家，县官更给棺衣更敛之也。《金布令》曰'不幸死，死所为椟，传归所居县，赐以衣棺'也。"师古曰："初为槥椟，至县更给衣及棺，备其葬具耳。不劳改读音为贯也。《金布》者，令篇(者)〔名〕，[8]若今言《仓库令》也。"

③师古曰："至京师。"

春三月，行如雒阳。令吏卒从军至平城及守城邑者①皆复终身勿事。②爵非公乘以上毋得冠刘氏冠。③贾人毋得衣锦绣绮縠絺纻罽，操兵，乘骑马。④秋八月，吏有罪未发觉者，赦之。九月，行自雒阳至，淮南王、梁王、赵王、楚王皆从。

①如淳曰："平城左右诸城能坚守(也)〔者〕。"[9]

②师古曰："复音方目反。"

③文颖曰："即竹皮冠也。"

④师古曰："贾人，坐贩卖者也。绮，文缯也，即今之细绫也。绨，细葛也。纻，织纻为布及疏也。罽，织毛若今毼及氍毹之类也。操，持也。兵，凡兵器也。乘，驾车也。骑，单骑也。贾音古。绨音丑知反。纻音伫。罽音居例反。操音千高反。"

九年冬十月，淮南王、梁王、赵王、楚王朝未央宫，置酒前殿。上奉玉卮①为太上皇寿，②曰："始大人常以臣亡赖，③不能治产业，不如仲力。④今某之业所就孰与仲多？"⑤殿上群臣皆称万岁，大笑为乐。

①应劭曰："饮酒礼器也，古以角作，受四升。古卮字作觗。"晋灼曰："音支。"师古曰："卮，饮酒圆器也，今尚有之。"

②师古曰："进酒而献寿也，已解于上。"

③应劭曰："赖者，恃也。"晋灼曰："许慎云'赖，利也'，无利入于家也。或曰江淮之间谓小儿多诈狡狯为亡赖。"师古曰："晋说是也。狯音工外反。"

④服虔曰："力，勤力也。"

⑤师古曰："就，成也。与亦如也。"

十一月，徙齐楚大族昭氏、屈氏、景氏、怀氏、田氏五姓关中，与利田宅。①十二月，行如雒阳。

①师古曰："利谓便好也。屈音九勿反。"

贯高等谋逆发觉，逮捕高等，①并捕赵王敖下狱。诏敢有随王，罪三族。②郎中田叔、孟舒等十人自髡钳为王家奴，③从王就狱。王实不知其谋。春正月，废赵王敖为宣平侯。徙代王如意为赵王，王赵国。丙寅，前有罪殊死以下，皆赦之。

①师古曰："逮捕，谓事相连及者皆捕之也。一曰，在道守禁，相属不绝，若今之传送囚耳。"

②张晏曰："父母兄弟妻子也。"如淳曰："父族、母族、妻族也。"师古曰："如说

是也。”

③师古曰:“钳,以铁束颈也,音其炎反。”

二月,行自雒阳至。贤赵臣田叔、孟舒等十人,召见与语,汉廷臣无能出其右者。① 上说,② 尽拜为郡守、诸侯相。

①师古曰:“古者以右为尊,言材用无能过之者,故云不出其右也。他皆类此。”

②师古曰:“说读曰悦。”

夏六月乙未晦,日有食之。

十年冬十月,淮南王、燕王、荆王、梁王、楚王、齐王、长沙王来朝。

夏五月,太上皇后崩。① 秋七月癸卯,太上皇崩,葬万年。② 赦栎阳囚死罪以下。③ 八月,令诸侯王皆立太上皇庙于国都。

①如淳曰:“《王陵传》楚取太上皇、吕后为质。又项羽归太公、吕后,不见归媪也。又上五年追尊母媪为昭灵夫人,高后时乃追尊为昭灵后耳。《汉仪注》高帝母兵起时死小黄北,后于小黄作陵庙。以此二者推之,不得有太上皇后崩也。”李奇曰:“高祖后母也。”晋灼曰:“五年,追尊先媪曰昭灵夫人,言追尊,则明其已亡。《史记》十年春夏无事,七月太上皇崩,葬栎阳宫,明此长‘夏五月太上皇后崩’八字也。又《汉仪注》先媪已葬陈留小黄。”师古曰:“如、晋二说皆得之,无此太上皇后也。诸家之说更有异端,适为烦秽,不足采也。”

②师古曰:“《三辅黄图》云高祖初居栎阳,故太上皇因在栎阳。十年太上皇崩,葬其北原,起万年邑,置长丞也。”

③臣瓒曰:“万年陵在栎阳县界,故特赦之。”

九月,代相国陈豨反。① 上曰:“豨尝为吾使,甚有信。② 代地吾所急,故封豨为列侯,以相国守代,今乃与王黄等劫掠代地!吏民非有罪也,能去豨、黄来归者,皆赦之。”③ 上自东,至邯郸。上喜曰:“豨不南据邯郸而阻漳水,吾知其亡能为矣。”赵相周昌奏常山二十五城亡其二十城,请诛守尉。④ 上曰:“守尉反乎?”对曰:“不。”上曰:“是力不足,亡罪。”上令周昌选赵壮士可令将者，白见四人。⑤上嫚骂曰：⑥“竖子能为将乎！”四人惭，皆伏地。上封各千户，以为将。左右谏曰：“从入蜀汉，伐楚，赏未遍行，今封此，何功？”上曰：“非汝所知。陈豨反，赵代地皆豨有。吾以羽檄征天下兵，未有至者，⑦今计唯独邯郸中兵耳。吾何爱四千户，不以慰赵子弟！”皆曰：“善。”又求：“乐毅有后乎？”⑧得其孙叔，封之乐乡，号华成君。问豨将，皆故贾人。上曰：“吾知与之矣。”⑨乃多以金购豨将，⑩豨将多降。

①邓展曰：“东海人名猪曰豨。”师古曰：“豨音许岂反。”

②师古曰：“为音于伪反。”

③师古曰：“去谓弃离之而来也。”

④师古曰：“守者，郡守；尉者，郡尉也。”

⑤师古曰：“白于天子而召见也。”

⑥师古曰：“嫚者，媟污也。”

⑦师古曰：“檄者，以木简为书，长尺二寸，用征召也。其有急事，则加以鸟羽插之，示速疾也。《魏武奏事》云今边有警，辄露檄插羽。檄音胡历反。”

⑧师古曰：“乐毅，战国时燕将也。”

⑨师古曰：“与，如也，言能如之何也。”

⑩师古曰：“购，设赏募也，〔音搆〕。”[10]

十一年冬，上在邯郸。豨将侯敞将万馀人游行，王黄将骑千馀军曲逆，①张春将卒万馀人度河攻聊城。②汉将军郭蒙与齐将击，大破之。太尉周勃道太原入定代地，③至马邑，马邑不下，攻残之。④豨将赵利守东垣，高祖攻之不下。卒骂，上怒。城降，卒骂者斩之。诸县坚守不降反寇者，复租赋三岁。

①文颖曰：“今中山蒲阴是也。”

②师古曰：“即今博州聊城县。”

③师古曰：“道由太原也。”

④师古曰：“残谓多所杀戮也。”

春正月，淮阴侯韩信谋反长安，夷三族。将军柴武斩韩王信于参合①。

①师古曰："代之县也。"

上还雒阳。诏曰："代地居常山之北，与夷狄边，赵乃从山南有之，远，数有胡寇，难以为国。颇取山南太原之地益属代，①代之云中以西为云中郡，则代受边寇益少矣。王、相国、通侯、吏二千石择可立为代王者。"燕王绾、相国何等三十三人皆曰："子恒贤知温良，请立以为代王，都晋阳。"②大赦天下。

①师古曰："少割以益之，不尽取也。颇音普我反。后皆类此。"

②如淳曰："《文纪》言都中都，又文帝过太原，复晋阳、中都二岁，似迁都于中都也。"

二月，诏曰："欲省赋甚。①今献未有程，②吏或多赋以为献，而诸侯王尤多，民疾之。③令诸侯王、通侯常以十月朝献，及郡各以其口数率，④人岁六十三钱，以给献费。"又曰："盖闻王者莫高于周文，伯者莫高于齐桓，⑤皆待贤人而成名。今天下贤者智能岂特古之人乎？⑥患在人主不交故也，士奚由进！⑦今吾以天之灵，贤士大夫定有天下，以为一家，欲其长久，世世奉宗庙亡绝也。贤人已与我共平之矣，而不与吾共安利之，可乎？贤士大夫有肯从我游者，吾能尊显之。布告天下，使明知朕意。御史大夫昌下相国，⑧相国酂侯下诸侯王，⑨御史中执法下郡守，⑩其有意称明德者，必身劝，为之驾，⑪遣诣相国府，署行、义、年。⑫有而弗言，觉，免。年老癃病，勿遣。"⑬

①师古曰："意甚欲省赋敛也。"

②师古曰："程，法式也。"

③师古曰："诸侯王赋其国中，以为献物，又多于郡，故百姓疾苦之。"

④师古曰："率，计也。"

⑤师古曰："伯读曰霸。"

⑥师古曰："特，独也。"

⑦师古曰："奚，何也。"

⑧臣瓒曰："周昌已为赵相，御史大夫是赵尧耳。"

⑨臣瓒曰："《茂陵书》何封国在南阳。酂音赞。"师古曰："瓒说是也。而或云何封沛郡酂县，音才何反，非也。案《地理志》南阳酂县云侯国，沛酂县不云侯国也。又南阳酂者，本是春秋时阴国，所谓迁阴于下阴者也。今为襄州阴城县，有酂城，城西见有萧何庙。彼土又有筑水，筑水之阳古曰筑阳县，与酂侧近连接。据何本传，何薨之后子禄无嗣，高后封何夫人同为酂侯，小子延为筑阳侯。孝文罢同，更封延为酂侯。是知何封酂国兼得筑阳，此明验也。但酂字别有鄌音，是以沛之鄌县，《史记》、《汉书》皆作酂字，明其音同也。班固《泗水亭碑》以萧何相国所封，与何同韵，于义无爽。然其封邑实在南阳，非沛县也。且《地理志》云王莽改沛酂曰赞治，然而沛酂亦有赞音。鄌、酂相乱，无所取信也。说者又引江统《徂淮赋》以为证，此乃统之疏谬，不可考覈，亦犹潘岳《西征》以陕之曲沃为成师所居耳。斯例甚多，不可具载。"

⑩晋灼曰："中执法，中丞也。"

⑪文颖曰："有贤者，郡守身自往劝勉，令至京师，驾车遣之。"

⑫苏林曰："行状年纪也。"

⑬师古曰："癃，疲病也，音隆。"

三月，梁王彭越谋反，夷三族。① 诏曰："择可以为梁王、淮阳王者。"燕王绾、相国何等请立子恢为梁王，子友为淮阳王。罢东郡，颇益梁；罢颍川郡，颇益淮阳。

①师古曰："夷，平也，谓尽诛除之。"

夏四月，行自雒阳至。令丰人徙关中者皆复终身。①

①应劭曰："太上皇思(上)欲归丰，[11]高祖乃更筑城寺市里如丰县，号曰新丰，徙丰民以充实之。"师古曰："徙丰人所居，即今之新丰古城是其处。复音方目反。"

五月，诏曰："粤人之俗，好相攻击，前时秦徙中县之民南方三郡，①使与百粤杂处。②会天下诛秦，南海尉它居南方长治之，③甚有文理，中县人以故不耗减，④粤人相攻击之俗益止，俱赖其力。今立它为南粤王。"使陆贾即授玺绶。⑤它稽首称臣。

①如淳曰："中县之民，中国县民也。秦始皇略取(彊)〔陆〕梁地以为桂林、[12]

象郡、南海郡，故曰三郡。”

②李奇曰：“欲以介其间，使不相攻击也。”

③晋灼曰：“长音长吏之长。”师古曰：“它，古佗字也，书本亦或作他，并音徒何反。它者，南海尉之名也，姓赵。长治，谓为之长(治)〔帅〕而治理之也。”[13]

④师古曰：“耗，损也，音火到反。”

⑤师古曰：“即，就也，就其所居而立之。”

六月，令士卒从入蜀、汉、关中者皆复终身。①

①师古曰：“复音方目反。”

秋七月，淮南王布反。上问诸将，滕公言故楚令尹薛公有筹策。上(见公)〔召见〕，[14]薛公言布形势，上善之，封薛公千户。诏王、相国择可立为淮南王者，群臣请立子长为王。上乃发上郡、北地、陇西车骑，巴蜀材官及中尉卒三万人①为皇太子卫，军霸上。布果如薛公言，东击杀荆王刘贾，劫其兵，度淮击楚，楚王交走入薛。上赦天下死罪以下，皆令从军；征诸侯兵，上自将以击布。

①应劭曰：“材官，有材力者。”张晏曰：“材官、骑士习射御骑驰战陈，常以八月，太守、都尉、令、长、丞会都试，课殿最。水处则习船，边郡将万骑行障塞。光武时省。”韦昭曰：“中尉即执金吾也。”

十二年冬十月，上破布军于会缶，①布走，令别将追之。

①孟康曰：“音侩保，邑名，属沛国蕲县。”苏林曰：“缶音甀。”晋灼曰：“蕲县乡名也。”师古曰：“会音工外反。缶音丈瑞反。苏音是也。此字本作甀，而转写者误为缶字耳。音保，非也。《黥布传》则正作甀字，此足明其不作缶也。”

上还，过沛，留，置酒沛宫，悉召故人父老子弟佐酒。①发沛中儿得百二十人，教之歌。酒酣，②上击筑，③自歌曰：“大风起兮云飞扬，威加海内兮归故乡，安得猛士兮守四方！”令儿皆和习之。④上乃起舞，忼慨伤怀，⑤泣数行下。⑥谓沛父兄曰：“游子悲故乡。⑦吾虽都关中，万岁之后吾魂魄犹思(乐)沛。[15]且朕自沛公以诛暴逆，遂有天下，其以沛为朕汤沐邑，⑧复其民，世世无有所与。”⑨沛父老诸母故人日乐饮极欢，道旧故为笑乐。⑩十馀日，上欲去，沛父兄固请。上曰：“吾人众多，父兄不能给。”乃去。沛中空县皆之邑西献。⑪上留止，张饮三日。⑫沛父兄皆顿首曰：“沛幸得复，丰未得，唯陛下哀矜。”上曰：“丰者，吾所生长，极不忘耳。⑬吾特以其为雍齿故反我为魏。”沛父兄固请之，乃并复丰，比沛。

①应劭曰：“助行酒。”

②师古曰：“酣，洽也，音胡甘反。”

③邓展曰：“筑音竹。”应劭曰：“状似琴而大，头安弦，以竹击之，故名曰筑。”师古曰：“今筑形似瑟而细颈也。”

④师古曰：“和音胡卧反。”

⑤师古曰：“忼音口朗反。慨音口代反。”

⑥师古曰：“泣，目中泪也。”

⑦师古曰：“游子，行客也。悲谓顾念也。”

⑧师古曰：“凡言汤沐邑者，谓以其赋税供汤沐之具也。”

⑨师古曰：“复音方目反。与读曰豫。”

⑩师古曰：“言日日乐饮也。乐并音来各反。”

⑪如淳曰：“献牛酒也。”师古曰：“之，往也。皆往邑西，竞有所献，故县中空无人。”

⑫张晏曰：“张，帷帐也。”师古曰：“张音竹亮反。”

⑬师古曰：“极，至也。至念之不忘也。”

汉别将击布军洮水南北，①皆大破之，追斩布番阳。②

①苏林曰：“洮音兆。”

②师古曰：“番音蒲何反。”

周勃定代，斩陈豨于当城。①

①韦昭曰：“代郡县也。”

诏曰：“吴，古之建国也，日者荆王兼有其地，①今死亡后。朕欲复立吴王，其议可者。”长沙王臣等言：②“沛侯濞重厚，③请立为吴王。”已拜，上召谓濞曰：“汝状有反相。”因拊其背，曰：“汉后五十年东南有乱，岂汝邪？④然天下同姓一家，汝慎毋反。”濞顿首曰：“不敢。”

①师古曰：“日者，犹往日也。”

②师古曰："臣者，长沙王之名，吴芮之子也。今书本或臣下有芮字者，流俗妄加也。"

③服虔曰："濞音滂濞。"师古曰："音普懿反。"

④应劭曰："高祖有聪略，反相径可知。至于东南有乱，克期五十，占者所知也。若秦始皇东巡以厌气，后刘项起东南，疑当如此耳。"如淳曰："度其贮积足用为难，又吴楚世不宾服。"师古曰："应说是也。拊谓摩循之。"

十一月，行自淮南还。过鲁，以大牢祠孔子。

十二月，诏曰："秦皇帝、楚隐王、①魏安釐王、②齐愍王、③赵悼襄王④皆绝亡后。其与秦始皇帝守冢二十家，楚、魏、齐各十家，赵及魏公子亡忌各五家，⑤令视其冢，复亡与它事。"⑥

①师古曰："陈胜也。"

②师古曰："昭王之子也。釐读曰僖。《汉书》僖谥及福禧字，例多为釐。"

③师古曰："宣王之子，为淖齿所杀。"

④师古曰："孝成王之子。"

⑤师古曰："亡忌即信陵君也。"

⑥师古曰："复音方目反。与读曰豫。"

陈豨降将言豨反时燕王卢绾使人之豨所阴谋。①上使辟阳侯审食其迎绾，②绾称疾。食其言绾反有端。春二月，使樊哙、周勃将兵击绾。诏曰："燕王绾与吾有故，爱之如子，闻与陈豨有谋，吾以为亡有，故使人迎绾。绾称疾不来，谋反明矣。燕吏民非有罪也，赐其吏六百石以上爵各一级。与绾居，去来归者，赦之，③加爵亦一级。"诏诸侯王议可立为燕王者，长沙王臣等请立子建为燕王。

①师古曰："之，往也。"

②师古曰："辟音必亦反。食其音异基。"

③师古曰："先与绾居，今能去之来归汉者，赦其罪。"

诏曰："南武侯织亦粤之世也，立以为南海王。"①

①文颖曰："高祖五年，以象郡、桂林、南海、长沙立吴芮为长沙王。象郡、桂林、南海属尉佗，佗未降，遥虚夺以封芮耳。后佗降汉，十一年，更立佗为南

越王，自此王三郡。芮唯得长沙、桂林、零陵耳。今复封织为南海王，复遥夺佗一郡，织未得王之。”

三月，诏曰：“吾立为天子，帝有天下，十二年于今矣。与天下之豪士贤大夫共定天下，同安辑之。①其有功者上致之王，次为列侯，下乃食邑。②而重臣之亲，或为列侯，皆令自置吏，得赋敛，女子公主。③为列侯食邑者，皆佩之印，赐大第室。④吏二千石，徙之长安，受小第室。入蜀汉定三秦者，皆世世复。⑤吾于天下贤士功臣，可谓亡负矣。其有不义背天子擅起兵者，与天下共伐诛之。⑥布告天下，使明知朕意。”

①师古曰：“辑与集同。”

②师古曰：“谓非列侯而特赐食邑者。”

③如淳曰：“《公羊传》曰‘天子嫁女于诸侯，必使诸侯同姓者主之’，故谓之公主。《百官表》‘列侯所食曰国，皇后、公主所食曰邑’。帝姊妹曰长公主，诸王女曰翁主。”师古曰：“如说得之。天子不亲主婚，故谓之公主。诸王即自主婚，故其女曰翁主。翁者，父也，言父主其婚也。亦曰王主，言王自主其婚也。高祖答项羽曰‘吾翁即若翁也’。扬雄《方言》云‘周、晋、秦、陇谓父曰翁’。而臣瓒、王楙或云公者比于上爵，或云主者妇人尊称，皆失之。”

④孟康曰：“有甲乙次第，故曰第也。”

⑤师古曰：“复音方目反。”

⑥师古曰：“擅，专也，音上战反。他皆类此。”

上击布时，为流矢所中，行道疾。疾甚，吕后迎良医。医入见，上问医。曰：“疾可治(不医曰可治)。”[16] 于是上嫚骂之，曰：“吾以布衣提三尺取天下，①此非天命乎？命乃在天，虽扁鹊何益！”②遂不使治疾，赐黄金五十斤，罢之。吕后问曰：“陛下百岁后，萧相国既死，谁令代之？”上曰：“曹参可。”问其次，曰：“王陵可，然少戆，③陈平可以助之。陈平知有馀，然难独任。周勃重厚少文，然安刘氏者必勃也，可令为太尉。”吕后复问其次，上曰：“此后亦非乃所知也。”④

①师古曰：“三尺，剑也。下《韩安国传》所云三尺亦同，而流俗书本或云提三尺剑，剑字后人所加耳。”

②韦昭曰：“泰山卢人也。名越人，魏桓侯时医也。”臣瓒曰：“《史记》云齐勃海

人也，魏无桓侯。"师古曰："瓒说是也。扁音步典反。"

③师古曰："戆，愚也，古音下绀反，今则竹巷反。"

④师古曰："乃，汝也。言自此之后，汝亦终矣，不复知之。"

卢绾与数千人居塞下候伺，幸上疾愈，自入谢。① 夏四月甲辰，帝崩于长乐宫。② 卢绾闻之，遂亡入匈奴。

①师古曰："冀得上疾愈，自入谢以为已身之幸也。"

②臣瓒曰："帝年四十二即位，即位十二年，寿五十三。"

吕后与审食其谋曰："诸将故与帝为编户民，① 北面为臣，心常鞅鞅，② 今乃事少主，非尽族是，天下不安。"③ 以故不发丧。人或闻，以语郦商。郦商见审食其曰："闻帝已崩，四日不发丧，欲诛诸将。诚如此，天下危矣。陈平、灌婴将十万守荥阳，樊哙、周勃将二十万定燕代，此闻帝崩，诸将皆诛，必连兵还乡，以攻关中。④ 大臣内畔，诸将外反，亡可跻足待也。"⑤ 审食其入言之，乃以丁未发丧，大赦天下。

①师古曰："编户者，言列次名籍也。编音鞭。"

②师古曰："鞅鞅，不满足也，音於亮反。他皆类此。"

③师古曰："族谓族诛之。是亦此也。"

④师古曰："乡读曰向。还向，犹言反向、内向也。"

⑤文颖曰："跻犹翘也。"如淳曰："跻音如今作乐跻行之跻。"晋灼曰："许慎云'跻，举足小高也'，音矫。"师古曰："晋说是也。"

五月丙寅，葬长陵。① 已下，② 皇太子群臣皆反至太上皇庙。群臣曰："帝起细微，拨乱世反之正，③ 平定天下，为汉太祖，功最高。"上尊号曰高皇帝。④

①臣瓒曰："自崩至葬凡二十三日。长陵在长安北四十里。"

②苏林曰："下音下书之下。"郑氏曰："已下棺也。"师古曰："苏音郑说是也。下音胡亚反。"

③师古曰："反，还也，还之于正道。"

④师古曰："尊号，谥也。"

初，高祖不修文学，而性明达，好谋，能听，自监门戍卒，见之如旧。

初顺民心作三章之约。天下既定，命萧何次律令，韩信申军法，张苍定章程，①叔孙通制礼仪，陆贾造《新语》。又与功臣剖符作誓，②丹书铁契，金匮石室，③藏之宗庙。虽日不暇给，规摹弘远矣。④

①如淳曰："章，历数之章术也。程者，权衡丈尺斗斛之平法也。"师古曰："程，法式也。"

②如淳曰："谓《功臣表》誓'使河如带，泰山若厉，国乃灭绝'。"

③如淳曰："金匮，犹金縢也。"师古曰："以金为匮，以石为室，重缄封之，保慎之义。"

④邓展曰："若画工规模物之摹。"韦昭曰："正员之器曰规。摹者，如画工未施采事摹之矣。"师古曰："取喻规摹，谓立制垂范也。给，足也。日不暇足，言众事繁多，常汲汲也。"

赞曰：《春秋》晋史蔡墨有言，陶唐氏既衰，①其后有刘累，学扰龙，事孔甲，②范氏其后也。③而大夫范宣子亦曰："祖自虞以上为陶唐氏，④在夏为御龙氏，⑤在商为豕韦氏，⑥在周为唐杜氏，⑦晋主夏盟为范氏。"范氏为晋士师，⑧鲁文公世奔秦。⑨后归于晋，其处者为刘氏。⑩刘向云战国时刘氏自秦获于魏。⑪秦灭魏，迁大梁，⑫都于丰，故周市说雍齿曰"丰，故梁徙也"。是以颂高祖云："汉帝本系，出自唐帝。降及于周，在秦作刘。涉魏而东，遂为丰公。"⑬丰公，盖太上皇父。其迁日浅，坟墓在丰鲜焉。⑭及高祖即位，置祠祀官，则有秦、晋、梁、荆之巫，⑮世祠天地，缀之以祀，岂不信哉！⑯由是推之，汉承尧运，德祚已盛，断蛇著符，旗帜上赤，协于火德，自然之应，得天统矣。⑰

①荀悦曰："唐者，帝尧有天下号。陶，发声也。"韦昭曰："陶唐皆国名，犹汤称殷商矣。"臣瓒曰："尧初居于唐，后居陶，故曰陶唐也。"师古曰："三家之说皆非也。许慎《说文解字》云：'陶，丘再成也，在济阴。《夏书》曰东至陶丘。陶丘有尧城，尧尝居之，后居于唐，故尧号陶唐氏。'斯得之矣。"

②应劭曰："扰，驯也，能顺养得其嗜欲也。孔甲，夏天子也。"师古曰："扰音绕，又音饶。"

③师古曰："晋司空士蒍之孙士会为晋大夫，食采于范，因号范氏。"

④师古曰："范宣子即士会之孙士匄也。"

⑤师古曰："即刘累也。"

⑥师古曰："豕韦，国名，在东郡白马县东南。"

⑦师古曰："唐、杜，二国名也。殷末豕韦徙国于唐；周成王灭唐，迁之于杜，为杜伯。杜伯之子隰叔奔晋。士会即隰叔之玄孙也。唐，太原晋阳县也。杜，京兆杜县也。"

⑧师古曰："言晋为霸，主诸夏之盟，而范氏为晋正卿。"

⑨师古曰："文公六年，晋襄公卒，士会与先蔑如秦逆公子雍，欲以为嗣。七年，以秦师纳雍，而赵宣子立灵公，与秦师战，败之于刳首。先蔑奔秦，士会从之。"

⑩师古曰："文十三年，晋人使魏寿馀伪以魏畔，诱士会而纳之。秦人归其帑，其别族留在秦者既无官邑，而乃复刘累之姓也。"

⑪文颖曰："六国时，秦伐魏，刘氏随军为魏所获，故得复居魏也。"师古曰："春秋之后，周室卑微，诸侯强盛，交相攻伐，故总谓之战国。"

⑫师古曰："秦昭王伐魏，魏惠王弃安邑，东徙大梁，更号曰梁，非始皇灭六国之时。"

⑬晋灼曰："涉犹入也。"

⑭师古曰："鲜，少也，音先浅反。"

⑮应劭曰："先人所在之国，悉致祠巫祝，博求神灵之意也。"文颖曰："巫，掌神之位次者也。范氏世仕于晋，故祠祀有晋巫。范会支庶，留秦为刘氏，故有秦巫。刘氏随魏都大梁，故有梁巫。后徙丰，丰属荆，故有荆巫也。"

⑯师古曰："缀，言不绝也。"

⑰孟康曰："十一月天统，物萌色赤，故云得天统也。"臣瓒曰："汉承尧绪，为火德。秦承周后，以火代木，得天之统序，故曰得天统。汉初因秦正，至太初元年始用夏正，不用十一月为正也。"师古曰："瓒说得之。"

【校勘记】

〔1〕 汉王为发(葬)〔丧〕， 景祐、汲古、殿本都作"丧"。王先谦说作"丧"是。

〔2〕 有辨(说)〔讼〕及陈请者， 景祐、殿本都作"讼"。王先谦说作"讼"是。

〔3〕丹(杨)〔阳〕　景祐、殿本都作“阳”。

〔4〕上已封大功臣(三)〔二〕十馀人　周寿昌说《高帝功臣表》六年正月以前封二十七人，合韩信二十八人，“三”是“二”之误。王先谦说《通鉴》亦作“二十馀人”，此积画传写之误。

〔5〕(与)其将曼丘臣、王黄共立故赵后赵利为王，　朱子文说“与”字衍。王先谦说朱说是。

〔6〕(而)〔耏〕谓颊旁毛也。　景祐、殿本都作“耏”。按下句云“彡，毛发貌也”，是释“耏”字所从，则作“耏”是。

〔7〕置宗正(宫)〔官〕　景祐、殿、局本都作“官”。钱大昭说“宫”当作“官”。

〔8〕《金布》者，令篇(者)〔名〕，　景祐、汲古、殿、局本都作“名”。

〔9〕能坚守(也)〔者〕。　殿本作“者”。王先谦说作“者”是。

〔10〕购设赏募也〔音搆〕。　景祐、殿本都多“音搆”二字。

〔11〕太上皇思(上)欲归丰，　殿、局本“上”作“土”。景本无此字。

〔12〕略取(彊)〔陆〕梁地以为桂林　《史记·秦始皇本纪》作“陆梁”，地名。王先谦说作“陆”是。

〔13〕谓为之长(治)〔帅〕而治理之也。　景祐、殿、局本都作“帅”。王先谦说作“帅”是。

〔14〕上(见公)〔召见〕，　景祐、殿本都作“召见”。

〔15〕吾魂魄犹思(乐)沛。　景祐本无“乐”字。

〔16〕(不医曰可治)　宋祁说旧本及越本并无“不医曰可治”五字。王念孙说景祐本无五字是。

汉书卷二

惠帝纪第二

孝惠皇帝,①高祖太子也,母曰吕皇后。帝年五岁,高祖初为汉王。二年,立为太子。十二年四月,高祖崩。五月丙寅,太子即皇帝位,尊皇后曰皇太后。赐民爵一级。②中郎、郎中满六岁爵三级,四岁二级。③外郎满六岁二级。④中郎不满一岁一级。外郎不满二岁赐钱万。⑤宦官尚食比郎中。⑥谒者、执楯、执戟、武士、驺比外郎。⑦太子御骖乘赐爵五大夫,舍人满五岁二级。⑧赐给丧事者,二千石钱二万,六百石以上万,五百石、二百石以下至佐史五千。⑨视作斥上者,将军四十金,⑩二千石二十金,六百石以上六金,五百石以下至佐史二金。减田租,复十五税一。⑪爵五大夫、吏六百石以上及宦皇帝而知名者有罪当盗械者,皆颂系。⑫上造以上及内外公孙耳孙有罪当刑及当为城旦舂者,皆耐为鬼薪白粲。⑬民年七十以上若不满十岁有罪当刑者,皆完之。⑭又曰:"吏所以治民也,能尽其治则民赖之,故重其禄,所以为民也。⑮今吏六百石以上父母妻子与同居,及故吏尝佩将军都尉印将兵及佩二千石官印者,家唯给军赋,他无有所与。"⑯

①荀悦曰:"讳盈之字曰满。"应劭曰:"礼谥法'柔质慈民曰惠'。"师古曰:"孝子善述父之志,故汉家之谥,自惠帝已下皆称孝也。臣下以满字代盈者,则知帝讳盈也。他皆类此。"

②师古曰:"帝初即位为恩惠也。"

③苏林曰:"中郎,省中郎也。"

④苏林曰:"外郎,散郎也。"

⑤张晏曰:"不满一岁,谓不满四岁之一岁,作郎三岁也。不满二岁,谓不满六

岁之二岁，作郎四岁也。”师古曰：“此说非也。直谓作郎未经一岁二岁耳。”

⑥应劭曰：“宦官，阉寺也。尚，主也。旧有五尚。尚冠、尚帐、尚衣、尚席亦是。”如淳曰：“主天子物曰尚，主文书曰尚书，又有尚符玺郎也。《汉仪注》省中有五尚，而内官妇人有诸尚也。”

⑦应劭曰：“执楯、执戟，亲近陛卫也。武士，力士也，高祖使武士缚韩信是也。驺，驺骑也。”师古曰：“驺本厩之驭者，后又令为骑，因谓驺骑耳。”

⑧师古曰：“武士、驺以上，皆旧侍从天子之人也。舍人以上，太子之官属。”

⑨如淳曰：“律有斗食佐史。”韦昭曰：“若今曹史书佐也。”师古曰：“自五百石以下至于佐史皆赐五千。今又言二百石者，审备其等也。”

⑩服虔曰：“斥上，圹上也。”如淳曰：“斥，开也。开土地为冢圹，故以开斥言之。”郑氏曰：“四十金，四十斤金也。”晋灼曰：“近上二千石赐钱二万，此言四十金，实金也。下凡言黄金，真金也。不言黄，谓钱也。《食货志》黄金一斤直万钱。”师古曰：“诸赐言黄金者，皆与之金。不言黄者，一金与万钱也。”

⑪邓展曰：“汉家初十五税一，俭于周十税一也。中间废，今复之也。”如淳曰：“秦作阿房之宫，收太半之赋，遂行，至此乃复十五而税一。”师古曰：“邓说是也。复音房目反。”

⑫文颖曰：“言皇帝者，以别仕诸王国也。”张晏曰：“时诸侯治民，新承六国之后，咸慕乡邑，或贪逸豫，乐仕诸侯，今特为京师作优裕法也。”如淳曰：“知名，谓宦人教帝书学，亦可表异者也。盗者逃也，恐其逃亡，故著械也。颂者容也，言见宽容，但处曹吏舍，不入(陛)〔狴〕牢也。”[1]师古曰：“诸家之说皆非也。宦皇帝而知名者，谓虽非五大夫爵、六百石吏，而早事惠帝，特为所知，故亦优之，所以云及耳，非谓凡在京师异于诸王国，亦不必在于宦人教书学也。左官之律起自武帝，此时未有。《礼记》曰‘宦学事师’，谓凡仕宦，非阉寺也。盗械者，凡以罪著械皆得称焉，不必逃亡也。据《山海经》，贰负之臣、相柳之尸皆云盗械，其义是也。古者颂与容同。五大夫，第九爵也。”

⑬应劭曰：“上造，爵满十六者也。内外公孙谓王侯内外孙也。耳孙者，玄孙之子也，言去其曾高益远，但耳闻之也。今以上造有功劳，内外孙有骨血属婕，施德布惠，故事从其轻也。城旦者，旦起行治城；舂者，妇人不豫外徭，但舂作米：皆四岁刑也。今皆就鬼薪白粲。取薪给宗庙为鬼薪，坐择米使

正白为白粲，皆三岁刑也。”李斐曰：“耳孙，曾孙也。”张晏曰：“公孙，宗室侯王之孙也。”晋灼曰：“耳孙，玄孙之曾孙也，《诸侯王表》在八世。”师古曰：“上造，第二爵名也。内外公孙，国家宗室及外戚之孙也。耳孙，诸说不同。据《平纪》及《诸侯王表》说‘梁孝王玄孙之(子)耳孙〔音〕’。[2]耳音仍。又《匈奴传》说握衍朐鞮单于，云‘乌维单于耳孙’。以此参之，李云曾孙是也。然《汉书》诸处又皆云曾孙非一，不应杂两称而言。据《尔雅》‘曾孙之子为玄孙，玄孙之子为来孙，来孙之子为昆孙，昆孙之子为仍孙’，从己而数，是为八叶，则与晋说相同。仍、耳声相近，盖一号也。但班氏肉刑唯存古名，而计其叶数则错也。媫音连。”

⑭孟康曰：“不加肉刑髡鬄也。”师古曰：“若，预及之言也。谓七十以上及不满十岁以下，皆完之也，鬄音他计反。”

⑮师古曰：“为音于伪反。”

⑯师古曰：“同居，谓父母妻子之外若兄弟及兄弟之子等见与同居业者，若今言同籍及同财也。无有所与，与读曰豫。”

令郡诸侯王立高庙。①

①师古曰：“诸郡及诸侯王国皆立庙也。今书本郡下或有国字者，流俗不晓妄加之。”

元年冬十二月，赵隐王如意薨。民有罪，得买爵三十级以免死罪。①赐民爵，户一级。

①应劭曰：“一级直钱二千，凡为六万，若今赎罪入三十匹缣矣。”师古曰：“令出买爵之钱以赎罪。”

春正月，城长安。

二年冬十月，齐悼惠王来朝，献城阳郡以益鲁元公主邑，尊公主为太后。①

①如淳曰：“张敖子偃为鲁王，故公主得为太后。”师古曰：“此说非也。盖齐王忧不得脱，故从内史之言，请尊公主为齐太后，以母礼事之，用悦媚吕太后耳。若鲁元以子为鲁王，自合称太后，何待齐王尊之乎？据《张耳传》‘高后元年鲁元太后薨，后六年宣平侯敖薨，吕太后立敖子偃为王，以母为太后故

也’，是则偃因母为齐王太后而得王，非母因偃乃为太后也。”

春正月癸酉，有两龙见兰陵家人井中，① 乙亥夕而不见。陇西地震。

①师古曰：“家人，言庶人之家。”

夏旱。郃阳侯仲薨。①秋七月辛未，相国何薨。②

①师古曰：“高帝之兄，吴王濞父也。”

②师古曰：“萧何也。”

三年春，发长安六百里内男女十四万六千人城长安，三十日罢。①

①郑氏曰：“城一面，故速罢。”

以宗室女为公主，嫁匈奴单于。

夏五月，立闽越君摇为东海王。①

①应劭曰：“摇，越王句践之苗裔也，帅百越之兵助高祖，故封。东海，在吴郡东南滨海云。”师古曰：“即今泉州是其地。”

六月，发诸侯王、列侯徒隶二万人城长安。

秋七月，都厩灾。南越王赵佗称臣奉贡。①

①师古曰：“佗音徒何反。”

四年冬十月壬寅，立皇后张氏。①

①师古曰：“张敖之女也。《史记》及《汉书》无名字，皇甫谧作《帝王世纪》皆为惠帝张后及孝文薄后已下别制名焉，至于薄父之徒亦立名字，何从而得之乎？虽欲示博闻，不知陷于穿凿。”

春正月，举民孝弟力田者复其身。①

①师古曰：“弟者，言能以顺道事其兄也。弟音徒计反。复音方目反。”

三月甲子，皇帝冠，赦天下。省法令妨吏民者；除挟书律。①长乐宫鸿台灾。宜阳雨血。

①应劭曰：“挟，藏也。”张晏曰：“秦律敢有挟书者族。”

秋七月乙亥，未央宫凌室灾；①丙子，织室灾。②

①师古曰："凌室，藏冰之室也。《豳诗·七月》之篇曰'纳于凌阴'。"

②师古曰："主织作缯帛之处。"

五年冬十月，雷；桃李华，枣实。

春正月，复发长安六百里内男女十四万五千人城长安，三十日罢。

夏，大旱。

秋八月己丑，相国参薨。①

①师古曰："曹参也。"

九月，长安城成。赐民爵，户一级。①

①师古曰："家长受也。"

六年冬十月辛丑，齐王肥薨。

令民得卖爵。女子年十五以上至三十不嫁，五算。①

①应劭曰："《国语》越王句践令国中女子年十七不嫁者父母有罪，欲人民繁息也。汉律人出一算，算百二十钱，唯贾人与奴婢倍算。今使五算，罪谪之也。"孟康曰："或云复之也。"师古曰："应说是。"

夏六月，舞阳侯哙薨。①

①师古曰："樊哙也。"

起长安西市，修敖仓。

七年冬十月，发车骑、材官诣荥阳，①太尉灌婴将。

①师古曰："车，常拟军兴者，若近代之戍车也。骑，常所养马，并其人使行充骑，若今武马及所养者主也。材官，解在《高纪》。"

春正月辛丑朔，日有蚀之。夏五月丁卯，日有蚀之，既。①

①师古曰："既，尽也。"

秋八月戊寅，帝崩于未央宫。①九月辛丑，葬安陵。②

①臣瓒曰："帝年十七即位，即位七年，寿二十(四)〔三〕。"[3]

②臣瓒曰:"自崩至葬凡二十四日。安陵在长安北三十五里。"师古曰:"《三辅黄图》云去长陵十里。"

赞曰:孝惠内修亲亲,外礼宰相,优宠齐悼、赵隐,恩敬笃矣。①闻叔孙通之谏则惧然,②纳曹相国之对而心说,③可谓宽仁之主。遭吕太后亏损至德,④悲夫!

①师古曰:"笃,厚也。"

②苏林曰:"谏复道乘衣冠道也。"师古曰:"惧读曰瞿。瞿然,失守貌,音居具反。"

③苏林曰:"对修高帝制度、萧何法也。"师古曰:"说读曰悦。"

④师古曰:"谓杀赵王,戮戚夫人,因以忧疾不听政而崩。"

【校勘记】

〔1〕 不入(陛)〔狴〕牢也。　殿、局本都作"狴"。王先谦说作"狴"是。

〔2〕 梁孝王玄孙之(子)耳孙〔音〕。　景祐本无"子"字,有"音"字,与《平纪》文合。《诸侯王表》"王音以孝王玄孙之曾孙绍封",故下文说"以此参之,李云曾孙是也"。

〔3〕 寿二十(四)〔三〕。　《史记集解》引皇甫谧曰"帝以秦始皇三十七年生,崩时年二十三"。王先谦说瓒说误。

汉书卷三

高后纪第三

高皇后吕氏,①生惠帝。佐高祖定天下,父兄及高祖而侯者三人。②惠帝即位,尊吕后为太后。太后立帝姊鲁元公主女为皇后,无子,取后宫美人子名之以为太子。惠帝崩,太子立为皇帝,年幼,太后临朝称制,③大赦天下。乃立兄子吕台、产、禄、台子通四人为王,④封诸吕六人为列侯。语在《外戚传》。

①荀悦曰:"讳雉之字曰野鸡。"应劭曰:"礼,妇人从夫谥,故称高也。"师古曰:"吕后名雉,字娥姁,故臣下讳雉也。姁音许于反。"

②师古曰:"父谓临泗侯吕公也。兄谓周吕侯泽、建成侯释之。"

③师古曰:"天子之言一曰制书,二曰诏书。制书者,谓为制度之命也,非皇后所得称。今吕太后临朝行天子事,断决万机,故称制诏。"

④苏林曰:"台音胞胎。"

元年春正月,诏曰:"前日孝惠皇帝言欲除三族罪、妖言令,①议未决而崩,今除之。"二月,赐民爵,户一级。初置孝弟力田二千石者一人。②夏五月丙申,赵王宫丛台灾。③立孝惠后宫子强为淮阳王,④不疑为恒山王,⑤弘为襄城侯,朝为轵侯,⑥武为壶关侯。秋,桃李华。

①师古曰:"罪之重者戮及三族,过误之语以为妖言,今谓重酷,皆除之。"

②师古曰:"特置孝弟力田官而尊其秩,欲以劝厉天下,令各敦行务本。"

③师古曰:"连聚非一,故名丛台。盖本六国时赵王故台也,在邯郸城中。"

④如淳曰:"《外戚恩泽侯表》曰皆吕氏子也,以孝惠子侯。"晋灼曰:"《汉注》名长。"韦昭曰:"今陈留郡。"

⑤如淳曰:"今常山也,因避文帝讳改曰常。"

⑥师古曰："轵音只。"

二年春，诏曰："高皇帝匡饬天下，①诸有功者皆受分地为列侯，②万民大安，莫不受休德。③朕思念至于久远而功名不著，亡以尊大谊，施后世。今欲差次列侯功以定朝位，④臧于高庙，世世勿绝，嗣子各袭其功位。其与列侯议定奏之。"丞相臣平言：⑤"谨与绛侯臣勃、⑥曲周侯臣商、⑦颍阴侯臣婴、⑧安国侯臣陵等议，⑨列侯幸得赐餐钱奉邑，⑩陛下加惠，以功次定朝位，⑪臣请臧高庙。"奏可。春正月乙卯，地震，羌道、⑫武都道山崩。⑬夏六月丙戌晦，日有蚀之。秋七月，恒山王不疑薨。行八铢钱。⑭

①师古曰："匡，正也。饬，整也。饬读与敕同，其字从力。"

②师古曰："分音扶问反。"

③师古曰："休，美也，音虚虬反。他皆类此。"

④师古曰："以功之高下为先后之次。"

⑤师古曰："陈平。"

⑥师古曰："周勃。"

⑦师古曰："郦商。"

⑧师古曰："灌婴。"

⑨师古曰："王陵。"

⑩应劭曰："餐与飡同。诸侯四时皆得赐餐钱。"文颖曰："飡，邑中更名算钱，如今长吏食奉，自复媵钱，即租奉也。"韦昭曰："熟食曰飡，酒肴曰钱，粟米曰奉。税租奉禄，正所食也。四时得闲赐，是为飡钱。飡，小食也。"师古曰："餐、飡同一字耳，音(于)〔千〕安反。[1]飡，所谓吞食物也。餐钱，赐厨膳钱也。奉邑，本所食邑也。奉音扶用反。"

⑪如淳曰："功大者位在上。《功臣侯表》有第一、第二之次。"

⑫服虔曰："县有夷蛮曰道。"师古曰："羌道属陇西郡。"

⑬师古曰："武都道属武都郡。"

⑭应劭曰："本秦钱，质如周钱，文曰'半两'，重如其文，即八铢也。汉以其太重，更铸荚钱，今民间名榆荚钱是也。民患其太轻，至此复行八铢钱。"

三年夏，江水、〔汉水〕溢，〔2〕流民四千馀家。①秋，星昼见。

①师古曰："水所漂没也。"

四年夏，少帝自知非皇后子，出怨言，皇太后幽之永巷。①诏曰："凡有天下治万民者，盖之如天，容之如地；上有欢心以使百姓，百姓欣然以事其上，欢欣交通而天下治。今皇帝疾久不已，乃失惑昏乱，不能继嗣奉宗庙，守祭祀，不可属天下。②其议代之。"群臣皆曰："皇太后为天下计，所以安宗庙社稷甚深。顿首奉诏。"五月丙辰，立恒山王弘为皇帝。③

①如淳曰："《列女传》周宣姜后脱簪珥，待罪永巷，后改为掖庭。"师古曰："永，长也。本谓宫中之长巷也。"

②师古曰："属，委也，音之欲反。"

③晋灼曰："《史记》惠帝元年，子不疑为常山王，子山为襄城侯。二年，常山王薨，即不疑也。以弟襄城侯山为常山王，更名义。丙辰，立常山王义为帝。义更名弘。《汉书》一之，书弘以为正也。"师古曰："即元年所立弘为襄城侯者，晋说是也。"

五年春，南粤王尉佗自称南武帝。①秋八月，淮阳王彊薨。九月，发河东、上党骑屯北地。

①韦昭曰："生以武为号，不稽古也。"师古曰："此说非也。成汤曰'吾武甚'，因自号武王。佗言武帝亦犹是耳，何谓其不稽古乎？"

六年春，星昼见。夏四月，赦天下。秩长陵令二千石。①六月，城长陵。②匈奴寇狄道，攻阿阳。③行五分钱。④

①应劭曰："长陵，高祖陵，尊之，故增其令秩也。"

②张晏曰："起县邑，故筑城也。"师古曰："此说非也。《黄图》云长陵城周七里百八十步，因为殿垣，门四出，及便殿掖庭诸官寺皆在中。是即就陵为城，非止谓邑居也。"

③师古曰："狄道属陇西。阿阳，天水之县也。今流俗书本或作河阳者，

非也。”

④应劭曰：“所谓荚钱者。”

七年冬十二月，匈奴寇狄道，略二千馀人。春正月丁丑，赵王友幽死于邸。己丑晦，日有蚀之，既。以梁王吕产为相国，赵王禄为上将军。立营陵侯刘泽为琅邪王。夏五月辛未，诏曰：“昭灵夫人，太上皇妃也；武哀侯、①宣夫人，高皇帝兄姊也。②号谥不称，其议尊号。”丞相臣平等请尊昭灵夫人曰昭灵后，武哀侯曰武哀王，宣夫人曰昭哀后。六月，赵王恢自杀。秋九月，燕王建薨。南越侵盗长沙，遣隆虑侯灶将兵击之。③

①张晏曰：“高帝兄伯也。”

②如淳曰：“皆追谥。”

③应劭曰：“灶姓周，高祖功臣也。隆虑，今林虑也，后避殇帝讳，故改之。”师古曰：“虑音庐。”

八年春，封中谒者张释卿为列侯。①诸中官、宦者令丞皆赐爵关内侯，食邑。②夏，江水、汉水溢，流万馀家。

①孟康曰：“宦官也。”如淳曰：“《百官表》谒者掌宾赞受事。灌婴为中谒者，后常以阉人为之。诸官加中者，多阉人也。”

②如淳曰：“列侯出关就国，关内侯但爵耳。其有加(恩)〔异〕者，[3]与之关内之邑，食其租税。《宣纪》曰‘德、武食邑’是也。”师古曰：“诸中官，凡阉人给事于中者皆是也。宦者令丞，宦者署之令丞。”

秋七月辛巳，皇太后崩于未央宫。遗诏赐诸侯王各千金，将相列侯下至郎吏各有差。大赦天下。

上将军禄、相国产颛兵秉政，①自知背高皇帝约，②恐为大臣诸侯王所诛，因谋作乱。时齐悼惠王子朱虚侯章在京师，以禄女为妇，知其谋，乃使人告兄齐王，令发兵西。章欲与太尉勃、丞相平为内应，以诛诸吕。齐王遂发兵，又诈琅邪王泽发其国兵，并将而西。产、禄等遣大将军灌婴将兵击之。婴至荥阳，使人谕齐王与连和，待吕氏变而共诛之。③

①师古曰："颛读与专同。"

②师古曰："非刘氏而王，非有功而侯。"

③师古曰："变谓发动也。"

太尉勃与丞相平谋，以曲周侯郦商子寄与禄善，使人劫商令寄绐说禄①曰："高帝与吕后共定天下，刘氏所立九王，吕氏所立三王，皆大臣之议。事(以)〔已〕布告诸侯王，〔4〕诸侯王以为宜。今太后崩，帝少，足下不急之国守藩，②乃为上将将兵留此，为大臣诸侯所疑。何不速归将军印，以兵属太尉，③请梁王亦归相国印，与大臣盟而之国？齐兵必罢，大臣得安，足下高枕而王千里，此万世之利也。"禄然其计，使人报产及诸吕老人。或以为不便，计犹豫④未有所决。禄信寄，与俱出游，过其姑吕媭。⑤媭怒曰："汝为将而弃军，吕氏今无处矣！"⑥乃悉出珠玉宝器散堂下，曰："无为它人守也！"

①师古曰："绐，诳也。"

②师古曰："之，往也。"

③师古曰："属音之欲反。"

④师古曰："犹，兽名也。《尔雅》曰'犹如麂，善登木'。此兽性多疑虑，常居山中，忽闻有声，即恐有人且来害之，每豫上树，久之无人，然后敢下，须臾又上。如此非一，故不决者称犹豫焉。一曰陇西俗谓犬子为犹，犬随人行，每豫在前，待人不得，又来迎候，故云犹豫也。麂音几。"

⑤张晏曰："媭音须。"师古曰："吕后妹。"

⑥师古曰："言见诛灭，无处所也。处字或作类，言无种类也。"

八月庚申，平阳侯窋行御史大夫事，①见相国产计事。郎中令贾寿使从齐来，因数产②曰："王不早之国，今虽欲行，尚可得邪？"具以灌婴与齐楚合从状告产。③平阳侯窋闻其语，驰告丞相平、太尉勃。勃欲入北军，不得入。襄平侯纪通尚符节，④乃令持节矫内勃北军。⑤勃复令郦寄、典客刘揭说禄，⑥曰："帝使太尉守北军，欲令足下之国，急归将军印辞去。不然，祸且起。"禄遂解印属典客，⑦而以兵授太尉勃。勃入军门，行令军中曰："为吕氏右袒，为刘氏左袒。"⑧军皆左袒。勃遂将北军。然尚有南军，丞相平召朱虚侯章佐勃。勃令章监军门，令平阳侯告卫尉，毋内相国产殿门。产不知禄已去北军，入未央宫欲为乱。殿门弗内，徘徊往来。⑨平阳侯驰语太尉勃，勃尚恐不胜，未敢诵言诛之，⑩乃谓朱虚侯章曰："急入宫卫帝。"章从勃请卒千人，入未央宫掖门，⑪见产廷中。日餔时，遂击产。产走。天大风，从官乱，莫敢斗者。逐产，杀之郎中府吏舍厕中。⑫

①师古曰："窋，曹参子也，音竹出反。"

②师古曰："数，责之也，音数具反。"

③师古曰："齐楚俱在山东，连兵西向，欲诛诸吕，亦犹六国为从以敌秦，故言合从也。从音子容反。"

④张晏曰："纪通，信子也。尚，主也，今符节令也。"晋灼曰："纪信焚死，不见其后。《功臣表》云纪通纪成之子，以成死事，故封侯。"师古曰："晋说是也。"

⑤师古曰："矫，诈也，诈以天子之命也。"

⑥应劭曰："典客，今大鸿胪也。"师古曰："揭音竭。"

⑦师古曰："属音之欲反。"

⑧师古曰："袒，脱衣袖而肉袒也。左右者，偏脱其一耳。袒音徒旱反。"

⑨师古曰："徘徊犹傍偟，不进之意也。徘音裴。"

⑩邓展曰："诵言，公言也。"

⑪师古曰："非正门而在两旁，若人之臂掖也。"

⑫如淳曰："《百官表》郎中令掌宫殿门户，故其府在宫中，后转为光禄勋。"

章已杀产，帝令谒者持节劳章。①章欲夺节，谒者不肯，章乃从与载，因节信驰斩长乐卫尉吕更始。②还入北军，复报太尉勃。勃起拜贺章，曰："所患独产，今已诛，天下定矣。"辛酉，(杀)〔斩〕吕禄，[5]笞杀吕媭。分部悉捕诸吕男女，无少长皆斩之。③

①师古曰："慰问之。"

②师古曰："因谒者所持之节，用为信也。章与谒者同车，故为门者所信，得入长乐宫。"

③师古曰："分音扶问反。"

大臣相与阴谋，以为少帝及三弟为王者皆非孝惠子，复共诛之，尊立文帝。语在《周勃》、《高五王传》。

赞曰：孝惠、高后之时，海内得离战国之苦，君臣俱欲无为，故惠帝拱己，①高后女主制政，不出房闼，②而天下晏然，刑罚罕用，民务稼穑，衣食滋殖。③

①师古曰："垂拱而治。"

②师古曰："闼，宫中小门，音他曷反。"

③师古曰："滋，益也。殖，生也。"

【校勘记】

〔1〕 音(于)〔千〕安反。 景祐、殿本都作"千"。王先谦说作"千"是。

〔2〕 江水〔汉水〕溢。 钱大昭说"江水"下脱"汉水"二字。按景祐、殿本都有，《通鉴》亦有。

〔3〕 其有加(愚)〔异〕者， 景祐、殿、局本都作"异"。王先谦说作"异"是。

〔4〕 事(以)〔已〕布告诸侯王， 景祐、汲古、殿、局本都作"已"。

〔5〕 (杀)〔斩〕吕禄， 景祐、殿本都作"斩"。

汉书卷四

文帝纪第四

孝文皇帝，①高祖中子也，母曰薄姬。②高祖十一年，诛陈豨，定代地，立为代王，都中都。十七年秋，高后崩，③诸吕谋为乱，欲危刘氏。丞相陈平、太尉周勃、朱虚侯刘章等共诛之，谋立代王。语在《高后纪》、《高五王传》。

①荀悦曰："讳恒之字曰常。"应劭曰："谥法'慈惠爱民曰文'。"

②如淳曰："姬音怡，众妾之总称。《汉官仪》曰姬妾数百，《外戚传》亦曰幸姬戚夫人。"臣瓒曰："《汉秩禄令》及《茂陵书》姬并内官也，秩比二千石，位次婕妤下，在八子上。"师古曰："姬者，本周之姓，贵于众国之女，所以妇人美号皆称姬焉。故《左氏传》曰：'虽有姬、姜，无弃蕉萃。'姜亦大国女也。后因总谓众妾为姬。《史记》云'高祖居山东时好美姬'是也。若姬是官号，不应云幸姬戚夫人，且《外戚传》备列后妃诸官，无姬职也。如云众妾总称，则近之。不当音怡，宜依字读耳。瓒说谬也。"

③张晏曰："代王之十七年也。"

大臣遂使人迎代王。郎中令张武等议，皆曰："汉大臣皆故高帝时将，习兵事，多谋诈，其属意非止此也，①特畏高帝、吕太后威耳。今已诛诸吕，新喋血京师，②以迎大王为名，实不可信。愿称疾无往，以观其变。"中尉宋昌进曰："群臣之议皆非也。夫秦失其政，豪杰并起，人人自以为得之者以万数，然卒践天子位者，刘氏也，③天下绝望，一矣。高帝王子弟，地犬牙相制，所谓盘石之宗也，④天下服其强，二矣。汉兴，除秦烦苛，约法令，施德惠，⑤人人自安，难动摇，三矣。夫以吕太后之严，立诸吕为三王，擅权专制，然而太尉以一节入北军，一呼⑥士皆袒左，为刘氏,畔诸吕,卒以灭之。此乃天授,非人力也。今大臣虽欲为变,百姓弗为使,⑦其党宁能专一邪?内有朱虚、东牟之亲,外畏吴、楚、淮南、琅邪、齐、代之强。方今高帝子独淮南王与大王,大王又长,贤圣仁孝,闻于天下,故大臣因天下之心而欲迎立大王,大王勿疑也。"代王报太后,计犹豫未定。卜之,兆得大横。⑧占曰:"大横庚庚,余为天王,夏启以光。"⑨代王曰:"寡人固已为王,又何王乎?"卜人曰:"所谓天王者,乃天子也。"于是代王乃遣太后弟薄昭见太尉勃,勃等具言所以迎立王者。⑩昭还报曰:"信矣,无可疑者。"代王笑谓宋昌曰:"果如公言。"乃令宋昌骖乘,⑪张武等六人乘六乘传⑫诣长安。至高陵止,而使宋昌先之长安观变。

①师古曰:"言常有异志也。属意,犹言注意也。属音之欲反。"

②服虔曰:"喋音蹀屣履之蹀。"如淳曰:"杀人流血滂沱为喋血。"师古曰:"喋音大颊反,本字当作蹀。蹀谓履涉之耳。"

③师古曰:"卒,终也。"

④师古曰:"犬牙,言地形如犬之牙交相入也。"

⑤师古曰:"约,省也。"

⑥师古曰:"呼,叫也,音火故反。他皆类此。"

⑦师古曰:"为音于伪反。"

⑧应劭曰:"龟曰兆,筮曰卦。卜以荆灼龟,文正横也。"

⑨服虔曰:"庚庚,横貌也。"李奇曰:"庚庚,其繇文也。占谓其繇也。"张晏曰:"先是五帝官天下,老则嬗贤,至夏启始传嗣,能光先君之业。文帝亦袭父迹,言似启也。"师古曰:"繇音丈救反,本作籀。籀,书也,谓读卜词。"

⑩师古曰:"说所以迎代王之意也。"

⑪师古曰:"乘车之法,尊者居左,御者居中,又有一人处车之右,以备倾侧。是以戎事则称车右,其馀则曰骖乘。骖者,三也,盖取三人为名义耳。"

⑫张晏曰:"传车六乘也。"师古曰:"传音张恋反。"

昌至渭桥,①丞相已下皆迎。昌还报,代王乃进至渭桥。群臣拜谒称臣,代王下拜。太尉勃进曰:"愿请间。"②宋昌曰:"所言公,公言之;所言私,王者无私。"太尉勃乃跪上天子玺。代王谢曰:"至邸而议之。”③

①苏林曰：“在长安北三里。”

②师古曰：“间，容也，犹今言中间也。请容暇之顷，当有所陈，不欲于众显论也。他皆类此。”

③师古曰：“郡国朝宿之舍，在京师者率名邸。邸，至也，言所归至也，音丁礼反。他皆类此。”

闰月己酉，入代邸。群臣从至，上议曰：“丞相臣平、太尉臣勃、大将军臣武、①御史大夫臣苍、②宗正臣郢、③朱虚侯臣章、东牟侯臣兴居、典客臣揭④再拜言大王足下：子弘等皆非孝惠皇帝子，⑤不当奉宗庙。臣谨请阴安侯、⑥顷王后、⑦琅邪王、⑧列侯、吏二千石议，大王高皇帝子，宜为嗣。愿大王即天子位。”代王曰：“奉高帝宗庙，重事也。寡人不佞，⑨不足以称。⑩愿请楚王计宜者，⑪寡人弗敢当。”群臣皆伏，固请。代王西乡让者三，南乡让者再。⑫丞相平等皆曰：“臣伏计之，大王奉高祖宗庙最宜称，虽天下诸侯万民皆以为宜。臣等为宗庙社稷计，不敢忽。⑬愿大王幸听臣等。臣谨奉天子玺符再拜上。”代王曰：“宗室将相王列侯以为(其)〔莫〕宜寡人，[1]寡人不敢辞。”遂即天子位。群臣以次侍。⑭使太仆婴、东牟侯兴居先清宫，⑮奉天子法驾迎代邸。⑯皇帝即日夕入未央宫。夜拜宋昌为卫将军，领南北军，张武为郎中令，行殿中。⑰还坐前殿，下诏曰：“制诏丞相、太尉、御史大夫：间者诸吕用事擅权，⑱谋为大逆，欲危刘氏宗庙，赖将相列侯宗室大臣诛之，皆伏其辜。朕初即位，其赦天下，赐民爵一级，女子百户牛酒，⑲酺五日。”⑳

①服虔曰：“柴武。”

②文颖曰：“张苍。”

③文颖曰：“刘郢。”

④苏林曰：“刘揭也。”师古曰：“揭音竭。”

⑤师古曰：“不详其有爵位，故总谓之子。”

⑥苏林曰：“高帝兄伯妻，羹颉侯母，丘嫂也。”晋灼曰：“若萧何夫人封为酂侯也。”

⑦苏林曰：“高帝兄仲妻也。仲名喜，为代王，后废为郃阳侯。子濞为吴王，故

追谥为顷王。”如淳曰：“《王子侯表》曰合阳侯喜以子濞为王，追谥为顷王。顷王后封阴安侯，时吕媭为林光侯，萧何夫人亦为酂侯。又《宗室侯表》此时无阴安侯，知其为顷王后也。案《汉祠令》，阴安侯高帝嫂也。”师古曰：“诸谥为倾者，《汉书》例作顷字，读皆曰倾。”

⑧文颖曰：“刘泽也。”

⑨师古曰：“不佞，不材也。”

⑩师古曰：“称，副也，音尺孕反。其下皆同。”

⑪苏林曰：“楚王名交，高帝弟也。”

⑫如淳曰：“让群臣也。或曰宾主位东西面，君臣位南北面，故西乡坐三让不受，群臣犹称宜，乃更南乡坐，示变即君位之渐也。”师古曰：“乡读曰向。”

⑬师古曰：“忽，怠忘也。”

⑭师古曰：“各依职位。”

⑮应劭曰：“旧典，天子行幸所至，必遣静室令先案行清净殿中，以虞非常。”

⑯如淳曰：“法驾者，侍中骖乘，奉车郎御，属车三十六乘。”

⑰师古曰：“行谓案行也，音下更反。”

⑱师古曰：“间者，犹言中间之时也。他皆仿此。”

⑲苏林曰：“男赐爵，女子赐牛酒。”师古曰：“赐爵者，谓一家之长得之也。女子谓赐爵者之妻也。率百户共得牛若干头，酒若干石，无定数也。”

⑳服虔曰：“酺音蒲。”文颖曰：“音步。汉律，三人以上无故群饮酒，罚金四两，今诏横赐得令会聚饮食五日也。”师古曰：“酺之为言布也，王德布于天下而合聚饮食为酺。服音是也。字或作脯，音义同。”

元年冬十月辛亥，皇帝见于高庙。遣车骑将军薄昭迎皇太后于代。诏曰：“前吕产自置为相国，吕禄为上将军，擅遣将军灌婴将兵击齐，欲代刘氏。婴留荥阳，与诸侯合谋以诛吕氏。吕产欲为不善，丞相平与太尉勃等谋夺产等军。朱虚侯章首先捕斩产。太尉勃身率襄平侯通持节承诏入北军。典客揭夺吕禄印。其益封太尉勃邑万户，赐金五千斤。丞相平、将军婴邑各三千户，金二千斤。朱虚侯章、襄平侯通邑各二千户，金千斤。封典客揭为阳信侯，赐金千斤。”

十二月，立赵幽王子遂为赵王，徙琅邪王泽为燕王。吕氏所夺齐楚地皆归之。尽除收帑相坐律令。①

①应劭曰："帑，子也。秦法，一人有罪，并其室家。今除此律。"师古曰："帑读与奴同，假借字也。"

正月，有司请蚤建太子，①所以尊宗庙也。诏曰："朕既不德，上帝神明未歆飨也，天下人民未有惬志。②今纵不能博求天下贤圣有德之人而嬗天下焉，③而曰豫建太子，是重吾不德也。④谓天下何？⑤其安之。"⑥有司曰："豫建太子，所以重宗庙社稷，不忘天下也。"上曰："楚王，季父也，春秋高，阅天下之义理多矣，⑦明于国家之体。吴王于朕，兄也；淮南王，弟也：皆秉德以陪朕，⑧岂为不豫哉！诸侯王宗室昆弟有功臣，多贤及有德义者，若举有德以陪朕之不能终，是社稷之灵，天下之福也。今不选举焉，而曰必子，⑨人其以朕为忘贤有德者而专于子，非所以忧天下也。朕甚不敢。"⑩有司固请曰："古者殷周有国，治安皆且千岁，⑪有天下者莫长焉，⑫用此道也。⑬立嗣必子，所从来远矣。高帝始平天下，建诸侯，为帝者太祖。诸侯王列侯始受国者亦皆为其国祖。子孙继嗣，世世不绝，天下之大义也。故高帝设之以抚海内。⑭今释宜建⑮而更选于诸侯宗室，非高帝之志也。更议不宜。⑯子启最长，⑰敦厚慈仁，请建以为太子。"上乃许之。因赐天下民当为父后者爵一级。⑱封将军薄昭为轵侯。⑲

①师古曰："蚤，古以为早晚字也。"

②应劭曰："惬音箧。惬，满也。"师古曰："惬，快也。"

③晋灼曰："嬗，古禅字。"

④师古曰："重谓增益也，音直用反。他皆类此。"

⑤师古曰："犹言何以称天下之望。"

⑥师古曰："安犹徐也，言不宜汲汲耳。"

⑦如淳曰："阅犹更历也。"

⑧文颖曰："陪，辅也。"

⑨师古曰："必将传位于子。"

⑩师古曰："不取，犹言不用此为善也。"

⑪师古曰："治安，言治理而且安宁也。治音丈吏反。"

⑫师古曰："言上古以来，国祚长久，无及殷周者也。"

⑬师古曰："所以能尔者，以承嗣相传故也。"

⑭师古曰："设，置立也，谓立此法也。"

⑮师古曰："释，舍也。宜建，谓適嗣。"

⑯师古曰："不当更议。"

⑰文颖曰："景帝名。"

⑱师古曰："虽非己生正嫡，但为后者即得赐爵。"

⑲师古曰："轵音只。"

三月，有司请立皇后。皇太后曰："立太子母窦氏为皇后。"

诏曰："方春和时，草木群生之物皆有以自乐，而吾百姓鳏寡孤独穷困之人或阽于死亡，①而莫之省忧。②为民父母将何如？其议所以振贷之。"③又曰："老者非帛不暖，非肉不饱。④今岁首，不时使人存问长老，⑤又无布帛酒肉之赐，将何以佐天下子孙孝养其亲？今闻吏禀当受鬻者，或以陈粟，⑥岂称养老之意哉！具为令。"⑦有司请令县道，⑧年八十已上，赐米人月一石，肉二十斤，酒五斗。其九十已上，又赐帛人二匹，絮三斤。⑨赐物及当禀鬻米者，长吏阅视，丞若尉致。⑩不满九十，啬夫、令史致。二千石遣都吏循行，⑪不称者督之。⑫刑者及有罪耐以上，不用此令。⑬

①服虔曰："阽音反坫之坫。"孟康曰："阽音屋檐之檐。"如淳曰："阽，近边欲堕之意。"师古曰："服、孟二音并通。"

②师古曰："省，视也。"

③师古曰："振，起也，为给贷之，令其存立也。诸振救、振赡，其义皆同。今流俗作字从贝者非也，自别有训。贷音吐戴反。"

④师古曰："暖，温也，音乃短反。"

⑤师古曰："存，省视也。"

⑥师古曰："禀，给也。鬻，淖糜也。给米使为糜鬻也。陈，久旧也。《小雅·甫田》之诗曰'我取其陈'。鬻音之六反。淖，溺也，音女教反。"

⑦师古曰："使其备为条制。"

⑧师古曰："或县或道，皆用此制也。有蛮夷曰道。"

⑨师古曰："絮，绵也。"

⑩师古曰："长吏，县之令长也。若者，豫及之词。致者，送至也。或丞或尉，自致之也。"

⑪苏林曰："取其都吏有德也。"如淳曰："律说，都吏今督邮是也。闲惠晓事，即为文无害都吏。"师古曰："如说是也。行音下孟反。"

⑫师古曰："循行有不如诏意者，二千石察视责罚之。"

⑬苏林曰："一岁为罚作，二岁刑以上为耐。耐，能任其罪也。"师古曰："刑谓先被刑也。有罪，在吏未决者也。言八十、九十之人虽合加赐，其中有被刑罪者，不在此赐物令条中也。"

楚元王交薨。

四月，齐楚地震，二十九山同日崩，大水溃出。①

①师古曰："旁决曰溃，上涌曰出。"

六月，令郡国无来献。施惠天下，诸侯四夷远近欢洽。乃修代来功。①诏曰："方大臣诛诸吕迎朕，朕狐疑，皆止朕，②唯中尉宋昌劝朕，朕(已)〔以〕得保宗庙。[2]已尊昌为卫将军，③其封昌为壮武侯。诸从朕六人，官皆至九卿。"④又曰："列侯从高帝入蜀汉者六十八人益邑各三百户。吏二千石以上从高帝颍川守尊等十人食邑六百户，淮阳守申屠嘉等十人五百户，卫尉足等十人四百户。"封淮南王舅赵兼为周阳侯，齐王舅驷钧为靖郭侯，⑤故常山丞相蔡兼为樊侯。

①师古曰："自代来时有功者。"

②师古曰："狐之为兽，其性多疑，每渡冰河，且听且渡。故言疑者，而称狐疑。"

③师古曰："尊，高也，高其官秩。"

④师古曰："张武等。"

⑤如淳曰："邑名也，六国时齐有靖郭君。靖音静。"师古曰："《外戚恩泽侯表》云邬侯驷钧以齐王舅侯，今此云靖郭，岂初封靖郭后改为邬乎？邬音一户反，又音於(度)〔庶〕反。"[3]

二年冬十月，丞相陈平薨。诏曰："朕闻古者诸侯建国千馀，各守其地，以时入贡，民不劳苦，上下欢欣，靡有违德。今列侯多居长安，邑远，①吏卒给输费苦，而列侯亦无繇教训其民。②其令列侯之国，为吏及诏所止者，遣太子。”③

①师古曰：“所食之邑去长安远。”

②师古曰：“繇读与由同。”

③李奇曰：“为吏，谓为卿大夫者。诏所止，特以恩爱见留者。”

十一月癸卯晦，日有食之。诏曰：“朕闻之，天生民，为之置君以养治之。人主不德，布政不均，则天示之灾以戒不治。①乃十一月晦，日有食之，适见于天，②灾孰大焉！③朕获保宗庙，以微眇之身托于士民君王之上，天下治乱，在予一人，唯二三执政犹吾股肱也。朕下不能治育群生，上以累三光之明，④其不德大矣。令至，其悉思朕之过失，⑤及知见之所不及，丐以启告朕。⑥及举贤良方正能直言极谏者，以匡朕之不逮。⑦因各敕以职任，务省繇费以便民。⑧朕既不能远德，故憪然念外人之有非，⑨是以设备未息。今纵不能罢边屯戍，又饬兵厚卫，⑩其罢卫将军军。太仆见马遗财足，⑪馀皆以给传置。”⑫

①师古曰：“治音直吏反。”

②师古曰：“適读曰谪，责也，音张革反。见音胡电反。”

③师古曰：“灾莫大于此。”

④师古曰：“三光，日、月、星也。累音力瑞反。”

⑤师古曰：“令谓此诏书。”

⑥师古曰：“丐音盖。丐亦乞也。启，开也。言以过失开告朕躬，是则于朕为恩惠也。《商书·说命》曰‘启乃心，沃朕心’。”

⑦师古曰：“匡，正也。逮，及也。不逮者，意虑所不及。”

⑧师古曰：“省，减也，音所领反。繇读曰徭。”

⑨苏林曰：“憪，寝视不安貌也。”孟康曰：“憪犹介然也。非，奸非也。”师古曰：“孟说是也。憪音下板反。”

⑩师古曰：“饬，整也，读与敕同。”

⑪师古曰：“遗，留也。财与才同。才，少也。太仆见在之马今当减，留才足充事而已。”

⑫师古曰:“传音张恋反。置者,置传驿之所,因名置也。他皆类此。”

春正月丁亥,诏曰:“夫农,天下之本也,其开藉田,①朕亲率耕,以给宗庙粢盛。②民谪作县官及贷种食未入、入未备者,皆赦之。”③

①应劭曰:“古者天子耕藉田(十)〔千〕亩,[4]为天下先。藉者,帝王典藉之常也。”韦昭曰:“藉,借也。借民力以治之,以奉宗庙,且以劝率天下,使务农也。”臣瓒曰:“景帝诏曰‘朕亲耕,后亲桑,为天下先’,本以躬亲为义,不得以假借为称也。藉谓蹈藉也。”师古曰:“瓒说是也。《国语》曰‘宣王即位,不藉千亩,虢文公谏’。斯则藉非假借明矣。”

②师古曰:“黍稷曰粢,在器曰盛。粢音咨。”

③师古曰:“种者,五谷之种也。食者,所以为粮食也。贷音吐戴反。种音之勇反。”

三月,有司请立皇子为诸侯王。诏曰:“前赵幽王幽死,朕甚怜之,已立其太子遂为赵王。遂弟辟彊①及齐悼惠王子朱虚侯章、东牟侯兴居有功,可王。”乃(遂)立辟彊为河间王,[5]章为城阳王,兴居为济北王。因立皇子武为代王,参为太原王,揖为梁王。

①师古曰:“辟彊,言辟御彊梁者,亦犹辟兵辟非耳。辟音必亦反。彊音其良反。一说辟读曰格,彊读曰疆。闢疆,言开土地也。贾谊《书》曰:‘卫侯朝于周,周行人问其名,卫侯曰辟彊。行人还之曰:“启彊、辟彊,天子之号也,诸侯弗得用。”更其名曰燬。’则其义两说并通。他皆类此。”

五月,诏曰:“古之治天下,朝有进善之旌,①诽谤之木,②所以通治道而来谏者也。今法有诽谤訞言之罪,③是使众臣不敢尽情,而上无由闻过失也。将何以来远方之贤良?其除之。民或祝诅上,以相约而后相谩,④吏以为大逆,其有他言,吏又以为诽谤。此细民之愚,无知抵死,⑤朕甚不取。自今以来,有犯此者勿听治。”

①应劭曰:“旌,幡也,尧设之五达之道,令民进善也。”如淳曰:“欲有进者,立于旌下言之。”

②服虔曰:“尧作之,桥梁交午柱头也。”应劭曰:“桥梁边板,所以书政治之愆失也。至秦去之,今乃复施也。”师古曰:“应说是也。”

③师古曰："高后元年诏除妖言之令，今此又有䄏言之罪，是则中间曾重复设此条也。䄏与妖同。"

④师古曰："谩，欺也。初为要约，共行祝诅，后相欺诳，中道而止，无实事也。谩音慢，又音莫连反。"

⑤师古曰："抵，触也，亦至也。"

九月，初与郡守为铜虎符、竹使符。①

①应劭曰："铜虎符第一至第五，国家当发兵遣使者，至郡合符，符合乃听受之。竹使符皆以竹箭五枚，长五寸，镌刻篆书，第一至第五。"张晏曰："符以代古之圭璋，从简易也。"师古曰："与郡守为符者，谓各分其半，右留京师，左以与之。使音所吏反。"

诏曰："农，天下之大本也，民所恃以生也，而民或不务本而事末，故生不遂。①朕忧其然，故今兹亲率群臣农以劝之。其赐天下民今年田租之半。"②

①师古曰："衣食(之)〔乏〕绝，[6]致有夭丧，故不遂其生。"

②师古曰："免不收之。"

三年冬十月丁酉晦，日有食之。十一月丁卯晦，日有蚀之。

诏曰："前日诏遣列侯之国，辞未行。丞相朕之所重，其为(遂)〔朕〕率列侯之国。"[7]遂免丞相勃，遣就国。十二月，太尉颍阴侯灌婴为丞相。罢太尉官，属丞相。

夏四月，城阳王章薨。淮南王长杀辟阳侯审食其。①

①师古曰："杀之于其家。"

五月，匈奴入居北地、河南为寇。①上幸甘泉，②遣丞相灌婴击匈奴，匈奴去。发中尉材官属卫将军，军长安。

①师古曰："北地郡之北，黄河之南，即白羊所居。"

②如淳曰："蔡邕云天子车驾所至，民臣以为侥幸，故曰幸。见令长三老官属，亲临轩作乐，赐以酒食帛葛越巾佩带之属，民爵有级数，或赐田租之半，故因谓之幸也。"师古曰："甘泉在云阳，本秦林光宫。"

上自甘泉之高奴,①因幸太原,见故群臣,皆赐之。举功行赏,诸民里赐牛酒。②复晋阳、中都民三岁租。③留游太原十馀日。

①师古曰:"之,往也。高奴,上郡之县。"

②师古曰:"里别率赐之。"

③师古曰:"复音方目反。"

济北王兴居闻帝之代,欲自击匈奴,乃反,发兵欲袭荥阳。于是诏罢丞相兵,以棘蒲侯柴武为大将军,①将四将军十万众击之。祁侯缯贺为将军,军荥阳。秋七月,上自太原至长安。诏曰:"济北王背德反上,诖误吏民,②为大逆。济北吏民兵未至先自定及以军城邑降者,皆赦之,复官爵。③与王兴居去来者,亦赦之。"④八月,虏济北王兴居,自杀。赦诸与兴居反者。

①臣瓒曰:"《汉帝年纪》为陈武,此云柴武,为有二姓。"

②师古曰:"诖亦误也,音卦。"

③师古曰:"复音扶目反。"

④师古曰:"虽始与兴居共反,今弃之去而来降者,亦赦。"

四年冬十二月,丞相灌婴薨。

夏五月,复诸刘有属籍,家无所与。①赐诸侯王子邑各二千户。

①师古曰:"复音方目反。与读曰豫。"

秋九月,封齐悼惠王子七人为列侯。

绛侯周勃有罪,逮诣廷尉诏狱。

作顾成庙。①

①服虔曰:"庙在长安城南,文帝作。还顾见城,故名之。"应劭曰:"文帝自为庙,制度卑狭,若顾望而成,犹文王灵台不日成之,故曰顾成。贾谊曰:'因顾成之庙,为天下太宗,与汉无极。'"如淳曰:"身存而为庙,若《尚书》之《顾命》也。景帝庙号德阳,武帝庙号龙渊,昭帝庙号徘徊,宣帝庙号乐游,元帝庙号长寿,成帝庙号阳池。"师古曰:"以还顾见城,因即为名,于义无取。又书本不作城郭字,应说近之。"

五年春二月，地震。

夏四月，除盗铸钱令。① 更造四铢钱。②

①应劭曰："听民放铸也。"

②应劭曰："文帝以五分钱太轻小，更作四铢钱，文亦曰'半两'，今民间半两钱最轻小者是也。"

六年冬十月，桃李华。

十一月，淮南王长谋反，废迁蜀严道，死雍。①

①师古曰："迁于蜀郡之严道，行至扶风雍县，在道而死也。"

七年冬十月，令列侯太夫人、夫人、诸侯王子及吏二千石无得擅征捕。①

①如淳曰："列侯之妻称夫人。列侯死，子复为列侯，乃得称太夫人，子不为列侯不得称也。"

夏四月，赦天下。

六月癸酉，未央宫东阙罘罳灾。①

①如淳曰："东阙与其两旁罘罳皆灾也。"晋灼曰："东阙之罘罳独灾也。"师古曰："罘罳，谓连阙曲阁也，以覆重刻垣墉之处，其形罘罳然，一曰屏也。罘音浮。"

八年夏，封淮南厉王长子四人为列侯。

有长星出于东方。①

①文颖曰："孛、彗、长三星，其占略同，然其形象小异。孛星光芒短，其光四出蓬蓬孛孛也。彗星光芒长，参参如埽彗。长星光芒有一直指，或竟天，或十丈，或三丈，或二丈，无常也。大法，孛、彗星多为除旧布新，火灾，长星多为兵革事。"

九年春，大旱。

十年冬，行幸甘泉。

将军薄昭死。①

①郑氏曰："昭杀汉使者，文帝不忍加诛，使公卿从之饮酒，欲令自引分。昭不肯，使群臣丧服往哭之，乃自杀。有罪，故言死。"如淳曰："一说昭与文帝博不胜，当饮酒，侍郎酌，为昭少，一侍郎谴呵之。时此郎下沐，昭使人杀之，是以文帝使自杀。"师古曰："《外戚恩泽侯表》云坐杀汉使者自杀。郑说是也。"

十一年冬十一月，行幸代。春正月，上自代还。

夏六月，梁王揖薨。

匈奴寇狄道。

十二年冬十二月，河决东郡。

春正月，赐诸侯王女邑各二千户。

二月，出孝惠皇帝后宫美人，令得嫁。

三月，除关无用传。①

①张晏曰："传，信也，若今过所也。"如淳曰："两行书缯帛，分持其一，出入关，合之乃得过，谓之传也。"李奇曰："传，棨也。"师古曰："张说是也。古者或用棨，或用缯帛。棨者，刻木为合符也。传音张恋反。棨音启。"

诏曰："道民之路，在于务本。朕亲率天下农，十年于今，而野不加辟，①岁一不登，民有饥色，②是从事焉尚寡，而吏未加务也。③吾诏书数下，岁劝民种树，④而功未兴，是吏奉吾诏不勤，而劝民不明也。且吾农民甚苦，而吏莫之省，⑤将何以劝焉？其赐农民今年租税之半。"

①师古曰："辟读曰闢。闢，开也。"

②师古曰："登，成也。言五谷一岁不成则众庶饥馁，是无蓄积故也。"

③师古曰："从事，从农事也。"

④师古曰："树，谓艺殖也。"

⑤师古曰："省，视也。"

又曰："孝悌，天下之大顺也。力田，为生之本也。三老，众民之师也。廉吏，民之表也。朕甚嘉此二三大夫之行。今万家之县，云无应令，①岂实人情？是吏举贤之道未备也。其遣谒者劳赐三老、孝者帛人五匹，悌者、力田二匹，廉吏二百石以上率百石者三匹。②及问民所不便安，而以户口率置三老孝悌力田常员，③令各率其意以道民焉。"④

①师古曰："无孝悌力田之人可应察举之令。"

②师古曰："自二百石以上，每百石加三匹。"

③师古曰："计户口之数以率之，增置其员，广教化也。"

④师古曰："道读曰导。"

十三年春二月甲寅，诏曰："朕亲率天下农耕以供粢盛，皇后亲桑以奉祭服，其具礼仪。"①

①师古曰："令立耕桑之礼制也。"

夏，除秘祝，①语在《郊祀志》。五月，除肉刑法，语在《刑法志》。

①应劭曰："秘祝之官，移过于下，国家讳之，故曰秘也。"

六月，诏曰："农，天下之本，务莫大焉。今廑身从事，①而有租税之赋，是谓本末者无以异也，②其于劝农之道未备。其除田之租税。赐天下孤寡布帛絮各有数。"

①晋灼曰："廑，古勤字。"

②李奇曰："本，农也。末，贾也。言农与贾俱出租，无异也，故除田租。"

十四年冬，匈奴寇边，杀北地都尉卬。①遣三将军军陇西、北地、上郡，中尉周舍为卫将军，郎中令张武为车骑将军，军渭北，车千乘，骑卒十万人。上亲劳军，勒兵，申教令，②赐吏卒。自欲征匈奴，群臣谏，不听。皇太后固要上，乃止。③于是以东阳侯张相如为大将军，建成侯董赫、内史栾布皆为将军，击匈奴。匈奴走。

①师古曰："《功臣表》云瓶侯孙单以父北地都尉卬力战死事，文帝十四年封，与此正合。然则卬姓孙，而徐广乃云姓段，说者因曰段会宗即卬之玄孙，无

所据也。会宗,《汉书》有传,班固不云是印后,何从而知之乎?"

②师古曰:"申谓约束之。"

③文颖曰:"要(却)〔劫〕也,[8]哀痛祝誓之言。"

春,诏曰:"朕获执牺牲珪币以事上帝宗庙,十四年于今。历日弥长,以不敏不明①而久抚临天下,朕甚自媿。②其广增诸祀坛场珪币。③昔先王远施不求其报,望祀不祈其福,右贤左戚,④先民后己,[9]至明之极也。今吾闻祠官祝釐,⑤皆归福于朕躬,不为百姓,朕甚媿之。夫以朕之不德,而专乡独美其福,百姓不与焉,⑥是重吾不德也。⑦其令祠官致敬,无有所祈。"

①师古曰:"敏,材识捷疾。"

②师古曰:"媿,古愧字。"

③师古曰:"筑土为坛,除地为场。币,祭神之帛。"

④师古曰:"以贤为上,然后及亲也。"

⑤如淳曰:"釐,福也。《贾谊传》'受釐坐宣室'是也。"师古曰:"釐,本字作禧,假借用耳,同音僖。"

⑥师古曰:"与读曰豫。"

⑦师古曰:"重音直用反。"

十五年春,黄龙见于成纪。①上乃下诏议郊祀。公孙臣明服色,新垣平设五庙。②语在《郊祀志》。夏四月,上幸雍,始郊见五帝,赦天下,修名山大川尝祀而绝者,有司以岁时致礼。

①师古曰:"成纪,陇西县。"

②文颖曰:"公孙臣,鲁人也。"应劭曰:"新垣平,赵人也。"师古曰:"五庙,即下渭阳五帝之庙也。"

九月,诏诸侯王公卿郡守举贤良能直言极谏者,上亲策之,傅纳以言。①语在《晁错传》。②

①师古曰:"傅读曰敷,敷陈其言而纳用之。"

②师古曰:"错音千故反。"

十六年夏四月，上郊祀五帝于渭阳。①

①韦昭曰："在渭城。"师古曰："《郊祀志》云在长安东北，非渭城也。韦说谬矣。"

五月，立齐悼惠王子六人、淮南厉王子三人皆为王。

秋九月，得玉杯，①刻曰"人主延寿"。令天下大酺，明年改元。

①应劭曰："新垣平诈令人献之。"

后元年①冬十月，新垣平诈觉，谋反，②夷三族。

①张晏曰："新垣平候日再中，以为吉祥，故改元年，以求延年之祚也。"

②师古曰："以诈事发觉，自恐被诛，因谋反也。"

春三月，孝惠皇后张氏薨。①

①张晏曰："后党于吕氏，废处北宫，故不曰崩。"

诏曰："间者数年比不登，①又有水旱疾疫之灾，朕甚忧之。愚而不明，未达其咎。意者朕之政有所失而行有过与？②乃天道有不顺，地利或不得，人事多失和，鬼神废不享与？何以致此？将百官之奉养或费，无用之事或多与？何其民食之寡乏也！夫度田非益寡，而计民未加益，③以口量地，其于古犹有馀，而食之甚不足者，其咎安在？无乃百姓之从事于末以害农者蕃，④为酒醪以靡谷者多，⑤六畜之食焉者众与？细大之义，吾未能得其中。⑥其与丞相列侯吏二千石博士议之，有可以佐百姓者，率意远思，无有所隐。"

①师古曰："比犹频也。"

②师古曰："与读曰欤，音弋於反。下皆类此。"

③师古曰："度谓量计之，音徒各反。"

④师古曰："末谓工商之业也。蕃亦多也，音扶元反。"

⑤师古曰："醪，汁滓酒也。靡，散也。醪音来高反。靡音縻。"

⑥师古曰："中音竹仲反。"

二年夏，行幸雍棫阳宫。①

①苏林曰："棫音域。"张晏曰："秦昭王所作也。"晋灼曰："《黄图》在扶风。"

六月，代王参薨。匈奴和亲。诏曰："朕既不明，不能远德，使方外之国或不宁息。夫四荒之外不安其生，①封圻之内勤劳不处，②二者之咎，皆自于朕之德薄而不能达远也。间者累年，匈奴并暴边境，多杀吏民，边臣兵吏(入)〔又〕不能谕其内志，[10]以重吾不德。③夫久结难连兵，中外之国将何以自宁？今朕夙兴夜寐，勤劳天下，忧苦万民，为之恻怛不安，④未尝一日忘于心，故遣使者冠盖相望，结彻于道，⑤以谕朕志于单于。⑥今单于反古之道，⑦计社稷之安，便万民之利，新与朕俱弃细过，偕之大道，⑧结兄弟之义，以全天下元元之民。⑨和亲以定，始于今年。"

①师古曰："戎狄荒服，故曰四荒，言其荒忽去来无常也。《尔雅》曰'孤竹、北户、西王母、日下谓之四荒'。"

②师古曰："圻亦畿字。王畿千里。不处者，不获安居。"

③师古曰："谕，晓告也。重音直用反。"

④师古曰："恻，痛也。怛，恨也。怛音丁曷反。"

⑤韦昭曰："使车往还，故彻如结也。"

⑥师古曰："单于，匈奴天子之号也。单音蝉。"

⑦师古曰："(返)〔反〕，还也。"[11]

⑧师古曰："偕亦俱也。之，往也，趣也。"

⑨师古曰："元元，善意也。"

三年春二月，行幸代。

四年夏四月丙寅晦，日有蚀之。五月，赦天下。免官奴婢为庶人。行幸雍。

五年春正月，行幸陇西。三月，行幸雍。秋七月，行幸代。

六年冬，匈奴三万骑入上郡，三万骑入云中。以中大夫令免为车骑将军屯飞狐，①故楚相苏意为将军屯句注，②将军张武屯北地，河内太守周亚夫为将军次细柳，③宗正刘礼为将军次霸上，祝兹侯徐厉为将军次棘门，④以备胡。

①如淳曰："在代郡。"师古曰："中大夫，官名，其人姓令名免耳。此诸将军下至徐厉，皆书姓，而徐广以为中大夫令是官名，此说非也。据《百官表》，景帝初改卫尉为中大夫令，文帝时无此官。而中大夫是郎中令属官，秩比二千石。"

②应劭曰："山险名也，在雁门阴馆。"师古曰："句音章句之句。"

③服虔曰："在长安西北。"如淳曰："长安细柳仓在渭北，近石徼。"张揖曰："在昆明池南，今有柳市是也。"臣瓒曰："一宿曰宿，再宿曰信，过信为次。"师古曰："《匈奴传》云'置三将军，军长安西细柳、渭北棘门、霸上'。此则细柳不在渭北，揖说是也。"

④孟康曰："在长安北，秦时宫门也。"如淳曰："《三辅黄图》棘门在横门外也。"

夏四月，大旱，蝗。①令诸侯无入贡。弛山泽。②减诸服御。损郎吏员。发仓庾③以振民。民得卖爵。

①师古曰："蝗即螽也，食苗为灾，今俗呼为簸蝩。蝗音胡光反。蝩音锺。"

②师古曰："弛，解也，解而不禁，与众庶同其利。"

③应劭曰："水漕仓曰庾。胡公曰'在邑曰仓，在野曰庾'。"

七年夏六月己亥，帝崩于未央宫。①遗诏曰："朕闻之，盖天下万物之萌生，靡不有死。②死者天地之理，物之自然，奚可甚哀！③当今之世，咸嘉生而恶死，厚葬以破业，重服以伤生，吾甚不取。且朕既不德，无以佐百姓；今崩，又使重服久临，④以罹寒暑之数，⑤哀人父子，伤长老之志，损其饮食，绝鬼神之祭祀，以重吾不德，⑥谓天下何！朕获保宗庙，以眇眇之身托于天下君王之上，⑦二十有馀年矣。赖天之灵，社稷之福，方内安宁，⑧靡有兵革。⑨朕既不敏，常畏过行，以羞先帝之遗德；⑩惟年之久长，惧于不终。今乃幸以天年得复供养于高庙，朕之不明与嘉之，其奚哀念之有！⑪其令天下吏民，令到出临三日，皆释服。⑫无禁取妇嫁女祠祀饮酒食肉。自当给丧事服临者，皆无践。⑬（姪）〔绖〕带无过三寸。〔12〕无布车及兵器。⑭无发民哭临宫殿中。殿中当临者，皆以旦夕各十五举音，礼毕罢。非旦夕临时，禁无得擅哭(临)。[13]以下，⑮服大红十五日，小红十四日，纤七日，释服。⑯它不在令中者，皆以此令比类从事。⑰布告天下，使明知朕意。霸陵山川因其故，无有所改。⑱归夫人以下至少使。"⑲令中尉亚夫为车骑将军，属国悍为将屯将军，⑳郎中令张武为复土将军，㉑发近县卒万六千人，发内史卒万五千人，臧郭穿复土属将军武。㉒赐诸侯王以下至孝悌力田金钱帛各有数。乙巳，葬霸陵。㉓

①臣瓒曰："帝年二十三即位，即位二十三年，寿四十六也。"

②师古曰："始生者曰萌。"

③师古曰："奚，何也。"

④师古曰："临，哭也，音力禁反。下云服临、当临者，音并同也。"

⑤师古曰："罹音离，遭也。"

⑥师古曰："重音直用反。"

⑦师古曰："眇眇，犹言细末也。"

⑧臣瓒曰："方，四方也。内，中也。犹云中外。"师古曰："此说非也，直谓(四)方之内耳。"[14]

⑨师古曰："靡，无也。"

⑩师古曰："过行，行有过失也。羞谓忝辱也。行音下更反。"

⑪如淳曰："得卒天年，已善矣。"晋灼曰："若以朕不明，当嘉善朕之俭约，何哀念之有也。"师古曰："如、晋之说非也。与读曰欤，音弋於反。帝自言或者岂朕见之不明乎，以不可嘉为嘉耳。然朕自谓得终天年，供养高庙，为可嘉之事，无所哀念也。今俗语犹然，其意可晓矣。"

⑫师古曰："令谓此诏文也。"

⑬伏俨曰："践，翦也，谓无斩衰也。"孟康曰："践，跣也。"晋灼曰："《汉语》作跣。跣，徒跣也。"师古曰："孟、晋二说是也。"

⑭应劭曰："无以布衣车及兵器也。"服虔曰："不施轻车介士也。"师古曰："应说是也。"

⑮师古曰："为下棺也。音义与《高纪》同。"

⑯服虔曰："皆当言大功、小功布也。纤，细布衣也。"应劭曰："红者，中祥、大祥以红为领缘。纤者，禫也。凡三十六日而释服矣。此以日易月也。"晋灼曰："《汉书》例以红为功也。"师古曰："红与功同。服、晋二说是也。此丧制

者，文帝自率己意创而为之，非有取于《周礼》也，何为以日易月乎！三年之丧，其实二十七月，岂有三十六月之文！禫又无七月也。应氏既失之于前，而近代学者因循谬说，未之思也。"

⑰师古曰："言此诏中无文者，皆以类比而行事。"

⑱应劭曰："因山为藏，不复起坟，山下川流不遏绝，就其水名以为陵号。"

⑲应劭曰："夫人以下有美人、良人、八子、七子、长使、少使，皆遣归家，重绝人类。"

⑳师古曰："典屯军以备非常。"

㉑如淳曰："主穿圹瘗瘗事也。"师古曰："穿圹，出土下棺也。已而瘗之，又即以为坟，故云复土。复，反还也，音扶目反。"

㉒师古曰："即张武也。"

㉓师古曰："自崩至葬凡七日也。霸陵在长安东南。"

赞曰：孝文皇帝即位二十三年，宫室苑囿车骑服御无所增益。有不便，辄弛以利民。①尝欲作露台，召匠计之，直百金。上曰："百金，中人十家之产也。②吾奉先帝宫室，常恐羞之，何以台为！"③身衣弋绨，④所幸慎夫人衣不曳地，帷帐无文绣，以示敦朴，为天下先。治霸陵，皆瓦器，不得以金银铜锡为饰，因其山，不起坟。南越尉佗自立为帝，召贵佗兄弟，以德怀之，佗遂称臣。与匈奴结和亲，后而背约入盗，令边备守，不发兵深入，恐烦百姓。吴王诈病不朝，赐以几杖。群臣袁盎等谏说虽切，常假借纳用焉。⑤张武等受赂金钱，觉，更加赏赐，以愧其心。专务以德化民，是以海内殷富，兴于礼义，断狱数百，几致刑措。⑥呜呼，仁哉！

①师古曰："弛，废弛，音式尔反。"

②师古曰："中谓不富不贫。"

③师古曰："今新丰县南骊山之顶有露台乡，极为高显，犹有文帝所欲作台之处。"

④如淳曰："弋，皂也。贾谊曰'身衣皂绨'。"师古曰："弋，黑色也。绨，厚缯。绨音大奚反。"

⑤苏林曰:“假音休假。借音以物借人之借。”

⑥应劭曰:“措,置也。民不犯法,无所刑也。”师古曰:“断狱数百者,言普天之下死罪人不过数百。几,近也,音巨衣反。”

【校勘记】

〔1〕 宗室将相王列侯以为(其)〔莫〕宜寡人, 王念孙说“其”字文义不顺,当依《史记》作“莫”。杨树达说王校是。

〔2〕 朕(已)〔以〕得保宗庙。 苏舆说《史记》作“以”,依本书例,作“以”为合。

〔3〕 又音於(度)〔庶〕反。 景祐、殿本都作“庶”。王先谦说作“庶”是。

〔4〕 古者天子耕藉田(十)〔千〕亩, 景祐、殿本都作“千”,《史记集解》同。

〔5〕 乃(遂)立辟彊为河间王, 王先谦说“遂”字涉上文而衍。按《史记》无“遂”字。

〔6〕 衣食(之)〔乏〕绝, 景祐、殿本都作“乏”。王先谦说作“乏”是。

〔7〕 其为(遂)〔朕〕率列侯之国。 景祐、殿本都作“朕”,《史记》同。

〔8〕 要(却)〔劫〕也, 景祐、殿、局本都作“劫”,《通鉴》注引同。

〔9〕 右贤左戚④先民后己, 注④原在“后己”下,王先谦说当在“左戚”下。

〔10〕 边臣兵吏(人)〔又〕不能谕其内志, 景祐、殿本都作“又”,《史记》同。王先谦说作“又”是。

〔11〕 (返)〔反〕还也。 景祐、殿本都作“反”。

〔12〕 (婬)〔经〕带无过三寸。 景祐、殿、局本都作“经”,《史记》同。

〔13〕 禁无得擅哭(临)。 李慈铭说《史记》无“临”字,此误衍。

〔14〕 直谓(四)方之内耳。 景祐、殿本都无“四”字。

汉书卷五

景帝纪第五

孝景皇帝，①文帝太子也。母曰窦皇后。后七年六月，文帝崩。丁未，太子即皇帝位，尊皇太后薄氏曰太皇太后，皇后曰皇太后。

①荀悦曰："讳启之字曰开。"应劭曰："礼谥法'布义行刚曰景'。"

九月，有星孛于西方。

元年冬十月，诏曰："盖闻古者祖有功而宗有德，①制礼乐各有由。歌者，所以发德也；舞者，所以明功也。高庙酎，②奏《武德》、《文始》、《五行》之舞。③孝惠庙酎，奏《文始》、《五行》之舞。孝文皇帝临天下，通关梁，不异远方；④除诽谤，去肉刑，赏赐长老，收恤孤独，以遂群生；⑤减耆欲，不受献，⑥罪人不帑，⑦不诛亡罪，不私其利也；除宫刑，出美人，重绝人之世也。朕既不敏，弗能胜识。⑧此皆上世之所不及，而孝文皇帝亲行之。⑨德厚侔天地，利泽施四海，⑩靡不获福。明象乎日月，而庙乐不称，朕甚惧焉。⑪其为孝文皇帝庙为《昭德》之舞，⑫以明休德。⑬然后祖宗之功德，施于万世，永永无穷，朕甚嘉之。其与丞相、列侯、中二千石、礼官具礼仪奏。"丞相臣嘉等奏曰：⑭"陛下永思孝道，立《昭德》之舞以明孝文皇帝之盛德，皆臣嘉等愚所不及。臣谨议：世功莫大于高皇帝，德莫盛于孝文皇帝。高皇帝庙宜为帝者太祖之庙，孝文皇帝庙宜为帝者太宗之庙。天子宜世世献祖宗之庙。郡国诸侯宜各为孝文皇帝立太宗之庙。诸侯王列侯使者侍祠天子所献祖宗之庙。⑮请宣布天下。"制曰"可"。

①应劭曰:"始取天下者为祖,高帝称高祖是也。始治天下者为宗,文帝称太宗是也。"师古曰:"应说非也。祖,始也,始受命也。宗,尊也,有德可尊。"

②张晏曰:"正月旦作酒,八月成,名曰酎。酎之言纯也。至武帝时,因八月尝酎会诸侯庙中,出金助祭,所谓酎金也。"师古曰:"酎,三重酿,醇酒也,味厚,故以荐宗庙。酎音直救反。"

③孟康曰:"《武德》,高祖所作也。《文始》,舜舞也。《五行》,周舞也。《武德》者,其舞人执干戚。《文始舞》执羽籥。《五行舞》,冠冕衣服法五行色。见《礼乐志》。"

④张晏曰:"孝文十二年,除关不用传,令远近若一。"

⑤师古曰:"遂,成也,达也。"

⑥师古曰:"耆读曰嗜。"

⑦苏林曰:"刑不及妻子。"师古曰:"帑读与孥同。"

⑧师古曰:"敏,材智速疾也。胜识,尽知之。"

⑨师古曰:"上世,谓古昔之帝王也。"

⑩师古曰:"侔,等也,音牟。"

⑪师古曰:"称,副也,音尺孕反。"

⑫师古曰:"昭,明也。"

⑬师古曰:"休,美也。"

⑭师古曰:"申屠嘉。"

⑮张晏曰:"王及列侯岁时遣使诣京师侍祠助祭。"如淳曰:"若光武庙在章陵,南阳太守称使者往祭是也。不使侯王祭者,诸侯不得祖天子。凡临祭宗庙皆为侍祭。"师古曰:"张说是也。既云天子所献祖宗之庙,非谓郡国之庙也。"

春正月,诏曰:"间者岁比不登,民多乏食,夭绝天年,朕甚痛之。郡国或硗陿,无所农桑毄畜;① 或地饶广,荐草莽,水泉利,而不得徙。② 其议民欲徙宽大地者,听之。"

①师古曰:"硗谓硗埆瘠薄也。陿谓褊隘也。毄谓食养之。畜谓牧放也。硗音苦交反。陿音狭。毄古繫字。"

②如淳曰:"庄周云麋鹿食曰荐。一曰草稠曰荐,深曰莽。"

夏四月,赦天下。赐民爵一级。

遣御史大夫青翟至代下与匈奴和亲。①

①文颖曰："姓严，讳青翟。"臣瓒曰："此陶青也。庄青翟乃自武帝时人，此纪误。"师古曰："后人传习不晓，妄增翟字耳，非本作纪之误。"

五月，令田半租。

秋七月，诏曰："吏受所监临，以饮食免，重；受财物，贱买贵卖，论轻。①廷尉与丞相更议著令。"②廷尉信谨与丞相议曰：③"吏及诸有秩受其官属所监、所治、所行、所将，④其与饮食计偿费，勿论。⑤它物，若买故贱，卖故贵，皆坐臧为盗，没入臧县官。⑥吏迁徙免罢，受其故官属所将监治送财物，夺爵为士伍，免之。⑦无爵，罚金二斤，令没入所受。有能捕告，畀其所受臧。"⑧

①师古曰："帝以为当时律条吏受所监临赂遗饮食，即坐免官爵，于法太重，而受所监临财物及贱买贵卖者，论决太轻，故令更议改之。"

②苏林曰："著音著幘之著。"师古曰："苏音非也。著音著作之著，音竹箸反。"

③师古曰："丞相申屠嘉。"

④师古曰："行谓按察也，音下更反。"

⑤师古曰："计其所费，而偿其直，勿论罪也。"

⑥师古曰："它物，谓非饮食者。"

⑦李奇曰："有爵者夺之，使为士伍，有位者免官也。"师古曰："此说非也。谓夺其爵，令为士伍，又免其官职，即今律所谓除名也。谓之士伍者，言从士卒之伍也。"

⑧师古曰："畀，与也，以所受之臧与捕告者也。畀音必寐反。"

二年冬十二月，有星孛于西南。

令天下男子年二十始傅。①

①师古曰："旧法二十三，今此二十，更为异制也。傅读曰附。解在《高纪》。"

春三月，立皇子德为河间王，阏为临江王，①馀为淮阳王，非为汝南王，彭祖为广川王，发为长沙王。

①师古曰："阏音一曷反。"

夏四月壬午，太皇太后崩。①

①服虔曰："文帝母薄太后也。"

六月，丞相嘉薨。

封故相国萧何孙係为列侯。①

①师古曰："係音胡计反。"

秋，与匈奴和亲。

三年冬十二月，诏曰："襄平侯嘉①子恢说不孝，谋反，欲以杀嘉，大逆无道。②其赦嘉为襄平侯，及妻子当坐者复故爵。③论恢说及妻子如法。"

①晋灼曰："纪通子也。《功臣表》襄平侯纪通以父功侯，孝景三年，康侯相夫嗣。推其封薨，正与此合，岂更名嘉乎？"

②晋灼曰："恢说言嘉知反情，而实不知也。"师古曰："此解非也。恢说有私怨于其父，而自谋反，欲令其父坐死也。说读曰悦。"

③如淳曰："律，大逆不道，父母妻子同产皆弃市。今赦其馀子不与恢说谋者，复其故爵。"

春正月，淮阳王宫正殿灾。

吴王濞、胶西王卬、楚王戊、赵王遂、济南王辟光、①菑川王贤、胶东王雄渠皆举兵反。大赦天下。遣太尉亚夫、②大将军窦婴将兵击之。斩御史大夫晁错以谢七国。③

①师古曰："辟音壁，又音闢，其义两通。"

②师古曰："周亚夫。"

③晋灼曰："错音错置之错。"师古曰："晁，古朝字。"

二月壬子晦，日有食之。

诸将破七国，斩首十馀万级。追斩吴王濞于丹徒。胶西王卬、楚王戊、赵王遂、济南王辟光、菑川王贤、胶东王雄渠皆自杀。夏六月，诏曰："乃者吴王濞等为逆，起兵相胁，诖误吏民，吏民不得已。①今濞等已灭，吏民当坐濞等及逋逃亡军者，皆赦之。楚元王子蓺等与濞等为逆，②朕不忍加法，除其籍，毋令污宗室。”立平陆侯刘礼为楚王，续元王后。③立皇子端为胶西王，胜为中山王。赐民爵一级。

①师古曰：“已，止也，言不得止而从之，非本心也。”

②师古曰：“蓺音蓺。”

③孟康曰：“礼，元王子也。”

四年春，复置诸关用传出入。①

①应劭曰：“文帝十二年除关无用传，至此复用传。以七国新反，备非常。”

夏四月己巳，立皇子荣为皇太子，彻为胶东王。

六月，赦天下，赐民爵一级。

秋七月，临江王阏薨。

十月戊戌晦，日有蚀之。

五年春正月，作阳陵邑。①夏，募民徙阳陵，赐钱二十万。

①张晏曰：“景帝作寿陵，起邑。”

遣公主嫁匈奴单于。

六年冬十二月，雷，霖雨。

秋九月，皇后薄氏废。

七年冬十一月庚寅晦，日有蚀之。

春正月，废皇太子荣为临江王。

二月，罢太尉官。

夏四月乙巳，立皇后王氏。

丁巳，立胶东王彻为皇太子。赐民为父后者爵一级。

中元年夏四月，赦天下，赐民爵一级。封故御史大夫周苛、周昌孙子为列侯。①

①师古曰:"封苛之孙及昌之子也。苛、昌皆尝为御史大夫而从昆弟也,故总言之。"

二年春二月,令诸侯王薨、列侯初封及之国,大鸿胪奏谥、诔、策。①列侯薨及诸侯太傅初除之官,大行奏谥、诔、策。②王薨,遣光禄大夫吊襚祠赗,③视丧事,因立嗣子。列侯薨,遣大中大夫吊祠,视丧事,因立嗣。其(薨)葬,[1]国得发民輓丧,穿复土,治坟无过三百人毕事。④

①应劭曰:"皇帝延诸侯王,宾王诸侯,皆属大鸿胪。故其薨,奏其行迹,赐与谥及哀策诔文也。"臣瓒曰:"景帝此年已置大鸿胪,而《百官表》云武帝太初元年更以大行为大鸿胪,与此错。"师古曰:"诔者,述累德行之文,音力水反。"

②如淳曰:"凡言除者,除故官就新官也。"晋灼曰:"《礼》有大行人、小行人,主谥官,故以此名之。"臣瓒曰:"大行是官名,掌九仪之制以宾诸侯者。"师古曰:"大鸿胪者,本名典客,后改曰大鸿胪。大行令者,本名行人,即典客之属官也,后改曰大行令。故事之尊重者遣大鸿胪,而轻贱者遣大行也。据此纪文,则景帝已改典客为大鸿胪,改行人为大行矣。而《百官公卿表》乃云景帝中六年更名典客为大行令,武帝太初元年更名大行令为大鸿胪,更名行人为大行令。当是表误。"

③应劭曰:"衣服曰襚。祠,饮食也。车马曰赗。"师古曰:"襚音遂。赗音芳凤反。"

④师古曰:"輓谓引车也。毕事,毕葬事也。輓音晚。"

匈奴入燕。

改磔曰弃市,①勿复磔。

①应劭曰:"先此诸死刑皆磔于市,今改曰弃市,自非妖逆不复磔也。"师古曰:"磔谓张其尸也。弃市,杀之于市也。谓之弃市者,取刑人于市,与众弃之也。磔音竹客反。"

三月,临江王荣坐侵太宗庙地,征诣中尉,自杀。

夏四月,有星孛于西北。

立皇子越为广川王,寄为胶东王。

秋七月，更郡守为太守，郡尉为都尉。①

①师古曰："更谓改其号。"

九月，封故楚、赵傅相内史前死事者四人子①皆为列侯。

①文颖曰："楚相张尚，太傅赵夷吾。赵相建德，内史王悍。此四人各谏其王无使反，不听，皆杀之，故封其子。"

甲戌晦，日有蚀之。

三年冬十一月，罢诸侯御史大夫官。①

①师古曰："所以抑损其权。"

春正月，皇太后崩。①

①文颖曰："景帝母窦太后，以帝崩后六年乃亡。凡立五十一年，武帝建元六年崩。今此言皇太后崩，误耳。"孟康曰："此太后崩，《史记》无也。"臣瓒曰："王楙云景帝薄后以此年死，疑是也。当言废后，而言太后，误也。"师古曰："孟说是也。废后死不书，又不言崩。瓒解为谬。"

夏旱，禁酤酒。①秋九月，蝗。有星孛于西北。戊戌晦，日有蚀之。

①师古曰："酤谓卖酒也，音工护反。"

立皇子乘为清河王。

四年春三月，起德阳宫。①

①臣瓒曰："是景帝庙也。帝自作之，讳不言庙，故言宫。《西京故事》云景帝庙为德阳。"

御史大夫绾奏禁马高五尺九寸以上，齿未平，不得出关。①

①服虔曰："绾，卫绾也。马十岁，齿下平。"

夏，蝗。

秋，赦徒作阳陵者，死罪欲腐者，许之。①

①苏林曰："宫刑，其创腐臭，故曰腐也。"如淳曰："腐，宫刑也。丈夫割势，不能复生子，如腐木不生实。"师古曰："如说是。腐音辅。"

十月戊午，日有蚀之。

五年夏，立皇子舜为常山王。六月，赦天下，赐民爵一级。

秋八月己酉，未央宫东阙灾。

更名诸侯丞相为相。①

①师古曰："亦所以抑黜之，令异于汉朝。"

九月，诏曰："法令度量，所以禁暴止邪也。狱，人之大命，死者不可复生。吏或不奉法令，以货赂为市，朋党比周，①以苛为察，以刻为明，令亡罪者失职，朕甚怜之。②有罪者不伏罪，奸法为暴，甚亡谓也。诸狱疑，若虽文致于法而于人心不厌者，辄谳之。"③

①师古曰："比音频寐反。"

②师古曰："职，常也。失其常理也。"

③师古曰："厌，服也，音一赡反。谳，平议也，音鱼列反。"

六年冬十月，行幸雍，郊五畤。

十二月，改诸官名。定铸钱伪黄金弃市律。①

①应劭曰："文帝五年，听民放铸，律尚未除。先时多作伪金，伪金终不可成，而徒损费，转相诳耀，穷则起为盗贼，故定其律也。"孟康曰："民先时多作伪金，故其语曰'金可作，世可度'。费损甚多而终不成。民亦稍知其意，犯者希，因此定律也。"师古曰："应说是。"

春三月，雨雪。①

①师古曰："雨音于具反。"

夏四月，梁王薨，分梁为五国，立孝王子五人皆为王。

五月，诏曰："夫吏者，民之师也，车驾衣服宜称。①吏六百石以上，皆长吏也，②亡度者或不吏服，出入闾里，与民亡异。令长吏二千石车朱两轓，③千石至六百石朱左轓。车骑从者不称其官衣服，下吏出入闾巷亡吏体者，二千石上其官属，三辅举不如法令者，④皆上丞相御史请之。"先是吏多军功，车服尚轻，故为设禁。又惟酷吏奉宪失中，乃诏有司减笞法，定箠令。语在《刑法志》。⑤

①师古曰："称其官也，音尺孕反。"

②张晏曰："长，大也。六百石，位大夫。"

③应劭曰："车耳反出，所以为之藩屏，翳尘泥也。二千石双朱，其次乃偏其左。軬以簟为之，或用革。"如淳曰："轓音反，小车两屏也。"师古曰："据许慎、李登说，轓，车之蔽也。《左氏传》云'以藩载栾盈'，即是有障蔽之车也。言车耳反出，非矣。轓音甫元反。軬音方远反。"

④应劭曰："京兆尹、左冯翊、右扶风共治长安城中，是为三辅。"师古曰："时未有京兆、冯翊、扶风之名。此三辅者，谓主爵中尉及左右内史也。应说失之。"

⑤师古曰："箠音止蘂反。"

六月，匈奴入雁门，至武泉，入上郡，取苑马。①吏卒战死者二千人。

①如淳曰："《汉仪注》太仆牧师诸苑三十六所，分布北边、西边。以郎为苑监，官奴婢三万人，养马三十万匹。"师古曰："武泉，云中之县也。养鸟兽者通名为苑，故谓牧马处为苑。"

秋七月辛亥晦，日有蚀之。

后元年春正月，诏曰："狱，重事也。人有智愚，官有上下。狱疑者谳有司。有司所不能决，移廷尉。有令谳而后不当，谳者不为失。①欲令治狱者务先宽。"三月，赦天下，赐民爵一级，中二千石诸侯相爵右庶长。②夏，大酺五日，民得酤酒。

①师古曰："假令谳讫，其理不当，所谳之人不为罪失。"

②如淳曰："虽有尊官未必有高爵，故数有赐爵。"师古曰："右庶长，第十一爵也。"

五月，地震。秋七月乙巳晦，日有蚀之。

条侯周亚夫下狱死。

二年冬十月，省彻侯之国。①

①晋灼曰："《文纪》遣列侯之国，今省之。"师古曰："省音所领反。"

春，匈奴入雁门，太守冯敬与战死。发车骑材官屯。①

①师古曰："屯雁门。"

春，以岁不登，禁内郡食马粟，没入之。①

①师古曰："食读曰饲。没入者，没入其马。"

夏四月，诏曰："雕文刻镂，伤农事者也；锦绣纂组，害女红者也。①农事伤则饥之本也，女红害则寒之原也。夫饥寒并至，而能亡为非者寡矣。朕亲耕，后亲桑，以奉宗庙粢盛祭服，为天下先；不受献，减太官，省繇赋，②欲天下务农蚕，素有畜积，以备灾害。③强毋攘弱，众毋暴寡，④老耆以寿终，幼孤得遂长。⑤今岁或不登，民食颇寡，其咎安在？或诈伪为吏，⑥吏以货赂为市，渔夺百姓，侵牟万民。⑦县丞，长吏也，奸法与盗盗，甚无谓也。⑧其令二千石各修其职；不事官职耗乱者，丞相以闻，请其罪。⑨布告天下，使明知朕意。"

①应劭曰："纂，今五采属绊是也。组者，今绶纷絛是也。"臣瓒曰："许慎云'纂，赤组也'。"师古曰："瓒说是也。绊，会也。会五彩者，今谓之错彩，非纂也。红读曰功。绊音子内反。絛音它牢反。"

②师古曰："省音所领反。繇读曰徭。"

③师古曰："畜读曰蓄。"

④师古曰："攘，取也，音人羊反。"

⑤师古曰："遂，成也。"

⑥张晏曰："以诈伪人为吏也。"臣瓒曰："律所谓矫枉以为吏者也。"师古曰："二说并非也。直谓诈自称吏耳。"

⑦李奇曰："牟，食苗根虫也。侵牟食民，比之蟊贼也。"师古曰："渔言若渔猎之为也。"

⑧李斐曰："奸法，因法作奸也。"文颖曰："与盗，谓盗者当治，而知情反佐与之，是则共盗无异也。"师古曰："与盗盗者，共盗为盗耳。"

⑨师古曰："耗，不明也，读与眊同，音莫报反。"

五月，诏曰："人不患其不知，患其为诈也；不患其不勇，患其为暴也；不患其不富，患其亡厌也。其唯廉士，寡欲易足。今訾算十以上乃得宦，①廉士算不必众。有市籍不得宦，无訾又不得宦，朕甚愍之。訾算四得宦，亡令廉士久失职，贪夫长利。"②

①服虔曰："訾万钱，算百二十七也。"应劭曰："古者疾吏之贪，衣食足知荣辱，限訾十算乃得为吏。十算，十万也。贾人有财不得为吏，廉士无訾又不得宦，故减訾四算得宦矣。"师古曰："訾读与赀同。他皆类此。"

②师古曰："长利，长获其利。"

秋，大旱。

三年春正月，诏曰："农，天下之本也。黄金珠玉，饥不可食，寒不可衣，以为币用，不识其终始。①间岁或不登，意为末者众，农民寡也。其令郡国务劝农桑，益种树，可得衣食物。②吏发民若取庸采黄金珠玉者，坐臧为盗。③二千石听者，与同罪。"

①师古曰："币者，所以通有无，易贵贱也。"

②师古曰："树，殖也。"

③韦昭曰："发民，用其民。取庸，用其资以顾庸。"

皇太子冠，赐民为父后者爵一级。

甲子，帝崩于未央宫。①遗诏赐诸侯王列侯马二驷，②吏二千石黄金二斤，吏民户百钱。出宫人归其家，复终身。③二月癸酉，葬阳陵。④

①臣瓒曰："帝年三十二即位，即位十六年，寿四十八。"

②师古曰："八匹也。"

③师古曰："复音方目反。"

④臣瓒曰："自崩及葬凡十日。阳陵在长安东北四十五里。"

赞曰：孔子称"斯民，三代之所以直道而行也"，①信哉！周秦之敝，罔密文峻，而奸轨不胜。②汉兴，扫除烦苛，与民休息。至于孝文，加之以恭俭，孝景遵业，五六十载之间，至于移风易俗，黎民醇厚。③周云成康，汉言文景，美矣！

①师古曰:"此《论语》载孔子之辞也。言此今时之人,亦夏、殷、周之所驭,以政化淳壹,故能直道而行。伤今不然。"

②师古曰:"不可胜。"

③师古曰:"黎,众也,醇,不浇杂。"

【校勘记】

〔1〕 其(薨)葬, 王念孙说"薨"字涉上文四"薨"字而衍。薨事已见上文,此文则专指葬事,故师古云"毕事,毕葬事也"。

汉书卷六

武帝纪第六

孝武皇帝,①景帝中子也,母曰王美人。②年四岁立为胶东王。七岁为皇太子,母为皇后。十六岁,后三年正月,景帝崩。③甲子,太子即皇帝位,尊皇太后窦氏曰太皇太后,皇后曰皇太后。三月,封皇太后同母弟田蚡、胜皆为列侯。④

①荀悦曰:"讳彻之字曰通。"应劭曰:"礼谥法'威强睿德曰武'。"

②师古曰:"《外戚传》美人比二千石,视少上造。"

③张晏曰:"武帝以景帝元年生,七岁为太子,为太子十岁而景帝崩,时年十六矣。"师古曰:"后三年,景帝后三年也。"

④苏林曰:"蚡音鼢鼠之鼢。"师古曰:"蚡亦鼢鼠字也,音扶粉反。"

建元元年①冬十月,诏丞相、御史、列侯、中二千石、二千石、诸侯相举贤良方正直言极谏之士。丞相绾②奏:"所举贤良,或治申、商、韩非、苏秦、张仪之言,③乱国政,请皆罢。"奏可。

①师古曰:"自古帝王未有年号,始起于此。"

②师古曰:"卫绾也。"

③应劭曰:"申不害,韩昭侯相也。卫公孙鞅为秦孝公相,封于商,号商君。韩非,韩诸公子,非,名也。苏秦为关东从长。张仪为秦昭王相,为衡说以抑诸侯。"李奇曰:"申不害书执术。商鞅为法,赏不失卑,刑不讳尊,然深刻无恩德。韩非兼行申、商之术。"师古曰:"从音子容反。"

春二月,赦天下,赐民爵一级。年八十复二算,九十复甲卒。①行三铢钱。②

①张晏曰："二算，复二口之算也。复甲卒，不豫革车之赋也。"师古曰："复音方目反。"

②师古曰："新坏四铢钱造此钱也，重如其文。见《食货志》。"

夏四月己巳，诏曰："古之立教，乡里以齿，朝廷以爵，扶世导民，莫善于德。然则于乡里先耆艾，奉高年，古之道也。①今天下孝子顺孙愿自竭尽以承其亲，外迫公事，内乏资财，是以孝心阙焉。朕甚哀之。民年九十以上，已有受鬻法，②为复子若孙，令得身帅妻妾遂其供养之事。"③

①师古曰："六十曰耆，五十曰艾。"

②师古曰："给米粟以为糜鬻。鬻音之六反。"

③师古曰："若者，豫及之辞也。有子即复子，无子即复孙也。遂，(中)〔申〕也。[1]复音方目反。"

五月，诏曰："河海润千里，其令祠官修山川之祠，为岁事，①曲加礼。"②

①孟康曰："为农祈也。于此造之，岁以为常，故曰为岁事也。"师古曰："岁以为常是也。总致敬耳，非止祈农。"

②如淳曰："祭礼有所加益。"

赦吴楚七国帑输在官者。①

①应劭曰："吴楚七国反时，其首事者妻子没入为官奴婢，武帝哀焉，皆赦遣之也。"师古曰："帑读与孥同。"

秋七月，诏曰："卫士转置送迎二万人，①其省万人。罢苑马，以赐贫民。"②

①郑氏曰："去故置新，常二万人。"

②师古曰："养马之苑，旧禁百姓不得刍牧采樵，今罢之。"

议立明堂。遣使者安车蒲轮，束帛加璧，征鲁申公。①

①师古曰："以蒲裹轮，取其安也。"

二年冬十月，御史大夫赵绾坐请毋奏事太皇太后，及郎中令王臧皆下狱，自杀。①丞相婴、太尉蚡免。②

①应劭曰："礼，妇人不豫政事，时帝已自躬省万机。王臧儒者，欲立明堂辟雍。太后素好黄老术，非薄《五经》。因欲绝奏事太后，太后怒，故杀之。"

②师古曰："窦婴、田蚡。"

春二月丙戌朔，日有蚀之。夏四月戊申，有如日夜出。

初置茂陵邑。①

①应劭曰："武帝自作陵也。"师古曰："本槐里(之县)〔县之〕茂乡，[2]故曰茂陵。"

三年春，河水溢于平原，大饥，人相食。①

①师古曰："河溢之处损害田亩，故大饥。"

赐徙茂陵者户钱二十万，田二顷。初作便门桥。①

①苏林曰："去长安四十里。"服虔曰："在长安西北，茂陵东。"师古曰："便门，长安城北面西头门，即平门也。古者平便皆同字。于此道作桥，跨渡渭水以趋茂陵，其道易直，即今所谓便桥是其处也。便读如本字。"

秋七月，有星孛于西北。

济川王明坐杀太傅、中傅废迁防陵。①

①应劭曰："中傅，官者也。"师古曰："防陵，汉中县也，今谓之房州。"

闽越围东瓯，①东瓯告急。遣中大夫严助持节发会稽兵，浮海救之。未至，闽越走，兵还。

①应劭曰："高祖五年立无诸为闽越王。惠帝立摇为东海王，都东瓯，故号东瓯。"师古曰："瓯音一侯反。"

九月丙子晦，日有蚀之。

四年夏，有风赤如血。六月，旱。秋九月，有星孛于东北。

五年春，罢三铢钱，行半两钱。①

①师古曰："又新铸作也。"

置《五经》博士。

夏四月，平原君薨。①

①服虔曰："王太后之母，武帝外祖母。"

五月，大蝗。

秋八月，广川王越、清河王乘皆薨。

六年春二月乙未，辽东高庙灾。夏四月壬子，高园便殿火。①上素服五日。

①师古曰："凡言便殿、便室、便坐者，皆非正大之处，所以就便安也。园者，于陵上作之，既有正寝以象平生正殿，又立便殿为休息闲宴之处耳。说者不晓其意，乃解云便殿、便室皆是正名，斯大惑矣。寻《石建》、《韦玄成》、《孔光》等《传》，其义可知。便读如本字。"

五月丁亥，太皇太后崩。

秋八月，有星孛于东方，长竟天。

闽越王郢攻南越。遣大行王恢将兵出豫章，大司农韩安国出会稽，击之。未至，越人杀郢降，兵还。

元光元年①冬十一月，初令郡国举孝廉各一人。②

①臣瓒曰："以长星见，故为元光。"

②师古曰："孝谓善事父母者。廉谓清洁有廉隅者。"

卫尉李广为骁骑将军屯云中，中尉程不识为车骑将军屯雁门，六月罢。

夏四月，赦天下，赐民长子爵一级。复七国宗室前绝属者。①

①师古曰："此等宗室前坐七国反，故绝属。今加恩赦之，更令上属籍于宗正也。复音扶目反。"

五月，诏贤良曰："朕闻昔在唐虞，画象而民不犯，①日月所烛，莫不率俾。② 周之成康，刑错不用，③ 德及鸟兽，教通四海。海外肃眘，④ 北发渠搜，⑤ 氐羌徕服。⑥ 星辰不孛，日月不蚀，山陵不崩，川谷不塞；麟凤在郊薮，河洛出图书。呜虖，何施而臻此与！⑦ 今朕获奉宗庙，夙兴以求，夜寐以思，⑧ 若涉渊水，未知所济。猗与伟与！⑨ 何行而可以章先帝之洪业休德，⑩ 上参尧舜，下配三王！⑪ 朕之不敏，不能远德，⑫ 此子大夫之所睹闻也。⑬ 贤良明于古今王事之体，受策察问，咸以书对，著之于篇，⑭ 朕亲览焉。"于是董仲舒、公孙弘等出焉。

①应劭曰："二帝但画衣冠，异章服，而民不敢犯也。"师古曰："《白虎通》云'画象者，其衣服象五刑也。犯墨者蒙巾，犯劓者以赭著其衣，犯髌者以墨蒙其髌，象而画之，犯宫者扉，犯大辟者布衣无领。'墨谓以墨黥其面也。劓，截其鼻也。髌，去膝盖骨也。宫，割其阴也。扉，草屦也。劓音牛冀反，字或作劓，其音同耳。髌音频忍反。扉音扶味反。"

②师古曰："烛，照也。率，循也。俾，使也。言皆循其贡职而可使也。"

③师古曰："错，置也，音千故反。"

④晋灼曰："《东夷传》今挹娄地是也，在夫馀之东北千馀里大海之滨。"师古曰："《周书序》云'成王既伐东夷，肃眘来贺'，即谓此。"

⑤服虔曰："地名也。"应劭曰："《禹贡》析支、渠搜属雍州，在金城河关之西，西戎也。"晋灼曰："《王恢传》'北发、月支可得而臣'，似国名也。《地理志》朔方有渠搜县。"臣瓒曰："《孔子三朝记》云'北发渠搜，南抚交阯'，此举北以南为对也。《禹贡》渠搜在雍州西北。渠搜在朔方。"师古曰："北发，非国名也，言北方即可征发渠搜而役属之。瓒说近是。"

⑥师古曰："徕，古往来之字也。氐音丁奚反。"

⑦师古曰："虖读曰呼。呜呼，叹辞也。臻，至也。"

⑧师古曰："夙兴，早起也。夜寐，夜久方寐也。"

⑨师古曰："猗，美也。伟，大也。与，辞也。言美而且大也。与读曰欤，音弋於反。"

⑩师古曰："章，明也。洪，大也。休，美也。"

⑪师古曰："三王，夏、殷、周。"

⑫师古曰："言德不及远也。"

⑬师古曰："子者，人之嘉称。大夫，举官称也。志在优贤，故谓之子大夫也。

睹，古靓字。”

⑭师古曰：“篇谓竹简也。”

秋七月癸未，日有蚀之。

二年冬十月，行幸雍，祠五畤。①

①师古曰：“五帝之畤也。”

春，诏问公卿曰：“朕饰子女以配单于，金币文绣赂之甚厚，单于待命加嫚，侵盗亡已。①边境被害，朕甚闵之。今欲举兵攻之，何如？”大行王恢建议宜击。夏六月，御史大夫韩安国为护军将军，卫尉李广为骁骑将军，太仆公孙贺为轻车将军，大行王恢为将屯将军，(大)〔太〕中大夫李息[3]为材官将军，将三十万众屯马邑谷中，诱致单于，欲袭击之。单于入塞，觉之，走出。六月，军罢。将军王恢坐首谋不进，下狱死。②

①师古曰：“待命，谓承诏命也。嫚与慢同。”

②师古曰：“首为此谋，而反不进击匈奴辎重。”

秋九月，令民大酺五日。

三年春，河水徙，从顿丘东南流入勃海。①

①师古曰：“顿丘，丘名，因以为县，本卫地也。《地理志》属东郡，今则在魏州界也。”

夏五月，封高祖功臣五人后为列侯。

河水决濮阳，泛郡十六。①发卒十万救决河。起龙渊宫。②

①师古曰：“濮阳，东郡之县也。水所泛及，凡十六郡界也。泛音敷剑反。”

②服虔曰：“宫在长安西，作铜飞龙，故以冠名也。”如淳曰：“《三辅黄图》云有龙渊宫，今长安城西有其处。《沟洫志》救河决亦起龙渊宫于其傍。”孟康曰：“在西平界，其水可用淬刀剑，特坚利。古龙渊之剑取于此水。”师古曰：“《黄图》云龙渊庙在茂陵东，不言宫也。此言救决河，起龙渊宫，则宫不在长安之西矣。又汉章帝赐尚书韩稜龙渊剑。孟说是也。淬音千内反。”

四年冬，魏其侯窦婴有罪，弃市。①

①师古曰："以党灌夫也。"

春三月乙卯，丞相蚡薨。

夏四月，陨霜杀草。五月，地震。赦天下。

五年春正月，河间王德薨。

夏，发巴蜀治南夷道，又发卒万人治雁门阻险。①

①师古曰："所以为固，用止匈奴之寇。"

秋七月，大风拔木。

乙巳，皇后陈氏废。捕为巫蛊者，皆枭首。

八月，螟。①

①师古曰："食苗心之虫也，音莫经反。"

征吏民有明当时之务、习先圣之术者，县次续食，令与计偕。①

①师古曰："计者，上计簿使也，郡国每岁遣诣京师上之。偕者，俱也。令所征之人与上计者俱来，而县次给之食。后世讹误，因承此语，遂总谓上计为计偕。阚骃不详，妄为解说，云秦汉谓诸侯朝使曰计偕。偕，次也。晋代有计偕簿。又改偕为阶，失之弥远，致误后学。"

六年冬，初算商车。①

①李奇曰："始税商贾车船，令出算。"

春，穿漕渠通渭。①

①如淳曰："水转运曰漕。"师古曰："音才到反。"

匈奴入上谷，杀略吏民。遣车骑将军卫青出上谷，骑将军公孙敖出代，轻车将军公孙贺出云中，骁骑将军李广出雁门。青至龙城，①获首虏七百级。广、敖失师而还。诏曰："夷狄无义，所从来久。间者匈奴数寇边境，故遣将抚师。古者治兵振旅，因遭虏之方入，将吏新会，上下未辑，②代郡将军敖、雁门将军广所任不肖，③校尉又背义妄行，弃军而北，少吏犯禁。④用兵之法：不勤不教，将率之过也；教令宣明，不能尽力，士卒之罪也。将军已下廷尉，使理正之，⑤而又加法于士卒，二者并行，非仁圣之心。朕闵众庶陷害，欲刷耻改行，⑥复奉正（议）〔义〕，[4] 厥路亡繇。⑦其赦雁门、代郡军士不循法者。”⑧

①应劭曰：“匈奴单于祭天，大会诸国，名其处为龙城。”

②晋灼曰：“入犹还也。不得已而用兵，言师不逾时也。入或作人，因其习俗土地之宜而教革之也。”师古曰：“晋说非也。诏言古者出则治兵，入则振旅，素练其众，不亏戎律。今之出师，因遭寇虏方入为害，而将吏新会，上下未和，故校尉弃军而奔北也。辑与集同。”

③师古曰：“肖，似也。不肖者，言无所象类，谓不材之人也。”

④文颖曰：“少吏，小吏也。”

⑤师古曰：“下谓以身付廷尉也。理，法也，言以法律处正其罪。下音胡嫁反。他皆类此。”

⑥师古曰：“刷，除也，音所劣反。”

⑦师古曰：“一陷重刑，无因复从正道也。繇读与由同。”

⑧师古曰：“循，从也，由也。”

夏，大旱，蝗。

六月，行幸雍。

秋，匈奴盗边。遣将军韩安国屯渔阳。

元朔元年①冬十一月，诏曰：“公卿大夫，所使总方略，壹统类，广教化，美风俗也。夫本仁祖义，褒德禄贤，劝善刑暴，②五帝三王所繇昌也。③朕夙兴夜寐，嘉与宇内之士臻于斯路。④故旅耆老，复孝敬，⑤选豪俊，讲文学，⑥稽参政事，祈进民心，⑦深诏执事，兴廉举孝，庶几成风，绍休圣绪。⑧夫十室之邑，必有忠信；三人并行，厥有我师。⑨今或至阖郡而不荐一人，⑩是化不下究，而积行之君子雍于上闻也。⑪二千石官长纪纲人伦，⑫将何以佐朕烛幽隐，劝元元，⑬厉蒸庶，⑭崇乡党之训哉？且进贤受上赏，蔽贤蒙显戮，古之道也。其与中二千石、礼官、博士议不举者罪。”有司奏议曰：“古者，诸侯贡士，壹適谓之好德，⑮再適谓之贤贤，三適谓之有功，乃加九锡；⑯不贡士，壹则黜爵，再则黜地，三而黜爵地毕矣。⑰夫附下罔上者死，附上罔下者刑，与闻国政而无益于民者斥，⑱在上位而不能进贤者退，此所以劝善黜恶也。今诏书昭先帝圣绪，令二千石举孝廉，所以化元元，移风易俗也。不举孝，不奉诏，当以不敬论。⑲不察廉，不胜任也，当免。”⑳奏可。

①应劭曰："朔，苏也。孟轲曰'后来其苏'。苏，息也，言万民品物大繁息也。"师古曰："朔犹始也，言更为初始也。苏息之息，非息生义，应说失之。"

②师古曰："本仁祖义，谓以仁义为本始。"

③师古曰："五帝，伏羲、神农、黄帝、尧、舜也。三王，夏、殷、周也。繇读与由同。"

④师古曰："天地四方为宇。臻，至也。"

⑤师古曰："旅耆老者，加惠于耆老之人，若宾旅也。复孝敬者，谓优复孝弟之人也。复音方目反。"

⑥师古曰："讲谓和习之。"

⑦师古曰："祈，求也。"

⑧师古曰："休，美也。绪，业也。言绍先圣之休绪也。故下言昭先帝圣绪。"

⑨师古曰："《论语》称孔子云：'十室之邑，必有忠信如丘者焉。'又曰：'三人行，必有我师焉。择其善者而从之，其不善者而改之。'故诏引焉。"

⑩师古曰："阖，闭也。总〔一〕郡之中，[5]故云阖郡。"

⑪师古曰："究，竟也。言见壅遏，不得闻(雍)〔达〕于天子也。[6]雍读曰壅。"

⑫师古曰："谓郡之守尉，县之令长。"

⑬师古曰："烛，照也。元元，善意。"

⑭师古曰："蒸，众也。"

⑮服虔曰："適，得其人。"

⑯应劭曰："一曰车马，二曰衣服，三曰乐器，四曰朱户，五曰纳陛，六曰虎贲百人，七曰铁钺，八曰弓矢，九曰秬鬯。此皆天子制度，尊之，故事事锡与，但数少耳。"张晏曰："九锡，经本无文，《周礼》以为九命，《春秋说》有之。"臣瓒曰："九锡备物，伯者之盛礼，齐桓、晋文犹不能备，今三进贤便受之，似不然也。当受进贤之一锡。《尚书大传》云'三適谓之有功，赐以车服弓矢'是也。"师古曰："总列九锡，应说是也。进贤一锡，瓒说是也。"

⑰李奇曰："爵地俱削尽。"

⑱师古曰："与读曰豫。斥谓弃逐之。"

⑲张晏曰："谓其不勤求士报国。"

⑳张晏曰："当率身化下，今亲宰牧而无贤人，为不胜任也。"

十二月，江都王非薨。

春三月甲子，立皇后卫氏。诏曰："朕闻天地不变，不成施化；阴阳不变，物不畅茂。①《易》曰'通其变，使民不倦'。②《诗》云'九变复贯，知言之选'。③朕嘉唐虞而乐殷周，据旧以鉴新。④其赦天下，与民更始。诸逋贷及辞讼在孝景后三年以前，皆勿听治。"⑤

①师古曰："畅，通也。"

②应劭曰："黄帝、尧、舜祖述伏羲、神农，结网耒耜，以日中为市。交易之业，因其所利，变而通之，使民知之，不苦倦也。"师古曰："此《易·下系》之辞也。言通物之变，故能乐其器用，不解倦也。"

③应劭曰："逸《诗》也。阳数九，人君当阳，言变政复礼，合于先王旧贯。知言之选，选，善也。"孟康曰："贯，道也。选，数也。极天之变而不失道者，知言之数也。"臣瓒曰："先王创制易教，以救流弊也，是以三王之教有文有质。九，数之多也。"师古曰："贯，事也。选，择也。《论语》曰'仍旧贯'，此言文质不同，宽猛殊用，循环复旧，择善而从之。瓒说近之也。"

④师古曰："追观旧迹，以知新政，而为鉴戒。"

⑤师古曰："逋，亡也。久负官物亡匿不还者，皆谓之逋。逋音布胡反。"

秋，匈奴入辽西，杀太守；入渔阳、雁门，败都尉，杀略三千馀人。遣将军卫青出雁门，将军李息出代，获首虏数千级。

东夷薉君南闾等口二十八万人降①，为苍海郡。

①服虔曰："秽貊在辰韩之北，高句丽沃沮之南，东穷于大海。"晋灼曰："薉，古秽字。"师古曰："南闾者，薉君之名。"

鲁王馀、长沙王发皆薨。

二年冬，赐淮南王、菑川王几杖，毋朝。①

①师古曰："淮南王安、菑川王志皆武帝诸父列也，故赐几杖焉。"

春正月，诏曰："梁王、城阳王亲慈同生，[①]愿以邑分弟，其许之。诸侯王请与子弟邑者，朕将亲览，使有列位焉。"于是藩国始分，而子弟毕侯矣。

①文颖曰："慈，爱也。"

匈奴入上谷、渔阳，杀略吏民千馀人。遣将军卫青、李息出云中，至高阙，[①]遂西至符离，[②]获首虏数千级。收河南地，置朔方、五原郡。

①师古曰："山名也，一曰塞名也，在朔方之北。"

②师古曰："幕北塞名也。"

三月乙亥晦，日有蚀之。

夏，募民徙朔方十万口。又徙郡国豪杰及訾三百万以上于茂陵。

秋，燕王定国有罪，自杀。

三年春，罢苍海郡。三月，诏曰："夫刑罚所以防奸也，内长文所以见爱也；[①]以百姓之未洽于教化，朕嘉与士大夫日新厥业，祗而不解。[②]其赦天下。"

①晋灼曰："长音长吏之长。"张晏曰："长文，长文德也。"师古曰："诏言有文德者，即亲内而崇长之，所以见仁爱之道。见谓显示也，音胡电反。"

②师古曰："解读曰懈。"

夏，匈奴入代，杀太守；入雁门，杀略千馀人。

六月庚午，皇太后崩。

秋，罢西南夷，城朔方城。令民大酺五日。

四年冬，行幸甘泉。

夏，匈奴入代、定襄、上郡，杀略数千人。

五年春，大旱。大将军卫青将六将军兵十馀万人出朔方、高阙，获首虏万五千级。

夏六月，诏曰："盖闻导民以礼，风之以乐，① 今礼坏乐崩，朕甚闵焉。故详延天下方闻之士，咸荐诸朝。② 其令礼官劝学，讲议洽闻，举遗兴礼，以为天下先。③ 太常其议予博士弟子，崇乡党之化，以厉贤材焉。"④ 丞相弘请为博士置弟子员，⑤ 学者益广。

①师古曰："风，教也。《诗序》曰'上以风化下'。"

②师古曰："详，悉也。延，引也。方，道也。闻，博闻也。言悉引有道博闻之士而进于朝也。《礼记》曰'隆礼由礼，谓之有方之士'。又曰'博闻强识而让，谓之君子'。一曰方谓方正也。"

③师古曰："举遗逸之文而兴礼学。"

④师古曰："为博士置弟子，既得崇化于乡党，又以奖厉贤材之人。"

⑤师古曰："公孙弘。"

秋，匈奴入代，杀都尉。

六年春二月，大将军卫青将六将军兵十馀万骑出定襄，斩首三千馀级。还，休士马于定襄、云中、雁门。赦天下。

夏四月，卫青复将六将军绝幕，① 大克获。前将军赵信军败，降匈奴。右将军苏建亡军，独身脱还，赎为庶人。

①应劭曰："幕，沙幕，匈奴之南界也。"臣瓒曰："沙土曰幕。直度曰绝。"师古曰："应、瓒二说皆是也，而说者或云是塞外地名，非矣。幕者，即今之突厥中碛耳。李陵歌曰'径万里兮渡沙幕'。"

六月，诏曰："朕闻五帝不相复礼，三代不同法，所繇殊路而建德一也。① 盖孔子对定公以徕远，② 哀公以论臣，③ 景公以节用，④ 非期不同，所急异务也。⑤ 今中国一统而北边未安，朕甚悼之。日者大将军巡朔方，征匈奴，斩首虏万八千级，诸禁锢及有过者，咸蒙厚赏，得免减罪。⑥ 今大将军仍复克获，⑦ 斩首虏万九千级，受爵赏而欲移卖者，无所流貤。⑧ 其议为令。"有司奏请置武功赏官，以宠战士。

①师古曰："复，因也，音扶目反。繇读与由同。"

②臣瓒曰："《论语》及《韩子》皆言叶公问政于孔子，孔子答以悦近徕远。今云定公，与二书异。"

③如淳曰："韩非云哀公问政，仲尼曰政在选贤。"

④如淳曰："韩非云齐景公问政，仲尼曰政在节财。"

⑤李奇曰："期，要也。非要当必不同，所急异务，不得不然。"

⑥师古曰："有罪者，或被释免，或得减轻。"

⑦师古曰："仍，频也。"

⑧应劭曰："貤音移。言军吏士斩首虏，爵级多无所移与，今为置武功赏官，爵多者分与父兄子弟及卖与他人也。"师古曰："此说非也。许慎《说文解字》云'貤，物之重次第也'。此诏言欲移卖爵者，无有差次，不得流行，故为置官级也。貤音弋赐反。今俗犹谓凡物一重为一貤也。"

元狩元年①冬十月，行幸雍，祠五畤。获白麟，②作《白麟之歌》。

①应劭曰："获白麟，因改元曰元狩也。"

②师古曰："麟，麋身，牛尾，马足，黄色，圜蹄，一角，角端有肉。"

十一月，淮南王安、衡山王赐谋反，诛。党与死者数万人。

十二月，大雨雪，民冻死。①

①师古曰："雨音于具反。"

夏四月，赦天下。

丁卯，立皇太子。赐中二千石爵右庶长，①民为父后者一级。诏曰："朕闻咎繇对禹，曰在知人，知人则哲，惟帝难之。②盖君者心也，民犹支体，支体伤则心憯怛。③日者淮南、衡山修文学，流货赂，两国接壤，怵于邪说，④而造篡弑，此朕之不德。《诗》云：'忧心惨惨，念国之为虐。'⑤已赦天下，涤除与之更始。朕嘉孝弟力田，哀夫老眊孤寡鳏独⑥或匮于衣食，甚怜愍焉。其遣谒者巡行天下，存问致赐。⑦曰'皇帝使谒者⑧赐县三老、孝者帛，人五匹；乡三老、弟者、力田帛，人三匹；年九十以上及鳏寡孤独帛，人二匹，絮三斤；八十以上米，人三石。有冤失职，使者以闻。⑨县乡即赐，毋赘聚'。"⑩

①师古曰："第十一等爵。"

②师古曰:"《尚书·咎繇谟》载咎繇之辞也。帝谓尧也。"

③师古曰:"憯,痛也。怛,悼也。憯音千感反。怛音丁曷反。"

④服虔曰:"怵音裔。"应劭曰:"狃伏也。"如淳曰:"怵音怵惕,见诱怵于邪说也。"师古曰:"作伏者非。如说云见诱怵,其义是也,而音怵惕,又非也。怵或体訹字耳。訹者,诱也,音如戌亥之戌。《南越传》曰'不可怵好语入朝'。诸如此例,音义同耳。今俗犹云相謏訹,而说者或改为鉥导之鉥,盖穿凿也。謏音先诱反。鉥音述。"

⑤师古曰:"《小雅·正月》之诗也。惨惨,忧戚之貌。"

⑥师古曰:"眊,古耄字。八十曰耄。耄,老称也。一曰眊,不明之貌。"

⑦师古曰:"致,送至也。行音下更反。"

⑧师古曰:"谒者令使者宣诏书之文。"

⑨师古曰:"职,常也。失职者,失其常业及常理也。"

⑩如淳曰:"赘,会也。令勿擅征召赘聚三老孝弟力田也。"师古曰:"即,就也。各遣就其所居而赐之,勿会聚也。赘音之锐反。"

五月乙巳晦,日有蚀之。

匈奴入上谷,杀数百人。

二年冬十月,行幸雍,祠五畤。

春三月戊寅,丞相弘薨。

遣骠骑将军霍去病出陇西,至皋兰,①斩首八千馀级。

①应劭曰:"在陇西白石县,塞外河名也。"孟康曰:"山关名也。"师古曰:"皋兰,山名也。《霍去病传》云'过焉支山千有馀里,合短兵鏖皋兰下',则此山也,非河名也。白石县在金城,又不属陇西。应说并失之。鏖音乌曹反。"

夏,马生余吾水中。①南越献驯象、②能言鸟。③

①应劭曰:"在朔方北也。"

②应劭曰:"驯者,教能拜起周章,从人意也。"师古曰:"驯音巡,谓扰也。应说是也。"

③师古曰:"即鹦鹉也,今陇西及南海并有之。万震《南州异物志》云有三种,一种白,一种青,一种五色。交州以南诸国尽有之。白及五色者,其性尤慧

解，盖谓此也。隋开皇十八年，林邑国献白鹦鹉，时以为异。是岁贡士咸试赋之。圣皇驭历，屡有兹献。上以幽遐劳费，抚慰弗受。"

将军去病、公孙敖出北地二千馀里，过居延，①斩首虏三万馀级。

①师古曰："居延，匈奴中地名也，韦昭以为张掖县，失之。张掖所置居延县者，以安处所获居延人而置此县。"

匈奴入雁门，杀略数百人。遣卫尉张骞、郎中令李广皆出右北平。广杀匈奴三千馀人，尽亡其军四千人，独身脱还，及公孙敖、张骞皆后期，当斩，赎为庶人。

江都王建有罪，自杀。胶东王寄薨。

秋，匈奴昆邪王杀休屠王，①并将其众合四万馀人来降，置五属国以处之。②以其地为武威、酒泉郡。③

①师古曰："昆音下门反。屠音储。"

②师古曰："凡言属国者，存其国号而属汉朝，故曰属国。"

③师古曰："武威，今凉州也。酒泉，今肃州。"

三年春，有星孛于东方。夏五月，赦天下。立胶东康王少子庆为六安王。封故相国萧何曾孙庆为列侯。

秋，匈奴入右北平、定襄，杀略千馀人。

遣谒者劝有水灾郡种宿麦。①举吏民能假贷贫民者以名闻。②

①师古曰："秋冬种之，经岁乃熟，故云宿麦。"

②师古曰："贷音吐戴反。"

减陇西、北地、上郡戍卒半。

发谪吏穿昆明池。①

①如淳曰："《食货志》以旧吏弄法，故谪使穿池，更发有赀者为吏也。"臣瓒曰："《西南夷传》有越巂、昆明国，有滇池，方三百里。汉使求身毒国，而为昆明所闭。今欲伐之，故作昆明池象之，以习水战，在长安西南，周回四十里。《食货志》又曰时越欲与汉用船战，遂乃大修昆明池也。"师古曰："谪吏，吏有罪者，罚而役之。滇音颠。"

四年冬，有司言关东贫民徙陇西、北地、西河、上郡、会稽凡七十二万五千口，县官衣食振业，用度不足，请收银锡造白金及皮币以足用。① 初算缗钱。②

①应劭曰："时国用不足，以白鹿皮为币，朝觐以荐璧。又造银锡为白金。见《食货志》。"

②李斐曰："缗，丝也，以贯钱也。一贯千钱，出算二十也。"臣瓒曰："《茂陵书》诸贾人末作贳贷，置居邑储积诸物，及商以取利者，虽无市籍，各以其物自占，率缗钱二千而一算。此缗钱是储钱也。故随其用所施，施于(吏)〔利〕重者，[7]其算亦多也。"师古曰："谓有储积钱者，计其缗贯而税之。李说为是。缗音武巾反。"

春，有星孛于东北。

夏，有长星出于西北。

大将军卫青将四将军出定襄，将军去病出代，各将五万骑。步兵踵军后数十万人。①青至幕北围单于，斩首万九千级，至阗颜山乃还。②去病与左贤王战，斩获首虏七万馀级，封狼居胥山乃还。③两军士(战)死者数万人。[8]前将军广、后将军食其皆后期。广自杀，食其赎死。④

①师古曰："踵，接也，犹言蹑其踵。"

②邓展曰："音填塞之填。"

③师古曰："登山祭天，筑土为封，刻石纪事，以彰汉功。"

④如淳曰："《李广传》'引兵与右将军食其合军，出东道'。又曰'广自到，右将军下吏当死，赎为庶人'。《霍去病传》亦云赵食其为右将军，平阳侯襄为后将军。此纪为误也。"师古曰："传写者误以右为后。食其，音异基。"

五年春三月甲午，丞相李蔡有罪，自杀。①

①文颖曰："李广从弟，坐侵陵壖地。"

天下马少，平牡马匹二十万。①

①如淳曰："贵平牡马贾，欲使人竞畜马。"

罢半两钱，行五铢钱。

徙天下奸猾吏民于边。①

①师古曰："猾，狡也，音乎八反。"

六年冬十月，赐丞相以下至吏二千石金，千石以下至乘从者帛，①蛮夷锦各有差。

①晋灼曰："乘骑诸从者也。"师古曰："流俗书本乘上或有公字，非也，后人妄加之。"

雨水亡冰。①

①师古曰："雨音于具反。"

夏四月乙巳，庙立皇子闳为齐王，旦为燕王，胥为广陵王。①初作诰。②

①师古曰："于庙中策命之。"

②服虔曰："诰敕王，如《尚书》诸诰也。"李斐曰："今敕封拜诸侯王策文亦是也。见《武五子传》。"

六月，诏曰："日者有司以币轻多奸，①农伤而末众，②又禁(以)〔兼〕并之涂，③[9]故改币以约之。④稽诸往古，制宜于今。⑤废期有月，⑥而山泽之民未谕。⑦夫仁行而从善，义立则俗易，意奉宪者所以导之未明与？⑧将百姓所安殊路，而挢虔吏因乘势以侵蒸庶邪？⑨何纷然其扰也！⑩今遣博士大等六人分循行天下，⑪存问鳏寡废疾，无以自振业者贷与之。⑫谕三老孝弟以为民师，举独行之君子，征诣行在所。⑬朕嘉贤者，乐知其人。广宣厥道，士有特招，使者之任也。⑭详问隐处亡位，及冤失职，⑮奸猾为害，野荒治苛者，举奏。⑯郡国有所以为便者，上丞相、御史以闻。"

①李奇曰："币，钱也。轻者，若一马直二十万，是为币轻而物重也。重难得，则用不足而奸生。"

②师古曰："末谓工商也。"

③李奇曰："谓大家兼役小民，富者兼役贫民，欲平之也。"文颖曰："兼并者，食禄之家不得治产，兼取小民之利；商人虽富，不得复兼畜田宅，作客耕农

也。"师古曰:"李说是。"

④李奇曰:"更去半两钱,行五铢钱、皮币,以检约奸邪。"

⑤师古曰:"稽,考也,音工奚反。"

⑥应劭曰:"禁半两钱及馀币物,禁之有期月而民未悉从也。"如淳曰:"期音朞。自往年三月至今年四月,朞有馀月矣。"师古曰:"如说是。"

⑦师古曰:"未谕者,未晓告示之意。"

⑧师古曰:"与读曰欤。"

⑨孟康曰:"虔,固也。矫称上命以货贿用为固。《尚书》曰'敚攘矫虔'。"韦昭曰:"凡称诈为矫,强取为虔。《左传》曰'虔刘我边垂'。"师古曰:"挢与矫同,其字从手。矫,托也。虔,固也。妄托上命而坚固为邪恶者也。蒸,众也。"

⑩师古曰:"扰,烦也。"

⑪师古曰:"褚大也。行音下更反。"

⑫师古曰:"贷音土戴反。"

⑬如淳曰:"蔡雍云天子以天下为家,自谓所居为行在所,言今虽在京师,行所在至耳。"师古曰:"此说非也。天子或在京师,或出巡狩,不可豫定,故言行在所耳。不得亦谓京师为行在也。"

⑭李奇曰:"设士有殊才异行,当特招者,任在使者分别之。"

⑮师古曰:"无位,不被任用也。冤,屈也。失职,失其常业也。"

⑯师古曰:"野荒,言田亩不辟也。治苛,为政尚细刻。"

秋九月,大司马骠骑将军去病薨。

元鼎元年①夏五月,赦天下,大酺五日。

①应劭曰:"得宝鼎故,因是改元。"

得鼎汾水上。

济东王彭离有罪,废徙上庸。①

①应劭曰:"春秋时庸国。"

二年冬十一月,御史大夫张汤有罪,自杀。十二月,丞相青翟下狱死。①

①师古曰:“庄青翟。”

春,起柏梁台。①

①服虔曰:“用百头梁作台,因名焉。”师古曰:“《三辅旧事》云以香柏为之。今书字皆作柏。服说非。”

三月,大雨雪。①夏,大水,关东饿死者以千数。

①师古曰:“雨音于具反。”

秋九月,诏曰:“仁不异远,义不辞难。①今京师虽未为丰年,山林池泽之饶与民共之。今水潦移于江南,迫隆冬至,朕惧其饥寒不活。江南之地,火耕水耨,②方下巴蜀之粟致之江陵,遣博士中等分循行,③谕告所抵,无令重困。④吏民有振救饥民免其厄者,具举以闻。”

①师古曰:“远近如一,是为仁也。不惮艰难,是为义也。”

②应劭曰:“烧草下水种稻。草与稻并生,高七八寸,因悉芟去,复下水灌之,草死,独稻长,所谓火耕水耨。”

③师古曰:“行音下更反。”

④师古曰:“抵,至也。重音直用反。”

三年冬,徙函谷关于新安。①以故关为弘农县。

①应劭曰:“时楼船将军杨仆数有大功,耻为关外民,上书乞徙东关,以家财给其用度。武帝意亦好广阔,于是徙关于新安,去弘农三百里。”

十一月,令民告缗者以其半与之。①

①孟康曰:“有不输税,令民得告言,以半与之。”

正月戊子,阳陵园火。夏四月,雨雹,①关东郡国十馀饥,人相食。

①师古曰:“雨音于具反。”

常山王舜薨。子教嗣立,有罪,废徙房陵。

四年冬十月,行幸雍,祠五畤。赐民爵一级,女子百户牛酒。行自夏阳，东幸汾阴。①十一月甲子，立后土祠于汾阴脽上。②礼毕，行幸荥阳。还至洛阳，诏曰："祭地冀州，③瞻望河洛，巡省豫州，观于周室，邈而无祀。④询问耆老，乃得孽子嘉。其封嘉为周子南君，⑤以奉周祀。"

①师古曰："夏阳，冯翊之县也。汾阴属河东。汾音扶云反。"

②苏林曰："脽音谁。"如淳曰："脽者，河之东岸特堆掘，长四五里，广(一)〔二〕里馀，[10]高十馀丈。汾阴县治脽之上。后土祠在县西。汾在脽之北，西流与河合。"师古曰："二说皆是也。脽者，以其形高起如人尻脽，故以名云。一说此临汾水之上，地本名鄈，音与葵同，彼乡人呼葵音如谁，故转而为脽字耳，故《汉旧仪》云葵上。"

③服虔曰："后土祠在汾阴。汾阴本冀州地也。周时乃分为并州。《尔雅》曰'两河间曰冀州'。"

④师古曰："邈，远绝之意。"

⑤臣瓒曰："《汲冢古文》谓卫将军文子为子南弥牟。其后有子南固、子南劲。《纪年》劲朝于魏，后惠成王如卫，命子南为侯。秦并六国，卫最后亡。疑嘉是卫后，故氏子南而称君也。初元五年为周承休侯，元始四年为郑公，建武十三年(此)〔封〕于观为卫公。"[11]师古曰："子南，其封邑之号，以为周后，故总言周子南君。瓒说非也。例不先言姓而后称君，且自嘉已下皆姓姬氏，著在史传。"

春二月，中山王胜薨。

夏，封方士栾大为乐通侯，位上将军。

六月，得宝鼎后土祠旁。秋，马生渥洼水中。①作《宝鼎》、《天马之歌》。

①李斐曰："南阳新野有暴利长，当武帝时遭刑，屯田敦煌界，数于此水旁见群野马中有奇(异)者，与凡马〔异〕，[12]来饮此水。利长先作土人，持勒靽于水旁。后马玩习，久之代土人持勒靽收得其马，献之。欲神异此马，云从水中出。"苏林曰："洼音室曲之室。"师古曰："渥音握。洼音於佳反。"

立常山宪王子商为泗水王。

五年冬十月，行幸雍，祠五畤。遂逾陇，①登空同，②西临祖厉河而还。③

①应劭曰："陇，陇阺坂也。"师古曰："即今之陇山，阺音丁礼反。"

②应劭曰："山名也。"

③李斐曰："音嗟赖。"

十一月辛巳朔旦，冬至。立泰畤于甘泉。天子亲郊见，①朝日夕月。②诏曰："朕以眇身托于王侯之上，③德未能绥民，④民或饥寒，故巡祭后土以祈丰年。冀州脽壤乃显文鼎，获(祭)〔荐〕于庙。⑤[13]渥洼水出马，朕其御焉。战战兢兢，惧不克任，思昭天地，内惟自新。《诗》云：'四牡翼翼，以征不服。'亲省边垂，用事所极。⑥望见泰一，修天文禮。⑦辛卯夜，若景光十有二明。《易》曰：'先甲三日，后甲三日。'⑧朕甚念年岁未咸登，⑨饬躬斋戒，⑩丁酉，拜况于郊。"⑪

①师古曰："祠太一也。见音胡电反。"

②应劭曰："天子春朝日，秋夕月。朝日以朝，夕月以夕。"臣瓒曰："《汉仪注》郊泰畤，皇帝平旦出竹宫，东向揖日，其夕，西南向揖月，便用郊日，不用春秋也。"师古曰："春朝朝日，秋暮夕月，盖常礼也。郊泰畤而揖日月，此又别仪。"

③师古曰："眇，细末也。"

④师古曰："绥，安也。"

⑤师古曰："得鼎祠旁，祠在脽上，故云脽壤。壤谓土也。文鼎，言其有刻镂之文。"

⑥李斐曰："极，至也，所至者辄祭也。"师古曰："逸《诗》也。"

⑦文颖曰："禮，祭也。"晋灼曰："禮，古禅字也。"臣瓒曰："此年初祭太畤于甘泉，此祭天于文禮也。祭天则天文从，故曰修天文禮也。"师古曰："文、晋二说是也。朝日夕月，即天文禮之谓也。"

⑧应劭曰："先甲三日，辛也。后甲三日，丁也。言王者齐戒必自新，临事必自丁宁。"师古曰："此《易·蛊卦》之辞。"

⑨师古曰："登谓百谷成。"

⑩师古曰："饬，整也，读与敕同。"

⑪师古曰："况，赐也。辛夜有光，是先甲三日也。丁日拜况，是后甲三日也。

故诏引《易》文。"

夏四月，南越王相吕嘉反，杀汉使者及其王、王太后。赦天下。

丁丑晦，日有蚀之。

秋，蛙、虾蟆斗。①

①师古曰："蛙，黾也，似蝦蟆而长脚，其色青，音下娲反。蝦音遐。蟆音麻。黾音莫幸反。"

遣伏波将军路博德出桂阳，下湟水；楼船将军杨仆出豫章，下浈水；①归义越侯严为戈船将军，出零陵，下离水；②甲为下濑将军，下苍梧。③皆将罪人，江淮以南楼船十万人。越驰义侯遗④别将巴蜀罪人，发夜郎兵，下牂柯江，咸会番禺。⑤

①郑氏曰："浈音柽。"孟康曰："浈音贞。"苏林曰："浈音撑柱之撑。"师古曰："苏音是也。音丈庚反。"

②张晏曰："严故越人，降为归义侯。越人于水中负人船，又有蛟龙之害，故置戈于船下，因以为名也。"臣瓒曰："《伍子胥书》有戈船，以载干戈，因谓之戈船也。离水出零陵。"师古曰："以楼船之例言之，则非为载干戈也。此盖船下安戈戟以御蛟鼍水虫之害。张说近之。"

③服虔曰："甲，故越人归汉者也。"臣瓒曰："濑，湍也，吴越谓之濑，中国谓之碛。《伍子胥书》有下濑船。"师古曰："濑音赖。"

④应劭曰："亦越人也。"

⑤如淳曰："音潘(禺)〔愚〕，[14]尉佗所都。"师古曰："即今之广州。"

九月，列侯坐献黄金酎祭宗庙不如法夺爵者百六人，丞相赵周下狱死。①乐通侯栾大坐诬罔要斩。

①服虔曰："因八月献酎祭宗庙时使诸侯各献金来助祭也。"如淳曰："《汉仪注》诸侯王岁以户口酎黄金于汉庙，皇帝临受献金，金少不如斤两，色恶，王削县，侯免国。"臣瓒曰："《食货志》南越反时卜式上书愿死之。天子下诏褒扬，布告天下，天下莫应。列侯以百数，莫求从军。至酎饮酒，少府省金，而列侯坐酎金失侯者百馀人。而表云赵周坐为丞相知列侯酎金轻下狱自杀。然则知其轻而不纠擿之也。"师古曰："酎，三重酿醇酒也，音丈救反。"

西羌众十万人反，与匈奴通使，攻故安，围枹罕。① 匈奴入五原，杀太守。

①邓展曰："枹音铁。罕音汉。"师古曰："枹罕，金城之县也。罕读如本字。"

六年冬十月，发陇西、天水、安定骑士及中尉，河南、河内卒十万人，遣将军李息、郎中令(一)〔徐〕自为[15]征西羌，平之。

行东，将幸缑氏，①至左邑桐乡，②闻南越破，以为闻喜县。春，至汲新中乡，③得吕嘉首，以为获嘉县。驰义侯遗兵未及下，上便令征西南夷，平之。④遂定越地，以为南海、苍梧、郁林、合浦、交阯、九真、日南、珠厓、儋耳郡。⑤定西南夷，以为武都、牂柯、越巂、沈黎、文山郡。⑥

①师古曰："河南县也。缑音工侯反。"

②师古曰："左邑，河东之县也。桐乡，其乡名也。"

③师古曰："汲，河内县。新中，其乡名。"

④师古曰："便音频面反。"

⑤应劭曰："二郡在大海中崖岸之边。出真珠，故曰珠厓。儋耳者，种大耳。渠率自谓王者耳尤缓，下肩三寸。"张晏曰："《异物志》二郡在海中，东西千里，南北五百里。珠厓，言珠若崖矣。儋耳之云，镂其颊皮，上连耳匡，分为数支，状似鸡肠，累耳下垂。"臣瓒曰："《茂陵书》珠崖郡治瞫都，去长安七千三百一十四里。儋耳去长安七千三百六十八里，领县五。"师古曰："儋音丁甘反，字本作瞻。瞫音审。"

⑥孟康曰："巂音髓，本邛都。"服虔曰："今蜀郡北部都尉所治，本筰都也。"臣瓒曰："《茂陵书》沈黎治筰都，去长安三千三百三十五里，领县二十一。"应劭曰："文山，今蜀郡峄山，本冉駹是也。"

秋，东越王馀善反，攻杀汉将吏。遣横海将军韩说、中尉王温舒出会稽，①楼船将军杨仆出豫章，击之。又遣浮沮将军公孙贺出九原，②匈河将军赵破奴出令居，③皆二千馀里，不见虏而还。乃分武威、酒泉地置张掖、敦煌郡，④徙民以实之。

①师古曰："说读曰悦。"

②臣瓒曰："浮沮，井名，在匈奴中，去九原二千里，见汉舆地图。"师古曰："沮

音子间反。”

③臣瓒曰：“匈河，水名，在匈奴中，去令居千里，见《匈奴传》。”师古曰：“令音铃。”

④师古曰：“敦音徒门反。”

元封元年①冬十月，诏曰：“南越、东瓯咸伏其辜，西蛮北夷颇未辑睦，②朕将巡边垂，择兵振旅，躬秉武节，置十二部将军，亲帅师焉。”行自云阳，北历上郡、西河、五原，出长城，北登单于台，至朔方，临北河。勒兵十八万骑，旌旗径千馀里，威震匈奴。遣使者告单于曰：“南越王头已县于汉北阙矣。单于能战，天子自将待边；不能，亟来臣服。③何但亡匿幕北寒苦之地为！”匈奴詟焉。④还，祠黄帝于桥山，⑤乃归甘泉。

①应劭曰：“始封泰山，故改年。”

②师古曰：“辑与集同。集，和也。”

③师古曰：“亟，急也，音居力反。”

④师古曰：“詟，失气也，音之涉反。”

⑤应劭曰：“在上郡，周阳县有黄帝冢。”

东越杀王馀善降。诏曰：“东越险阻反覆，为后世患，迁其民于江淮间。”遂虚其地。

春正月，行幸缑氏。诏曰：“朕用事华山，至于中岳，①获驳麃，见夏后启母石。②翌日亲登嵩高，③御史乘属、在庙旁吏卒咸闻呼万岁者三。④登礼罔不答。⑤其令祠官加增太室祠，⑥禁无伐其草木。以山下户三百为之奉邑，名曰崇高，⑦独给祠，复亡所与。”⑧行，遂东巡海上。

①文颖曰：“嵩高也，在颍川阳城县。”

②应劭曰：“启生而母化为石。”文颖曰：“在嵩高山下。”师古曰：“启，夏禹子也。其母涂山氏女也。禹治鸿水，通轘山，化为熊，谓涂山氏曰：‘欲饷，闻鼓声乃来。’禹跳石，误中鼓。涂山氏往，见禹方作熊，惭而去，至嵩高山下化为石，方生启。禹曰：‘归我子。’石破北方而启生。事见《淮南子》。景帝讳启，今此诏云启母，盖史追书之，非当时文。”

③应劭曰：“翌，明也。”

④服虔曰："乘，同乘。属，官属也。"如淳曰："《汉仪注》御史亦有属。"晋灼曰："天子出，御史除二人为乘曹，护车驾。"荀悦曰："万岁，山神称之也。"应劭曰："嵩高县有上中下万岁里。"师古曰："乘属，如、晋二说是也。乘音食证反。"

⑤师古曰："罔，无也。言登礼于神，无不答应。"

⑥韦昭曰："嵩高山有太室、少室之山，山有石室，故以名云。"

⑦师古曰："谓之崇者，示尊崇之。奉音扶用反。"

⑧师古曰："复音方目反。与读曰预。"

夏四月癸卯，上还，登封泰山，①降坐明堂。②诏曰："朕以眇身承至尊，③兢兢焉惟德菲薄，不明于礼乐，④故用事八神。⑤遭天地况施，⑥著见景象，屑然如有闻。⑦震于怪物，欲止不敢，遂登封泰山，至于梁父，然后升禋肃然。⑧自新，嘉与士大夫更始，其以十月为元封元年。行所巡至，博、奉高、蛇丘，历城、梁父，⑨民田租逋赋贷，已除。⑩加年七十以上孤寡帛，人二匹。四县无出今年算。⑪赐天下民爵一级，女子百户牛酒。"

①孟康曰："王者功成治定，告成功于天。封，崇也，助天之高也。刻石纪号，有金策石函金泥玉检之封焉。"应劭曰："封者，坛广十二丈，高二丈，阶三等，封于其上，示增高也。刻石，纪绩也。立石三丈一尺，其辞曰：'事天以礼，立身以义。事亲以孝，育民以仁。四守之内莫不为郡县，四夷八蛮咸来贡职，与天无极。人民蕃息，天禄永得。'尚玄酒而俎生鱼。下禅梁父，祀地主，示增广。(比)〔此〕古制也。[16]武帝封广丈二尺，高九尺，其下则有滕书，秘。语在《郊祀志》。"

②臣瓒曰："《郊祀志》'初，天子封泰山，泰山东北阯古时有明堂处'，则此所坐者也。明年秋乃作明堂耳。"

③师古曰："眇，微细也。"

④师古曰："菲，亦薄也，音敷尾反，又音靡。"

⑤文颖曰："武帝祭太一，并祭名山于太坛西南，开除八通鬼道，故言用事八神也。一曰八方之神。"

⑥应劭曰："况，赐也。施，与也。言天地神灵乃赐我瑞应。"

⑦臣瓒曰："闻呼万岁者三是也。"

⑧服虔曰："增天之高，归功于天。禅，阐也，广土地也。肃然，山名也，在梁父。"张晏曰："天高不可及，于泰山上立封，又禅而祭之，冀近神灵也。"师古曰："父读曰甫。"

⑨郑氏曰："蛇音移。"

⑩师古曰："逋赋，未出赋者也。逋贷，官以物贷之，而未还也。贷音吐戴反。"

⑪师古曰："自博至梁父凡五县，今云四县毋出算者，奉高一县素以供神，非算限也。"

行自泰山，复东巡海上，至碣石。① 自辽西历北边九原，归于甘泉。

①文颖曰："在辽西絫县。絫县今罢，属临榆。此石著海旁。"师古曰："碣，碣然特立之貌也，音其列反。"

秋，有星孛于东井，又孛于三台。

齐王闳薨。

二年冬十月，行幸雍，祠五畤。春，幸缑氏，遂至东莱。夏四月，还祠泰山。至瓠子，临决河，① 命从臣将军以下皆负薪塞河堤，作《瓠子之》《歌》。赦所过徒，赐孤独高年米，人四石。还，作甘泉通天台、长安飞廉馆。②

①服虔曰："瓠子，堤名也，在东郡白马。"苏林曰："在鄄城以南，濮阳以北，广百步，深五丈。"

②应劭曰："飞廉，神禽能致风气者也。明帝永平五年，至长安迎取飞廉并铜马，置上西门外，名平乐馆。董卓悉销以为钱。"晋灼曰："身似鹿，头如爵，有角而蛇尾，文如豹文。"师古曰："通天台者，言此台高，上通于天也。《汉旧仪》云高三十丈，望见长安城。"

朝鲜王攻杀辽东都尉，乃募天下死罪击朝鲜。

六月，诏曰："甘泉宫内中产芝，九茎连叶。① 上帝博临，不异下房，赐朕弘休。② 其赦天下，赐云阳都百户牛酒。"③ 作《芝房之歌》。

①应劭曰："芝，芝草也，其叶相连。"如淳曰："《瑞应图》王者敬事耆老，不失旧故，则芝草生。"师古曰："内中，谓后庭之室也，故云不异下房。"

②师古曰："上帝，天也。博，广也。弘，大也。休，美也。言天广临，不以下房为幽侧而隔异之，赐以此芝，是大美也。"

③晋灼曰："云阳、甘泉，黄帝以来祭天圜丘处也。武帝常以避暑，有宫观，故称都也。"师古曰："此说非也。都谓县之所居在宫侧者耳。赐不遍其境内，故指称其都，非谓天子之都也。若以有宫观称都，则非止云阳矣。"

秋，作明堂于泰山下。

遣楼船将军杨仆、左将军荀彘将应募罪人击朝鲜。①又遣将军郭昌、中郎将卫广发巴蜀兵平西南夷未服者，以为益州郡。

①应劭曰："楼船者，时欲击越，非水不至，故作大船，上施楼也。"

三年春，作角抵戏，①三百里内皆(来)观。[17]

①应劭曰："角者，角技也。抵者，相抵触也。"文颖曰："名此乐为角抵者，两两相当角力，角技艺射御，故名角抵，盖杂技乐也。巴俞戏、鱼龙蔓延之属也。汉后更名平乐观。"师古曰："抵者，当也。非谓抵触。文说是也。"

夏，朝鲜斩其王右渠降，①以其地为乐浪、临屯、玄菟、真番郡。②

①师古曰："右渠，朝鲜王名。"

②臣瓒曰："《茂陵书》临屯郡治东暆县，去长安六千一百三十八里，十五县；真番郡治霅县，去长安七千六百四十里，十五县。"师古曰："乐音洛。浪音郎。番音普安反。暆音弋支反。霅音丈甲反。"

楼船将军杨仆坐失亡多免为庶民，左将军荀彘坐争功弃市。①

①师古曰："弃市，杀之于市也。解在《景纪》。"

秋七月，胶西王端薨。

武都氐人反，分徙酒泉郡。①

①师古曰："不尽徙。"

四年冬十月，行幸雍，祠五畤。通回中道，①遂北出萧关，②历独鹿、鸣泽，③自代而还，幸河东。春三月，祠后土。诏曰："朕躬祭后土地祇，见光集于灵坛，一夜三烛。④幸中都宫，殿上见光。⑤其赦汾阴、夏阳、中都死罪以下，赐三县及杨氏皆无出今年租赋。”⑥

①应劭曰：“回中在安定高平，有险阻，萧关在其北，通治至长安也。”孟康曰：“回中在北地，有山险，武帝故宫。”如淳曰：“《三辅黄图》云回中宫在汧也。”师古曰：“回中在安定，北通萧关。应说是也。而云治道至长安，非也。盖自回中通道以出萧关。孟、如二家皆失之矣。回中宫在汧者，或取安定回中为名耳，非今所通道。”

②如淳曰：“《匈奴传》‘入朝那萧关’，萧关在安定朝那县也。”

③服虔曰：“独鹿，山名也。鸣泽，泽名也。皆在涿郡遒县北界也。”

④服虔曰：“烛音注。”师古曰：“烛谓照也，读如本字。”

⑤师古曰：“中都在太原。”

⑥师古曰：“杨氏，河东聚邑名。”

夏，大旱，民多暍死。①

①如淳曰：“暍音谒。”师古曰：“中热而死也。”

秋，以匈奴弱，可遂臣服，乃遣使说之。单于使来，死京师。匈奴寇边，遣拔胡将军郭昌屯朔方。

五年冬，行南巡狩，至于盛唐，①望祀虞舜于九嶷。②登灊天柱山，③自寻阳浮江，亲射蛟江中，获之。④舳舻千里，⑤薄枞阳而出，⑥作《盛唐枞》《阳之歌》。遂北至琅邪，并海，⑦所过礼祠其名山大川。春三月，还至泰山，增封。甲子，祠高祖于明堂，以配上帝，因朝诸侯王列侯，受郡国计。⑧夏四月，诏曰：“朕巡荆扬，辑江淮物，⑨会大海气，⑩以合泰山。⑪上天见象，增修封禅。⑫其赦天下。所幸县毋出今年租赋，赐鳏寡孤独帛，贫穷者粟。”还幸甘泉，郊泰畤。

①文颖曰：“案《地(里)〔理〕志》不得，[18]疑当在庐江左右，县名也。”韦昭曰：“在南郡。”师古曰：“韦说是也。”

②应劭曰：“舜葬苍梧。九嶷，山名，今在零陵营道。”文颖曰：“九嶷山半在苍梧，半在零陵。”如淳曰：“舜葬九嶷。九嶷在苍梧冯乘县，故或云舜葬苍梧也。”师古曰：“文说是也。嶷音疑，其山九峰，形势相似，故云九嶷山。”

③应劭曰：“灊音若潜。南岳霍山在灊。灊，县名，属庐江。”文颖曰：“天柱山

在灊县南，有祠。灊音岑。”师古曰：“灊音与潜同。应说是。”

④师古曰：“许慎云‘蛟，龙属也’。郭璞说其状云似蛇而四脚，细颈，颈有白婴，大者数围，卵生，子如一二斛瓮，能吞人也。”

⑤李斐曰：“舳，船后持柂处也。舻，船前头刺棹处也。言其船多，前后相衔，千里不绝也。”师古曰：“舳音轴。舻音卢。”

⑥服虔曰：“县名，属庐江。”师古曰：“枞音千松反。”

⑦师古曰：“并读曰傍。傍，依也，音步浪反。”

⑧师古曰：“计，若今之诸州计帐也。”

⑨如淳曰：“辑，合也。物犹神也，《郊祀志》所祭祀事也。”师古曰：“辑与集同。”

⑩郑氏曰：“会合海神之气，并祭之。”

⑪师古曰：“集江淮之神，会大海之气，合致于太山，然后修封，总祭飨也。”

⑫师古曰：“见谓显示也。”

大司马大将军青薨。

初置刺史部十三州。① 名臣文武欲尽，诏曰：“盖有非常之功，必待非常之人，故马或奔踶而致千里，② 士或有负俗之累而立功名。③ 夫泛驾之马，④ 跅弛之士，⑤ 亦在御之而已。⑥ 其令州郡察吏民有茂材异等⑦ 可为将相及使绝国者。”⑧

①师古曰：“《汉(书)〔旧〕仪》云[19]初分十三州，假刺史印绶，有常治所。常以秋分行部，御史为驾四封乘传。到所部，郡国各遣一吏迎之界上，所察六条。”

②师古曰：“踶，蹋也。奔，走也。奔踶者，乘之即奔，立则踶人也。踶音徒计反。”

③晋灼曰：“负俗，谓被世讥论也。”师古曰：“累音力瑞反。”

④师古曰：“泛，覆也，音(力)〔方〕勇反。[20]字本作覂，后通用耳。覆驾者，言马有逸气而不循轨辙也。”

⑤如淳曰：“跅(拓也)〔音拓〕。[21]弛，废也。士行有卓异，不入俗检而见跅逐者也。”师古曰：“跅者，跅落无检局也。弛者，放废不遵礼度也。跅音土各反。弛音式尔反。”

⑥师古曰：“在人所以制御之。”

⑦应劭曰："旧言秀才，避光武讳称茂才。异等者，超等轶群不与凡同也。"师古曰："茂，美也。"

⑧师古曰："绝远之国，谓声教之外。"

六年冬，行幸回中。春，作首山宫。①

①应劭曰："首山在上郡，于其下立宫庙也。"文颖曰："在河东蒲坂界。"师古曰："寻此下诏文及依《地理志》，文说是。"

三月，行幸河东，祠后土。诏曰："朕礼首山，昆田出珍物，化或为黄金。①祭后土，神光三烛。其赦汾阴殊死以下，赐天下贫民布帛，人一匹。"

①应劭曰："昆田，首山之下田也。武帝祠首山，故神为出珍物，化为黄金。"

益州、昆明反，赦京师亡命令从军，遣拔胡将军郭昌将以击之。

夏，京师民观角抵于上林平乐馆。

秋，大旱，蝗。

太初元年①冬十月，行幸泰山。

①应劭曰："初用夏正，以正月为岁首，故改年为太初也。"

十一月甲子朔旦，冬至，祀上帝于明堂。

乙酉，柏梁台灾。

十二月，禮高里，①祠后土。东临勃海，望祠蓬莱。春还，受计于甘泉。②

①伏俨曰："山名，在泰山下。"师古曰："此高字自作高下之高，而死人之里谓之蒿里，或呼为下里者也，字则为蓬蒿之蒿。或者既见太山神灵之府，高里山又在其旁，即误以高里为蒿里。混同一事，文学之士共有此谬，陆士衡尚不免，况其馀乎？今流俗书本此高字有作蒿者，妄加增耳。"

②师古曰："受郡国所上计簿也。若今之诸州计帐。"

二月，起建章宫。①

①文颖曰："越巫名勇，谓帝曰越国有火灾即复大起宫室以厌胜之，故帝作建

章宫。”师古曰：“在未央宫西，今长安故城西俗所呼贞女楼者，即建章宫之阙也。”

夏五月，正历，以正月为岁首。① 色上黄，数用五，② 定官名，协音律。

①师古曰：“谓以建寅之月为正也。未正历之前谓建亥之月为正，今此言以正月为岁首者，史追正其月名。”

②张晏曰：“汉据土德，土数五，故用五，谓印文也。若丞相曰‘丞相之印章’，诸卿及守相印文不足五字者，以‘之’足之。”

遣因杅将军公孙敖① 筑塞外受降城。

①服虔曰：“匈奴地名，因所征以名将军也。”师古曰：“杅音羽惧反。”

秋八月，行幸安定。遣贰师将军李广利① 发天下谪民西征大宛。②

①张晏曰：“贰师，大宛城名。”

②师古曰：“庶人之有罪谪者也。大宛，国名。宛音於元反。”

蝗从东方飞至敦煌。

二年春正月戊申，丞相庆薨。①

①师古曰：“石庆也。”

三月，行幸河东，祠后土。令天下大酺五日，膢五日，祠门户，比腊。①

①如淳曰：“膢音楼。《汉仪注》立秋貙膢。”伏俨曰：“膢音刘。刘，杀也。”苏林曰：“膢，祭名也。貙，虎属。常以立秋日祭兽王者，亦以此日出（腊）〔猎〕，[22] 还，以祭宗庙，故有貙膢之祭也。”师古曰：“《续汉书》作貙刘。膢、刘义各通耳。腊者，冬至后腊祭百神也。腊音来盍反。”

夏四月，诏曰：“朕用事介山，祭后土，皆有光应。① 其赦汾阴、安邑殊死以下。”

①文颖曰：“介山在河东皮氏县东南。其山特立，周七十里，高三十里。”

五月，籍吏民马，补车骑马。①

①师古曰：“籍者，总入籍录而取之。”

秋，蝗。遣浚稽将军赵破奴①二万骑出朔方击匈奴，不还。

①应劭曰："浚稽山在武威塞北，匈奴常(取)〔所〕以为障蔽。"〔23〕师古曰："浚音峻。稽音鸡。"

冬十二月，御史大夫兒宽卒。①

①师古曰："兒音五兮反。"

三年春正月，行东巡海上。夏四月，还，修封泰山，禫石闾。①

①应劭曰："石闾山在泰山下阯南方，方士言仙人闾也。"

遣光禄勋徐自为筑五原塞外列城，①西北至卢朐，②游击将军韩说将兵屯之。③强弩都尉路博德筑居延。

①晋灼曰："《地理志》从五原椆阳县北出石门鄣即得所筑城。"师古曰："椆音固。"

②服虔曰："匈奴地名。"张晏曰："山名。"师古曰："张说是也。朐音劬。"

③师古曰："说读曰悦。"

秋，匈奴入定襄、云中，杀略数千人，行坏光禄诸亭障；①又入张掖、酒泉，杀都尉。

①应劭曰："光禄勋徐自为所筑列城，今匈奴从此往坏败也。"师古曰："汉制，每塞要处别筑为城，置人镇守，谓之候城，此即障也。音之向反。"

四年春，贰师将军广利斩大宛王首，获汗血马来。①作《西极天马之歌》。

①应劭曰："大宛旧有天马种，蹋石汗血。汗从前肩髆出，如血。号一日千里。"师古曰："蹋石者，谓蹋石而有迹，言其蹄坚利。"

秋，起明光宫。①

①师古曰："《三辅黄图》云在城中。《元后传》云成都侯商避暑借明光宫，盖谓此。"

冬，行幸回中。

徙弘农都尉治武关，税出入者以给关吏卒食。

天汉元年①春正月，行幸甘泉，郊泰畤。三月，行幸河东，祠后土。

①应劭曰："时频年苦旱，故改元为天汉，以祈甘雨。"师古曰："《大雅》有《云汉》之时，周(周)大夫仍叔所作也。[24]以美宣王遇旱灾修德勤政而能致雨，故依以为年号也。"

匈奴归汉使者，使使来献。

夏五月，赦天下。

秋，闭城门大搜。①发谪戍屯五原。

①臣瓒曰："《汉帝年记》六月禁逾侈，七月闭城门大搜，则搜索逾侈者也。"李奇曰："搜索巫蛊也。"师古曰："时巫蛊未起，瓒说是也。逾侈者，逾法度而奢侈也。"

二年春，行幸东海。还幸回中。

夏五月，贰师将军三万骑出酒泉，与右贤王战于天山，①斩首虏万馀级。又遣因杅将军出西河，骑都尉李陵将步兵五千人出居延北，与单于战，斩首虏万馀级。陵兵败，降匈奴。

①晋灼曰："在西域，近蒲类国，去长安八千馀里。"师古曰："即祁连山也。匈奴谓天为祁连。祁音巨夷反。今鲜卑语尚然。"

秋，止禁巫祠道中者。①大搜。②

①文颖曰："始汉家于道中祠，排祸咎移之于行人百姓。以其不经，今止之也。"师古曰："文说非也。秘祝移过，文帝久已除之。今此总禁百姓巫觋于道中祠祭者耳。"

②臣瓒曰："搜谓索奸人也。"晋灼曰："搜巫蛊也。"师古曰："瓒说是。"

渠黎六国使使来献。①

①臣瓒曰："渠黎，西域胡国名。"

泰山、琅邪群盗徐敦等阻山攻城，①道路不通。遣直指使者暴胜之等衣绣衣杖斧分部逐捕。②刺史郡守以下皆伏诛。

①师古曰："阻山者，依山之险以自固也。"

②师古曰："杖斧，持斧也。谓建持之以为威也。分音扶问反。"

冬十一月，诏关都尉曰："今豪杰多远交，依东方群盗。其谨察出入者。"

三年春二月，御史大夫王卿有罪，自杀。

初榷酒酤。①

①如淳曰："榷音较。"应劭曰："县官自酤榷卖酒，小民不复得酤也。"韦昭曰："以木渡水曰榷。谓禁民酤酿，独官开置，如道路设木为榷，独取利也。"师古曰："榷者，步渡桥，《尔雅》谓之石杠，今之略彴是也。禁闭其事，总利入官，而下无由以得，有若渡水之榷，因立名焉。韦说如音是也。酤音工护反。彴音酌。"

三月，行幸泰山，修封，祀明堂，因受计。还幸北地，祠常山，瘗玄玉。①夏四月，赦天下。行所过毋出田租。

①邓展曰："瘗，埋也。"师古曰："《尔雅》曰'祭地曰瘗薶'。薶其物者，示归于地也。瘗音於例反。"

秋，匈奴入雁门，太守坐畏愞弃市。①

①如淳曰："军法，行逗留畏愞者要斩。愞音如掾反。"师古曰："又音乃馆反。"

四年春正月，朝诸侯王于甘泉宫。发天下七科谪①及勇敢士，遣贰师将军李广利将六万骑、步兵七万人出朔方，因杅将军公孙敖万骑、步兵三万人出雁门，游击将军韩说②步兵三万人出五原，强弩都尉路博德步兵万馀人与贰师会。广利与单于战余吾水上连日，敖与左贤王战不利，皆引还。

①张晏曰："吏有罪一，亡(人)〔命〕二，[25]赘婿三，贾人四，故有市籍五，父母有市籍六，大父母有市籍七，凡七科也。"

②师古曰："说读曰悦。"

夏四月，立皇子髆为昌邑王。①

①孟康曰："髆音博。"晋灼曰："许慎以为肩髆字。"

秋九月，令死罪(人)〔入〕赎钱[26]五十万减死一等。

太始元年①春正月，因杅将军敖有罪，要斩。

①应劭曰："言荡涤天下，与民更始，故以冠元。"

徙郡国吏民豪桀于茂陵、云陵。①

①师古曰："此当言云阳，而转写者误为陵耳。茂陵帝自所起，而云阳甘泉所居，故总使徙豪桀也。钩弋赵倢伃死，葬云阳，至昭帝即位始尊为皇太后而起云陵。武帝时未有云陵。"

夏六月，赦天下。

二年春正月，行幸回中。

三月，诏曰："有司议曰，往者朕郊见上帝，西登陇首，获白麟以馈宗庙，渥洼水出天马，泰山见黄金，①宜改故名。今更黄金为麟趾褭蹄以协瑞焉。"②因以班赐诸侯王。

①师古曰："见音胡电反。"

②应劭曰："获白麟，有马瑞，故改铸黄金如麟趾褭蹄以协嘉祉也。古有骏马名要褭，赤喙黑身，一日行万五千里也。"师古曰："既云宜改故名，又曰更黄金为麟趾褭蹄，是则旧金虽以斤两为名，而官有常形制，亦由今时吉字金挺之类矣。武帝欲表祥瑞，故普改铸为麟足马蹄之形以易旧法耳。今人往往于地中得马蹄金，金甚精好，而形制巧妙。褭音奴了反。"

秋，旱。九月，募死罪(人)〔入〕赎钱[27]五十万减死一等。

御史大夫杜周卒。

三年春正月，行幸甘泉宫，飨外国客。

二月，令天下大酺五日。行幸东海，获赤雁，作《朱雁之歌》。幸琅邪，礼日成山。①登之罘，②浮大海。山称万岁。冬，赐行所过户五千钱，鳏寡孤独帛人一匹。

①孟康曰："礼日，拜日也。"如淳曰："祭日于成山也。"师古曰："成山在东(来)〔莱〕不夜县，[28]斗入海。《郊祀志》作盛山，其音同。"

②晋灼曰："《地理志》东莱腄县有之罘山祠。"师古曰："罘音浮。腄音直

瑞反。”

四年春三月，行幸泰山。壬午，祀高祖于明堂，以配上帝，因受计。癸未，祀孝景皇帝于明堂。甲申，修封。丙戌，禪石闾。夏四月，幸不其，①祠神人于交门宫，②若有乡坐拜者。③作《交门之歌》。夏五月，还幸建章宫，大置酒，赦天下。

①如淳曰：“其音基。不其，山名，因以为县。”应劭曰：“东莱县也。”

②应劭曰：“神人，蓬莱仙人之属也。”晋灼曰：“琅邪县有交门宫，武帝所造。”

③师古曰：“如有神之景象向祠坐而拜也。《汉注》云神并见，且白且黑，且大且小，乡坐三拜。乡读曰向。坐音才卧反。”

秋七月，赵有蛇从郭外入邑，与邑中蛇群斗孝文庙下，①邑中蛇死。

①服虔曰：“赵所立孝文庙也。”

冬十月甲寅晦，日有蚀之。

十二月，行幸雍，祠五畤，西至安定、北地。

征和元年①春正月，还，行幸建章宫。

①应劭曰：“言征伐四夷而天下和平。”

三月，赵王彭祖薨。

冬十一月，发三辅骑士大搜上林，闭长安城门索，①十一日乃解。巫蛊起。

①文颖曰：“简车马，数军实也。”臣瓒曰：“搜谓索奸人也。上林苑周回数百里，故发三辅车骑入大搜索也。《汉帝年记》发三辅骑士大搜长安上林中，闭城门十五日，待诏北军征官多饿死。然则皆搜索，非数军实也。”师古曰：“文说非也。索音山客反。”

二年春正月，丞相贺下狱死。

夏四月，大风发屋折木。

闰月，诸邑公主、阳石公主①皆坐巫蛊死。

①师古曰："诸邑，琅邪县也，以封公主故谓之邑。阳石，北海县也。(主)〔二〕公主皆卫皇后之女也。[29]阳字或作羊。"

夏，行幸甘泉。

秋七月，(桉)〔按〕道侯韩说、①[30]使者江充等掘蛊太子宫。壬午，太子与皇后谋斩充，以节发兵与丞相刘屈氂大战长安，②死者数万人。庚寅，太子亡，③皇后自杀。初置城门屯兵。更节加黄旄。④御史大夫暴胜之、司直田仁坐失纵，胜之自杀，仁要斩。八月辛亥，太子自杀于湖。⑤

①师古曰："即上游击将军韩说也。"

②师古曰："屈音丘勿反，又音其勿反。氂音力之反。"

③师古曰："谓逃匿也。"

④应劭曰："时太子亦发节以战，故加其上黄以别之。"

⑤师古曰："湖，县名也，即今虢州阌乡、湖城二县皆其地。"

癸亥，地震。

九月，立赵敬肃王子偃为平〔干〕王。[31]

匈奴入上谷、五原，杀略吏民。

三年春正月，行幸雍，至安定、北地。匈奴入五原、酒泉，杀两都尉。三月，遣贰师将军广利将七万人出五原，御史大夫商丘成二万人出西河，重合侯马通四万骑出酒泉。成至浚稽山①与虏战，多斩首。通至天山，虏引去，因降车师。皆引兵还。广利败，降匈奴。

①师古曰："音峻鸡。"

夏五月，赦天下。

六月，丞相屈氂下狱要斩，妻(子)枭首。①[32]

①郑氏曰："妻作巫蛊，夫从坐，但要斩也。"师古曰："屈氂亦坐与贰师将军谋立昌邑王。"

秋，蝗。

九月，反者公孙勇、胡倩发觉，皆伏辜。①

①师古曰："倩音千见反。"

四年春正月，行幸东莱，临大海。

二月丁酉，陨石于雍，二，①声闻四百里。

①师古曰："雍，扶风之县也。二者，石之数。"

三月，上耕于钜定。①还幸泰山，修封。庚寅，祀于明堂。癸巳，禮石闾。夏六月，还幸甘泉。

①服虔曰："地名也，近东海。"应劭曰："齐国县也。"晋灼曰："案《地理志》，应说是。"

秋八月辛酉晦，日有蚀之。

后元元年春正月，行幸甘泉，郊泰畤，遂幸安定。

昌邑王髆薨。

二月，诏曰："朕郊见上帝，①巡于北边，见群鹤留止，以不罗罔，靡所获献。②荐于泰畤，光景并见。其赦天下。"

①师古曰："见音胡电反。次下光景并见亦同。"

②如淳曰："时春也，非用罗罔时，故无所获也。"

夏六月，御史大夫商丘成有罪自杀。①侍中仆射莽何罗与弟重合侯通谋反，②侍中驸马都尉金日磾、奉车都尉霍光、骑都尉上官桀讨之。③

①师古曰："坐于庙中醉而歌。"

②孟康曰："征和三年言重合侯马通，今此言莽，明德马后恶其先人有反，易姓莽。"师古曰："莽音莫户反。"

③师古曰："磾音丁奚反。"

秋七月，地震，往往涌泉出。

二年春正月，朝诸侯王于甘泉宫，赐宗室。

二月，行幸盩厔五柞宫。①乙丑，立皇子弗陵为皇太子。②丁卯，帝崩于五柞宫，③入殡于未央宫前殿。三月甲申，葬茂陵。④

①晋灼曰："盩厔，扶风县也。"张晏曰："有五柞树，因以名宫也。"师古曰："盩音张流反。厔音竹乙反。"

②张晏曰："昭帝也。后但名弗，以二名难讳故。"

③臣瓒曰："帝年十七即位，即位五十四年，寿七十一。"

④臣瓒曰："自崩至葬凡十八日。茂陵在长安西北八十里也。"

赞曰：汉承百王之弊，高祖拨乱反正，文景务在养民，至于稽古礼文之事，犹多阙焉。孝武初立，卓然罢黜百家，①表章《六经》。②遂畴咨海内，其俊茂，③与之立功。兴太学，修郊祀，改正朔，定历数，④协音律，作诗乐，建封禫，礼百神，绍周后，号令文章，焕焉可述。后嗣得遵洪业，而有三代之风。⑤如武帝之雄材大略，不改文景之恭俭以济斯民，虽《诗》《书》所称何有加焉！⑥

①师古曰："百家，谓诸子杂说，违背六经。"

②师古曰："《六经》，谓《易》、《诗》、《书》、《春秋》、《礼》、《乐》也。"

③师古曰："畴，谁也。咨，谋也。言谋于众人，谁可为事者也。"

④师古曰："正音之成反。他皆类此。"

⑤师古曰："三代，夏，殷、周。"

⑥师古曰："美其雄材大略，而非其不恭俭也。"

【校勘记】

〔1〕 遂，(中)〔申〕也。 景祐、汲古、殿、局本都作"申"。王先谦说作"申"是。

〔2〕 本槐里(之县)〔县之〕茂乡， 景祐、殿本都作"县之"。王先谦说作"县之"是。

〔3〕 (大)〔太〕中大夫李息 景祐、汲古、殿、局本都作"太"。

〔4〕 复奉正(议)〔义〕， 景祐、殿本都作"义"。王先谦说作"义"是。

〔5〕 总〔一〕郡之中， 景祐、汲古、殿、局本都有"一"字。王先谦说有"一"字是。

〔6〕 不得闻(雍)〔达〕于天子也。 景祐、汲古、殿、局本都作"达"。王先谦说作"达"是。

〔7〕 施于(吏)〔利〕重者， 景祐、殿、局本都作"利"。王先谦说作"利"是。

〔8〕 两军士(战)死者数万人。 景祐本无"战"字。王念孙说"战"字后人所

加，云死者数万人则战死可知。

〔9〕 又禁(以)〔兼〕并之涂， 景祐、汲古、殿、局本都作“兼”。

〔10〕 广(一)〔二〕里馀， 景祐、殿、局本都作“二”。

〔11〕 十三年(此)〔封〕于观为卫公。 景祐、殿、局本都作“封”。王先谦说作“封”是。

〔12〕 见群野马中有奇(异)者与凡马〔异〕， 景祐本如此，与汲古、殿、局本都不同。

〔13〕 获(祭)〔荐〕于庙。 景祐、殿本都作“荐”。王先谦说作“荐”是。

〔14〕 音潘(禺)〔愚〕， 殿、局本都作“愚”。王先谦说作“愚”是。

〔15〕 郎中令(一)〔徐〕自为 景祐、殿、局本都作“徐”。王先谦说作“徐”是。

〔16〕 (比)〔此〕古制也。 景祐、殿本都作“此”。王先谦说作“此”是。

〔17〕 三百里内皆(来)观。 景祐本无“来”字。王念孙说后人所加。

〔18〕 案《地(里)〔理〕》志不得， 景祐、殿本都作“理”。

〔19〕 《汉(书)〔旧〕仪》云 景祐、殿本都作“旧”。王先谦说作“旧”是。

〔20〕 音(力)〔方〕勇反。 景祐、汲古、殿、局本都作“方”。

〔21〕 跅(拓也)〔音拓〕。 景祐、殿本都作“音拓”。王先谦说作“音拓”是。

〔22〕 亦以此日出(腊)〔猎〕， 殿、局本都作“猎”。王先谦说作“猎”是。

〔23〕 匈奴常(取)〔所〕以为障蔽。 景祐、汲古、殿、局本都作“所”。王先谦说作“所”是。

〔24〕 周(周)大夫仍叔所作也。 景祐、殿本都无下“周”字，此衍。

〔25〕 亡(人)〔命〕二， 景祐、汲古、殿、局本都作“命”。

〔26〕 令死罪(人)〔入〕赎钱 景祐、殿本都作“入”。

〔27〕 募死罪(人)〔入〕赎钱 景祐本作“入”。

〔28〕 成山在东(来)〔莱〕不夜县， 景祐、汲古、殿、局本都作“莱”。王先谦说作“莱”是。

〔29〕 (主)〔二〕公主皆卫皇后之女也。 景祐、殿本都作“二”。王先谦说作“二”是。

〔30〕 (桉)〔按〕道侯韩说 景祐、殿本都作“按”。王先谦说作“按”是。

〔31〕 偃为平〔干〕王。 景祐、殿、局本都有“干”字。

〔32〕 妻(子)枭首。 景祐本无“子”字。王念孙说“子”字乃后人依《屈氂传》加之也。

汉书卷七

昭帝纪第七

孝昭皇帝,①武帝少子也。母曰赵倢伃,②本以有奇异得幸,③及生帝,亦奇异。④语在《外戚传》。武帝末,戾太子败,燕王旦、广陵王胥行骄嫚,⑤后元二年二月上疾病,⑥遂立昭帝为太子,年八岁。以侍中奉车都尉霍光为大司马大将军,受遗诏辅少主。明日,武帝崩。戊辰,太子即皇帝位,谒高庙。帝姊鄂邑公主⑦益汤沐邑,为长公主,⑧共养省中。⑨大将军光秉政,领尚书事,车骑将军金日磾、左将军上官桀副焉。

①荀悦曰:"讳弗之字曰不。"应劭曰:"礼谥法'圣闻周达曰昭'。"

②师古曰:"倢,接幸也。伃,美称也。故以名宫中妇官。倢音接。伃音余。字或并从女。"

③师古曰:"谓望气者言有奇女天子气。及召见,手指拳,上自披之,即时伸。"

④文颖曰:"十四月乃生。"

⑤师古曰:"行音下更反。"

⑥师古曰:"疾甚曰病。"

⑦应劭曰:"鄂,县名,属江夏。公主所食曰邑。"师古曰:"鄂音五各反。"

⑧师古曰:"帝之姊妹则称长公主,仪比诸王,又以供养天子,故益邑也。"

⑨伏俨曰:"蔡邕云本为禁中,门阁有禁,非侍御之臣不得妄入。行道豹尾中亦为禁中。孝元皇后父名禁,避之,故曰省中。"师古曰:"省,察也,言入此中皆当察视,不可妄也。共读曰供,音居用反。养音弋亮反。他皆类此。"

夏六月,赦天下。

秋七月,有星孛于东方。

济北王宽有罪,自杀。

赐长公主及宗室昆弟各有差。追尊赵倢伃为皇太后，起云陵。①

①文颖曰："倢伃先葬于云阳，是以就云阳为起云陵。"

冬，匈奴入朔方，杀略吏民。发军屯西河，左将军桀行北边。①

①师古曰："行音下更反。"

始元元年春二月，黄鹄下建章宫太液池中。①公卿上寿。赐诸侯王、列侯、宗室金钱各有差。

①如淳曰："谓之液者，言天地和液之气所为也。"臣瓒曰："时汉用土德，服色尚黄，鹄色皆白，而今更黄，以为(上)〔土〕德之瑞，[1]故纪之也。太液池，言承阴阳津液以作池也。"师古曰："如、瓒之说皆非也。黄鹄，大鸟也，一举千里者，非白鹄也。太液池者，言其津润所及广也。鹄音胡笃反。"

己亥，上耕于钩盾弄田。①

①应劭曰："时帝年九岁，未能亲耕帝籍，钩盾，宦者近署，故往试耕为戏弄也。"臣瓒曰："《西京故事》弄田在未央宫中。"师古曰："弄田为宴游之田，天子所戏弄耳，非为昭帝年幼创有此名。"

益封燕王、广陵王及鄂邑长公主各万三千户。

夏，为太后起园庙云陵。

益州廉头、姑缯、牂柯谈指、同並二十四邑皆反。①遣水衡都尉吕破胡募吏民及发犍为、蜀郡犇命击益州，大破之。②

①苏林曰："皆西南夷别种名也。"师古曰："並音伴。"

②应劭曰："旧时郡国皆有材官骑士以赴急难，今夷反，常兵不足以讨之，故权选取精勇。闻命奔走，故谓之奔命。"李斐曰："平居发者二十以上至五十为甲卒，今者五十以上六十以下为奔命。奔命，言急也。"师古曰："应说是也。犇，古奔字耳。犍音虔，又音钜言反。"

有司请河内属冀州，河东属并州。①

①文颖曰："本属司州。"师古曰："盖属京师司隶所部。"

秋七月，赦天下，赐民百户牛酒。大雨，渭桥绝。

八月，齐孝王孙刘泽谋反，欲杀青州刺史隽不疑，①发觉，皆伏诛。

迁不疑为京兆尹,赐钱百万。

①师古曰:"雋音材兖反,又音辞兖反。"

九月丙子,车骑将军日䃅薨。

闰月,遣故廷尉王平等五人①持节行郡国,②举贤良,问民所疾苦、冤、失职者。

①师古曰:"前为此官今不居者,皆谓之故也。"

②师古曰:"行音下更反。"

冬,无冰。

二年春正月,大将军光、左将军桀皆以前捕斩反虏重合侯马通功封,光为博陆侯,桀为安阳侯。

以宗室毋在位者,举茂才刘辟彊、刘长乐皆为光禄大夫,辟彊守长乐卫尉。①

①师古曰:"长乐宫之卫尉也。"

三月,遣使者振贷贫民毋种、食者。①秋八月,诏曰:"往年灾害多,今年蚕麦伤,所振贷种、食勿收责,毋令民出今年田租。"

①师古曰:"贷音吐戴反。其下并同。"

冬,发习战射士诣朔方,调故吏将屯田张掖郡。①

①师古曰:"调谓发选也。故吏,前为官职者。令其部率习战射士于张掖为屯田也。调音徒钓反。将音子亮反。"

三年春二月,有星孛于西北。

秋,募民徙云陵,赐钱田宅。

冬十月,凤皇集东海,遣使者祠其处。

十一月壬辰朔,日有蚀之。

四年春三月甲寅,立皇后上官氏。①赦天下。辞讼在后二年前,皆勿听治。② 夏六月，皇后见高庙。赐长公主、丞相、将军、列侯、中二千石以下及郎吏宗室钱帛各有差。

①文颖曰："上官桀孙，安之女。"

②孟康曰："武帝后二年。"

徙三辅富人云陵，赐钱，户十万。

秋七月，诏曰："比岁不登，民匮于食，① 流庸未尽还，② 往时令民共出马，其止勿出。诸给中都官者，且减之。"③

①师古曰："匮，空也。"

②师古曰："流庸，谓去其本乡而行为人庸作。"

③师古曰："中都官，京师诸官府。"

冬，遣大鸿胪田广明击益州。

廷尉李种坐故纵死罪弃市。①

①师古曰："纵谓容放之。种音冲。"

五年春正月，追尊皇太后父为顺成侯。

夏阳男子张延年① 诣北阙，自称卫太子，诬罔，要斩。

①师古曰："夏阳，冯翊之县。"

夏，罢天下亭母马及马弩关。①

①应劭曰："武帝数伐匈奴，再击大宛，马死略尽，乃令天下诸亭养母马，欲令其繁孳，又作马上弩机关，今悉罢之。"孟康曰："旧马高五尺六寸齿未平，弩十石以上，皆不得出关，今不禁也。"师古曰："亭母马，应说是；马弩关，孟说是也。"

六月，封皇后父骠骑将军上官安为桑乐侯。①

①师古曰："乐音来各反。"

诏曰："朕以眇身获保宗庙，① 战战栗栗，夙兴夜寐，修古帝王之事，通《保傅传》、《孝经》、《论语》、《尚书》，未云有明。②[2] 其令三辅、太常举贤良各二人,郡国文学高第各一人。赐中二千石以下至吏民爵各有差。"

①师古曰:"眇,微也。"

②文颖曰:"贾谊作《保傅传》,在《礼·大戴记》。言能通读之也。"晋灼曰:"帝自谓通《保傅传》,未能有所明也。"臣瓒曰:"帝自谓虽通举此四书,皆未能有所明,此帝之谦也。"师古曰:"晋、瓒之说皆非也。帝自言虽通《保傅传》,而《孝经》、《论语》、《尚书》犹未能明也。"

罢儋耳、真番郡。①

①师古曰:"儋耳本南越地,真番本朝鲜地,皆武帝所置也。番音普安反。"

秋,大鸿胪广明、军正王平击益州,①斩首捕虏三万馀人,获畜产五万馀头。

①师古曰:"广明,田广明。"

六年春正月,上耕于上林。

二月,诏有司问郡国所举贤良文学民所疾苦。议罢盐铁榷酤。①

①应劭曰:"武帝时,以国用不足,县官悉自卖盐铁,酤酒。昭帝务本抑末,不与天下争利,故罢之。"

移中监苏武①前使匈奴,留单于庭十九岁乃还,奉使全节,以武为典属国,②赐钱百万。

①苏林曰:"移音移,厩名也。"应劭曰:"移,地名。监,其官也,掌鞍马鹰犬射猎之具。"如淳曰:"移,《尔雅》'唐棣,移也'。移园之中有马厩也。"师古曰:"苏音如说是。"

②如淳曰:"以其久在外国,知边事,故令典主诸属国。"师古曰:"典属国,本秦官,汉因之,掌归义蛮夷,属官有九译令。后省,并大鸿胪。"

夏,旱,大雩,不得举火。①

①臣瓒曰:"不得举火,抑阳助阴也。"

秋七月,罢榷酤官,令民得以律占租,①卖酒升四钱。以边塞阔远,取天水、陇西、张掖郡各二县置金城郡。

①如淳曰："律，诸当占租者家长身各以其物占，占不以实，家长不身自书，皆罚金二斤，没入所不自占物及贾钱县官也。"师古曰："占谓自隐度其实，定其辞也。占音章赡反。下又言占名数，其义并同。今犹谓狱讼之辨曰占，皆其意也。盖武帝时赋敛繁多，律外而取，今始复旧。"

诏曰："鉤町侯毋波①率其君长人民击反者，斩首捕虏有功。其立毋波为鉤町王。大鸿胪广明将率有功，赐爵关内侯，食邑。"

①服虔曰："鉤音《左传》射两鉤之鉤。"应劭曰："町音若挺，西南夷也。毋波，其名也。今牂柯鉤町县是也。"师古曰："音劬挺。"

元凤元年春，①长公主共养劳苦，复以蓝田益长公主汤沐邑。

①应劭曰："三年中，凤皇比下东海海西乐乡，于是以冠元焉。"

泗水戴王前薨，以毋嗣，国除。后宫有遗腹子煖，①相、内史不奏言，上闻而怜之，立煖为泗水王。相、内史皆下狱。

①师古曰："煖音许远反。"

三月，赐郡国所选有行义者涿郡韩福等五人帛，人五十匹，遣归。诏曰："朕闵劳以官职之事，①其务修孝弟以教乡里。令郡县常以正月赐羊酒。有不幸者赐衣被一袭，祠以中牢。"②

①邓展曰："闵哀韩福等，不忍劳役以官职之事。"

②师古曰："幸者，吉而免凶也，故死谓之不幸。一袭，一称也，犹今言一副也。中牢即少牢，谓羊豕也。"

武都氐人反，①遣执金吾马适建、龙頟侯韩增、②大鸿胪广明将三辅、太常徒，皆免刑击之。③

①师古曰："氐音丁奚反。"

②师古曰："姓马適，名建也。龙頟，《汉书》本或作雒字。《功臣侯表》云弓高壮侯韩颓当子譊封龙雒侯，元鼎五年坐酎金免。后元元年譊弟子增绍封龙雒侯。而荀悦《汉纪》龙雒皆为頟字。"崔浩曰："雒音洛。今河间龙雒村，与弓高相近。"然此既地名，无别指义，各依书字而读之，斯则通矣。譊音女交反。

③苏林曰："是时太常主诸陵县治民也。"

夏六月，赦天下。

秋七月乙亥晦，日有蚀之，既。

八月，改始元为元凤。

九月，鄂邑长公主、燕王旦与左将军上官桀、桀子票骑将军安、御史大夫桑弘羊皆谋反，伏诛。初，桀、安父子与大将军光争权，欲害之，诈使人为燕王旦上书言光罪。时上年十四，①觉其诈。后有谮光者，上辄怒曰："大将军国家忠臣，先帝所属，②敢有谮毁者，坐之。"光由是得尽忠。语在《燕王》、《霍光传》。

①张晏曰："武帝崩时八岁，即位于今七岁，今年十五。"师古曰："此云'初，桀、安父子与大将军争权，诈为燕王上书'，盖追道前年事耳，非今岁也。张说(非)〔失〕之。"[3]

②师古曰："属音之欲反。"

冬十月，诏曰："左将军安阳侯桀、票骑将军桑乐侯安、御史大夫弘羊皆数以邪枉干辅政，①大将军不听，而怀怨望，与燕王通谋，置驿往来相约结。燕王遣寿西长、孙纵之等②赂遗长公主、丁外人、谒者杜延年、大将军长史公孙遗等，交通私书，③共谋令长公主置酒，伏兵杀大将军光，征立燕王为天子，大逆毋道。故稻田使者燕仓先发觉，④以告大司农敞，⑤敞告谏大夫延年，⑥延年以闻。丞相征事任宫手捕斩桀，⑦丞相少史王寿诱将安入府门，⑧皆已伏诛，吏民得以安。封延年、仓、宫、寿皆为列侯。"又曰："燕王迷惑失道，前与齐王子刘泽等为逆，抑而不扬，望王反道自新，⑨今乃与长公主及左将军桀等谋危宗庙。王及公主皆自伏辜。其赦王太子建、公主子文信及宗室子与燕王、上官桀等谋反父母同产当坐者，皆免为庶人。其吏为桀等所诖误，未发觉在吏者，除其罪。"⑩

①师古曰："枉，曲也，以邪曲之事而干求也。"

②苏林曰："寿西，姓也。长，名也。孙姓，纵之名。"

③服虔曰："外人，主之所幸也。"晋灼曰："《汉语》字少君。"师古曰："此杜延年

自别一人,非下谏大夫也。”

④如淳曰:“特为诸稻田置使者,假与民收其税入也。”

⑤师古曰:“杨敞也。”

⑥师古曰:“杜延年,杜周之子。”

⑦文颖曰:“征事,丞相官属,位差尊,掾属也。”如淳曰:“时宫以时事召,待诏丞相府,故曰丞相征事。”张晏曰:“《汉仪注》征事比六百石。皆故吏二千石不以臧罪免者为征事,绛衣奉朝贺正月。”师古曰:“张说是也。”

⑧如淳曰:“《汉仪注》丞相、太尉、大将军史秩四百石。武帝又置丞相少史,秩四百石。”

⑨师古曰:“所为邪僻,违失正道,欲其旋反而归正,故云反道。”

⑩师古曰:“其罪未发,未为吏所执持者。”

二年夏四月,上自建章宫徙未央宫,大置酒。赐郎从官帛,及宗室子钱,人二十万。吏民献牛酒者赐帛,人一匹。

六月,赦天下。诏曰:“朕闵百姓未赡,①前年减漕三百万石。②颇省乘舆马及(菀)〔苑〕马,③[4]以补边郡三辅传马。④其令郡国毋敛今年马口钱,⑤三辅、太常郡得以叔粟当赋。”⑥

①师古曰:“赡,足也。”

②师古曰:“减省转漕,所以休力役也。”

③师古曰:“乘舆马谓天子所自乘以驾车舆者。他皆类此。”

④张晏曰:“驿马也。”师古曰:“传音张恋反。”

⑤文颖曰:“往时有马口出敛钱,今省。”如淳曰:“所谓租及六畜也。”

⑥如淳曰:“《百官表》太常主诸陵,别治其县,爵秩如三辅郡矣。元帝永光五年,令各属在所郡也。”师古曰:“诸应出赋算租税者,皆听以叔粟当钱物也。叔,豆也。”

三年春正月,泰山有大石自起立,上林有柳树枯僵自起生。①

①师古曰:“僵,偃也,谓树枯死偃卧在地者也。僵音纪良反。”

罢中牟苑赋贫民。①诏曰:“乃者民被水灾,颇匮于食,朕虚仓廪,②

使使者振困乏。其止四年毋漕。三年以前所振贷，非丞相御史所请，边郡受牛者勿收责。”③

①师古曰：“在荥阳。”

②师古曰：“仓，新谷所藏也。廪，谷所振入也。”

③应劭曰：“武帝始开三边，徙民屯田，皆与犁牛。后丞相御史复间有所请。今敕自上所赐与勿收责，丞相所请乃令其顾税耳。”

夏四月，少府徐仁、廷尉王平、左冯翊贾胜胡皆坐纵反者，仁自杀，平、胜胡皆要斩。

冬，辽东乌桓反，以中郎将范明友为度辽将军，①将北边七郡郡二千骑击之。

①应劭曰：“当度辽水往击之，故以度辽为官号。”

四年春正月丁亥，帝加元服，①见于高庙。赐诸侯王、丞相、大将军、列侯、宗室下至吏民金帛牛酒各有差。赐中二千石以下及天下民爵。毋收四年、五年口赋。②三年以前逋更赋未入者，皆勿收。③令天下酺五日。

①如淳曰：“元服，谓初冠加上服也。”师古曰：“如氏以为衣服之服，此说非也。元，首也。冠者，首之所著，故曰元服。其下《汲黯传序》云‘上正元服’，是知谓冠为元服。”

②如淳曰：“《汉仪注》民年七岁至十四出口赋钱，人二十三。二十钱以食天子，其三钱者，武帝加口钱以补车骑马。”

③如淳曰：“更有三品，有卒更，有践更，有过更。古者正卒无常人，皆当迭为之，一月一更，是谓卒更也。贫者欲得顾更钱者，次直者出钱顾之，月二千，是谓践更也。天下人皆直戍边三日，亦名为更，律所谓繇戍也。虽丞相子亦在戍边之调。不可人人自行三日戍，又行者当自戍三日，不可往便还，因便住一岁一更。诸不行者，出钱三百入官，官以给戍者，是谓过更也。律说，卒践更者，居也，居更县中五月乃更也。后从尉律，卒践更一月，休十一月也。《食货志》曰：‘月为更卒，已复为正，一岁屯戍，一岁力役，三十倍于古。’此汉初因秦法而行之也。后遂改易，有谪乃戍边一岁耳。逋，未出更

钱者也。"师古曰:"更音工衡反。"

甲戌,丞相千秋薨。①

①师古曰:"田千秋。"

夏四月,诏曰:"度辽将军明友前以羌骑校尉将羌王侯君长以下击益州反虏,后复率击武都反氐,今破乌桓,斩虏获生,有功。①其封明友为平陵侯。平乐监傅介子持节使,②诛斩楼兰王安,归首县北阙,封义阳侯。"

①师古曰:"既斩反虏,又获生口也。俘取曰获。"

②师古曰:"持节而为使。"

五月丁丑,孝文庙正殿火,上及群臣皆素服。发中二千石将五校作治,六日成。①太常及庙令丞郎吏皆劾大不敬,会赦,太常轑阳侯德免为庶人。②

①师古曰:"率领五校之士以作治也。校音下教反。"

②文颖曰:"轑音料。德,江德也。轑阳在魏郡清渊。"师古曰:"会六月赦耳。史终言之。"

六月,赦天下。

五年春正月,广陵王来朝,益国万一千户,赐钱二千万,黄金二百斤,剑二,安车一,乘马二驷。①

①师古曰:"八匹也。"

夏,大旱。

六月,发三辅及郡国恶少年吏有告劾亡者,屯辽东。①

①如淳曰:"告者,为人所告也。劾者,为人所劾也。"师古曰:"恶少年谓无赖子弟也。告劾亡者,谓被告劾而逃亡。"

秋,罢象郡,分属郁林、牂柯。

冬十一月,大雷。

十二月庚戌,丞相䜣薨。①

①师古曰："王䜣也。䜣亦欣字。"

六年春正月，募郡国徒筑辽东玄菟城。夏，赦天下。诏曰："夫谷贱伤农，①今三辅、太常谷减贱，②其令以叔粟当今年赋。"③

①师古曰："粜多而钱少，是为伤也。"

②郑氏曰："减音减少之减。"

③应劭曰："太常掌诸陵园，皆徙天下豪富民以充实之，后悉为县，故与三辅同赋。"

右将军张安世宿卫忠谨，封富平侯。

乌桓复犯塞，遣度辽将军范明友击之。

元平元年春二月，诏曰："天下以农桑为本。日者省用，罢不急官，①减外繇，②耕桑者益众，而百姓未能家给，③朕甚愍焉。其减口赋钱。"有司奏请减什三，上许之。

①师古曰："谓非要职(官)〔者〕。"〔5〕

②师古曰："繇读曰徭。"

③师古曰："给，足也。家家自给足，是(谓)〔为〕家给也。"〔6〕

甲申，晨有流星，大如月，众星皆随西行。

夏四月癸未，帝崩于未央宫。①六月壬申，葬平陵。②

①臣瓒曰："帝年九岁即位，即位十三岁，寿二十二。"师古曰："帝年八岁即位，明年改元，改元之后凡十三年，年二十一。"

②臣瓒曰："自崩至葬凡四十九日。平陵在长安西北七十里。"

赞曰：昔周成以孺子继统，而有管、蔡四国流言之变。①孝昭幼年即位，亦有燕、盍、上官逆乱之谋。成王不疑周公，孝昭委任霍光，各因其时以成名，大矣哉！承孝武奢侈馀敝师旅之后，海内虚耗，户口减半，②光知时务之要，轻繇薄赋，与民休息。③至始元、元凤之间，匈奴和亲，百姓充实。举贤良文学，问民所疾苦，议盐铁而罢榷酤，尊号曰"昭"，不亦宜乎！

①师古曰："四国，谓管、蔡、商、奄也。流，放也。武王崩，成王幼弱，周公摄政，四国乃流言曰公将不利于孺子，遂致雷风之异。成王既见金縢之册，乃不疑周公。事见《豳诗》及《周书·大诰》。"

②师古曰："耗，损也，音火到反。减读为减省之减。"

③师古曰："繇读曰徭。"

【校勘记】

〔1〕 以为(上)〔土〕德之瑞，　景祐、汲古、殿、局本都作"土"。王先谦说作"土"是。

〔2〕 通保傅，传《孝经》、《论语》、《尚书》，未云有明。　旧注"保傅传"连读，以为是贾谊所作书名。李慈铭说，帝自谓虽通接保傅，传授《孝经》、《论语》、《尚书》，皆未能有明，当以傅字绝句。王先谦、杨树达都从李读。

〔3〕 张说(非)〔失〕之。　景祐、殿本都作"失"。王先谦说作"失"是。

〔4〕 颇省乘舆马及(菀)〔苑〕马，　景祐、殿本都作"苑"。王先谦说作"苑"是。

〔5〕 谓非要职(官)〔者〕。　景祐本作"者"。

〔6〕 是(谓)〔为〕家给也。　景祐、殿本都作"为"。

汉书卷八

宣帝纪第八

孝宣皇帝,①武帝曾孙,戾太子孙也。②太子纳史良娣,③生史皇孙。④皇孙纳王夫人,生宣帝,号曰皇曾孙。生数月,遭巫蛊事,太子、良娣、皇孙、王夫人皆遇害。语在《太子传》。曾孙虽在襁褓,⑤犹坐收系郡邸狱。⑥而邴吉为廷尉监,⑦治巫蛊于郡邸,怜曾孙之亡辜,使女徒复作淮阳赵徵卿、渭城胡组更乳养,⑧私给衣食,视遇甚有恩。

①荀悦曰:"讳询,字次卿。询之字曰谋。"应劭曰:"谥法'圣善周闻曰宣'。"

②韦昭曰:"以违戾擅发兵,故谥曰戾。"臣瓒曰:"太子诛江充以除谗贼,而事不见明。后武帝觉寤,遂族充家,宣帝不得以加恶谥也。董仲舒曰'有其功无其意谓之戾,无其功有其意谓之罪'。"师古曰:"瓒说是也。"

③服虔曰:"史,姓也。良娣,官也。"师古曰:"太子有妃,有良娣,有孺子,凡三等。娣音次第之第。"

④师古曰:"以外家姓称之,故曰史皇孙。"

⑤李奇曰:"襁,络也,以缯布为之,络负小儿。褓,小儿大藉也。"孟康曰:"褓,小儿被也。"师古曰:"襁即今之小儿绷也。褓,孟说是也。襁音居丈反。褓音保。绷音补耕反。"

⑥如淳曰:"谓诸郡邸置狱也。"师古曰:"据《汉旧仪》,郡邸狱治天下郡国上计者,属大鸿胪。此盖巫蛊狱繁,收系者众,故曾孙寄在郡邸狱。"

⑦师古曰:"监者,廷尉之官属。"

⑧李奇曰:"复作者,女徒也。谓轻罪,男子守边一岁,女子软弱不任守,复令作于官,亦一岁,故谓之复作徒也。"孟康曰:"复音服,谓弛刑徒也,有赦令诏书去其钳钛赭衣。更犯事,不从徒加,与民为例,故当复为官作,满其本罪年月日,律名为复作也。"师古曰:"孟说是也。赵徵卿淮阳人,胡组渭城

人，皆女徒也。二人更递乳养曾孙。而《邴吉传》云郭徵卿。纪、传不同，未知孰是。更音工衡反。”

巫蛊事连岁不决。至后元二年，武帝疾，往来长杨、五柞宫，①望气者言长安狱中有天子气，上遣使者分条中都官狱②系者，轻重皆杀之。内谒者令郭穰夜至郡邸狱，③吉拒闭，使者不得入，曾孙赖吉得全。因遭大赦，吉乃载曾孙送祖母史良娣家。语在《吉》及《外戚传》。

①师古曰：“长杨、五柞二宫并在盩厔，皆以树名之。帝往来二宫之间也。柞字或作莋，其音同。”

②师古曰：“中都官，凡京师诸官府也。”

③师古曰：“《百官表》云内者署属少府。《续汉书志》云掌宫中布张诸亵物。丁孚《汉官》云令秩千石，盖当时权为此使。”

后有诏掖庭养视，上属籍宗正。①时掖庭令张贺尝事戾太子，思顾旧恩，②哀曾孙，奉养甚谨，以私钱供给教书。既壮，为取暴室啬夫许广汉女，③曾孙因依倚广汉兄弟及祖母家史氏。④受《诗》于东海澓中翁，⑤高材好学，然亦喜游侠，⑥斗鸡走马，具知闾里奸邪，吏治得失。数上下诸陵，⑦周遍三辅，⑧常困于莲勺卤中。⑨尤乐杜、鄠之间，⑩率常在下杜。⑪时会朝请，舍长安尚冠里，⑫身足下有毛，卧居数有光耀。⑬每买饼，所从买家辄大雠，⑭亦以(自是)〔是自〕怪。[1]

①应劭曰：“掖庭，宫人之官，有令丞，宦者为之。诏敕掖庭养视之，始令宗正著其属籍。”

②师古曰：“顾，念也。”

③应劭曰：“暴室，宫人狱也，今曰薄室。许广汉坐法腐为宦者，作啬夫也。”师古曰：“暴室者，掖庭主织作染练之署，故谓之暴室，取暴晒为名耳。或云薄室者，薄亦暴也。今俗语亦云薄晒。盖暴室职务既多，因为置狱主治其罪人，故往往云暴室狱耳。然本非狱名，应说失之矣。啬夫者，暴室属官，亦犹县乡之啬夫也。晒音所懈反，又音所智反。”

④师古曰：“倚音於绮反。”

⑤服虔曰：“澓音馥。”师古曰：“东海人，姓澓，字中翁也。澓音房福反。中读曰仲。”

⑥师古曰："喜音许吏反。"

⑦师古曰："诸陵皆据高敞地为之，县即在其侧。帝每周游往来诸陵县，去则上，来则下，故言上下诸陵。"

⑧师古曰："游行皆至其处。"

⑨如淳曰："为人所困辱也。莲勺县有盐池，纵广十馀里，其乡人名为卤中。莲音辇。勺音灼。"师古曰："如说是也。卤者，咸地也，今在栎阳县东。其乡人谓此中为卤盐池也。"

⑩师古曰："二县之间也。杜属京兆，鄠属扶风。鄠音扈。"

⑪孟康曰："在长安南。"师古曰："率者，总计之言也。下杜即今之杜城。"

⑫文颖曰："以属弟尚亲，故岁时随宗室朝会也。"如淳曰："春曰朝，秋曰请。"师古曰："舍，止也。尚冠者，长安中里名。帝会朝请之时，即于此里中止息。请音才姓反。"

⑬师古曰："遍身及足下皆有毛。"

⑭师古曰："雠读曰售。"

元平元年四月，昭帝崩，毋嗣。大将军霍光请皇后征昌邑王。六月丙寅，王受皇帝玺绶，尊皇后曰皇太后。癸巳，光奏王贺淫乱，请废。语在《贺》及《光传》。

秋七月，光奏议曰："礼，人道亲亲故尊祖，尊祖故敬宗。大宗毋嗣，择支子孙贤者为嗣。孝武皇帝曾孙病已，①有诏掖庭养视，至今年十八，师受《诗》、《论语》、《孝经》，操行节俭，慈仁爱人，可以嗣孝昭皇帝后，奉承祖宗，子万姓。"②奏可。遣宗正德至曾孙尚冠里舍，洗沐，赐御府衣。太仆以軨猎车奉迎曾孙，③就齐宗正府。庚申，入未央宫，见皇太后，封为阳武侯。④已而群臣奉上玺绶，即皇帝位，谒高庙。

①师古曰："盖以夙遭屯难而多病苦，故名病已，欲其速差也。后以为鄙，更改讳询。"

②师古曰："天子以万姓为子，故云子万姓。"

③文颖曰："軨猎，小车，前有曲舆不衣也，近世谓之軨猎车也。"孟康曰："今之载猎车也。前有曲軨，特高大，猎时立其中格射禽兽。"李奇曰："兰舆轻车也。"师古曰："文、李二说皆是。时未备天子车驾，故且取其轻便耳，非藉高

大也。孟说失之。軨音铃。”

④师古曰:“先封侯者,不欲立庶人为天子也。”

八月己巳,丞相敞薨。①

①师古曰:“杨敞也。”

九月,大赦天下。

十一月壬子,立皇后许氏。赐诸侯王以下金钱,至吏民鳏寡孤独各有差。皇太后归长乐宫。初置屯卫。

本始元年春正月,募郡国吏民訾百万以上徙平陵。①遣使者持节诏郡国二千石谨牧养民而风德化。②

①文颖曰:“昭帝陵。”

②师古曰:“以德化被于下,故云风也。《诗序》曰‘上以风化下’。”

大将军光稽首归政,上谦让委任焉。论定策功,益封大将军光万七千户,车骑将军光禄勋富平侯安世万户。①诏曰:“故丞相安平侯敞等居位守职,与大将军光、车骑将军安世建议定策,以安宗庙,功赏未加而薨。其益封敞嗣子忠及丞相阳平侯义、②度辽将军平陵侯明友、③前将军龙雒侯增、④太仆建平侯延年、⑤太常蒲侯昌、⑥谏大夫宜春侯谭、⑦当涂侯平、⑧杜侯屠耆堂、⑨长信少府关内侯胜⑩邑户各有差。封御史大夫广明为昌水侯,⑪后将军充国为营平侯,⑫大司农延年为阳城侯,⑬少府乐成为爰氏侯,⑭光禄大夫迁为平丘侯。⑮赐右扶风德、⑯典属国武、⑰廷尉光、⑱宗正德、⑲大鸿胪贤、⑳詹事畸、㉑光禄大夫吉、㉒京辅都尉广汉㉓爵皆关内侯。德、武食邑。”㉔

①李斐曰:“居光禄位,以车骑官号尊之,无车骑官属。”

②师古曰:“蔡义。”

③师古曰:“范明友。”

④师古曰:“韩增。”

⑤师古曰:“杜延年。”

⑥师古曰:“苏昌。”

⑦师古曰："王谭。"

⑧师古曰："《功臣表》云魏不害以捕反者胡倩功封当涂侯，其子圣以定策功益封，凡二千二百户。今此纪言当涂侯平，与表乖错，未知孰是。或者有二名乎？"

⑨苏林曰："姓复陆，其祖父复陆支本匈奴胡也，归义为属国王，从骠骑有功，乃更封也。"

⑩师古曰："夏侯胜。"

⑪师古曰："田广明。"

⑫师古曰："赵充国。"

⑬师古曰："田延年。"

⑭师古曰："史乐成。"

⑮师古曰："王迁。"

⑯师古曰："周德。"

⑰师古曰："苏武。"

⑱师古曰："李光。"

⑲师古曰："楚元王之曾孙，刘辟彊子。"

⑳师古曰："韦贤。"

㉑苏林曰："畸音踦只之踦。"师古曰："宋(踦)〔畸〕也。[2]音居宜反。"

㉒师古曰："丙吉。"

㉓师古曰："赵广汉也。三辅郡皆有都尉，如诸郡。左辅都尉治高陵，右辅都尉治郿，京辅都尉治华阴灌北。"

㉔张晏曰："旧关内侯无邑也，以苏武守节外国，刘德宗室俊彦，故特令食邑。"

夏四月庚午，地震。诏内郡国举文学高第各一人。①

①韦昭曰："中国为内郡，缘边有夷狄障塞者为外郡。成帝(侍)〔时〕，[3]内郡举方正，北边二十二郡举勇猛士。"

五月，凤皇集胶东、千乘。赦天下。赐吏二千石、诸侯相，下至中都官、宦吏、六百石爵，各有差，①自左更至五大夫。②赐天下人爵各一级，孝者二级，女子百户牛酒。租税勿收。

①如淳曰："中都官宦吏，奄人为吏者也。"晋灼曰："凡职在京师者也。"师古

曰:“二说皆非也。中都官,谓在京师诸官也。宦吏,诸奄官也。”

②师古曰:“左更,第十二爵也。五大夫,第九爵也。更音工衡反。”

六月,诏曰:“故皇太子在湖,未有号谥。① 岁时祠,其议谥,置园邑。”语在《太子传》。

①师古曰:“湖,县名也。死于湖,因即葬焉。”

秋七月,诏立燕剌王太子建为广阳王,① 立广陵王胥少子弘为高密王。

①师古曰:“剌音来曷反。”

二年春,以水衡钱为平陵,徙民起第宅。①

①应劭曰:“水衡与少府皆天子私藏耳。县官公作,当仰给司农,今出水衡钱,言宣帝即位为异政也。”晋灼曰:“《食货志》:‘初,大司农管盐铁,官布多,故置水衡,欲以主盐铁。及杨可告缗,上林财物众,乃令水衡主上林。’上林三官,主铸钱也。”

大司农阳城侯田延年有罪,自杀。①

①师古曰:“坐增僦直而自入。”

夏五月,诏曰:“朕以眇身奉承祖宗,夙夜惟念孝武皇帝躬履仁义,选明将,讨不服,匈奴远遁,平氐、羌、昆明、南越,百蛮乡风,① 款塞来享;② 建太学,修郊祀,定正朔,协音律;封泰山,塞宣房,③ 符瑞应,宝鼎出,白麟获。功德茂盛,不能尽宣,而庙乐未称,④ 其议奏。”有司奏请宜加尊号。六月庚午,尊孝武庙为世宗庙,奏《盛德》、《文始》、《五行》之舞,⑤ 天子世世献。武帝巡狩所幸之郡国,皆立庙。赐民爵一级,女子百户牛酒。

①师古曰:“乡读曰向也。”

②应劭曰:“款,叩也,皆叩塞门来服从也。”如淳曰:“款,宽也。请除守塞者,自保不为寇害也,故曰款五原塞。”师古曰:“应说是也。此泛说夷狄来宾之事,非呼韩邪保塞意也。”

③苏林曰:“堤名,在东郡界。”李斐曰:“决河上宫名也。”张晏曰:“瓠子堤名。”

师古曰:"苏、张二说皆是。"

④师古曰:"称,副也。"

⑤应劭曰:"宣帝复采《昭德》之舞为《盛德舞》,以尊世宗庙也。诸帝庙皆常奏《文始》、《四时》、《五行舞》也。"

匈奴数侵边,又西伐乌孙。乌孙昆弥及公主因国使者上书,①言昆弥愿发国精兵击匈奴,唯天子哀怜,出兵以救公主。秋,大发兴调关东轻车锐卒,②选郡国吏三百石伉健习骑射者,皆从军。③御史大夫田广明为祁连将军,④后将军赵充国为蒲类将军,⑤云中太守田顺为虎牙将军,及度辽将军范明友、前将军韩增,凡五将军,兵十五万骑,校尉常惠持节护乌孙兵,咸击匈奴。

①师古曰:"昆弥,乌孙王之号也。国使者,汉朝之使也。"

②师古曰:"调亦选也。锐,利也,言其勇利也。调音徒钓反。"

③师古曰:"伉,强也,音口浪反。"

④应劭曰:"祁连,匈奴中山名也。诸将分部,广明值此山,因以为号也。"师古曰:"祁音上夷反。"

⑤应劭曰:"蒲类,匈奴中海名也,在敦煌北。"晋灼曰:"《匈奴传》有蒲类泽。"师古曰:"晋说是也。"

三年春正月癸亥,皇后许氏崩。戊辰,五将军师发长安。夏五月,军罢。祁连将军广明、虎牙将军顺有罪,下有司,皆自杀。①校尉常惠将乌孙兵入匈奴右地,大克获,封列侯。

①晋灼曰:"田千秋子也。广明坐逗留,顺坐增虏获。"

大旱。郡国伤旱甚者,民毋出租赋。三辅民就贱者,且毋收事,尽四年。①

①晋灼曰:"不给官役也。"师古曰:"收谓租赋也,事谓役使也。尽本始四年而止。"

六月己丑,丞相义薨。①

①师古曰:"蔡义。"

四年春正月，诏曰："盖闻农者兴德之本也，今岁不登，已遣使者振贷困乏。其令太官损膳省宰，①乐府减乐人，使归就农业。丞相以下至都官令丞②上书入谷，输长安仓，助贷贫民。民以车船载谷入关者，得毋用传。"③

①师古曰："膳，具食也，食之善者也。宰为屠杀也。省，减也。《汉仪注》太宰令屠者七十二人，宰二百人。"

②师古曰："都官令丞，京师诸署之令丞。"

③师古曰："传，传符也。欲谷之多，故不问其出入也。传音张恋反。"

三月乙卯，立皇后霍氏。赐丞相以下至郎吏从官金钱帛各有差。赦天下。

夏四月壬寅，郡国四十九地震，或山崩水出。诏曰："盖灾异者，天地之戒也。朕承洪业，奉宗庙，托于士民之上，未能和群生。乃者地震北海、琅邪，坏祖宗庙，朕甚惧焉。丞相、御史其与列侯、中二千石博问经学之士，有以应变，①辅朕之不逮，毋有所讳。令三辅、太常、内郡国举贤良方正各一人。律令有可蠲除以安百姓，条奏。被地震坏败甚者，勿收租赋。"大赦天下。上以宗庙堕，素服，避正殿五日。②

①师古曰："谓御塞灾异也。"

②师古曰："堕者，毁也，音火规反。"

五月，凤皇集北海安丘、淳于。①

①师古曰："二县皆属北海郡。"

秋，广川王吉有罪，废迁上庸，自杀。

地节元年①春正月，有星孛于西方。

①应劭曰："以先者地震，山崩水出，于是改年曰地节，欲令地得其节。"

三月，假郡国贫民田。①

①师古曰："权以给之，不常与。"

夏六月，诏曰："盖闻尧亲九族，以和万国。①朕蒙遗德，奉承圣业，惟念宗室属未尽而以罪绝，若有贤材，改行劝善，其复属，使得自新。”②

①师古曰：“《尚书·尧典》云：‘克明俊德，以亲九族。九族既睦，平章百姓。百姓昭明，协和万邦。’故诏引之。”

②师古曰：“复音扶目反。”

冬十一月，楚王延寿谋反，自杀。

十二月癸亥晦，日有蚀之。

二年春三月庚午，大司马大将军光薨。诏曰：“大司马大将军博陆侯①宿卫孝武皇帝三十馀年，辅孝昭皇帝十有馀年，遭大难，躬秉义，率三公、诸侯、九卿、大夫定万世策，以安宗庙。天下蒸庶，咸以康宁，②功德茂盛，朕甚嘉之。复其后世，畴其爵邑，③世世毋有所与。④功如萧相国。”

①师古曰：“尊之，故不名。”

②师古曰：“蒸庶，众人也。康，安也。”

③张晏曰：“律，非始封，十减二。畴者，等也，言不复减也。”师古曰：“复音方目反。”

④师古曰：“与读曰豫。”

夏四月，凤皇集鲁郡，群鸟从之。①大赦天下。

①师古曰：“今流俗书本此下云‘戊申立皇太子’，而后年又有立皇太子事，此盖以《元纪》云元帝二岁宣帝即位，八岁为皇太子，故后人妄于此书加之，旧本无也。据《疏广》及《丙吉传》并云地节三年立皇太子，此即明验，而或者妄为臆说，乖于实矣。”

五月，光禄大夫平丘侯王迁有罪，下狱死。

上始亲政事，又思报大将军功德，乃复使乐平侯山领尚书事，①而令群臣得奏封事，以知下情。五日一听事，〔自丞相〕以下各奉职奏事，〔4〕以傅奏其言，②考试功能。侍中尚书功劳当迁及有异善，厚加赏赐，至于子孙，终不改易。③枢机周密，品式备具，上下相安，莫有苟且之意也。

①师古曰："霍山，光之兄孙。"

②应劭曰："敷，陈也。各自奏陈其言，然后试之以官，考其功德也。"师古曰："傅读曰敷。"

③师古曰："言各久其职事也。"

三年春三月，诏曰："盖闻有功不赏，有罪不诛，虽唐虞犹不能以化天下。今胶东相成劳来不怠，①流民自占八万馀口，②治有异等。③其秩成中二千石，赐爵关内侯。"

①师古曰："王成也。劳来者，言慰勉而招延之也。《小雅·鸿雁》之诗序曰'劳来还定安集之'。劳音卢到反。来音卢代反。"

②师古曰："占者，谓自隐度其户口而著名籍也。占音之赡反。"

③师古曰："政治异于常等。"

又曰："鳏寡孤独高年贫困之民，朕所怜也。前下诏假公田，贷种、食。①其加赐鳏寡孤独高年帛。二千石严教吏谨视遇，毋令失职。"②

①师古曰："贷音吐戴反。"

②师古曰："职，常也。失职，谓失其常业也。"

令内郡国举贤良方正可亲民者。

夏四月戊申，立皇太子，大赦天下。赐御史大夫爵关内侯，中二千石爵右庶长，①天下当为父后者爵一级。赐广陵王黄金千斤，诸侯王十五人黄金各百斤，列侯在国者八十七人黄金各二十斤。

①张晏曰："自公孙弘后，丞相常封列侯，第二十等爵。故赐御史大夫爵关内侯，第十九等爵也。右庶长，第十一等爵也。"师古曰："张说非也。此以立皇太子国之大庆，故特赐御史大夫及中二千石爵耳，非常制也。"

冬十月，诏曰："乃者九月壬申地震，朕甚惧焉。有能箴朕过失，①及贤良方正直言极谏之士以匡朕之不逮，②毋讳有司。③朕既不德，不能附远，是以边境屯戍未息。今复饬兵重屯，久劳百姓，④非所以绥天下也。其罢车骑将军、右将军屯兵。"又诏："池籞未御幸者，假与贫民。⑤郡国宫馆，勿复修治。流民还归者，假公田，贷种、食，⑥且勿算事。"⑦

①师古曰："箴，戒也。"

②师古曰："匡，正也。"

③李奇曰："讳，避也。虽有司在显职，皆言其过，勿避之。"

④师古曰："饬读与敕同。饬，整也。"

⑤苏林曰："折竹以绳绵连禁御，使人不得往来，律名为籞。"服虔曰："籞，在池水中作室，可用栖鸟，鸟入中则捕之。"应劭曰："池者，陂池也。籞者，禁苑也。"臣瓒曰："籞者，所以养鸟也。设为藩落，周覆其上，令鸟不得出，犹苑之畜兽，池之畜鱼也。"师古曰："苏、应二说是。"

⑥师古曰："贷音吐戴反。种，五谷种也，音之勇反。"

⑦师古曰："不出算赋及给徭役。"

十一月，诏曰："朕既不逮，导民不明，①反侧晨兴，念虑万方，不忘元元。唯恐羞先帝圣德，②故并举贤良方正以亲万姓，历载臻兹，然而俗化阙焉。③传曰：'孝弟也者，其为仁之本与！'④其令郡国举孝弟、有行义闻于乡里者各一人。"

①师古曰："不逮者，意虑不及也。"

②师古曰："羞谓忝辱也。"

③师古曰："多历年载，迄至于今。"

④师古曰："《论语》载有若之言。与读曰予。"

十二月，初置廷尉平四人，秩六百石。

省文山郡，并蜀。①

①师古曰："以其县道隶蜀郡。"

四年春二月，封外祖母为博平君，故酂侯萧何曾孙建世为侯。

诏曰："导民以孝，则天下顺。今百姓或遭衰绖凶灾，①而吏繇事，使不得葬，②伤孝子之心，朕甚怜之。自今诸有大父母、父母丧者勿繇事，使得收敛送终，尽其子道。"

①师古曰："衰音千回反。"

②师古曰："繇读曰徭。事谓役使之。"

夏五月，诏曰："父子之亲，夫妇之道，天性也。虽有患祸，犹蒙死而存之。①诚爱结于心，仁厚之至也，岂能违之哉！自今子首匿父母，妻匿夫，孙匿大父母，皆勿坐。②其父母匿子，夫匿妻，大父母匿孙，罪殊死，皆上请廷尉以闻。"

①师古曰："蒙，冒也。"

②师古曰："凡首匿者，言为谋首而藏匿罪人。"

立广川惠王孙文为广川王。

秋七月，大司马霍禹谋反。诏曰："乃者，东织室令史张赦①使魏郡豪李竟②报冠阳侯霍云谋为大逆，③朕以大将军故，抑而不扬，冀其自新。今大司马博陆侯禹与母宣成侯夫人显及从昆弟冠阳侯云、乐平侯山、④诸姊妹婿度辽将军范明友、长信少府邓广汉、中郎将任胜、骑都尉赵平、长安男子冯殷等⑤谋为大逆。显前又使女侍医淳于衍进药杀共哀后，⑥谋毒太子，欲危宗庙。逆乱不道，咸(服)〔伏〕其辜。[5]诸为霍氏所诖误未发觉在吏者，皆赦除之。"八月己酉，皇后霍氏废。

①应劭曰："旧时有东西织室，织作文绣郊庙之服。令史，其主者吏。"

②文颖曰："有权势豪右大家。"

③如淳曰："报，白也。"师古曰："此说非也。谓张赦因李竟传言于霍云与共谋反耳，非告白其罪也。赦既为织室令史，身在京师，不须令李竟发之。据《霍禹传》，其事明矣。"

④师古曰："据《霍光传》，云、山皆去病之孙，则于禹为子行也。今此纪言从昆弟，盖转写者脱子字耳。当言从昆弟子也。"

⑤晋灼曰："《汉语》字子都。"

⑥师古曰："杀读曰弑。共读曰恭。"

九月，诏曰："朕惟百姓失职不赡，遣使者循行郡国问民所疾苦。①吏或营私烦扰，不顾厥咎，朕甚闵之。今年郡国颇被水灾，已振贷。②盐，民之食，而贾咸贵，③众庶重困。④其减天下盐贾。"

①师古曰："行音下更反。"

②师古曰："贷音吐戴反。"

③师古曰："贾读曰价。其下亦同。"

④师古曰："更增其困也。重音直用反。"

又曰："令甲，死者不可生，①刑者不可息。②此先帝之所重，而吏未称。③今系者或以掠辜若饥寒瘐死狱中，④何用心逆人道也！朕甚痛之。其令郡国岁上系囚以掠笞若瘐死者所坐名、县、爵、里，⑤丞相御史课殿最以闻。"⑥

①文颖曰："萧何承秦法所作为律令，律经是也。天子诏所增损，不在律上者为令。令甲者，前帝第一令也。"如淳曰："令有先后，故有令甲、令乙、令丙。"师古曰："如说是也。甲乙者，若今之第一、第二篇耳。"

②李斐曰："息，灭也。若黥劓者，虽欲改过，其创瘢不可复灭也。"师古曰："息谓生长也，言劓、刖、膑、割之徒不可更生长，亦犹谓子为息耳。李说非也。"

③师古曰："称，副也。"

④苏林曰："瘐，病也。囚徒病，律名为瘐。"如淳曰："律，囚以饥寒而死曰瘐。"师古曰："瘐，病，是也。此言囚或以掠笞及饥寒及疾病而死。如说非矣。瘐音庾，字或作瘉，其音亦同。"

⑤师古曰："名，其人名也。县，所属县也。爵，其身之官爵也。里，所居邑里也。"

⑥师古曰："凡言殿最者：殿，后也，课居后也；最，凡要之首也，课居先也。殿音丁见反。"

十二月，清河王年有罪，废迁房陵。

元康元年春，以杜东原上为初陵，更名杜县为杜陵。徙丞相、将军、列侯、吏二千石、訾百万者杜陵。

三月，诏曰："乃者凤皇集泰山、陈留，甘露降未央宫。朕未能章先帝休烈，①协宁百姓，承天顺地，调序四时，获蒙嘉瑞，赐兹祉福，夙夜兢兢，靡有骄色，内省匪解，永惟罔极。②《书》不云乎？'凤皇来仪，庶(不)〔尹〕允谐。'③[6]其赦天下徒，赐勤事吏中二千石以下至六百石爵，自中郎吏至五大夫，④佐史以上二级，民一级，女子百户牛酒。加赐鳏寡孤独、三老、孝弟力田帛。所振贷勿收。"

①师古曰："章，明也。休，美也。烈，业也。"

②师古曰："省，视也。永，长也。惟，思也。罔，无也。极，中也。帝言内自视察，不敢惰怠，长思正道，恐无其中也。解读曰懈。"

③师古曰："《虞书·益稷》之篇曰：'箫韶九成，凤皇来仪，击石拊石，百兽率舞，庶尹允谐。'言奏乐之和，凤皇以其容仪来下，百兽相率舞蹈。是乃众官之长，信皆和辑，故神人交畅。"

④师古曰："赐中郎吏爵得至五大夫。自此以上，每为等级而高赐也。五大夫，第九爵也。一曰二千石至五大夫，自此以下而差降。"

夏五月，立皇考庙。益奉明园户为奉明县。①

①师古曰："奉明园即皇考史皇孙之所葬也，本名广明，后追改也。"

复高皇帝功臣绛侯周勃等百三十六人家子孙，令奉祭祀，①世世勿绝。其毋嗣者，复其次。

①师古曰："复音方目反。次下亦同。"

秋八月，诏曰："朕不明六艺，郁于大道，①是以阴阳风雨未时。其博举吏民，厥身修正，通文学，明于先王之术，宣究其意者，各二人，②中二千石各一人。"

①孟康曰："郁，不通也。"

②师古曰："究，尽也。"

冬，置建章卫尉。

二年春正月，诏曰："《书》云'文王作罚，刑兹无赦'，①今吏修身奉法，未有能称朕意，朕甚愍焉。其赦天下，与士大夫厉精更始。"②

①师古曰："《周书·康诰》之辞也。言文王作法，罚其有乱常违教者，则刑之无放释也。"

②李斐曰："今吏已修身奉法矣，但不能称上意耳，故赦之。"师古曰："言文王作罚，有犯之者，皆刑无赦，今我意有所闵，闵吏修身奉法矣，而未称其任，故特赦之，与更始耳。李说非也。"

二月乙丑，立皇后王氏。①赐丞相以下至郎从官钱帛各有差。

①师古曰："王奉光女。"

三月，以凤皇甘露降集，赐天下吏爵二级，民一级，女子百户牛酒，鳏寡孤独高年帛。

夏五月，诏曰："狱者万民之命，所以禁暴止邪，养育群生也。能使生者不怨，死者不恨，则可谓文吏矣。今则不然。用法或持巧心，析律贰端，深浅不平，①增辞饰非，以成其罪。奏不如实，上亦亡繇知。②此朕之不明，吏之不称，四方黎民将何仰哉！二千石各察官属，勿用此人。吏务平法。或擅兴繇役，饰厨传，称过使客，③越职逾法，以取名誉，譬犹践薄冰以待白日，岂不殆哉！④今天下颇被疾疫之灾，朕甚愍之。其令郡国被灾甚者，毋出今年租赋。"

①师古曰："析，分也。谓分破律条，妄生端绪，以出入人罪。"

②师古曰："上者，天子自谓也。繇读与由同。"

③韦昭曰："厨谓饮食，传谓传舍。言修饰意气，以称过使而已。"师古曰："使人及宾客来者，称其意而遣之，令过去也。称音尺孕反。过者，过度之过也。"

④师古曰："殆，危也。"

又曰："闻古天子之名，难知而易讳也。今百姓多上书触讳以犯罪者，朕甚怜之。其更讳询。诸触讳在令前者，赦之。"①

①师古曰："令谓今诏书。"

冬，京兆尹赵广汉有罪，要斩。

三年春，以神爵数集泰山，赐诸侯王、丞相、将军、列侯、二千石金，郎从官帛，各有差。赐天下吏爵二级，民一级，女子百户牛酒，鳏寡孤独高年帛。

三月，诏曰："盖闻象有罪，舜封之。①骨肉之亲粲而不殊。②其封故昌邑王贺为海昏侯。

①应劭曰："象者，舜弟也，日以杀舜为事。舜为天子，犹封之于有鼻之国。"

②师古曰："粲，明也。殊，绝也。当明于仁恩不离绝也。"

又曰："朕微眇时，御史大夫丙吉、中郎将史曾、史玄、长乐卫尉许舜、侍中光禄大夫许延寿皆与朕有旧恩。及故掖庭令张贺辅导朕躬，修文学经术，恩惠卓异，厥功茂焉。《诗》不云乎？'无德不报。'①封贺所子弟子侍中中郎将彭祖为阳都侯，②追赐贺谥曰阳都哀侯。吉、曾、玄、舜、延寿皆为列侯。故人下至郡邸狱复作③尝有阿保之功，④皆受官禄田宅财物，各以恩深浅报之。"

①师古曰："《大雅·抑》之诗也。言受人之德必有报也。"

②如淳曰："贺，张安世兄，有一子早死，故以彭祖为子。"师古曰："所子者，言养弟子以为子。"

③师古曰："谓胡组、赵徵卿之辈也。复音扶目反。"

④臣瓒曰："阿，倚；保，养也。"

夏六月，诏曰："前年夏，神爵集雍。①今春，五色鸟以万数飞过属县，②翱翔而舞，欲集未下。其令三辅毋得以春夏擿巢探卵，弹射飞鸟。③具为令。"

①晋灼曰："《汉注》大如鷃爵，黄喉，白颈，黑背，腹斑文也。"师古曰："鷃音晏。"

②师古曰："三辅诸县也。"

③师古曰："鷃音佗狄反。射音食亦反。"

立皇子钦为淮阳王。

四年春正月，诏曰："朕惟耆老之人，发齿堕落，血气衰微，亦亡暴虐之心，今或罹文法，拘执囹圄，不终天命，朕甚怜之。自今以来，诸年八十以上，非诬告杀伤人，佗皆勿坐。"①

①师古曰："诬告人及杀伤人皆如旧法，其馀则不论。"

遣大中大夫彊等十二人循行天下，①存问鳏寡，览观风俗，察吏治得失，举茂材异伦之士。

①师古曰："行音下更反。"

二月，河东霍徵史等谋反，诛。

三月，诏曰："乃者，神爵五采以万数集长乐、未央、北宫、高寝、甘泉泰畤殿中及上林苑。朕之不逮，寡于德厚，屡获嘉祥，非朕之任。其赐天下吏爵二级，民一级，女子百户牛酒。加赐三老、孝弟力田帛，人二匹，鳏寡孤独各一匹。"

秋八月，赐故右扶风尹翁归子黄金百斤，以奉其祭祀。又赐功臣適后黄金，①人二十斤。

①师古曰："適读曰嫡，承嗣者也。或子或孙，不拘后裔，故总言后也。"

丙寅，大司马卫将军安世薨。

比年丰，谷石五钱。①

①师古曰："比，频也。"

神爵元年①春正月，行幸甘泉，郊泰畤。三月，行幸河东，祠后土。诏曰："朕承宗庙，战战栗栗，惟万事统，未烛厥理。②乃元康四年嘉谷玄稷降于郡国，③神爵仍集，④金芝九茎产于函德殿铜池中，⑤九真献奇兽，⑥南郡获白虎威凤为宝。⑦朕之不明，震于珍物，⑧饬躬斋精，祈为百姓。⑨东济大河，天气清静，神鱼舞河。幸万岁宫，神爵翔集。⑩朕之不德，惧不能任。其以五年为神爵元年。赐天下勤事吏爵二级，民一级，女子百户牛酒，鳏寡孤独高年帛。所振贷物勿收。行所过毋出田租。"

①应劭曰："前年神爵集于长乐宫，故改年。"

②师古曰："惟，思也。统，绪也。烛，照也。"

③服虔曰："玄稷，黑粟也。"

④师古曰："仍，频也。"

⑤服虔曰："金芝，色像金也。"如淳曰："函亦含也。铜池，承溜也。"晋灼曰："以铜作池也。"师古曰："函德，殿名也。铜池，承溜是也，以铜为之。函读与含同。"

⑥苏林曰："白象也。"晋灼曰："《汉注》驹形，(麟)〔麐〕色，[7]牛角，仁而爱人。"师古曰："非白象也，晋说是矣。"

⑦服虔曰："威凤，鸟名也。"晋灼曰："凤之有威仪者也，与《尚书》'凤皇来仪'同意。"师古曰："晋说是。"

⑧服虔曰："震，惊也。"苏林曰："震，动也。珍物，瑞应也。"师古曰："苏说是也。获珍物而心感动也。"

⑨师古曰："饬与敕同。为音于伪反。"

⑩服虔曰："万岁宫在东郡平阳县，今有津。"晋灼曰："《黄图》汾阴有万岁宫，是时幸河东。"师古曰："晋说是。"

西羌反，发三辅、中都官徒弛刑，①及应募佽飞射士、②羽林孤儿，③胡、越骑，三河、颍川、沛郡、淮阳、汝南材官，金城、陇西、天水、安定、北地、上郡骑士、羌骑，诣金城。夏四月，遣后将军赵充国、强弩将军许延寿击西羌。

①李奇曰："弛，废也。谓若今徒解钳釱赭衣，置任输作也。"师古曰："中都官，京师诸官府也。《汉仪注》长安中诸官狱三十六所。弛刑，李说是也。若今徒囚但不枷锁而责保散役之耳。弛音式尔反。"

②服虔曰："周时度江，越人在船下负船，将覆之。佽飞入水杀之。汉因以材力名官。"如淳曰："《吕氏春秋》荆有兹非，得宝剑于干将。度江中流，两蛟绕舟。兹非拔宝剑赴江刺两蛟杀之。荆王闻之，任以执圭。后世以为勇力之官。兹、佽音相近。"臣瓒曰："本秦左弋官也，武帝改曰佽飞官，有一令九丞，在上林苑中结矰缴以弋凫雁，岁万头，以供祀宗庙。许慎曰'佽，便利也'。便利矰缴以弋凫雁，故曰佽飞。《诗》曰'抉拾既佽'者也。"师古曰："取古勇力人以名官，熊渠之类是也。亦因取其便利轻疾若飞，故号佽飞。弋凫雁事，自使佽飞为之，非取飞鸟为名。瓒说失之。佽音次。"

③应劭曰："天有羽林大将军之星。林，喻若林木之盛。羽，羽翼鸷击之意。故以名武官焉。"如淳曰："《百官表》取从军死事者之子养羽林，官教以五兵，号曰羽林孤儿，少壮令从军。《汉仪注》羽林从官七百人。"

六月，有星孛于东方。

即拜酒泉太守辛武贤为破羌将军，①与两将军并进。②诏曰："军旅暴露，转输烦劳，其令诸侯王、列侯、蛮夷王侯君长当朝二年者，皆毋朝。"③

①师古曰："即，就也。就酒泉而拜之，不征入。"

②师古曰："两将军，即赵充国、许延寿。"

③师古曰："朝来年之正月。"

秋，赐故大司农朱邑子黄金百斤，以奉祭祀。后将军充国言屯田之计，语在《充国传》。

二年春二月，诏曰："乃者正月乙丑，凤皇甘露降集京师，群鸟从以万数。朕之不德，屡获天福，祗事不怠，其赦天下。"

夏五月，羌虏降服，斩其首恶大豪杨玉、酋非首。①置金城属国以处降羌。

①文颖曰："羌胡名大帅为酋，如中国言魁。非首，其名也。"如淳曰："酋音酒酤熟。"师古曰："文说失矣。酋者，自其魁帅之称，而此酋不当其义也。盖首恶者，唱首为恶也。大豪者，魁帅也。杨玉及酋非皆人名，言斩此二人之首级耳。既已言大豪，不当重言酋。且《赵充国传》又云酋非、杨玉首，此其明验也。酋音才由反。"

秋，匈奴日逐王先贤掸①将人众万馀来降。使都护西域骑都尉郑吉迎日逐，破车师，皆封列侯。

①郑氏曰："掸音缠束之缠。"晋灼曰："音田。"师古曰："郑音是也。"

九月，司隶校尉盖宽饶有罪，下有司，自杀。

匈奴单于遣名王奉献，①贺正月，始和亲。②

①师古曰："名王者，谓有大名，以别诸小王也。"

②师古曰："贺来岁之正月。"

三年春，起乐游苑。①

①师古曰："《三辅黄图》云在杜陵西北。又《关中记》云宣帝立庙于曲池之北，号乐游。案其处则今之所呼乐游庙者是也，其馀基尚可识焉。盖本为苑，后因立庙乎？乐音来各反。"

三月丙午，丞相相薨。①

①师古曰："魏相。"

秋八月，诏曰："吏不廉平则治道衰。今小吏皆勤事，而奉禄薄，① 欲其毋侵渔百姓，难矣。② 其益吏百石以下奉十五。"③

①师古曰："奉音扶用反。其下亦同。"

②如淳曰："渔，夺也，谓夺其利便也。"晋灼曰："许慎云捕鱼之字也。"师古曰："渔者，若言渔猎也。晋说是也。"

③如淳曰："律，百石奉月六百。"韦昭曰："若食一斛，则益五斗。"

四年春二月，诏曰："乃者凤皇甘露降集京师，嘉瑞并见。修兴泰一、五帝、后土之祠，祈为百姓蒙祉福。① 鸾凤万举，蜚览翱翔，集止于旁。② 斋戒之暮，神光显著。荐鬯之夕，神光交错。③ 或降于天，或登于地，或从四方来集于坛。上帝嘉歆，海内承福。④ 其赦天下，赐民爵一级，女子百户牛酒，鳏寡孤独高年帛。"

①师古曰："为音于伪反。"

②师古曰："万举，犹言举以万数也。蜚，古飞字也。言鸾凤飞翔，览观都邑也。"

③师古曰："鬯，香酒，所以祭神。"

④师古曰："歆读曰飨。"

夏四月，颍川太守黄霸以治行尤异秩中二千石，① 赐爵关内侯，黄金百斤。及颍川吏民有行义者爵，人二级，力田一级，贞妇顺女帛。

①如淳曰："太守虽号二千石，有千石、八百石居者。有功德茂异乃得满秩。霸得中二千石，九卿秩也。"晋灼曰："此直谓二千石增秩为中二千石耳，不谓满不满也。"师古曰："如说非也。霸旧已二千石矣，今增为中二千石，以宠异之。此与地节三年增胶东相王成秩其事同耳。汉制，秩二千石者一岁得一千四百四十石，实不满二千石也，其云中二千石者，一岁得二千一百六十石。举成数言之，故曰中二千石。中者，满也。"

令内郡国举贤良可亲民者各一人。

五月，匈奴单于遣弟呼留若王胜之来朝。①

①师古曰："呼留若者，王之号也，胜之其人名。"

冬十月，凤皇十一集杜陵。

十一月，河南太守严延年有罪，弃市。

十二月，凤皇集上林。

五凤元年①春正月，行幸甘泉，郊泰畤。

①应劭曰："先者凤皇五至，因以改元云。"

皇太子冠。皇太后赐丞相、将军、列侯、中二千石帛，人百匹，大夫人八十匹，〔夫人六十匹〕。[8]又赐列侯嗣子爵五大夫，男子为父后者爵一级。

夏，赦徒作杜陵者。

冬十二月乙酉朔，日有蚀之。

左冯翊韩延寿有罪，弃市。

二年春三月，行幸雍，祠五畤。

夏四月己丑，大司马车骑将军增薨。①

①师古曰："韩增。"

秋八月，诏曰："夫婚姻之礼，人伦之大者也；酒食之会，所以行礼乐也。今郡国二千石或擅为苛禁，禁民嫁娶不得具酒食相贺召。由是废乡党之礼，令民亡所乐，非所以导民也。《诗》不云乎？'民之失德，乾糇以愆。'①勿行苛政。"

①师古曰："《小雅·伐木》之诗也。糇，食也。愆，过也。言人无恩德，不相饮食，则阙乾糇之事，为过恶也。乾音干。糇音侯。"

冬十一月，匈奴呼遬累单于帅众来降，①封为列侯。

①师古曰："遬，古速字。累音力追(切)〔反〕。"

十二月，平通侯(阳)〔杨〕恽①[9]坐前为光禄勋有罪，免为庶人。不悔过，怨望，大逆不道，要斩。

①师古曰："恽音於吻反。"

三年春正月癸卯，丞相吉薨。①

①师古曰："丙吉也。"

三月，行幸河东，祠后土。诏曰："往者匈奴数为边寇，百姓被其害。朕承至尊，未能绥定匈奴。虚闾权渠单于请求和亲，病死。右贤王屠耆堂代立。骨肉大臣立虚闾权渠单于子为呼韩邪单于，击杀屠耆堂。诸王并自立，分为五单于，更相攻击，①死者以万数，畜产大耗什八九，②人民饥饿，相燔烧以求食，③因大乖乱。单于阏氏④子孙昆弟及呼遬累单于、名王、右伊秩訾、且渠、当户以下⑤将众五万馀人来降归义。单于称臣，使弟奉珍朝贺正月，北边晏然，靡有兵革之事。朕饬躬齐戒，⑥郊上帝，祠后土，神光并见，或兴于谷，烛耀齐宫，十有馀刻。⑦甘露降，神爵集。已诏有司告祠上帝、宗庙。三月辛丑，鸾凤又集长乐宫东阙中树上，⑧飞下止地，文章五色，留十馀刻，吏民并观。朕之不敏，惧不能任，娄蒙嘉瑞，获兹祉福。⑨《书》不云乎？'虽休勿休，祗事不怠。'⑩公卿大夫其勖焉。⑪减天下口钱。赦殊死以下。赐民爵一级，女子百户牛酒。大酺五日。加赐鳏寡孤独高年帛。"

①师古曰："更音工衡反。"

②师古曰："耗，损也。言十损其八九也。耗音呼到反。"

③师古曰："燔，焚也，音扶元反。"

④服虔曰："阏氏音焉支。"

⑤师古曰："伊秩訾、且渠、当户，皆匈奴官号也。訾音子移反。且音子余反。"

⑥师古曰："饬与敕同。"

⑦师古曰："烛亦照也。刻者，以漏言时也。"

⑧张晏曰："门外阙内(行)〔衡〕马之里树也。"[10]

⑨师古曰："娄，古屡字。"

⑩师古曰："《周书·吕刑》之辞。言虽见(裒)〔褒〕美，勿自以为有德美，当敬于事，无怠(堕)〔惰〕也。"[11]

⑪师古曰："勖，勉也。"

置西河、北地属国以处匈奴降者。

四年春正月，广陵王胥有罪，自杀。

匈奴单于称臣，遣弟谷蠡王入侍。①以边塞亡寇，减戍卒什二。

①服虔曰："谷音鹿。"韦昭曰："蠡音如丽反。"师古曰："谷，服音是也。蠡音落奚反。"

大司农中丞耿寿昌奏设常平仓，以给北边，①省转漕。赐爵关内侯。

①应劭曰："寿昌奏令边郡谷贱时增贾而籴，谷贵时减贾而粜，名曰常平仓。见《食货志》。"

夏四月辛丑晦，日有蚀之。诏曰："皇天见异，以戒朕躬，是朕之不逮，吏之不称也。①以前使使者问民所疾苦，复遣丞相、御史掾二十四人循行天下，②举冤狱，察擅为苛禁深刻不改者。"

①师古曰："称，副也。"

②师古曰："行音下更反。"

甘露元年春正月，行幸甘泉，郊泰畤。

匈奴呼韩邪单于遣子右贤王铢娄渠堂入侍。①

①师古曰："铢音殊。娄音力于反。"

二月丁巳，大司马车骑将军延寿薨。①

①文颖曰："许延寿。"

夏四月，黄龙见新丰。

丙申，太上皇庙火。甲辰，孝文庙火。上素服五日。

冬，匈奴单于遣弟左贤王来朝贺。

二年春正月，立皇子嚣为定陶王。①

①师古曰："嚣音敖。"

诏曰："乃者凤皇甘露降集，黄龙登兴，醴泉滂流，枯槁荣茂，①神光并见，咸受祯祥。②其赦天下。减民算三十。③赐诸侯王、丞相、将军、列侯、中二千石金钱各有差。赐民爵一级，女子百户牛酒，鳏寡孤独高年帛。”

①师古曰：“槁音口老反。”

②师古曰：“祯，正也。祥，福也。祯音贞。”

③师古曰：“一算减钱三十也。”

夏四月，遣护军都尉禄将兵击珠崖。

秋九月，立皇子宇为东平王。

冬十二月，行幸萯阳宫①属玉观。②

①应劭曰：“宫在鄠，秦文王所起。”伏俨曰：“在扶风。”李斐曰：“萯音倍。”师古曰：“应说、李音是也。”

②服虔曰：“以玉饰，因名焉，在扶风。”李奇曰：“属玉音鸑鷟。其上有此鸟，因以为名。”晋灼曰：“属玉，水鸟，似䴔䴖，以名观也。”师古曰：“晋说是也。属音之欲反。”

匈奴呼韩邪单于款五原塞，①愿奉国珍朝三年正月。②诏有司议。咸曰：“圣王之制，施德行礼，先京师而后诸夏，先诸夏而后夷狄。《诗》云：‘率礼不越，遂视既发。相土烈烈，海外有截。’③陛下圣德，充塞天地，光被四表。④匈奴单于乡风慕义，⑤举国同心，奉珍朝贺，自古未之有也。单于非正朔所加，王者所客也，礼仪宜如诸侯王，称臣昧死再拜，位次诸侯王下。”诏曰：“盖闻五帝三王，礼所不施，不及以政。⑥今匈奴单于称北藩臣，朝正月，朕之不逮，德不能弘覆。其以客礼待之，位在诸侯王上。”

①师古曰：“款，叩也。”

②师古曰：“欲于甘露三年正月行朝礼。”

③文颖曰：“遂，遍也。发，行也。言契能使其民率礼不越法度，遍承视其教令奉顺而行也。相土，契孙也。烈烈，威也。截，整齐也。威武之盛烈烈然，四海之外率服整齐也。”师古曰：“此《商颂·长发》之诗。”

④师古曰：“四表，四方之外也。”

⑤师古曰：“乡读曰向。”

⑥师古曰：“言荒外之人非礼所设者，政刑亦不及。”

三年春正月，行幸甘泉，郊泰畤。

匈奴呼韩邪单于稽侯狦来朝，①赞谒称藩臣而不名。赐以玺绶、冠带、衣裳、安车、驷马、黄金、锦绣、缯絮。使有司道单于②先行就邸长安，宿长平。上自甘泉宿池阳宫。上登长平阪，③诏单于毋谒。④其左右当户之群皆列观，⑤蛮夷君长王侯迎者数万人，夹道陈。上登渭桥，咸称万岁。单于就邸。置酒建章宫，飨赐单于，观以珍宝。⑥二月，单于罢归。(之)〔遣〕长乐卫尉高昌侯忠、⑦[12]车骑都尉昌、⑧骑都尉虎⑨将万六千骑送单于。单于居幕南，保光禄城。⑩诏北边振谷食。郅支单于远遁，⑪匈奴遂定。

①应劭曰："狦音若讪。"李奇曰："狦音山。"师古曰："稽音古奚反。狦音删，又音先安反。"

②师古曰："道读曰导。导，引也。"

③如淳曰："阪名也，在池阳南。上原之阪有长平观，去长安五十里。"师古曰："泾水之南原，即今所谓眭城阪也。"

④师古曰："不拜见也。"

⑤孟康曰："左右当户，匈奴官名。"

⑥师古曰："观，示也。"

⑦晋灼曰："《功臣表》董忠。"

⑧晋灼曰："韩昌。"

⑨文颖曰："不(异)〔知〕姓。"[13]晋灼曰："《百官表》唯记三辅、郡以上。若此皆不见姓，无从知之。"

⑩孟康曰："前光禄徐自为所筑城。"

⑪师古曰："郅音质。"

诏曰："乃者凤皇集新蔡，群鸟四面行列，皆乡凤皇立，以万数。①其赐汝南太守帛百匹，新蔡长吏、三老、孝弟力田、鳏寡孤独各有差。赐民爵二级。毋出今年租。"

①师古曰："行音胡郎反。乡读曰向。"

三月己丑，丞相霸薨。①

①文颖曰："黄霸。"

诏诸儒讲《五经》同异，太子太傅萧望之等平奏其议，上亲称制临决焉。乃立梁丘《易》、大小夏侯《尚书》、穀梁《春秋》博士。

冬，乌孙公主来归。①

①应劭曰："楚王女解忧。"

四年夏，广川王海阳有罪，废迁房陵。

冬十月丁卯，未央宫宣室阁火。

黄龙元年①春正月，行幸甘泉，郊泰畤。

①应劭曰："先是黄龙见新丰，因以冠元焉。"师古曰："《汉注》云此年二月黄龙见广汉郡，故改年。然则应说非也。见新丰者于此五载矣。"

匈奴呼韩邪单于来朝，礼赐如初。二月，单于归国。

诏曰："盖闻上古之治，君臣同心，举措曲直，各得其所。①是以上下和洽，海内康平，其德弗可及已。②朕既不明，数申诏公卿大夫务行宽大，③顺民所疾苦，④将欲配三王之隆，明先帝之德也。今吏或以不禁奸邪为宽大，纵释有罪为不苛，或以酷恶为贤，皆失其中。⑤奉诏宣化如此，岂不谬哉！方今天下少事，繇役省减，兵革不动，而民多贫，盗贼不止，其咎安在？上计簿，具文而已，⑥务为欺谩，以避其课。⑦三公不以为意，朕将何任？⑧诸请诏省卒徒自给者皆止。⑨御史察计簿，疑非实者，按之，使真伪毋相乱。"

①师古曰："措，置也，音千故反。"

②师古曰："已，语终辞。"

③师古曰："申，束也，谓约束之。"

④师古曰："知所疾苦，则顺其意也。"

⑤师古曰："中音竹仲反。"

⑥师古曰："虽有其文，而实不副也。簿音步户反。其下亦同。"

⑦师古曰："谩，诳言也，音慢，又音莫连反。"

⑧师古曰："言无所委任。"

⑨应劭曰："时有请云，诏使出者省卒徒，以其直自给，不复取禀假。虽有进入

于官，非旧章也，故绝之。”张晏曰：“先是武帝以用度不足，宜有以益官者。或奉使，求不受奉禄，自省其徒众，以取其禀者或自给。于是奸吏缘以为利，所得多于本禄，故绝之。”如淳曰：“是时有所省卒徒，而群臣有请之以自给官府者。先时听与之，今更悔之，不复听也。”师古曰：“应、张二说是也。”

三月，有星孛于王良、阁道，入紫宫。①

①苏林曰：“皆星名。”

夏四月，诏曰：“举廉吏，诚欲得其真也。吏六百石位大夫，有罪先请，秩禄上通，足以效其贤材，自今以来毋得举。”①

①韦昭曰：“吏六百石者不得复举为廉吏也。”

冬十二月甲戌，帝崩于未央宫。①癸巳，尊皇太后曰太皇太后。②

①臣瓒曰：“帝年十八即位，即位二十五年，寿四十(八)〔三〕。”〔14〕

②师古曰：“于此已书尊太皇太后，而《元纪》之首又重书之。然尊太皇太后及皇太后宜同一时，则《元纪》为是，而此纪误重之。”

赞曰：孝宣之治，信赏必罚，①综核名实，政事文学法理之士咸精其能，至于技巧工匠器械，自元、成间鲜能及之，②亦足以知吏称其职，民安其业也。遭值匈奴乖乱，推亡固存，③信威北夷，④单于慕义，稽首称藩。功光祖宗，业垂后嗣，可谓中兴，侔德殷宗、周宣矣。⑤

①师古曰：“有功必赏，有罪必罚。”

②师古曰：“械者，器之总名也。一曰有盛为械，无盛为器。鲜，少也，言少有能及之者。鲜音先践反。”

③李奇曰：“推亡者，若纣为无道，天下苦之，有灭亡之形，周武遂推而弊之。固存者，譬如邻国以道莅民，上下一心，势必能存，因就而坚固之。今匈奴内自奋争有事，故宣帝能朝呼韩邪而固存之，走郅支单于使远遁，是谓推亡也。”师古曰：“《尚书·仲虺之诰》曰‘推亡固存，邦乃其昌’。言有亡道者则推而灭之，有存道者则辅而固之。王者如此，国乃昌盛，故此赞引之。”

④师古曰：“信读为申，古通用字。一说恩信及威并著北夷。”

⑤师古曰：“侔等殷之高宗及周宣王也。”

【校勘记】

〔1〕 亦以(自是)〔是自〕怪。 景祐、殿、局本都作“是自”。

〔2〕 宋(踦)〔畸〕也。 殿本作“畸”。王先谦说作“畸”是。

〔3〕 成帝(侍)〔时〕， 景祐、殿本“侍”都作“时”。

〔4〕 〔自丞相〕以下各奉职奏事， 景祐、殿本都有“自丞相”三字,《通鉴》同。

〔5〕 咸(服)〔伏〕其辜。 景祐、殿本都作“伏”。

〔6〕 庶(不)〔尹〕允谐。 景祐、汲古、殿、局本都作“尹”。

〔7〕 (鳞)〔麟〕色， 景祐、殿本都作“麟”。王先谦说作“麟”是。

〔8〕 大夫人八十四,〔夫人六十四〕。 景祐、殿本有此五字。

〔9〕 平通侯(阳)〔杨〕恽 景祐本作“扬”。殿、局本都作“杨”。王先谦说作“杨”是。

〔10〕 (行)〔衡〕马之里树也。 景祐、殿本都作“衡”。

〔11〕 言虽见(裒)〔褒〕美,无怠(堕)〔惰〕也。 殿本作“褒”作“惰”。王先谦说作“褒”“惰”是。

〔12〕 (之)〔遣〕长乐卫尉高昌侯忠、 景祐、殿本都作“遣”。钱大昭说当作“遣”。

〔13〕 不(异)〔知〕姓。 景祐、殿、局本都作“知”。王先谦说作“知”是。

〔14〕 寿四十(八)〔三〕。 景祐、殿本都作“三”,《通鉴》同。王鸣盛说“八”字误。

汉书卷九

元帝纪第九

孝元皇帝,①宣帝太子也。母曰共哀许皇后,②宣帝微时生民间。年二岁,宣帝即位。八岁,立为太子。③壮大,柔仁好儒。见宣帝所用多文法吏,以刑名绳下,④大臣杨恽、(盍)〔盖〕宽饶等[1]坐刺讥辞语为罪而诛,⑤尝侍燕从容言:⑥"陛下持刑太深,宜用儒生。"宣帝作色曰:⑦"汉家自有制度,本以霸王道杂之,奈何纯(住)〔任〕德教,[2]用周政乎!⑧且俗儒不达时宜,好是古非今,使人眩于名实,⑨不知所守,何足委任!"乃叹曰:"乱我家者,太子也!"繇是疏太子而爱淮阳王,⑩曰:"淮阳王明察好法,宜为吾子。"而王母张倢伃尤幸。上有意欲用淮阳王代太子,然以少依许氏,俱从微起,故终不背焉。

①荀悦曰:"讳奭之字曰盛。"应劭曰:"谥法'行义悦民曰元'。"师古曰:"奭音式亦反。"

②张晏曰:"礼,妇人从夫谥。闵其见杀,故兼二谥。"师古曰:"共读曰恭。"

③师古曰:"宣帝即位之明年改元曰本始。本始凡四年而改元曰地节。地节三年立皇太子。若初即位年二岁,则立为太子时年九岁矣。又宣帝以元平元年七月即位,而《外戚传》云许后生元帝数月,宣帝立为帝。是则即位时太子未必二岁也。参校前后众文,此纪进退为错。"

④晋灼曰:"刑,刑家;名,名家也。太史公曰:'法家严而少恩,名家俭而善失真。'"师古曰:"晋说非也。刘向《别录》云申子学号刑名。刑名者,以名责实,尊君卑臣,崇上抑下。宣帝好观其《君臣篇》。绳谓弹治之耳。"

⑤师古曰:"恽音於吻反。"

⑥师古曰:"从音千容反。"

⑦师古曰:"作,动也。意怒故动色。"

⑧师古曰："姬周之政。"

⑨师古曰："眩，乱视也，音胡眄反。"

⑩师古曰："繇读与由同。"

黄龙元年十二月，宣帝崩。癸巳，太子即皇帝位，谒高庙。尊皇太后曰太皇太后，①皇后曰皇太后。②

①苏林曰："上官后。"

②文颖曰："邛成王皇后，母养元帝者也。"

初元元年春正月辛丑，孝宣皇帝葬杜陵。①赐诸侯王、公主、列侯黄金，吏二千石以下钱帛，各有差。大赦天下。三月，封皇太后兄侍中中郎将王舜为安平侯。丙午，立皇后王氏。以三辅、太常、郡国公田及苑可省者振业贫民，②赀不满千钱者赋贷种、食。③封外祖父平恩戴侯同产弟子中常侍许嘉为平恩侯，奉戴侯后。④

①臣瓒曰："自崩至葬凡二十八日。杜陵在长安南五十里也。"

②师古曰："振起之，令有作业。"

③师古曰："赋，给与之也。贷，假也。贷音土戴反。种音之勇反。"

④文颖曰："戴侯，许广汉。"

夏四月，诏曰："朕承先帝之圣绪，获奉宗庙，战战兢兢。间者地数动而未静，惧于天地之戒，不知所繇。①方田作时，朕忧蒸庶之失业，②临遣光禄大夫褒等十二人③循行天下，④存问耆老鳏寡孤独困乏失职之民，⑤延登贤俊，招显侧陋，因览风俗之化。相守二千石诚能正躬劳力，⑥宣明教化，以亲万姓，则六合之内和亲，庶几虖无忧矣。《书》不云乎？'股肱良哉，庶事康哉！'⑦布告天下，使明知朕意。"又曰："关东今年谷不登，民多困乏。其令郡国被灾害甚者毋出租赋。江海陂湖园池属少府者以假贫民，⑧勿租赋。赐宗室有属籍者马一匹至二驷，⑨三老、孝者帛五匹，弟者、力田三匹，鳏寡孤独二匹，吏民五十户牛酒。"⑩

①师古曰："繇与由同。"

②师古曰："蒸，众也。"

③应劭曰："自临面约敕乃遣之。"

④师古曰："行音下更反。"

⑤师古曰："失职，失其常业。"

⑥师古曰："相者，诸侯王相也。守，郡守也。"

⑦师古曰："《虞书·益稷》之辞也。言君能任贤，股肱之臣皆得良善，则众事安宁。"

⑧师古曰："湖，深水。"

⑨师古曰："二驷，八匹。"

⑩师古曰："以五十户为率，共赐之。"

六月，以民疾疫，令大官损膳，减乐府员，省苑马，以振困乏。

秋八月，上郡属国降胡万馀人亡入匈奴。

九月，关东郡国十一大水，饥，或人相食，转旁郡钱谷以相救。诏曰："间者阴阳不调，黎民饥寒，无以保治，①惟德浅薄，不足以充入旧贯之居。②其令诸宫馆希御幸者勿缮治，③太仆减谷食马，水衡省肉食兽。"④

①师古曰："保，安也。"

②应劭曰："言己德浅薄，不足以充旧贯。旧贯者，常居也。"师古曰："《论语》称闵子骞云'仍旧贯'。帝自谦，言不足充入先帝之宫室，故引以为言也。"

③师古曰："缮，补也。"

④师古曰："减谓损其数。省者，全去之。"

二年春正月，行幸甘泉，郊泰畤。赐云阳民爵一级，女子百户牛酒。

立弟竟为清河王。

三月，立广陵厉王太子霸为王。

诏罢黄门乘舆狗马，①水衡禁囿、宜春下苑、②少府佽飞外池、③严籞池田④假与贫民。诏曰："盖闻贤圣在位，阴阳和，风雨时，日月光，星辰静，黎庶康宁，考终厥命。⑤今朕恭承天地，托于公侯之上，明不能烛，德不能绥，灾异并臻，连年不息。乃二月戊午，地震于陇西郡，毁落太上皇庙殿壁木饰，坏败豲道县城郭官寺及民室屋，压杀人众。⑥山崩地裂，水泉涌出。天惟降灾，震惊朕师。⑦治有大亏，咎至于斯。夙夜兢兢，不通大变，深惟郁悼，未知其序。⑧间者岁数不登，元元困乏，不胜饥寒，以陷刑辟，朕甚闵之。郡国被地动灾甚者无出租赋。赦天下。有可蠲除减省以便万姓者，条奏，毋有所讳。丞相、御史、中二千石举茂材异等直言极谏之士，朕将亲览焉。”

①师古曰：“黄门，近署也，故亲幸之物属焉。”

②孟康曰：“宫名也，在杜县东。”晋灼曰：“《史记》云葬二世杜南宜春苑中。”师古曰：“宜春下苑即今京城东南隅曲江池是。”

③如淳曰：“《汉仪注》佽飞具矰缴以射凫雁，给祭祀，是故有池也。”

④苏林曰：“严饰池上之屋及其地也。”晋灼曰：“严籞，射苑也。许慎曰：‘严，弋射者所蔽也。’池田，苑中田也。”师古曰：“晋说是。”

⑤师古曰：“考，老也。言得寿考，终其天命。”

⑥师古曰：“豲道属天水。凡府庭所在皆谓之寺。豲音完。压音乌狎反。”

⑦师古曰：“师，众也。”

⑧师古曰：“郁，不通之意也。序，次也。”

夏四月丁巳，立皇太子。赐御史大夫爵关内侯，中二千石右庶长，①天下当为父后者爵一级，列侯钱各二十万，五大夫十万。②

①师古曰：“第十一爵。”

②师古曰：“五大夫，第九爵。”

六月，关东饥，齐地人相食。秋七月，诏曰：“岁比灾害，民有菜色，①惨怛于心。②已诏吏虚仓廪，开府库振救，赐寒者衣。今秋禾麦颇伤。一年中地再动。北海水溢，流杀人民。阴阳不和，其咎安在？公卿将何以忧之？其悉意陈朕过，靡有所讳。”③

①师古曰：“五谷不收，人但食菜，故其颜色变恶。”

②师古曰：“惨，痛也。怛，悼也。”

③师古曰：“悉意，尽意也。靡，无也。”

冬，诏曰：“国之将兴，尊师而重傅。故前将军望之傅朕八年，道以经书，厥功茂焉。①其赐爵关内侯，食邑八百户，朝朔望。”

①师古曰："茂，美也。道读曰導。"

十二月，中书令弘恭、石显等谮望之，令自杀。

三年春，令诸侯相位在郡守下。①

①师古曰："此诸侯谓诸侯王也。"

珠厓郡山南县反，博谋群臣。待诏贾捐之以为宜弃珠厓，救民饥馑。①乃罢珠厓。

①师古曰："谷不熟为饥，蔬不熟为馑。蔬，菜也。"

夏四月乙未晦，茂陵白鹤馆灾。诏曰："乃者火灾降于孝武园馆，朕战栗恐惧。不烛变异，咎在朕躬。①群司又未肯极言朕过，以至于斯，将何以寤焉！百姓仍遭凶厄，无以相振，②加以烦扰虖苛吏，拘牵乎微文，不得永终性命，③朕甚闵焉。其赦天下。"

①师古曰："烛，照也。"

②师古曰："仍，频也。"

③师古曰："永，长也。"

夏，旱。立长沙炀王弟宗为王。①封故海昏侯贺子代宗为侯。

①(师古)〔郑氏〕曰：[3]"炀音供养之养也。"

六月，诏曰："盖闻安民之道，本繇阴阳。①间者阴阳错谬，风雨不时。朕之不德，庶几群公有敢言朕之过者，今则不然。媮合苟从，未肯极言，②朕甚闵焉。永惟烝庶之饥寒，远离父母妻子，劳于非业之作，卫于不居之宫，③恐非所以佐阴阳之道也。其罢甘泉、建章宫卫，令就农。百官各省费。④条奏毋有所讳。有司勉之，毋犯四时之禁。丞相御史举天下明阴阳灾异者各三人。"于是言事者众，或进擢召见，人人自以得上意。⑤

①师古曰："繇与由同。"

②师古曰："媮与偷同。"

③师古曰："不急之事，(古)〔故〕云非业也。"[4]

④师古曰："费用之物务减省。"

⑤师古曰："人人各自以当天子之意。"

四年春正月，行幸甘泉，郊泰畤。三月，行幸河东，祠后土。赦汾阴徒。赐民爵一级，女子百户牛酒，鳏寡高年帛。行所过无出租赋。

五年春正月，以周子南君为周承休侯，①位次诸侯王。

①文颖曰："姓姬，名延年。其祖父姬嘉，本周后，武帝元鼎四年封为周子南君，令奉周(祠)〔祀〕。"[5]师古曰："承休国在颍川。"

三月，行幸雍，祠五畤。

夏四月，有星孛于参。诏曰："朕之不逮，序位不明，①众僚久廫，②未得其人。元元失望，上感皇天，阴阳为变，咎流万民，朕甚惧之。乃者关东连遭灾害，饥寒疾疫，夭不终命。《诗》不云乎？'凡民有丧，匍匐救之。'③其令太官毋日杀，④所具各减半。⑤乘舆秣马，无乏正事而已。⑥罢角抵、上林宫馆希御幸者、齐三服官、⑦北假田官、⑧盐铁官、常平仓。博士弟子毋置员，以广学者。赐宗室子有属籍者马一匹至二驷，三老、孝者帛，人五匹，弟者、力田三匹，鳏寡孤独二匹，吏民五十户牛酒。"省刑罚七十馀事。除光禄大夫以下至郎中保父母同产之令。⑨令从官给事宫司马中者，得为大父母父母兄弟通籍。⑩

①师古曰："逮，及也。言官人之位失其次序。"

②应劭曰："廫音旷。"师古曰："廫，古旷字。旷，空也。不得其人，则职事空废。"

③师古曰："《邶国・谷风》之诗也。言见人有丧祸之事，则当尽力以救之。匍音步扶反。匐音步得反。"

④师古曰："不得日日宰杀。"

⑤师古曰："食具也。"

⑥师古曰："秣，养也，以粟秣食之也。正事谓驾供郊祀蒐狩之事，非游田者也。秣音末。"

⑦李斐曰："齐国旧有三服之官。春献冠帻縰为首服，纨素为冬服，轻绡为夏

服，凡三。”如淳曰：“《地理志》曰齐冠带天下。胡公曰服官主作文绣，以给衮龙之服。《地理志》襄邑亦有服官。”师古曰：“齐三服官，李说是也。纵与缅同，音山尔反，即今之方目纱也。纨素，今之绢也。轻绡，今之轻纱也。襄邑自出文绣，非齐三服也。”

⑧李斐曰：“主假赁见官田与民，收其假税也。故置田农之官。”晋灼曰：“《匈奴传》秦始皇渡河据阳山北假中，《王莽传》五原北假膏壤殖谷。北假，地名。”师古曰：“晋说是也。”

⑨应劭曰：“旧时相保，一人有过，皆当坐之。”师古曰：“特为郎中以上除此令者，所以优之也。同产，谓兄弟也。”

⑩应劭曰：“从官，谓宦者及虎贲、羽林、太医、太官是也。司马中者，宫内门也。司马主武，兵禁之意也。籍者，为二尺竹牒，记其年纪名字物色，县之宫门，案省相应，乃得入也。”师古曰：“应说非也。从官，亲近天子常侍从者皆是也。故此下云科第郎、从官。司马门者，宫之外门也。卫尉有八屯，卫候司马主卫士徼巡宿卫。每面各二司马，故谓宫之外门为司马门。”

冬十二月丁未，御史大夫贡禹卒。

卫司马谷吉使匈奴，不还。①

①师古曰：“即卫尉八屯之卫司马。”

永光元年春正月，行幸甘泉，郊泰畤。赦云阳徒。赐民爵一级，女子百户牛酒，高年帛。行所过毋出租赋。

二月，诏丞相、御史举质朴敦厚逊让有行者，光禄岁以此科第郎、从官。①

①师古曰：“始令丞相、御史举此四科人以擢用之。而见在郎及从官，又令光禄每岁依此科考校，定其第高下，用知其人贤否也。”

三月，诏曰：“五帝三王任贤使能，以登至平，而今不治者，岂斯民异哉？①咎在朕之不明，亡以知贤也。是故壬人在位，②而吉士雍蔽。③重以周秦之弊，民渐薄俗，④去礼义，触刑法，岂不哀哉！繇此观之，元元何辜？⑤其赦天下，令厉精自新，各务农亩。无田者皆假之，贷种、食如贫民。⑥赐吏六百石以上爵五大夫，勤事吏二级，为父后者民一级，女子百户牛酒，鳏寡孤独高年帛。”是月雨雪，⑦陨霜伤麦稼，秋罢。⑧

①师古曰：“言今所治人，即五帝三王之众庶。”

②服虔曰：“壬人，佞人也。”

③师古曰：“吉，善也。《大雅·卷阿》之诗曰‘蔼蔼王多吉士’。雍读曰〔壅〕。”〔6〕

④师古曰：“为薄俗所渐染也。重音直用反。”

⑤师古曰：“繇读与由同。”

⑥师古曰：“此皆谓遇赦新免罪者也，故云如贫人。”

⑦师古曰：“雨音于具反。”

⑧如淳曰：“当言罢某官某事，烂脱失之。”晋灼曰：“或无稼字，或稼字在秋下。稼或作(臧)〔桑〕，〔7〕或作霖。《五行志》永光元年三月陨霜杀桑，九月二日陨霜杀稼，天下大饥。言伤麦稼，秋罢，是也。”师古曰：“晋说得之。秋者，谓秋时所收谷稼也。今俗犹谓麦豆之属为杂稼。云秋罢者，言至秋时无所收也。”

二年春二月，诏曰：“盖闻唐虞象刑而民不犯，①殷周法行而奸轨服。②今朕获承高祖之洪业，托位公侯之上，夙夜战栗，永惟百姓之急，未尝有忘焉。然而阴阳未调，三光晻昧。③元元大困，流散道路，盗贼并兴。有司又长残贼，失牧民之术。是皆朕之不明，政有所亏。咎至于此，朕甚自耻。为民父母，若是之薄，谓百姓何！④其大赦天下，赐民爵一级，女子百户牛酒，鳏寡孤独高年、三老、孝弟力田帛。”又赐诸侯王、公主、列侯黄金，中二千石以下至中都官长吏各有差，吏六百石以上爵五大夫，勤事吏各二级。

①师古曰：“象刑，解在《武纪》。”

②师古曰：“轨与宄同。乱在外曰奸，在内曰轨。”

③师古曰：“晻与暗同，又音乌感反。”

④师古曰：“言何以抚临百姓。”

三月壬戌朔，日有蚀之。诏曰：“朕战战栗栗，夙夜思过失，不敢荒宁。①惟阴阳不调，未烛其咎。娄敕公卿，日望有效。②至今有司执政，未得其中，③施与禁切，未合民心。④暴猛之俗弥长，和睦之道日衰，百姓愁苦，靡所错躬。⑤是以氛邪岁增，侵犯太阳，⑥正气湛掩，日久夺光。⑦乃壬戌，日有蚀之。天见大异，以戒朕躬，⑧朕甚悼焉。其令内郡国举茂材异等贤良直言之士各一人。”

①师古曰：“荒，废也。不敢废事而自宁。”

②师古曰：“娄，古屡字。其后亦同。”

③师古曰：“中音竹仲反。”

④师古曰：“施惠褊薄，禁令烦苛。”

⑤师古曰：“错，置也，音千故反。”

⑥师古曰：“氛，恶气也。邪者，言非正气也。太阳，日也。”

⑦师古曰：“湛读与沈同。湛掩者，见掩而湛没。”

⑧师古曰：“见，显示。”

夏六月，诏曰：“间者连年不收，四方咸困。元元之民，劳于耕耘，又亡成功，困于饥馑，亡以相救。朕为民父母，德不能覆，而有其刑，甚自伤焉。其赦天下。”

秋七月，西羌反，遣右将军冯奉世击之。八月，以太常任千秋为奋威将军，别将五校并进。①

①师古曰：“别领五校之兵，而与右将军并进。”

三年春，西羌平，军罢。

三月，立皇子康为济阳王。

夏四月癸未，大司马车骑将军接薨。①

①师古曰：“王接。”

冬十一月，诏曰：“乃者己丑地动，中冬雨水，大雾，①盗贼并起。吏何不以时禁？各悉意对。”②

①师古曰：“中读曰仲。雨音于具反。”

②师古曰：“时禁，谓月令所当禁断者也。悉，尽也。”

冬，复盐铁官、博士弟子员。①以用度不足，民多复除，②无以给中外繇役。

①师古曰:“复音扶目反。”

②师古曰:“复音方目反。”

四年春二月,诏曰:“朕承至尊之重,不能烛理百姓,娄遭凶咎。加以边竟不安,师旅在外,①赋敛转输,元元骚动,穷困亡聊,犯法抵罪。夫上失其道而绳下以深刑,朕甚痛之。其赦天下,所贷贫民勿收责。”

①师古曰:“娄读曰屡。竟读曰境。”

三月,行幸雍,祠五畤。

夏六月甲戌,孝宣园东阙灾。

戊寅晦,日有蚀之。诏曰:“盖闻明王在上,忠贤布职,则群生和乐,方外蒙泽。今朕晻于王道,①夙夜忧劳,不通其理,靡瞻不眩,靡听不惑,②是以政令多还,民心未得,③邪说空进,事亡成功。此天下所著闻也。公卿大夫好恶不同,④或缘奸作邪,侵削细民,元元安所归命哉!乃六月晦,日有蚀之。《诗》不云虖?‘今此下民,亦孔之哀!’⑤自今以来,公卿大夫其勉思天戒,慎身修永,以辅朕之不逮。⑥直言尽意,无有所讳。”

①师古曰:“晻读与暗同。”

②师古曰:“靡,无也。眩,视乱也,音胡眄反。”

③李奇曰:“还,反也。《易》曰‘涣汗其大号’,言王者发号施令如汗出,不可复反。”

④师古曰:“爱憎各异也。”

⑤师古曰:“《小雅·十月之交》之诗也。孔,甚也。言灾异既多,百姓甚可哀愍。”

⑥师古曰:“《虞书·咎繇谟》云‘慎厥身修思永’,言当慎修其身,思为长久之道。故此诏云慎身修永也。今流俗书本永上有职字者,后人不晓,妄加之耳。”

九月戊子,罢卫思后园①及戾园。冬十月乙丑,罢祖宗庙在郡国者。诸陵分属三辅。②以渭城寿陵亭部原上为初陵。③诏曰:"安土重迁,黎民之性;④骨肉相附,人情所愿也。顷者有司缘臣子之义,奏徙郡国民以奉园陵,令百姓远弃先祖坟墓,破业失产,亲戚别离,人怀思慕之心,家有不安之意。是以东垂被虚耗之害,关中有无聊之民,⑤非久长之策也。《诗》不云虖?'民亦劳止,迄可小康,惠此中国,以绥四方。'⑥今所为初陵者,勿置县邑,使天下咸安土乐业,亡有动摇之心。布告天下,令明知之。"又罢先后父母奉邑。⑦

①服虔曰:"戾太子母也。"

②师古曰:"先是诸陵总属太常,今各依其地界属三辅。"

③服虔曰:"元帝初置陵,未有名也,故曰初。"

④师古曰:"重,难也。"

⑤师古曰:"耗,损也,音呼到反。"

⑥师古曰:"《大雅·民劳》之诗也。止,语助也。迄,至也。康,安也。言人劳已久,至此可以小安逸之。施惠京师,以及四远也。"

⑦应劭曰:"先后为其父母置邑守冢,以奉祭祀,既已久远,又非典制,故罢之。"师古曰:"奉邑,奉音扶用反。"

五年春正月,行幸甘泉,郊泰畤。三月,上幸河东,祠后土。

秋,颍川水出,流杀人民。吏、从官县被害者与告,①士卒遣归。

①晋灼曰:"从官,犹从役从军也。"臣瓒曰:"告,休假也。"师古曰:"晋说非也。从官,即上侍从之官也。言凡为吏为从官,其本县有被害者,皆与休告。"

冬,上幸长杨射熊馆,①布车骑,大猎。

①师古曰:"射音食亦反。"

十二月乙酉,毁太上皇、孝惠皇帝寝庙园。

建昭元年春三月,上幸雍,祠五畤。

秋八月,有白蛾群飞蔽日,从东都门至枳道。①

①如淳曰:"《三辅黄图》长安城东面北头门号曰宣平城门,其外郭曰东都门

也。"师古曰:"蛾,若今之蚕蛾类也。音五何反。枳音只。枳道解在《高纪》。"

冬,河间王元有罪,废迁房陵。罢孝文太后、孝昭太后寝园。

二年春正月,行幸甘泉,郊泰畤。三月,行幸河东,祠后土。益三河〔大〕郡太守秩。[8]户十二万为大郡。

夏四月,赦天下。

六月,立皇子(兴)〔舆〕为信都王。[9]闰月丁酉,太皇太后上官氏崩。

冬十一月,齐楚地震,大雨雪,①树折屋坏。

①师古曰:"雨音于具反。"

淮阳王舅张博、魏郡太守京房坐窥道诸侯王以邪意,漏泄省中语,①博要斩,房弃市。

①师古曰:"道读曰導。"

三年夏,令三辅都尉、大郡都尉秩皆二千石。

六月甲辰,丞相玄成薨。①

①师古曰:"韦玄成。"

秋,使护西域骑都尉甘延寿、副校尉陈汤①挢发戊己校尉屯田吏士及西域胡兵攻郅支单于。②冬,斩其首,传诣京师,县蛮夷邸门。③

①师古曰:"言延寿及汤本充西域之使,故先言使而后序其官职及姓名。"

②师古曰:"挢与矫同。矫,托也。实不奉诏,诈以上命发兵,故言矫发也。戊己校尉者,镇安西域,无常治处,亦犹甲乙等各有方位,而戊与己四季寄王,故以名官也。时有戊校尉,又有己校尉。一说,戊己位在中央,今所置校尉处三十六国之中,故曰戊己也。郅音质。"

③师古曰:"县,古悬字也。蛮夷邸,若今鸿胪客馆。"

四年春正月,以诛郅支单于告祠郊庙。赦天下。群臣上寿置酒,以其图书示后宫贵人。①

①服虔曰："讨郅支之图书也。或曰单于土地山川之形书也。"师古曰："或说非。"

夏四月，诏曰："朕承先帝之休烈，①夙夜栗栗，惧不克任。间者阴阳不调，五行失序，百姓饥馑。惟烝庶之失业，临遣谏大夫博士赏等二十一人循行天下，②存问耆老鳏寡孤独乏困失职之人，举茂材特立之士。相将九卿，其帅意毋怠，使朕获观教化之流焉。"

①师古曰："休，美也。烈，业也。"

②师古曰："行音下更反。"

六月甲申，中山王竟薨。

蓝田地沙石雍霸水，安陵岸崩雍泾水，水逆流。①

①孟康曰："安陵岸，惠帝陵旁泾水岸也。"师古曰："雍读曰壅。"

五年春三月，诏曰："盖闻明王之治国也，明好恶而定去就，崇敬让而民兴行，故法设而民不犯，令施而民从。今朕获保宗庙，兢兢业业，匪敢解怠，①德薄明晻，教化浅微。②传不云虖？'百姓有过，在予一人。'③其赦天下，赐民爵一级，女子百户牛酒，三老、孝弟力田帛。"又曰："方春农桑兴，百姓(戮)〔勠〕力[10]自尽之时也，故是月劳农劝民，无使后时。④今不良之吏，覆案小罪，⑤征召证案，兴不急之事，以妨百姓，使失一时之作，亡终岁之功，公卿其明察申敕之。"⑥

①师古曰："兢兢，慎也。业业，危也。解读曰懈。"

②师古曰："晻读与暗同。"

③师古曰："《论语》载殷汤伐桀告天下之文也。言君天下者，当任其忧责。"

④师古曰："劳农，谓慰勉之。劳音来到反。"

⑤师古曰："覆音方目反。"

⑥师古曰："申，重也，一曰约束之耳。"

夏六月庚申，复戾园。

壬申晦，日有蚀之。

秋七月庚子，复太上皇寝庙园、原庙、①昭灵后、武哀王、昭哀后、卫思后园。②

①文颖曰："高祖已自有庙，在长安城中，惠帝更于渭北作庙，谓之原庙。《尔雅》曰原者再，再作庙也。"晋灼曰："原，本也。始祖之庙，故曰本也。"师古曰："文说是。"

②师古曰："昭灵后，高祖母也。武哀王，高祖兄也。昭哀后，高祖姊也。卫思后，戾太子母也。"

竟宁元年①春正月，匈奴虖韩邪单于来朝。诏曰："匈奴郅支单于背叛礼义，既伏其辜，虖韩邪单于不忘恩德，乡慕礼义，②复修朝贺之礼，愿保塞传之无穷，边垂长无兵革之事。其改元为竟宁，赐单于待诏掖庭王樯为阏氏。"③

①应劭曰："虖韩邪单于愿保塞，边竟得以安宁，故以冠元也。"师古曰："据如应说，竟读为境。古之用字，境竟实同。但此诏云'边垂长无兵革之事'，竟者终极之言，言永安宁也。既无兵革，中外安宁，岂止境上？若依本字而读，义更弘通也。"

②师古曰："乡读曰向。"

③应劭曰："郡国献女未御见，须命于掖庭，故曰待诏。王樯，王氏女，名樯，字昭君。"文颖曰："本南郡秭归人也。"苏林曰："阏氏音焉支，如汉皇后也。"师古曰："秭音姊。"

皇太子冠。赐列侯嗣子爵五大夫，①天下为父后者爵一级。

①师古曰："第九爵。"

二月，御史大夫延寿卒。①

①师古曰："即繁延寿也。繁音蒲何反。"

三月癸未，复孝惠皇帝寝庙园、孝文太后、孝昭太后寝园。

夏，封骑都尉甘延寿为列侯。赐副校尉陈汤爵关内侯，黄金百斤。

五月壬辰，帝崩于未央宫。①

①臣瓒曰："帝年二十七即位，即位十六年，寿四十三。"

毁太上皇、孝惠、孝景皇帝庙。罢孝文、孝昭太后、昭灵后、武哀王、昭哀后寝园。

秋七月丙戌，葬渭陵。①

①臣瓒曰："自崩及葬凡五十五日。渭陵在长安北五十六里也。"

赞曰：臣外祖兄弟为元帝侍中，①语臣曰元帝多材艺，善史书。②鼓琴瑟，吹洞箫，③自度曲，被歌声，④分刌节度，⑤穷极幼眇。⑥少而好儒，及即位，征用儒生，委之以政，贡、薛、韦、匡迭为宰相。⑦而上牵制文义，优游不断，⑧孝宣之业衰焉。然宽弘尽下，出于恭俭，号令温雅，有古之风烈。

①应劭曰："《元》、《成帝纪》皆班固父彪所作，臣则彪自说也。外祖，金敞也。"如淳曰："班固外祖，樊叔皮也。"师古曰："应说是。"

②应劭曰："周宣王太史史籀所作大篆。"

③如淳曰："箫之无底者。"

④应劭曰："自隐度作新曲，因持新曲以为歌诗声也。"荀悦曰："被声，能播乐也。"臣瓒曰："度曲，谓歌终更授其次，谓之度曲。《西京赋》曰'度曲未终，云起雪飞'。张衡《舞赋》亦曰'度终复位，次受二八'。"师古曰："应、荀二说皆是也。度音大各反。被音皮义反。"

⑤苏林曰："刌，度也，知曲之终始节度也。"韦昭曰："刌，切也，谓能分切句绝，为之节制也。"师古曰："韦说是也。刌音千本反。"

⑥师古曰："幼眇读曰要妙。"

⑦师古曰："贡禹、薛广德、韦贤、匡衡迭互而为丞相也。迭音大结反。"

⑧师古曰："为文义所牵制，故不断决。"

【校勘记】

〔1〕 (盍)〔盖〕宽饶等 钱大昭说明南监、闽本作"盖"。按殿本作"盖"，本传同。

〔2〕 奈何纯(住)〔任〕德教， 景祐、殿、局本都作"任"。钱大昭说当作"任"。

〔3〕 (师古)〔郑氏〕曰： 景祐、殿本都作"郑氏"。

〔4〕 (古)〔故〕云非业也。 景祐、殿本都作“故”,《通鉴》注引同。

〔5〕 令奉周(祠)〔祀〕。 王先谦说殿本作“祀”是。按《通鉴》注亦作“祀”。

〔6〕 雍读曰〔壅〕。 景祐、殿本都有“壅”字,此脱。

〔7〕 稼或作(臧)〔桑〕, 钱大昭说明南监、闽本作“桑”。王先谦说殿本作“桑”是。

〔8〕 益三河〔大〕郡太守秩。 景祐本有“大”字。

〔9〕 立皇子(兴)〔舆〕为信都王。 景祐本作“舆”。宋祁说作“舆”是。

〔10〕 百姓(戮)〔勠〕力 景祐、殿本都作“勠”。王先谦说作“勠”是。

汉书卷十

成帝纪第十

孝成皇帝,①元帝太子也。母曰王皇后,元帝在太子宫生甲观画堂,②为世嫡皇孙。宣帝爱之,字曰太孙,常置左右。年三岁而宣帝崩,元帝即位,帝为太子。壮好经书,宽博谨慎。初居桂宫,③上尝急召,太子出龙楼门,④不敢绝驰道,⑤西至直城门,⑥得绝乃度,还入作室门。上迟之,问其故,以状对。上大说,⑦乃著令,令太子得绝驰道云。⑧其后幸酒,乐燕乐,⑨上不以为能。而定陶恭王有材艺,母傅昭仪又爱幸,上以故常有意欲以恭王为嗣。赖侍中史丹护太子家,辅助有力,上亦以先帝尤爱太子,故得无废。

①荀悦曰:"讳骜,字太孙。骜之字曰俊。"应劭曰:"谥法'安民立政曰成'。"师古曰:"骜音五到反。"

②应劭曰:"甲观在太子宫甲地,主用乳生也。画堂画九子母。"如淳曰:"甲观,观名。画堂,堂名。《三辅黄图》云太子宫有甲观。"师古曰:"甲者,甲乙丙丁之次也。《元后传》言见于丙殿,此其例也。而应氏以为在宫之甲地,谬矣。画堂,但画饰耳,岂必九子母乎?霍光止画室中,是则宫殿中通有彩画之堂室。"

③师古曰:"《三辅黄图》桂宫在城中,近北宫,非太子宫。"

④张晏曰:"门楼上有铜龙,若白鹤、飞廉之为名也。"

⑤应劭曰:"驰道,天子所行道也,若今之中道。"师古曰:"绝,横度也。"

⑥晋灼曰:"《黄图》西出南头第二门也。"

⑦师古曰:"说读曰悦。"

⑧师古曰:"言云者,此举著令之文。"

⑨晋灼曰:"幸酒,好酒也。乐燕,沈湎也。"师古曰:"幸酒,晋说是也。乐燕乐

者,《论语》称孔子云‘损者三乐:乐骄乐,乐逸游,乐燕乐,损矣’。燕乐,燕私之乐也。上乐读如本字,又音五孝反。下乐音来各反。今流俗本无下乐字,后人不晓辄去之。”

竟宁元年五月,元帝崩。六月己未,太子即皇帝位,谒高庙。尊皇太后曰太皇太后,皇后曰皇太后。以元舅侍中卫尉阳平侯王凤为大司马大将军,领尚书事。

乙未,有司言:“乘舆车、牛马、禽兽皆非礼,不宜以葬。”奏可。

七月,大赦天下。

建始元年春正月乙丑,皇曾祖悼考庙灾。①

①文颖曰:“宣帝父史皇孙庙。”

立故河间王弟上郡库令良为王。①

①如淳曰:“《汉官》北边郡库,官之兵器所藏,故置令。”

有星孛于营室。

罢上林诏狱。①

①师古曰:“《汉旧仪》云上林诏狱主治苑中禽兽宫馆事,属水衡。”

二月,右将军长史姚尹等使匈奴还,去塞百馀里,暴风火发,烧杀尹等七人。

赐诸侯王、丞相、将军、列侯、王太后、公主、王主、①吏二千石黄金,宗室诸官吏千石以下至二百石及宗室子有属籍者、三老、孝弟力田、鳏寡孤独钱帛,各有差,吏民五十户牛酒。

①张晏曰:“天子女曰公主,秩比公也。王主,王之女也。”师古曰:“王主则翁主也。王自主婚,故曰王主。”

诏曰:“乃者火灾降于祖庙,有星孛于东方,始正而亏,①咎孰大焉!②《书》云:‘惟先假王正厥事。’③群公孜孜,帅先百寮,辅朕不逮。④崇宽大,长和睦,凡事恕己,毋行苛刻。⑤其大赦天下,使得自新。”

①如淳曰:“言始即帝之正而有彗星之亏也。”

②师古曰："孰有大于此者。孰，谁也。"

③师古曰："《商书·高宗肜日》载武丁之臣祖己之辞也。假，至也。言先古至道之君遭遇灾变，则正其行事，修德以应之。"

④师古曰："孜孜，不怠之意。孜音兹。"

⑤师古曰："恕者，仁也。恕己之心以度于物。"

封舅诸吏光禄大夫关内侯王崇为安成侯。① 赐舅王谭、商、立、根、逢时爵关内侯。

①应劭曰："《百官表》诸吏得举法案劾，职如御史中丞。武帝初置，皆兼官所加，或列侯、将军、卿大夫为之，无员也。"

夏四月，黄雾四塞，博问公卿大夫，无有所讳。六月，有青蝇无万数① 集未央宫殿中朝者坐。②

①师古曰："言其极多，虽欲以万数计之而不可得，故云无万数。"

②服虔曰："公卿以下朝会坐也。"晋灼曰："内朝臣之朝坐也。"师古曰："朝臣坐之在宫殿中者也，服说是矣。坐音才卧反。"

秋，罢上林宫馆希御幸者二十五所。

八月，有两月相承，晨见东方。①

①服虔曰："相承，在上下也。"应劭曰："案京房《易传》云'君弱如妇，为阴所乘，则两月出'。"

九月戊子，流星光烛地，长四五丈，委曲蛇形，贯紫宫。

十二月，作长安南北郊，罢甘泉、汾阴祠。是日大风，拔甘泉畤中大木十韦以上。① 郡国被灾什四以上，毋收田租。②

①师古曰："韦与围同。"

②师古曰："什四，谓田亩所收，十损其四。"

二年春正月，罢雍五畤。辛巳，上始郊祀长安南郊。诏曰："乃者徙泰畤、后土于南郊、北郊，朕亲饬躬，郊祀上帝。① 皇天报应，神光并见。三辅长无共张繇役之劳，② 赦奉郊县长安、长陵③ 及中都官耐罪徒。④ 减天下赋钱，算四十。"⑤

①师古曰:"饬,整也,读与敕同。"

②师古曰:"共音居用反。张音竹亮反。谓供具张设。他皆类此。"

③应劭曰:"天郊在长安城南,地郊在长安城北长陵界中。二县有奉郊之勤,故一切并赦之。"

④师古曰:"中都官,京师诸官府。"

⑤孟康曰:"本算百二十,今减四十,为八十。"

闰月,以渭城延陵亭部为初陵。

二月,诏三辅内郡举贤良方正各一人。①

①师古曰:"内郡,谓非边郡。"

三月,北宫井水溢出。

辛丑,上始祠后土于北郊。

丙午,立皇后许氏。①

①师古曰:"许嘉女。"

罢六厩、技巧官。①

①服虔曰:"倡技巧者也。"师古曰:"谓巧艺之技耳,非倡乐之技也。"

夏,大旱。

东平王宇有罪,削樊、亢父县。①

①师古曰:"樊及亢父,东平之二县也。亢音抗。父音甫。"

秋,罢太子博望苑,①以赐宗室朝请者。②减乘舆厩马。

①文颖曰:"武帝为卫太子作此苑,令受宾客也。"

②师古曰:"请音才性反。"

三年春三月,赦天下徒。赐孝弟力田爵二级。诸逋租赋所振贷勿收。

秋,关内大水。七月,虒上小女陈持弓闻大水至,走入横城门,阑入尚方掖门,①至未央宫钩盾中。吏民惊上城。九月,诏曰:"乃者郡国被水灾,流杀人民,多至千数。京师无故讹言大水至,②吏民惊恐,奔走乘城。③殆苛暴深刻之吏未息,元元冤失职者众。④遣谏大夫林等循行天下。"⑤

①服虔曰:"虒音斯。"应劭曰:"虒上,地名,在渭水边。陈,姓也。持弓,名也。无符籍妄入宫曰阑。掖门者,正门之傍小门也。"如淳曰:"横音光。《三辅黄图》北面西头第一门。"师古曰:"掖门在两傍,言如人臂掖也。"

②师古曰:"讹,伪言。"

③师古曰:"乘,登也。"

④师古曰:"职,常也。失其常业。"

⑤师古曰:"行音下更反。"

冬十二月戊申朔,日有蚀之。夜,地震未央宫殿中。诏曰:"盖闻天生众民,不能相治,为之立君以统理之。君道得,则草木昆虫咸得其所;①人君不德,谪见天地,②灾异娄发,以告不治。③朕涉道日寡,举错不中,④乃戊申日蚀地震,朕甚惧焉。公卿其各思朕过失,明白陈之。'女无面从,退有后言。'⑤丞相、御史与将军、列侯、中二千石及内郡国举贤良方正能直言极谏之士,诣公车,朕将览焉。"

①师古曰:"昆,众也。昆蟲,言众蟲也。又许慎《说文》云'二虫为䖵',读与昆同,谓蟲之总名,两义并通。而郑康成以昆蟲为明蟲,失之矣。虫音许尾反。"

②师古曰:"言天地见变,所以责之。"

③师古曰:"娄,古屡字也。治音丈吏反。"

④师古曰:"中,当也,音竹仲反。"

⑤师古曰:"《虞书·益稷》之篇云帝曰'予违汝弼,汝无面从,退有后言'。谓我有违道,汝当正之,无得对面则顺从唯唯,退后则有谤讟之言也。故此诏引之。"

越巂山崩。

四年春,罢中书宦官,①初置尚书员五人。②

①臣瓒曰:"汉初中人有中谒者令。孝武加中谒者令为中书谒者令,置仆射。宣帝时,任中书官弘恭为令,石显为仆射。元帝即位数年,恭死,显代为中

书令，专权用事。至成帝乃罢其官。”

②师古曰：“《汉旧仪》云尚书四人为四曹：常侍尚书主丞相御史事，二千石尚书主刺史二千石事，户曹尚书主庶人上书事，主客尚书主外国事。成帝置五人，有三公曹，主断狱事。”

夏四月，雨雪。①

①师古曰：“雨音于具反。”

五月，中谒者丞陈临杀司隶校尉辕丰于殿中。①

①应劭曰：“丰为长安令，治有能名，擢拜司隶校尉。临素与丰有怨，见其尊显，畏为己害，拜讫未出，使人刺杀。”

秋，桃李实。大水，河决东郡金堤。①冬十月，御史大夫尹忠以河决不忧职，自杀。

①师古曰：“金堤者，河堤之名，今在滑州界。”

河平元年春三月，诏曰：“河决东郡，流漂二州，①校尉王延世堤塞辄平，其改元为河平。赐天下吏民爵，各有差。”

①师古曰：“兖州、豫州之地。”

夏四月己亥晦，日有蚀之，既。诏曰：“朕获保宗庙，战战栗栗，未能奉称。①传曰：‘男教不修，阳事不得，则日为之蚀。’天著厥异，辜在朕躬。公卿大夫其勉悉心，以辅不逮。②百寮各修其职，惇任仁人，退远残贼。③陈朕过失，无有所讳。”大赦天下。

①师古曰：“谓不副先帝之业。”

②师古曰：“悉，尽也。逮，及也。”

③师古曰：“惇，厚也。远，离也。远音于万反。”

六月，罢典属国并大鸿胪。

秋九月，复太上皇寝庙园。

二年春正月，沛郡铁官冶铁飞。语在《五行志》。

夏六月，封舅谭、商、立、根、逢时皆为列侯。

三年春二月丙戌，犍为地震山崩，①雍江水，水逆流。②

①师古曰："犍音其言反，又其连反。"

②师古曰："雍音壅。其下皆同。"

秋八月乙卯晦，日有蚀之。

光禄大夫刘向校中秘书。①谒者陈农使，使求遗书于天下。②

①师古曰："言中以别外。"

②师古曰："言令陈农为使，而（吏反下使）使之求遗书也。上使音所〔吏反，下使〕读如本字。"[1]

四年春正月，匈奴单于来朝。

赦天下徒，赐孝弟力田爵二级，诸逋租赋所振贷勿收。

二月，单于罢归国。

三月癸丑朔，日有蚀之。

遣光禄大夫博士嘉等十一人行举濒河之郡①水所毁伤困乏不能自存者，财振贷。②其为水所流压死，不能自葬，令郡国给槥椟葬埋。③已葬者与钱，人二千。避水它郡国，在所冗食之，④谨遇以文理，无令失职。⑤举惇厚有行能直言之士。

①师古曰："巡行而举其状也。濒，水崖也。濒河，言傍河也。行音下更反。濒音频，又音宾。傍音步浪反。"

②师古曰："财与裁同，谓量其等差而振贷之。"

③师古曰："槥椟谓小棺。槥音卫。椟音读。"

④文颖曰："冗，散也。散廪食使生活，不占著户给役使也。"如淳曰："散著人间给食之，官偿其直也。"师古曰："文说是也。冗音如勇反。食读曰饲。"

⑤师古曰："勿使失其常理。"

壬申，长陵临泾岸崩，雍泾水。

夏六月庚戌，楚王嚣薨。

山阳火生石中，改元为阳朔。

阳朔元年。①

①应劭曰："时阴盛阳微，故改元曰阳朔，欲阳之苏息也。"师古曰："应说非也。朔，始也。以火生石中，言阳气之始。"

春二月丁未晦，日有蚀之。

三月，赦天下徒。

冬，京兆尹王章有罪，下狱死。

二年春，寒。诏曰："昔在帝尧立羲、和之官，①命以四时之事，令不失其序。故《书》云'黎民于蕃时雍'，②明以阴阳为本也。今公卿大夫或不信阴阳，薄而小之，③所奏请多违时政。④传以不知，周行天下，⑤而欲望阴阳和调，岂不谬哉！其务顺四时月令。"

①应劭曰："《尚书·尧典》曰'乃命羲、和'。羲氏、和氏世掌天地之官。"

②应劭曰："黎，众也。时，是也。雍，和也。言众民于是变化，用是太和也。"韦昭曰："蕃，多也。"师古曰："此《虞书·尧典》之辞也。今《尚书》作变，而此纪作蕃，两说并通。蕃音扶元反。"

③师古曰："谓为轻小之事也。"

④李奇曰："时政，月令也。"

⑤如淳曰："在位者皆不知阴阳时政，转转相因，故令后人遂不知也。"师古曰："如说非也。言递相因循，以所不知之事施设教命，周遍天下。"

三月，大赦天下。

夏五月，除吏八百石、五百石秩。①

①李奇曰："除八百就六百，除五百就四百。"

秋，关东大水，流民欲入函谷、天井、壶口、五阮关者，勿苛留。①遣谏大夫博士分行视。②

①应劭曰："天井在上党高都。壶口在壶关。五阮在代郡。"如淳曰："阮音近卷反。"师古曰："苛，细刻也。阮音其远反。苛音何。"

②师古曰："行音下更反。"

八月甲申，定陶王康薨。

九月，奉使者不称。①诏曰："古之立太学，将以传先王之业，流化于天下也。儒林之官，四海渊原，宜皆明于古今，温故知新，通达国体，②故谓之博士。否则学者无述焉，为下所轻，非所以尊道德也。'工欲善其事，必先利其器。'③丞相、御史其与中二千石、二千石杂举可充博士位者，使卓然可观。"④

①师古曰："不副上意。"

②师古曰："温，厚也，谓厚积于故事也。"

③师古曰："《论语》载孔子之言也，故此诏引焉。"

④师古曰："卓然，高远之貌也。"

是岁，御史大夫张忠卒。①

①师古曰："史不记其月，故书之于岁末。其下王骏亦同。"

三年春三月壬戌，陨石东郡，八。

夏六月，颍川铁官徒申屠圣等百八十人杀长吏，盗库兵，自称将军，经历九郡。遣丞相长史、御史中丞逐捕，以军兴从事，皆伏辜。①

①师古曰："逐捕之事须有发兴，皆依军法。"

秋八月丁巳，大司马大将军王凤薨。

四年春正月，诏曰："夫《洪范》八政，以食为首，①斯诚家给刑错之本也。②先帝劭农，③薄其租税，宠其强力，④令与孝弟同科。⑤间者，民弥惰怠，乡本者少，趋末者众，将何以矫之？⑥方东作时，⑦其令二千石勉劝农桑，出入阡陌，致劳来之。⑧《书》不云乎？'服田力啬，乃亦有秋。'⑨其勖之哉！"

①师古曰："《洪范》，《尚书》篇名，箕子为周武王所说。洪，大也。范，法也。八政一曰食，盖王政之所先，故以为首。"

②师古曰："言仓廪充盈，则家家自足，人不犯禁，无所用刑也。"

③苏林曰："劭音翘，精异之意也。"晋灼曰："劭，劝勉也。"师古曰："晋说是也。其字从力，音时召反。"

④师古曰："谓优宠力田之人。"

⑤师古曰："谓每同荐举及加赐也。"

⑥师古曰："乡读曰向。矫，正也。"

⑦应劭曰："东作，耕也。"师古曰："春位在东，耕者始作，故曰东作。《虞书·尧典》曰'平秩东作'。"

⑧师古曰："阡陌，田间道也，南北曰阡，东西曰陌，盖秦时商鞅所开也。劳来，劝勉之意也。劳音郎到反。来音郎代反。"

⑨应劭曰："农夫服田，厉其膂力，乃有秋收也。"师古曰："此《商书·盘庚》之辞。"

二月，赦天下。

秋九月壬申，东平王宇薨。

闰月壬戌，御史大夫于永卒。①

①师古曰："于定国子。"

鸿嘉元年春二月，诏曰："朕承天地，获保宗庙，明有所蔽，德不能绥，刑罚不中，众冤失职，趋阙告诉者不绝。是以阴阳错谬，寒暑失序，①日月不光，百姓蒙辜，朕甚闵焉。②《书》不云乎？'即我御事，罔克耆寿，咎在厥躬。'③方春生长时，临遣谏大夫理等④举三辅、三河、弘农冤狱。公卿大夫、部刺史明申敕守相，称朕意焉。其赐天下民爵一级，女子百户牛酒，加赐鳏寡孤独高年帛。逋贷未入者勿收。"

①师古曰："序，次也。"

②师古曰："蒙，被也。"

③文颖曰："此《尚书·文侯之命》篇中辞也。言我周家用事者，无能有耆老贤者，使国之危亡，罪咎在其用事者也。"师古曰："'咎在厥躬'，平王自谓，故帝引之以自责耳。文氏乃云咎在用事，斯失之矣。"

④师古曰："天子自临敕而遣。"

壬午，行幸初陵，赦作徒。①以新丰戏乡为昌陵县，②奉初陵，赐百户牛酒。

①师古曰："徒人之在陵作役者。"

②师古曰："戏水之乡也，音许宜反。"

上始为微行出。①

①张晏曰："于后门出，从期门郎及私奴客十餘人。白衣组帻，单骑出入市里，不复警跸，若微贱之所为，故曰微行。"

冬，黄龙见真定。①

①师古曰："本赵国东垣县也，高祖十一年更名真定。"

二年春，行幸云阳。

三月，博士行饮酒礼，有雉蜚集于庭，历阶升堂而雊，①后集诸府，又集承明殿。②

①师古曰："蜚，古飞字也。历阶，谓以次而登也。"

②师古曰："在未央宫中。"

诏曰："古之选贤，傅纳以言，明试以功，①故官无废事，下无逸民，②教化流行，风雨和时，百谷用成，众庶乐业，咸以康宁。朕承鸿业十有馀年，数遭水旱疾疫之灾，黎民娄困于饥寒，③而望礼义之兴，岂不难哉！朕既无以率道，④帝王之道日以陵夷，⑤意乃招贤选士之路郁滞而不通与，⑥将举者未得其人也？其举敦厚有行义能直言者，冀闻切言嘉谋，匡朕之不逮。"

①师古曰："傅读曰敷。敷，陈也。令其陈言而省纳之，乃试以事也。"

②师古曰："逸，遁也。"

③师古曰："娄，古屡字。"

④师古曰："道读曰導。"

⑤师古曰："陵，丘陵也。夷，平地。言其颓替若丘陵之渐平也。又曰陵迟亦言如丘陵之逶迟，稍卑下也。他皆类此。"

⑥师古曰："与读曰欤。"

夏，徙郡国豪杰赀五百万以上五千户于昌陵。赐丞相、御史、将军、列侯、公主、中二千石冢地、第宅。①

①师古曰："并于昌陵赐之。"

六月，立中山宪王孙云客为广德王。

三年夏四月，赦天下。令吏民得买爵，贾级千钱。①

①师古曰："贾读曰价。"

大旱。

秋八月乙卯，孝景庙阙灾。

冬十一月甲寅，皇后许氏废。

广汉男子郑躬等六十馀人攻官寺，篡囚徒，①盗库兵，自称山君。

①师古曰："逆取曰篡。"

四年春正月，诏曰："数敕有司，务行宽大，而禁苛暴，讫今不改。一人有辜，举宗拘系，农民失业，怨恨者众，伤害和气，水旱为灾，关东流冗者众，①青、幽、冀部尤剧，朕甚痛焉。未闻在位有恻然者，孰当助朕忧之！②已遣使者循行郡国。③被灾害什四以上，民赀不满三万，勿出租赋。逋贷未入，皆勿收。流民欲入关，辄籍内。④所之郡国，谨遇以理，⑤务有以全活之。思称朕意。"

①师古曰："冗，散失其事业也。冗音人勇反。"

②师古曰："孰，谁也。"

③师古曰："行音下更反。"

④师古曰："录其名籍而内之。"

⑤师古曰："之，往也。"

秋，勃海、清河河溢，被灾者振贷之。

冬，广汉郑躬等党与寖广，①犯历四县，众且万人。拜河东都尉赵护为广汉太守，发郡中及蜀郡合三万人击之。或相捕斩，除罪。②旬月平，迁护为执金吾，赐黄金百斤。

①师古曰："寖，古浸字。浸，渐也。"

②师古曰："贼党相捕斩而来者，赦其本罪。"

永始元年春正月癸丑，太官凌室火。[①]戊午，戾后园阙火。

①师古曰："藏冰之室。"

夏四月，封婕妤赵氏父临为成阳侯。五月，封舅曼子侍中骑都尉光禄大夫王莽为新都侯。六月丙寅，立皇后赵氏。[①]大赦天下。

①师古曰："赵飞燕也，即上所谓婕妤赵氏。"

秋七月，诏曰："朕执德不固，谋不尽下，[①]过听将作大匠万年[②]言昌陵三年可成。作治五年，中陵、司马殿门内尚未加功。[③]天下虚耗，[④]百姓罢劳，[⑤]客土疏恶，[⑥]终不可成。朕惟其难，怛然伤心。[⑦]夫'过而不改，是谓过矣'。[⑧]其罢昌陵，及故陵勿徙吏民，令天下毋有动摇之心。"立城阳孝王子俚为王。[⑨]

①师古曰："言不博谋于群下。"

②师古曰："过，误也。万年，解万年也。"

③如淳曰："陵中有司马殿门，如生时制也。"臣瓒曰："天子之藏圹中无司马殿门也。此谓陵上寝殿及司马门也。时皆未作之，故曰尚未加功。"师古曰："中陵，陵中正寝也。司马殿门内，瓒说是也。"

④师古曰："耗，损也，音呼到反。"

⑤师古曰："罢读曰疲。"

⑥服虔曰："取他处土以增高，为客土也。"

⑦师古曰："惟，思也。"

⑧师古曰："《论语》载孔子之言，故诏引之。"

⑨如淳曰："俚音里。"

八月丁丑，太皇太后王氏崩。[①]

①师古曰："宣帝王皇后也。"

二年春正月己丑，大司马车骑将军王音薨。

二月癸未夜，星陨如雨。乙酉晦，日有蚀之。诏曰："乃者，龙见于东莱,日有蚀之。天著变异,以显朕邮,①朕甚惧焉。公卿申敕百寮,深思天诫,有可省减便安百姓者,条奏。所振贷贫民,勿收。”又曰:“关东比岁不登,②吏民以义收食贫民、入谷物助县官振赡者,已赐直,③其百万以上,加赐爵右更,④欲为吏补三百石,其吏也迁二等。⑤三十万以上,赐爵五大夫,⑥吏亦迁二等,民补郎。十万以上,家无出租赋三岁。万钱以上,一年。”

①师古曰:“邮与尤同,谓过也。”

②师古曰:“比,频也。”

③如淳曰:“赐之爵,复租赋以为直。”师古曰:“此说非也。收食贫人,谓收取而养食之。助县官振赡,谓出物以助郡县之官也。已赐直,谓官赐其所费直也。今方更加爵及免赋耳。食读曰饲。”

④师古曰:“第十四爵也。更音工行反。”

⑤师古曰:“先已为吏,则迁二等。”

⑥师古曰:“第九爵也。”

冬十一月,行幸雍,祠五畤。

十二月,诏曰:“前将作大匠万年知昌陵卑下,不可为万岁居,奏请营作,建置郭邑,妄为巧诈,积土增高,多赋敛繇役,兴卒暴之作。①卒徒蒙辜,死者连属,②百姓罢极,天下匮竭。③常侍闳前为大司农中丞,数奏昌陵不可成。④侍中卫尉长数白宜早止,徙家反故处。⑤朕以长言下闳章,⑥公卿议者皆合长计。〔长〕首建至策,[2]闳典主省大费,⑦民以康宁。闳前赐爵关内侯,黄金百斤。其赐长爵关内侯,食邑千户。闳五百户。万年佞邪不忠,毒流众庶,海内怨望,至今不息,虽蒙赦令,不宜居京师。其徙万年敦煌郡。”

①师古曰:“卒读曰(猝)〔猝〕,[3]谓急也。”

②师古曰:“属音之欲反。”

③师古曰:“罢读曰疲。匮,空也。竭,尽也。”

④师古曰:“闳,王闳也。”

⑤师古曰:“长,淳于长也。”

⑥如淳曰:“以卫尉长数白罢,故因下闳请奏罢作之章。”师古曰:“下音胡

稼反。"

⑦师古曰:"司农中丞主钱谷顾庸,故云典主。"

是岁,御史大夫王骏卒。①

①师古曰:"王吉之子也。"

三年春正月己卯晦,日有蚀之。诏曰:"天灾仍重,朕甚惧焉。①惟民之失职,②临遣大中大夫嘉等循行天下,③存问耆老,民所疾苦。其与部刺史举惇朴逊让有行义者各一人。"

①师古曰:"仍,频也。重音直用反。"

②师古曰:"失其常业也。"

③师古曰:"行音下更反。"

冬十月庚辰,皇太后诏有司复甘泉泰畤、汾阴后土、雍五畤、陈仓陈宝祠。①语在《郊祀志》。

①师古曰:"陈宝祠在陈仓。"

十一月,尉氏男子樊並等十三人谋反,①杀陈留太守,劫略吏民,自称将军。徒李谭等五人共格杀並等,皆封为列侯。

①师古曰:"尉氏,陈留之县。"

十二月,山阳铁官徒苏令等二百二十八人攻杀长吏,盗库兵,自称将军,经历郡国十九,杀东郡太守、汝南都尉。遣丞相长史、御史中丞持节督趣逐捕。①汝南太守严䜣捕斩令等。②迁䜣为大司农,赐黄金百斤。

①师古曰:"趣读曰促。"

②师古曰:"䜣与欣同。令即苏令。"

四年春正月,行幸甘泉,郊泰畤,神光降集紫殿。大赦天下。赐云阳吏民爵,女子百户牛酒,鳏寡孤独高年帛。三月,行幸河东,祠后土,赐吏民如云阳,行所过无出田租。

夏四月癸未,长乐临华殿、未央宫东司马门皆灾。①

①师古曰:"东面之司马门也。"

六月甲午，霸陵园门阙灾。出杜陵诸未尝御者归家。诏曰："乃者，地震京师，火灾娄降，① 朕甚惧之。有司其悉心明对厥咎，② 朕将亲览焉。"

①师古曰："娄，古屡字。"

②师古曰："悉，尽也。"

又曰："圣王明礼制以序尊卑，异车服以章有德，虽有其财，而无其尊，不得逾制，故民兴行，① 上义而下利。② 方今世俗奢僭罔极，③ 靡有厌足。公卿列侯亲属近臣，四方所则，④ 未闻修身遵礼，同心忧国者也。或乃奢侈逸豫，务广第宅，治园池，多畜奴婢，被服绮縠，⑤ 设钟鼓，备女乐，车服嫁娶葬埋过制。吏民慕效，寖以成俗，⑥ 而欲望百姓俭节，家给人足，岂不难哉！《诗》不云乎？'赫赫师尹，民具尔瞻。'⑦ 其申敕有司，以渐禁之。⑧ 青绿民所常服，且勿止。⑨ 列侯近臣，各自省改。⑩ 司隶校尉察不变者。"

①师古曰："行音下更反。"

②师古曰："以义为上，为利为下。"

③师古曰："罔，无也。极，中也，一曰止也。"

④师古曰："则，法也。"

⑤师古曰："被音皮义反。"

⑥师古曰："寖，渐也。"

⑦师古曰："《小雅·节南山》之诗也。赫赫，盛貌也。师尹，尹氏为太师之官也。言居位甚高，备为众庶所瞻仰。"

⑧师古曰："谓约束也。"

⑨师古曰："然则禁红紫之属。"

⑩师古曰："省，视也。视而改之。《论语》称曾子曰'吾日三省吾身'。"

秋七月辛未晦，日有蚀之。

元延元年春正月己亥朔，日有蚀之。

三月，行幸雍，祠五畤。

夏四月丁酉，无云有雷，声光耀耀，四面下至地，昏止。赦天下。

秋七月，有星孛于东井。诏曰："乃者，日蚀星陨，谪见于天，大异重仍。①在位默然，罕有忠言。今孛星见于东井，朕甚惧焉。公卿大夫、博士、议郎其各悉心，惟思变意，明以经对，无有所讳；与内郡国举方正能直言极谏者各一人，②北边二十二郡举勇猛知兵法者各一人。"

①师古曰："仍，频也。重音直用反。"

②师古曰："令公卿与内郡国各举一人。"

封萧相国后喜为酂侯。

冬十二月辛亥，大司马大将军王商薨。

是岁，昭仪赵氏害后宫皇子。①

①师古曰："赵飞燕之妹。"

二年春正月，行幸甘泉，郊泰畤。

三月，行幸河东，祠后土。

夏四月，立广陵孝王子守为王。

冬，行幸长杨宫，从胡客大校猎。①宿萯阳宫，②赐从官。

①如淳曰："合军聚众，有幡校击鼓也。《周礼》校人掌王田猎之马，故谓之校猎。"师古曰："如说非也。此校谓以木自相贯穿为阑校耳。《校人》职云'六厩成校'，是则以遮阑为义也。校猎者，大为阑校以遮禽兽而猎取也。军之幡旗虽有校名，本因部校，此无豫也。"

②师古曰："萯音倍。"

三年春正月丙寅，蜀郡岷山崩，①雍江三日，江水竭。

①师古曰："岷音武巾反。"

二月，封侍中卫尉淳于长为定陵侯。

三月，行幸雍，祠五畤。

四年春正月，行幸甘泉，郊泰畤。

二月，罢司隶校尉官。

三月，行幸河东，祠后土。

甘露降京师，赐长安民牛酒。

绥和元年春正月，大赦天下。

二月癸丑，诏曰："朕承太祖鸿业，奉宗庙二十五年，德不能绥理宇内，百姓怨望者众。不蒙天祐，至今未有继嗣，天下无所系心。观于往古近事之戒，祸乱之萌，皆由斯焉。①定陶王欣于朕为子，慈仁孝顺，可以承天序，继祭祀。其立欣为皇太子。封中山王舅谏大夫冯参为宜乡侯，益中山国三万户，以慰其意。②赐诸侯王、列侯金，天下当为父后者爵，三老、孝弟力田帛，各有差。"

①师古曰："始生曰萌。"

②师古曰："以不得继统为帝之后，恐其怨恨。"

又曰："盖闻王者必存二王之后，所以通三统也。①昔成汤受命，列为三代，②而祭祀废绝。考求其后，莫正孔吉。③其封吉为殷绍嘉侯。"三月，进爵为公，及周承休侯皆为公，地各百里。

①师古曰："天、地、人是为三统。二王之后并己为三。"

②师古曰："夏、殷、周是为三代。"

③臣瓒曰："无若孔吉最正也。"

行幸雍，祠五畤。

夏四月，以大司马票骑(大)将军(根)为大司马，①[4]罢将军官。御史大夫为大司空，封为列侯。益大司马、大司空奉如丞相。②

①文颖曰："王根也。"

②如淳曰："律，丞相、大司马大将军奉钱月六万，御史大夫奉月四万也。"

秋八月庚戌，中山王兴薨。

冬十一月，立楚孝王孙景为定陶王。

定陵侯淳于长大逆不道，下狱死。廷尉孔光使持节赐贵人许氏药，饮药死。①

①师古曰:“即前所废皇后许氏也。”

十二月,罢部刺史,更置州牧,秩二千石。

二年春正月,行幸甘泉,郊泰畤。

二月壬子,丞相翟方进薨。

三月,行幸河东,祠后土。

丙戌,帝崩于未央宫。① 皇太后诏有司复长安南北郊。四月己卯,葬延陵。②

①臣瓒曰:“帝年二十即位,即位二十六年,寿四十五。”师古曰:“即位明年乃改元耳,寿四十六。”

②臣瓒曰:“自崩至葬凡五十四日。延陵在扶风,去长安六十二里。”

赞曰:臣之姑充后宫为婕妤,① 父子昆弟侍帷幄,数为臣言成帝善修容仪,升车正立,不内顾,不疾言,不亲指,② 临朝渊嘿,尊严若神,可谓穆穆天子之容者矣!③ 博览古今,容受直辞。公卿称职,奏议可述。④ 遭世承平,上下和睦。然湛于酒色,⑤ 赵氏乱内,外家擅朝,言之可为於邑。⑥ 建始以来,王氏始执国命,哀、平短祚,莽遂篡位,盖其威福所由来者渐矣!

①晋灼曰:“班彪之姑也。”

②师古曰:“不内顾者,谓俨然端严,不回眄也。不疾言者,为轻肆也。不亲指者,为惑下也。此三句者,本《论语·乡党篇》述孔子之事,故班氏引之以美成帝。今《论语》云:‘车中不内顾,不疾言,不亲指。’内顾者,说者以为前视不过衡轭,旁视不过犄较,与此不同。犄音於绮反。”

③师古曰:“《礼记》云‘天子穆穆,诸侯皇皇,大夫济济,士跄跄’,故此赞引之。”

④师古曰:“称职,克当其任也。可述,言有文采。”

⑤师古曰:“湛读曰耽。”

⑥师古曰:“於邑,短气貌,读如本字。於又音乌。邑又音乌合反。他皆类此。”

【校勘记】

〔1〕 言令陈农为使，而(吏反下使)使之求遗书也。上使音所〔吏反，下使〕读如本字。 景祐、殿、局本都如此。

〔2〕 〔长〕首建至策， 李慈铭说“首建”上当更有“长”字。

〔3〕 卒读曰(倅)〔猝〕， 景祐、殿、局本都作“猝”。王先谦说作“猝”是。

〔4〕 以大司马票骑(大)将军(根)为大司马， 沈钦韩说“大”字衍，《荀纪》无。按景祐、殿本都无“根”字。

汉书卷十一

哀帝纪第十一

孝哀皇帝,①元帝庶孙,定陶恭王子也。母曰丁姬。年三岁嗣立为王,长好文辞法律。②元延四年入朝,尽从傅、相、中尉。③时成帝少弟中山孝王亦来朝,独从傅。上怪之,以问定陶王,对曰:"令,诸侯王朝,得从其国二千石。傅、相、中尉皆国二千石,故尽从之。"上令诵《诗》,通习,能说。④他日问中山王:"独从傅在何法令?"不能对。令诵《尚书》,又废。⑤及赐食于前,后饱;起下,袜系解。⑥成帝由此以为不能,而贤定陶王,数称其材。时王祖母傅太后随王来朝,私赂遗上所幸赵昭仪及帝舅票骑将军曲阳侯王根。昭仪及根见上亡子,亦欲豫自结为长久计,皆更称定陶王,⑦劝帝以为嗣。成帝亦自美其材,为加元服而遣之,⑧时年十七矣。明年,使执金吾任宏守大鸿胪,持节征定陶王,立为皇太子。谢曰:"臣幸得继父守藩为诸侯王,材质不足以假充太子之宫。⑨陛下圣德宽仁,敬承祖宗,奉顺神祇,宜蒙福祐子孙千亿之报。⑩臣愿且得留国邸,旦夕奉问起居,俟有圣嗣,归国守藩。"书奏,天子报闻。后月馀,立楚孝王孙景为定陶王,奉恭王祀,所以奖厉太子专为后之谊。⑪语在《外戚传》。

①荀悦曰:"讳欣之字曰喜。"应劭曰:"恭仁短折曰哀。"

②师古曰:"年长而好之。"

③师古曰:"三官皆从王入朝。"

④师古曰:"说其义。"

⑤师古曰:"中忘之。"

⑥师古曰:"食而独在后饱,及起,又袜系解也。袜音武伐反。"

⑦师古曰："更音工衡反。"

⑧师古曰："为之冠。"

⑨师古曰："谦不敢言为太子，故云假充，若言非正。"

⑩师古曰："《大雅·假乐》之诗曰'干禄百福，子孙千亿'。言成王宜众宜人，天所保祐，求得福禄，故子孙众多也。十万曰亿。故此谢书引以为言。"

⑪师古曰："奖，劝使也。"

绥和二年三月，成帝崩。四月丙午，太子即皇帝位，谒高庙。尊皇太后曰太皇太后，皇后曰皇太后。大赦天下。赐宗室王子有属者马各一驷，① 吏民爵，百户牛酒，三老、孝弟力田、鳏寡孤独帛。太皇太后诏尊定陶恭王为恭皇。

①师古曰："有属，谓亲未尽，尚有服者。"

五月丙戌，立皇后傅氏。① 诏曰："《春秋》'母以子贵'，尊定陶太后曰恭皇太后，丁姬曰恭皇后，各置左右詹事，食邑如长信宫、中宫。"② 追尊傅父为崇祖侯、丁父为褒德侯。③ 封舅丁明为阳安侯，舅子满为平周侯。追谥满父忠为平周怀侯，皇后父晏为孔乡侯，皇太后弟侍中光禄大夫赵钦为新成侯。

①师古曰："傅晏女。"

②应劭曰："成帝母王太后居长信宫。"李奇曰："傅姬如长信，丁姬如中宫也。"师古曰："中宫，皇后之宫。"

③师古曰："傅父，傅太后之父。丁父，丁太后之父。"

六月，诏曰："郑声淫而乱乐，① 圣王所放，② 其罢乐府。"

①师古曰："郑国有溱、洧之水，男女亟于其间聚会，故俗乱而乐淫。"

②师古曰："放，弃也。《论语》称孔子曰'放郑声'。"

曲阳侯根前以大司马建社稷策，益封二千户。① 太仆安阳侯舜辅导有旧恩，益封五百户，② 及丞相孔光、大司空汜乡侯何武益封各千户。③

①师古曰："王根也，建议立哀帝为太子。"

②师古曰："王舜。"

③师古曰："汜音泛。"

诏曰:“河间王良丧太后三年,为宗室仪表,① 益封万户。”

①师古曰:“仪表者,言为礼仪之表率。”

又曰:“制节谨度以防奢淫,为政所先,百王不易之道也。① 诸侯王、列侯、公主、吏二千石及豪富民多畜奴婢,田宅亡限,与民争利,百姓失职,重困不足。② 其议限列。”③ 有司条奏:“诸王、列侯得名田国中,列侯在长安及公主名田县道,关内侯、吏民名田,皆无得过三十顷。④ 诸侯王奴婢二百人,列侯、公主百人,关内侯、吏民三十人。年六十以上,十岁以下,不在数中。贾人皆不得名田、为吏,⑤ 犯者以律论。诸名田畜奴婢过品,皆没入县官。齐三服官、诸官织绮绣,难成,害女红之物,皆止,无作输。⑥ 除任子令及诽谤诋欺法。⑦ 掖庭宫人年三十以下,出嫁之。官奴婢五十以上,免为庶人。禁郡国无得献名兽。益吏三百石以下奉。⑧ 察吏残贼酷虐者,以时退。有司无得举赦前往事。博士弟子父母死,予宁三年。”⑨

①师古曰:“言为常法,不可改易。”

②师古曰:“失职,失其常分也。重音直用反。”

③师古曰:“令条列而为限禁。”

④如淳曰:“名田国中者,自其所食国中也,既收其租税,又自得有私田三十顷。名田县道者,令甲,诸侯在国,名田他县,罚金二两。今列侯有不之国者,虽遥食其国租税,复自得田于他县道,公主亦如之,不得过三十顷。”

⑤如淳曰:“市井子孙不得为吏,见《食货志》。”

⑥如淳曰:“红亦工也。其所作已成未成皆止,无复作,皆输所近官府也。”师古曰:“如说非也。谓未成者不作,已成者不输耳。”

⑦应劭曰:“任子令者,《汉仪注》吏二千石以上视事满三年,得任同产若子一人为郎。不以德选,故除之。”师古曰:“任者,保也。诋,诬也,音丁礼反。”

⑧师古曰:“奉音扶用反。”

⑨师古曰:“宁谓处家持丧服。”

秋,曲阳侯王根、成都侯王况皆有罪。根就国,况免为庶人,归故郡。

诏曰："朕承宗庙之重，战战兢兢，惧失天心。间者日月亡光，五星失行，郡国比比地动。①乃者河南、颍川郡水出，流杀人民，坏败庐舍。朕之不德，民反蒙辜，朕甚惧焉。已遣光禄大夫循行举籍，②赐死者棺钱，人三千。③其令水所伤县邑及他郡国灾害什四以上，民赀不满十万，皆无出今年租赋。"④

①师古曰："比比，犹言频频也。"

②师古曰："举其名籍也。行音下更反。"

③师古曰："赐钱三千以充棺。"

④师古曰："什四，谓十分损四。"

建平元年春正月，赦天下。侍中骑都尉新成侯赵钦、成阳侯赵䜣皆有罪，免为庶人，①徙辽西。

①师古曰："䜣钦皆赵昭仪之兄。"

太皇太后诏外家王氏田非冢茔，皆以赋贫民。①

①师古曰："茔，冢域也。赋，给与也。茔音营。"

二月，诏曰："盖闻圣王之治，以得贤为首。其与大司马、列侯、将军、中二千石、州牧、守、相举孝弟惇厚能直言通政事，延于侧陋可亲民者，各一人。"①

①师古曰："言有孝弟惇厚直言通政事之人，虽在侧陋，可延致而任者，皆令举之。"

三月，赐诸侯王、公主、列侯、丞相、将军、中二千石、中都官郎吏金钱帛，各有差。

冬，中山孝王太后媛、①弟宜乡侯冯参有罪，皆自杀。

①师古曰："冯奉世之女也。媛音爰。"

二年春三月，罢大司空，复御史大夫。①

①师古曰："复音扶目反。此下皆同。"

夏四月，诏曰："汉家之制，推亲亲以显尊尊。①定陶恭皇之号不宜复称定陶。尊恭皇太后曰帝太太后，称永信宫；恭皇后曰帝太后，称中安宫。立恭皇庙于京师。赦天下徒。”

①师古曰：“天子之至亲，当极尊号。”

罢州牧，复刺史。

六月庚申，帝太后丁氏崩。上曰：“朕闻夫妇一体。《诗》云：‘偲则异室，死则同穴。’①昔季武子成寝，杜氏之殡在西阶下，请合葬而许之。②附葬之礼，自周兴焉。③‘郁郁乎文哉！吾从周。’④孝子事亡如事存。帝太后宜起陵恭皇之园。”遂葬定陶。发陈留、济阴近郡国五万人穿复土。⑤

①师古曰：“《诗·王风·大车》之篇也。穀，生也。穴，冢圹也。”

②师古曰：“季武子，鲁大夫季孙宿也。成寝，新为寝室也。事见《礼记·檀弓》。”

③师古曰：“《礼记》称孔子曰‘合葬非古也，自周公以来未之有改也’。”

④师古曰：“《论语》称孔子曰‘周监于二代，郁郁乎文哉！吾从周’。言周观视夏、殷之礼而损益之，典文大备，吾从周礼也。郁郁，文章貌。”

⑤师古曰：“为冢圹也。复音扶目反。”

待诏夏贺良等言赤精子之谶，①汉家历运中衰，当再受命，宜改元易号。诏曰：“汉兴二百载，历数开元。皇天降非材之佑，②汉国再获受命之符，朕之不德，曷敢不通！夫基事之元命，必与天下自新，③其大赦天下。以建平二年为太初元将元年。号曰陈圣刘太平皇帝。④漏刻以百二十为度。”⑤

①应劭曰：“诸以材技征召，未有正官，故曰待诏。夏，姓也。贺良，名也。高祖感赤龙而生，自谓赤帝之精，良等因是作此谶文。”

②应劭曰：“哀帝自言不材，天降之佑。”

③师古曰：“基，始也。元，大也。始为大事之命，谓改制度也。又曰更受天之大命。”

④李斐曰：“陈，道也。言得神道圣者刘也。”如淳曰：“陈，舜后。王莽，陈之后。谬语以明莽当篡立而不知。”韦昭曰：“敷陈圣刘之德也。”师古曰：“如、韦二说是也。”

⑤师古曰："旧漏昼夜共百刻，今增其二十。此本齐人甘忠可所造，今贺良等重言，遂施行之。事见《李寻传》。"

七月，以渭城西北原上永陵亭部为初陵。勿徙郡国民，使得自安。

八月，诏曰："(时)〔待〕诏夏贺良等[1]建言改元易号，增益漏刻，可以永安国家。朕过听贺良等言，①冀为海内获福，卒亡嘉应。皆违经背古，不合时宜。六月甲子制书，非赦令也，皆蠲除之。②贺良等反道惑众，下有司。"皆伏辜。

①师古曰："过，误也。"

②如淳曰："悔前赦令不蒙其福，故收令还之。"臣瓒曰："改元易号，大赦天下，以求延祚，而不蒙福，哀帝悔之，故更下制书，诸非赦罪事皆除之。谓改制易号，令皆复故也。"师古曰："如释非也，瓒说是矣。非赦令也，犹言自非赦令耳。也，语终辞也。而读者不晓，辄改也为他字，失本文也。"

丞相博、御史大夫玄、孔乡侯晏有罪。①博自杀，玄减死二等论，晏削户四分之一。语在《博传》。

①师古曰："博，朱博。玄，赵玄。晏，(何)〔傅〕晏。"[2]

三年春正月，立广德夷王弟广汉为广平王。

癸卯，帝太太后所居桂宫正殿火。

三月己酉，丞相当薨。①有星孛于河鼓。

①师古曰："平当。"

夏六月，立鲁顷王子部乡侯闵为王。①

①苏林曰："部音鱼，县名也，属东海。"师古曰："又音吾。"

冬十一月壬子，复甘泉泰畤、汾阴后土祠，罢南北郊。

东平王云、云后谒、安成恭侯夫人放①皆有罪。云自杀，谒、放弃市。

①文颖曰："恭侯王崇，王太后弟。"

四年春，大旱。关东民传行西王母筹，①经历郡国，西入关至京师。

民又会聚祠西王母，或夜持火上屋，②击鼓号呼相惊恐。③

①师古曰："西王母，元后寿考之象。行筹，又言执国家筹策行于天下。"

②李奇曰："皆阴为阳之象。"

③师古曰："呼音火故反。"

二月，封帝太太后从弟侍中傅商为汝昌侯，太后同母弟子侍中郑业为阳信侯。

三月，侍中驸马都尉董贤、光禄大夫息夫躬、南阳太守孙宠皆以告东平王封列侯。语在《贤传》。

夏五月，赐中二千石至六百石及天下男子爵。

六月，尊帝太太后为皇太太后。

秋八月，恭皇园北门灾。

冬，诏将军、中二千石举明兵法有大虑者。①

①师古曰："虑谓策谋思虑。"

元寿元年春正月辛丑朔，日有蚀之。诏曰："朕获保宗庙，不明不敏，宿夜忧劳，未皇宁息。①惟阴阳不调，元元不赡，②未睹厥咎。娄敕公卿，庶几有望。③至今有司执法，未得其中，④或上暴虐，假势获名，温良宽柔，陷于亡灭。是故残贼弥长，和睦日衰，百姓愁怨，靡所错躬。⑤乃正月朔，日有蚀之，厥咎不远，在余一人。公卿大夫其各悉心勉帅百寮，⑥敦任仁人，黜远残贼，⑦期于安民。陈朕之过失，无有所讳。其与将军、列侯、中二千石举贤良方正能直言者各一人。大赦天下。"

①师古曰："皇，暇也。"

②师古曰："赡，足也。"

③师古曰："望其厉精为治。娄，古屡字。"

④师古曰："中音竹仲反。"

⑤师古曰："错，置也，音千故反。"

⑥师古曰："悉，尽也。寮，官也。"

⑦师古曰："敦，厚也。远音(手)〔于〕万反。"[3]

丁巳，皇太太后傅氏崩。

三月，丞相嘉有罪，下狱死。①

①师古曰："王嘉。"

秋九月，大司马票骑将军丁明免。

孝元庙殿门铜龟蛇铺首鸣。①

①如淳曰："门铺首作龟蛇之形而鸣呼也。"师古曰："门之铺首，所以衔环者也。铺音普胡反。"

二年春正月，匈奴单于、乌孙大昆弥来朝。二月，归国，单于不说。①语在《匈奴传》。

①师古曰："说读曰悦。"

夏四月壬辰晦，日有蚀之。

五月，正三公官分职。大司马卫将军董贤为大司马，丞相孔光为大司徒，御史大夫彭宣为大司空，封长平侯。正司直、司隶，造司寇职，①事未定。

①师古曰："司直、司隶，汉旧有之，但改正其职掌。而司寇旧无，今特创置，故云造也。"

六月戊午，帝崩于未央宫。①秋九月壬寅，葬义陵。②

①臣瓒曰："帝年二十即位，即位六年，寿二十五。"师古曰："即位明年乃改元，寿二十六。"

②臣瓒曰："自崩至葬凡百五日。义陵在扶风，去长安四十六里。"

赞曰：孝哀自为藩王及充太子之宫，文辞博敏，幼有令闻。①睹孝成世禄去王室，权柄外移，是故临朝娄诛大臣，欲强主威，以则武、宣。②雅性不好声色，时览卞射武戏。③即位痿痹，④末年寖剧，⑤飨国不永，哀哉！⑥

①师古曰："博，广也。敏，疾也。令，善也。闻，名也。"

②师古曰："则，法也。"

③应劭曰："下射，皮下而射也。"苏林曰："手搏为下，角力为武戏也。"晋灼曰："《甘延寿传》'试下为期门'。"师古曰："苏、晋二说是。"

④苏林曰："痿音萎枯之萎。"如淳曰："痿音蹶痿弩。病两足不能相过曰痿。"师古曰："痿亦痹病也，音人佳反。痹音必寐反。蹶痿者，弩名，事见《晋令》。蹶音烦。痿音蕤。"

⑤师古曰："寖，渐也。"

⑥师古曰："永，长也。"

【校勘记】

〔1〕（时）〔待〕诏夏贺良等　钱大昭说"时"当作"待"。按景祐、殿、局本都作"待"。

〔2〕晏，（何）〔傅〕晏。　景祐、殿、局本都作"傅"。

〔3〕远音（手）〔于〕万反。　景祐、殿、局本都作"于"。王先谦说作"于"是。

汉书卷十二

平帝纪第十二

孝平皇帝，①元帝庶孙，中山孝王子也。母曰卫姬。年三岁嗣立为王。元寿二年六月，哀帝崩，太皇太后诏曰："大司马贤年少，不合众心。②其上印绶，罢。"贤即日自杀。新都侯王莽为大司马，领尚书事。秋七月，遣车骑将军王舜、大鸿胪左咸使持节迎中山王。③辛卯，贬皇太后赵氏为孝成皇后，退居北宫，哀帝皇后傅氏退居桂宫。④孔乡侯傅晏、少府董恭等皆免官爵，徙合浦。⑤九月辛酉，中山王即皇帝位，谒高庙，大赦天下。

①荀悦曰："讳衎之字曰乐。"应劭曰："布纲治纪曰平。"师古曰："衎音口旱反。"

②师古曰："董贤。"

③师古曰："为使而持节也。使音所吏反。"

④师古曰："北宫及桂宫皆在城中，而非未央宫中也。"

⑤师古曰："恭，董贤之父。"

帝年九岁，太皇太后临朝，大司马莽秉政，百官总己以听于莽。①诏曰："夫赦令者，将与天下更始，诚欲令百姓改行絜己，全其性命也。(性)〔往〕者有司多举奏赦前事，[1]累增罪过，诛陷亡辜，殆非重信慎刑，洒心自新之意也。②及选举者，其历职更事有名之士，则以为难保，③废而弗举，甚谬于赦小过举贤材之义。④对诸有臧及内恶未发而荐举者，皆勿案验。⑤令士厉精乡进，⑥不以小疵妨大材。⑦自今以来，有司无得陈赦前事置奏上。⑧有不如诏书为亏恩，以不道论。定著令，布告天下，使明知之。"

①师古曰:“聚束曰总,音揔。”

②师古曰:“洒,涤也,音先礼反。”

③师古曰:“更,经也。难保者,言已尝有罪过,不可保也。更音工衡反。”

④师古曰:“《论语》云仲弓问政,孔子对曰‘赦小过,举贤材’,故此诏引之。”

⑤师古曰:“有臧,谓以臧货致罪。”

⑥师古曰:“乡读曰向。”

⑦师古曰:“疵,病也。”

⑧师古曰:“置,立也。置奏上,谓立文奏而上陈也。上音时掌反。”

元始元年春正月,越裳氏重译献白雉一,黑雉二,①诏使三公以荐宗庙。

①师古曰:“越裳,南方远国也。译谓传言也。道路绝远,风俗殊隔,故累译而后乃通。”

群臣奏言大司马莽功德比周公,赐号安汉公,及太师孔光等皆益封。语在《莽传》。赐天下民爵一级,吏在位二百石以上,一切满秩如真。①

①如淳曰:“诸官吏初除,皆试守一岁乃为真,食全奉。平帝即位故赐真。”师古曰:“此说非也。时诸官有试守者,特加非常之恩,令如真耳。非凡除吏皆当试守也。一切者,权时之事,非经常也。犹如以刀切物,苟取整齐,不顾长短纵横,故言一切。他皆放此。”

立故东平王云太子开明为王,故桃乡顷侯子成都为中山王。封宣帝耳孙信等三十六人皆为列侯。太仆王恽等二十五人①前议定陶傅太后尊号,守经法,不阿指从邪,右将军孙建爪牙大臣,大鸿胪咸前正议不阿,②后奉节使迎中山王,③及宗正刘不恶、执金吾任岑、中郎将孔永、尚书令姚恂、沛郡太守石诩,④皆以前与建策,东迎即位,⑤奉事周密勤劳,赐爵关内侯,食邑各有差。赐帝征即位前所过县邑吏二千石以下至佐史爵,各有差。又令诸侯王、公、列侯、关内侯亡子而有孙若子同产子者,皆得以为嗣。⑥公、列侯嗣子有罪,耐以上先请。宗室属未尽而以罪绝者，复其属，⑦其为吏举廉佐史，补四百石。⑧天下吏比二千石以上年老致仕者，参分故禄，以一与之，终其身。⑨遣谏大夫行三辅，⑩举籍吏民，⑪以元寿二年仓卒时横赋敛者，偿其值。⑫义陵民冢不妨殿中者勿发。⑬天下吏(舍)〔民〕亡得置什器储偫。⑭[2]

①师古曰："恽音於吻反。"

②师古曰："左咸。"

③师古曰："谓奉持节而为使。"

④师古曰："岑音士林反。恂音荀。诩音况羽反。"

⑤师古曰："帝本在中山，出关而迎，故曰东迎。与读曰豫。"

⑥师古曰："子同产子者，谓养昆弟之子为子者。"

⑦师古曰："复音扶目反。"

⑧如淳曰："宗室为吏及举廉及佐史，皆补四百石。"师古曰："此说非也。言宗室为吏者，皆令举廉，各从本秩。而依廉吏迁之为佐史者，例补四百石。"

⑨师古曰："参，三也。"

⑩师古曰："行音下更反。"

⑪张晏曰："举录赋敛之籍而(赏)〔偿〕之。"[3]

⑫师古曰："卒读曰猝。横音胡孟反。"

⑬如淳曰："陵上有宫墙，象生制度为殿屋，故曰殿中。"师古曰："此说非也。殿中，谓圹中象正殿处。"

⑭师古曰："军法，五人为伍，二伍为什，则共其器物。故通谓生生之具为什器，亦犹今之从军及作役者十人为火，共畜调度也。储，积也。偫，具也。偫音丈纪反。"

二月，置羲和官，秩二千石；外史、闾师，秩六百石。①班教化，禁淫祀，放郑声。

①应劭曰："《周礼》闾师掌四郊之民，时其征赋也。"

乙未，义陵寝神衣在柙中，丙申旦，衣在外床上，①寝令以急变闻。②用太牢祠。

①文颖曰："哀帝陵也。衣在寝中，今自出在床上。"师古曰："柙，匮也，音狎。"

②师古曰："非常之事，故云急变。"

夏五月丁巳朔，日有蚀之。大赦天下。公卿、将军、中二千石举敦厚能直言者各一人。

六月，使少傅左将军丰①赐帝母中山孝王姬玺书，拜为中山孝王后。赐帝舅卫宝、宝弟玄爵关内侯。赐帝女弟四人号皆曰君，食邑各二千户。

①师古曰："甄丰。"

封周公后公孙相如为褒鲁侯，孔子后孔均为褒成侯，奉其祀。追谥孔子曰褒成宣尼公。

罢明光宫及三辅驰道。

天下女徒已论，归家，顾山钱月三百。①复贞妇，乡一人。②置少府海丞、果丞各一人；③大司农部丞十三人，人部一州，劝农桑。

①如淳曰："已论者，罪已定也。令甲，女子犯罪，作如徒六月，顾山遣归。说以为当于山伐木，听使入钱顾功直，故谓之顾山。"应劭曰："旧刑鬼薪，取薪于山以给宗庙，今使女徒出钱顾薪，故曰顾山也。"师古曰："如说近之。谓女徒论罪已定，并放归家，不亲役之，但令一月出钱三百，以顾人也。为此恩者，所以行太皇太后之德，施惠政于妇人。"

②师古曰："复音方目反。乡一人，取其尤最者。"

③师古曰："海丞，主海税也。果丞，掌诸果实也。"

太皇太后省所食汤沐邑十县，属大司农，常别计其租入，以赡贫民。

秋九月，赦天下徒。

以中山苦陉县为中山孝王后汤沐邑。①

①师古曰："陉音形。"

二年春，黄支国献犀牛。①

①应劭曰："黄支在日南之南，去京师三万里。"师古曰："犀状如水牛，头似猪而四足类象，黑色，一角当额前，鼻上又有小角。"

诏曰："皇帝二名，通于器物，①今更名，合于古制。②使太师光奉太牢告祠高庙。"

①孟康曰："平帝本名箕子，更名曰衎。箕，用器也，故云通于器物。"

②师古曰："更，改也。"

夏四月，立代孝王玄孙之子如意为广宗王，江都易王孙盱台侯宫为广川王，①广川惠王曾孙伦为广德王。封故大司马博陆侯霍光从父昆弟曾孙阳、宣平侯张敖玄孙庆忌、绛侯周勃玄孙共、舞阳侯樊哙玄孙之子章皆为列侯，复爵。②赐故曲周侯郦商等后玄孙郦明友等百一十三人爵关内侯，食邑各有差。

①师古曰："盱音许于反。台音怡。"

②师古曰："共读曰恭。复音扶福反。"

郡国大旱，蝗，青州尤甚，民流亡。安汉公、四辅、三公、卿大夫、吏民为百〔姓〕困乏献其田宅者[4]二百三十人，①以口赋贫民。②遣使者捕蝗，民捕蝗诣吏，以石𣂔受钱。③天下民赀不满二万，及被灾之郡不满十万，勿租税。民疾疫者，舍空邸第，为置医药。④赐死者一家六尸以上葬钱五千，四尸以上三千，二尸以上二千。罢安定呼池苑，以为安民县，⑤起官寺市里，募徙贫民，县次给食。至徙所，赐田宅什器，假与犁、牛、种、食。⑥又起五里于长安城中，⑦宅二百区，以居贫民。

①张晏曰："王莽为太傅，孔光为太师，王舜为太保，甄丰为少傅，是为四辅。莽复兼大司马，马宫为司徒，王崇为司空，是为三公。"

②师古曰："计口而给其田宅。"

③师古曰："量蝗多少而赏钱。"

④师古曰："舍，止也。"

⑤师古曰："中山之安定也。池音大河反。"

⑥师古曰："种音之勇反。"

⑦如淳曰："民居之里。"

秋，举勇武有节明兵法，郡一人，诣公车。

九月戊申晦，日有蚀之。赦天下徒。

使谒者大司马掾四十四人持节行边兵。①

①师古曰："行音下更反。"

遣执金吾候陈茂假以钲鼓,①募汝南、南阳勇敢吏士三百人,谕说江湖贼成重等二百馀人皆自出,送家在所收事。②重徙云阳,③赐公田宅。

①晋灼曰:"《百官表》执金吾属官有两丞、候、司马。"应劭曰:"将帅乃有钲鼓,今茂官轻兵少,又但往谕晓之耳,所以假钲鼓者,欲重其威也。钲者,铙也,似铃,柄中上下通。"师古曰:"钲音征。铙音女交反。"

②如淳曰:"贼虽自出,得还其家而已,不得复除,尚当役作之也。"师古曰:"如说非也。言身既自出,又各送其家人诣本属县邑从赋役耳。"

③服虔曰:"重,成重也。作贼长帅,故徙之也。"

冬,中二千石举治狱平,岁一人。①

①李奇曰:"吏治狱平端也。"

三年春,诏有司为皇帝纳采安汉公莽女。①语在《莽传》。又诏光禄大夫刘歆等杂定婚礼。四辅、公卿、大夫、博士、郎、吏家属皆以礼娶,亲迎立轺并马。②

①师古曰:"婚礼有纳采、问名之礼,谓采择其可娶者。"

②服虔曰:"轺音铭,立乘小车也。并马,骊驾也。"师古曰:"新定此制也。并音步鼎反。"

夏,安汉公奏车服制度,吏民养生、送终、嫁娶、奴婢、田宅、器械之品。立官稷及学官。①郡国曰学,县、道、邑、侯国曰校。校、学置经师一人。乡曰庠,聚曰序。②序、庠置《孝经》师一人。

①如淳曰:"《郊祀志》曰'已有官社,未有官稷,遂立官稷于官社之后'。"臣瓒曰:"汉初除秦社稷,立汉社稷,其后又立官社,配以夏禹,而不立官稷。至此始立官稷。光武之后,但有官社,不立官稷。"师古曰:"淳、瓒二说皆未尽也。初立官稷于官社之后,是为一处。今更创置建于别所,不相从也。"

②张晏曰:"聚,邑落名也。"师古曰:"聚小于乡。聚音才喻反。"

阳陵任横等自称将军,盗库兵,攻官寺,出囚徒。大司徒掾督逐,皆伏辜。

安汉公世子宇与帝外家卫氏有谋。宇下狱死，诛卫氏。

四年春正月，郊祀高祖以配天，宗祀孝文以配上帝。

改殷绍嘉公曰宋公，周承休公曰郑公。

诏曰："盖夫妇正则父子亲，人伦定矣。前诏有司复贞妇，归女徒，①诚欲以防邪辟，②全贞信。及眊悼之人③刑罚所不加，圣王之所制也。惟苛暴吏多拘系犯法者亲属，妇女老弱，搆怨伤化，百姓苦之。④其明敕百寮，妇女非身犯法，及男子年八十以上七岁以下，家非坐不道，诏所名捕，它皆无得系。⑤其当验者，即验问。⑥定著令。"

①师古曰："复音方目反。"

②师古曰："辟读曰僻。"

③师古曰："八十曰眊，七年曰悼。眊者老称，言其昏暗也。悼者，未成为人，于其死亡，可哀悼也。眊音莫报反。"

④师古曰："搆，结也。"

⑤张晏曰："名捕，谓下诏特所捕也。"

⑥师古曰："就其所居而问。"

二月丁未，立皇后王氏，大赦天下。

遣太仆王恽等八人置副，假节，分行天下，览观风俗。①

①师古曰："行音下更反。"

赐九卿已下至六百石、宗室有属籍者爵，自五大夫以上各有差。①赐天下民爵一级，鳏寡孤独高年帛。

①师古曰："五大夫，第九爵。"

夏，皇后见于高庙。加安汉公号曰"宰衡"。①赐公太夫人号曰功显君。封公子安、临皆为列侯。

①应劭曰："周公为太宰，伊尹为阿衡，采伊、周之尊以加莽。"

安汉公奏立明堂、辟雍。①尊孝宣庙为中宗，孝元庙为高宗，天子世世献祭。

①应劭曰："明堂所以正四时，出教化。明堂上圜下方，八窗四达，布政之宫，

在国之阳。上八窗法八风，四达法四时，九室法九州，十二重法十二月，三十六户法三十六(雨)〔旬〕，七十二牖法七十二(风)〔候〕。[5]《孝经》曰：'宗祀文王于明堂，以配上帝。'上帝谓五畤帝太昊之属。黄帝曰合宫，有虞曰总章，殷曰阳馆，周曰明堂。辟廱者，象璧圜，雍之以水，象教化流行。"

置西海郡，徙天下犯禁者处之。

梁王立有罪，自杀。

分京师置前煇光、后丞烈二郡。更公卿、大夫、八十一元士官名位次①及十二州名。分界郡国所属，罢置改易，天下多事，吏不能纪。

①师古曰："更，改也。"

冬，大风吹长安城东门屋瓦且尽。

五年春正月，祫祭明堂。①诸侯王二十八人、列侯百二十人、宗室子九百馀人征助祭。②礼毕，皆益户，赐爵及金帛，增秩补吏，各有差。

①应劭曰："礼五年而再殷祭，壹禘壹祫。祫祭者，毁庙与未毁庙之主皆合食于太祖。"师古曰："祫音洽。"

②师古曰："征，召也。"

诏曰："盖闻帝王以德抚民，其次亲亲以相及也。昔尧睦九族，舜惇叙之。①朕以皇帝幼年，且统国政，②惟宗室子皆太祖高皇帝子孙及兄弟吴顷、楚元之后，③汉元至今，十有馀万人，虽有王侯之属，莫能相纠，④或陷入刑罪，教训不至之咎也。传不云乎？'君子笃于亲，则民兴于仁。'⑤其为宗室自太上皇以来族亲，各以世氏，郡国置宗师以纠之，致教训焉。二千石选有德义者以为宗师。考察不从教令有冤失职者，宗师得因邮亭书言宗伯，请以闻。⑥常以岁正月赐宗师帛各十匹。"

①师古曰："《虞书·尧典》云'昔在帝尧，克明峻德，以亲九族，九族既睦，平章百姓'。《咎繇谟》曰'惇叙九族，庶明厉翼'。言尧能明峻德之士而任用之，以(陆)〔睦〕高祖玄孙之亲，[6]乃令百姓平和章明。舜又厚叙此亲，使众庶皆明其教，而自勉励翼戴上命也。故此诏引之。"

②师古曰："朕者，太皇太后自称也。"

③师古曰："吴顷谓高帝之兄仲也。初为代王，后废为合阳侯，而子濞封为吴王，故追谥仲为吴顷王。顷读曰倾。"

④师古曰："纠谓禁察也。"

⑤师古曰："此《论语》载孔子之辞也。言上能厚于亲属，则下皆化之，起为仁行也。以《论语》传圣人之言，故(为)〔谓〕之传。[7]他皆类此。"

⑥晋灼曰："宗伯，宗正也。"师古曰："邮，行书舍也。言为书以付邮亭，令送至宗伯也。邮音尤。"

羲和刘歆等四人使治明堂、辟雍，①令汉与文王灵台、周公作洛同符。②太仆王恽等八人使行风俗，③宣明德化，万国齐同。皆封为列侯。

①师古曰："为使者而典其事。"

②师古曰："文王筑灵台，周公成雒邑，言与之符合。"

③师古曰："行音下更反。"

征天下通知逸经、古记、天文、历算、钟律、小学、《史篇》、方术、《本草》及以《五经》、《论语》、《孝经》、《尔雅》教授者，在所为驾一封轺传，①遣诣京师。至者数千人。

①如淳曰："律，诸当乘传及发驾置传者，皆持尺五寸木传信，封以御史大夫印章。其乘传参封之。参，三也。有期会累封两端，端各两封，凡四封也。乘置驰传五封也，两端各二，中央一也。轺传两马再封之，一马一封也。"师古曰："以一马驾轺车而乘传。传音张恋反。"

闰月，立梁孝王玄孙之耳孙音为王。

冬十二月丙午，帝崩于未央宫。①大赦天下。有司议曰："礼，臣不殇君。皇帝年十有四岁，宜以礼敛，加元服。"②奏可。葬康陵。③诏曰："皇帝仁惠，无不顾哀，④每疾一发，气辄上逆，害于言语，故不及有遗诏。其出媵妾，皆归家得嫁，如孝文时故事。"⑤

①臣瓒曰："帝年九岁即位，即位五年，寿十四。"师古曰："《汉注》云帝春秋益壮，以母卫大后故怨不悦。莽自知益疏，篡杀之谋由是生，因到(猎)〔腊〕日上椒酒，[8]置药酒中。故翟义移书云'莽鸩弑孝平皇帝'。"

②师古曰："敛音力赡反。"

③臣瓒曰："在长安北六十里。"

④师古曰："言帝平生多所顾念哀怜。"

⑤师古曰："媵妾，谓从皇后俱来者。媵之言送。媵音食证反，又音孕也。"

赞曰：孝平之世，政自莽出，褒善显功，以自尊盛。观其文辞，方外百蛮，亡思不服；①休征嘉应，颂声并作。②至乎变异见于上，民怨于下，莽亦不能文也。③

①师古曰："《大雅·文王有声》之诗曰：'自(东)〔西〕自(西)〔东〕，[9]自南自北，亡思不服。'言武王于镐京行辟雍之礼，自四方来观者皆感其德化，心无不归服。故此赞引之。"

②师古曰："休，美也。征，证也。"

③如淳曰："不可复文饰也。"

【校勘记】

〔1〕 (性)〔往〕者有司多举奏赦前事， 景祐、殿、局本都作"往"。钱大昭说"性"当作"往"。

〔2〕 天下吏(舍)〔民〕亡得置什器储偫。 景祐、殿、局本都作"民"。周寿昌说作"民"是。

〔3〕 举录赋敛之籍而(赏)〔偿〕之。 景祐、殿本都作"偿"。王先谦说作"偿"是。

〔4〕 为百〔姓〕困乏献其田宅者 景祐、殿、局本都有"姓"字，此脱。

〔5〕 三十六户法三十六(雨)〔旬〕，七十二牖法七十二(风)〔候〕。 宋祁说"雨"字旧作"旬，"风"字旧作"候"，疑此本有误。按景祐本正作"旬"作"候"。

〔6〕 以(陆)〔睦〕高祖玄孙之亲， 景祐、殿、局本都作"睦"。

〔7〕 故(为)〔谓〕之传。 钱大昭说"为"当作"谓"。按景祐、殿本都作"谓"。

〔8〕 因到(猎)〔腊〕日上椒酒， 钱大昭说"猎"当作"腊"。按景祐、殿本都作"腊"。

〔9〕 自(东)〔西〕自(西)〔东〕， 景祐本如此，与《诗》合。

汉书卷十三

异姓诸侯王表第一

昔《诗》、《书》述虞夏之际，舜禹受禮。①积德累功，洽于百姓，摄位行政，考之于天，②经数十年，然后在位。殷周之王，乃繇卨稷，③修仁行义，历十馀世，至于汤武，然后放杀。④秦起襄公，章文、缪，献、⑤孝、昭、严，稍蚕食六国，[1]⑥百有馀载，至始皇，乃并天下。以德若彼，用力如此其(艰)〔囏〕难也。[2]⑦

①师古曰："古禅字，音上扇反。"

②师古曰："谓在璇玑玉衡以齐七政。考之于天，知己合天心不也。"

③师古曰："繇读与由同。"

④师古曰："杀读曰弑。它皆类此。"

⑤师古曰："言秦之初大，起于襄公始为诸侯，至文公、缪公、献公，更为章著也。襄公，庄公之子；文公，襄公之子也。缪公，德公之少子；献公，灵公之子也。"

⑥师古曰："孝谓孝公也，即献公之子。昭谓昭襄王，即惠王之子，武王之弟也。严谓庄襄王，即昭襄王之孙，孝文王之子也。后汉时避明帝讳，以庄为严，故《汉书》姓及谥本作庄者皆易为严也。它皆类此。蚕食，谓渐吞灭之，如蚕食叶也。"

⑦师古曰："囏，古艰字也。"

秦既称帝，患周之败，以为起于处士横议，诸侯力争，四夷交侵，以弱见夺。①于是削去五等，②堕城销刃，③箝语烧书，④内锄雄俊，外攘胡粤，⑤用壹威权，为万世安。⑥然十馀年间，猛敌横发乎不虞，⑦适戍强于五伯，⑧闾阎偪于戎狄，⑨嚮应瘠于谤议，⑩奋臂威于甲兵。鄉秦之禁，适所以资豪桀而速自毙也。⑪是以汉亡尺土之阶，繇一剑之任，五载而成帝业。⑫书传所记，未尝有焉。何则？古世相革，皆承圣王之烈，⑬今汉独收孤秦之弊。镌金石者难为功，摧枯朽者易为力，⑭其势然也。故据汉受命，谱十八王，月而列之，天下一统，乃以年数。⑮讫于孝文，异姓尽矣。

①服虔曰："言因横议而败也。"应劭曰："孟轲云'圣王不作，诸侯恣行，处士横议'。"师古曰："处士谓不官于朝而居家者也。横音(朝)〔胡〕孟反。[3]次下'横发'，其音亦同也。"

②应劭曰："周制，公、侯、伯、子、男五等爵。"

③应劭曰："坏其坚城，恐复阻以害己也。聚天下之兵，铸以为铜人十二，不欲令民复逆命也。古者以铜为兵。"师古曰："堕音火规反。"

④应劭曰："禁民聚语，畏其谤己。箝，缄也。箝与钳同。"晋灼曰："许慎云'箝，籋也'。"师古曰："晋说是也。谓箝籋其口，不听妄言也，即所谓禁耦语者也。箝音(某)〔其〕占反。[4]籋音蹑。"

⑤师古曰："攘，却也。粤，古越字。"

⑥师古曰："令威权壹归于己。"

⑦师古曰："虞，度也。意所不度，谓之不虞。"

⑧师古曰："適读曰谪。谪戍，谓陈胜、吴广也。伯读曰霸。五霸谓昆吾、大彭、豕韦、齐桓、晋文也。谪音陟厄反。"

⑨应劭曰："《周礼》二十五家为闾。阎音詹，门闾外旋下廕，谓之步詹也。闾阎民陈胜之属，言其逼秦甚于戎狄也。"师古曰："闾，里门也。阎，里中门也。陈胜、吴广本起闾左之戍，故总言闾阎，应说非也。闾左解在《陈胜传》。偪音逼。"

⑩服虔曰："瘠音惨。"应劭曰："秦法，诽谤者族。今陈胜奋臂大呼，天下莫不嚮应，嚮应之害更瘠烈于所谤议也。"师古曰："嚮音響。響应者，如響之应声。瘠，痛也。服音是也。"

⑪师古曰："鄉读曰嚮，谓曩时也。秦禁，谓堕城销刃、箝语烧书之属是也。"

⑫师古曰："繇读与由同。任，用也，事也。"

⑬师古曰："革，变也。烈谓馀烈也。"

⑭师古曰："镌，琢石也，音子全反。"

⑮应劭曰:“谱音补。项羽为西楚霸王,为天下主,命立十八王,王高祖于蜀汉。汉元年,诸王毕封各就国,始受命之元,故以冠表焉。”张晏曰:“时天下未定,参错变易,不可以年纪,故列其月,五年诛籍,乃以年纪焉。”

公元前206

汉	元年一月　应劭曰："诸王始受封之月也。十八王同时称一月。赵歇起已二十七月，徙为代王。皆以月数旁行题都上云。"
楚	西楚霸王项籍始，为天下主，命立十八王。
分为衡山	王吴芮始，故番君。　师古曰："番音蒲河反。"
分为临江	王共敖始，故楚柱国。　师古曰："共读曰恭。"
分为九江	王英布始，故楚将。
赵　常山	王张耳始，故赵将。
分为代	廿七　王赵歇始，故赵王。
齐　临淄	王田都始，故齐将。
分为济北	王田安始，故齐将。
分为胶东	二十　王田市始，故齐(将)〔王〕。[5]
雍　分关中	王章邯始，故秦将。
塞　分关中	王司马欣始，故秦长史。
翟　分关中	王董翳始，故秦都尉。
燕	王臧荼始，故燕将。　师古曰："荼音大胡反。"
分为辽东	三十　王韩广始，故燕王。
魏	十九　王魏豹始，故魏王。
分为殷	王司马卬始，故赵将。
韩	廿二　王韩成始，故韩王。
分为河南	王申阳始，故楚将。

二月	三月	四月	五月
二　都彭城。	〔三〕[7]	〔四〕[8]	〔五〕[9]
二　都郗。	〔三〕	〔四〕	〔五〕
二　都江陵。	〔三〕	〔四〕	〔五〕
二　都六。	〔三〕	〔四〕	〔五〕
二　都襄国。	〔三〕	〔四〕	〔五〕
廿八　都代。	〔廿九〕	〔三十〕	〔卅一〕
二　都临淄。	〔三〕	四　田荣击都,降楚。	五　王田荣始,故齐相。
二　都博阳。	〔三〕	〔四〕	〔五〕
廿一　都即墨。	廿二	廿三	廿四　田荣击杀市。属齐。
二　都废丘。	〔三〕	〔四〕	〔五〕
二　都栎阳。	〔三〕	〔四〕	〔五〕
二　都高奴。	〔三〕	〔四〕	〔五〕
二　都蓟。	〔三〕	〔四〕	〔五〕
(廿)〔卅〕一[6] 都无终。	卅二	卅三	卅四
二十　都平阳。	廿一	(卅)〔廿〕二	廿三
二　都朝歌。	三	四	五
廿三　都阳翟。	〔廿四〕	〔廿五〕	〔廿六〕
二　都雒阳。	〔三〕	〔四〕	〔五〕

六月	七月	八月
六	七	八
六	七	八
六	七	八
六	七	八
六	七	八
卅二	卅三	卅四
二	三	四
六　田荣击杀安。属齐。		
六	〔七〕[11]　邯守废丘，汉围之。	八
六	七　欣降汉。	属汉，为渭南、河上郡。
六	七　翳降汉。	属汉，为上郡。
六	〔七〕	〔八〕[12]
卅五	卅六　臧荼击杀广。属燕。	
(卅)〔廿〕四[10]	廿五	廿六
六	七	八
廿七　项籍诛成。	王郑昌始，项王立之。	二
六	七	八

205

九月	十月	十一月
九	十	十一
九	十	十一
九	十	十一
九	十	十一
九　耳降汉。	代王歇还王赵。	卅七
卅五　歇复赵王。	歇以陈馀为代王，号(安成)〔成安〕[13]君。	二
五	六	七
九	十　汉拔我陇西。	十一
九	十	十一
廿七	廿八	廿九
九	十	十一
三	王韩信始，汉立之。	二
九　阳降汉。	属汉，为河南郡。	

十二月	二年一月〔14〕	二月
十二	二年一月	二
十二	二年一月	二
十二	十三	十四
十二	二年一月	二
卅八	卅九	四十
三	四	五
项籍击荣,走平原,民杀之。	二　项籍复立故齐王田假为王。	田荣弟横反城阳,击假,假奔楚。杀假。
十二　汉拔我北地。	二年一月	二
十二	二年一月	二
卅	卅一	卅二　豹降,为王。
十二	(卅)〔十〕三	十四　卬降汉。
三	四	五

三月　项王三万人破汉兵五十六万。	四月	五月
三	四	五
三	四	五
十五	十六	十七
三	四	五
四十一	四十二	四十三
六	七	八
王广始，故田荣子，横立之。	二	三
	(二)〔15〕	(三)〔16〕
三	四	五　汉杀邯。属汉为中地、陇西、北地郡。
三	四	五
卅三　从汉伐楚。	卅四　豹归，畔汉。	卅五
属汉，为河内郡。		
六　从汉伐楚。	七	八

六月	七月	八月
六	七	八
六	七	八
十八	十九	廿
六	七	八
四十四	四十五	四十六
九	十	十一
四	五	六
六	七	八
卅六	卅七	卅八　汉将韩信击虏豹。
九	十	十一

204

九月	十月	十一月	十二月	三年一月[20]
九	十	十一	十二	三年一月
九	十	十一	十二	三年一月
廿一	廿二	廿三	〔廿四〕[19]	廿五
九	十	〔十一〕[18]	布降汉。	
四十七	四十八　汉灭歇。			
十二	十(二)〔三〕[17]	属汉,为太原郡。		
七	八	九	十	十一
九	十	十一	十二	三年一月
属汉,为河东、上党郡。				
十二	二年一月	二	三	四

二月	三月	四月	五月	六月	七月
二	三	四（汉围）〔围汉〕[21]荥阳。	五	六	七
二	三	四	五	六	七
廿六	廿七	廿八	廿九	卅	卅一
十二	十三	十四	十五	十六	十七
二	三	四	五	六	七
五	六	七	八	九	十

203

八月	九月	十月	十一月	十二月
八	九	十	十一　汉将韩信击杀龙且。	十二
八	九	十	十一	十二
子尉嗣为王。	二	三	四	五
			复赵，王张耳始，汉立之。	二
十八	十九	廿	廿一　汉将韩信击杀广。属汉，为郡。	
八	九	十	十一	十二
十一	十二	三年一月	二	三

四年一月	二月	三月	四月	五月	六月
四年一月	二	三	四	五	六
四年一月	二	三	四	五	六
六	七	八	九	十	十一
					更为淮南(王)〔国〕[22]
三	四	五	六	七	八
齐国。	王韩信始,汉立之。	二	三	四	五
四年一月	二	三	四	五	六
四	五	六	七	八	九

202

七月	八月	九月	五年　即皇帝位。
七	八	九	正月　汉诛籍。王韩信始。
七	八	九	十　芮徙长沙。
十二	十三	十四	十二月　汉虏尉。
王英布始，汉立之。	二	三(月)[23]	二年
九	十	十一	十二月乙丑，耳薨。
			以太原为国。
六	七	八	徙韩信王楚。
七	八	九　反。汉诛荼。	后九月，王卢绾始，故太尉。
		置梁国。	王彭越始。
十	十一	十二	四年
		初置长沙国。	二月乙未，王吴芮始，六月，薨。

201	200	199	198
六年	七年	八年	九年
十一月　信废为侯。			
三	四	五	六
一　子敖嗣为王。	二	三　敖废为侯。	
王韩信始。九月，信反，降匈奴。			
二	三	四	五
二	三	四	五
五　信徙太原。			
成王臣嗣。	二	三	四

197	196	195	194	193	192
(一)十年[24]	十一年	十二年	孝惠(帝)[25]元年	二年	三年
七	八　布反,诛。				
六	绾反,降匈奴。				
六　越反,诛。					
五	六	七	八	哀王回嗣。	二

191	190	189	188	187
四年	五年	六年	七年	高后元年
			初置鲁国。	四月，王张偃始，高后外孙。
			初置淮阳国。	四月辛卯，王强始，高后所诈立孝惠子。
			复置常山国。	四月辛卯，王不疑始，高后所诈立孝惠子。
			初置吕国。	四月辛卯，王吕台始，高后兄子。
三	四	五	六	七

186	185
二年	三年
二	三
二	三
	(二)[26]
不疑薨，谥曰哀，无子。十月癸丑，王义始，故襄城侯。	二
	(二)
台薨，谥曰肃。子嘉嗣为王。	〔二〕
共王若嗣。	二

184	183	182
四年	五年	六年
四	五	六
四	五　强薨，谥曰怀，无子。	王武始，故壶关侯。
义立为帝。五月丙辰，王朝始，故轵侯。	二	三
(三)[27]	(四)[28]	
三	四	嘉坐骄废。十一月，王吕产始。[29]
		初置梁国。
三	四	五

181	180
七年	八年
七	八　偃废为侯。
二	三　武以非子诛。
四	五　朝以非子诛。
赵王吕禄始，高后兄子。	八月，汉大臣共诛禄。
产徙梁。十一月丁巳，王大始，故平昌侯。	
初置燕国。	七月癸丑，王吕通。八月，汉大臣共诛通。
二月，王吕产始。	二　汉大臣共诛产。
六	七

179	178	177	176	175	174	173
孝文元年	二年	三年	四年	五年	六年	七年
八	靖王产嗣。	二	三	四	五	六

172	171	170	169	168	167	166
八年	九年	十年	十一年	十二年	十三年	十四年
七	八	九	十	十一	十二	十三

165	164	163	162	161	160	159	158	157
十五年	十六年	后元元年	二年	三年	四年	五年	六年	七年
十四	十五	十六	十七	十八	十九	二十	二十一	二十二　来朝，薨。无子，国除。

【校勘记】

〔1〕 秦起襄公，章文、缪，献、⑤孝、昭、严，稍蚕食六国。 注⑤在“献”下，明颜以“章文、缪、献”断句。王念孙说献公在缪公之后十六世，而与文、缪并数，既为不伦，且上下句法，亦属参差。当断“章文、缪”为句，“献、孝、昭、严”为句。王先谦说王说是。

〔2〕 其(艰)〔囏〕难也。 钱大昭说“艰”当作“囏”。按景祐、殿、局本都作“囏”。

〔3〕 横音(朝)〔胡〕孟反。 景祐、汲古、殿、局本都作“胡”。

〔4〕 箝音(某)〔其〕占反。 景祐、汲古、局本都作“其”。

〔5〕 “故齐将”，钱大昭说当作“齐王”。按景祐、殿本都作“齐王”。

〔6〕 “廿一”，景祐、殿本都作“卅一”。王先谦说作“卅一”是。

〔7〕 此栏二至十八格缺字据殿、局本补，十九格据局本补。

〔8〕 此栏缺字据殿、局本补。十六格“卅二”，景祐本作“廿二”。朱一新说作“廿二”是。

〔9〕 此栏缺字据殿、局本补。

〔10〕 “卅四”，景祐、殿、局本都作“廿四”。朱一新说作“廿四”是。

〔11〕 此栏十一格“七”字据殿本补。十四格“七”字据殿、局本补。十八格八字原在十九格，据景祐、殿、局本移上。

〔12〕 十四格“八”字据殿、局本补。

〔13〕 “安成”，王先谦说殿本作“成安”是。

〔14〕 此栏原分作三栏，据王先谦说并。十七格，殿本作“十三”是。

〔15〕 王先谦说“二”字衍。按景祐、汲古本有，殿、局本无。

〔16〕 王先谦说“三”字衍。按景祐、汲古本有，殿、局本无。

〔17〕 “十二”，景祐、汲古、殿、局本都作“十三”。

〔18〕 “十一”据殿、局本补。

〔19〕 “廿四”据殿、局本补。

〔20〕 此栏原分作二栏，殿本并为一栏。王先谦说殿本不误。

〔21〕 “汉围”，景祐、殿、局本都作“围汉”。

〔22〕 王先谦说“王”当为“国”，各本误。

〔23〕 王先谦说“月”字衍。按景祐本有，殿本无。

〔24〕 王先谦说“一”字衍。按汲古本有，景祐、殿、局本无。

〔25〕 景祐、殿本都无“帝”字。

〔26〕 王先谦说此栏五、七格“二”字衍。按景祐本有，殿、局本无。八格“二”字据景祐、汲古、殿、局本补。

〔27〕 王先谦说“三”字衍。按景祐、汲古本有，殿、局本无。

〔28〕 王先谦说“四”字衍。按景祐、汲古本有，殿、局本无。

〔29〕 此格十一字原在九格，汲古本同，王先谦说误。据景祐、殿、局本移上。

汉书卷十四

诸侯王表第二

昔周监于二代,① 三圣制法,② 立爵五等,③ 封国八百,同姓五十有馀。周公、康叔建于鲁、卫,各数百里;太公于齐,亦五侯九伯之地。④《诗》载其制曰:"介人惟藩,大师惟垣。大邦惟屏,大宗惟翰。怀德惟宁,宗子惟城。毋俾城坏,毋独斯畏。"⑤ 所以亲亲贤贤,褒表功德,⑥ 关诸盛衰,深根固本,为不可拔者也。故盛则周、邵相其治,致刑错;衰则五伯扶其弱,与共守。⑦ 自幽、平之后,日以陵夷,⑧ 至虖阸陿河洛之间,⑨ 分为二周,⑩ 有逃责之台,被窃铁之言。⑪ 然天下谓之共主,⑫ 强大弗之敢倾。⑬ 历载八百馀年,数极德尽,既于王赧,⑭ 降为庶人,用天年终。号位已绝于天下,尚犹枝叶相持,莫得居其虚位,海内无主,三十馀年。⑮

①师古曰:"监,视也。二代,夏、殷也。"

②师古曰:"三圣谓文王、武王及周公也。"

③师古曰:"公、侯、伯、子、男。"

④臣瓒曰:"《礼记·王制》云:'五国以为属,属有长;二百一十国以为州,州有伯。'"师古曰:"五侯,五等诸侯也。九伯,九州之伯也。伯,长也。"

⑤师古曰:"《大雅·板》之诗也。介,善也。藩,篱也。屏,蔽也。垣,墙也。翰,干也。怀,和也。俾,使也。以善人为之藩篱,谓封周公、康叔于鲁、卫;以大师为垣墙,谓封太公于齐也。大邦以为屏蔽,谓成国诸侯也;大宗以为桢干,谓王之同姓也。能和其德则天下安宁,分建宗子则列城坚固。城不可使堕坏,宗不可使单独。单独堕坏,则畏惧斯至。"

⑥师古曰:"亲贤俱封,功德并建。"

⑦师古曰:"伯读曰霸。此五霸谓齐桓、宋襄、晋文、秦穆、吴夫差也。"

⑧师古曰："陵夷，言如山陵之渐平。夷谓颓替也。"

⑨应劭曰："陒者，狭也。陃者，踦䟢也。西迫强秦，东有韩魏，数见侵暴，踦䟢不安也。"师古曰："陒音于懈反。陃音区。"

⑩师古曰："谓东西二周也。"

⑪服虔曰："周赧王负责，无以归之，主迫责急，乃逃于此台，后人因以名之。"刘德曰："洛阳南宫誃台是也。"应劭曰："窃鈇，谓出至路边窃取人鈇也。"师古曰："应说非也。鈇钺，王者以为威，用斩戮也。言周室衰微，政令不行于天下，虽有鈇钺，无所用之，是谓私窃隐藏之耳。被音皮义反。鈇音肤。誃音移，又音直移反。"

⑫如淳曰："虽至微弱，犹共以为之主。"

⑬师古曰："言诸侯虽强大者，不敢倾灭周也。"

⑭师古曰："既亦尽也。赧，谥也，一曰名也，音女版反。"

⑮师古曰："秦昭襄王五十二年周初亡，五十六年昭襄王卒，孝文王立一年而卒，庄襄王立四年而卒，子政立二十六年而乃并天下，自号始皇帝。是为三十五年无主也。"

秦据势胜之地，骋狙诈之兵，①蚕食山东，壹切取胜。②因矜其所习，自任私知，姗笑三代，荡灭古法，③窃自号为皇帝，而子弟为匹夫，内亡骨肉本根之辅，外亡尺土藩翼之卫。陈、吴奋其白挺，④刘、项随而毙之。故曰，周过其历，秦不及期，国势然也。⑤

①应劭曰："狙，伺也，因(闻)〔间〕伺隙出兵也。[1]狙音若蛆反。"师古曰："音千絮反。"

②师古曰："蚕食，解在《异姓诸侯王表》。壹切，解在《平纪》也。"

③师古曰："姗，古讪字也。讪，谤也，音所谏反，又音删。"

④应劭曰："白挺，大杖也。《孟子》书曰'可使制挺以挞秦楚'是也。"师古曰："挺音徒鼎反。"

⑤应劭曰："武王克商，卜世三十，卜年七百，今乃三十六世，八百六十七岁，此谓过其历者也。秦以谥法少，恐后世相袭，自称始皇，子曰二世，欲以一迄万，今至子而亡，此之为不及期也。"

汉兴之初，海内新定，同姓寡少，惩戒亡秦孤立之败，于是剖裂疆土，立二等之爵。① 功臣侯者百有馀邑，尊王子弟，大启九国。② 自雁门以东，尽辽阳，为燕、代。③ 常山以南，太行左转，度河、济，渐于海，为齐、赵。④ 穀、泗以往，奄有龟、蒙，为梁、楚。⑤ 东带江、湖，薄会稽，为荆吴。⑥ 北界淮濒，略庐、衡，为淮南。⑦ 波汉之阳，亘九嶷，为长沙。⑧ 诸侯(北)〔比〕境，周(市)〔帀〕三垂，[2] 外接胡越。⑨ 天子自有三河、东郡、颍川、南阳，⑩ 自江陵以西至巴蜀，北自云中至陇西，与京师内史凡十五郡，公主、列侯颇邑其中。⑪ 而藩国大者夸州兼郡，连城数十，⑫ 宫室百官同制京师，可谓挢枉过其正矣。⑬ 虽然，高祖创业，日不暇给，孝惠享国又浅，高后女主摄位，而海内晏如，⑭ 亡狂狡之忧，卒折诸吕之难，成太宗之业者，亦赖之于诸侯也。

①(项羽)〔韦昭〕曰：[3]“汉封功臣，大者王，小者侯也。”

②师古曰：“九国之数在下也。”

③师古曰：“辽阳，辽水之阳也。”

④师古曰：“太行，山名也。左转，亦谓自太行而东也。渐，入也，一曰浸也。行音胡刚反。渐音子廉反，亦读如本字。”

⑤晋灼曰：“《水经》云泗水出鲁(下)〔卞〕县。”[4] 臣瓒曰：“穀在彭城，泗之下流为穀水。”师古曰：“奄，覆也。龟、蒙，二山名。”

⑥文颖曰：“即今吴也。高帝六年为荆国，十年更名吴。”师古曰：“荆吴，同是一国也。”

⑦师古曰：“濒，水涯也，音频，又音宾。庐、衡，二山名也。”

⑧郑氏曰：“波音陂泽之陂。”孟康曰：“亘，竟也，音古赠反。”师古曰：“波汉之阳者，循汉水而往也。水北曰阳。(陂)〔波〕音彼皮反，[5] 又音彼义反。九嶷，山名，有九峰，在零陵营道。嶷音疑。”

⑨师古曰：“比谓相接次也。三垂，谓北东南也。比音频寐反。”

⑩师古曰：“三河，河东、河南、河内也。”

⑪师古曰：“十五郡中又往往有列侯、公主之邑。”

⑫师古曰：“夸音跨。”

⑬师古曰：“挢与矫同。枉，曲也。正曲曰矫。言矫秦孤立之败而大封子弟，过于强盛，有失中也。”

⑭师古曰：“晏如，安然也。”

然诸侯原本以大，末流滥以致溢，小者淫荒越法，大者睽孤横逆，以害身丧国。①故文帝采贾生之议分齐、赵，景帝用晁错之计削吴、楚。武帝施主父之册，下推恩之令，使诸侯王得分户邑以封子弟，不行黜陟，而藩国自析。自此以来，齐分为七，②赵分为六，③梁分为五，④淮南分为三。⑤皇子始立者，大国不过十馀城。长沙、燕、代虽有旧名，皆亡南北边矣。⑥景遭七国之难，抑损诸侯，减黜其官。⑦武有衡山、淮南之谋，作左官之律，⑧设附益之法，⑨诸侯惟得衣食税租，不与政事。⑩

①师古曰："《易·睽卦》九四爻辞曰'睽孤，见豕负涂'。睽孤，乖剌之意。睽音工携反。"

②师古曰："谓齐、城阳、济北、济南、淄川、胶西、胶东也。"

③师古曰："谓赵、平原、真定、中山、广川、河间也。"

④师古曰："谓梁、济川、济东、山阳、济阴也。"

⑤师古曰："谓淮南、衡山、庐江。"

⑥如淳曰："长沙之南更置郡，燕、代以北更置缘边郡。其所有饶利、兵马、器械，三国皆失之矣。"

⑦师古曰："谓改丞相曰相，省御史大夫、廷尉、少府、宗正、博士，损大夫、谒者诸官长丞员等也。"

⑧服虔曰："仕于诸侯为左官，绝不得使仕于王侯也。"应劭曰："人道上右，今舍天子而仕诸侯，故谓之左官也。"师古曰："左官犹言左道也。皆僻左不正，应说是也。汉时依上古法，朝廷之列以右为尊，故谓降秩为左迁，仕诸侯为左官也。"

⑨张晏曰："律郑氏说，封诸侯过限曰附益。或曰阿媚王侯，有重法也。"师古曰："附益者，盖取孔子云'求也为之聚敛而附益之'之义也，皆背正法而厚于私家也。"

⑩师古曰："与读曰豫。"

至于哀、平之际，皆继体苗裔，亲属疏远，①生于帷墙之中，不为士民所尊，势与富室亡异。而本朝短世，国统三绝，②是故王莽知汉中外殚微，本末俱弱，③亡所忌惮，生其奸心；因母后之权，假伊周之称，颛作威福庙堂之上，不降阶序而运天下。④诈谋既成，遂据南面之尊，分遣五威之吏，驰传天下，班行符命。汉诸侯王厥角䭬首，⑤奉上玺韨，惟恐在后，⑥或乃称美颂德，以求容媚，岂不哀哉！是以究其终始强弱之变，明监戒焉。

①师古曰："言非始封之君，皆其后裔也，故于天子益疏远矣。"

②师古曰："谓成、哀、平皆早崩，又无继嗣。"

③师古曰："殚，尽也，音单。"

④师古曰："序谓东西厢。颛与专同。"

⑤应劭曰："厥者，顿也。角者，额角也。稽首，首至地也。言王莽渐渍威福日久，亦值汉之单弱，王侯见莽篡弑，莫敢怨望，皆顿角稽首至地而上其玺绶也。"晋灼曰："厥犹竖也，叩头则额角竖。"师古曰："应说是也。䭬音口礼反，与稽同。"

⑥师古曰："韨音弗，玺之组也。"

号谥	楚元王交		代王喜
属	高帝弟。 师古曰:"楚元王,帝弟,而表居代王前者,以封日先后为次也。"		高帝兄。
始封	六年正月丙午立,二十三年薨。		正月壬子立,七年,为匈奴所攻,弃国自归,废为郃阳侯,孝惠二年薨。
子	孝文二年,夷王郢客嗣,四年薨。	孝景四年,文王礼以元王子平陆侯绍封,三年薨。	吴 高祖十二年十月辛丑,王濞以故代王子沛侯立,四十二年,孝景三年,反,诛。
孙	六年,王戊嗣,二十一年,孝景三年,反,诛。	七年,安王道嗣,二十二年薨。	
曾孙		元朔元年,襄王注嗣,十二年薨。	
玄孙		元鼎元年,节王纯嗣,十六年薨。	
六世		天汉元年,王延寿嗣,三十二年,地节元年,谋反,诛。	
七世 张晏曰:"礼,服尽于玄孙,故以世数名也。"			

齐悼惠王肥			
高帝子。			
正月壬子立，十三年薨。			
孝惠七年，哀王襄嗣，十二年薨。	孝文十六年，孝王将闾以悼惠王子杨虚侯绍封，十一年薨。	城阳 孝文二年二月乙卯，景王章以悼惠王子朱虚侯立，二年薨。	八世 甘露三年，戴王恢嗣，八年薨。
孝文二年，文王则嗣，十四年薨，亡后。	孝景四年，懿王寿嗣，二十三年薨。	四年，共王喜嗣，八年，徙淮南，四年，复还，凡三十三年薨。	九世 永光元年，孝王景嗣，二十四年薨。
	元光四年，厉王次昌嗣，五年薨，亡后。	孝景后元年，顷王延嗣，二十六年薨。	十世 鸿嘉二年，哀王云嗣，一年薨，亡后。(元)〔永〕始[7]元年，王俚以云弟绍封，二十五年，王莽篡位，贬为公，明年废。
		元狩六年，敬王义嗣，九年薨。	
		元封三年，惠王武嗣，十(二)〔一〕[6]年薨。	
		天汉四年，荒王顺嗣，四十六年薨。	

济北　二月乙卯，王兴居以悼惠王子东牟侯立，二年谋反，诛。	菑川　十六年四月丙寅，懿王志以悼惠王子安都侯立为济北王，十一年，孝景四年，徙菑川，三十五年薨。	八世　元延四年，怀王友嗣，六年薨。
	元光六年，靖王建嗣，二十年薨。	九世　建平四年，王永嗣，十二年，王莽篡位，贬为公，明年废。
	元封二年，顷王遗嗣，三十五年薨。	
	元平元年，思王终古嗣，二十八年薨。	
	初元三年，考王尚嗣，六年薨。	
	永光四年，孝王横嗣，三十一年薨。	

济南　四月丙寅，王辟光以悼王子扐侯立，十一年反，诛。　师古曰："扐音力。"	菑川　四月丙寅，王贤以悼惠王子武城侯立，十一年反，诛。

		荆王贾
		高帝从父弟。
		六年正月丙午立，六年十二月，为英布所攻，亡后。
胶西　四月丙寅，王卬以悼惠王子平昌侯立，十一年反，诛。	胶东　四月丙寅，王熊渠以悼惠王子白石侯立，十一年反，诛。	

淮南厉王长		
高帝子。		
十一年十月庚午立，二十三年，孝文六年，谋反，废徙蜀，死雍。		
十六年四月丙寅，王安以厉王子阜陵侯绍封，四十(二)〔三〕[8]年，元狩元年，谋反，自杀。	衡山 四月丙寅，王赐以厉王子阳周侯立为庐江王，十二年，徙衡山，(三)〔四〕十三年，[9]谋反，自杀。	济北 四月丙寅，王勃以厉王子安阳侯立为衡山王，十二年，徙济北，一年薨，谥曰贞王。
		孝景六年，成王胡嗣，五十四年薨。
		天汉四年，王宽嗣，十一年，后二年，谋反，自杀。

赵隐王如意	代王	赵共王恢 师古曰:“共读曰恭。下皆类此。”
高帝子。	高帝子。	高帝子。
九年四月立,十二年,为吕太后所杀,亡后。	十一年正月丙子立,十七年,高后八年,为皇帝。	十一年三月丙午,为梁王,十六年,高后七年,徙赵,其年自杀,亡后。

赵幽王友		燕灵王建
高帝子。		高帝子。
十一年三月丙寅，立为淮阳王，二年，徙赵，十四年，高后七年，自杀。		十二年二月甲午立，十五年，高后七年，薨。吕太后杀其子。
孝文元年，王遂以幽王子绍封，二十六年，孝景三年，反，诛。	河间 孝文二年（二）〔三〕月[10]乙卯，文王辟彊以幽王子立，十三年薨。	
	十五年，哀王福嗣，一年薨，亡后。	

燕敬王泽	右高祖十一人。吴随父，凡十二人。师古曰："吴王濞从其父代王喜在此表中，故十二人也。"	梁怀王揖	梁孝王武
高帝从祖昆弟。		文帝子。	文帝子。
高后七年，以营陵侯立为琅邪王，二年，孝文元年，徙燕，二年薨。		二年二月乙卯立，十年薨，亡后。	二月乙卯，立为代王，三年，徙为淮阳王，十年，徙梁，三十五年薨。
三年，康王嘉嗣，二十六年薨。			孝景后元年，恭王买嗣，七年薨。
孝景六年，王定国嗣，二十四年，坐禽兽行，自杀。			建元五年，平王襄嗣，四十年薨。
			太始元年，贞王毋伤嗣，十一年薨。
			始元二年，敬王定国嗣，四十年薨。
			初元四年，夷王遂嗣，六年薨。
			永光五年，荒王嘉嗣，十五年薨。

八世　阳朔元年，王立嗣，二十七年，元始三年，有罪，废，徙汉中，自杀。元始五年二月丁酉，王音以孝王玄孙之曾孙绍封，五年，王莽篡位，贬为公，明年废。	济川　孝景中六年五月丙戌，王明以孝王子桓邑侯立，七年，建元三年，坐杀中傅，废迁房陵。

济东　五月丙戌，王彭离以孝王子立，二十九年，坐杀人，废迁上庸。	山阳　五月丙戌，哀王定以孝王子立，九年薨，亡后。	济阴　五月丙戌，哀王不识以孝王子立，（七）〔二〕[11]年薨，亡后。

代孝王参	右孝文三人。齐、城阳、两济北、济南、菑川、胶西、胶东、赵、河间、淮南、衡山十二人随父,凡十五人。	河间献王德
文帝子。		景帝子。
二月乙卯,立为太原王,(王)〔12〕三年,更为代王,七年薨。		二年三月甲寅立,二十六年薨。
孝文后三年,恭王登嗣,二十九年薨。		元光六年,共王不周嗣,四年薨。
清河 元光三年,刚王义嗣,十九年,元鼎三年,徙清河,三十八年薨。		元朔四年,刚王基嗣,十二年薨。
太始三年,顷王阳嗣,二十五年薨。		元鼎四年,顷王缓嗣,十七年薨。
地节元年,王年嗣,四年,坐与同产妹奸,废迁房陵,与邑百家。		天汉四年,孝王庆嗣,四十(七)〔三〕〔13〕年薨。
广宗 元始二年四月丁酉,王如意以孝王玄孙之子绍封,七年,王莽篡位,贬为公,明年废。		五凤四年,王元嗣,十七年,建昭元年,坐杀人,废迁房陵。

	临江哀王阏 师古曰:"阏音一曷反。"	鲁共王馀
	景帝子。	景帝子。
	三月甲寅立,三年薨,亡后。	三月甲寅,立为淮阳王,二年,徙鲁,二十八年薨。
		元朔元年,安王光嗣,四十年薨。
		后元元年,孝王庆忌嗣,三十七年薨。
		甘露三年,顷王封嗣,二十八年薨。
		阳朔二年,文王睃嗣,十九年薨,亡后。 晋灼曰:"睃音镌。"师古曰:"睃音子缘反。"
建始元年正月丁亥,惠王良以孝王子绍封,二十七年薨。		
建平二年,王尚嗣,十四年,王莽篡位,贬为公,明年废。		

	江都易王非 师古曰:“谥法,好更故旧曰易。”
	(高)〔景〕[14]帝子。
	三月甲寅,立为汝南王,二年,徙江都,二十八年薨。
	元朔二年,王建嗣,六年,元狩二年,谋反,自杀。
	广世 元始二年四月丁酉,王宫以易王庶孙盱眙侯子绍封,五年,王莽篡位,贬为公,明年废。
建平三年六月辛卯,王闵以顷王子部乡侯绍封,十三年,王莽篡位,贬为公,明年,献神书言莽德,封列侯,赐姓王。 师古曰:“部音吾,又音鱼。”	

赵敬肃王彭祖		
景帝子。		
二月甲寅，立为广川王，四年，徙赵，六十三年薨。		
征和元年，顷王昌嗣，十九年薨。		平干　征和二年，顷王偃以敬肃王小子立，十一年薨。
本始元年，怀王尊嗣，五年薨。	地节四年二月甲子，哀王高以顷王子绍封，四月薨。[15]	元凤元年，缪王元嗣，二十四年，五凤二年，坐杀谒者，会薨，不得代。
	元康元年，共王充嗣，五十六年薨。	
	元延三年，王隐〔嗣〕，十九年，王莽篡位，贬为公，明年废。	

长沙定王发		胶西于王端
景帝子。		景帝子。
三月甲寅立，二十八年薨。		三年六月乙巳立，四十七年，元封三年薨，亡后。
元朔二年，戴王庸嗣，二十七年薨。		
天汉元年，顷王附朐嗣，十七年薨。晋灼曰："附音符。"师古曰："附读如本字。朐音劬。本传作鲋鮈，其音同耳。"		
始元四年，剌王建德嗣，三十四年薨。		
黄龙元年，炀王旦嗣，二年薨，亡后。	初元四年，孝王宗以剌王子绍封，三年薨。	
	永光二年，缪王鲁人嗣，四十八年薨。	
	居摄二年，舜嗣，二年，王莽篡位，贬为公，明年废。	

中山靖王胜		胶东王
景帝子。		景帝子。
六月乙巳立,四十二年薨。		四年四月乙巳立,四年为皇太子。
元鼎五年,哀王昌嗣,二年薨。		
元封元年,糠王昆侈嗣,二十一年薨。 师古曰:"糠音与康同。糠,恶谥也。好乐怠政曰糠。它皆类此。"		
征和四年,顷王辅嗣,三年薨。		
始元元年,宪王福嗣,十七年薨。		
地节元年,怀王脩嗣,十五年薨,亡后。		
广德 鸿嘉二年八月,夷王云客以怀王从父弟子绍封,一年薨,亡后。	广平 建平三年正月壬寅,王汉以夷王弟绍封,十三年,王莽篡位,贬为公,明年废。	

临江愍王荣	广川惠王越	
景帝子。	景帝子。	
七年十一月己酉，以故皇太子立，三年，坐侵庙壖地为宫，自杀。	中二年四月乙巳立，十二年薨。	
	建元五年，缪王齐嗣，四十五年薨。	
	征和二年，王去嗣，二十二年，本始四年，坐亨姬不道，废徙上庸，予邑百户。师古曰："忿怒其姬，亨煮而杀。"	地节四年五月庚午，戴王文以缪王子绍封，二年薨。
		元康二年，王汝阳嗣，十五年，甘露四年，杀人，废徙房陵。

	胶东康王寄	
	景帝子。	
	四月乙巳立，二十八年薨。	
	元狩三年，哀王贤嗣，十四年薨。	六安　元狩二年七月壬子，恭王庆以康王少子立，三十八年薨。
	元封五年，戴王通平嗣，二十四年薨。	始元四年，夷王禄嗣，十(四)〔16〕年薨。
广德　元始二年四月丁酉，静王榆以惠王曾孙戴王子绍封，四年薨。	始元五年，顷王音嗣，五十四年薨。	本始元年，缪王定嗣，二十三年薨。
居摄元年，王赤嗣，三年，王莽篡位，贬为公，明年废。	河平元年，恭王授嗣，十四年薨。	甘露四年，顷王光嗣，二十七年薨。
	永始三年，王殷嗣，二十三年，王莽篡位，贬为公，明年废。	阳朔二年，王育嗣，三十三年，王莽篡位，贬为公，明年废。

清河哀王乘	常山宪王舜	
景帝子。	景帝子。	
中三年三月丁酉立，十二年薨，亡后。	中五年三月丁巳立，三十二年薨。	
	元鼎三年，王勃嗣，坐宪王丧服奸，废徙房陵。	真定 元鼎三年，顷王平以宪王子绍封，二十五年薨。
		征和四年，烈王偃嗣，十八年薨。
		本始三年，孝王（由）〔申〕[17]嗣，（二十二）〔三十三〕年薨。
		建昭元年，安王雍嗣，十六年薨。
		阳朔三年，共王普嗣，十五年薨。
		绥和二年，王杨嗣，十六年，王莽篡位，贬为公，明年废。

		右孝景十四人。楚、济川、济东、山阳、济阴五人随父，凡十九人。师古曰：“此表列诸王次第与本传不同者，本传因母氏之次而尽言所生，表则叙其昆弟长幼。又临江闵王封时年月在后，故不同也。它皆类此。”	齐怀王闳
			武帝子。
			元狩六年四月乙巳立，八年，元封元年薨，亡后。
泗水 元鼎二年，思王商以宪王少子立，十五年薨。			
太初二年，哀王安世嗣，一年薨，亡后。	三年，戴王贺以思王子绍封，二十年薨。		
	元凤元年三月丙子，勤王综嗣，三十九年薨。		
	永光三年，戾王骏嗣，三十一年薨。		
	元延三年，王靖嗣，十九年，王莽篡位，贬为公，明年废。		

燕刺王旦	广陵厉王胥		
武帝子。	武帝子。		
四月乙巳立，三十七年，元凤元年，(主)〔坐〕[18]谋反，自杀。	四月乙巳立，六十三年，五凤四年，坐祝诅上，自杀。		
广阳　本始元年五月，顷王建以剌王子绍封，二十九年薨。	初元二年三月壬申，孝王霸以厉王子绍封，十三年薨。		高密　本始元年十月，衰王弘以厉王子立，八年薨。
初元五年，穆王舜嗣，二十一年薨。	建昭五年，共王意嗣，十三年薨。	元延二年，靖王守以孝王子绍封，十七年薨。	元康元年，顷王章嗣，三十四年薨。
阳朔二年，思王璜嗣，二十一年薨。	建始二年，哀王护嗣，十五年薨，亡后。	居摄二年，王宏嗣，三年，王莽篡位，贬为公，明年废。	建始二年，怀王宽嗣，十一年薨。
建平四年，王嘉嗣，十二年，王莽篡位，贬为公，明年废。			鸿嘉元年，王慎嗣，二十九年，王莽篡位，贬为公，明年废。

昌邑哀王髆	右孝武四人。六安、真定、泗水、平干四人随父，(兄)〔凡〕[20]八人。	淮阳宪王钦
武帝子。		宣帝子。
天汉四年六月乙丑立，十一年薨。		元康三年四月丙子立，三十六年薨。
(元始)〔始元〕[19]元年，王贺嗣，十二年，征为昭帝后，立二十七日，以行淫乱，废归故国，予邑三千户。		河平二年，文王玄嗣，二十六年薨。
		元寿二年，王縯嗣，十九年，王莽篡位，贬为公，明年废。

	东平思王宇	
	宣帝子。	
	甘露二年十月乙亥立，三十二年薨。	
	鸿嘉元年，炀王云嗣，十六年，建平三年，坐祝诅上，自杀。	
师古曰："缜音羊善反。"	元始元年二月丙辰，王开明嗣，立五年薨，亡后。	中山　元始元年二月丙辰，王成都以思王孙桃乡顷侯宣子立，奉中山孝王后，八年，王莽篡位，贬为公，明年，献书言莽德，封(烈)〔列〕[21]侯，赐姓王。
		居摄元年，严乡侯子匡为东平王。

楚孝王嚣 师古曰："嚣音敖。"		
宣帝子。		
十月乙亥，立为定陶王，四年，徙楚，二十八年薨。		
阳朔元年，怀王芳嗣，一年薨，亡后。	阳朔二年，思王衍以孝王子绍封，〔二〕十一[22]年薨。	
	元寿元年，王纡嗣，十年，王莽篡位，贬为公，(子)明年废。	信都 绥和元年十一月壬子，王景以孝王孙立为定陶王，奉恭王后，三年，建平二年，徙信都，十三年，王莽篡位，贬为公，明年废。

中山哀王竟	右孝宣四人。燕王继绝，高密随父，凡六人。	定陶共王康	中山孝王兴	右孝元二人。广陵继绝，凡三人。孝成时河间、广德、定陶三国，孝哀时广平一国，孝平时东平、中山、广德、广世、广宗五国，皆继绝。
宣帝子。		元帝子。	元帝子。	
初元二年二月丁巳，立为清河王，五年，徙中山王，十三年薨，亡后。		永光三年三月，立为济阳王，八年，徙山阳，八年，河平四年四月，徙定陶，凡十九年薨。	建昭二年六月乙亥，立为信都王，十五年，阳朔二年，徙中山，凡三十年薨。	
		阳朔三年，王欣嗣，十四年，绥和元年，为皇太子。	绥和二年，王箕子嗣，六年，元寿二年，立为皇帝。	

【校勘记】

〔1〕 因(闻)〔间〕伺隙出兵也。 朱一新说“闻”疑作“间”。按景祐、殿、局本都作“间”。

〔2〕 诸侯(北)〔比〕境,周(市)〔帀〕三垂, 景祐、殿本“北”都作“比”,“市”都作“帀”。王先谦说作“比”作“帀”是。

〔3〕 (项羽)〔韦昭〕曰: 朱一新说《史表集解》引作“韦昭”。

〔4〕 泗水出鲁(下)〔卞〕县。 景祐、汲古、殿、局本都作“卞”。朱一新说作“卞”是。

〔5〕 (陂)〔波〕音彼皮反。 景祐、殿本都作“波”。

〔6〕 王先谦说“二”当作“一”。按景祐本作“一”。

〔7〕 “元始”当作“永始”,据《资治通鉴》改。

〔8〕 王先谦说“四十二”当作“四十三”,《史表》不误。

〔9〕 王先谦说“三十三”当作“四十三”。按景祐本作“三十四”。

〔10〕 朱一新说《文纪》作“三月”,汪本亦作“三月”,此作“二月”误。

〔11〕 殿本“七”作“二”。王先谦说作“二”是。

〔12〕 朱一新说汪本无“王”字是。按景祐本无“王”字。

〔13〕 王先谦说“七”当作“三”。按景祐本作“二”。

〔14〕 王先谦说“高”当作“景”。按景祐、殿、局本都作“景”。

〔15〕 此栏五、六、七格原在六、七、八格,据钱大昭说及景祐、殿、局本提上。七格“嗣”字据殿、局本补。

〔16〕 王先谦说“四”字衍。按景祐本“四”作“一”。

〔17〕 王先谦说“由”字闽本、汪本、殿本都作“申”。按景祐本作“申”。又说“二十二年”当作“三十三年”。按景祐本正作“三十三年”。

〔18〕 “主”,景祐、殿、局本都作“坐”。王先谦说作“坐”是。

〔19〕 王先谦说“始元”误倒作“元始”。按景祐、殿、局本都作“始元”。

〔20〕 钱大昭说“兄”当作“凡”。按殿、局本都作“凡”。

〔21〕 殿、局本“烈”都作“列”。王先谦说作“列”是。

〔22〕 此栏四格,王先谦说“十”上脱“二”字。五格,王先谦说“子”字衍。按景祐、殿、局本都无“子”字。

汉书卷十五上

王子侯表第三上

大哉,圣祖之建业也!后嗣承序,以广亲亲。至于孝武,以诸侯王畺土过制,或替差失轨,而子弟为匹夫,①轻重不相准,于是制诏御史:"诸侯王或欲推私恩分子弟邑者,令各条上,朕且临定其号名。"自是支庶毕侯矣。《诗》云"文王孙子,本支百世",②信矣哉!③

①师古曰:"畺亦壃字也。替,古僭字也。轨,法也。"

②师古曰:"《大雅·文王》之诗也。本,本宗也。支,支子也。言文王有明德,故天祚之,子孙嫡者为天子,支庶为诸侯,皆不绝也。"

③师古曰:"侯所食邑,皆书其郡县于下。其有不书者,史失之也。或但言某人嗣及直书薨,不具年月,皆阙文也。"

号谥名	羹颉侯信　服虔曰："音戞击之戞。"师古曰："音居黠反。"	合阳侯喜	德哀侯广
属	帝兄子。	帝兄，为代王。匈奴攻代，弃国，废为侯。	
始封位次	七年中封，十三年，高后元年，有罪，削爵一级，为关内侯。　师古曰："不记月日，故云七年中也。"	八年九月丙午封，七年，孝惠二年薨，以子为王，谥曰顷王。	一百二十〔七〕[1]　十二年十一月庚辰，以兄子封，（十年）〔七年八月〕薨。
子		沛　十一年十二月癸巳，侯濞以帝兄子封，十二年，为吴王。	高后三年，顷侯通嗣，（三）〔二〕十四年薨。
孙			孝景六年，康侯龁嗣，二十四年薨。　师古曰："龁音纥。下亦同。"
曾孙			元鼎四年，侯何嗣。五年，坐酎金免。
玄孙			泰山　元康四年，广玄孙长安大夫猛，诏复家。　师古曰："大夫，第五爵也。复家，蠲赋役也。复音方目反。"

	右高祖	上邳侯郢客
		楚元王子。
		一百二十八　二年五月丙申封，七年，为楚王。
六世		
七世　元寿二年五月甲子，侯勋以广玄孙之孙长安公乘绍封，千户，九年，王莽篡位，绝。　师古曰：“公乘，第八爵也。”		

朱虚侯章	东牟侯兴居	右高后	管共侯罢军　师古曰：“罢音皮彼反，又读曰疲。共读曰恭。下皆类此。”
齐悼惠王子。	齐悼惠王子。		齐悼惠王子。
一百二十九　五月丙申封，八年，为城阳王。　张晏曰：“高后二年诏丞相陈平，令差第列侯位次高下，故王子侯三人有第，二年之后皆不第。”	六年四月丁酉封，四年，为济北王。		四年五月甲寅封，二年薨。
			六年，侯戎奴嗣，二十年，孝景(二)〔三〕[2]年，反，诛。

氏丘共侯甯国	营平侯信都	杨丘共侯安	杨虚侯将闾
齐悼惠王子。	齐悼惠王子。	齐悼惠王子。	齐悼惠王子。
五月甲寅封，十一年薨。	五月甲寅封，十年薨。	五月甲寅封，十二年薨。	五月甲寅封，十二年，为齐王。
十五年，侯偃嗣，十年，孝景三年，反，诛。	十四年，侯广嗣，十一年，孝景三年，反，诛。	十六年，侯偃嗣，十一年，孝景四年，坐出国界，耐〔3〕为司寇。	

朸侯辟光 师古曰："朸音其力反。下亦同。"	安都侯志	平昌侯卬	武成侯贤
齐悼惠王子。	齐悼惠王子。	齐悼惠王子。	齐悼惠王子。
五月甲寅封，十二年，为（齐）〔济〕[4]南王。	五月甲寅封，十二年，为济北王。	五月甲寅封，十二年，为胶西王。	五月甲寅封，十二年，为菑川王。

白石侯雄渠	阜陵侯安	安阳侯勃	阳周侯赐
齐悼惠王子。	淮南厉王子。	淮南厉王子。	淮南厉王子。
五月甲寅封，十二年，为胶东王。	八年五月丙午封，八年，为淮南王。	五月丙午封，八年，为衡山王。	五月丙午封，八年，为庐江王。

东城哀侯(良)〔良〕[5]	右孝文	平陆侯礼	休侯富
淮南厉王子。		楚元王子。	楚元王子。
五月丙午封，七年薨，亡后。		元年四月乙巳封，三年，为楚王。	四月乙巳封，三年，以兄子楚王戊反，免。三年，侯富更封红侯，六年薨，谥曰懿。
			七年，怀侯登嗣，一年薨。
			中元年，敬侯嘉嗣，二十四年薨。
			元朔四年，哀侯章嗣，一年薨，亡后。

沈猷夷侯岁 师古曰："沈音审。"	宛朐侯埶 师古曰："埶音藝。"	棘乐敬侯调
楚元王子。	楚元王子。	楚元王子。
四月乙巳封，二十年薨。	四月乙巳封，三年，反，诛。	三年八月壬子封，十六年薨。
建元五年，侯受嗣，十八年，元狩五年，坐为宗正听请，不具宗室，耐[6]为司寇。 师古曰："受为宗正，人有私请求者，受听许之，故于宗室之中事有不具，而受获罪。"		建元三年，恭侯应嗣，十五年薨。
		元朔元年，侯庆嗣，十六年，元鼎五年，坐酎金免。

乘氏侯买	桓邑侯明	右孝景	兹侯明	安城思侯苍
梁孝王子。	梁孝王子。		河间献王子。	长沙定王子。
中五年五月丁卯封，一年，为梁王。	五月丁卯封，一年，为济川王。		元光五年正月壬子封，四年，元朔三年，坐杀人，自杀。	六年七月乙巳封，十三年薨。
				元鼎元年，节侯自当嗣。
				侯寿光嗣，五凤二年，坐与姊乱，下狱病死。
				豫章

宜春侯成	句容哀侯党 师古曰："句读为章句之句。"	容陵侯福	杏山侯成
长沙定王子。	长沙定王子。	长沙定王子。	楚安王子。
七月乙巳封，十七年，元鼎五年，坐酎金免。	七月（己）〔乙〕[7]巳封，二年薨，亡后。	七月乙巳封，十七年，元鼎五年，坐酎金免。	后九月壬戌封，十七年，元鼎五年，坐酎金免。
	会稽		

浮丘节侯不害	广戚节侯将	丹(杨)〔阳〕[8]哀侯敢
楚安王子。	鲁共王子。	江都易王子。
后九月壬戌封,十一年薨。	元朔元年十月丁酉封,薨。	十二月甲辰封,六年,元狩元年薨,亡后。
元狩五年,侯霸嗣,六年,元鼎五年,坐酎金免。	侯始嗣,元鼎五年,坐酎金免。	
沛		无湖

盱台侯蒙之	胡孰顷侯胥行	秣陵终侯缠
江都易王子。	江都易王子。	江都易王子。
十二月甲辰封，十六年，元鼎五年，坐酎金免。	正月丁卯封，十六年薨。	正月丁卯封，元鼎四年薨，亡后。
	元鼎五年，侯圣嗣，坐知人脱亡名数，以为保，杀人，免。 师古曰："脱亡名数，谓不占户籍也。以此人为庸保，而又别杀人也。"	
	丹阳	

淮陵侯定国	张梁哀侯仁	龙丘侯代	剧原侯错
江都易王子。	梁共王子。	菑川懿王子。	菑川懿王子。
正月丁卯封，十六年，元鼎五年，坐酎金免。	二年五月乙巳封，十三年薨。	五月乙巳封，十五年，元鼎五年，坐酎金免。	(九)〔五〕[9]月乙巳封，十七年薨。
元鼎三年，侯顺嗣，二十三年，征和三年，为奴所杀。		元鼎二年，孝侯广昌嗣。	
		戴侯骨嗣。	
		质侯吉嗣。	
淮陵		琅邪	节侯罢嗣。

	怀昌夷侯高遂	平望夷侯赏	
	菑川懿王子。	菑川懿王子。	
	五月乙巳封，二年薨。	五月乙巳封，七年薨。	
六世　侯胜容嗣。	四年，胡侯延年嗣。	元狩三年，原侯楚人嗣，二十六年薨。	六世　侯旦嗣。
	节侯胜时嗣。	太始三年，敬侯光嗣，十四年薨。	
	侯可置嗣。	神爵四年，顷侯起嗣。	
		孝侯均嗣。	

临众敬侯始昌		葛魁节侯宽
菑川懿王子。		菑川懿王子。
五月乙巳封，三十一年薨。		五月乙巳封，八年薨。
太始元年，康侯革生嗣，十八年薨。	六世　釐侯贤嗣。	元狩四年，侯戚嗣，五年，元鼎三年，坐缚家吏恐猲受赇，弃市。师古曰："猲谓以威力胁人也。赇，枉法以财相谢。猲音呼葛反。赇音求。"
元凤三年，顷侯广平嗣，薨。	七世　侯商嗣，王(恭)〔莽〕[10]篡位，绝。	
原侯农嗣。		
临原　节侯理嗣。		

益都敬侯胡	平的戴侯强 师古曰:“的音丁历反。”		剧魁夷侯黑
菑川懿王子。	菑川懿王子。		菑川懿王子。
五月乙巳封,薨。	五月乙巳封,十七年薨。		五(年)〔月〕[12]乙巳封,十七年薨。
原侯广嗣。	元狩元年,思侯中时嗣,(二)〔三〕十[11]年薨。	六世 侯宣嗣。	元狩元年,思侯招嗣,三年薨。
侯嘉嗣,元凤三年,坐非广子免。	太始三年,节侯福嗣,十三年薨。		四年,康侯德嗣。
	神爵四年,顷侯鼻嗣。		孝侯利亲嗣。
	釐侯利亲嗣。		釐侯婴嗣。

	寿梁侯守	平度康侯行	
	菑川懿王子。	菑川懿王子。	
	五月乙巳封，十五年，元鼎五年，坐酎金免。	五月乙巳封，四十七年薨。	
六世　侯向嗣。		元凤元年，节侯庆忌嗣，三年薨。	六世　侯嘉嗣。
		四年，质侯帅军嗣。	
		顷侯钦嗣。	
	寿乐	孝侯宗嗣。	

宜成康侯偃	临朐夷侯奴 师古曰："朐音劬。"		雷侯稀
菑川懿王子。	菑川懿王子。		城阳共王(弟)〔子〕。〔13〕
五月乙巳封，十一年薨。	五月乙巳封，四十一年薨。		五月甲戌封，十五年，元鼎五年，坐酎金免。
元鼎元年，侯福嗣，十二年，太初元年，坐杀弟弃市。	戴侯乘嗣。	六世　侯岑嗣。	
	节侯赏嗣。		
	孝侯信嗣。		
平原	东海　安侯袆嗣。师古曰："袆音猗。"		东海

东莞侯吉	辟土节侯壮 师古曰："辟音擗。"	尉文节侯丙
城阳共王子。	城阳共王子。	赵敬肃王子。
五月甲戌封，五年，痼病不任朝，免。	五月甲戌封，三年薨。	六月甲午封，五年薨。
	五年，侯明嗣，十二年，元鼎五年，坐酎金免。	元狩元年，侯犊嗣，十年，元鼎五年，坐酎金免。
	东海	南郡

封斯戴侯胡伤	榆丘侯受福	襄嚵侯建 晋灼曰："音内言嚵菟。"师古曰："音士咸反。"
赵敬肃王子。	赵敬肃王子。	赵敬肃王子。
六月甲午封，二十五年薨。	六月甲午封，十五年，元鼎五年，坐酎金免。	六月甲午封，十五年，元鼎五年，坐酎金免。
太初三年，原侯如意嗣，五十二年薨。		
甘露四年，孝侯宫嗣。		
侯仁嗣。		
		广平

邯会衍侯仁		朝节侯义
赵敬肃王子。		赵敬肃王子。
六月甲午封，薨。		六月甲午封，十三年薨。
哀侯慧嗣。	六世　节侯重嗣。	元鼎三年，戴侯禄嗣。
后元年，勤侯贺嗣，三十五年薨。	七世　怀侯苍嗣，薨，亡后。	侯固城嗣，五凤四年，坐酎金少四两免。
甘露元年，原侯张嗣。		
釐侯康嗣。		

东城侯遗	阴城思侯苍	广望节侯忠
赵敬肃王子。	赵敬肃王子。	中山靖王子。
六月甲午封，十一年，元鼎元年，为孺子所杀。师古曰："孺子，妾之号也。"	六月甲午封，十七年，太初元年薨。嗣子有罪，不得代。	六月甲午封，三十年薨。
		天汉四年，顷侯中嗣，十三年薨。
		始元三年，思侯何齐嗣。
		恭侯遂嗣。
		侯阁嗣。

将梁侯朝平	薪馆侯未央	陆城侯贞
中山靖王子。	中山靖王子。	中山靖王子。
六月甲午封，十五年，元鼎五年，坐酎金免。	六月甲午封，十五年，元鼎五年，坐酎金免。	六月甲午封，十五年，元鼎五年，坐酎金免。
涿	涿	涿

薪处侯嘉	蒲领侯嘉	西熊侯明
中山靖王子。	广川惠王子。	广川惠王子。
六月甲午封，十五年，元鼎五年，坐酎金免。	三年十月癸酉封，有罪，绝。	十月癸酉封，薨，亡后。
涿	东海	

枣彊侯晏	毕梁侯婴	旁光侯殷
广川惠王子。	广川惠王子。	河间献王子。
十月癸酉封,薨,亡后。	十月癸酉封,十九年,元封四年,坐首匿罪人,为鬼薪。	十月癸酉封,十年,元鼎元年,坐贷子钱不占租,取息过律,会赦,免。 师古曰:“以子钱出贷人,律合收租,匿不占,取息利又多也。占音之赡反。”
	魏	魏

距阳宪侯匄	蒌节侯退 师古曰："蒌音力朱反。"	阿武戴侯豫	
河间献王子。	河间献王子。	河间献王子。	
十月癸酉封，十四年薨。	十月癸酉封，十六年薨。	十月癸酉封，二十四年薨。	
元鼎五年，侯凄嗣，坐酎金免。师古曰："凄音妻。"	元封元年，釐侯婴嗣，二十二年薨。	太初三年，敬侯宣嗣，二十年薨。	六世 侯长久嗣，王莽篡位，绝。
	后元年，原侯益寿嗣，三十一年薨。	始元三年，节侯信嗣，二十三年薨。	
	五凤元年，安侯充世嗣，三年薨。	神爵元年，釐侯婴齐嗣。	
	四年，侯遗嗣，二十年，建始四年薨，亡后。	顷侯黄嗣。	

参户节侯免	州乡节侯禁		平城侯礼
河间献王子。	河间献王子。		河间献王子。
十月癸酉封，四十六年薨。	十月癸酉封，十一年薨。		十月癸酉封，六年，元狩三年，坐恐猲取鸡以令买偿免，复谩，完为城旦。 师古曰："恐猲取人鸡，依令买鸡以偿，坐此免侯，又犯欺谩，故为城旦也。谩音漫。"
元凤元年，敬侯严嗣。	元鼎二年，思侯齐嗣。	六世侯禹嗣，王莽篡位，绝。	
顷侯元嗣。	元封六年，宪侯惠嗣。		
孝侯利亲嗣。	釐侯商嗣。		
侯度嗣。	恭侯伯嗣。		

广侯顺	盖胥侯让 师古曰:"盖音公腊反。"	阴安康侯不害
河间献王子。	河间献王子。	济北贞王子。
十月癸酉封,十四年,元鼎五年,坐酎金免。	十月癸酉封,十四年,元鼎五年,坐酎金免。	十月癸酉封,十一年薨。
		元鼎三年,哀侯秦(容)〔客〕[14]嗣,三年薨,亡后。
勃海	魏	魏

荣关侯骞	周望康侯何	陪缪侯则
济北贞王子。	济北贞王子。	济北贞王子。
十月癸酉封，坐谋杀人，会赦，免。	十(年)〔月〕[15]癸酉封，八年薨。	十月癸酉封，十一年薨。
	元狩五年，侯当时嗣，六年，元鼎五年，坐酎金免。	元鼎二年，侯邑嗣，五年，坐酎金免。
茌平　师古曰："茌音仕疑反。"		平原

前侯信 师古曰："字或作蕺，音侧流反。"	安阳侯乐	五据侯（臞）〔曜〕[16]丘 师古曰："（臞）〔曜〕音劬，又音惧。"
济北贞王子。	济北贞王子。	济北式王子。
十月癸酉封，十四年，元鼎五年，坐酎金免。	十月癸酉封，三十八年薨。	十月癸酉封，十四年，元鼎五年，坐酎金免。
	后元年，穅侯延年嗣，十六年薨。	
	本始二年，康侯记嗣，十五年薨。	
	五凤元年，安侯戚嗣。	
平原	平原 哀侯得嗣，薨，亡后。	泰山

富侯龙	平侯遂	羽康侯成
济北式王子。	济北式王子。	济北式王子。
十月癸酉封，十六年，元康元年，坐使奴杀人，下狱瘐死。	十月癸酉封，四年，元狩元年，坐知人盗官母马为臧，会赦，复作。 师古曰："有人盗马，为藏匿之，虽会赦，犹复作。复作者，徒役也。复音扶目反。"	十月癸酉封，六十年薨。
		地节三年，恭侯係嗣。
		侯弃嗣，王莽篡位，绝。

胡母侯楚	离石侯绾	邵侯顺
济北式王子。	代共王子。	代共王子。
二月癸酉封，十四年，元鼎五年，坐酎金免。	正月壬戌封，后更为涉侯，坐上书谩，耐为鬼(新)〔薪〕。[17] 师古曰："谩，欺诳也，音漫。"	正月壬戌封，二十六年，天汉元年，坐杀人及奴凡十六人，以捕匈奴千骑，免。 师古曰："诈云捕得匈奴骑，故私杀人以当之。"[18]
泰山		

利昌康侯嘉		蔺侯罢军	临河侯贤
代共王子。		代共王子。	代共王子。
正月壬戌封，五十一年薨。		(五)〔正〕月[19]壬戌封，后更为武原侯，坐盗贼免。	正月壬戌封，后更为高俞侯，坐酎金免。
元凤五年，戴侯乐嗣，十二年薨。	六世　侯换嗣，王莽篡位，绝。		
元康二年，顷侯万世嗣。			
节侯光禄嗣。			
刺侯般嗣。		西河	

湿成侯忠 师古曰："湿音它合反。"	土军侯郢客 师古曰："土军，西河之县也，说者以为洛阳土军里，非也。"	皋琅侯迁	千章侯遇
代共王子。	代共王子。	代共王子。	代共王子。
正月壬戌封，后更为端氏侯，薨，亡后。	正月壬戌封，后更为钜乘侯，坐酎金免。	正月壬戌封，薨，亡后。	正月壬戌封，后更为夏丘侯，坐酎金免。
		临淮	平原

博阳顷侯就	宁阳节侯恬	瑕丘节侯政	
齐孝王子。	鲁共王子。	鲁共王子。	
三月乙卯封,薨。	三月乙卯封,五十二年薨。	三月乙卯封,五十三年薨。	
侯终古嗣,元鼎五年,坐酎金免。	元凤六年,安侯庆忌嗣,十八年薨。	元平元年,思侯国嗣,四年薨。	六世　侯禹嗣。
	五凤元年,康侯信嗣。	本始四年,孝侯汤嗣,十年薨。	
	孝侯扈嗣。	神爵二年,炀侯奉义嗣。	
济南	侯方嗣。	釐侯遂成嗣。	

公丘夷侯顺	郁根侯骄 师古曰："根音狼。"	西昌侯敬	陆地侯义
鲁共王子。	鲁共王子。	鲁共王子。	中山靖王子。
三月乙卯封，三十年薨。	三月乙卯封，十四年，元鼎五年，坐酎金免。	三月乙卯封，十四年，元鼎五年，坐酎金免。	三月乙卯封，十四年，元鼎五年，坐酎金免。
太始元年，康侯置嗣。			
地节四年，炀侯延寿嗣，九年薨。			
五凤元年，思侯赏嗣。			
侯元嗣，王莽篡位，绝。			辛处

邯平侯顺	武始侯昌	鳥氏节侯贺	易安侯平
赵敬肃王子。	赵敬肃王子。	赵敬肃王子。	赵敬肃王子。
三月乙卯封，十四年，元鼎五年，坐酎金免。	四月甲辰封，三十四年，为赵王。	四月甲辰封，十八年薨。	四月甲辰封，二十年薨。
		元封三年，思侯安意嗣，二十七年薨。	元封五年，康侯種嗣。
		始元六年，康侯千秋嗣，十六年薨。	侯德嗣，始元元年，坐杀人免。
		元康元年，孝侯汉强嗣。	
广平	魏	侯酆嗣，王莽篡位，绝。	鄗 师古曰："鄗音呼各反。"

路陵侯童	攸舆侯则	荼陵节侯䜣　师古曰："荼音涂。䜣与欣同。"
长沙定王子。	长沙定王子。	长沙定王子。
四年三月乙丑封，四年，元狩二年，坐杀人，自杀。	三月乙丑封，二十二年，太初元年，坐篡死罪囚，弃市。	三月乙丑封，十年薨。
		元鼎二年，哀侯汤嗣，十一年，太初元年薨，亡后。
南阳	南阳	桂阳

建成侯拾	安众康侯丹	
长沙定王子。	长沙定王子。	
三月乙丑封，元鼎二年，坐使行人奉璧皮荐，贺元年十月不会，免。师古曰："以皮荐璧也。时以十月为岁首，有贺而不及会也。"	三月乙丑封，三十年薨。	
	元封六年，节侯山柎嗣，三十八年薨。师古曰："柎音方于反。"	侯崇嗣，居摄元年举兵，为王莽所灭。
	地节三年，缪侯毋妨嗣。	
	釐侯褒嗣。	
	侯嶔嗣。师古曰："嶔音其禁反，又音其锦反。"	

	叶平侯喜 师古曰："叶音式涉反。"	利乡侯婴	有利侯钉 师古曰："音丁，又音鼎。"
	长沙定王子。	城阳共王子。	城阳共王子。
	三月乙丑封，十三年，元鼎五年，坐酎金免。	三月乙丑封，五年，元狩三年，有罪免。	三月乙丑封，三年，元狩元年，坐遗淮南王书称臣弃市。
侯宠，建武二年以崇从父弟绍封。			
建武十三年，侯松嗣。			
今见 师古曰："作表时见为侯也。"			东海

东平侯庆	运平侯记	山州侯齿	海常侯福
城阳共王子。	城阳共王子。	城阳共王子。	城阳共王子。
三月乙丑封，五年，元狩三年，坐与姊奸，下狱瘐死。	三月乙丑封，十三年，元鼎五年，坐酎金免。	三月乙丑封，十三年，元鼎五年，坐酎金免。	三月乙丑封，十三年，元鼎五年，坐酎金免。
东海	东海		琅邪

驺丘敬侯宽	南城节侯贞		广陵虒侯裘 晋灼曰："虒音斯。"
城阳共王子。	城阳共王子。		城阳共王子。
三月乙丑封，六年薨。	三月乙丑封，四十二年薨。		三月乙丑封，七年薨。
元狩四年，原侯报德嗣。	始元四年，戴侯猛嗣，二十二年薨。	六世 侯友嗣，王莽篡位，绝。	元狩五年，侯成嗣，六年，元鼎五年，坐酎金免。
侯毋害嗣，本始二年，坐使人杀兄弃市。	神爵元年，元侯尊嗣，二年薨。		
	四年，釐侯充国嗣。		
	顷侯遂嗣。		

杜原侯皋	临乐敦侯光 师古曰："敦字或音弋灼反，又作敫，古穆字。"	东野戴侯章	高平侯喜
城阳共王子。	中山靖王子。	中山靖王子。	中山靖王子。
三月乙丑封，十三年，元鼎五年，坐酎金免。	四月甲午封，二十年薨。	四月甲午封，薨。	四月甲午封，十三年，元鼎五年，坐酎金免。
	元封六年，宪侯建嗣。	侯中时嗣，太初四年薨，亡后。	
	列侯固嗣。		
	五凤三年，节侯万年嗣。		
	侯广都嗣，王莽篡位，绝。		平原

广川侯颇	重侯担 师古曰:"担音丁甘反。"	被阳敬侯燕 师古曰:"被音疲彼反。千乘之县也。"
中山靖王子。	河间献王子。	齐孝王子。
四月甲午封,十三年,元鼎五年,坐酎金免。	四月甲午封,四年,元狩二年,坐不使人为秋请免。 师古曰:"请音材姓反。"	四月乙卯封,十三年薨。
		元鼎五年,穅侯偃嗣,二十八年薨。
		始元二年,顷侯寿嗣。
		孝侯定嗣。
	平原	节侯闳嗣。

	定敷侯越	稻夷侯定	山原侯国
	齐孝王子。	齐孝王子。	齐孝王子。
	四月乙卯封,十二年薨。	四月乙卯封,薨。	四月乙卯封,二十七年薨。五百五十户。
六世　侯广嗣,王莽篡位,绝。	元鼎四年,思侯德嗣,五十一年薨。	简侯阳都嗣。	天汉三年,康侯弃嗣,十四年薨。
	元康四年,宪侯福嗣。	本始二年,戴侯咸嗣,四十二年薨。	始元三年,安侯守嗣,二十二年薨。
	恭侯汤嗣。	甘露元年,顷侯闳嗣。	侯发嗣。
	定侯乘嗣,王莽篡位,绝。	侯永嗣,王莽篡位,绝。	勃海　甘露二年,孝侯外人嗣,十八年,建始五年薨。

繁安夷侯忠		柳康侯阳已	
齐孝王子。		齐孝王子。	
四月乙卯封，十八年薨。		四月乙卯封，薨。	
元封四年，安侯守嗣。	六世　侯起嗣。	敷侯罢师嗣。	六世　侯守嗣，王莽篡位，绝。
节侯寿汉嗣。		于侯自为嗣。	
元凤五年，顷侯嘉嗣。		安侯携嗣。	
孝侯光嗣。		缪侯轲嗣。	

云夷侯信	牟平共侯渫 师古曰："渫音先列反。"		柴原侯代
齐孝王子。	齐孝王子。		齐孝王子。
四月乙卯封，十四年薨。	四月乙卯封，五年薨。		四月乙卯封，三十四年薨。
元鼎六年，侯茂发嗣。	元狩三年，节侯奴嗣，(三)〔二〕十五[20]年薨。	六世　釐侯威嗣。[21]	征和二年，节侯胜之嗣，二十七年薨。
太始二年，康侯遂嗣。	太始二年，敬侯更生嗣，(一)〔二〕十九年薨。	七世　侯隆嗣，王莽篡位，绝。	元康二年，敬侯贤嗣。
釐侯终古嗣。	地节四年，康侯建嗣，一年薨。		三年，康侯齐嗣。
侯得之嗣，王莽篡位，绝。	元康元年，孝侯訢嗣。		恭侯莫如嗣，薨，亡后。

柏畅戴侯终古	歊安侯延年 师古曰："歊音许昭反。"	乘丘节侯将夜	高丘哀侯破胡
赵敬肃王子。	赵敬肃王子。	中山靖王子。	中山靖王子。
五年十一月辛酉封，薨。	十一月辛酉封，十二年，元鼎五年，坐酎金免。	三月癸酉封，十一年薨。	三月癸酉封，八年，元鼎元年薨，亡后。
侯朱嗣，始元三年薨，亡后。		元鼎四年，戴侯德嗣。	
		侯外人嗣，元康四年，坐为子时与后母乱，免。	
中山			

柳宿夷侯盖	戎丘侯让	樊舆节侯修	曲成侯万岁
中山靖王子。	中山靖王子。	中山靖王子。	中山靖王子。
三月癸酉封,四年薨。	(二)〔三〕[22]月癸酉封,十(三)〔二〕年,元鼎五年,坐酎金免。	二月癸酉封,三十六年薨。	(二)〔三〕月[24]癸酉封,十二年,元鼎五年,坐酎金免。
元狩三年,侯苏嗣,八年,元鼎五年,坐酎金免。		后元年,炀侯过伦嗣。	
		思侯异众嗣。	
		顷侯土生嗣。	
		侯自(子)[23]〔予〕嗣,王莽篡位,绝。	涿

安郭于侯传富	安险侯应	安道侯恢	夫夷敬侯义
中山靖王子。	中山靖王子。	中山靖王子。	长沙定王子。
(二)〔三〕月[25]癸酉封，薨。五百二十户。	三月癸酉封，十二年，元鼎五年，坐酎金免。	三月癸酉封，十二年，元鼎五年，坐酎金免。	三月癸酉封，十二年薨。
釐侯偃嗣。			元鼎五年，节侯禹嗣，五十八年薨。
侯崇嗣，元康元年，坐首匿死罪免。			五凤三年，顷侯奉宗嗣。
			釐侯庆嗣。
涿			怀侯福嗣。

	春陵节侯买	都梁敬侯定	
	长沙定王子。	长沙定王子。	
	六月壬子封,四年薨。	六月壬子封。八(月)〔年〕[27]薨。	
六世 侯商嗣,王莽篡位,绝。	元狩三年,戴侯熊渠嗣,五十六年薨。	元鼎元年,顷侯傒嗣。 师古曰:"傒音胡礼反。"	六世 侯佗人嗣,王莽篡位,绝。
	元康元年,孝侯仁嗣。	节侯弘嗣。	
	侯敞嗣。	原侯顺怀嗣。	
	建武二年,立敞子(社)〔祉〕[26]为城阳王。	炀侯容嗣。	

洮阳靖侯狩燕	众陵节侯贤	终弋侯广置	麦侯昌
长沙定王子。	长沙定王子。	衡山赐王子。	城阳顷王子。
六月壬子封，七年，元狩六年薨，亡后。	六月壬子封，五十年薨。	六年四月丁丑封，十一年，元鼎五年，坐酎金免。	元鼎元年四月戊寅封，五年，坐酎金免。
	本始四年，戴侯真定嗣，二十二年薨。		
	黄龙元年，顷侯庆嗣。		
	侯骨嗣，王莽篡位，绝。		
		汝南	琅邪

钜合侯发	昌侯差	蒉侯方 师古曰：“蒉音口怪反，字或作费，音扶未反。又音秘。”	虖葭康侯泽 师古曰：“虖音乎。葭音工遐反。”
城阳顷王子。	城阳顷王子。	城阳顷王子。	城阳顷王子。
四月戊寅封，五年，坐酎金免。	四月戊寅封，五年，坐酎金免。	四月戊寅封，五年，坐酎金免。	四月戊寅封，六十二年薨。
			神爵元年，夷侯舞嗣。
			顷侯阁嗣。
平原	琅邪		侯永嗣，王莽篡位，绝。

原洛侯敢	挟术侯昆景	挟釐侯霸	朸节侯让
城阳顷王子。	城阳顷王子。	城阳顷王子。	城阳顷王子。
四月戊寅封,二十六年,征和三年,坐杀人弃市。	四月戊寅封,十六年,天汉元年薨,亡后。	四月戊寅封,三十五年薨。	四月戊寅封,薨。
		始元五年,夷侯戚嗣,二十一年薨。	侯兴嗣,为人所杀。
		神爵元年,节侯贤嗣。	
		顷侯思嗣。	
琅邪	琅邪	孝侯众嗣,薨,亡后。	平原

文成侯光	挍靖侯云师古曰："挍音效。"	庸侯馀	翟侯寿
城阳顷王子。	城阳顷王子。	城阳顷王子。	城阳顷王子。
四月戊寅封，五年，坐酎金免。	四月戊寅封，五年，坐酎金免。	四月戊寅封，有罪死。	四月戊寅封，五年，坐酎金免。
东海		琅邪	东海

鱣侯应 师古曰："鱣音竹连反。"	彭侯强	瓡节侯息 师古曰："瓡即瓠字也，又音孤。"	虚水康侯禹
城阳顷王子。	城阳顷王子。	城阳顷王子。	城阳顷王子。
四月戊寅封，五年，坐酎金免。	四月戊寅封，五年，坐酎金免。	四月戊寅封，五十五年薨。	四月戊寅封，三十八年薨。
		元康四年，质侯守嗣，七年薨。	地节元年，息侯爵嗣，七年薨。
			五凤四年，侯敞嗣，王莽篡位，绝。
襄贲 师古曰："贲音奔，又音肥。"	东海		

东淮侯类	拘侯贤	淯侯不疑 师古曰：“淯音育。”	陆元侯何
城阳顷王子。	城阳顷王子。	城阳顷王子。	菑川靖王子。
四月戊寅封，五年，坐酎金免。	四月戊寅封，五年，坐酎金免。	四月戊寅封，五年，坐酎金免。	七月辛卯封，薨。
			原侯贾嗣。
			侯延寿嗣，五凤三年，坐知女妹夫亡命笞二百，首匿罪，免。 师古曰：“妹夫亡命，又有笞罪，而藏匿之，坐免也。”
北海	千乘	东海	寿光

广饶康侯国	鉼敬侯成　师古曰："鉼音步(于)〔丁〕[28]反。"	俞闾炀侯毋害　师古曰："俞音喻。"
菑川靖王子。	菑川靖王子。	菑川靖王子。
七月辛卯封，五十年薨。	七月辛卯封，五十四年薨。	七月辛卯封，四十四年薨。
地节三年，共侯坊嗣，十四年薨。　师古曰："坊音房。"	地节二年，顷侯龙嗣，五十年薨。	地节三年，原侯况嗣，十年薨。
甘露元年，侯麟嗣，王莽篡位，绝。	(永)〔元〕康三年，原侯融嗣。	五凤元年，侯瞵嗣，十二年，初元三年薨，亡后。　师古曰："瞵音邻。"
	侯闵嗣，王莽篡位，绝。	

甘井侯光	襄堤侯圣　师古曰："堤音丁奚反。"	皋虞炀侯建　师古曰："炀音弋向反。后皆类此。"
广川缪王子。	广川缪王子。	胶东康王子。
七月乙酉封，二十五年，征和二年，坐杀人弃市。	七月乙酉封，五十年，地节四年，坐奉酎金斤(十)〔八〕两[29]少四两，免。	元封元年五月丙午封，九年薨。
	(始元)〔元始〕二年，圣子伦以曾祖广川惠王曾孙为广德王。	太初四年，穅侯定嗣，十四年薨。
		本始二年，节侯裒嗣。
		釐侯勋嗣。
钜鹿	钜鹿	颂侯显嗣。

	魏其炀侯昌	祝兹侯延年
	胶东康王子。	胶东康王子。
	五月丙午封，十七年薨。	五月丙午封，五年，坐弃印绶出国免。
六世　侯乐嗣，王莽篡位，绝。	本始四年，原侯傅光嗣，三十三年薨。	
	甘露三年，孝侯禹嗣。	
	质侯蟜嗣。　师古曰："蟜音矫。"	
	侯嘉嗣，王莽篡位，绝。	琅邪

高乐康侯 师古曰："史失其名也。"	参酀侯则 晋灼曰："酀音悾酀。"师古曰："音子弄反，又音子公反。"	沂陵侯喜 师古曰："沂音牛衣反。"
齐孝王子。	广川惠王子。	广川惠王子。
不得封年，薨，亡后。	不得封年，坐酎金免。	不得封年，坐酎金免。
济南	东海	东海

沈阳侯自为	漳北侯宽	南緐侯佗 师古曰："緐音力专反。"
河间献王子。	赵敬肃王子。	赵敬肃王子。
不得封年。	不得封年，元凤三年，为奴所杀。	不得封年，征和二年，坐酎金免。
勃海	魏	钜鹿

南陵侯庆	鄗侯舟 师古曰:“鄗音呼各反。”	安檀侯福
赵敬肃王子。	赵敬肃王子。	赵敬肃王子。
不得封年,后三年,坐为沛郡太守横恣罔上,下狱瘐死。	不得封年,征和四年,坐祝禮上,要斩。 师古曰:“禮,古诅字也,音侧据反。”	不得封年,后三年,坐为常山太守祝禮上,讯未竟,病死。 师古曰:“讯谓考问之。”
临淮	常山	魏

爰戚侯当	栗节侯乐	洨夷侯周舍 师古曰："洨音交，又音爻。"
赵敬肃王子。	赵敬肃王子。	赵敬肃王子。
不得封年，后三年，坐与兄廖谋反，自杀。	征和元年封，二十七年薨。	元年封，薨。
	地节四年，炀侯忠嗣。	孝侯惠嗣。
	质侯终根嗣。	节侯迺始嗣。
	侯况嗣。	哀侯勋嗣。
济南		侯承嗣。

虢节侯起　晋灼曰："虢音内言鸮。"师古曰："音于虬反。"	揤裴戴侯道　郑氏曰："揤裴音即非，在肥乡县南五里，即非（成）〔城〕[30]也。	澎侯屈釐　师古曰："澎音彭，东海县也。屈音丘勿反，又音求勿反。"	右孝武
赵敬肃王子。	赵敬肃王子。	中山靖王子。	
元年封，十三年薨。	元年封，十二年薨。	二年三月丁巳封，三年，坐为丞相祝禮，要斩。	
始元六年，夷侯充国嗣，二十年薨。	元凤元年，哀侯尊嗣。		
神爵元年，恭侯广明嗣。	顷侯章嗣。		
釐侯固嗣。	釐侯景嗣。		
侯钜鹿嗣。	东海　侯发嗣。		

【校勘记】

〔1〕 钱大昭说“一百二十”当作“一百二十七”。王先谦说《史表》正作“一百二十七”。“十年”，景祐、殿本都作“七年八月”。四格“三”，景祐、殿本都作“二”。

〔2〕 钱大昭说“二年”当作“三年”。王先谦说《史表》作“三年”。按景祐本正作“三年”。

〔3〕 景祐、殿本“耐”作“削”。

〔4〕 “齐”，景祐、殿、局本都作“济”。

〔5〕 “艮”，景祐、殿本都作“良”。王先谦说“艮”字误。

〔6〕 景祐本作“削”，殿本作“耐”。

〔7〕 王先谦说“己”当为“乙”。按景祐、殿本正作“乙”。

〔8〕 “杨”，景祐、殿本都作“阳”。

〔9〕 王先谦说“九”当为“五”。按景祐、殿、局本都作“五”。

〔10〕 “恭”，景祐、殿、局本都作“荞”。王先谦说作“荞”是。

〔11〕 “二十”，景祐本作“三十”。

〔12〕 “五年”，景祐、殿、局本都作“五月”。王先谦说作“五月”是。

〔13〕 “弟”，殿、局本都作“子”。王先谦说作“子”是，《史表》同。

〔14〕 “容”，王先谦说闽本、汪本都作“客”，《史表》同。按景祐本作“客”。

〔15〕 王先谦说“十年”当作“十月”。按景祐本作“十月”。

〔16〕 殿本作“曤”，景祐本误作“曜”。

〔17〕 “新”，殿、局本都作“薪”。

〔18〕 此格原在四格，据景祐、殿、局本提上。

〔19〕 “五月”，景祐、殿本都作“正月”。王先谦说作“正月”是。

〔20〕 此栏四格，王念孙说“三”字误，景祐本作“二十五年”。五格“一十九年”，景祐、殿本“一”作“二”。王先谦说作“二”是。

〔21〕 四、五格原在三、四格，据景祐、殿本改。

〔22〕 此格王先谦说汪本“二”作“三”、“三”作“二”，是。按景祐、殿本同。

〔23〕 “子”，景祐、殿本都作“予”。

〔24〕 “二月”，景祐、殿本都作“三月”。

〔25〕 “二月”,景祐、殿本都作“三月”。

〔26〕 “社”,景祐、殿、局本都作“祉”。朱一新说作“祉”是。

〔27〕 “八月”,景祐、殿、局本都作“八年”。王先谦说作“八年”是。

〔28〕 此栏一格“于”,景祐、殿本都作“丁”。五格“永”,景祐、殿本都作“元”。

〔29〕 此栏三格“十两”,景祐、殿、局本都作“八两”。四格,钱大昭说“始元”当作“元始”。

〔30〕 王先谦说“成”当作“城”。按景祐、殿本都作“城”。

汉书卷十五下

王子侯表第三下

孝元之世，亡王子侯者，盛衰终始，岂非命哉！元始之际，王莽擅朝，伪褒宗室，侯及王之孙焉；①居摄而愈多，非其正，故弗录。②旋踵亦绝，悲夫！

①师古曰："王之孙亦得封侯，谓承乡侯闳以下是也。"

②师古曰："王莽所封，故不以为正也。"

号谥姓名	松兹戴侯霸	温水侯安国	兰旗顷侯临朝
属	六安共王子。	胶东哀王子。	鲁安王子。
始封	始元五年六月辛丑封，二十二年薨。	六月辛丑封，十年，本始二年，坐上书为妖言，会赦，免。	六月辛丑封，二十二年薨。
子	神爵二年，共侯始嗣。		神爵二年，节侯去疾嗣，七年薨。
孙	顷侯(缌)〔缠〕[1]嗣。 师古曰："缠音(于)〔千〕涉反。"		甘露元年，釐侯嘉嗣。
曾孙	侯均嗣。王莽篡位，绝者凡百八十一人。 师古曰："此下言免绝者皆是也。"		侯位嗣，绝。

容丘戴侯方山	良成顷侯文德	蒲领炀侯禄	
鲁安王子。	鲁安王子。	清河纲王子。	
六月辛丑封。	六月辛丑封。	六年五月乙卯封。	
顷侯未央嗣。	共侯舜嗣。	哀侯推嗣,亡后。	元延三年,节侯不识以推弟绍封。
侯昭嗣,绝。	釐侯原嗣。		侯京嗣,免。
	戴侯元嗣。		
	侯闵嗣,绝。		

南曲炀侯迁	高城节侯梁	成献侯喜	新市康侯吉
清河纲王子。	长沙顷王子。	中山康王子。	广川缪王子。
五月乙卯封，三十年薨。	六月乙未封。	元凤五年十一月庚子封，十五年薨。	十一月庚子封，二十五年薨。
甘露三年，节侯江嗣。	质侯景嗣。	神爵元年，顷侯得疵嗣。师古曰："疵音才斯反。"	甘露三年，顷侯义嗣。
侯尊嗣，免。	顷侯请士嗣。	炀侯傰嗣。师古曰："傰音普等反。"	侯钦嗣。
	侯冯嗣，免。	哀侯贲嗣，建平元年薨，亡后。	
		涿郡	堂阳

江阳侯仁	阳武侯	右孝昭十二	朝阳荒侯圣
城阳慧王子。	孝武皇帝曾孙。		广陵厉王子。
六年十一月乙丑封，十年，元康元年，坐役使附落免。 师古曰："有聚落来附者，辄役使之，非法制也。"	元平元年七月庚申封，即日即皇帝位。		本始元年七月壬子封。
			思侯广德嗣。
			侯安国嗣，免。
东海			济南

平曲节侯曾	南利侯昌	安定戾侯贤	东襄爱侯宽
广陵厉王子。	广陵厉王子。	燕刺王子。	广川缪王子。
七月壬子封，十九年，五凤四年，坐父祝诅上，免，后复封。	七月壬子封，五年，地节二年，坐贼杀人免。	(十)〔七〕[2]月壬子封。	(二)〔三〕[3]年四月壬申封。
釐侯临嗣。		顷侯延年嗣。	侯使亲嗣，建昭元年薨，亡后。
侯农嗣，免。		侯昱嗣，免。	
东海	汝南	钜鹿	信都

宣处节侯章	修市原侯寅	东昌趮侯成 晋灼曰："音躁疾。"师古曰："即古躁字也。"	新乡侯豹
中山康王子。	清河纲王子。	清河纲王子。	清河纲王子。
三年六月甲辰封，四年薨。	四年四月己丑封，(二)〔三〕[4]年薨。	四月己丑封。	四月(乙)〔己〕丑封[5]，四年薨。
地节三年，原侯众嗣，薨，亡后。	地节三年，顷侯千秋嗣。	顷侯亲嗣。	地节四年，釐侯步可嗣。
	釐侯元嗣。	节侯霸嗣。	炀侯尊嗣。
	侯云嗣，免。	侯祖嗣，免。	侯佟嗣，元始元年上书言王莽宜居摄，莽篡位，赐姓王。 师古曰："佟音徒冬反。"
	勃海		

修故侯福	东阳节侯弘	新昌节侯庆	
清河纲王子。	清河纲王子。	燕刺王子。	
四月（乙）〔己〕丑封，五年，元康元年，坐首匿群盗弃市。	四月己丑封，十年薨。	五月癸丑封。	
	神爵二年，釐侯纵嗣。	顷侯称嗣。	
	顷侯迺始嗣。	哀侯未央嗣，薨，亡后。	元延元年，釐侯嫋以未央弟绍封。师古曰："嫋音乃了反。"
	哀侯封亲嗣。		侯晋嗣，免。
清河	侯伯造嗣，免。	涿	

邯蒱节侯偃 师古曰："邯音寒。蒱音沟。"	乐阳缪侯说	桑中戴侯广汉		张侯嵩
赵顷王子。	赵顷王子。	赵顷王子。		赵顷王子。
地节(三)〔二〕[6]年四月癸卯封，九年薨。	四月癸卯封。	四月癸卯封。		四月癸卯封，八年，神爵二年，坐贼杀人，上书要上，下狱瘐死。 师古曰："要上者，怙亲而不服罪也。"
神爵三年，鳌侯胜嗣。	孝侯宗嗣。	节侯纵嗣。		
顷侯度嗣。	顷侯崇嗣。	顷侯敞嗣，亡后。	元延二年，侯舜以敞弟绍封，十九年免。	
侯定嗣，免。	侯镇嗣，免。			
魏	常山			常山

景成原侯雍	平堤严侯招师古曰："堤音丁奚反。"	乐乡宪侯佟	高郭节侯嗑师古曰："嗑音一盖反。"
河间献王子。	河间献王子。	河间献王子。	河间献王子。
四月癸卯封，六年薨。	四月癸卯封，一年薨。	四(年)〔月〕[7]癸卯封，九年薨。	四月癸卯封，薨。
元康四年，顷侯欧嗣。	三年，缪侯荣嗣。	神爵三年，节侯蒯嗣。	孝侯久长嗣。
釐侯禹嗣。	节侯曾世嗣。	顷侯邓嗣。	顷侯菲嗣。师古曰："菲音斐。"
节侯福嗣，免。	釐侯育嗣。	釐侯胜嗣。	共侯称嗣。
勃海	钜鹿　侯迺始嗣，免。	钜鹿　侯地绪嗣，免。	哀侯霸嗣，薨，亡后。

		乐望孝侯光	成康侯饶
		胶东戴王子。	胶东戴王子。
		四年二月甲寅封。	二月甲寅封。
	六世　侯发嗣,免。	釐侯林嗣。	侯新嗣,免。
		侯起嗣,免。	
鄚　元延元年,侯异众以霸弟绍封。　师古曰:"河间之县也,音莫。"		北海	北海

柳泉节侯强	复阳严侯延(平)〔年〕[8]师古曰："复音（力）〔方〕目反。"	钟武节侯度	
胶东戴王子。	长沙顷王子。	长沙顷王子。	
二月甲寅封，十七年薨。	元康元年正月癸卯封。	正月癸卯封。	
黄龙元年，孝侯建嗣。	炀侯汉嗣。	孝侯宣嗣。	元延二年，节侯则以霸叔父绍封。
炀侯万年嗣。	侯道嗣，免。	哀侯霸嗣，亡后。	
侯永昌嗣，免。			
南阳	南阳		

高城节侯梁	富阳侯赐	海昏侯贺
长沙顷王子。	六安夷王子。	昌邑哀王子。
正月癸卯封。	二年五月丙戌封，二十八年，建昭二年，坐上书归印绶免八百户。	(二)〔三〕年[9]四月壬子，以昌邑王封，四年，神爵三年薨。坐故行淫辟，不得置后。师古曰："辟读曰僻。"
质侯景嗣。		初元三年，釐侯代宗以贺子绍封。
顷侯诸士嗣。		原侯保世嗣。
侯冯嗣，免。		侯会邑嗣，免，建武后封。
		豫章

曲梁安侯敬	遽乡侯宣	新利侯偃
平干顷王子。	真定列王子。	胶东戴王子。
七月壬子封。	四年三月甲寅封，二年薨，亡后。	神爵元年四月癸巳封，十一年，甘露四年，坐上书谩，免，复更封户都侯，建始三年又上书谩，免。四百户。
节侯时光嗣。		
侯邟辩嗣，免。		
魏郡	常山	

乐信顷侯强	昌成节侯元	广乡孝侯明	成乡质侯庆
广川缪王子。	广川缪王子。	平干顷王子。	平干顷王子。
三年四月戊戌封。	四月戊戌封,四年薨。	七月壬申封。	七月壬申封,九百户。
孝侯何嗣。	五凤三年,顷侯齿嗣。	节侯安嗣。	节侯霸嗣,鸿嘉三年薨,亡后。
节侯贺嗣。	釐侯应嗣。	釐侯周齐嗣。	
侯涉嗣,免。	质侯江嗣,建平三年薨,亡后。	侯充国嗣,免。	
钜鹿	信都	钜鹿	广平

	平利节侯世	平乡孝侯(王)〔壬〕[10]	平纂节侯梁
	平干顷王子。	平干顷王子。	平干顷王子。
	四年三月癸丑封。	三月癸丑封。	三月癸丑封,薨,亡后。
元延二年,侯果以霸弟绍封,十九年免。	质侯嘉嗣。	节侯成嗣。	
	釐侯禹嗣。	侯阳嗣,免。	
		侯旦嗣,免。	
	魏郡	魏郡	平原

成陵节侯充	西梁节侯辟兵	历乡康侯必胜	阳城愍侯田
平干顷王子。	广川戴王子。	广川缪王子。	平干顷王子。
(二)〔三〕月[11]癸丑封,四百一十户。	三月乙亥封,七年薨。	七月壬子封,五年薨。	七月壬子封。
侯德嗣,鸿嘉三年,坐弟与后母乱,共杀兄,德知不举,不道,下狱瘐死。	甘露三年,孝侯广嗣。	甘露元年,顷侯长寿嗣。	节侯贤嗣。
	哀侯宫嗣。	缪侯宫嗣。	釐侯说嗣。
	侯敞嗣,免。	侯东之嗣,免。	侯报嗣,免。
广平	钜鹿	钜鹿	

祚阳侯仁	武陶节侯朝	阳兴侯昌
平干顷王子。	广川缪王子。	河间孝王子。
五凤元年四月乙未封，十三年，初元五年，坐擅兴繇赋，削爵一级，为关内侯，九百一十户。	七月壬午封。	十二月癸巳封，二十六年，建始二年，坐朝私留它县，使庶子杀人，弃市。千三百五十户。
	孝侯弘嗣。	
	节侯勋嗣。	
	侯京嗣，免。	
广平	钜鹿	涿郡

利乡孝侯安	都乡孝侯景	昌虑康侯弘 师古曰："虑音力于反。"	平邑侯敞
中山顷王子。	赵顷王子。	鲁孝王子。	鲁孝王子。
甘露元年三月壬辰封。	二年七月辛未封。	四年闰月丁亥封。	闰月丁亥封，二年，初元元年，坐杀一家二人弃市。
戴侯遂嗣。	侯溱嗣，免。 师古曰："溱音臻。"	釐侯奉世嗣。	
侯(固)〔国〕[12]嗣，免。		侯盖嗣，免。	
常山	东海	泰山	东海

山乡节侯绾	建陵靖侯遂	合阳节侯平	东安孝侯强
鲁孝王子。	鲁孝王子。	鲁孝王子。	鲁孝王子。
闰月丁亥封。	闰月丁亥封,一年薨。	闰月丁亥封,千一百六十户。	闰月丁亥封。
侯丘嗣,免。	黄龙元年,节侯鲁嗣。	孝侯安上嗣,建始元年薨,亡后。	侯拔嗣,免。
	侯连文嗣,免。		
东海	东海	东海	东海

承乡节侯当 师古曰:“承音证。”	建阳节侯咸	高乡节侯休	兹乡孝侯弘
鲁孝王子。	鲁孝王子。	城阳惠王子。	城阳荒王子。
闰月丁亥封,二千七百户。	闰月丁亥封。	十一月壬申封。	十一月壬申封。
侯德天嗣,鸿嘉二年,坐恐猲国人,受财臧五百以上,免。	孝侯霸嗣。	顷侯兴嗣。	顷侯昌嗣。
	侯并嗣,免。	侯革始嗣,免。	节侯应嗣。
			侯宇嗣,免。
东海	东海	琅邪	琅邪

藉阳侯显	都平爱侯丘	枣原侯山	箕顾侯文 师古曰："愿音顾，又音原。"
城阳荒王子。	城阳荒王子。	城阳荒王子。	城阳荒王子。
十一月壬申封，十六年，建昭四年，坐恐猲国民取财物，免。六百户。	十一月壬申封。	十一月壬申封。	十一月壬申封。
	恭侯䜣(免)〔嗣〕。[13]	节侯蓊嗣。	节侯瞵嗣。师古曰："瞵音邻。"
	侯堪嗣，免。	侯妾得嗣，薨，亡后。	侯(钦)〔褒〕[14]嗣，免。
	侯宇嗣，免。		
东海	东海	琅邪	琅邪

高广节侯勋	即来节侯佼师古曰:“佼音狡。”	右孝宣	胶乡敬侯汉	桃炀侯良
城阳荒王子。	城阳荒王子。		高密哀王子。	广川缪王子。
十一月壬申封。	十一月壬申封。		初元元年三月丁巳封,七百四十户。	三月封。
哀侯贺嗣。	侯钦嗣,免。		节侯成嗣,阳朔四年薨,亡后。	共侯敞嗣。
质侯福嗣。				侯狗嗣,免。
侯吴嗣,免。				
琅邪	琅邪		琅邪	钜鹿

安平釐侯习	阳山节侯宗	庸釐侯谈	昆山节侯光
长沙孝王子。	长沙孝王子。	城阳荒王子。	城阳荒王子。
三月封。	三月封。	三月封，九百一十户。	三月封。
侯嘉嗣，免。	侯买奴嗣，免。	侯端嗣，永光二年，坐强奸人妻，会赦，免。	侯仪嗣，免。
钜鹿	桂阳	琅邪	琅邪

折泉节侯根	博石顷侯渊	要安节侯胜	房山侯勇
城阳荒王子。	城阳荒王子。	城阳荒王子。	城阳荒王子。
三月封。	三月封。	三月封。	三月封,五十六年薨。
侯仪嗣,免。	侯诩嗣,免。	侯获嗣,免。	哀侯守嗣,薨,亡后。
琅邪	琅邪	琅邪	琅邪

式节侯宪		临乡顷侯云	西乡顷侯容
城阳荒王子。		广阳顷王子。	广阳顷王子。
三月封，三百户。		五年六月封。	六月封。
哀侯霸嗣，鸿嘉元年薨，亡后。	元延元年，侯萌以霸弟绍封，十九年免。	侯交嗣，免。	侯景嗣，免。
泰山		涿	涿

阳乡思侯发	益昌顷侯婴	羊石顷侯回	石乡炀侯理	新城节侯根
广阳顷王子。	广阳顷王子。	胶东顷王子。	胶东顷王子。	胶东顷王子。
六月封。	永光三年三月封。	三月封。	三月封。	三月封。
侯度嗣,免。	共侯政嗣。	共侯成嗣。	侯建国嗣,免。	侯霸嗣,免。
	侯福嗣,免。	侯顺嗣,免。		
涿	涿	北海	北海	北海

上乡侯歙 师古曰："歙音翕。"	于乡节侯定	就乡节侯玮	石山节侯玄	都阳节侯音
胶东顷王子。	泗水勤王子。	泗水勤王子。	城阳戴王子。	城阳戴王子。
三月封，三十九年免。	三月封。	三月封，七年薨，亡后。	三月封。	三月封。
	侯圣嗣，免。		釐侯嘉嗣，免。	侯闳嗣，免。
北海	东海	东海		

参封侯嗣	伊乡顷侯迁	襄平侯甖	贳乡侯平 师古曰："贳音式制反。"	乐侯义
城阳戴王子。	城阳戴王子。	广阳厉王子。	梁敬王子。	梁敬王子。
三月封。	三月封，薨，亡后。	五年三月封，四十七年免。	建昭元年正月封，四年，病狂自杀。	正月封，四年，坐使人杀人，髡为城旦。
侯殷嗣，免。				

中乡侯延年	郑顷侯罢军	黄节侯顺	平乐节侯迁
梁敬王子。	梁敬王子。	梁敬王子。	梁敬王子。
正月封，四十六年薨。	正月封。	正月封。	正月封。
	节侯骏嗣。	釐侯申嗣，元寿二年薨，亡后。	侯宝嗣，免。
	侯良嗣，免。		
		济阴	

菑乡釐侯就	东乡节侯方	陵乡侯䜣	溧阳侯钦 师古曰："溧音栗。"
梁敬王子。	梁敬王子。	梁敬王子。	梁敬王子。
正月封。	正月封。	正月封，七年，建始二年，坐使人伤家丞，又贷谷息过律，免。 师古曰："以谷贷人而多取其息也。"	正月封。
侯逢喜嗣，免。	侯护嗣，免。		侯毕嗣，免。
济南	沛	沛	沛

釐乡侯固 师古曰："釐音力之反。"	高柴节侯发	临都节侯未央	高质侯舜	北乡侯谭
梁敬王子。	梁敬王子。	梁敬王子。	梁敬王子。	菑川孝王子。
正月封，二十一年，鸿嘉四年，坐上书归印绶，免。四百七十二户。	正月封。	正月封。	正月封。	四年六月封，四十三年免。
	釐侯贤嗣。	侯息嗣，免。	釐侯始嗣。	
	侯隐嗣，免。		侯便翁嗣，免。	
沛	沛			

兰陵节侯宜	广平节侯德	博乡节侯交	柏乡戴侯买
广陵孝王子。	广陵孝王子。	六安缪王子。	赵哀王子。
五年十二月封。	十二月封。	竟宁元年四月丁卯封。	四月丁卯封。
共侯谭嗣。	侯德嗣,免。	侯就嗣,免。	顷侯云嗣。
侯便强嗣,免。			侯谭嗣,免。

安乡孝侯喜	广鳌侯便	平节侯服	右孝元	昌乡侯宪
赵哀王子。	菑川孝王子。	菑川孝王子。		胶东顷王子。
四月丁卯封。	四月丁卯封。	四月丁卯封。		建始二年正月封，三十年，元寿二年，坐使家丞封上印绶，免。
鳌侯胡嗣。	节侯护嗣。	侯嘉嗣，免。		
侯合众嗣，免。	侯宇嗣，免。			
	齐	齐		

顺阳侯共	乐阳侯获	平城釐侯邑	密乡顷侯林	乐都炀侯訢
胶东顷王子。	胶东顷王子。	胶东顷王子。	胶东顷王子。	胶东顷王子。
正月封，三十九年免。	正月封，三十九年免。	正月封。	正月封。	正月封。
		节侯珍嗣。	孝侯钦嗣。	缪侯临嗣。
		侯理嗣，免。	侯敞嗣，免。	侯延年嗣，免。

卑梁侯都	胶阳侯恁 师古曰："恁音女林反。"	武乡侯庆	成乡釐侯安	丽兹共侯赐
高密顷王子。	高密顷王子。	高密顷王子。	高密顷王子。	高密顷王子。
正月封，三十九年免。	正月封，三十九年免。	正月封。	正月封。	正月封。
		侯劲嗣，免。	侯德嗣，免。	侯放嗣，免。

窦梁怀侯强	广戚(阳)〔炀〕[15]侯勋	阴平釐侯回	
河间孝王子。	楚孝王子。	楚孝王子。	
正月封，四年薨，亡后。	河平三年二月乙亥封。	阳朔二年正月丙午封。	
	侯显嗣。	侯诗嗣，免。	承乡　元始元年二月丙午，侯闳以孝王孙封，八年免。
	子婴，居摄元年为孺子，王莽篡位，为定安公，莽败，死。		

乐平侯訢		
淮阳宪王子。		
闰六月壬午封，病狂易，免，元寿二年更封共乐侯。师古曰："病狂而改易其本性也。"		
外黄　元始元年二月丙辰，侯圉以宪王孙封，八年免。	高阳　二月丙辰，侯并以宪王孙封，八年免。	平陆　二月丙辰，侯宠以宪王孙封，八年免。

郚乡侯闵 师古曰："郚音鱼，又音吾。"	建乡釐侯康	安丘侯常	栗乡顷侯护
鲁顷王子。	鲁顷王子。	高密顷王子。	东平思王子。
四年四月甲寅封，十七年，建平三年，为鲁王。	四月甲寅封。	鸿嘉元年正月癸巳封，二十八年免。	四月辛巳封。
宰乡　侯延以顷王孙封，八年免。	侯自当嗣，免。		侯玄成嗣，免。

金乡　元始元年二月丙辰，侯不害以思王孙封，八年免。	平通　二月丙辰，侯旦以思王孙封，八年免。	西安　二月丙辰，侯汉以思王孙封，八年薨。	湖乡　二月丙辰，侯开以思王孙封，八年免。

	桑丘侯顷		
	东平思王子。		
	四月辛巳封。		
重乡　二月丙辰，侯少柏以思王孙封，八年(免)〔薨〕。[16]	阳兴　二月丙辰，侯寄生以思王孙封，八年免。	陵阳　二月丙辰，侯嘉以思王孙封，八年免。	高乐　二月丙辰，侯修以思王孙封，八年免。

平邑　二月丙辰，侯闵以思王孙封，八年免。	平纂　二月丙辰，侯况以思王孙封，八年免。	合昌　二月丙辰，侯辅以思王孙封，八年免。	伊乡　二月丙辰，侯开以思王孙封，八年免。

就乡　二月丙辰，侯不害以思王孙封，八年免。	胶乡　二月丙辰，侯武以思王孙封，八年免。	宜乡　二月丙辰，侯恢以思王孙封，八年免。

		桃乡顷侯宣	新阳顷侯永
		东平思王子。	鲁顷王子。
		二年正月戊子封。	五月戊子封。
昌城　二月丙辰，侯丰以思王孙封，八年免。	乐安　二月丙辰，侯禹以思王孙封，八年免。	侯立嗣，免。	侯级嗣，免。

陵石侯庆	祁乡节侯贤	富阳侯萌	曲乡顷侯凤
胶东共王子。	梁夷王子。	东平思王子。	梁荒王子。
四年六月乙巳封,二十五年免。	永始二年五月乙亥封。	三年三月庚申封,二十三年免。	六月辛卯封,十七年薨。
	侯富嗣,免。		侯云嗣,免。
			济南

桃山侯钦	昌阳侯霸	临安侯闵	徐乡侯炔 师古曰："炔音桂，字或作炔。"
城阳孝王子。	泗水戾王子。	胶东共王子。	胶东共王子。
四年五月戊申封，二十一年免。	五月戊申封，二十一年免。	五月戊申封，二十一年免。	元延元年二月癸卯封，二十一年，王莽建国元年，举兵欲诛莽，死。
			齐

台乡侯畛 师古曰："畛音轸。"	西阳顷侯并	堂乡哀侯恢	安国侯吉	梁乡侯交
菑川孝王子。	东平思王子。	胶东共王子。	赵共王子。	赵共王子。
二年正月癸卯封，十八年免。	四月甲寅封。	绥和元年五月戊午封，三年薨，亡后。	六月丙寅封，十六年免。	六月丙寅封，十六年免。
	侯偃嗣，免。			
	东莱			

襄乡顷侯福	容乡釐侯强	缊乡侯固 师古曰："缊音於粉反。"	广昌侯贺
赵共王子。	赵共王子。	赵共王子。	河间孝王子。
六月丙寅封。	六月丙寅封。	六月丙寅封，十六年免。	六月丙寅封，十六年免。
侯章嗣，免。	侯弘嗣，免。		

都安节侯普	乐平侯永	万乡侯常得	庸乡侯宰
河间孝王子。	河间孝王子。	广阳惠王子。	六安顷王子。
六月丙寅封。	六月丙寅封，十六年免。	六月丙寅封，十六年免。	三年七月庚午封，十五年免。
侯胥嗣，免。			

右孝成	南昌侯宇	严乡侯信	武平侯璜
	河间惠王子。	东平炀王子。	东平炀王子。
	建平二年五月丁酉封，十二年免。	五月丁酉封，四年，坐父大逆，免，元始元年复封。六年，王莽居摄二年，东郡太守翟义举兵，立信为天子，兵败，死。	五月丁酉封，四年，坐父大逆，免，元始元年复封，居摄二年举兵死。

陵乡侯曾	武安侯慢 师古曰："慢音受。"	湘乡侯昌	方乐侯嘉
楚思王子。	楚思王子。	长沙王子。	广陵缪王子。
四年三月丁卯封，至王莽六年，举兵欲诛莽，死。	三月丁卯封，二年，元寿二年，坐使奴杀人免，元始元年复封，八年免。	五月丙午封，十一年免。	元寿元年五月乙卯封，十一年免。

宜禾节侯得	富春侯玄	右孝哀	陶乡侯恢	盩乡侯褒
河间孝王子。	河间孝王子。		东平炀王子。	东平炀王子。
二年四月丁酉封。	四月丁酉封，十年免。		元始元年二月丙辰封，八年〔免〕。[17]	二月丙辰封，八年免。
侯恢嗣，免。				

昌乡侯且	新乡侯鲤	郚乡侯光	新（成）〔城〕[18]侯武
东平炀王子。	东平炀王子。	楚思王子。	楚思王子。
二月丙辰封，八年免。	二月丙辰封，八年免。	二月丙辰封，八年免。	二月丙辰封，八年免。

宜陵侯丰	堂乡侯护	成陵侯由	成阳侯众	复昌侯休
楚思王子。	楚思王子。	楚思王子。	楚思王子。	楚思王子。
二月丙辰封，八年免。	二月丙辰封，八年免。	二月丙辰封，八年免。	二月丙辰封，八年免。	二月丙辰封，八年免。

安陆侯平	梧安侯誉	朝乡侯充	扶乡侯普
楚思王子。	楚思王子。	楚思王子。	楚思王子。
二月丙辰封，八年免。	二月丙辰封，八年免。	二月丙辰封，八年免。	二月丙辰封，八年免。

方城侯宣	当阳侯益	广城侯(逮)(疌)[19] 师古曰："(逮)〔疌〕音竹二反。"	春城侯允
广阳缪王子。	广阳思王子。	广阳思王子。	东平炀王子。
二年四月丁酉封，七年免。	四月丁酉封，七年免。	四月丁酉封，七年免。	四月丁酉封，七年免。

昭阳侯赏	承阳侯景 师古曰："承音烝。字或作丞。"	信昌侯广	吕乡侯尚
长沙刺王子。	长沙刺王子。	真定共王子。	楚思王子。
五年闰月丁酉封，四年免。	闰月丁酉封，四年免。	闰月丁酉封，四年免。	闰月丁酉封，四年免。

李乡侯殷	宛乡侯隆	寿泉侯承	杏山侯遵	右孝平
楚思王子。	楚思王子。	楚思王子。	楚思王子。	
闰月丁酉封，四年免。	闰月丁酉封，四年免。	闰月丁酉封，四年免。	闰月丁酉封，四年免。	

【校勘记】

〔1〕钱大昭说“繐”不成字，闽本作“繸”。按殿本作“繸”。注“于”，殿本作“千”。

〔2〕“十”，景祐、殿本都作“七”。朱一新说作“七”是。

〔3〕“二”，景祐、殿本都作“三”。

〔4〕“二”，景祐、殿本都作“三”。王先谦说作“三”是。

〔5〕钱大昭说“乙”当作“己”，下栏修故侯亦误。按殿本都作“己”。

〔6〕“三”，景祐、殿本都作“二”。苏舆说作“二”是。

〔7〕“四年”，景祐、殿、局本都作“四月”。

〔8〕此格“平”，景祐本作“年”，殿本脱。注“力”，景祐、殿本都作“方”。

〔9〕苏舆说“二年”当作“三年”。按景祐本作“三年”。

〔10〕“王”，殿本作“壬”。王先谦说作“壬”是。

〔11〕“二月”，景祐、殿本都作“三月”。朱一新说作“三月”是。

〔12〕“固”，景祐、殿本都作“国”。

〔13〕“免”，景祐、殿、局本都作“嗣”。朱一新说作“嗣”是。

〔14〕“钦”，钱大昭说闽本作“褒”，朱一新说汪本作“褒”。按景祐、殿本都作“褒”。

〔15〕钱大昭说“阳”当作“炀”。按景祐、殿本都作“炀”。

〔16〕朱一新说汪本“免”作“薨”。按景祐、殿本都作“薨”。

〔17〕“免”，据景祐、殿、局本补。

〔18〕“成”，景祐、殿本都作“城”。

〔19〕钱大昭说“逹”不成字，汪本作“疌”。按景祐、殿本都作“疌”。

汉书卷十六

高惠高后文功臣表第四

自古帝王之兴，曷尝不建辅弼之臣所与共成天功者乎！①汉兴自秦二世元年之秋，楚陈之岁，②初以沛公总帅雄俊，三年然后西灭秦，立汉王之号，五年东克项羽，即皇帝位，八载而天下乃平，始论功而定封。讫十二年，侯者百四十有三人。时大城名都民人散亡，户口可得而数裁什二三，③是以大侯不过万家，小者五六百户。封爵之誓曰："使黄河如带，泰山若厉，国以永存，爰及苗裔。"④于是申以丹书之信，重以白马之盟，⑤又作十八侯之位次。⑥高后二年，复诏丞相陈平尽差列侯之功，录弟下竟，臧诸宗庙，副在有司。⑦始未尝不欲固根本，而枝叶稍落也。

①师古曰："天功，天下之功业也。《虞书·舜典》曰'钦哉，惟时亮天功'也。"

②师古曰："谓陈涉自称楚王时也。"

③师古曰："裁与才同，十分之内才有二三也。"

④应劭曰："封爵之誓，国家欲使功臣传祚无穷也。带，衣带也。厉，砥厉石也。河当何时如衣带，山当何时如厉石，言如带厉，国犹永存，以及后世之子孙也。"

⑤师古曰："丹书，解在《高纪》。白马之盟，谓刑白马歃其血以为盟也。"

⑥孟康曰："唯作元功萧、曹等十八人位次耳。高后乃诏作位次下竟。"师古曰："谓萧何、曹参、张敖、周勃、樊哙、郦商、奚涓、夏侯婴、灌婴、傅宽、靳歙、王陵、陈武、王吸、薛欧、周昌、丁复、虫达，从第一至十八也。"

⑦师古曰："副，贰也。其列侯功籍已藏于宗庙，副贰之本又在有司。"

故逮文、景四五世间，流民既归，户口亦息，列侯大者至三四万户，小国自倍，①富厚如之。②子孙骄逸，忘其先祖之艰难，多陷法禁，陨命亡国,〔或〕(云)〔亡〕子孙。[1]讫于孝武后元之年,靡有孑遗,耗矣。③罔亦少密焉。④故孝宣皇帝愍而录之,乃开庙臧,览旧籍,诏令有司求其子孙,咸出庸保之中,⑤并受复除,或加以金帛,⑥用章中兴之德。

①师古曰:"自倍者,谓旧五百户,今者至千也。曹参初封万六百户,至后嗣侯宗免时,有户二万三千,是为户口蕃息故也。它皆类此。"

②师古曰:"言其赀财亦稍富厚,各如户口之多也。"

③孟康曰:"耗音毛。无有毛米在者也。"师古曰:"孟音是也,而解非也。孑然,独立貌,言无有独存者,至于耗尽也。今俗语犹谓无为耗,音毛。"

④服虔曰:"法罔差益密也。"

⑤师古曰:"庸,〔卖〕功庸也;[2]保,可安信也:皆赁作者也。"

⑥师古曰:"复音方目反。"

降及孝成,复加恤问,稍益衰微,不绝如线。①善乎,杜业之纳说也!曰:"昔唐以万国致时雍之政,②虞、夏以(之)多群后飨共已之治。③[3]汤法三圣,殷氏太平。④周封八百,重译来贺。⑤是以内恕之君乐继绝世,隆名之主安立亡国,⑥至于不及下车,德念深矣。⑦成王察牧野之克,顾群后之勤,知其恩结于民心,功光于王府也,故追述先父之志,录遗老之策,高其位,大其寓,⑧爱敬饬尽,命赐备厚。⑨大孝之隆,于是为至。至其没也,世主叹其功,无民而不思。所息之树且犹不伐,⑩况其庙乎?是以燕、齐之祀与周并传,子继弟及,历载不堕。⑪岂无刑辟,繇祖之竭力,故支庶赖焉。⑫迹汉功臣,亦皆割符世爵,受山河之誓,存以著其号,亡以显其魂,赏亦不细矣。百馀年间而袭封者尽,或绝失姓,或乏无主,朽骨孤于墓,苗裔流于道,生为愍隶,死为转尸。⑬以往况今,甚可悲伤。⑭圣朝怜闵,诏求其后,四方忻忻,靡不归心。出入数年而不省察,恐议者不思大义,设言虚亡,则厚德掩息,遴柬布章,⑮非所以视化劝后也。⑯三人为众,虽难尽继,宜从尤功。"⑰于是成帝复绍萧何。

①晋灼曰:"线,今線缕字也,音先战反。"

②师古曰:"雍,和也。《尧典》云'黎萌于变时雍',故杜业引之也。"

③师古曰:"群后谓诸侯也。恭己,无为也。孔子曰:'无为而治者,其舜也欤!夫何为哉?恭己正南面而已。'共读曰恭。"

④师古曰:"三圣谓尧、舜、禹也。"

⑤师古曰:"重译谓越裳氏也。"

⑥师古曰:"以立亡国之后为安泰也。"

⑦张晏曰:"谓武王入殷,未及下车,封黄帝之后于蓟,虞舜之后于陈也。"

⑧师古曰:"寓谓启土所居也。"

⑨师古曰:"饬,谨也,读与敕同。"

⑩师古曰:"谓召伯止于甘棠之下而听讼,人思其德,不伐其树,《召南·甘棠》之诗是也。"

⑪师古曰:"弟代兄位谓之及。隓,毁也,音火规反。"

⑫师古曰:"言国家非无刑辟,而功臣子孙得不陷罪辜而能长存者,思其先人之力,令有续嗣也。繇读与由同。"

⑬应劭曰:"死不能葬,故尸流转在沟壑之中。"师古曰:"愍隶者,言为徒隶,可哀愍之也。"

⑭师古曰:"况,譬也。"

⑮晋灼曰:"许慎云'遴,难行也'。柬,古简字也。简,少也。言今难行封,则得继绝者少,若然,此必布闻彰于天下也。"师古曰:"遴读与吝同。"

⑯师古曰:"视读与示同。"

⑰孟康曰:"言人三为众,虽难尽继,取其功尤高者(三)〔一〕人继之,[4]于名为众矣。"服虔曰:"尤功,封重者一人也。"师古曰:"孟说是也。"

哀、平之世,增修曹参、周勃之属,得其宜矣。以缀续前记,究其本末,并序位次,尽于孝文,以昭元功之侯籍(云)。①[5]

①师古曰:"籍谓名录也,《高纪》所云通侯籍也。"

号谥姓名	平阳懿侯曹参
侯状户数	以中涓从起沛，至霸上，侯。以将军入汉，以假左丞相定魏、齐，以右丞相，侯，万六百户。 师古曰："中涓，亲近之臣，若谒者、舍人之类也。涓，洁也，主居中扫洁也。涓音工玄反。"
始封	六年十二月甲申封，十二年薨。
位次	孟康曰："曹参位第二而表在首，萧何位第一而表在十三，表以封前后故也。"
子	孝惠六年，靖侯窋嗣，二十九年薨。
孙	孝文后四年，简侯奇嗣，七年薨。
曾孙	孝景四年，夷侯时嗣，二十三年薨。
玄孙	元光五年，共侯襄嗣，十六年薨。

六世　元鼎二年，侯宗嗣，二十四年，征和二年，坐与中人奸，阑入宫掖门，入财赎完为城旦。户二万三千。	十世　建武二年，侯宏嗣，以本(治)〔始〕[6]子举兵佐军，绍封。
七世　元康四年，参玄孙之孙杜陵公乘喜诏复家。　孟康曰："诸复家皆世世无所与，得传同产子。"	十一世　侯旷嗣，今见。
八世	
九世　元寿二年五月甲子，侯本始以参玄孙之玄孙杜陵公士绍封，千户，元始元年益满二千户。	

信武肃侯靳歙 师古曰："歙音翕。"		汝阴文侯夏侯婴
以中涓从起宛朐，入汉，以骑都尉定三秦，击项籍，别定江汉，侯，五千三百户。以将军攻豨、布。		以令史从降沛，为太仆，常奉车，竟定天下，及全皇太子、鲁元公主，侯，六千九百户。
十二月甲申封，九年薨。		十二月甲申封，三十年薨。
十一		八
高后六年，侯亭嗣，二十一年，孝文后三年，坐事国人过律，免。 师古曰："事谓役使之也。"	六世 元康四年，歙玄孙之子长安上造安汉诏复家。	孝文九年，夷侯灶嗣，七年薨。
孙		十六年，共侯赐嗣，四十一年薨。
曾孙		元光(三)〔二〕年，[7]侯颇嗣，十八年，元鼎二年，坐尚公主与父御〔婢〕奸，自杀。
玄孙		玄孙

	清河定侯王吸	
	以中涓从起丰，至霸上，为骑郎将，入汉，以将军击项籍，侯，二千二百户。	
	十二月甲申封，二十三年薨。	
	十四	
	孝文元年，哀侯疆嗣。七年薨。	
六世　元康四年，婴玄孙之子长安大夫信诏复家。	八年，孝侯伉嗣，二十年薨。　师古曰："伉音口浪反，又音工郎反。"	元寿二年八月，诏赐吸代后爵关内侯，不言世。
	孝景五年，哀侯不害嗣，十九年，元光二年薨，亡后。	
	元康四年，吸玄孙长安大夫充国诏复家。	

阳陵景侯傅宽		广严侯召欧　师古曰："召读曰邵。欧音乌后反。它皆类此。"
以舍人从起横阳，至霸上，为骑将，入汉，定三秦，属淮阴，定齐，为齐丞相，侯，二千六百户。		以中涓从起沛，至霸上，为连敖，入汉，以骑将定燕、赵，得燕将军，侯，二千二百户。
十二月甲申封，十二年薨。		十二月甲申封，二十三年薨。
十　位次曰武忠侯。师古曰："汉列侯位次簿有谥号姓名与史所记不同者，表则具载矣。"		二十八
孝惠六年，顷侯清嗣，二十(四)〔二〕年[8]薨。	六世	孝文二年，戴侯胜嗣，九年薨。
孝文十五年，共侯明嗣，〔二〕十二年薨。	七世　元康四年，宽玄孙之孙长陵士伍景诏复家。	十一年，共侯嘉嗣，十三年，孝文后七年薨，亡后。
孝景四年，侯偃嗣，三十一年，元狩元年，坐与淮南王谋反，诛。		曾孙
玄孙		元康四年，欧玄孙安陵大夫不识诏复家。

广平敬侯薛欧	博阳严侯陈濞
以舍人从起丰，至霸上，为郎，入汉，以将军击项籍将锺离眜，侯，四千五百户。	以舍人从砀，以刺客将入汉，以都尉击项羽荥阳，绝甬道，杀追士卒，侯。 师古曰："楚军追汉兵者，濞杀其士卒也。"
十二月甲申封，十四年薨。	十二月甲申封，三十年薨。
十五	十九
高后元年，靖侯山嗣，二十六年薨。	塞 孝文后三年，侯始嗣，九年，坐谋杀人，会赦，免。孝景中五年，始复封，二年，后元年，有罪，免。
平棘 孝文后三年，侯泽嗣，孝景中三年，有罪，免。中五年，泽复封，三十三年薨，谥曰节侯。	孙
元朔四年，侯穰嗣，三年，元狩元年，坐受淮南赂称臣，在赦前，免。	元康四年，濞曾孙茂陵公乘寿诏复家。
元康四年，欧玄孙长安大夫去病诏复家。	

堂邑安侯陈婴	
以自定东阳为将，属楚项梁，为楚柱国。四岁，项羽死，属汉，定豫章、浙江，都浙，定自为王壮息，侯，六百户。复相楚元王十二年。　师古曰："浙，水名。在丹阳黝县南蛮中。婴既定诸地而都之，时又有壮息者，称僭王，婴复讨平也。"	
十二月甲申封，(六)〔十八〕[9]年薨。	
八十六	
高后五年，共侯禄嗣，十八年薨。	
孝文三年，侯午嗣，尚馆陶公主，四十八年薨。	隆虑　孝景中五年，侯融以长公主子侯，万五千户，二十九年，坐母丧未除服奸，自杀。
元光六年，侯季须嗣。十三年，元鼎元年，坐母公主卒未除服奸，兄弟争财，当死，自杀。	

	曲逆献侯陈平	
	以故楚都尉，汉王二年初起修武，为都尉，以护军中尉出奇计，定天下，侯，五千户。	
	十二月甲申封，二十四年薨。	
	四十七	
六世 元康四年，婴玄孙之子霸陵公士尊诏复家。	孝文三年，共侯买嗣，二年薨。	六世 元康四年，平玄孙之子长安簪裹莫诏复家。
	五年，简侯悝嗣，二十二年薨。	元始二年，诏赐平代后者凤爵关内侯，不言世。
	孝景五年，侯何嗣，二十三年，元光五年，坐略人妻，弃市。户万六千。	

留文成侯张良	
以厩将从起下邳，以韩申都下韩，入武关，设策降秦王婴，解上与项羽隙，请汉中地，常为计谋，侯，万户。　师古曰："韩申都即韩王信也，《楚汉春秋》作信都。古信申同义。"	
正月丙午封，十六年薨。	
六十二　师古曰："高祖自云(传)〔得〕[10]天下由张良，称其才也。叙位次，乃以曹参比萧何，校其勤也。至如户数多少，或以才德，或以功劳，亦无定也。故称萧何功第一，户唯八千。张良食万户，而位过六十。它皆类此。"	
高后三年，侯不疑嗣，十年，孝文五年，坐与门大夫杀故楚内史，赎为城旦。　师古曰："门大夫，侯之属官也。"	六世　元康四年，良玄孙之子阳陵公乘千秋诏复家。
孙	
曾孙	
玄孙	

射阳侯刘缠　师古曰："即项伯也。射字或作贯者，后人改也。"	酂文终侯萧何 师古曰："酂音赞。"
兵初起，与诸侯共击秦，为楚左令尹。汉王与项有隙于鸿门，缠解难，以破羽降汉，侯。	以客初从入汉，为丞相，守蜀及关中，给军食，佐定诸侯，为法令宗庙，侯，八千户。
正月丙午封，九年，孝惠三年薨。嗣子睢有罪，不得代。	正月丙午封，九年薨。
	一
	孝惠三年，哀侯禄嗣，六年薨，亡后。高后二年，封何夫人禄母同为侯，孝文元年罢。

筑阳　高后二年，定侯延以何少子封，孝文元年更为酂，二年薨。　师古曰："筑音逐。"	
炀侯遗嗣，一年薨，亡后。	武阳　五年，侯则以何孙遗弟绍封，二十年有罪，免。二万六千户。

孝景二年，侯嘉以则弟绍封，二千户，七年卒。		
中二年，侯胜嗣，二十一年，坐不斋，耐为隶臣。师古曰："谓当侍祠而不斋也。"	酂　元狩三年，共侯庆以何曾孙绍封，二千四百户，三年薨。	
	六年，侯寿成嗣，十年，坐为太常牺牲瘦，免。	地节四年，安侯建世以何玄孙绍封，十四年薨。

六世　甘露二年，思侯辅嗣。	六世　永始元年七月癸卯，酇侯喜以何玄孙之子南䜌长绍封，三年薨。　师古曰："䜌音力全反，钜鹿之县也。"
七世　侯获嗣，永始元年，坐使奴杀人，减死，完为城旦。	七世　永始四年，质侯尊嗣，五年薨。
	八世　绥和元年，质侯章嗣，元始元年，益封满二千户，十三年薨。
	九世　王莽居摄元年，侯禹嗣，建国元年更为萧乡侯，莽败，绝。

绛武侯周勃	
以中涓从起沛，至霸上，侯。定三秦，食邑，为将军，入汉，定陇西，击项籍，守峣关，定泗水、东海，侯，八千一百户。	
正月丙午封，三十三年薨。	
四	
孝文十二年，侯胜之嗣，六年，有罪，免。	修　后(二)〔三〕年，[11]侯亚夫以勃子绍封，十八年，有罪，免。 师古曰："修读曰条。"

	舞阳武侯樊哙	
	以舍人起沛,从至霸上,为侯。以郎入汉,定三秦,为将军,击项籍,再益封。从破燕,执韩信,侯,五千户。	
	正月丙午封,十三年薨。	
	五	
平曲 孝景后元(元)年,[12]共侯坚以勃子绍封,十九年薨。	孝惠七年,侯伉嗣,九年,高后八年,坐吕氏诛。 师古曰:"伉音口浪反,又音冈。"	孝文元年,荒侯市人以哙子绍封,二十九年薨。
元朔五年,侯建德嗣,十二年,元鼎五年,坐酎金免。		(老)〔孝〕[13]景七年,侯它广嗣,中六年,坐非子免。
元康四年,勃曾孙槐里公乘广汉诏复家。		元康四年,哙曾孙长陵不更胜客诏复家。师古曰:"不更,爵名。胜客,其人名。"
元始二年,侯共以勃玄孙绍封,千户。		玄孙

	曲周景侯郦商	
	以将军从起岐，攻长社以南，别定汉及蜀，定三秦，击项籍，侯，四千八百户。	
	正月丙午封，二十二年薨。	
	六	
六世　元始二年，侯章以喻玄孙之子绍封，千户。	孝文元年，侯寄嗣，三十二年，有罪，免。户万八千。	缪　孝景中三年，靖侯坚绍封。
		元光四年，康侯遂成嗣。
		怀侯世宗嗣。
		元鼎二年，侯终根嗣，二十九年，后二年，祝诅上，腰斩。

	颍阴懿侯灌婴	
	以中涓从起砀，至霸上，为昌文君，入汉，定三秦，食邑。以将军属韩信，定齐、淮南及八邑，杀项籍，侯，五千户。	
	正月丙午封，二十六年薨。	
	九	
六世　元康四年，商玄孙之子长安公士共诏复家。	孝文五年，平侯何嗣，二十八年薨。	
元始二年，诏赐商代后者猛友爵关内侯。	孝景中三年，侯彊嗣，十三年，有罪，免。户八千四百。	临汝　元光二年，侯贤以婴孙绍封，九年，元朔五年，坐子伤人首匿，免。千户。
		元康四年，婴曾孙长安官首匿诏复家。　师古曰："官首，爵名；匿，其人名也。"
		元寿二年八月，诏赐婴代后者谊爵关内侯。

汾阴悼侯周昌	
初起，以职志击秦，入汉，出关，以内史坚守敖仓，以御史大夫侯，比清阳侯。 如淳曰：“职志，官名，主旗帜也。”师古曰：“志音式吏反。”	
正月丙午封，十年薨。	
十六	
孝惠四年，哀侯开方嗣，十六年薨。	
孝文前五年，侯意嗣，十三年，坐行赇，髡为城旦。	安阳 孝景中二年，侯左车以昌孙绍封，八年，建元元年，有罪，免。
	元康四年，昌曾孙沃侯国士伍明诏复家。 师古曰：“明旧有官爵，免为士伍而属沃侯之国也。”

梁邹孝侯武虎	
兵初起，以谒者从击破秦，入汉，定三秦，出关，以将军击定诸侯，比博阳侯，二千八百户。	
正月丙午封，十一年薨。	
二十	
孝惠五年，侯最嗣，五十八年薨。	六世　元康四年，虎玄孙之子夫夷侯国公乘充竟诏复家。
元光三年，顷侯婴齐嗣，二十年薨。	
元鼎四年，侯山柎嗣，一年，坐酎金免。　师古曰："柎音肤。其字从木。"	
玄孙	

成敬侯董渫 师古曰："渫音先列反。字或作绁。"	蓼夷侯孔聚
初起以舍人从击秦，为都尉，入汉，定三秦，出关，以将军定诸侯，比厌次侯，二千八百户。	以执盾前元年从起砀，以左司马入汉，为将军，三以都尉击项籍，属韩信，侯。师古曰："前元年，谓初起之年，即秦胡亥元年。后皆类此。击项籍者，即《楚汉春秋》及《史记》所谓孔将军居左者。"
正月丙午封，七年薨。	正月丙午封，三〔十〕年[14]薨。
二十五	三十
节氏 孝惠元年，康侯赤嗣，四十四年，有罪，免。户五千六百。孝景中五年，赤复封，八年薨。	孝文九年，侯臧嗣，四十五年，元朔三年，坐为太常衣冠道桥坏不得度，免。 师古曰："游衣冠之道。"
建元四年，共侯罢军嗣，五年薨。	孙
元光三年，侯朝嗣，十二年，元狩三年，坐为济南太守与城阳王女通，耐为鬼薪。	曾孙
元康四年，渫玄孙平陵公乘诎诏复家。	元康四年，聚玄孙长安公士宣诏复家。

费侯陈贺 师古曰:“费音扶味反。说者以为季氏邑,非也。”	
以舍人前元年从起砀,以左司马入汉,用都尉属韩信,击项籍,为将军,定会稽、浙江、湖陵,侯。	
正月丙午封,二十二年薨。	
三十一	
孝文元年,共侯常嗣,二十四年薨。	巢 孝景中六年,侯最以贺子绍封,二年薨,亡后。
孝景二年,侯偃嗣,八年,有罪,免。	
	元康四年,贺曾孙茂陵上造侨诏复家。

阳夏侯陈豨	隆虑克侯周灶
以特将将卒五百人前元年从起宛朐，至霸上，为游击将军，别定代，破臧荼，侯。	以卒从起砀，以连敖入汉，以长铍都尉击项籍，侯。 如淳曰："连敖，楚官。《左传》楚有连尹、莫敖，其后合为一官号。"师古曰："长铍，长刃兵也，为刀而剑形。《史记》作长铍，铍亦刀耳。铍音丕。铍音披。"
正月丙午封，十年，以赵相国反，自为王，十二年，诛。	正月丁未封，三十九年薨。
	三十四
	孝文后二年，侯通嗣，十二年，孝景中元年，有罪，完为城旦。
	孙
	曾孙
	元康四年，灶玄孙阳陵公乘诏复家。

阳都敬侯丁复　师古曰："复音扶目反。"	阳信胡侯吕青	
以越将从起薛，至霸上，以楼烦将入汉，定三秦，属周吕侯，破龙且彭城，为大司马，破项籍叶，为将军，忠臣，侯，七千八百户。	以汉五年用令尹初从，功比堂邑侯，千户。	
正月戊申封，十九年薨。	正月壬子封，十年薨。	
十七	八十七	
高后六年，趮侯甯嗣，十(三)〔二〕[15]年薨。　师古曰："趮，古躁字也。"	孝惠四年，顷侯臣嗣，十八年薨。	六世　中三年，侯谈嗣，三十五年，元鼎五年，坐酎金免。
孝文十年，侯安城嗣，十五年，孝景二年，有罪，免。户万七千。	孝文七年，怀侯义嗣，二年薨。	
元康四年，复曾孙临沂公士赐诏复家。	九年，惠侯它嗣，十九年薨。	
	孝景五年，共侯善嗣，五年薨。	元康四年二月，青玄孙长陵大夫阳诏复家。

东武贞侯郭蒙	汁防萧侯雍齿 (师古)〔如淳〕[16]曰："汁音什。防音方。"
以户卫起薛，属周吕侯，破秦军杠里，陷杨熊军曲遇，入汉，为城将，定三秦，以都尉坚守敖仓，为将军破项籍，侯，三千户。 师古曰："城将，将筑城之兵也。"	以赵将前三年从定诸侯，二千五百户，功比平定侯。齿故沛豪，有力，与上有隙，故晚从。
正月戊午封，十九年薨。	三月戊子封，九年薨。
四十一	五十七
高后六年，侯它嗣，三十一年，孝景六年，有罪，弃市。户万一百。	孝惠三年，荒侯钜鹿嗣，三十八年薨。
孙	孝景三年，侯野嗣，十年薨。
曾孙	终侯桓嗣，不得年，元鼎五年，坐酎金免。
元康四年，蒙玄孙茂陵公士广汉诏复家。	

棘蒲刚侯陈武	都昌严侯朱轸	
以将军前元年将卒二千五百人起薛，别救东阿，至霸上，(一)〔二〕[17]岁十月入汉，击齐历下军临(蕾)菑，侯。	以舍人前元年从起沛，以队帅先降翟王，虏章邯，侯。	
三月丙申封，(四)〔三〕十八年，孝文后元年薨。子奇反，诛，不代。	三月庚子封，十四年薨。	
十三	二十三	
子	高后元年，刚侯率嗣，十五年薨。	
孙	孝文八年，夷侯诎嗣，十六年薨。	
元康四年，武曾孙云阳上造嘉诏复家。	孝景元年，共侯偃嗣，二年薨。	
	三年，侯辟彊嗣，五年，中元年薨，亡后。	元康四年，轸玄孙昌侯国公士先诏复家。

武彊严侯严不职	贳齐合侯傅胡害 师古曰："贳音式制反。"
以舍人从起沛(公)，[18]至霸上，以骑将入汉，还击项籍，属丞相甯，功侯。用将军击黥布，侯。	以越户将从破秦，入汉，定三秦，以都尉击项籍，侯，六百户，功比台侯。
三月庚子封，二十年薨。	三月庚子封，二年薨。
三十三	三十六
高后七年，简侯婴嗣，十九年薨。	八年，共侯方山嗣，二十年薨。
孝文后二年，侯青翟嗣，四十七年，元鼎二年，坐为丞相建御史大夫(阳)〔汤〕不直，自杀。 师古曰："以狱建之意，而不直也。"	孝文元年，炀侯赤嗣，十一年薨。
元康四年，不职曾孙长安公乘仁诏复家。	十二年，康侯遗嗣，四十四年薨。
	元朔五年，侯猜嗣，八年，元鼎元年，坐杀人，弃市。

		海阳齐信侯摇毋馀
		以越队将从破秦，入汉，定三秦，以都尉击项籍，侯，千七百户。
		三月庚子封，九月薨。
		三十七
	元寿（一）〔二〕[19]年八月，诏赐胡害为后者爵（太）〔大〕上造。	孝惠三年，哀侯昭襄嗣，九年薨。
		高后五年，康侯建嗣，三十年薨。
		孝景四年，哀侯省嗣，十年薨，亡后。
元康四年，胡害玄孙茂陵公士世诏复家。		玄孙

	南安严侯宣虎
	以河南将军汉王三年降晋阳，以重将破臧荼，侯，九百户。 师古曰："重将者，主将领辎重也。重音直用反。一曰持重之将也，音直勇反。"
	三月庚子封，三十年薨。
	六十三
六世 元康四年，母馀玄孙之子不更未央诏复家。	孝文九年，共侯戎嗣，十一年薨。
元寿二年八月，诏赐母馀代后者贤爵关内侯。	后四年，侯千秋嗣，十一年，孝景中元年，坐伤人，免。户二千一百。
	元康四年，虎曾孙南安簪褭护诏复家。

肥如敬侯蔡寅	曲成圉侯虫达
以魏太仆汉王三年初从，以车骑将军破龙且及彭城，侯，千户。	以西城户将三十七人从起砀，至霸上，为执金吾，五年，为二队将，属周吕侯，入汉，定三秦，以都尉破项籍陈下，侯，四千户。以将军击燕、代。
三月庚子封，二十四年薨。	三月庚子封，二十二年薨。
六十六	十八　位次曰夜侯恒。
孝文三年，严侯戎嗣，十四年薨。	孝文元年，侯捷嗣，八年，有罪，免。十四年，捷复封，十八年，复免。户九千三百。孝景中五年，侯捷复封，五年薨。
后元年，侯奴嗣，七年，孝景元年薨，亡后。	建元二年，侯皇柔嗣，二十四年，元鼎二年，坐为汝南太守知民不用赤侧钱为赋，为鬼薪。　师古曰："赤侧解在《食货志》。时并令以充赋，而汝南不遵诏令。"
元康四年，寅曾孙肥如大夫福诏复家。	曾孙
	元康四年，达玄孙茂陵公乘宣诏复家。

河阳严侯陈涓	淮阴侯韩信
以卒前元年起砀从，以二队将入汉，击项籍，得梁郎将处，侯。以丞相定齐。	初以卒从项梁，梁死，属项羽为郎中，至咸阳，亡从入汉，为连敖票客。萧何言信为大将军，别定魏、赵，为齐王，徙楚，擅发兵，废为侯。　师古曰："《高纪》及《信传》并云为治粟都尉，而此云票客，参错不同。或者以其票疾而宾客礼之，故云票客　也。票音频妙反。"
三月庚子封，二十二年薨。	六年封，五年，十一年，坐谋反诛。
二十九	
孝文元年，信嗣，三年，坐不偿人责过六月，免。	
孙	
曾孙	
元康四年，涓玄孙即丘公士元诏复家。	

芒侯耏跖　师古曰："耏音而。《左氏传》曰宋耏班。跖音之亦反。"	敬市侯阎泽赤
以门尉前元年初起砀，至霸上，为定武君，入汉，还定三秦，为都尉击项羽，功侯。	以执盾初起从入汉，为河上守，迁为殷相，击项籍，侯，千户，功比平定侯。
六年封，三年薨，亡后。	四月癸未封，三年薨。
	五十五
张　九年，侯昭嗣，四年，有罪，免，孝景三年，诏以故列侯将兵击吴楚，复封。	九年，夷侯无害嗣，三十八年薨。
侯申嗣，元朔六年，坐尚南宫公主不敬，免。　师古曰："景帝女也。"	孝文后四年，戴侯续嗣，八年薨。
	孝景五年，侯縠嗣，四十年，元鼎五年，坐酎金免。

	柳丘齐侯戎赐	魏其严侯周止
	以连敖从起薛，以三队将入汉，定三秦，以都尉破项籍军，为将军，侯，八千户。	以舍人从起沛，以郎中入汉，为周信侯，定三秦，以为骑郎将，破项籍东城，侯，千户。
	六月丁亥封，十八年薨。	六月丁亥封，十八年薨。
	三十九	四十四
六世　元康四年，泽赤玄孙之子长安上造章世诏复〔家〕。[20]	高后五年，侯安国嗣，三十年薨。	高后五年，侯简嗣，二十九年，孝景三年，谋反，诛。户三千。
	孝景四年，敬侯嘉成嗣，十年薨。	孙
	后元年，侯角嗣，有罪，免。户三千。	曾孙
	元康四年，赐玄孙长安公士元生诏复家。	元康四年，止玄孙长陵不更广世诏复家。

祁穀侯缯贺
以执盾汉王三年初起从晋阳，以连敖击项籍。汉王败走，贺击楚追骑，以故不得进。汉王顾谓贺祈王。战彭城，斩项籍，争恶，绝延壁，侯，千四百户。 师古曰："谓之祁王，盖嘉其功，故宠号之，许以为王也。争恶，谓争恶地。延壁，壁垒之名也。"
六月丁亥封，三十三年薨。
五十一
孝文十二年，顷侯胡嗣，十七年薨。
孝景六年，侯它嗣，十九年，元光二年，坐射擅罢，免。 师古曰："方大射而擅自罢去也。"
曾孙
元康四年，贺玄孙茂陵公大夫赐诏复家。

平悼侯工师喜	鲁侯奚涓
初以舍人从击破秦，以郎中入汉，以将军定诸侯，守雒阳，侯，比费侯贺，千三百户。	以舍人从起沛，至咸阳为郎，入汉，以将军定诸侯，四千八百户，功比舞阳侯，死军事。
六月丁亥封，六年薨。	重平　六年，侯涓亡子，封母底为侯，十九年薨。
三十二　位次曰聊城侯。	七
十二年，靖侯奴嗣，三十一年薨。	
孝文十六年，侯执嗣，十九年，孝景中五年，坐匿死罪，会赦，免。户三千三百。	

城父严侯尹恢		任侯张越
初以谒者从入汉，以将军击定诸侯，以右丞相备守淮阳，功比厌次侯(顷侯诸庄)，[21]二千户。		以骑都尉汉五年从起东垣，击燕、代，属雍齿，有功，为车骑将军。
六年封，九年薨。		六年封，十六年，高后三年，坐匿死罪，免。户七百五十。
二十六		
孝惠三年，侯开方嗣，七年，高后三年，夺爵为关内侯。	六世　元康四年，恢玄孙之子新丰簪裹殷诏复家。[22]	
孙		
曾孙		
玄孙		

棘丘侯襄	河陵顷侯郭亭
以执盾队史前元年从起砀,破秦,治粟内史入汉,以上郡守击定西魏地,功侯。	以连敖前元年从起单父,以塞路入汉,还定三秦,属周吕侯,以都尉击项籍,功侯。师古曰:"塞路者,主遮塞要路,以备敌寇也。"
六年封,十四年,高后元年,有罪,免。户九百七十。	七月庚寅封,二十四年薨。
	二十七
	孝文三年,惠侯欧嗣,二十二年薨。
	孝景二年,胜侯客嗣,八年,有罪,免。

	昌武靖信侯单究	
	初以舍人从,以郎入汉,定三秦,以郎骑将军击诸侯,侯,九百户,功比魏其侯。	
	七月庚寅封,十三年薨。	
	四十五	
	孝惠六年,惠侯如意嗣,四十三年薨。	六世
南　中六年,靖侯延居绍封,十五年薨。	孝景中元四年,侯贾成嗣,十六年薨。	七世　元康四年,究玄孙之孙阳陵公乘万年诏复家。
元光六年,侯则嗣,十七年,元鼎五年,坐酎金免。	元光五年,侯德嗣,四年,元朔三年,坐伤人二旬内死,弃市。户六百。	
元康四年,亭玄孙茂陵公乘贤诏复家。		

高宛制侯丙猜		宣曲齐侯丁义
初以客从入汉，定三秦，以中尉破项籍，侯，千六百五户，比斥丘侯。		以卒从起留，以骑将入汉，定三秦，破籍军荥阳，为郎骑将，破锺离眛军固陵，侯，六百七十户。
七月戊戌封，七年薨。		七月戊戌封，三十二年薨。
四十一		四十三
孝惠元年，简侯得嗣，三十年薨。	六世	发娄　孝文十一年，侯通嗣，十七年，有罪，赦为鬼薪。户千一百。孝景中五年，通复封，十一年，有罪，免。
孝文十六年，平侯武嗣，二十四年薨。	七世　元康四年，猜玄孙之孙高宛大夫齮诏复家。	孙
建元元年，侯信嗣，三年，坐出入属车间，免。户三千二百。　师古曰："天子出行，陈列属车，而辄至于其间。"	八世　元始三年，猜玄孙之曾孙内诏赐爵关内侯。	元康四年，义曾孙阳安公士年诏复家。

终陵齐侯华毋害	东茅敬侯刘到
以越将从起留，入汉，定三秦，击臧荼，侯，七百四十户。从攻马邑及布。	以舍人从起砀，至霸上，以二队入汉，定三秦，以都尉击项籍，破臧荼，侯，捕韩王信，为将军，（邑益）〔益邑〕[23]千户。
七月戊戌封，三十五年薨。	八月丙辰封，二十四年薨。
四十六	四十八
孝文四年，共侯勃嗣，十六年薨。	孝文三年，侯告嗣，十二年，十六年，坐事国人过员，免。 师古曰："嗣爵十三年至孝文十六年而免也。事谓役使之。员，数也。"
后四年，侯禄嗣，七年，孝景四年，坐出界，耐为司寇。户千五百。	孙
元康四年，曾孙於陵大夫告诏复家。	元康四年，到曾孙鲖阳公乘咸诏复家。 师古曰："鲖音纣。"

	斥丘懿侯唐厉
以舍人初从起丰，以左司马入汉，以亚将攻籍，却敌，为东部都尉，破籍，侯成武，为汉中尉，击布，为斥丘侯，千户。 师古曰："初为成武侯，后更封斥丘也。"	
八月丙辰封，二十年薨。	
四十	
孝文九年，共侯朝嗣，十三年薨。	
后六年，侯贤嗣，四十三年薨。	
元鼎二年，侯尊嗣，二年，坐酎金免。	元康四年，厉曾孙长安公士广意诏复家。

台定侯戴野	安国武侯王陵	
以舍人从起砀，用队率入汉，以都尉击籍，籍死，击临江，属将军贾，功侯。以将军击燕、代。	以自聚党定南阳，汉王还击项籍，以兵属，从定天下，侯，五千户。	
八月甲子封，二十五年薨。	八月甲子封，二十一年薨。	
三十五	十二	
孝文四年，侯午嗣，二十二年，孝景三年，坐谋反，诛。	高后八年，哀侯忌嗣，一年薨。	
孙	孝文元年，终侯斿嗣，三十九年薨。	
曾孙	建元元年，安侯辟方嗣，二十年薨。	
元康四年，野玄孙长陵上造安昌诏复家。	元狩三年，侯定嗣，八年，元鼎五年，坐酎金免。	元康四年，陵玄孙长安公乘襄诏复家。

乐成节侯丁礼		辟阳幽侯审食其
以中涓骑从起砀，为骑将入汉，定三秦，为正奉侯，以都尉击籍，属灌婴，杀龙且，更为乐成侯，千户。		以舍人初起，侍吕后、孝惠。二岁十月，吕后入楚，食其侍从一岁，侯。
八月甲子封，二十六年薨。		八月甲子封，二十五年，为淮南王长所杀。
四十二		五十九
孝文五年，夷侯马从嗣，十八年薨。	六世	孝文四年，侯平嗣，二十一年，孝景二年，坐谋反，自杀。
后七年，武侯吾客嗣，四十二年薨。	七世　元康四年，礼玄孙之孙长安公士禹诏复家。	
元鼎二年，侯义嗣，三年，坐言五利侯不道，弃市。户二千四百。		元康四年，食其曾孙茂陵公乘非诏复家。
玄孙		

鄘成制侯周緤　师古曰："緤音陪，又音普肯反。緤音息列反。"
以舍人从起沛，至霸上，入汉，定三秦，食邑池阳，击项籍荥阳，绝甬道，从度平阴，遇韩信军襄国。楚、汉分鸿沟，以緤为信，战不利，不敢离上，侯，二千二百户。
八月甲子封，二十七年薨。
二十二
侯昌嗣，有罪，免。
长沙

	安平敬侯鄂秋
	以谒者汉王三年初从，定诸侯，有功(秋)〔秩〕，[25]举萧何功，因故侯，二千户。师古曰："先以食邑，因就封之也。事见《萧何传》。"
	八月甲子封，十二年薨。
	六十一
郸　孝景中元年，康侯应以吕弟绍封，一年薨。师古曰："郸，沛之县也，音多。"	孝惠三年，简侯嘉嗣，九年薨。
中(三)〔二〕年，[24]侯仲居嗣，三十四年，元鼎三年，坐为太常收赤侧钱不收，完为城旦。如淳曰："《食货志》民巧法，用之不便，又废也。"	高后八年，顷侯应嗣，十四年薨。
元康四年，媟曾孙长安公士禹诏赐黄金十斤复家，死，亡子，复免。	孝文十四年，炀侯寄嗣，二十五年薨。
沛　元始元年，媟玄孙护以诏书为次复禹同产弟子，死，亡子，绝。	孝景后三年，侯但嗣，十九年，元狩元年，坐与淮南王安通，遗王书称臣尽力，弃市。

	北平文侯张苍
	以客从起武阳，至霸上，为常山守，得陈馀，为代相，徙赵相，以代相侯。为计相四岁，淮南相十四岁。千二百户。 如淳曰："计相，官名，但知计会。"
	八月丁丑封，五十年薨。
	六十五
六世 元康四年，秋玄孙之子解大夫后诏复家。	孝景六年，康侯奉嗣，八年薨。
	后元年，侯类嗣，七年，建元五年，坐临诸侯丧后，免。
	曾孙
	玄孙

	高胡侯陈夫乞	厌次侯爰类
	以卒从起杠里，入汉，以都尉击籍，将军定燕，千户。	以慎将元年从起留，入汉，以都尉守广武，功侯。师古曰："以谨慎为将也。"
	六年封，二十五年薨。	六年封，二十二年薨。
	八十二	二十四
六世　元康四年，苍玄孙之子长安公士盖宗诏复家。	孝文五年，炀侯程嗣，薨，亡后。	孝文元年，侯〔贺〕嗣，[26]五年，谋反，诛。
		孙
		曾孙
	元康四年，夫乞玄孙长陵公乘胜之诏复家。	玄孙

	平皋炀侯刘它　师古曰："它音徒何反。"	
	汉六年以砀郡长初从，功比轪侯，侯，五百八十户。实项氏，赐姓。　师古曰："轪音大，又音第。"	
	七年十月癸亥封，十年薨。	
	百二十一	
六世　元康四年，类玄孙之子阳陵公士世诏复家。	孝惠五年，共侯远嗣，(二)〔三〕[27]十四年薨。	六世
七世　元始三年，类玄孙之孙万诏赐爵关内侯。	孝景元年，节侯光嗣，十六年薨。	七世　元康四年，它玄孙之孙长安簪褭胜之诏复家。
	建元元年，侯胜嗣，二十八年，元鼎五年，坐酎金免。	
	玄孙	

复阳刚侯陈胥		
以卒从起薛，以将军入汉，以右司马击项籍，侯，千户。		
七年十月甲子封，三十一年薨。		
四十九		
孝文十一年，共侯嘉嗣，十八年薨。		六世 元始元年，胥玄孙之子传诏赐帛百匹。
孝景六年，康侯拾嗣，二十(三)〔五〕[28]年薨。		
元朔元年，侯彊嗣，七年，元狩二年，坐父拾非嘉子，免。	元康四年，胥曾孙云阳簪裹幸诏复家。	
	玄孙	

阳河齐侯其石		柏至靖侯许盎
以中谒者从入汉，以郎中骑从定诸侯，侯，五百户，功比高湖侯。		以骈邻从起昌邑，以说卫入汉，以中尉击籍，侯，千户。师古曰："二马曰骈。骈邻，谓并两骑为军翼也。说读曰税。〔税〕[29]卫谓军行初舍止之时主为卫也。"
十一月甲子封，三年薨。		十月戊辰封，十四年，高后元年，有罪，免，三年，复封，六年薨。
八十三		五十八
十年，侯安国嗣，五十一年薨。	六世　元康四年，石玄孙之子长安官大夫益寿诏复家。	孝文元年，简侯禄嗣，十四年薨。
孝景中四年，侯午嗣，三十三年薨。		十五年，侯昌嗣，三十二年薨。
埤山　元鼎四年，共侯章更封，十三年薨。师古曰："埤音脾，又音婢。"		元光二年，侯安如嗣，十三年薨。
元封元年，侯仁嗣，征和三年，坐祝诅，要斩。		元狩三年，侯福嗣，五年，元鼎二年，坐为奸，为鬼薪。

	中水严侯吕马童	
	以郎骑将汉元年从好畤，以司马击龙且，复共斩项籍，侯，千五百户。	
	正月己酉封，三十年薨。	
	百一	
六世　元康四年，盎玄孙之子长安公士建诏复家。	孝文十年，夷侯瑕嗣，三年薨。	六世
	十(二)〔三〕年，[30]共侯青眉嗣，三十二年薨。	七世　元康四年，马童玄孙之孙长安公士建明诏复家。
	建元六年，靖侯德嗣，一年薨。	
	元光元年，侯宜城嗣，二十二年，元鼎五年，坐酎金免。	

杜衍严侯王翥　如淳曰："翥音署。"师古曰："音之庶反。"	
以中郎骑汉王二年从起下邳，属淮阴侯，从灌婴共斩项羽，侯，千七百户。	
正月己酉封，十八年薨。	
百二	
高后六年，共侯福嗣，七年薨。	孝景后元年，侯郢人以翥子绍封，十二年薨。
孝文五年，孝侯市臣嗣，七年薨。	元光四年，侯定国嗣，十三年，元狩五年，有罪，免。
十二年，侯舍嗣，二十四年，有罪，为鬼薪。户三千四百。	元康四年，翥曾孙长安大夫安乐诏复家。

赤泉严侯杨喜		朝阳齐侯华寄
以郎中骑汉王二年从起杜，属淮阴，后从灌婴共斩项籍，侯，千九百户。		以舍人从起薛，以连敖入汉，以都尉击项羽，复攻韩王信，侯，千户。
正月己酉封，十三年，高后元年，有罪，免，二年，复封，十八年薨。		三月壬寅封，十二年薨。
百三		六十九
孝文十二年，定侯敷嗣，十五年薨。	六世　子恢代复。	高后元年，文侯要嗣，二十一年薨。
临汝　孝景四年，侯毋害嗣，六年，坐诈绐人臧六百，免。中五年，毋害复封，十二年，元光二年，有罪，免。	七世　子谭代。	孝文十四年，侯当嗣，三十九年，元朔二年，坐教人上书枉法，耏为鬼薪。户五千。
曾孙	八世　子并代，永始元年，赐帛百匹。	曾孙
元康四年，喜玄孙茂陵不更孟尝诏赐黄金十斤，复家。	元始二年，求复不得。	元康四年，寄玄孙奉明大夫定国诏复家。

棘阳严侯杜得臣	涅阳严侯吕腾	
以卒从起湖陵,入汉,以郎将迎左丞相军击项籍,侯,二千户。	以骑士汉三年从出关,以郎中共击斩项羽,侯,千五百户,比杜衍侯。	
七月丙申封,二十六年薨。	七年封,二十五年,孝文五年薨。子成实非子,不得代。	
八十一	百四	
孝文六年,侯但嗣,四十三年薨。		六世　元康四年,腾玄孙之子涅阳不更忠诏复家。
元光四年,怀侯武嗣,七年,元朔五年薨,亡后。	孙	
	曾孙	
	玄孙	

平棘懿侯林挚	深泽齐侯赵将夕
以客从起亢父，斩章邯所置蜀守，用燕相侯，千户。	以赵将汉王三年降属淮阴侯，定赵、齐、楚，以击平城功侯，七百户。
七年封，二十四年薨。	八年十月癸丑封，十二年，高后元年，有罪，免，二年，复封，二年薨。
六十四	九十八
孝文五年，侯辟彊嗣，有罪，为鬼薪。	孝文后二年，戴侯头嗣，八年薨。
	孝景三年，侯脩嗣，七年，有罪，耏为司寇。
元康四年，挚曾孙项圉大夫常驩诏复家，死，亡子，绝。	曾孙
	元康四年，将夕玄孙平陵上造延世诏复家。

	撙顷侯温疥 师古曰："撙音询，又音旬。疥音介。"	历简侯程黑
	以燕将军汉王四年从破曹咎军，为燕相告燕王荼反，侯。以燕相国定卢绾。千九百户。	以赵卫将军汉王三年从起卢奴，击项羽敖仓下，为将军攻臧荼有功，封千户。
	十月丙辰封，二十五年薨。	十月癸酉封。十四年薨。
	九十一	九十二
	孝文六年，文侯仁嗣，十七年薨。	高后三年，孝侯鼈嗣，二十二年薨。
臾 中五年，夷胡侯以头子绍封，二十一年，元朔五年薨，亡后。	后七年，侯何嗣，七年，孝景四年薨。	孝文后元年，侯灶嗣，十四年，孝景中元年，有罪，免。
	曾孙	曾孙
	元康四年，疥玄孙长安公士福诏复家。	玄孙

	武原靖侯卫胠 师古曰："胠音胁，又音怯。"	槀祖侯陈锴 师古曰："槀音公老反。锴音口骇反。"
	汉七年以梁将军从初起，击韩信、陈豨、黥布军，功侯，二千八百户，功比高陵侯。	高帝七年为将从击代陈豨有功，侯，六百户。
	十二月丁未封，八年薨。	十二月丁未封，七年薨。
	九十三	百二十四
六世 元康四年，黑玄孙之子长安簪褭弘诏复家。	孝惠四年，共侯寄嗣，三十七年薨。	孝惠三年，怀侯婴嗣，十九年薨。
元始五年，诏赐黑代复者安爵关内侯。	孝景三年，侯不害嗣，(三十)〔十二〕年，[31]后二年，坐葬过律，免。	孝文七年，共侯应嗣，十四年薨。
	曾孙	后五年，节侯安嗣，三十一年薨。
	元康四年，胠玄孙郭公乘尧诏复家。	元狩二年，侯千秋嗣，九年，元鼎五年，坐酎金免。

	宋子惠侯许瘛　师古曰："瘛音充制反。"	
	以汉三年用赵右林将初击定诸侯，五百三十六户，功比历侯。　师古曰："林将，将士林，犹言羽林之将也。"	
	二月丁卯封，四年薨。	
	九十九	
六世 元康四年，错玄孙之子茂陵公乘主儒诏复家。	十二年，共侯留嗣，二十五年薨。	六世
	孝文十年，侯九嗣，二十二年，孝景中二年，坐寄使匈奴买塞外禁物，免。	七世　元康四年，瘛玄孙之孙宋子大夫迺诏复家。
	曾孙	
	玄孙	

猗氏敬侯陈遫 师古曰："遫，古速字。"	清简侯室中同		彊圉侯留肸
以舍人从起丰，入汉，以都尉击项羽，侯，千一百户。	以弩将初起，从入汉，以都尉击项羽、代，侯，比彭侯，户千。		以客吏初起，从入汉，以都尉击项籍、代，侯，比彭侯，千户。
三月丙戌封，十一年薨。	三月丙戌封，五年薨。		三月丙戌封，三年薨。
五十 位次曰长陵侯。	七十一		七十二
孝惠七年，靖侯支嗣，三十四年薨。	孝惠元年，顷侯圣嗣，二十二年薨。		十一年，戴侯章复嗣，二十九年薨。
孝景三年，顷侯羌嗣，一年薨，亡后。	孝文八年，康侯鲋嗣，五十二年薨。		(文侯)〔孝文〕[32]三年，侯复嗣，二年，有罪，免。
元康四年，遫曾孙猗氏大夫胡诏赐黄金十斤，复家。	元狩三年，共侯古嗣，七年薨。		元康四年，肸曾孙长安大夫定诏复家。
	元鼎四年，侯生嗣，一年，坐酎金免。	元康四年，同玄孙高宛簪褭武诏复家。	

彭简侯秦同	吴房严侯杨武	宁严侯魏遬
以卒从起薛，以弩将入汉，以都尉击项羽、代，侯，千户。	以郎中骑将汉元年从起下邽，击阳夏，以骑都尉斩项籍，侯，七百户。	以舍人从砀，入汉，以都尉击臧荼功侯，千户。
三月丙戌封，二十二年薨。	三月辛卯封，三十二年薨。	四月辛卯封，三十五年薨。
七十	九十四	七十八
孝文三年，戴侯执嗣，二十三年薨。	孝文十三年，侯去疾嗣，二十五年，孝景后三年，有罪，耐为司寇。	孝文十六年，共侯连嗣，八年薨。
孝景三年，侯武嗣，十一年，后元年，有罪，免。	元康四年，武孙霸陵公乘谈诏赐黄金十斤，复家，亡子，绝。	孝文后元年，侯指嗣，三年，坐出国界，免。
曾孙		曾孙
元康四年，同玄孙费公士寿王诏复家。	谈兄孙为次复，亡子，绝。	元康四年，遬玄孙长安公士都诏复家。

昌圉侯旅卿		共严侯旅罢师　师古曰："共音恭。罢音皮彼反，又读曰皮。"
以齐将汉王四年从韩信起无盐，定齐，击项羽，又击韩王信于代，侯，千户。		以齐将汉王四年从淮阴侯起，击项籍，又攻韩王信于平城，有功，侯，千二百户。
六月戊申封，三十四年薨。		六月壬子封，二十六年薨。
百九		百一十四
孝文十五年，侯通嗣，十一年，孝景三年，坐谋反，诛。	六世　子赐代，死，无子，绝。有同产子，元始二年求不得。	孝文七年，惠侯党嗣，八年薨。
孙		十五年，怀侯高嗣，五年薨，亡子。
曾孙		元康四年，罢师曾孙霸陵簪裹信诏复家。
元康四年，卿玄孙昌上造光诏赐黄金十斤，复家。		

阏氏节侯冯解散	安丘懿侯张说 师古曰："说读曰悦。"
以代大与汉王三年降，为雁门守，以将军平代反寇，侯，千户。 师古曰："大与，主爵禄之官。"	以卒从起方与，属魏豹，一岁五月，以执盾入汉，以司马击项羽，以将军定代，侯，二千户。
六月壬子封，四年薨。	七月癸酉封，三十二年薨。
一百	六十七
十二年，共侯它嗣，一年薨，亡后。	孝文十三年，共侯奴嗣。十(二)〔三〕年[34]薨。
孝文二年，文侯遗以它遗腹子嗣，十四年薨。	孝景三年，敬侯执嗣，一年薨。
十六年，共侯胜之嗣，十三年薨。	四年，康侯新嗣，三十一年薨。
孝景六年，侯平嗣，(二)〔三〕十九[33]年，元鼎五年，坐酎金免。	元狩元年，侯拾嗣，九年，元鼎四年，坐入上林谋盗鹿，又搏揜，完为城旦。 师古曰："搏揜，谓搏击揜袭人而夺其物也。搏字或作博。一曰博，六博也，揜，意钱之属也，皆谓戏而取人财也。"

	襄平侯纪通	龙阳敬侯陈署
	父城以将军从击破秦，入汉，定三秦，功比平定侯，战好畤，死事，子侯。	以卒从，汉王元年起霸上，以谒者击项籍，斩曹咎，侯，户千。
	九月丙午封，五十二年薨。	九月己未封，十八年薨。
	六十六	八十四
六世　元康四年，说玄孙之子阳陵上造舜诏复〔家〕。[35]	孝景中三年，康侯相夫嗣，十九年薨。	高后七年，侯坚嗣，十八年，孝文后元年，有罪，免。
	元朔元年，侯夷吾嗣，十九年，元封元年薨，亡后。	
	元康四年，通玄孙长安簪褭万年诏复家。	

平严侯张瞻师		陆量侯须无　如淳曰："《秦始皇本纪》所谓陆梁地也。"
以赵骑将汉王五年从击诸侯，比吴房侯，千五百户。		诏以为列诸侯，自置吏令长，受令长沙王。
九年十二月壬寅封，八年薨。		三月丙戌封，三年薨。
九十五		百三十七
孝惠五年，康侯慬嗣，三十七年薨。　师古曰："慬音茕。"	六世　元康四年，瞻师玄孙之子敏上造连城诏复家。	十二年，共侯桑嗣，三十四年薨。
孝景四年，侯寄嗣。		孝文后三年，康侯庆忌嗣，五年薨。
侯安国嗣，不得年，元狩元年，为人所杀。		孝景元年，侯冉嗣，四十四年，元鼎五年，坐酎金免。
玄孙		

	高景侯周成	离侯邓弱
	父苛以内史从击破秦，为御史大夫，入汉，围取诸侯，守荥阳，功比辟阳侯，骂项籍死事，子侯。	四月戊寅封。《楚汉春秋》亦阙。成帝时，光禄大夫滑湛日旁占验曰："邓弱以长沙将兵侯。"
	四月戊寅封，三十五年，孝文后五年，谋反，下狱死。	
	六十	
	子	
	绳　孝景中元年，侯应以成孙绍封。	
元康四年，无曾孙郦阳秉铎圣诏复家。　师古曰："秉铎，武功爵第六级。"	侯平嗣，元狩四年，坐为太常不缮园屋，免。	
	元康四年，成玄孙长安公大夫赐诏复家。	

义陵侯吴郢	宣平武侯张敖	
以长沙柱国侯，千五百户。	嗣父耳为赵王，坐相贯高等谋反，废王为侯。	
九月丙子封，七年薨。	九年封，十七年薨。	
百三十四	三　师古曰："张耳及敖并为无大功，盖以鲁元之故，吕后曲升之也。"	
孝惠四年，侯重嗣，十年，高后七年薨，亡后。	高后二年，侯偃为鲁王，孝文元年复为侯，十五年薨，谥共。	
	六年，哀侯欧嗣，十七年薨。	
	孝景中三年，侯王嗣，十四年，有罪，免。	睢陵　元光三年，侯广国以王弟绍封，十八年薨。
		元鼎二年，侯昌嗣，十二年，太初二年，坐为太常乏祠，免。　师古曰："祠事有阙也。"

	信都　高后八年四月丁酉，侯侈以鲁太后子封，孝文元年，以非正免。 乐昌　四月丁亥，侯受以鲁太后子封，元年免。
元始二年，侯庆忌以敖玄孙绍封，千户。	元康四年，耳玄孙长陵公乘遂诏复家。

东阳武侯张相如		慎阳侯乐说 如淳曰："慎音震。"师古曰："字本作滇，音真，后误作慎耳。滇阳，汝南县名也。说读曰悦。"
高祖六年为中大夫，以河间守击陈豨，力战，功侯，千三百户。		淮阴侯韩信舍人，告信反，侯，二千户。
十一年十二月癸巳封，三十二年薨。		十二月甲寅封，五十一年薨。
百一十八		百三十一
孝文十六年，共侯殷嗣，五年薨。	六世 元康四年，相如玄孙之子茂陵公乘宣诏复家。	孝景中六年，靖侯愿嗣，四年薨。
后五年，戴侯安国嗣，六年薨。		建元元年，侯买之嗣，二十二年，元狩五年，坐铸白金，弃市。
孝景四年，哀侯彊嗣，十三年，建元元年薨，亡后。		曾孙
玄孙		玄孙

	开封愍侯陶舍	
	以右司马汉王五年初从，以中尉击燕、代，侯，比共侯，二千户。	
	十二月丙辰封，一年薨。	
	百一十五	
六世　元康四年，说玄孙之子长安公士通诏复家。	十二年，夷侯青嗣，四十八年薨。	六世
	孝景中三年，节侯偃嗣，十七年薨。	七世　元康四年，舍玄孙之孙长安公士元始诏复家。
	元光五年，侯睢嗣，十八年，元狩五年，坐酎金免。	
	玄孙	

禾成孝侯公孙昔	堂阳哀侯孙赤
以卒汉王五年初从，以郎中击代击陈豨，侯，千九百户。	以中涓从起沛，以郎入汉，以将军击项籍，为惠侯，坐守荥阳降楚，免，复来，以郎击籍，为上党守击陈豨，侯，八百户。
正月己未封，二十年薨。	正月己未封，九年薨。
百一十七	七十七
孝文五年，怀侯渐嗣，九年薨。	高后元年，侯德嗣，四十三年，孝景中六年，有罪，免。
孙	孙
元康四年，昔曾孙霸陵公乘广意诏复家。	元康四年，赤曾孙霸陵公乘明诏复家。

祝阿孝侯高色	长脩平侯杜恬
以客从起齧桑，以上队将入汉，以将军击魏太原、井陉，属淮阴侯，䍐度军破项籍及豨，侯，千八百户。 如淳曰："齧桑，邑名。"	以汉王二年用御史初从出关，以内史击诸侯，攻项昌，以廷尉死事，侯，千九百户。
正月己卯封，二十一年薨。	三月丙戌封，四年薨。
七十四	百八 位次曰信平侯。
孝文五年，侯成嗣，十四年，后三年，坐事国人过律，免。	孝惠三年，怀侯中嗣，十七年薨。
孙	孝文五年，侯意嗣，二十七年，有罪，免。
曾孙	阳平 孝景中五年，侯相夫绍封，三十七年，元封三年，坐为太常与大乐令中可当郑舞人擅繇，阑出入关，免。 师古曰："择可以为郑舞，而擅从役使之，又阑出入关。"
元康四年，色玄孙长陵上造弘诏复家。	

江邑侯赵尧	营陵侯刘泽	土军式侯宣义
以汉五年为御史，用奇计徙御史大夫周昌为赵相，代昌为御史大夫，从击陈豨，功侯，六百户。	汉三年为郎中击项羽，以将军击陈豨，得王黄，侯。帝从昆弟，万一千户。	高祖六年为中地守，以廷尉击陈豨，侯，一千一百户，就国后为燕相。
十一月封，高后元年，有罪，免。	十一月封，十五年，高后七年，为琅邪王。	二月丁亥封，七年薨。
	八十八	百二十二　位次曰信成侯。
		孝惠六年，孝侯莫如嗣，三十五年薨。
		孝景三年，康侯平嗣，十九年薨。
		建元六年，侯生嗣，八年，元朔二年，坐与人妻奸，免。
		玄孙

	广阿懿侯任敖
	以客从起沛，为御史，守丰二岁，击项籍，为上党守，陈豨反，坚守，侯，千八百户。后迁为御史大夫。
	二月丁亥封，十九年薨。
	八十九
六世　元康四年，义玄孙之子阿武不更寄诏复家。	孝文三年，夷侯敬嗣，一年薨。
	四年，敬侯但嗣，四十年薨。
	建元五年，侯越人嗣，二十一年，元鼎二年，坐为太常庙酒酸，免。
	元康四年，敖玄孙广阿簪褭定诏复家。

须昌贞侯赵衍		临辕坚侯戚鳃
以谒者汉王元年初从起汉中。雍军塞渭上，上计欲还，衍言从它道，道通，后为河间守，豨反，诛都尉相如，功侯，千四百户。		初从为郎，以都尉守蕲城，以中尉侯，五百户。
二月己丑封，三十二年薨。		二月乙酉封，六年薨。
百七		百一十六
孝文十六年，戴侯福嗣，四年薨。	六世	孝惠五年，夷侯触龙嗣，三十七年薨。
后四年，侯不害嗣，八年，孝景五年，有罪，免。	七世　元康四年，衍玄孙之孙长安簪褭步昌诏复家。	孝景四年，共侯中嗣，十六年薨。
曾孙		建元四年，侯贤嗣，二十五年，元鼎五年，坐酎金免。
玄孙		元康四年，鳃玄孙梁郎官大夫常诏复家。师古曰："仕梁为郎而有官大夫之爵也。"

	汲绍侯公上不害	宁陵夷侯吕臣
	高祖六年为太仆，击代豨有功，侯，千三百户。为赵太仆。	以舍人从起留，以郎入汉，破曹咎成皋，为都尉击豨，功侯，千户。
	二月乙酉封，三年薨。	二月辛亥封，二十七年薨。
	百二十三	七十三
六世	孝惠二年，夷侯武嗣，二十七年薨。	孝文十一年，戴侯谢嗣，十六年薨。
七世　元始二年，鳃玄孙之孙少诏赐爵关内侯。	孝文十四年，康侯通嗣，二十七年薨。	孝景四年，惠侯始嗣，十七年薨。
	建元二年，侯广德嗣，九年，元光五年，坐妻大逆，弃市。	曾孙
	元康四年，不害玄孙安陵五大夫常诏复家。	元康四年，吕臣玄孙南陵公大夫得诏复家。

汾阳严侯靳彊	戴敬侯秘彭祖 师古曰："今见有秘姓，读如秘书，而韦昭安为音读，非也。"	
以郎中骑千人前三年从起栎阳，击项羽，以中尉破锺离眛军，功侯。	以卒从起沛，以卒开沛城门，为太公仆，以中厩令击陈豨，功侯，千一百户。	
三月辛亥封，十一年薨。	三月癸酉封，十一年薨。	
九十六	百二十六	
高后三年，共侯解嗣，三十三年薨。	高后三年，共侯悼嗣，十二年薨。	六世
孝景五年，康侯胡嗣，十二年绝，不得状。	孝文八年，夷侯安国嗣，四十八年薨。	七世元康四年，彭祖玄孙之孙阳陵大夫政诏复家。
江邹　元鼎五年，侯石封嗣，九年，太始四年，坐为太常行幸离宫道桥苦恶，大仆敬声系以谒闻，赦免。	元朔五年，安侯轸嗣，十二年薨。	
元康四年，彊玄孙长安公乘忠诏复家。	元鼎五年，侯蒙嗣，二十五年，后元年，坐祝诅上，大逆，腰斩。	

衍简侯翟盱　师古曰："盱音况于反。"	平州共侯昭涉掉尾　师古曰："姓昭涉，名掉尾也。音徒吊反。"	
以汉王二年为燕令，以都尉下楚九城，坚守燕，侯，九百户。	汉四年以燕相从击项籍，还击臧荼，侯，千户。	
七月己丑封，十二年薨。	八月甲辰封，十八年薨。	
百三十	百一十一	
高后四年，祗侯山嗣，(一)〔二〕[36]年薨。	孝文二年，戴侯種嗣，三年薨。	
六年，节侯嘉嗣，四十四年薨。	五年，怀侯它人嗣，四年薨。	
建元三年，侯不疑嗣，十年，元朔元年，坐挟诏书论，耐为司寇。　师古曰："诏书当奉持之，而挟以行，故为罪也。"	九年，孝侯马童嗣，二十九年薨。	
元康四年，盱玄孙阳陵公乘光诏复家。	孝景后一年，侯眛嗣，二十四年，元狩五年，坐行驰道中，免。	元康四年，掉尾玄孙涪不更福诏复家。

中牟共侯单右车	
以卒从沛，入汉，以郎击布，功侯，二千二百户。始高祖微时有急，给高祖马，故得侯。	
十二年十月乙未封，二十三年薨。	
百二十五	
孝文八年，敬侯缯嗣，五年薨。	六世　元康四年，右车玄孙之子阳陵不更充国诏复家。
十三年，戴侯终根嗣，三十七年薨。	
元光二年，侯舜嗣，十八年，元鼎五年，坐酎金免。	
玄孙	

卭严侯黄极忠 师古曰:"卭音钜巳反。"		博阳节侯周聚
以群盗长为临江将,已而为汉击临江王及诸侯,破布,封千户。		以卒从丰,以队率入汉,击项籍〔成〕(城)[37]皋有功,为将军,布反,定吴郡,侯。
十月戊戌封,二十七年薨。		十月辛丑封,二十四年薨。
百十三		五十三
孝文十二年,夷侯荣成嗣,九年薨。	六世 元康四年,极忠玄孙之子卭公乘调诏复家。	孝文九年,侯遬嗣,十五年,孝景元年,有罪,夺爵一级。
后元五年,共侯明嗣,三十五年薨。	元始元年,赐极忠代后者敚爵关内侯。	孙
元朔五年,侯遂嗣,八年,元鼎元年,坐掩搏夺公主马,髡为城旦。户四千。 师古曰:"搏字或作博,已解于上。"		元康四年,聚曾孙长陵公乘万年诏复家。

阳羡定侯灵常	下相严侯泠耳 师古曰："泠音零。"
以荆令尹汉五年初从，击锺离眛及陈公利幾，徙为汉中大夫，从至陈，取韩信，迁中尉，以击布，侯，二千户。	以客从起沛，入汉，用兵击破齐田解军，以楚丞相坚守彭城距布军，功侯，二千户。
十月壬寅封，十四年薨。	十月己酉封，十八年薨。
百一十九	八十五
高后七年，共侯贺嗣，八年薨。	孝文三年，侯顺嗣，二十三年，孝景三年，坐谋反，诛。
孝文七年，哀侯胜嗣，六年薨，亡后。	孙
曾孙	曾孙
元康四年，常玄孙南和大夫横诏复家。	元康四年，耳玄孙长安公士安诏复家。

高陵圉侯王虞人	期思康侯贲赫 师古曰："贲音肥。"
以骑司马汉王元年从起废丘，以都尉破田横、龙且，追籍至东城，以将军击布，侯，九百户。	淮南王英布中大夫，告反，侯，一千户。
十二月丁亥封，十年薨。	十二月癸卯封，二十九年，孝文十四年薨，亡后。
九十二	百三十二
高后三年，侯弄弓嗣，十八年薨。	子
孝文十三年，侯行嗣，十二年，孝景三年，谋反，诛。	孙
	曾孙
	元康四年，赫玄孙寿春大夫充诏复家。

戚圉侯季必　师古曰："《灌婴传》云李必，今此作季。表、传不同，当有误。"	穀阳定侯冯谿	
以骑都尉汉二年初起栎阳，攻破废丘，因击项籍，属韩信，破齐，攻臧荼，为将军，击韩信，侯，千五百户。	以卒前二年起(拓)〔柘〕，[38]击籍，定代，为将军，功侯。	
十二月癸卯封，十六年薨。	正月乙丑封，二十二年薨。	
九十	百五	
孝文元年，贲侯长嗣，三年薨。	孝文七年，共侯熊嗣，十八年薨。	六世　元康四年，谿玄孙之子穀阳不更武诏复家。
四年，躁侯瑕嗣，三十八年薨。	孝景二年，隐侯卬嗣，三年薨。	
建元三年，侯信成嗣，二十年，元狩五年，坐为太常纵丞相侵神道，为隶臣。　师古曰："《刑法志》罪人狱已决，完为城旦舂，满三岁为鬼薪白粲，一岁为臣妾，一岁免为庶人。然则男子为隶臣，女子为隶妾也。"	五年，懿侯解中嗣，十二年薨。	
元康四年，必玄孙长安公士买之诏复家。	建元四年，侯偃嗣。	

严敬侯许猜 师古曰："猜音千才反。"		成阳定侯奚意
以楚将汉二年降，从起临济，以郎中击项羽、陈豨，侯，六百户。		以魏郎汉王二年从起阳武，击项籍，属魏王豹，豹反，徙属相国彭越，以太原尉定代，侯，六百户。
正月乙丑封，四十年薨。		正月乙酉封，二十六年薨。
百一十二		百一十
孝景二年，侯恢嗣，十六年薨。	六世 元康四年，猜玄孙之子平寿公士任寿诏复家。	孝文十一年，侯信嗣，二十九年，建元元年，有罪，要斩。
建元二年，炀侯则嗣，九年薨。		孙
元光五年，节侯周嗣，三年薨。		元康四年，意曾孙阳陵公乘通诏复家。
元朔二年，侯广宗嗣，十五年，元鼎五年，坐酎金免。		

桃安侯刘襄		高梁共侯郦疥
以客从，汉王二年起定陶，以大谒者击布，侯，千户。为淮南太守。项氏亲。		父食其以客从破秦，以列侯入〔汉〕，〔39〕还定诸侯，常使使约和诸侯，说齐王死事，子侯。
三月丁巳封，七年，孝惠七年，有罪，免，二年，复封，十六年薨。		二月丙寅封，六十三年薨。
百三十五		六十六
孝文十年，懿侯舍嗣，三十年薨。	六世　元康四年，襄玄孙之子长安上造益寿诏复家。	元光三年，侯勃嗣。
建元元年，厉侯由嗣，十三年薨。		侯平嗣，元狩元年，坐诈衡山王取金，免。
元朔二年，侯自为嗣，十五年，元鼎五年，坐酎金免。		曾孙
玄孙		元康四年，食其玄孙阳陵公乘赐诏复家。

纪信匡侯陈仓		景严侯王竞
以中涓从起丰，以骑将入汉，以将军击项籍，后攻卢绾，侯，七百户。		以车司马汉元年初从起高陵，属刘贾，以都尉从军，侯，五百户。
六月壬辰封，十年薨。		六月壬辰封，七年薨。
八十		百六
高后三年，夷侯开嗣，二十二年薨。	六世　元康四年，仓玄孙之子长安公士千秋诏复家。	孝惠七年，戴侯真粘嗣，十九年薨。　师古曰："粘亦黏字。"
孝文后二年，侯炀嗣，八年，孝景二年，反，诛。		孝文十一年，侯嫇嗣，二十二年，孝景十年，有罪，免。　师古曰："嫇音许孕反。"
曾孙		曾孙
玄孙		元康四年，竞玄孙长安公士昌诏复家。

张节侯毛释之	煮枣端侯革朱
以中涓从起丰，以郎骑入汉，还从击诸侯，侯，七百户。	以越连敖从起薛，别以越将入汉，击诸侯，以都尉侯，九百户。
六月壬辰封，二十六年薨。	六月壬辰封，七年，孝惠七年薨。嗣子有罪，不得代。
七十九	七十五
孝文十一年，侯鹿嗣，二年薨。	孝文二年，康侯式以朱子绍封，二十一年薨。
十三年，侯舜嗣，二十三年，孝景中六年，有罪，免。	孝景中二年，侯昌嗣，二年，有罪，免。
曾孙	曾孙
元康四年，释之玄孙长安公士景诏复家。	元康四年，朱玄孙阳陵大夫奉诏复家。

傿陵严侯朱濞	(藏)卤〔严〕侯[41]张平		右高祖百四十七人。周吕、建成二人在《外戚》，羹颉、合阳、沛、德四人在《王子》，凡百五十三人。
以卒从起丰，入汉，以都尉击项籍、臧荼，侯，二千七百户。	以中尉前元年从起单父，不入关，以击黥布、卢绾，得南阳，侯，二千七百户。		
十二月封，十一年薨。	十二月封，十二年薨。		
五十(一)〔二〕[40]	四十八		
高后四年，共侯庆嗣，十一年，孝文七年薨，亡后。	高后五年，侯胜嗣，七年，孝文四年，有罪，为隶臣。	六世　元康四年，平玄孙之子长安公士常诏复家。	
元康四年，濞曾孙阳陵公士言诏复家。	曾孙		
	玄孙		

便顷侯吴浅	轪侯黎朱苍 师古曰:“轪音大,又音第。”	
以父长沙王功侯,二千户。	以长沙相侯,七百户。	
元年九月癸卯封,三十七年薨。	二年四月庚子封,八年薨。	
百三十三	百(一)〔二〕十〔42〕	
孝文后七年,共侯信嗣,六年薨。	高后三年,孝侯豨嗣,二十一年薨。	六世 元康四年,苍玄孙之子竟陵簪褭汉诏复家。
孝景六年,侯广志嗣。	孝文十六年,彭祖嗣,二十四年薨。	
侯千秋嗣,元鼎五年,坐酎金免。	侯扶嗣,元封元年,坐为东海太守行过擅发卒为卫,当斩,会赦,免。	
编 元康四年,浅玄孙长陵上造长乐诏复家。	玄孙 江夏	

平都孝侯刘到	右孝惠三人。	南宫侯张买	梧齐侯阳城延
以齐将高祖三年定齐降，侯，千户。		以父越人为高祖骑将从军，以中大夫侯。	以军匠从起郏，入汉，后为少府，作长乐、未央宫，筑长安城先就，侯。师古曰："郏，颍川之县也，音夹。"
五年六月乙亥封，十三年薨。		元年四月丙寅，封。	四月乙酉封，六年薨。
百一十			七十六
孝文三年，侯成嗣，三十五年，孝景后二年，有罪，免。		侯生嗣，孝武初有罪，为隶臣。万六千六百户。	七年，敬侯去疾嗣，三十四年薨。
			孝景中三年，靖侯偃嗣，十五年薨。
元康四年，到曾孙长安公乘如意诏复家。			元光三年，侯戎奴嗣，十四年，元狩五年，坐使人杀季父，弃市。户三千三百。
		北海	玄孙

	平定敬侯齐受
	以卒从起留，以家车吏入汉，以骁骑都尉击项籍，得楼烦将，用齐丞相侯。师古曰："家车吏，主汉王之家车，非军国所用。"
	四月乙酉封，九年薨。
	五十四
六世　元康四年，延玄孙之子梧公士注诏复家。	孝文二年，齐侯市人嗣，四年薨。
	六年，共侯应嗣，四十一年薨，亡后。
	元光二年，康侯延居嗣，八年薨。
	元鼎(四)〔二〕年，侯昌嗣，二年，元鼎(二)〔四〕年，[43]有罪，免。

	博成敬侯冯无择	沅陵顷侯吴阳师古曰："沅音元。"
	以悼武王郎中从高祖起丰，攻雍，共击项籍，力战，奉悼武王出荥阳，侯。师古曰："悼武王，高后兄，周吕侯吕泽也，高后追尊曰悼武王。"	以父长沙王功侯。
	四月己丑封，三年薨。	七月丙申封，二十五年薨。
		百三十六
	四年，侯代嗣，八年，坐吕氏诛。	孝文后二年，顷侯福嗣，十七年薨。
		孝景中五年，哀侯周嗣，薨，亡后。
元康四年，受玄孙安平大夫安德诏复家。		

中邑贞侯朱进	乐(成)〔平〕[44]简侯卫毋择	山都贞侯王恬启
以执矛从入汉,以中尉破曹咎,用吕相侯,六百户。师古曰:"为吕王之相也。"	以队率从起沛,属皇䜣,以郎击陈馀,用卫尉侯,六百户。	汉五年为郎中柱下令,以卫将军击陈豨,用梁相侯。师古曰:"柱下令,今主柱下书史也。"
四年四月丙申封,二十二年薨。	四月丙申封,二年薨。	四月丙申封,八年薨。
孝文后二年,侯悼嗣,二十一年,孝景后三年,有罪,免。	六年,共侯胜嗣,四十一年薨。	孝文四年,宪侯中黄嗣,二十三年薨。
	孝景后三年,侯侈嗣,六年,建元六年,坐买田宅不法,有请赇吏,死。	孝景四年,敬侯触龙嗣,二十三年薨。
		元狩五年,侯当嗣,八年,元封元年,坐阑入甘泉上林,免。

祝兹夷侯徐厉	成阴夷侯周信
以舍人从沛，以郎中入汉，还，得雍王邯家属，用常山丞相侯。	以卒从起单父，为吕后舍人，度吕后，为河南守，侯，五百户。师古曰："时有寇难，得度于水，因以免也。"
四月丙申封，十一年薨。	四月丙申封，十六年薨。
孝文七年，康侯悼嗣，二十九年薨。	孝文十二年，侯勃嗣，十五年，有罪，免。
孝景中六年，侯偃嗣，九年，建元六年，有罪，免。	

俞侯吕它　如淳曰："俞音输。"	醴陵侯越	右高后十二人。扶柳、襄城、轵、壶关、昌平、赘其、腾、昌城、腄、祝兹、建陵十一人在《恩泽外戚》，洨、沛、信都、乐昌、东平五人随父，上邳、朱虚、东牟三人在《王子》，凡三十一人。师古曰："腄音直瑞反。洨音交，又音下交反。"
父婴以连敖从高祖破秦，入汉，以都尉定诸侯，功比朝阳侯，死事，子侯。	以卒从，汉二年起栎阳，以卒吏击项羽，为河内都尉，用长沙相侯，六百户。	
四月丙申封，四年，坐吕氏诛。	四月丙申封，八年，孝文四年，有罪，免。	

阳信夷侯刘揭	壮武侯宋昌
高祖十三年为郎，以典客夺吕禄印，闭殿门止产等，共立皇帝，侯，二千户。	以家吏从高祖起山东，以都尉从荥阳，食邑，以代中尉劝王，骖乘入即帝位，侯，千四百户。
元年十一月辛丑封，十四年薨。	四月辛亥封，三十三年，孝景中四年，有罪，夺爵一级，为关内侯。
十五年，侯中意嗣，十四年，孝景六年，有罪，免。	

樊侯蔡兼	泜陵康侯魏驷　晋灼曰:"泜,古柢字。"师古曰:"音直夷反。"	南郑侯起　师古曰:"郑音贞。说者云当为郑,非也。"
以睢阳令高祖初从阿,以韩家子还定北地,用常山相侯,千二百户。　师古曰:"本六国时韩家之诸子也,后更姓蔡也。"	以阳陵君侯。	以信平君侯。
六月丙寅封,十四年薨。	七年三月丙寅封,十二年薨,亡后。	(二)〔三〕月[45]丙寅封,坐后父故削爵一级,为关内侯。　师古曰:"会于廷中而随父,失朝廷以爵之序,故削爵也。"
十五年,康侯客嗣,十八年薨。		
孝景中二年,共侯平嗣,二十一年薨。		
元朔二年,侯辟方嗣,元鼎四年,坐搏揜,完为城旦。		

黎顷侯召奴　师古曰："召平之子也。召读曰邵。"	鉼侯孙单　师古曰："鉼音步丁反。"
以父齐相侯。	父印以北地都尉匈奴入力战死事，子侯。
十年四月癸丑封，十一年薨。	十四年三月丁巳封，十二年，孝景前三年，坐反，诛。
后五年，侯渍嗣，三十五年薨。	
元朔五年，侯延嗣，十九年，元封六年，坐不出持马，要斩。户千八百。　师古曰："时发马给军，匿而不出也。"	

弓高壮侯韩陨当	
以匈奴相国降，侯。故韩王子。	
十六年六月丙子封。	
不得子嗣侯者年名。	
元朔五年，侯则嗣，薨，亡后。	龙额　元朔五年四月丁未，侯譊以都尉击匈奴得王，侯，十二年，元鼎五年，坐酎金免。　师古曰："譊音女交反。"

按道　元封元年五月己卯，愍侯说以横海将军击东越，侯，十九年，为卫太子所杀。		
延和三年，侯兴嗣，四年，坐祝诅上，要斩。	后元元年，侯曾以兴弟绍封龙頟，三十一年薨。	
齐	五凤元年，思侯宝嗣，鸿嘉元年薨，亡后。	元封元年，节侯共以宝从父昆弟绍封。

	襄城哀侯韩婴	故安节侯申屠嘉	右孝文十人。轵、鄡、周阳三人在《外戚》，管、氏（营）丘、营平、[47]阳虚、杨丘、朸、安都、平昌、武成、白石、阜陵、安阳、阳周、东城十四人在《王子》，凡二十七人。师古曰：“鄡音一户反，又音於庶反。今书本有郻字者，误。”
	以匈奴相国降，侯，二千户。韩王信太子之子。	孝文二年举淮阳守，从高祖功，食邑五百户，用丞相侯。	
	六月丙子封，七年薨。	后三年四月丁巳封，七年薨。	
六世　侯敞弓嗣，王莽败，绝。	后七年，侯释之嗣，三十一年，元朔四年，坐诈疾不从，耐为隶臣。	孝景前三年，侯共嗣，二十二年薨。	
		〔清安〕[46]　元狩三年，侯臾更封，五年，元鼎元年，坐为九江太守受故官送，免。	
	魏		

【校勘记】

〔1〕 陨命亡国，〔或〕（云）〔亡〕子孙。 钱大昭所见闽本、朱一新所见汪本都作“或亡子孙”。王先谦说闽、汪本是。

〔2〕 庸，〔卖〕功庸也； 朱一新说汪本有“卖”字是。按景祐、殿本都有。

〔3〕 虞、夏以（之）多群后飨共己之治。 王念孙说“以”下“之”字涉上下文而衍，《汉纪》《孝成纪》无。

〔4〕 取其功尤高者（三）〔一〕人继之， 景祐、殿本都作“一”。王先谦说作“一”是。

〔5〕 钱大昭、朱一新说闽、汪本无“云”字。按景祐本亦无。

〔6〕 “本治”，钱大昭说当作“本始”。按景祐、殿本都作“本始”。

〔7〕 此格“元光三年”，景祐本作“二年”。朱一新说《史记》作“二年”是。下脱“婢”字，《史表》有。

〔8〕 “二十四年”，景祐、殿本都作“二十二年”。六格“十二年”，景祐本作“二十二年”。

〔9〕 苏舆说“六”字盖“十八”二字之驳文。按景祐本正作“十八”。

〔10〕 王先谦说“传”是“得”之误。按景祐、殿、局本都作“得”。

〔11〕 “后二年”，朱一新说汪本“二”作“三”是。按景祐本作“三”。

〔12〕 “后元元年”，朱一新说汪本作“后元年”是。按景祐本作“后元年”。

〔13〕 “老”，景祐、殿、局本都作“孝”。

〔14〕 景祐、殿本都作“三十年”。

〔15〕 苏舆说“三”当作“二”。按景祐本正作“二”。

〔16〕 景祐、殿本都作“如淳”。

〔17〕 此格“一岁”，景祐本作“二岁”，《史表》同。“临蓄”，王鸣盛说监本作“临菑”，“蓄”字误。按殿、局本都作“临菑”。三格“四十八年”，景祐、殿本都作“三十八年”。

〔18〕 此栏二格，王先谦说“公”字衍。按《史表》作“以舍人从至霸上”。六格，王先谦说《史表》作“逮御史大夫汤”，张汤也，此误。

〔19〕 此格，朱一新说汪本“一”作“二”是。王先谦说“太”殿本作“大”是。按景祐本正作“二”作“大”。

〔20〕 殿本有“家”字，此脱，景祐本亦脱。

〔21〕 王先谦说《史表》无“顷侯诸庄”四字，疑衍。

〔22〕 此格原在六格，据景祐、殿、局本提上。

〔23〕 王先谦说“邑益”当作“益邑”。按殿本作“益邑”。

〔24〕 王先谦说《史表》“中三年”作“中二年”。按景祐本亦作“中二年”。

〔25〕 据《史表》校，“秋”当作“秩”。

〔26〕 王先谦说“侯”下夺“贺”字，《史表》“贺”字两见。

〔27〕 朱一新说汪本“二”作“三”是。按殿本作“三”。

〔28〕 殿本“三”作“五”。齐召南说作“三”非。

〔29〕 “税”字据《史表集解》引补。

〔30〕 “十二年”，景祐、殿本都作“十三年”，《史表》同。

〔31〕 “三十年”，景祐、殿本都作“十二年”。

〔32〕 “文侯”，景祐、殿本都作“孝文”，此误。

〔33〕 苏舆说“二十九”当作“三十九”。按景祐本正作“三十九”。

〔34〕 王念孙说“十二年”景祐本作“十三年”是。

〔35〕 “家”字据景祐、殿本补。

〔36〕 王先谦说殿本“一”作“二”是。

〔37〕 殿本“城”作“成”，王先谦说作“成”是。

〔38〕 “拓”，景祐、殿本都作“柘”。

〔39〕 王先谦说“入”下脱“汉”字，《史表》有。

〔40〕 “五十一”，钱大昭说当从《史表》作“五十二”。按景祐、殿本正作“五十二”。

〔41〕 景祐、殿本都作“卤严侯”。

〔42〕 钱大昭说闽本作“百二十”是。按景祐、殿本都作“百二十”。

〔43〕 朱一新说元鼎“四年”“二年”误倒。按局本不误。

〔44〕 王先谦说《史表》“成”作“平”。按景祐、殿本都作“平”。

〔45〕 “二月”，景祐、殿本都作“三月”。

〔46〕 “清安”， 据景祐、殿、局本补，《史表》有。

〔47〕 管、氏(营)丘、营平　钱大昕说《王子侯表》管一国，氏丘一国，营平一国，此“氏”下多“营”字。

汉书卷十七

景武昭宣元成功臣表第五

昔《书》称"蛮夷帅服",①《诗》云"徐方既俫",②《春秋》列潞子之爵,许其慕诸夏也。③汉兴至于孝文时,乃有弓高、襄城之封,④虽自外俫,本功臣后。故至孝景始欲侯降者,丞相周亚夫守约而争。⑤帝黜其议,初开封赏之科,⑥又有吴楚之事。武兴胡越之伐,将帅受爵,应本约矣。⑦后(有)〔世〕承平,[1]颇有劳臣,辑而序之,续元功次云。⑧

①师古曰:"《舜典》之辞也。言王者德泽广被,则四夷相率而降服也。"

②师古曰:"《大雅·常武》之诗曰:'王猷允塞,徐方既俫。'言周之王道信能充实,则徐方、淮夷并来朝也。俫,古来字。"

③应劭曰:"潞子离狄内附,《春秋》嘉之,称其爵,列诸盟会也。"师古曰:"潞音路。"

④师古曰:"弓高侯穨当,襄城侯桀龙,皆从匈奴来降而得封也。"

⑤应劭曰:"景帝欲封王皇后兄信,亚夫对'高祖之约,非功臣不侯也'。"师古曰:"景帝欲封匈奴降者徐卢等,而亚夫争之,以为不可。今表所称,盖谓此尔,不列王信事也。应说失之。"

⑥师古曰:"不从亚夫之言,竟封也。"

⑦师古曰:"应高祖非有功不得侯之约。"

⑧师古曰:"辑与集同。元功,谓佐兴其帝业者也。"

号谥姓名	俞侯栾布　师古曰："俞音输。"	建陵哀侯卫绾	建平敬侯程嘉
功状户数	以将军吴楚反击齐，侯。	以将军击吴楚，用中尉侯。	以将军击吴楚，用江都相侯。
始　封	六年四月丁卯封，六年薨。	四(年)〔月〕[2]丁卯封，二十一年薨。	四月丁卯封，十八年薨。
子	中六年，侯贲嗣，二十二年，元狩六年，坐为太常雍牺牲不如令，免。　师古曰："雍，右扶风县也，五畤祠在焉。"	元光五年，侯信嗣，十八年，元鼎五年，坐酎金免。	元光二年，节侯横嗣，一年薨。
孙			三年，侯回嗣，四年薨，亡后。
曾孙			
玄孙			

平曲侯公孙浑邪　师古曰："浑音胡温反。字或作昆，又作混，其音同。"	
以将军击吴楚，用陇西太守侯。	
四月己巳封，五年，中四年，有罪，免。	
南奅　元朔五年四月丁卯，侯贺以将军击匈奴得王，侯。十二年，元鼎五年，坐酎金免。　师古曰："奅音普孝反。"	葛绎　太初二年，侯贺（营）〔复〕[3]以丞相封。三年，延和二年，以子敬声有罪，下狱死。　师古曰："延亦征字也。"

江阳康侯苏息	遽侯横 师古曰："史失其姓。它皆类此。"	新市侯王弃之	商陵侯赵周
以将军击吴楚，用赵相侯。	父建德以赵相不听王遂反，死事，子侯，千一百七十户。	父悍以赵内史，王遂反不听，死事，子侯。	父夷吾以楚太傅，王戊反不听，死事，子侯。
中二年，懿侯卢嗣，八年薨。	中二年四月乙巳封，六年，后二年，有罪，弃市。	四月乙巳封，八年薨。	四月乙巳封，三十六年，元鼎五年，坐为丞相知列侯酎金轻，下狱自杀。
建元二年，侯朋嗣，十六年薨。		炀侯始昌嗣，元光四年为人所贼杀。	
元朔六年，侯雕嗣，十一年，元鼎五年，坐酎金免。			

山阳侯张当居	安陵侯于军	桓侯赐	遒侯陆彊 师古曰："遒即古遒字，音子修反。涿郡之县。"
父尚以楚相，王戊反不听，死事，子侯。	以匈奴王降侯，千五百五十户。	以匈奴王降侯。	以匈奴王降侯，千五百七十户。
四月乙巳封，二十四年，元朔五年，坐为太常择博士弟子故不以实，完为城旦。	中三年十一月庚子封，十三年，建元六年薨，亡后。	十二月丁丑封。	十二月丁丑封。
			侯则嗣，孝武后元年坐祝诅上，要斩。

容城携侯徐卢	(翕)〔易〕侯[4]仆黚 郑氏曰："黚音怛。"	范阳靖侯范代
以匈奴王降侯，七百户。	以匈奴王降侯，千一百十户。	以匈奴王降侯，六千二百户。
十二月丁丑封，七年薨。	十二月丁丑封，六年，后三年薨，亡后。	十二月丁丑封，十四年薨。
建元二年，康侯缠嗣，十四年薨。		元光二年，怀侯德嗣，四年薨，亡后。
元朔三年，侯光嗣，四十年，后元二年，坐祝诅上，要斩。		
		涿郡　元始二年，玄孙政诏赐爵关内侯。

翕侯邯郸	亚谷简侯卢它之
	以匈奴东胡王降侯，千户。故燕王绾子。
十二月丁丑封，六年，元光四年，坐行来不请长信，免。如淳以匈奴王降(汉)〔侯〕。[5]曰："长信宫，太后所居也。"师古曰："请，谒也。"	中五年四月丁巳封，二年薨。
	后(元)[6]元年，侯穜嗣，七年薨。
	建元五年，康侯漏嗣，七年薨。
	元光六年，侯贺嗣，三十九年，延和二年，坐受卫太子节，掠死。师古曰："以卫太子擅发兵，而贺受其节，疑有反心，故见考掠而死也。"
内黄	

塞侯直不疑	右孝景十八人。平陆、休、沈猷、红、宛朐、棘乐、乘氏、桓邑八人在《王子》，魏其、盖二人在《外戚》，隆虑一人随父，凡二十九人。 师古曰："据《楚元王》传云休侯富免侯后更封为红侯，而《王子侯表》但云休侯富，虽述重封，又无红邑，其数止七人。然此表乃以休及红列为二数，又称八人在《王子侯》，是则此表为误也。"	翕侯赵信
以御史大夫侯，前有将兵击吴楚功。		以匈奴相国降侯，元朔二年击匈奴功益封，千六百八十户。
后元年八月封，六年薨。		元光四年十月壬午封，六年，元朔六年，为右将军击匈奴，兵败，降匈奴。
建元四年，康侯相如嗣，十二年薨。		
元朔四年，侯坚嗣，十三年，元鼎五年，坐酎金免。		
		内黄

特辕侯乐	亲阳侯月氏 师古曰："氏音支。"	若阳侯猛
以匈奴都尉降侯，六百五十户。	以匈奴相降侯，六百八十户。	以匈奴相降侯，五百三十户。
元朔元年后九月丙寅封，十三年，元鼎元年薨，亡后。	元朔二年十月癸巳封，五年，坐谋反入匈奴，要斩。	十月癸巳封，五年，坐谋反入匈奴，要斩。
南阳	舞阳	平氏

平陵侯苏建	岸头侯张次公	涉安侯於单
以都尉从车骑将军击匈奴功侯，元朔五年，用游击将军从大将军，益封，凡一千户。	以都尉从车骑将军击匈奴侯，从大将军，益封，凡二千户。	以匈奴单于太子降侯。
三月丙辰封，六年，坐为前将军与翕侯信俱败，独身脱来归，当斩，赎罪，免。	五月己巳封，五年，元狩元年，坐与淮南王女陵奸，受财物，免。　师古曰："陵，淮南王安女名也。"	三年四月丙子封，五月薨，亡后。
武当	皮氏	

昌武侯赵安稽	襄城侯桀龙 师古曰："此龙盖匈奴名耳，而说者以为龙桀，非也。"	安乐侯李蔡
以匈奴王降侯，以昌武侯从骠骑将军击左王，益封。	以匈奴相国降侯，四百户。	以将军再击匈奴得王，侯，二千户。
四年七月庚申封，二十一年薨。	七月庚申封，三十二年，与浞野侯俱战死事。	四月乙巳封，六年，元狩五年，坐以丞相侵卖园陵道壖地，自杀。
太初元年，侯充国嗣，四年薨，亡后。	太初三年，侯病已嗣，十五年，后二年，坐祝诅上，下狱瘐死。	
舞阳	襄垣	昌

合骑侯公孙敖	轵侯李朔 师古曰:"轵音只。"	从平侯公孙戎奴
以护军都尉三从大将军击匈奴,至右王庭得王侯,元朔六年,从大将军,益封,九千五百户。	以校尉三从大将军击匈奴,至右王庭得虏阏氏功侯。	以校尉三从大将军击匈奴,至右王庭为雁行上石山先登,侯,一千一百户。
以五年四月丁未封,至元狩二年坐将兵击匈奴与票骑将军期后,畏懦当斩,赎罪。 师古曰:"懦音乃唤反,又曰音而掾反。"	四月乙卯封,六年,有罪,当免。	四月乙卯封,三年,元狩二年,坐为上党太守发兵击匈奴不以闻,免。
高城	西安	乐昌

随城侯赵不虞	博望侯张骞
以校尉三从大将军击匈奴，攻辰吾先登石疊，侯，七百户。 师古曰："辰吾水之上也，时匈奴军在焉。山绝水曰疊，音门。"	以校尉数从大将军击匈奴，知道水，及前使绝国大夏，侯。
四月乙卯封，三年，元狩二年，坐为定襄都尉，匈奴败，太守以闻非实，谩，免。 师古曰："谩，诳也，音漫。"	六年三月甲辰封，元狩二年，坐以将军击匈奴畏懦，当斩，赎罪，免。
千乘	

众利侯郝贤　师古曰："郝音呼各反，又音式亦反。"	潦悼侯王援訾	从票侯赵破奴　师古曰："票音频妙反。"
以上谷太守四从大将军击匈奴，首虏千级以上，侯，千一百户。	以匈奴赵王降侯，五百六十户。	以司马再从票骑将军击匈奴，得两王(千)〔子〕骑〔将〕侯，[8]二千户。
五月壬辰封，二年，元狩二年，坐为上(容)〔谷〕太守入(戈守)〔戍卒〕财物，〔上〕计[7]谩，免。　师古曰："上财物之计簿而欺谩不实。"	元狩元年七月壬午封，二年薨，亡后。	二年五月丙戌封，九年，元鼎五年，坐酎金免。元封三年，以匈(奴)河将军击楼兰，封浞野侯。五年，太初二年，以浚稽将军击匈奴，为虏所获，军没。
姑莫	舞阳	

宜冠侯高不识	煇渠忠侯仆朋 师古曰："煇音许围反。"
以校尉从票骑将军再击匈奴。侯，一千一百户。故匈奴归义。	以校尉从票骑将军再出击匈奴得王，侯，从票骑将军虏五王，益封。故匈奴归义。
五月庚戌封，四年坐击匈奴增首不以实，当斩，赎罪，免。 师古曰："增加所获首级之数也。"	二年二月乙丑封，八年薨。
	元鼎四年，侯雷电嗣，二十二年，延和三年，以五原属国都尉与贰师将军俱击匈奴，没。
昌	鲁阳

下摩侯謼毒尼　师古曰："謼字与呼同。"	湿阴定侯昆邪　师古曰："湿音吐合反。昆音胡门反。"	煇渠慎侯应疕　师古曰："疕音疋履反。"
以匈奴王降封，七百户。	以匈奴昆邪王将众十万降侯，万户。	以匈奴王降侯。
六月乙亥封，九年薨。	三年七月壬午封，四月薨。	七月壬午封，五年，元鼎三年薨，亡后。
元鼎五年，炀侯伊即轩嗣。　师古曰："轩音居言反。"	元鼎元年，魏侯苏嗣，十年，元封五年薨，亡后。	
侯冠支嗣，神爵三年，诏居弋居山，坐将家属阑入恶师居，免。　师古曰："恶师，地名，有官所置居室。"		
猗氏	平原	鲁阳

河綦康侯乌黎	常乐侯稠雕
以匈奴右王与浑邪降侯,六百户。	以匈奴大当户与浑邪降侯,五百七十户。 师古曰:"当户,匈奴官名也。"
七月壬午封,六年薨。	七月壬午封,十八年薨。
元鼎三年,侯馀利鞮嗣,四十二年,本始二年薨,亡后。 师古曰:"鞮音丁奚反。"	太初三年,侯广汉嗣,六年,太始元年薨,亡后。
济南	济南

邳离侯路博德	义阳侯卫山	杜侯复陆支
以右北平太守从票骑将军击左王，得重，会期，虏首万二千七百人，侯，千六百户。 师古曰：“得重，得辎重也。会期，不失期也。”	以北地都尉从票骑将军击匈奴得王，侯，千一百户。	以匈奴归义因孰王从票骑将军击左王，以少破多，捕虏三千一百，侯，千三百户。
四年六月丁卯封，十五年，太初元年，坐见知子犯逆不道罪免。	六月丁卯封，二十六年，太始四年，坐教人诬告众利侯当时弃市罪，狱未断病死。	六月丁卯封，五年薨。
		元鼎三年，侯偃嗣。
		侯屠耆嗣。
		侯宣平嗣。
朱虚	平氏	重平 侯福嗣，河平四年，坐非子免。

众利侯伊即轩 师古曰:"轩音居言反。"	湘成侯敞屠洛	散侯董舍吾
以匈奴归义楼剸王从票骑将军击左王,手剑合,侯,千一百户。 师古曰:"手用剑而合战也。"剸音专,又音之兖反。"	以匈奴符离王降侯,千八百户。	以匈奴都尉降侯,千一百户。
六月丁卯封,十四年薨。	六月丙子封,七年,元鼎五年,坐酎金免。	六(年)〔月〕[9]丙子封,十七年薨。
元封六年,侯当时嗣。		太初三年,侯安汉嗣。
侯辅宗嗣,始元五年薨,亡后,为诸县。		侯贤嗣,征和三年,坐祝诅(二)〔上〕,下狱病死。
	阳成	阳成

臧马康侯雕延年	瞭侯次公 师古曰："瞭音辽。"	术阳侯建德	龙侯摎广德 师古曰："摎音居虬反。"
以匈奴王降侯，八百七十户。	以匈奴归义王降侯，七百九十户。	以南越王兄越高昌侯侯，三千户。	父乐以校尉击南越死事，子侯，六百七十户。
六(年)〔月〕[10]丙子封，五年薨，亡后。	元鼎四年六月丙午封，五年，坐酎金免。	五年三月壬午封，四年，坐使南海逆不道，诛。	三(年)〔月〕[11]壬午封，六年，坐酎金免。
朱虚	舞阳	下邳	

成安侯韩延年	昆侯渠复絫 师古曰:"絫音力追反。"	骐侯驹幾 师古曰:"骐音其。"	
父千秋以校尉击南越死事,子侯,千三百八十户。	以属国大首渠击匈奴侯。	以属国骑击匈奴捕单于兄侯,五百二十户。	
三月壬午封,七年,元封六年,坐为太常行大行令事留外国书一月,乏兴,入谷赎,完为城旦。 师古曰:"当有所兴发,因其迟留故阙乏。"	五月戊戌封。	五月壬子封。	
	侯乃始嗣,地节四年薨,亡后。	侯督嗣。	
		釐侯崇嗣,阳朔二年薨,亡后。	元延元年六月己未,侯诗以崇弟绍封,五百五十户。
郏 师古曰:"音夹。"	钜鹿	北屈	

梁期侯任破胡	膫侯毕取	将梁侯杨仆
以属国都尉间出击匈奴将军絫絺缦等侯。师古曰："絫音力追反。缦音莫汉反。"	以南越将军降侯，五百一十户。	以楼船将军击南越推锋却敌侯。
五(年)〔月〕[12]辛巳封。	六年三月乙酉封。	三月乙酉封，四年，元封四年，坐为将军击朝鲜畏懦，入竹二万个，赎完为城旦。师古曰："个，枚也。音古贺反。"
侯当千嗣，太始四年，坐卖马一匹贾钱十五万，过平，臧五百以上，免。	侯奉义嗣，后二年，坐祝诅上，要斩。	
	南阳	

安道侯揭阳定 师古曰："揭音竭。"	随桃顷侯赵光	湘成侯监居翁	海常严侯苏弘
以南越揭阳令闻汉兵至自定降，侯，六百户。	以南越苍梧王闻汉兵至降，侯，三千户。	以南越桂林监闻汉兵破番禺，谕瓯骆民四十馀万降，侯，八百三十户。	以伏波司马得南越王建德侯。
三月乙酉封。	四月癸亥封，薨。	五月壬申封。	七月乙酉封，七年，太初元年薨，亡后。
侯当时嗣，延和四年，坐杀人，弃市。	侯昌乐嗣，本始元年薨。嗣子有罪，不得代。	侯益昌嗣，五凤四年，坐为九真太守盗使人出买犀、奴婢，臧百万以上，不道，诛。	
南阳	元始五年，放以光玄孙绍封，千户。	〔堵阳〕[13]	

外石侯吴阳	下鄜侯左将黄同 师古曰："鄜音孚。"	缭嫈侯刘福 师古曰："缭音聊。嫈音於耕反。"	蓹儿严侯辕终古 师古曰："蓹音御。"
以故东越衍侯佐繇王功侯，千户。	以故瓯骆左将斩西于王功侯，七百户。	以校尉从横海将军击南越侯。	以军卒斩东越徇北将军侯。
元封元年正月壬午封，九年薨。	四月丁酉封。	正月乙卯封，二年，有罪，免。	闰月癸卯封，六年，太初元年薨，亡后。
太初四年，侯首嗣，十四年，后二年，坐祝诅上，要斩。	侯奉汉嗣，后二年，坐祝诅上，要斩。		
济阳	南阳		

开陵侯建成	临蔡侯孙都	东城侯居股
以故东粤建成侯与繇王斩馀善侯，二千户。	以南粤郎，汉军破番禺，为伏波得南粤相吕嘉，侯，千户。	以故东粤繇王斩东粤王馀善侯，万户。
闰月癸卯封。	闰月癸卯封。	闰月癸卯封，二十年，延和三年，坐卫太子举兵谋反，要斩。
侯禄嗣，(延)〔征〕和[14]三年，坐舍卫太子所私幸女子，又祝诅上，要斩。师古曰："舍谓居止也。"	侯襄嗣，太初元年，坐击番禺夺人虏，掠，死。	
临淮	河内	九江

无锡侯多军	涉都侯喜	平州侯王唊 如淳曰："唊音颊。"
以东粤将军，汉兵至，弃军降，侯，千户。	以父弃故南海太守，汉兵至，以越邑降，子侯，二千四十户。	以朝鲜将，汉兵至，降，侯，千四百八十户。
元年封。	元年封，八年，太初二年薨，亡后。	三年四月丁卯封，四年薨，亡后。
侯卯嗣，延和四年，坐与归义赵文王将兵追反虏，到弘农擅弃兵还，赎罪，免。		
会稽	南阳	梁父

荻(直)〔苴〕[15]侯韩陶　师古曰："荻音狄。苴音七余反。"	澅清侯参　师古曰："澅音获，又音胡卦反。"	騠兹侯稽谷姑　师古曰："騠音大奚反。"
以朝鲜相将，汉兵围之，降，侯，五百四十户。　师古曰："为相而将朝鲜兵。"	以朝鲜尼谿相使人杀其王右渠，降，侯，千户。	以小月氏右苴王将众降，侯，千九百户。　师古曰："苴音子余反。"
四月丁卯封，十九年，延和二年薨，封终身，不得嗣。	六月丙辰封，十一年，天汉二年，坐匿朝鲜亡虏，下狱病死。	四年十一月丁未封，三年，太初元年薨，亡后。
勃海	齐	琅邪

浩侯王恢	瓡讘侯杆者 师古曰："瓡读与狐同。讘音之涉反。"	幾侯张路 师古曰："路音格，又音各。"	涅阳康侯最
以故中郎将将兵捕得车师王，侯。	以小月氏王将军众千骑降，侯，七百六十户。	以朝鲜王子汉兵围朝鲜降侯。	以父朝鲜相路人，汉兵至，首先降，道死，子侯。
正月甲申封，一月，坐使酒泉矫制害，当死，赎罪，免。如淳曰："律，矫诏大害，要斩。有矫诏害，矫诏不害。"	正月乙酉封，二年薨。	三年癸未封，六年，使朝鲜，谋反，格死。	三月壬寅封，五年，太初元年薨，亡后。
	六月，侯胜嗣，五年，天汉二年薨，制所幸封，不得嗣。		
	河东	河东	齐

海西侯李广利	新畤侯赵弟	承父侯续相如
以贰师将军击大宛斩王，侯，八千户。	以贰师将军骑士斩（都）〔郁〕[16]成王首，侯。师古曰："郁成，西域国名也。"	以使西域发外王子弟，诛斩扶乐王首，虏二千五百人，侯，千百五十户。
太初四年四月丁巳封，十一年，延和三年，击匈奴兵败，降。	四月丁巳封，七年，太始三年，坐为太常鞠狱不实，入钱百万赎死，而完为城旦。如淳曰："鞠者以其辞决罪也。"晋灼曰："《律说》出罪为故纵，入罪为故不直。"	太始三年五月封，五年，延和四年四月癸亥，坐贼杀军吏，谋入蛮夷，祝诅上，要斩。
	齐	东莱

开陵侯成娩 师古曰：“娩音晚，又音免。”		秺侯商丘成 如淳曰：“秺音腐蠹反。”	重合侯莽通
以故匈奴介和王将兵击车师，不得封年。		以大鸿胪击卫太子，力战，亡它意，侯，二千一百二十户。	以侍郎发兵击反者如侯，侯，四千八百七十户。
		延和二年七月癸巳封，四年，后二年，坐为詹事侍祠孝文庙，醉歌堂下曰：“出居，安能郁郁。”大不敬，自杀。	七月癸巳封，四年，后二年，坐发兵与卫尉溃等谋反，要斩。
侯顺嗣。			
质侯褒嗣，薨，亡后。	元延元年六月乙未，釐侯级以褒弟绍封，千二十户。		
	侯参嗣，王莽败，绝。		
		济阴	勃海

德侯景建	题侯张富昌	邘侯李寿　师古曰："邘音于。"
以长安大夫从莽通共杀如侯，得少傅石德，侯，三千七百三十五户。	以山阳卒与李寿共得卫(李)〔太子〕，侯，[17]八百五十八户。	以新安令史得卫太子，侯，一百五十户。
七月癸巳封，四年，后二年，坐共莽通谋反，要斩。	九月封，四年，后二年四月甲戌，为人所贼杀。	九月封，三年，坐为卫尉居守，擅出长安界，送海西侯至高桥，又使吏谋杀方士，不道，诛。
济南	钜鹿	河内

辚阳侯江喜 师古曰："辚音聊。"	当涂康侯魏不害	蒲侯苏昌	丞父侯孙王
以圉啬夫捕反者故城父令公孙勇侯，千一百二十户。师古曰："圉，淮阳县也。"	以圉守尉捕反者淮阳胡倩侯，侯圣与议定策，益封，凡二千二百户。	以圉小史捕反者故越王子邹起侯，千二十六户。	以告反者太原白义等侯，千一百五十户。
二年十一月封。	十一月封，薨。	十一月封。	四年三月乙酉封，三年，始元元年，坐杀人，会赦，免。
六年，侯仁嗣，永光四年，坐使家丞上书还印符，随方士，免。	爱侯圣嗣。	侯夷吾嗣，鸿嘉三年，坐婢自赎为民后略以为婢，免。	
	刺侯杨嗣。		
	戴侯向嗣。		
清河	九江　侯坚居嗣，居摄二年，更为翼汉侯，王莽篡位，为翼新侯，莽败，绝。	琅邪	东莱

右孝武七十五人。武安、周阳、长平、冠军、平津、周子南、乐通、牧丘、富民九人在《外戚恩泽》，南奅、龙頟、宜春、阴安、发干五人随父，凡八十九人，王子不在其中。	秺敬侯金日磾	建平敬侯杜延年
	以驸马都尉发觉侍中莽何罗反侯，二千二百一十八户。	以谏大夫告左将军等反侯，二千户，以太仆与大将军先定策，益封，(三)〔二〕千[18]三百六十户。
	始元二年侯，丙子封，一日薨。	元凤元年七月甲子封，二十八年薨。
	始元二年，侯赏嗣，四十二年薨，亡后。	甘露二年，孝侯缓嗣，十九年薨。
	孙	竟宁元年，荒侯业嗣，三十四年薨。
	元始四年，侯常以日磾曾孙绍侯，千户，王莽败，绝。	元始二年，侯辅嗣。
		济阳　侯宪嗣，建武中以先降梁王，薨，不得代。　师古曰："梁王，刘永也。"

宜城戴侯燕仓		弋阳节侯任宫
以假稻田使者先发觉左将军桀等反谋，告大司农敞，侯。侯安削户六百，定七百户。		以故丞相征事手捕反者左将军桀，侯，九百一十五户。
七月甲子封，六年薨。		七月甲子封，三十三年薨。
元平元年，剌侯安嗣，四十一年薨。	六世　侯旧嗣，王莽败，绝。	初元二年，刚侯千秋嗣，三十二年薨。
竟宁元年，釐侯尊嗣，十年薨。		河平三年，愿侯恽嗣，二年薨。
阳朔二年，炀侯武嗣。		阳朔元年，孝侯岑嗣，二十四年薨。
济阴　侯级嗣。		元始元年，侯固嗣，更始元年，为兵所杀。

商利侯王山寿	成安严侯郭忠		平陵侯范明友
以丞相少史诱反者车骑将军安入丞相府，侯，九百一十五户。	以张掖属国都尉匈奴入寇与战，斩黎汗王，侯，七百二十四户。		以校尉击反氐，后以将军击乌桓，获王，虏首六千二百，侯，与大将军光定策，益封，凡二千九百二十户。
七月甲子封，十四年，元康元年，坐为代郡太守故劾十人罪不直，免。	三年二月癸丑封，七年薨。		四年七月乙巳封，十一年，地节四年，坐谋反诛。
	本始三年，爱侯迁嗣，四年薨。	六世 居摄元年，侯每以忠玄孙之子绍封，王莽败，绝。	
	元康三年，刻侯赏嗣，四十一年薨。		
	阳朔三年，郻侯长嗣。师古曰："郻音臬。"		
徐	颍川 釐侯萌嗣，薨，亡后。		武当

义阳侯傅介子	右孝昭八人。博陆、安阳、宜春、安平、富平、阳平六人在《恩泽外戚》,桑乐一人随父,凡十五人。	长罗壮侯常惠
以平乐厩监使诛楼兰王,斩首,侯,七百五十九户。		以校尉光禄大夫持节将乌孙兵击匈奴,获名王,首虏三万九千级,侯,二千八百五十户。
七月乙巳封,十三年,元康元年薨。嗣子有罪,不得代。		本始四年四月癸巳封,二十四年薨。
		初元二年,严侯成嗣,十六年薨。
		建始三年,爱侯邯嗣,五年薨。
元始四年,侯长以介子曾孙绍封,更始元年,为兵所杀。		河平四年,侯翕嗣,四十九年,建武四年薨,亡后。
平氏		陈留

爰戚靖侯赵长年	博成侯张章	高昌壮侯董忠
以平陵大夫告楚王延寿反，侯，千五百三十户。	以长安男子先发觉大司马霍禹等谋反，以告期门董忠，忠以闻，侯，三千九百一十三户。	以期门受张章言霍禹谋反，告左曹杨恽，侯，再坐法，削户千一百，定七十九户。
地节二年四月癸卯封，十七年薨。	四年八月乙丑封，九年薨。	八月乙丑封，十九年薨。
节侯䜣嗣。	五凤元年，侯建嗣，十二年，建始四年，坐尚阳邑公主与婢奸主旁，数醉骂主，免。	初元二年，炀侯宏嗣，四十一年，建平元年，坐佞邪，免，二年，复封故国，三年薨。
永始四年，侯牧嗣，四十年，建武四年，以先降梁王，免。		元寿元年，侯武嗣，二年，坐父宏前为佞邪，免。
		建武二年五月己巳，侯永绍封。
	淮阳	千乘

平通侯杨恽	都成敬侯金安上	合阳爱侯梁喜
以左曹中郎受董忠等言霍禹等谋，以告侍中金安上，侯，二千五百户。	以侍中中郎将受杨恽言霍禹等反谋，传言止内霍氏禁闼，侯，千七百七十一户。	以平阳大夫告霍徵史、徵史子信、家监迴伦、故侍郎郑尚时谋反，侯，千五百户。
八月乙丑封，十年，五凤三年，坐为光禄勋诽谤政治，免。	八月乙丑封，十一年薨。	元康四年二月壬午封，四十一年薨。
	五凤三年，夷侯常嗣，一年薨，亡后。	建始二年，侯放嗣。
	元始元年，侯钦以安上孙绍封，为王莽诛。	元始五年，侯萌以喜孙绍封，千户，王莽败，绝。
	元始元年，戴侯杨嗣，王莽败，绝。	
博阳		平原

安远缪侯郑吉	归德靖侯先贤撣 师古曰："撣音缠。"	信成侯王定
以校尉光禄大夫将兵迎日逐王降，又破车师，侯，坐法削户三百，定七百九十户。	以匈奴单于从兄日逐王率众降，侯，二千二百五十户。	以匈奴乌桓屠蓦单于子左大将军率众降，侯，千六百户，后坐弟谋反，削百五户。师古曰："蓦音莫白反。"
神爵三年四月壬戌封，十一年薨。	四月戊戌封，二十六年薨。	五凤二年九月癸巳封，十二年薨。
初元元年，侯光嗣，八年，永光三年薨，亡后。	竟宁元年，炀侯富昌嗣，二年薨。	初元五年，侯广汉嗣，三年，永光三年薨，亡后。
居摄元年，侯永以吉曾孙绍封，千户，王莽败，绝。	建始二年，侯讽嗣，五十六年薨。	元始五年，侯杨以定孙绍封，千户。
	建武二年，侯襄嗣。	
慎	汝南 侯霸嗣，永平十四年，有罪免。	细阳

义阳侯厉温敦	右孝宣十一人。阳都、营平、平丘、昌水、阳城、爰氏、扶阳、高平、阳城、博阳、邛成、将陵、建成、西平、平恩、平昌、乐陵、平台、乐昌、博望、乐成二十一人在《恩泽外戚》，乐平、冠阳、鄼、周子南君四人随父，凡三十六人。	义成侯甘延寿
以匈奴谆连累单于率众降，侯，千五百户。师古曰："谆与呼同。累音力住反。"		以使西域骑都尉讨郅支单于斩王以下千五百级，侯，四百户，孙迁益封，凡二千户。
三年二月甲子封，四年，坐子伊细王谋反，削爵为关内侯，食邑千户。		竟宁元年四月戊辰封，九年薨。
		阳朔元年，炀侯建嗣，十九年薨。
		建平元年，节侯迁嗣，居摄二年更为诛郅支侯，十四年薨。
		建国二年，侯相嗣，建武四年，为兵所杀。

驷望忠侯冷广 师古曰："冷音零。"	延乡节侯李谭	新山侯称忠
以湿沃公士告男子马政谋反，侯，千八百户。 师古曰："湿音它合反。"	以尉氏男子捕得反者樊並侯，千户。	以捕得反者樊並侯，千户。
(炀)〔鸿〕[19]嘉元年正月辛丑封，薨。	永始四年七月己巳封，十三年薨。	十一月己酉封。
侯何齐嗣，王莽败，绝。	元始元年，侯成嗣，王莽败，绝。	
琅邪		

童乡釐侯锺祖	楼虚侯訾顺	右孝元一人。安平、平恩、扶阳三人随父，阳平、乐安二人在《恩泽外戚》，凡六人。孝成五人。安昌、高阳、安阳、城阳、高陵、定陵、殷绍嘉、宜乡、汜乡、博山十人在《恩泽外戚》，武阳、博阳、赞、骐、龙頟、开陵、乐陵、博望、乐成、安平、平阿、成都、红阳、曲阳、高平十五人随父，凡三十人。师古曰："頟字或作额。"
以捕得反者樊並侯，千户。	以捕得反者樊並侯，千户。	
七月己酉封，薨，亡后。	七月己酉封。	
元始五年，侯匡以祖子绍封，王莽败，绝。		

【校勘记】

〔1〕后(有)〔世〕承平，　景祐、殿本都作“世”。王先谦说作“世”是。

〔2〕王先谦说“四年”当作“四月”。按景祐、殿、局本都作“四月”。

〔3〕“获”，景祐、殿本都作“复”。王先谦说作“复”是。

〔4〕“翕侯”，王先谦说《史表》作“易侯”是。按景祐、殿本都作“易侯”。

〔5〕王先谦说“汉”当为“侯”。按殿、局本作“侯”，景祐本亦误。

〔6〕苏舆说“后”下“元”字衍。按景祐本无。

〔7〕王先谦说《史表》“上容”作“上谷”，“戈守”作“戍卒”，“计”上有“上”字，是。按景祐、殿本“谷”“卒”二字不误，局本“卒”亦误作“守”。

〔8〕此栏二格，王先谦说《史表》作“得两王子骑将功侯”，此表“子”误“千”，又夺“将”字。三格“匈奴河”，《史表》无“奴”字。王说此衍。

〔9〕此栏三格“六年”，景祐、殿本都作“六月”。五格“二”，景祐、殿、局本都作“上”。

〔10〕“六年”，景祐、殿本都作“六月”，《史表》同。

〔11〕苏舆说“三年”当作“三月”。按景祐、殿、局本都作“三月”。

〔12〕王先谦说“五年”当为“五月”。按殿本作“五月”。

〔13〕“堵阳”，据景祐、殿本补。

〔14〕“延和”当作“征和”。卫太子死于征和二年。汉无延和年号。

〔15〕钱大昭说南监本、闽本“直”作“苴”。按景祐、殿、局本都作“苴”。

〔16〕王先谦说“都”是“郁”传写之误。按景祐、殿本都作“郁”。

〔17〕王先谦说“李”乃“太子”二字合误一字。按景祐、殿、局本都作“太子”。

〔18〕朱一新说据传，“三千”当作“二千”。按景祐、殿本都作“二千”。

〔19〕“炀”，景祐、殿本都作“鸿”。王先谦说作“鸿”是。

汉书卷十八

外戚恩泽侯表第六

自古受命及中兴之君，必兴灭继绝，修废举逸，然后天下归仁，四方之政行焉。①传称武王克殷，追存贤圣，至乎不及下车。②世代虽殊，其揆一也。高帝拨乱诛暴，庶事草创，日不暇给，然犹修祀六国，求聘四皓，过魏则宠无忌之墓，适赵则封乐毅之后。③及其行赏而授位也，爵以功为先后，官用能为次序。后嗣共己遵业，旧臣继踵居位。④至乎孝武，元功宿将略尽。会上亦兴文学，进拔幽隐，公孙弘自海濒而登宰相，⑤于是宠以列侯之爵。又畴咨前代，询问耆老，初得周后，复加爵邑。自是之后，宰相毕侯矣。元、成之间，晚得殷世，以备宾位。

①师古曰："《论语》孔子陈帝王之法云'审法度，修废官，四方之政行焉；兴灭国，继绝世，举逸人，天下之人归心焉'。故此序引之也。"

②师古曰："《礼记》云'武王克殷，未及下车，而封黄帝之后于蓟，封帝尧之后于祝，封帝舜之后于陈'。此其事也。"

③师古曰："《高纪》十二年诏云：'秦皇帝、楚隐王、魏安釐王、齐愍王、赵悼襄王皆绝无后。其与秦皇帝守冢二十家，楚、魏、齐各十家，赵及魏公子无忌各五家。'《张良传》高帝谓四人曰'吾求公，公避逃我，今公何自从吾儿游乎？'又《高纪》十年'求乐毅有后乎，得其孙叔，封之乐乡，号华成君'也。楚、魏、齐、赵皆旧六国，故总云六国。四皓须眉皓白，故谓之四皓。称号在《王贡两龚鲍传》。"

④师古曰："共读曰恭。"

⑤师古曰："海濒，谓近海之地。濒音频，又音宾。"

汉兴，外戚与定天下，侯者二人。①故誓曰："非刘氏不王，若有亡功非上所置而侯者，天下共诛之。”是以高后欲王诸吕，王陵廷争；孝景将侯王氏，脩侯犯色。②卒用废黜。是后薄昭、窦婴、上官、卫、霍之侯，以功受爵。其馀后父据《春秋》褒纪之义，③帝舅缘《大雅》申伯之意，④寖广博矣。⑤是以别而叙之。

①服虔曰：“吕后兄周吕侯泽、建成侯释之。”师古曰：“与读曰豫，言豫其功也。”

②师古曰：“脩音条。”

③应劭曰：“《春秋》，天子将纳后于纪，纪本子爵也，故先褒为侯，言王者不取于小国。”

④应劭曰：“申伯，周宣王元舅也，为邑于谢。后世欲光宠外亲者，缘申伯之恩，援此义以为谕也。”

⑤师古曰：“寖，渐也。”

号谥姓名	临泗侯吕公	周吕令武侯泽
侯状户数	以汉王后父赐号。	以客从入汉，定三秦，将兵下砀，汉王败彭城，往从之，佐定天下。
始　封	元年封，四年薨，高后元年追尊曰吕宣王。	六年正月丙戌封，三年薨。
子		侯台嗣，高祖九年更封为鄜侯，四年，高后元年，为吕王，二年薨，谥曰肃，追尊令武曰悼武王。
孙		腄　三年，王嘉嗣，坐骄废。侯通，嘉弟，六年四月丁酉封，八年，为燕王，九月，反，诛。东平　侯庀，通弟，八年五月丙辰封，九月，反，诛。　师古曰："腄音之瑞反。庀音匹履反。"
曾　孙		
玄　孙		

	建成康侯释之
	以客从击秦。汉王入汉，使释之归丰卫太上皇。
	六年四月丙戌封，九年薨。
汶 侯产，台弟，高后元年四月辛卯封，六年，为吕王，七年，为梁王，八年，反，诛。 师古曰："汶音问。"	孝惠二年，侯则嗣，七年，有罪，免。则弟種，高后元年四月乙酉封，奉吕宣王国，七年，更为不其侯，八年，反，诛。

	右高祖三人。	扶柳侯吕平
		以皇太后姊长姁子侯。师古曰："平既吕氏所生，不当姓吕，盖史家唯记母族也。姁音况于反，又音况羽反。"
		元年四月丙寅封，八年，反，诛。
汉阳　侯禄，種弟，高后元年九月丙寅封，八年，为赵王，追尊康侯曰赵昭王，九月，反，诛。		

襄城侯义	轵侯朝	壶关侯武	昌平侯大
以孝惠子侯。	以孝惠子侯。	以孝惠子侯。	以孝惠子侯。
四月辛卯封,三年,为常山王。	四月辛卯封,四年,为常山王。	四月辛卯封,六年,为淮阳王。	二月癸未封,七年,为吕王。

赘其侯吕胜	滕侯吕更始	吕成侯吕忿
以皇太后昆弟子淮阳丞相侯。	为舍人郎中十二岁，以都尉屯霸上，用楚丞相侯。	以皇太后昆弟子侯。
四月丙申封，八年，反，诛。	四月丙申封，八年，反，诛。	四月丙申封，八年，反，诛。

祝兹侯吕莹 师古曰：“莹音荥，又音乌瞑反。”	建陵侯张释 寺人	右高后十人。五人随父，凡十五人。	轵侯薄昭
以皇太后昆弟子侯。	以大谒者劝王诸吕侯。		高祖七年为郎，从军十七年，以中大夫迎帝于代，以车骑将军迎皇太后，侯，万户。
八年四月丁酉封，九月，反，诛。	四月丁酉封，九月，免。		元年正月乙巳封，十年，坐杀使者，自杀。帝临，为置后。
			十一年，易侯戎奴嗣，三十年薨。
			建元二年，侯梁嗣。

邬侯驷钧 师古曰："邬音一户反，又音於度反。"	周阳侯赵兼	右孝文三人。	章武景侯窦广国	南皮侯窦彭祖
以齐王舅侯。	以淮南王舅侯。		以皇太后弟侯，万一千户。	以皇太后兄子侯。
四月辛未封，六年，坐济北王兴居举兵反弗救，免。	四月辛未封，六年，有罪，免。		孝文后七年六月乙卯封，七年薨。	六月乙卯封，二十一年薨。
			孝景七年，共侯定嗣，十八年薨。	建元六年，夷侯良嗣，五年薨。
			元光三年，侯常生嗣，十年，元狩元年，坐谋杀人，未杀，免。	元光五年，侯桑林嗣，十八年，元鼎五年，坐酎金免。

魏其侯窦婴	盖靖侯王信	右孝景四人。	武安侯田蚡
以将军屯荥阳扞破吴楚七国侯。皇太后昆弟子。	以皇后兄侯。		以皇太后同母弟侯。
三年六月乙巳封，二十三年，元光四年，有罪，弃市。	中五年五月甲戌封，二十五年薨。		孝景后三年三月封，十年薨。
	元光三年，顷侯充嗣。		元光四年，侯恬嗣，五年，元朔三年，坐衣襜褕入宫，不敬，免。师古曰：“衣谓著之也。襜褕，直裾禅衣也。襜音昌占反。褕音逾。”
	侯受嗣，元鼎五年坐酎金免。		

周阳懿侯田胜	长平烈侯卫青	
以皇太后同母弟侯。	以将军击匈奴取朔方侯，后破右贤王，益封，又封三子。皇后弟。	
三月封，十二年薨。	元朔二年二月丙辰封，二十三年薨。	
元光六年，侯祖嗣，八年，元狩三年，坐当归轵侯宅不与，免。	宜春　侯伉，五年四月丁未以青功封，元鼎元年坐挢制不害免，太初元年嗣侯，五年，(蘭)〔阑〕[1]入宫，完为城旦。	阴安　侯不疑，四月丁未以青功封，十二年，元鼎五年，坐酎金免。

	平津献侯公孙弘	冠军景桓侯霍去病
	以丞相诏所褒侯，三百七十三户。	以校尉击匈奴侯，后以将军破祈连迎昆邪王，益封。皇后姊子。
	元朔三年十一月乙丑封，六年薨。	六年四月壬申封，七年薨。
发干　侯登，四月丁未以青功封，坐酎金免。	元狩三年，侯度嗣，十三年，元封四年，坐为山阳太守诏征钜野令史成不遣，完为城旦。	南阳　元鼎元年，哀侯嬗嗣，七年薨，亡后。师古曰："嬗音上战反。"
元康四年，诏赐青孙钱五十万，复家。		乐平　侯山，地节二年四月癸巳以从祖祖父大将军光功封，三千户，四年，坐谋反，诛。
永始元年，青曾孙玄以长安公乘为侍郎。		
元始四年，赐青玄孙赏爵关内侯。	高城	东郡

	周子南君姬嘉
	以周后诏所褒侯，三千户。
	元鼎四年十一月丁卯封，六年薨。
	元封四年，君置嗣，二十四年薨。
冠阳　侯云，山弟，三年四月戊申以大将军光功封，千八百户，四年，坐谋反，诛。	始元四年，君当嗣，十六年，地节三年，坐使奴杀家丞，弃市。
南阳	长社

	六世　永始二年，侯当嗣，七年，绥和元年，进爵为公，地满百里，元始四年，为郑公，王莽篡位，为章牟公。
元康元年三月丙戌，君延年以当弟绍封，初元五年正月癸巳，更封为周承休侯，位次诸侯王，二十九年薨，谥曰考。	七世　天凤元年，公常嗣，建武二年五月戊辰更为周承休侯。
建昭三年，质侯安嗣，四年薨。	八世　五年，侯武嗣，十三年，更为卫公。
阳朔二年，釐侯世嗣，八年薨。	观

乐通侯栾大	牧丘恬侯石庆	富民定侯车千秋	右孝武九人。三人随父，凡十二人。
以方术诏所褒侯，三千户。	以丞相及父万石积行侯。	以丞相侯，八百户，以遗诏益封，凡千六百户。	
四年四月乙巳封，五年，坐周上，要斩。	五年九月丁丑封，十年薨。	征和四年六月丁巳封，十二年薨。	
	太初三年，侯德嗣，二年，天汉元年，坐为太常失法罔上，祠不如令，完为城旦。	元凤四年，侯顺嗣，六年，本始三年，坐为虎牙将军击匈奴诈增虏获，自杀。	
高平	平原	蕲	

博陆宣成侯霍光	安阳侯上官桀	宜春敬侯王䜣
以奉车都尉捕反者莽何罗侯，二千三百五十户，后以大将军益封，万七千二百户。	以骑都尉捕反者莽何罗侯，二千三百户。女孙为皇后。	以丞相侯，子谭与大将军光定策，益封，坐法削户五百，定六百八户。
始元二年正月壬寅封，十七年薨。	正月壬寅封，五年，元凤元年，反，诛。	元凤四年二月乙丑封，二年薨。
地节二年四月癸卯，侯(禹)〔禹〕[2]嗣，四年，谋反，要斩。	桑乐侯安　始元五年六月辛丑以皇后父车骑将军封，千五百户，二年，反，诛。[3]	元凤六年，康侯谭嗣，四十五年薨。
		建始三年，孝侯咸嗣，十八年薨。
元始二年四月乙酉，侯阳以光从父昆弟之曾孙龙勒士伍绍封，三千户，王莽篡位，绝。		元延元年，釐侯章嗣，(十)〔4〕八年薨。
北海河间东郡　师古曰："光初封食北海、河间，后益封又食东郡。"	荡阴　师古曰："桀所食也。" 千乘　师古曰："安所食也。"	汝南　建平三年，侯强嗣，二十六年，更始元年，为兵所杀。

安平敬侯(阳)〔杨〕敞[5]	富平敬侯张安世
以丞相侯,七百户,与大司马大将军光定策,益封子忠,凡五千五百四十七户。	以右将军光禄勋辅政勤劳侯,以车骑将军与大将军光定策,益封,凡万三千六百四十户。
六年二月乙丑封,一年薨。	十一月乙丑封,十三年薨。
元平元年,顷侯忠嗣,十一年薨。	阳都　元(侯)〔康〕[6]四年,爱侯延寿嗣,十一年薨。元康三年三月乙未,侯彭祖以世父故掖庭令贺有旧恩封,千六百户,四年,神爵三年,为小妻所杀。
元康三年,侯谭嗣,九年,五凤四年,坐为典属国季父恽有罪,谭言诽,免。	甘露三年,缪侯敞嗣,四年薨。师古曰:"自敞以下至纯皆延寿之嗣也。"
	初元二年,共侯临嗣,十五年薨。
汝南	平原　思侯放嗣,三十六年薨。

	阳平节侯蔡义	右孝昭六人。一人桑乐侯随父,凡七人。
	以丞相侯,前为御史大夫与大将军光定策,益封,凡七百户。	
	元平元年九月戊戌封,三年,本始四年薨,亡后。	
六世　建平元年,侯纯嗣,王莽建国四年更为张乡侯,建武中为武始侯。		
今见		

营平壮侯赵充国	平丘侯王迁
以后将军与大将军光定策功侯，千二百七十九户。	以光禄大夫与大将军光定策功侯，千二百五十三户。
本始元年八月辛未封，二十二年薨。	八月辛未封，五年，地节二年，坐平尚书听请受臧六百万，自杀。如淳曰："律，诸为人请求于吏以枉法，而事已行，为听行者，皆为司寇。"师古曰："有人私请求，而听受之。"
甘露三年，质侯弘嗣，二十二年薨。	
建始四年，考侯钦嗣，七年薨。	
阳朔三年，侯岑嗣，十二年，元延三年，坐父钦诈以长安女子王君侠子为嗣，免。户二千九百四十四。	
济南	肥城

昌水侯田广明	阳城侯田延（平）〔年〕[7]	爰氏肃侯便乐成 师古曰：“《杜周传》作史乐成。《霍光传》作使乐成。今此云姓便，三者不同，疑表误。”
以鸿胪击武都反氐赐爵关内侯，以左冯翊与大将军光定策侯，二千七百户。	以大司农与大将军光定策功侯，二千四百五十三户。	以少府与大将军光定策功侯，二千三百二十七户。
八月辛未封，三年，坐为祁连将军击匈奴不至期，自杀。	八月辛未封，二年，坐为大司农盗都内钱三千万，自杀。 如淳曰：“天子钱藏中都内，又曰大内。”	八月辛未封，一年薨。
		本始二年，康侯辅嗣，三年薨。
		地节元年，哀侯临嗣，二年薨，亡子，绝。
		元始五年闰月丁酉，侯凤以乐成曾孙绍封，千户，王莽败，绝。
於陵	济阳	单父

扶阳节侯韦贤	平恩戴侯许广汉	高平宪侯魏相
以丞相侯，七百一十一户。	以皇太子外祖父昌成君侯，五千六百户。	以丞相侯，八百一十三户。
(二)〔三〕年[8]六月甲辰封，十年薨。	地节三年四月戊申封，七年薨，亡后。	地节三年六月壬戌封，八年薨。
神爵元年，共侯玄成嗣，九年，有罪，削一级为关内侯，永光二年二月丁酉复以丞相侯，六年薨。	初元元年，共侯嘉以广汉弟子中常侍绍侯，二十二年薨。	神爵三年，侯弘嗣，六年，甘露元年，坐酎宗庙骑至司马门，不敬，削爵一级为关内侯。
建昭三年，顷侯宽嗣。	河平一年，严侯况嗣。	
元延元年，釐侯育嗣。	鸿嘉二年，质侯旦嗣，二十九年薨。	
萧　侯湛嗣，元始中户千四百二十，王莽败，绝。	建国四年，侯敞嗣，王莽败，绝。	柘

平昌节侯王无故	乐昌共侯王武	阳城缪侯刘德
以帝舅关内侯侯，六百户。	以帝舅关内侯侯，六百户。	以宗正关内侯行谨重为宗室率侯，子安民以户五百赎弟更生罪，减一等，定户六百四十户。
四年二月甲寅封，九年薨。	二月甲寅封，十四年薨。	四年三月甲寅封，十年薨。
五凤元年，考侯接嗣，十六年薨。	甘露二年，戾侯商嗣，二十七年薨。	五凤二年，节侯安民嗣，(十)〔9〕八年薨。
永光三年，釐侯临嗣，二十一年薨。	河平四年，侯安嗣，二十七年，元始三年，为王莽所杀。	初元元年，釐侯庆忌嗣，二十一年薨。
鸿嘉元年，侯获嗣，三十八年，建武五年，诏书复获。 师古曰："以其失爵复之也。复音方目反。"		居摄元年，侯飒嗣，王莽败，绝。 师古曰："飒音立。"
	汝南	汝南

乐陵安侯史高		邛成共侯王奉光
以悼皇考舅子侍中关内侯与发霍氏奸,侯,二千三百户。师古曰:"与读曰豫。"		以皇后父关内侯侯,二千七百五十户。
八月乙丑封,二十四年薨。	武阳顷侯丹	元康二年三月癸未封,十八年薨。
永光二年,严侯术嗣,十一年薨。	鸿嘉元年四月庚辰以帝为太子时辅导有旧恩侯,千三百户,七年薨。	初元二年,侯敞嗣,二十八年薨。
建始二年,康侯崇嗣,四年薨,亡后。元延二年六月癸巳,侯淑以崇弟绍封,亡后。	永始四年,炀侯邯嗣,十一年薨。	鸿嘉二年,侯勋嗣,十四年,建平二年,坐选举不以实,骂廷史,大不敬,免。
元始四年,侯岑以高曾孙绍封,王莽败,绝。	元寿二年,侯获嗣,更始元年为兵所杀。	元始元年,侯坚固以奉光曾孙绍封,王莽败,绝。
	郯	济阴

	将陵哀侯史(鲁)〔曾〕[10]	平台康侯史玄
	以悼皇考舅子侍中中郎将关内侯有旧恩侯,二千二百户。	以悼皇考舅子侍中中郎将关内侯有旧恩侯,千九百户。
安平夷侯舜	三月乙未封,五年,神爵四年薨,亡后。	三月乙未封,二十五年薨。
初元元年癸卯以皇太后兄侍中中郎将封,千四百户,十三年薨。		建昭元年,戴侯恁嗣,十九年薨。 师古曰:"恁音女林反。"
建昭四年,刚侯章嗣,十四年薨。		鸿嘉二年,侯习嗣。
阳朔四年,釐侯渊嗣,二十五年薨。		
元始五年,怀侯买嗣,王莽败,绝。		常山

博望顷侯许舜		乐成敬侯许延寿
以皇太子外祖父同产弟长乐卫尉有旧恩侯，千五百户。		以皇太子外祖父同产弟侍中关内侯有旧恩侯，千五百户。
三月乙未封，四年薨。		三月乙未封，十年薨。
神爵三年，康侯敞嗣，八年薨。		甘露元年，思侯汤嗣，六年薨。
甘露三年，戾侯党嗣，二十六年薨。		初元二年，哀侯常嗣，九年薨。
河平四年，釐侯並嗣，薨，亡后。	元延二年六月癸巳，侯报子以並弟绍封，千户，王莽败，绝。	
		平氏

	博阳定侯丙吉	建成定侯黄霸
	以御史大夫关内侯有旧恩功德茂侯，千三百三十户。	以丞相侯，六百户，侯赏以定陶太后不宜立号，益封，二千二百户。
	元康三年二月乙未封，八年薨。	五凤三年二月壬申封，四年薨。
	五凤三年，〔侯〕[11]显嗣，二年，甘露元年坐酎宗庙骑至司马门，不敬，夺爵一级为关内侯。	甘露三年，思侯赏嗣，三十年薨。
元延二年，节侯恭以常弟绍封，千户。	鸿嘉元年六月己巳，康侯昌以吉孙绍〔封〕。	阳朔三年，忠侯辅嗣，二十七年薨。
建昭元年，康侯去疾嗣，二十一年，鸿嘉三年薨，亡后，侯修嗣，王莽败，绝。	元始二年，釐侯並嗣。	居摄二年，侯辅嗣，王莽败，绝。
	南顿　侯胜客嗣，王莽败，绝。	沛

西平安侯于定国	右孝宣二十人。一人阳都侯随父，凡二十一人。	阳平顷侯王禁	
以丞相侯，六百六十户。		以皇后父侯，二千六百户，子凤以大将军益封五千四百户，凡八千户。	
甘露三年五月甲子封，十一年薨。		初元元年三月癸卯封，六年薨。	安成共侯崇
永光四年，顷侯永嗣，二十四年薨。		永光二年，敬成侯凤嗣，二十（四）[12]年薨。	建始元年二月壬子，以皇太后母弟散骑光禄大夫关内侯侯，万户，二年薨。
鸿嘉元年，侯恬嗣，四十三年，更始元年绝。		阳朔三年，釐侯襄嗣，十九年薨。	建始三年，靖侯奉世嗣，三十九年薨。
		建平四年，康侯岑嗣，十三年薨。	建国二年，侯持弓嗣，王莽败，绝。
临淮		东郡　建国三年，侯莫嗣，十二年，更始元年，为兵所杀。	汝南

平阿安侯谭	成都景成侯商	
河平二年六月乙亥，以皇太后弟关内侯侯，二千一百户，十一年薨。	六月乙亥，以皇太后弟关内侯侯，二千户，以大司马益封二千户，十六年薨。	
永始元年，刺侯仁嗣，十九年，为王莽所杀。	元延四年，侯况嗣，四年，绥和二年，坐山陵未成置酒歌舞，免。	建平元年，侯邑以况弟绍封，王莽篡位，为隆信公，与莽俱死。
元始四年，侯述嗣，建武二年薨，绝。		
沛	山阳	

红阳荒侯立	曲阳炀侯根
六月乙亥封，以皇太后弟关内侯侯，二千一百户，三十年薨。	六月乙亥，以皇太后弟关内侯侯，三千七百户，再以大司马益封七千七百户，哀帝又益二千户，凡万二千四百户，二十一年薨。
元始四年，侯柱嗣，王莽败，绝。	建平元年，侯涉嗣，王莽篡位，为直道公，为莽所杀。
曾孙　武桓侯泓，建武元年以父丹为将军战死，往与上有旧，侯。	
南阳	九江

高平戴侯逢时	
六月乙亥，以皇太后弟关内侯侯，三千户，十八年薨。	新都侯莽
元延四年，侯置嗣，王莽败，绝。	永始元年五月乙未，以帝舅曼子侯，千五百户，后篡位，诛。
	褒新　侯安，元始四年四月甲子以莽功侯，二千户，莽篡位，为信迁公，病死。 赏都　侯临，四月甲子以莽功侯，二千户，莽篡位为天子，侯为统义阳王，自杀。
临淮	南阳

乐安侯匡衡	右孝元二人。一人安平侯随父，凡三人。	安昌节侯张禹
以丞相侯，六百四十七户。		以丞相侯，六百一十七户，益户四百。
建昭三年七月癸亥封，七年，建始四年，坐颛地盗土，免。		河平四年六月丙午封，二十一年薨。
		建平二年，侯宏嗣，二十八年，更始元年，为兵所杀。
僮		汝南

高阳侯薛宣	安阳敬侯王音	成阳节侯赵临
以丞相侯，千九十户。	以皇太后从弟大司马车骑将军侯，千六百户，子舜益封。	以皇后父侯，二千户。
鸿嘉元年四月庚辰封，五年，永始二年，坐西州盗贼群辈免，其年复封，十年，绥和二年，坐不忠孝，父子贼伤近臣，免。	六月己巳封，五年薨。	永始元年四月乙亥封，五年薨。
	永始二年，侯舜嗣，王莽篡位，为安新公。	元延二年，侯䜣嗣，建平元年，坐弟昭仪绝继嗣，免，徙辽西。
	建国三年，公摄嗣，更号和新公，与莽俱死。	
东莞		新息

	高陵共侯翟方进	定陵侯淳于长
	以丞相侯，千户，哀帝即位，益子宣五百户。	以侍中卫尉言昌陵不可成侯，千户。皇太后姊子。
新成侯钦	永始二年十一月壬子封，八千户，八年薨。	元延三年二月丙午封，二年，绥和元年，坐大逆，下狱死。
绥和二年五月壬辰以皇太后弟封，一年，建平元年，坐弟昭仪绝继嗣，免，徙辽西。	绥和二年，侯宣嗣，十二年，居摄元年，弟东郡太守义举兵欲讨莽，莽灭其宗。	
〔穰〕[13]	琅邪	汝南

殷绍嘉侯孔何齐	宜乡侯冯参	氾乡侯何武 师古曰："氾音凡。"
以殷后孔子世吉適子侯，千六百七十户，后六月进爵为公，地方百里，建平二年益户九百三十二。　师古曰："適读曰嫡。孔吉之適子也。"	以中山王舅侯，千户。	以大司空侯，千户，哀帝即位益千户。
绥和元年二月甲子封，八年，元始二年，更为宋公。	绥和元年二月甲子封，建平元年，坐姊中山太后祝诅，自杀。	四月乙丑封，十年，元始三年，为莽所杀，赐谥曰刺。
		元始四年，侯况嗣，建国四年薨。
沛		南阳

博山简烈侯孔光	右孝成十人。安成、平阿、成都、红阳、曲阳、高平、新都、武阳侯八人随父，凡十八人。	阳安侯丁明
以丞相侯，千户，元始元年益万户。		以帝舅侯，五千户。
二年三月丙戌封，二年，建平二年，坐众职废，免，元寿元年五月乙卯复以丞相侯，六年薨。		绥和二年四月壬寅封，七年，元始元年，为王莽〔所〕[14]杀。
元始五年，侯放嗣，王莽败，绝。		
顺阳		

孔乡侯傅晏	平周侯丁满	高乐节侯师丹
以皇后父侯，三千户，又益二千户。	以帝舅子侯，千七百三十九户。	以大司马关内侯侯，二千三十六户。
四月壬寅封，六年，元寿二年，坐乱妻妾位免，徙合浦。	五月己丑封，元始三年，坐非正免。	绥和二年七月庚午封，一年，建平元年，坐漏泄免，元始三年二月癸巳更为义阳侯，二月薨。
		侯业嗣，王莽败，绝。
夏丘	湖阳	新野 东海

高武贞侯傅喜	杨乡侯朱博	新甫侯王嘉	汝昌侯傅商
以帝祖母皇太太后从父弟大司马侯，二千三十户。	以丞相侯，二千五十户，上书以故事不过千户，还千五十户。	以丞相侯，千六十八户。	以皇太太后从父弟封，千户，后以奉先侯祀益封，凡五千户。
建平元年正月丁酉封，十五年薨。	建（元）〔平〕[15]二年四月乙亥封，八月，坐诬罔，自杀。	三年四月丁酉封，三年，元寿元年，罔上，下狱瘐死。	四年二月癸卯封，一年，元寿元年，坐外附诸侯免。
建国二年，侯劲嗣，王莽败，绝。		元始四年，侯崇绍封，王莽败，绝。	元寿二年五月，侯昌以商兄子绍奉祀封，八月，坐非正免。
杜衍	湖陵	新野	阳穀

阳新侯郑业	高安侯董贤	方阳侯孙宠
以皇太太后同母弟子侯,千户。	以侍中驸马都尉告东平王云祝诅反逆侯,千户,后益封,二千户。	以骑都尉与息夫躬告东平王反谋侯,千户。
八月辛卯封,二年,元寿二年,坐非正免。	建平四年八月辛卯封,二年,元寿二年,坐为大司马不合众心免,自杀。	八月辛卯封,二年,元寿二年,坐前为奸谗免,徙合浦。
新野	朱扶	龙亢

宜陵侯息夫躬	长平顷侯彭宣	右孝哀十三人。新成、新都、平阳、营陵、德五人随父，凡十八人。	扶德侯马宫	扶平侯王崇
以博士弟子因董贤告东平王反谋侯，千户。	以大司空侯，千七十四户。		以大司徒侯，二千户。	以大司空侯，二千户。
八月辛卯封，二年，元寿二年，坐祝诅，下狱死。	元寿二年五月甲子封，四年薨。		元始元年二月丙辰封，王莽篡位，为太子师，卒官。	二月丙辰封，三年，为傅婢所毒，薨。
	元始四年，节侯圣嗣，十四年薨。			
	天凤五年，侯业嗣，王莽败，绝。			
杜衍	济南		赣榆	临淮

广阳侯甄丰	承阳侯甄邯 师古曰："承音烝。"	褒鲁节侯公子宽	褒成侯孔均
以左将军光禄勋定策安宗庙侯，五千三百六十五户。	以侍中奉车都尉定策安宗庙功侯，二千四百户。	以周公世鲁顷公玄孙之玄孙奉周祀侯，二千户。	以孔子世褒成烈君霸（鲁）〔曾〕[16]孙奉孔子祀侯，二千户。
二月癸巳封，王莽篡位，为广新公，后为王莽所杀。	三月癸卯封，王莽篡位，为承新公。	六月丙午封，薨。	六月丙午封。
		十一月，侯相如嗣，更姓公孙氏，后更为姬氏。	
南阳	汝南	南阳平	瑕丘

防乡侯平晏	红休侯刘歆	宁乡侯孔永
以长(安)〔乐〕[17]少府与刘歆、孔永、孙迁四人使治明堂辟雍得万国欢心功侯，各千户。	以侍中牺和与平晏同功侯。	以侍中五官中郎将与平晏同功侯。
五年闰月丁丑封，王莽篡位，为就新公。	闰月丁酉封，王莽篡位，为国师公，后为莽所诛。	闰月丁酉封，王莽篡位，为大司马。

定乡侯孙迁	常乡侯王恽 师古曰："恽音於粉反。"	望乡侯阎迁
以常侍谒者与平晏同功侯。	以太仆与阎迁、陈崇等八人使行风俗齐同万国功侯，各千户。	以鸿胪与王恽同功侯。
闰月丁酉封。	闰月丁酉封。	闰月丁酉封。

南乡侯陈崇	邑乡侯李翕	亭乡侯郝党	章乡侯谢殷
以大司徒司直与王恽同功侯。	以水衡都尉与王恽同功侯。	以中郎将与王恽同功侯。	以中郎将与王恽同功侯。
闰月丁酉封。	闰月丁酉封。	闰月丁酉封。	闰月丁酉封。

蒙乡侯逯普 师古曰:"逯音录,字或作逮。二姓皆有之。"	卢乡侯陈凤	成武侯孙建	明统侯侯辅
以骑都尉与王恽同功侯。	以中郎将与王恽同功侯。	以强弩将军有折冲之威〔侯〕。[18]	以骑都尉明为人后一统之义侯。
闰月丁酉封,王莽篡位,为大司马。	闰月丁酉封。	闰月丁酉封,王莽篡位,为成新公。	闰月丁酉封。

破胡侯陈冯	讨狄侯杜勋	右孝平二十二人，邛成、博陆、宣平、红、舞阳、秺、乐陵、都成、新甫、爰氏、合阳、义阳、章乡、信成、随桃、褒新、赏都十七人随父继世，凡三十九人。
以父汤前为副校尉讨郅支单于侯，千四百户。	以前为军假丞手斩郅支单于首侯，千户。	师古曰：“据《功臣表》及《王子侯表》，平帝时无红侯，唯周勃玄孙恭以元始二年绍封绛侯。疑红字当为绛，转写者误耳。又《功臣表》作童乡侯，今此作章乡，二表不同，亦当有误也。”
七月丙申封。	七月丙申封。	

【校勘记】

〔1〕 王先谦说“藺”当为“阑”,误加艸。按各本都误。

〔2〕 王先谦说“禺”当为“禹”。按景祐、殿、局本都作“禹”。

〔3〕 此格原在五格,据殿本移上。

〔4〕 苏舆说“十”字衍,是。

〔5〕 殿本考证说,敞姓杨,非姓阳,各本误。

〔6〕 “元侯”,景祐、殿、局本都作“元康”。王先谦说作“元康”是。

〔7〕 “平”,景祐、殿、局本都作“年”,《史表》同。

〔8〕 朱一新说“二年”当作“三年”。按景祐、殿本都作“三年”。

〔9〕 王念孙说景祐本无“十”字是。

〔10〕 “鲁”,景祐、殿、局本都作“曾”,《史表》同。王先谦说此形近致误。

〔11〕 “侯”字、五格“封”字,都据殿本补。

〔12〕 苏舆说“四”字衍,是。

〔13〕 “穰”字据景祐、殿本补。

〔14〕 王先谦说“葬”下脱“所”字。按殿、局本都有。

〔15〕 钱大昭说“建元”当作“建平”。按景祐、殿本都作“建平”。

〔16〕 王先谦说“鲁”是“曾”之误。

〔17〕 王先谦说“长安”误,当作“长乐”。

〔18〕 钱大昭说威下脱“侯”字,闽本有。按景祐、殿、局本都有。

汉书卷十九上

百官公卿表第七上

师古曰:"汉制,三公号称万石,其俸月各三百五十斛谷。其称中二千石者月各百八十斛,二千石者百二十斛,比二千石者百斛,千石者九十斛,比千石者八十斛,六百石者七十斛,比六百石者六十斛,四百石者五十斛,比四百石者四十五斛,三百石者四十斛,比三百石者三十七斛,二百石者三十斛,比二百石者二十七斛,一百石者十六斛。"

《易》叙宓羲、神农、(皇)〔黄〕帝[1]作教化民,①而《传》述其官,②以为宓羲龙师名官,③神农火师火名,④黄帝云师云名,⑤少昊鸟师鸟名。⑥自颛顼以来,为民师而命以民事,⑦有重黎、句芒、祝融、后土、蓐收、玄冥之官,然已上矣。⑧《书》载唐虞之际,命羲和四子,⑨顺天文,授民时;咨四岳,以举贤材,扬侧陋;⑩十有二牧,柔远能迩;⑪禹作司空,平水土;⑫弃作后稷,播百谷;⑬卨作司徒,敷五教;⑭咎繇作士,正五刑;⑮垂作共工,利器用;⑯葬作朕虞,育草木鸟兽;⑰伯夷作秩宗,典三礼;⑱夔典乐,和神人;⑲龙作纳言,出入帝命。⑳夏、殷亡闻焉,㉑周官则备矣。㉒天官冢宰,地官司徒,春官宗伯,夏官司马,秋官司寇,冬官司空,是为六卿,㉓各有徒属职分,用于百事。㉔太师、太傅、太保,是为三公,㉕盖参天子,坐而议政,无不总统,故不以一职为官名。又立三少为之副,少师、少傅、少保,是为孤卿,与六卿为九焉。记曰三公无官,言有其人然后充之,㉖舜之于尧,伊尹于汤,周公、召公于周,是也。或说司马主天,司徒主人,司空主土,是为三公。四岳谓四方诸侯。自周衰,官失而百职乱,战国并争,各变异。秦兼天下,建皇帝之号,㉗立百官之职。汉因循而不革,㉘明简易,随时宜也。其后颇有所改。王莽篡位,慕从古官,而吏

民弗安，亦多虐政，遂以乱亡。故略表举大分，㉙以通古今，备温故知新之义云。㉚

①应劭曰："宓羲氏始作八卦，神农氏为耒耜，黄帝氏作衣裳，神而化之，使民宜之。"师古曰："见《易·下系》。宓音伏，字本作虙，转写讹谬耳。"

②师古曰："《春秋左氏传》载郯子所说也。"

③应劭曰："师者长也，以龙纪其官长，故为龙师。春官为青龙，夏官为赤龙，秋官为白龙，冬官为黑龙，中官为黄龙。"张晏曰："庖羲将兴，神龙负图而至，因以名师与官也。"

④应劭曰："火德也，故为炎帝。春官为大火，夏官为鹑火，秋官为西火，冬官为北火，中官为中火。"张晏曰："神农有火星之瑞，因以名师与官也。"

⑤应劭曰："黄帝受命有云瑞，故以云纪事也。由是而言，故春官为青云，夏官为缙云，秋官为白云，冬官为黑云，中官为黄云。"张晏曰："黄帝有景云之应，因以名师与官也。"

⑥应劭曰："金天氏，黄帝子青阳也。"张晏曰："少昊之立，凤鸟适至，因以名官。凤鸟氏为历正，玄鸟司分，伯赵司至，青鸟司开，丹鸟司闭。"师古曰："玄鸟，燕也。伯赵，伯劳也。青鸟，鸧鴳也。丹鸟，鷩雉也。"

⑦应劭曰："颛顼氏代少昊者也，不能纪远，始以职事命官也。春官为木正，夏官为火正，秋官为金正，冬官为水正，中官为土正。"师古曰："自此以上皆郯子之辞也。"

⑧应劭曰："少昊有四叔，重为句芒，胲为蓐收，修及熙为玄冥。颛顼氏有子曰黎，为祝融。共工氏有子曰句龙，为后土。故有五行之官，皆封为上公，祀为贵神。"师古曰："上谓其事久远也。胲音该。"

⑨应劭曰："尧命四子分掌四时之教化也。"张晏曰："四子谓羲仲、羲叔、和仲、和叔也。"师古曰："事见《虞书·尧典》。"

⑩师古曰："四岳，分主四方诸侯者。"

⑪应劭曰："牧，州牧也。"师古曰："柔，安也。能，善也。迩，近也。"

⑫师古曰："空，穴也。古人穴居，主穿土为穴以居人也。"

⑬应劭曰："弃，臣名也。后，主也，为此稷官之主也。"师古曰："播谓布种也。"

⑭应劭曰："五教，父义，母慈，兄友，弟恭，子孝也。"师古曰："卨音先列反。"

⑮应劭曰："士，狱官之长。"张晏曰："五刑谓墨、刖、劓、剕、宫、大辟也。"师古

曰:"咎音皋。繇音弋昭反。墨,凿其额而涅以墨也。刖,断足也。劓,割鼻也。剕,去髌骨也。宫,阴刑也。大辟,杀之也。"

⑯应劭曰:"垂,臣名也。为共工,理百工之事也。"师古曰:"共读曰龚。"

⑰应劭曰:"荞,伯益也。虞,掌山泽禽兽官名也。"师古曰:"荞,古益字也。虞,度也,主商度山川之事。"

⑱应劭曰:"伯夷,臣名也。典天神、地祇、人鬼之礼也。"师古曰:"秩,次也;宗,尊也:主尊神之礼,可以次序也。"

⑲应劭曰:"夔,臣名也。"师古曰:"夔音钜龟反。"

⑳应劭曰:"龙,臣名也。纳言,如今尚书,管王之喉舌也。"师古曰:"自此以上皆《尧典》之文。"

㉑师古曰:"言夏、殷置官事不见于书传也。《礼记·明堂位》曰'夏后氏官百,殷二百',盖言其大数而无职号统属也。"

㉒师古曰:"事见《周书·周官篇》及《周礼》也。"

㉓师古曰:"冢宰掌邦治,司徒掌邦教,宗伯掌邦礼,司马掌邦政,司寇掌邦禁,司空掌邦土也。"

㉔师古曰:"言百者,举大数也。分音扶问反。"

㉕应劭曰:"师,训也。傅,覆也。保,养也。"师古曰:"傅,相也。"

㉖师古曰:"不必备员,有德者乃处之。"

㉗张晏曰:"五帝自以德不及三皇,故自去其皇号。三王又以德不及五帝,自损称王。秦自以德褒二行,故兼称之。"

㉘师古曰:"革,改也。"

㉙师古曰:"分音扶问反。"

㉚师古曰:"《论语》称孔子曰'温故而知新,可以为师矣'。温犹厚也,言厚蓄故事,多识于新,则可为师。"

相国、丞相,①皆秦官,金印紫绶,掌丞天子助理万机。秦有左右,②高帝即位,置一丞相,十一年更名相国,绿绶。孝惠、高后置左右丞相,文帝二年复置一丞相。有两长史,秩千石。哀帝元寿二年更名大司徒。武帝元狩五年初置司直,秩比二千石,掌佐丞相举不法。

①应劭曰:"丞者,承也。相者,助也。"

②荀悦曰:"秦本次国,命卿二人,是以置左右丞相,无三公官。"

太尉，秦官，①金印紫绶，掌武事。武帝建元二年省。元狩四年初置大司马，②以冠将军之号。③宣帝地节三年置大司马，不冠将军，亦无印绶官属。成帝绥和元年初赐大司马金印紫绶，置官属，禄比丞相，去将军。哀帝建平二年复去大司马印绶、官属，冠将军如故。元寿二年复赐大司马印绶，置官属，去将军，位在司徒上。有长史，秩千石。

①应劭曰："自上安下曰尉，武官悉以为称。"

②应劭曰："司马，主武也，诸武官亦以为号。"

③师古曰："冠者，加于其上共为一官也。"

御史大夫，秦官，①位上卿，银印青绶，掌副丞相。有两丞，秩千石。一曰中丞，在殿中兰台，掌图籍秘书，外督部刺史，内领侍御史员十五人，受公卿奏事，举劾按章。成帝绥和元年更名大司空，金印紫绶，禄比丞相，置长史如中丞，官职如故。哀帝建平二年复为御史大夫，元寿二年复为大司空，御史中丞更名御史长史。侍御史有绣衣直指，②出讨奸猾，治大狱，武帝所制，不常置。

①应劭曰："侍御史之率，故称大夫云。"臣瓒曰："《茂陵书》御史大夫秩中二千石。"

②服虔曰："指事而行，无阿私也。"师古曰："衣以绣者，尊宠之也。"

太傅，古官，高后元年初置，金印紫绶。后省，八年复置。后省，哀帝元寿二年复置。位在三公上。

太师、太保，皆古官，平帝元始元年皆初置，金印紫绶。太师位在太傅上，太保次太傅。

前后左右将军，皆周末官，秦因之，位上卿，金印紫绶。汉不常置，或有前后，或有左右，皆掌兵及四夷。有长史，秩千石。

奉常，秦官，掌宗庙礼仪，有丞。景帝中六年更名太常。①属官有太乐、太祝、太宰、太史、太卜、太医六令丞，又均官、都水两长丞，②又诸庙寝园食官令长丞，有廱太宰、太祝令丞，③五畤各一尉。又博士及诸陵县皆属焉。景帝中六年更名太祝为祠祀，武帝太初元年更曰庙祀，初置太卜。博士，秦官，〔2〕掌通古今，秩比六百石，员多至数十人。武帝建元五年初置《五经》博士，宣帝黄龙元年稍增员十二人。元帝永光元年分诸陵邑属三辅。王莽改太常曰秩宗。

①应劭曰："常，典也，掌典三礼也。"师古曰："太常，王者旌旗也，画日月焉，王有大事则建以行，礼官主奉持之，故曰奉常也。后改曰太常，尊大之(仪)〔义〕也。"〔3〕

②服虔曰："均官，主山陵上稿输入之官也。"如淳曰："律，都水治渠堤水门。《三辅黄图》云三辅皆有都水也。"

③文颖曰："廱，主熟食官。"如淳曰："五畤在廱，故特置太宰以下诸官。"师古曰："如说是也。雍，右扶风之县也。太宰即是具食之官，不当复置饔人也。"

郎中令，秦官，①掌宫殿掖门户，有丞。武帝太初元年更名光禄勋。②属官有大夫、郎、谒者，皆秦官。又期门、羽林皆属焉。③大夫掌论议，〔4〕有太中大夫、中大夫、谏大夫，皆无员，多至数十人。武帝元狩五年初置谏大夫，秩比八百石，太初元年更名中大夫为光禄大夫，秩比二千石，太中大夫秩比千石如故。郎掌守门户，出充车骑，有议郎、中郎、侍郎、郎中，皆无员，多至千人。议郎、中郎秩比六百石，侍郎比四百石，郎中比三百石。中郎有五官、左、右三将，秩皆比二千石。郎中有车、户、骑三将，④秩皆比千石。谒者掌宾赞受事，员七十人，秩比六百石，有仆射，⑤秩比千石。期门掌执兵送从，武帝建元三年初置，比郎，无员，多至千人，有仆射，秩比千石。平帝元始元年更名虎贲郎，⑥置中郎将，秩比二千石。羽林掌送从，次期门，武帝太初元年初置，名曰建章营骑，后更名羽林骑。又取从军死事之子孙养羽林，官教以五兵，号曰羽林孤儿。⑦羽林要有令丞。宣帝令中郎将、骑都尉监羽林，秩比二千石。仆射，秦官，〔5〕自侍中、尚书、博士、郎皆有。古者重武官，有主射以督课之，军屯吏、驺、宰、永巷宫人皆有，取其领事之号。⑧

①臣瓒曰："主郎内诸官，故曰郎中令。"

②应劭曰："光者，明也。禄者，爵也。勋，功也。"如淳曰："胡公曰勋之言阍

也。阍者，古主门官也。光禄主宫门。”师古曰：“应说是也。”

③服虔曰：“与期门下以微行，后遂以名官。”师古曰：“羽林，亦宿卫之官，言其如羽之疾，如林之多也。一说羽所以为王者羽翼也。”

④如淳曰：“主车曰车郎，主户卫曰户郎。《汉仪注》郎中令主郎中，左右车将主左右车郎，左右户将主左右户郎也。”

⑤应劭曰：“谒，请也，白也。仆，主也。”

⑥师古曰：“贲读与奔同，言如猛兽之奔。”

⑦师古曰：“五兵谓弓矢、殳、矛、戈、戟也。”

⑧孟康曰：“皆有仆射，随所领之事以为号也。若军屯吏则曰军屯仆射，永巷则曰永巷仆射。”

卫尉，秦官，掌宫门卫屯兵，①有丞。景帝初更名中大夫令，后元年复为卫尉。属官有公车司马、卫士、旅贲三令丞。②卫士三丞。又诸屯卫候、司马二十二官皆属焉。长乐、建章、甘泉卫尉皆掌其宫，③职略同，不常置。

①师古曰：“《汉旧仪》云卫尉寺在宫内。胡广云主宫阙之门内卫士，于周垣下为区庐。区庐者，若今之仗宿屋矣。”

②师古曰：“《汉官仪》云公车司马掌殿司马门，夜徼宫中，天下上事及阙下凡所征召皆总领之，令秩六百石。旅，众也。贲与奔同，言为奔走之任也。”

③师古曰：“各随所掌之宫以名官。”

太仆，秦官，①掌舆马，有两丞。属官有大厩、未央、家马三令，各五丞一尉。②又车府、路軨、骑马、骏马四令丞；③又龙马、闲驹、橐泉、騊駼、承华五监长丞；④又边郡六牧师菀令，各三丞；⑤又牧橐、昆蹏令丞，⑥皆属焉。中太仆掌皇太后舆马，不常置也。武帝太初元年更名家马为挏马，⑦初置路軨。

①应劭曰：“周穆王所置也，盖大御众仆之长，中大夫也。”

②师古曰：“家马者，主供天子私用，非大祀戎事军国所须，故谓之家马也。”

③伏俨曰：“主乘舆路车，又主凡小车。軨，今之小马车曲舆也。”师古曰：“軨音零。”

④如淳曰：“橐泉厩在橐泉宫下。騊駼，野马也。”师古曰：“闲，阑，养马之所

也,故曰闲驹。騊駼出北海中,其状如马,非野马也。騊音徒高反。駼音涂。"

⑤师古曰:"《汉官仪》云牧师诸菀三十六所,分置北边、西边,分养马三十万头。"

⑥应劭曰:"橐,橐佗。昆蹏,好马名也。蹏音啼。"如淳曰:"《尔雅》曰'昆蹏研,善升甗'者也,因以为厩名。"师古曰:"牧橐,言牧养橐佗也。昆,兽名也。蹏研者,谓其蹏下平也。善升甗者,谓山形如甑,而能升之也。蹏即古蹄字耳。研音五见反。甗音言,又音牛偃反。"

⑦应劭曰:"主乳马,取其汁挏治之,味酢可饮,因以名官也。"如淳曰:"主乳马,以韦革为夹兜,受数斗,盛马乳,挏取其上(把)〔肥〕,[6]因名曰挏马。《礼乐志》丞相孔光奏省乐官七十二人,给大官挏马酒。今梁州亦名马酪为马酒。晋灼曰:"挏音挺挏之挏。"师古曰:"晋音是也。挏音徒孔反。"

廷尉,秦官,①掌刑辟,有正、左右监,秩皆千石。景帝中六年更名大理,武帝建元四年复为廷尉。宣帝地节三年初置左右平,秩皆六百石。哀帝元寿二年复为大理。王莽改曰作士。

①应劭曰:"听狱必质诸朝廷,与众共之,兵狱同制,故称廷尉。"师古曰:"廷,平也。治狱贵平,故以为号。"

典客,秦官,掌诸归义蛮夷,有丞。景帝中六年更名大行令,武帝太初元年更名大鸿胪。①属官有行人、译官、别火三令丞,②及郡邸长丞。③武帝太初元年更名行人为大行令,初置别火。王莽改大鸿胪曰典乐。初,置郡国邸属少府,中属中尉,后属大鸿胪。

①应劭曰:"郊庙行礼赞九宾,鸿声胪传之也。"

②如淳曰:"《汉仪注》别火,狱令官,主治改火之事。"

③师古曰:"主诸郡之邸在京师者也。"

宗正,秦官,①掌亲属,有丞。平帝元始四年更名宗伯。属官有都司空令丞,②内官长丞。③又诸公主家令、门尉皆属焉。王莽并其官于秩宗。初,内官属少府,中属主爵,后属宗正。

①应劭曰:"周成王之时彤伯入为宗正也。"师古曰:"彤伯为宗伯,不谓之宗正。"

②如淳曰："律，司空主水及罪人。贾谊曰'输之司空，编之徒官'。"

③师古曰："《律历志》主分寸尺丈也。"

治粟内史，秦官，掌谷货，有两丞。景帝后元年更名大农令，武帝太初元年更名大司农。属官有太仓、均输、平准、都内、籍田五令丞，①斡官、铁市两长丞。②又郡国诸仓农监、都水六十五官长丞皆属焉。骎粟都尉，③武帝军官，不常置。王莽改大司农曰羲和，后更为纳言。初，斡官属少府，中属主爵，后属大司农。

①孟康曰："均输，谓诸当所有输于官者，皆令输其地土所饶，平其所在时贾，官更于佗处卖之，输者既便，而官有利也。"

②如淳曰："斡音筦，或作幹。斡，主也，主均输之事，所谓斡盐铁而榷酒酤也。"晋灼曰："此竹箭幹之官长也。均输自有令。"师古曰："如说近是也。纵作幹读，当以幹持财货之事耳，非谓箭幹也。"

③服虔曰："骎音搜狩之搜。搜，索也。"

少府，秦官，掌山海池泽之税，以给共养，①有六丞。属官有尚书、符节、太医、太官、汤官、导官、乐府、若卢、考工室、左弋、居室、甘泉居室、左右司空、东织、西织、东园匠十(二)〔六〕官令丞，②[7]又胞人、都水、均官三长丞，③又上林中十池监，④又中书谒者、黄门、钩盾、尚方、御府、永巷、内者、宦者(七)〔八〕官令丞。⑤[8]诸仆射、署长、中黄门皆属焉。⑥武帝太初元年更名考工室为考工，左弋为佽飞，居室为保宫，甘泉居室为昆台，永巷为掖廷。佽飞掌弋射，有九丞两尉，太官七丞，昆台五丞，乐府三丞，掖廷八丞，宦者七丞，钩盾五丞两尉。成帝建始四年更名中书谒者令为中谒者令，初置尚书，员五人，有四丞。河平元年省东织，更名西织为织室。绥和二年，哀帝省乐府。王莽改少府曰共工。

①应劭曰："名曰禁钱，以给私养，自别为藏。少者，小也，故称少府。"师古曰："大司农供军国之用，少府以养天子也。(供)〔共〕音居用反。[9]养音弋亮反。"

②服虔曰："若卢，诏狱也。"邓展曰："旧洛阳两狱，一名若卢，主受亲戚妇女。"如淳曰："若卢，官名也，藏兵器。《品令》曰若卢郎中二十人，主弩射。《汉

仪注》有若卢狱令，主治库兵将相大臣。”臣瓒曰：“冬官为考工，主作器械也。”师古曰：“太官主膳食，汤官主饼饵，导官主择米。若卢，如说是也。左弋，地名。东园匠，主作陵内器物者也。”

③师古曰：“胞人，主掌宰割者也。胞与庖同。”

④师古曰：“《三辅黄图》云上林中池上籞五所，而此云十池监，未详其数。”

⑤师古曰：“钩盾主近苑囿，尚方主作禁器物，御府主天子衣服也。”

⑥师古曰：“中黄门，奄人居禁中在黄门之内给事者也。”

中尉，秦官，掌徼循京师，①有两丞、候、司马、千人。②武帝太初元年更名执金吾。③属官有中垒、寺互、武库、都船四令丞。④都船、武库有三丞，中垒两尉。又式道左右中候、候丞及左右京辅都尉、尉丞兵卒皆属焉。⑤初，寺互属少府，中属主爵，后属中尉。

①如淳曰：“所谓游徼，徼循禁备盗贼也。”师古曰：“徼谓遮绕也。徼音工钓反。”

②师古曰：“候及司马及千人皆官名也。属国都尉云有丞、候、千人。西域都护云司马、候、千人各二人。凡此千人，皆官名也。”

③应劭曰：“吾者，御也，掌执金革以御非常。”师古曰：“金吾，鸟名也，主辟不祥。天子出行，职主先导，以御非常，故执此鸟之象，因以名官。”

④如淳曰：“《汉仪注》有寺互。都船狱令，治水官也。”

⑤应劭曰：“式道凡三候，车驾出还，式道候持麾至宫门，门乃开。”师古曰：“式，表也。”

自太常至执金吾，秩皆中二千石，丞皆千石。

太子太傅、少傅，古官。属官有太子门大夫、①庶子、②先马、③舍人。

①应劭曰：“员五人，秩六百石。”

②应劭曰：“员五人，秩六百石。”

③张晏曰：“先马，员十六人，秩比谒者。”如淳曰：“前驱也。《国语》曰句践亲为夫差先马。先或作洗也。”

将作少府，秦官，掌治宫室，有两丞、左右中候。景帝中六年更名将作大匠。属官有石库、东园主章、左右前后中校七令丞,① 又主章长丞。②武帝太初元年更名东园主章为木工。成帝阳朔三年省中候及左右前后中校五丞。

①如淳曰:"章谓大材也。旧将作大匠主材吏名章曹掾。"师古曰:"今所谓木钟者,盖章声之转耳。东园主章掌大材,以供东园大匠也。"

②师古曰:"掌凡大木也。"

詹事,秦官,① 掌皇后、太子家,有丞。②属官有太子率更、家令丞,仆、中盾、卫率、厨厩长丞,③ 又中长秋、私府、永巷、仓、厩、祠祀、食官令长丞。诸宦官皆属焉。④成帝鸿嘉三年省詹事官,并属大长秋。⑤长信詹事掌皇太后宫,景帝中六年更名长信少府,⑥ 平帝元始四年更名长乐少府。

①应劭曰:"詹,省也,给也。"臣瓒曰:"《茂陵书》詹事秩真二千石。"

②师古曰:"皇后、太子各置詹事,随其所在以名官。"

③张晏曰:"太子称家,故曰家令。"臣瓒曰:"《茂陵中书》太子家令秩八百石。"应劭曰:"中盾主周卫徼道,秩四百石。"如淳曰:"《汉仪注》卫率主门卫,秩千石。"师古曰:"掌知漏刻,故曰率更。自此以上,太子之官也。更音工衡反。"

④师古曰:"自此以上,皆皇后之官。"

⑤师古曰:"省皇后詹事,总属长秋也。"

⑥张晏曰:"以太后所居宫为名也。居长信宫则曰长信少府,居长乐宫则曰长乐少府也。"

将行,秦官,①景帝中六年更名大长秋,②或用中人,或用士人。③

①应劭曰:"皇后卿也。"

②师古曰:"秋者收成之时,长者恒久之义,故以为皇后官名。"

③师古曰:"中人,奄人也。"

典属国,秦官,掌蛮夷降者。武帝元狩三年昆邪王降,① 复增属国,置都尉、丞、候、千人。属官,九译令。成帝河平元年省并大鸿胪。

①师古曰:"昆音下门反。"

水衡都尉，①武帝元鼎二年初置，掌上林苑，有五丞。属官有上林、均输、御羞、禁圃、辑濯、钟官、技巧、六厩、辩铜九官令丞。②又衡官、水司空、都水、农仓，又甘泉上林、都水七官长丞皆属焉。上林有八丞十二尉，均输四丞，御羞两丞，都水三丞，禁圃两尉，甘泉上林四丞。成帝建始二年省技巧、六厩官。王莽改水衡都尉曰予虞。初，御羞、上林、衡官及铸钱皆属少府。

①应劭曰："古山林之官曰衡。掌诸池苑，故称水衡。"张晏曰："主都水及上林苑，故曰水衡。主诸官，故曰都。有卒徒武事，故曰尉。"师古曰："衡，平也，主平其税入。"

②如淳曰："御羞，地名也，在蓝田，其土肥沃，多出御物可进者，《扬雄传》谓之御宿。《三辅黄图》御羞、宜春皆苑名也。辑濯，船官也。钟官，主铸钱官也。辩铜，主分别铜之种类也。"师古曰："御宿，则今长安城南御宿川也，不在蓝田。羞、宿声相近，故或云御羞，或云御宿耳。羞者，珍羞所出；宿者，止宿之义。辑读与楫同，音集；濯音直孝反：皆所以行船也。《汉旧仪》云天子六厩，未央、承华、騊駼、骑马、辂軨、大厩也，马皆万匹。据此表，大仆属官以有大厩、未央、辂軨、骑马、騊駼、承华，而水衡又云六厩技巧官，是则技巧之徒供六厩者，其官别属水衡也。"

内史，周官，秦因之，掌治京师。景帝二年分置左〔右〕内史。①[10]右内史武帝太初元年更名京兆尹，②属官有长安市、厨两令丞，又都水、铁官两长丞。左内史更名左冯翊，③属官有廪牺令丞尉。④又左都水、铁官、云垒、长安四市四长丞皆属焉。

①师古曰："《地理志》云武帝建元六年置左右内史，而此表云景帝二年分置，表志不同。又据《史记》，知志误矣。"

②张晏曰："地绝高曰京。《左传》曰'莫之与京'。十亿曰兆。尹，正也。"师古曰："京，大也。兆者，众数。言大众所在，故云京兆也。"

③张晏曰："冯，辅也。翊，佐也。"

④师古曰："廪主藏谷，牺主养牲，皆所以供祭祀也。"

主爵中尉，秦官，掌列侯。景帝中六年更名都尉，武帝太初元年更名右扶风，①治内史右地。属官有掌畜令丞。②又(有)〔右〕都水、[11]铁官、厩、廱厨四长丞皆属焉。③与左冯翊、京兆尹是为三辅，④皆有两丞。列侯更属大鸿胪。元鼎四年更置(二)〔三〕辅都尉、[12]都尉丞各一人。

①张晏曰："扶，助也。风，化也。"

②如淳曰："《尹翁归传》曰'豪强有论罪，输掌畜官，使斫莝'。东方朔曰'益为右扶风'，畜牧之所在也。"

③如淳曰："五畤在廱，故有厨。"

④服虔曰："皆治在长安城中。"师古曰："《三辅黄图》云京兆在尚冠前街东入，故中尉府，冯翊在太上皇庙西入，右扶风在夕阴街北入，故主爵府。长安以东为京兆，长陵以北为左冯翊，渭城以西为右扶风也。"

自太子太傅至右扶风，皆秩二千石，丞六百石。

护军都尉，秦官，武帝元狩四年属大司马，成帝绥和元年居大司马府比司直，哀帝元寿元年更名司寇，平帝元始元年更名护军。

司隶校尉，周官，①武帝征和四年初置。持节，从中都官徒千二百人，②捕巫蛊，督大奸猾。③后罢其兵。察三辅、三河、弘农。元帝初元四年去节。成帝元延四年省。绥和二年，哀帝复置，但为司隶，冠进贤冠，属大司空，比司直。

①师古曰："以掌徒隶而巡察，故云司隶。"

②师古曰："中都官，京师诸官府也。"

③师古曰："督谓察视也。"

城门校尉掌京师城门屯兵，有司马、①十二城门候。②中垒校尉掌北军垒门内，外掌西域。③屯骑校尉掌骑士。步兵校尉掌上林苑门屯兵。越骑校尉掌越骑。④长水校尉掌长水宣曲胡骑。⑤又有胡骑校尉，掌池阳胡骑，不常置。⑥射声校尉掌待诏射声士。⑦虎贲校尉掌轻车。凡八校尉，皆武帝初置，有丞、司马。⑧自司隶至虎贲校尉，秩皆二千石。西域都护加官，宣帝地节二年初置，以骑都尉、谏大夫使护西域三十六国，有副校尉，秩比二千石，丞一人，司马、候、千人各二人。戊己校尉，元帝初元元年置，⑨有丞、司马各一人，候五人，秩比六百石。

①师古曰："八屯各有司马也。"

②师古曰："门各有候，萧望之置小苑东门候，亦其比也。"

③师古曰："掌北军垒门之内，而又外掌西域。"

④如淳曰："越人内附，以为骑也。"晋灼曰："取其材力超越也。"师古曰："《宣纪》言佽飞射士、胡越骑，又此有胡骑校尉。如说是。"

⑤师古曰："长水，胡名也。宣曲，观名，胡骑之屯于宣曲者。"

⑥师古曰："胡骑之屯池阳者也。"

⑦服虔曰："工射者也。冥冥中闻声则中之，因以名也。"应劭曰："须诏所命而射，故曰待诏射也。"

⑧师古曰："自中垒以下凡八校尉。城门不在此数中。"

⑨师古曰："甲乙丙丁庚辛壬癸皆有正位，唯戊己寄治耳。今所置校尉亦无常居，故取戊己为名也。有戊校尉，有己校尉。一说戊己居中，镇覆四方，今所置校尉亦处西域之中抚诸国也。"

奉车都尉掌御乘舆车，驸马都尉掌驸马，①皆武帝初置，秩比二千石。侍中、左右曹诸吏、散骑、中常侍，皆加官，②所加或列侯、将军、卿大夫、将、都尉、尚书、太医、太官令至郎中，亡员，③多至数十人。侍中、中常侍得入禁中，诸曹受尚书事，诸吏得举法，散骑骑并乘舆车。④给事中亦加官，⑤所加或大夫、博士、议郎，掌顾问应对，位次中常侍。中黄门有给事黄门，位从将大夫。皆秦制。

①师古曰："驸，副马也。非正驾车，皆为副马。一曰驸，近也，疾也。"

②应劭曰："入侍天子，故曰侍中。"晋灼曰："《汉仪注》诸吏、给事中日上朝谒，平尚书奏事，分为左右曹。魏文帝合散骑、中常侍为散骑常侍也。"

③如淳曰："将谓郎将以下也。自列侯下至郎中，皆得有散骑及中常侍加官。是时散骑及常侍各自一官，亡员也。"

④师古曰："并音步浪反。骑而散从，无常职也。"

⑤师古曰："《汉官解诂》云掌侍从左右，无员，常侍中。"

爵：一级曰公士，①二上造，②三簪袅，③四不更，④五大夫，⑤六官大夫，七公大夫，⑥八公乘，⑦九五大夫，⑧十左庶长，十一右庶长，⑨十二左更，十三中更，十四右更，⑩十五少上造，十六大上造，⑪十七驷车庶长，⑫十八大庶长，⑬十九关内侯，⑭二十彻侯。⑮皆秦制，以赏功劳。彻侯金印紫绶，避武帝讳，曰通侯，或曰列侯，改所食国令长名相，又有家丞、门大夫、庶子。

①师古曰："言有爵命，异于士卒，故称公士也。"

②师古曰："造，成也，言有成命于上也。"

③师古曰："以组带马曰袅。簪袅者，言饰此马也。袅音乃了反。"

④师古曰："言不豫更卒之事也。更音工衡反。"

⑤师古曰："列位从大夫。"

⑥师古曰："加官、公者，示稍尊也。"

⑦师古曰："言其得乘公家之车也。"

⑧师古曰："大夫之尊也。"

⑨师古曰："庶长，言为众列之长也。"

⑩师古曰："更言主领更卒，部其役使也。更音工衡反。"

⑪师古曰："言皆主上造之士也。"

⑫师古曰："言乘驷马之车而为众长也。"

⑬师古曰："又更尊也。"

⑭师古曰："言有侯号而居京畿，无国邑。"

⑮师古曰："言其爵位上通于天子。"

诸侯王，高帝初置，①金玺盭绶，②掌治其国。有太傅辅王，内史治国民，中尉掌武职，丞相统众官，群卿大夫都官如汉朝。景帝中五年令诸侯王不得复治国，天子为置吏，改丞相曰相，省御史大夫、廷尉、少府、宗正、博士官，大夫、谒者、郎诸官长丞皆损其员。武帝改汉内史为京兆尹，中尉为执金吾，郎中令为光禄勋，故王国如故。损其郎中令，秩千石；改太仆曰仆，秩亦千石。成帝绥和元年省内史，更令相治民，如郡太守，中尉如郡都尉。

①师古曰："蔡邕云汉制皇子封为王，其实诸侯也。周末诸侯或称王，汉天子自以皇帝为称，故以王号加之，总名诸侯王也。"

②如淳曰："盭音戾。盭，绿也，以绿为质。"晋灼曰："盭，草名也，出琅邪平昌县，似艾，可染绿，因以为绶名也。"师古曰："晋说是也。玺之言信也。古者印玺通名，今则尊卑有别。《汉旧仪》云诸侯王黄金玺，槖佗钮，文曰玺，谓刻云某王之玺。"

监御史，秦官，掌监郡。汉省，丞相遣史分刺州，不常置。武帝元封五年初置部刺史，掌奉诏条察州，①秩六百石，员十三人。成帝绥和元年更名牧，秩二千石。哀帝建平二年复为刺史，元寿二年复为牧。

①师古曰："《汉官典职仪》云刺史班宣，周行郡国，省察治状，黜陟能否，断治冤狱，以六条问事，非条所问，即不省。一条，强宗豪右田宅逾制，以强凌弱，以众暴寡。二条，二千石不奉诏书遵承典制，倍公向私，旁诏守利，侵渔百姓，聚敛为奸。三条，二千石不恤疑狱，风厉杀人，怒则任刑，喜则淫赏，烦扰刻暴，剥截黎元，为百姓所疾，山崩石裂，祆祥讹言。四条，二千石选署不平，苟阿所爱，蔽贤宠顽。五条，二千石子弟恃怙荣势，请托所监。六条，二千〔石〕违公下比，[13]阿附豪强，通行货赂，割损正令也。"

郡守，秦官，掌治其郡，秩二千石。有丞，边郡又有长史，掌兵马，秩皆六百石。景帝中二年更名太守。

郡尉，秦官，掌佐守典武职甲卒，秩比二千石。有丞，秩皆六百石。景帝中二年更名都尉。

关都尉，秦官。农都尉、属国都尉，皆武帝初置。

县令、长，皆秦官，掌治其县。万户以上为令，秩千石至六百石。减万户为长，秩五百石至三百石。皆有丞、尉，秩四百石至二百石，是为长吏。①百石以下有斗食、佐史之秩，②是为少吏。大率十里一亭，亭有长。十亭一乡，乡有三老、有秩、啬夫、游徼。三老掌教化。啬夫职听讼，收赋税。游徼徼循禁贼盗。县大率方百里，其民稠则减，稀则旷，乡、亭亦如之，皆秦制也。列侯所食县曰国，皇太后、皇后、公主所食曰邑，有蛮夷曰道。凡县、道、国、邑千五百八十七，乡六千六百二十二，亭二万九千六百三十五。

①师古曰:“吏,理也,主理其县内也。”

②师古曰:“《汉官名秩簿》云斗食月奉十一斛,佐史月奉八斛也。一说,斗食者,岁奉不满百石,计日而食一斗二升,故云斗食也。”

凡吏秩比二千石以上,皆银印青绶,① 光禄大夫无。② 秩比六百石以上,皆铜印黑绶,大夫、博士、御史、谒者、郎无。③ 其仆射、御史治书尚符玺者,有印绶。比二百石以上,皆铜印黄绶。④ 成帝阳朔二年除八百石、五百石秩。绥和元年,长、相皆黑绶。哀帝建平二年,复黄绶。吏员自佐史至丞相,十二万二百八十五人。

①师古曰:“《汉旧仪》云银印背龟钮,其文曰章,谓刻曰某官之章也。”

②师古曰:“无印绶。”

③师古曰:“大夫以下亦无印绶。”

④师古曰:“《汉旧仪》云六百石、四百石至二百石以上皆铜印鼻钮,文曰印。谓钮但作鼻,不为虫兽之形,而刻文云某官之印。”

【校勘记】

〔1〕 (皇)〔黄〕帝 景祐、殿、局本都作“黄”。王先谦说作“黄”是。

〔2〕 博士,秦官,此处本提行,景祐、汲古、局本并同,惟殿本连上。王先谦说博士属太常,不提行是。

〔3〕 尊大之(仪)〔义〕也。景祐、殿本都作“义”。王先谦说作“义”是。

〔4〕 大夫掌论议,此处本提行,汲古本同,景祐、殿、局本连上。王先谦说此郎中令属官,不提行是。

〔5〕 仆射,秦官,此处本提行,而景祐、殿本连上。王先谦说不提行是。

〔6〕 挏取其上(把)〔肥〕,景祐、殿本都作“肥”。王先谦说作“肥”是。

〔7〕 十(二)〔六〕官令丞,钱大昭说“十二”疑是“十六”。按殿本作“十六”。王先谦说作“十六”是。

〔8〕 (七)〔八〕官令丞。殿本“七”作“八”。王先谦说作“八”是。

〔9〕 (供)〔共〕音居用反。景祐、殿本都作“共”。王先谦说作“共”是。

〔10〕 分置左〔右〕内史。王念孙说脱“右”字,下文“右内史”、“左内史”皆承此

句言之。

〔11〕 又(有)〔右〕都水、刘攽说“有”当作“右”。上云“左都水”,此云“右都水”。

〔12〕 更置(二)〔三〕辅都尉、钱大昭说“二”当作“三”。按景祐、殿本都作“三”。

〔13〕 二千〔石〕违公下比,“石”字据景祐、殿、局本补。

汉书卷十九下

百官公卿表第七下

师古曰："此表中记公卿姓名不具及但举其官而无名或言若干年不载迁免死者，皆史之阙文，不可得知。"

相国	丞相	大司徒	太师	太傅
	太尉		大司马	
	御史大夫		大司空	
	列将军			
	奉常		太常	
	郎中令		光禄勋	
	卫尉		中大夫令	
	太仆			
	廷尉		大理	
	典客	大行令	大鸿胪	
	宗正	治粟内史	大司农	
		中　尉　执金吾	少府	
	水衡都尉		主爵都尉	右扶风
左内史		左冯翊	右内史	京兆尹

	公元前 206	205	204	203
	高帝元年	二	三	四
太保	沛相萧何为丞相。			
	内史周苛为御史大夫守荥阳,三年死。			中尉周昌为御史大夫,六年徙为赵丞相。
	滕令夏侯婴为太仆。			
	执盾襄为治粟内史。			
	职志周昌为中尉,三年迁。师古曰:"志音式异反。"			
	内史周苛迁。			

202	201	200
五	六	七
太尉卢绾，后九月为燕王。		
		博士叔孙通为奉常，三年徙为太子太傅。
郎中令王恬启。		
	将军郦商为卫尉。	
	汲侯公上不害为太仆。	
廷尉义渠。		
广平侯薛欧为典客。师古曰："欧音一后反。"		
军正阳咸延为少府，二十一年卒。中尉丙猜。		
般内史杜恬。		

199	198	197
八	九	十
	丞相何迁为相国。	
		符玺御史赵尧为御史大夫，十年免。
		中地守宣义为廷尉。

196	195	194
十一	十二	孝惠元年
绛侯周勃为太尉，后官省。		
	太子太傅叔孙通复为奉常。	
卫尉王氏。		营陵侯刘泽为卫尉。
	廷尉育。	
中尉戚鳃。　师古曰：“鳃音先才反。”		

193	192	191	190
二	三	四	五
七月辛未，相国何薨。七月癸巳，齐相曹参为相国。			八月己丑，相国参薨。
	长修侯杜恬为廷尉。		

189	188
六	七
十月己丑，安国侯王陵为右丞相，曲逆侯陈平为左丞相。	
绛侯周勃复为太尉，〔十年〕[1]迁。	
	奉常免。 师古曰："名免也。"
土军侯宣义为廷尉。	
	辟阳侯审食其为典客，一年迁。

187

高后元年
十一月甲子，右丞相陵为太傅，左丞相平为右丞相，典客审食其为左丞相。
上党守任敖为御史大夫，三年免。

186	185	184	183
二	三	四	五
		平阳侯曹(窟)〔窋〕为御史大夫,五年免。[2]	
上邳侯刘郢客为宗正,七年为楚王。			

182	181	180
六	七	八
	七月辛巳，左丞相食其为太傅。	九月丙戌，复为丞相，后九月免。
		淮南丞相张苍为御史大夫，四年迁。[3]
	奉常根。	
	廷尉围。	
	典客刘揭。	

179

孝文元年
十月辛亥，右丞相平为左丞相，太尉周勃为右丞相，八月辛未免。
十月辛亥，将军灌婴为太尉，二年迁，官省。
太中大夫薄昭为车骑将军。代中尉宋昌为卫将军。
郎中令张武。
河南守吴公为廷尉。

178	177
二	三
十月，丞相平薨。十一月乙亥，绛侯勃复为丞相。	十二月，丞相勃免。乙亥，太尉灌婴为丞相。
奉常饶。	
卫尉足。	
	中郎将张释之为廷尉。
	典客冯敬，四年迁。

176	175	174	173
四	五	六	七
十二月乙巳，丞相婴薨。正月甲午，御史大夫张苍为丞相。			
御史大夫围。			典客冯敬为御史大夫。
			典客靓。师古曰："靓与静同。"

172 八	171 九	170 十	169 十一	168 十二	167 十三	166 十四	165 十五
				奉常昌闾。			
太仆婴甍。							
		廷尉昌。 廷尉嘉。					廷尉宜昌。
						中尉周舍。	
						内史董赤。	

164	163	162
十六	后元年	二
		八月戊戌，丞相(仓)〔苍〕[4]免。庚午，御史大夫申屠嘉为丞相。
淮阳守申屠嘉为御史大夫，二年迁。		八月庚午，开封侯陶青为御史大夫，七年迁。
	廷尉信。	

161	160	159	158	157	156
三	四	五	六	七	孝景元年
				奉常信。	
					太中大夫周仁为郎中令，十三年老病免，食二千石禄。
					廷尉歐。 师古曰："歐读与驱同。"
					平陆侯刘礼为宗正，二年为楚王。
					中尉嘉。
					中大夫鼂错为左内史，一年迁。

155

二
六月，丞相嘉薨。八月丁未，御史大夫陶青为丞相。
八月丁巳，左内史朝错为御史大夫。
奉常斿。

154	153
三	四
中尉周亚夫为太尉，五年迁，官省。	
正月壬子，错有罪要斩。	御史大夫介。
故詹事窦婴为大将军。	
故吴相袁盎为奉常。〔奉常〕[5]殷。	南皮侯窦彭祖为奉常。
廷尉胜。	
德侯刘通为宗正，三年薨。	
河间大傅卫绾为中尉，四年赐告，后为太子太傅。	

152	151	150
五	六	七
		六月乙巳，丞相青免。太尉周亚夫为丞相。
		太仆刘舍为御史大夫，三年迁。
安丘侯张欧为奉常。		鄚侯萧胜为奉常。
姚丘侯刘舍为太仆。 师古曰："《侯表》及诸传皆云桃侯，独此为姚丘，疑误也。"		
		济南太守郅都为中尉，三年免。

149	148	147	146	145
中元年	二	三	四	五
		九月戊戌，丞相亚夫免。御史大夫刘舍为丞相。		
		太子太傅卫绾为御史大夫，四年迁。		
		煮枣侯乘昌为奉常。		軑侯吴利为奉常。师古曰："軑音大，又音第。"
廷尉福。				
	（中尉）[6]			少府神。
				主爵都尉不疑。

144	143
六	后元年
	七月丙午，丞相舍（死）〔免〕。〔7〕八月壬辰，御史大夫卫绾为丞相。
	八月壬辰，卫尉直不疑为御史大夫，三年（死）〔免〕。
奉常利更为太常。	
	郎中令贺。
中大夫令直不疑更为卫尉。	
廷尉瑕更为大理。	
济南都尉甯成为中尉，四年迁。	

142	141	140
二	三	孝武建元元年
		六月,丞相绾免。(后)[8]丙寅,魏其侯窦婴为丞相。
		武安侯田蚡为太尉。
		齐相牛抵为御史大夫。 师古曰:"抵音丁礼反。"
	柏至侯许昌为太常,二年迁。	
		郎中令王臧,一年有罪自杀。
		淮南太守灌夫为太仆,二年为燕相。
		大行令光。
大农令惠。		
中尉广意。		中尉张敺,九年迁。
主爵都尉奴。		
		中尉甯成为内史,下狱论。内史印。

139	138
二	三
十月，丞相婴免。三月乙未，太常许昌为丞相。	
太尉蚡免，官省。	
御史大夫赵绾，有罪自杀。	
南陵侯赵周为太常，四年免。	
郎中令石建，六年卒。	
大理信。	
大行令过期。	
	北地都尉韩安国为大农令，三年迁。
内史石庆。	内史石徧。

137	136	135
四	五	六
		六月癸巳，丞相昌免。武安侯田蚡为丞相。
武强侯严青翟为御史大夫，二年，坐窦太后丧不办免。		大农令韩安国为御史大夫，四年病免。
		太常定。
		太仆贺，三十三年〔迁〕。[9]
廷尉迁。廷尉建。	廷尉武。	廷尉殷。
	大行令王恢。	
		大农令殷。
		东海太守汲黯为主爵都尉，十一年徙。
江都相郑当时为右内史，五年贬为詹事。		

134	133	132	131
元光元年	二	三	四
			三月乙卯，丞相蚡薨。五月丁巳，平棘侯薛泽为丞相。
			九月，中尉张欧为御史大夫，五年老病免，食上大夫禄。
太常王臧。			宣平侯张欧为太常。师古曰："欧音一后反。"
陇西太守李广为卫尉。			
	内史充。		

130

五
廷尉翟公。
詹事郑当时为大农令,十一年免。
故御史大夫韩安国为中尉,一年迁。
右内史番係。博士公孙弘为左内史,四年迁。 师古曰:"番音普安反。"

129	128	127
六	元朔元年	二
太常司马当时。		蓼侯孔臧为太常，三年坐南陵桥坏衣冠道绝免。
中尉韩安国为(都)〔卫〕[10]尉，二年为将军。		
大行令丘。		
中大夫赵禹为中尉。		

126	125	124
三	四	五
		十一月乙丑，丞相泽免。御史大夫公孙弘为丞相。
左内史公孙弘为御史大夫，二年迁。		四月丁未，河东太守九江番係为御史大夫。
		山阳侯张当居为太常，坐选子弟不以实免。
卫尉苏建。		
中大夫张汤为廷尉，五年迁。		
	宗正刘弃。	
少府孟贲。中尉李息。	少府产。	中尉赵禹为少府。中尉殷容。
		主爵都尉李蔡。
左内史李沮，四年为将军。 师古曰："沮音俎。"	右内史贲。师古曰："贲音奔。"	主爵都尉汲黯为右内史，五年免。

123	122
六	元狩元年
	乐安侯李蔡为御史大夫，一年迁。
绳侯周平为太常，四年坐不缮园陵免。	
右北平太守李广为郎中令，五年免。	
	大行令李息。
	宗正刘受。
	中尉司马安。
	会稽太守朱买臣为主爵都尉。
	左内史敞。

121	120
二	三
三月戊寅，丞相弘薨。壬辰，御史大夫李蔡为丞相。	
	三月壬辰，廷尉张汤为御史大夫，六年有罪自杀。
	冠军侯霍去病为票骑将军。
	卫尉张骞。
	廷尉李友。廷尉安。廷尉禹。
	中尉霸。
	主爵都尉赵食其，二年为将军。

119

四
大将军卫青为大司马大将军。票骑将军霍去病为大司马票骑将军。
戚侯李信成为太常,二年坐纵丞相李蔡侵道免。
沈猷侯刘受为宗正,二年坐听请不具宗室论。大农令颜异,二年坐腹非诛。
河内太守王温舒为中尉,五年迁。
中尉丞(阳)〔杨〕[11]仆为主爵都尉。
定襄太守义纵为右内史,二年下狱弃市。

118

五
三月甲午，丞相蔡有罪自杀。四月乙卯，太子少傅严青翟为丞相。
郎中令李敢。
卫尉充国，三年坐斋不谨弃市。
廷尉司马安。

117	116
六	元鼎元年
九月，大司马去病薨。	
俞侯栾贲为太常，坐牺牲不如令免。	盖侯王信为太常。
郎中令徐自为，十三年为光禄勋。	
	廷尉霸。
	中郎将张骞为大行令，三年卒。
大农令正夫。	
	少府当，四年下狱死。
	水衡都尉张罢。
右内史王晁。	右内史苏纵。

115

二
二月壬辰，丞相青翟有罪自杀。二月辛亥，太子太傅赵周为丞相。
二月辛亥，太子太傅石庆为御史大夫，三年迁。
广安侯任越人为太常，坐庙酒酸论。 师古曰："《任敖传》及《侯表》皆云广阿侯。今此为广安，此表误。"
大农令孔仅。

114	113
三	四
郸侯周仲居为太常，坐不收赤侧钱收行钱论。师古曰："赤侧当废而不收，乃收见行之钱也。郸音多。"	睢陵侯张广国为太常。
中尉王温舒为廷尉，一年复徙中尉。	故少府赵禹为廷尉，四年以老贬为燕相。
	宗正刘安国。(为)[12]大农令客。
关都尉尹齐为中尉，一年抵罪。	廷尉王温舒为中尉，二年免。
	水衡都尉豹。
	右内史李信成。中大夫兒宽为左内史，三年迁。

112	111
五	六
九月辛巳，丞相周下狱死。丙申，御史大夫石庆为丞相。	
	齐相卜式为御史大夫，一年贬为太子太傅。
平曲侯周建德为太常。阳平侯杜相为太常，五年坐擅繇大乐令论。 师古曰："擅役使人也。"	
卫尉路博德。	
	大农令张成。
	少府豹为中尉。

110 元封元年	109 二	108 三
左内史兒宽为御史大夫，八年卒。		
	御史中丞杜周为廷尉，十一年免。	
	故中尉王温舒为少府，三年徙。	
水衡都尉阎奉。		
御史中丞咸宣为左内史，六年免。师古曰："咸音减省之减。"		

107	106
四	五
	大将军青薨。
鄚侯萧寿成为太常,坐牺牲不如令论。	成安侯韩延年为太常,二年坐留外国使人入粟赎论。
水衡都尉德迁。	
少府王温舒为右内史,二年免。	

105	104
六	太初元年
	睢陵侯张昌为太常，二年坐乏祠论。
	郎中令自为更为光禄勋。
	大鸿胪壶充国。
少府德有罪自杀。右辅都尉王温舒行中尉事，二年狱族。	中尉。
	故左内史咸宣为右扶风，三年下狱自杀。
	京兆尹无忌。左冯翊殷周。

103	102
二	三
正月戊寅，丞相庆薨。闰月丁丑，大仆公孙贺为丞相。	
	正月，胶东太守延广为御史大夫。
	牧丘侯石德为太常，三年坐庙牲瘦入谷赎论。
侍中公孙敬声为太仆，十二年下狱死。	
大鸿胪商丘成，十二年迁。	
少府王伟。（中尉）〔13〕	搜粟都尉上官桀为少府，年老免。师古曰："疑此非上官桀，表误也。"

101	100	99
四	天汉元年	二
	济南太守琅邪王卿为御史大夫，二年有罪自杀。	
		新畤侯赵弟为太常，五年坐鞫狱不实论。
	大司农桑弘羊，四年贬为搜粟都尉。	
		故廷尉杜周为执金吾，一年迁。

98	97
三	四
二月，执金吾杜周为御史大夫，四年卒。	
廷尉吴尊。	
	弘农太守沛范方渠中翁为执金吾。 师古曰："沛人，姓范，名方渠，字中翁也。中读曰仲。"
	左冯翊韩不害。〔14〕

96	95	94
太始元年	二	三
		三月，光禄大夫河东暴胜之公子为御史大夫，三年下狱自杀。 师古曰：“公子，亦胜之字也。后皆类此。”
		容城侯唯涂光为太常，徙为安定都尉。
廷尉郭居。		
大司农。		
	少府充国。	
	水衡都尉守。	直指使者江充为水衡都尉，五年为太子所斩。

93	92
四	征和元年
江都侯靳石为太常，四年坐为谒问囚故太仆敬声乱尊卑免。	
	廷尉常。
	光禄大夫公孙遗守少府。

91	90
二	三
四月壬申，丞相贺下狱死。五月丁巳，涿郡太守刘屈氂为左丞相。	六月壬寅，丞相屈氂下狱要斩。
九月大鸿胪商丘成为御史大夫，四年坐祝诅自杀。	
光禄勋韩说少卿为太子所杀。	
	邗侯李寿为卫尉，坐居守擅出长安界使吏杀人下狱死。
廷尉信。	廷尉意。
	高庙郎中田千秋为大鸿胪，一年迁。
京兆尹于己衍坐大逆诛。	

89	88
四	后元元年
六月丁巳，大鸿胪田千秋为丞相。	
缪侯郦终根为太常，十一年坐祝诅诛。	
光禄勋有禄。	
	守卫尉不害。
大鸿胪戴仁坐祝诅诛。淮阳太守田广明为鸿胪，五年迁。	
右辅都尉王䜣为右扶风，九年迁。	
	京兆尹建坐祝诅要斩。

87

二
二月丁卯，侍中奉车都尉霍光为大司马大将军。
二月乙卯，搜粟都尉桑弘羊为御史大夫，七年坐谋反诛。
侍中驸马都尉金日磾为车骑将军，一年薨。太仆上官桀为左将军，七年反，诛。
当涂侯魏不害为太常，六年坐孝文庙风发瓦免。
守卫尉遗。
太仆并左将军。
执金吾郭广意免。

86	85
孝昭始元元年	二
尚书令张安世为光禄勋，六年迁。	
卫尉天水王莽稚叔，三年迁。	
司隶校尉雒阳李仲季主为廷尉，四年坐诬罔下狱弃市。	
	光禄大夫刘辟彊为宗正，数月卒。
执金吾河东马適建子孟任职，六年坐杀人下狱自杀。	
水衡都尉吕辟胡，五年为云中太守。	
青州刺史隽不疑为京兆尹，五年病免。	

84	83
三	四
	卫尉王莽为右将军卫尉，三年卒。
	大鸿胪田广明为卫尉，五年迁。
胶西太守齐徐仁中孙为少府，六年坐纵反者自杀。 师古曰："中读曰仲。"	

82

	五
骑都尉上官安为车骑将军，三年反，诛。	
	军正齐王平子心为廷尉，四年坐纵(道)〔首〕[15]匿谋反者下狱弃市。

81	80
六	元凤元年
	九月庚午，右扶风王䜣为御史大夫，三年迁。
	光禄勋张安世为右将军光禄勋，六年迁。
辕阳侯江德为太常，四年坐庙(夜郎)〔郎夜〕[16]饮失火免。	
	光禄勋并右将军。
	谏大夫杜延年为太仆，十五年免。
大将军司马杨敞为大司农，四年迁。	太中大夫刘德为宗正，数月免。
	执金吾壶信。
	中郎将赵充国为水衡都尉，六年迁。
守京兆尹樊福。	左冯翊贾胜胡，二年坐纵谋反者弃市。

79	78	77
二	三	四
		正月甲戌，丞相千秋薨。二月乙丑，御史大夫王䜣为〔丞〕相。[17]
		二月乙丑，大司农杨敞为御史大夫，二年迁。
	中郎将范明友为度辽将军卫尉，十二年迁。	
		蒲侯苏昌为太常，十一年坐籍霍山书泄秘书免。 师古曰："以秘书借霍山。"
	卫尉并将军。	
	廷尉夏国。	
	青州刺史刘德为宗正，二十二年薨。	河内太守平原赵彭祖为大司农，三年卒。
	光禄大夫蔡义为少府，三年迁。	
	卫尉田广明为左冯翊，四年迁。	京兆尹彭祖。

76	75
五	六
十二月庚戌,丞相訢薨。	十一月己丑,御史大夫杨敞为丞相。
	十一月,少府蔡义为御史大夫,一年迁。
钜鹿太守淮阳朱寿少乐为廷尉,坐侍中(加)〔邢〕[18]元下狱风吏杀元弃市。	廷尉李光,四年免。
詹事韦贤为大鸿胪,四年为长信少府。	
	河东太守田延年为大司农,三年有罪自杀。
沛国太守李寿为执金吾。	便乐成为少府,四年卒。
	右扶风周德。

74

元平元年
八月己巳，丞相敞薨。九月戊戌，御史大夫蔡义为丞相。
九月戊戌，左冯翊田广明为御史大夫，三年为祁连将军。
右将军安世为车骑将军光禄勋，七年迁。水衡都尉赵充国为后将军。水衡都尉光禄大夫韩增为前将军，十三年迁。
执金吾延寿。
左冯翊武。

73	72
孝宣本始元年	二
	詹事东海宋畸翁壹为大鸿胪,二年迁。
	河南太守魏相为大司农,一年迁。
	博士后仓为少府,二年。执金吾辟兵,三年。
守京兆(田)〔尹〕[19]广陵相成。	

71	70
三	四
六月己丑，丞相义薨。甲辰，长信少府韦贤为丞相。	
六月甲辰，大司农魏相为御史大夫，四年迁。	
廷尉李义。	
	山阳太守梁为大鸿胪。
大司农淳于赐。	
少府恶。	左冯翊宋畴为少府，六年坐议凤皇下彭城未至京师不足美贬为泗水太傅。
光禄大夫于定国为水衡都尉，二年迁。	六安相朱山拊为右扶风，一年下狱死。
颍川太守赵广汉为京兆尹，六年下狱要斩。	大鸿胪宋畴为左冯翊，一年迁。左冯翊延，三年免。

69	68
地节元年	二
	三月庚午，大司（农）〔马〕[21]光薨。
	侍中中郎将霍禹为右将军，一年迁。
水衡都尉光禄大夫于定国为廷尉，十七年迁。	
	执金吾郅元。
水衡都尉朱辅。（为）[20]右扶风博。	颍川太守广为右扶风，三年。

67

三
正月甲申,丞相贤赐金免。六月壬辰,御史大夫魏相为丞相。
四月戊申,车骑将军光禄勋张安世为大司马车骑将军,七月戊戌,更为大司马卫将军。右将军霍禹为大司马。七月壬辰,大司马禹下狱要斩。
六月辛丑,太子太傅丙吉为御史大夫,八年迁。
度辽将军卫尉范明友为光禄勋,一年坐谋反诛。
大司农辅。
执金吾延年。
左冯翊官。

66	65
四	元康元年
弋阳侯任宫为太常，四年坐人盗茂陵园中物免。	
	北海太守张延寿为太仆，四年病免。
北海太守朱邑为大司农，四年卒。	
	平原太守萧望之为少府，一年徙。
勃海太守龚遂为水衡都尉。	东海太守尹翁归为右扶风，四年卒。
颍川太守让为左冯翊。	守京兆尹彭城太守遗。

64	63	62
二	三	四
		八月丙寅，大司马安世薨。
		蒲侯苏昌复为太常，六年病免。
执金吾广意。		太中大夫李彊中君守少府，三年迁。师古曰：“中读曰仲。”
		光禄大夫冯奉世为水衡都尉，十四年迁。
少府萧望之为左冯翊，三年迁。	守京兆尹颍川太守黄霸，数月还故官。	

61	60	59
神爵元年	二	三
		三月丙午，丞相相薨。四月戊戌，御史大夫丙
前将军韩增为大司马车骑将军。		
		七月甲子，大鸿胪萧望之为御史大夫，三年贬
	后将军充国。	
中郎将杨恽为诸吏光禄勋，五年免。		
	卫尉忠。	
太仆戴长乐，五年免。		
左冯翊萧望之为大鸿胪，二年迁。		少府李彊为大鸿胪。
大司农王禹，四年迁。		
	南阳太守贤为执金吾。	光禄大夫梁丘贺为少府。
广陵太守陈万年为右扶风，五年迁。		
胶东相张敞为京兆尹，八年免。左冯翊彊，三年免。		东郡太守韩延寿为左冯翊，二年下狱弃市。

	58	57
	四	五凤元年
吉为丞相。		
为太子太傅。		
	河内太守韦玄成为卫尉，二年迁。	
		大司农王禹为大鸿胪。
		大司农延。
		守左冯翊勃海太守信。

56

二
四月己丑，大司马增薨。五月，强弩将军许延寿为大司马车骑将军。
〔八月壬午，太子太傅黄霸为御史大夫，一年迁。〕[22]
卫尉韦玄成为太常，二年免。
卫尉弘。
右扶风陈万年为太仆，五年迁。
宗正刘丁。
守左冯翊五原太守延寿。

55	54	53
三	四	甘露元年
正月癸卯,丞相吉薨。二月壬申,御史大夫黄霸为丞相。		
		三月丁巳,大司马延寿薨。
六月辛酉,西河太守杜延年为御史大夫,三年以病赐安车驷马免。		
		蒲侯苏昌复为太常,二年病免。
执金吾田听天,三年迁。		

52	51
二	三
	(二)〔三〕[23]月己丑,丞相霸薨。五月甲午,御史大夫于定国为丞相。
五月己丑,廷尉于定国为御史大夫,一年迁。	五月甲午,太仆陈万年为御史大夫,七年卒。
	雁门太守建平侯杜缓为太常,七年坐盗贼多免。
	博阳侯丙显为太仆,一年为建章卫尉。
执金吾田听天为廷尉,三年迁。	
守左冯翊广川相充郎。	

50	49
四	黄龙元年
	十二月癸酉，侍中乐陵侯史高为大司马车骑将军。
典属国常惠为右将军，四年薨。	太子太傅萧望之为前将军，一年为光禄勋，二年免。
卫尉顺。	
秺侯金赏为侍中太仆，七年迁。	
中山相加守廷尉。	廷尉解延年。
执金吾平。	
右扶风武。	
京兆尹成。	〔左冯翊常。〕[24]

48	47
孝元初元元年	二
光禄勋并将军。	光禄勋赏。
平昌侯王接为卫尉，五年迁。	
	京兆尹陈遂为廷尉，二年卒。
大鸿胪显，十一年。	大司农充郎。
散骑谏大夫刘更生为宗正，二年免。大司农宏。	
淮阳中尉韦玄成为少府，二年为太子太傅。水衡都尉冯奉世为执金吾，二年迁。	
水衡都尉〔冯奉世〕。[25]	
太原太守陈遂为京兆尹，一年迁。	京兆尹代郡范。守左冯翊延免。

46	45
三	四
执金吾冯奉世为右将军，三年为诸吏典属国，二年为光禄勋。侍中卫尉许嘉为右将军，五年迁。	
	弋阳侯任千秋长伯为太常，四年以将军将兵。
光禄大夫周堪为光禄勋，三年贬为河东太守。	
	廷尉魏郡尹忠子宾，十四年为诸吏光禄大夫。
丞相司直南郡李延寿子惠为执金吾，九年迁。	少府延，二年免。
淮阳相郑弘为右扶风，四年迁。	
	京兆尹成。

44

五
六月辛酉，长信少府贡禹为御史大夫，十二月丁未卒。丁巳，长信少府薛广德为御史大夫，一年以病赐安车驷马免。
河南太守刘彭祖为左冯翊，二年迁太子太傅。

43	42
永光元年	二
十一月戊寅，丞相定国赐金，安车驷马免。	二月丁酉，御史大夫韦玄成为丞相。
七月癸未，大司马高赐金，安车驷马免。九月戊子，侍中卫尉王接为大司马车骑将军。	
七月辛亥，太子太傅韦玄成为御史大夫，一年迁。	二月丁酉，右扶风郑弘为御史大夫，五年有罪自杀。
太仆金赏为光禄勋，一年卒。	
卫尉云。	
故建章卫尉丙显为太仆，十年免。	
大司农尧。[26]	光禄大夫非调为大司农。
侍中中大夫欧阳馀为少府，五年卒。	
	右扶风强，五年。
	陇西太守冯野王为左冯翊，五年迁。

41	40
三	四
四月癸未，大司马接薨。七月壬戌，左将军卫尉许嘉为大司马车骑将军。	
右将军奉世为左将军光禄勋，二年卒。侍中中郎将王商为右将军，十一年迁。	
	宗正刘临。
	水衡都尉福。
	光禄大夫琅邪张谭仲叔为京兆尹，四年不胜任免。

39	38	37
五	建昭元年	二
		八月癸亥，诸吏散骑光禄〔勋〕[27]匡衡为御史大夫，一年迁。
	太子少傅匡衡为光禄勋，一年迁。	左曹西平侯于永为光禄勋，十六年迁。
		执金吾李延寿为卫尉，一年迁。
		左冯翊冯野王为大鸿胪，五年为上郡太守。
	尚书令五鹿充宗为少府，五年贬为玄菟太守。	
	右扶风	
		左冯翊郭延。

36	35
三	四
六月甲辰，丞相玄成薨。七月癸亥，御史大夫匡衡为丞相。	
七月戊辰，卫尉李延寿为御史大夫，三年卒。一姓(繁)〔繁〕。[28]师古曰：“(繁)〔繁〕音蒲元反。”	
阳平侯王凤为侍中卫尉，三年迁。	
	中郎将丙禹(谓)〔为〕[29]水衡都尉，五年。

34	33
五	竟宁元年
	六月己未，侍中卫尉王凤为大司马大将军。
	(七)〔三〕月[30]丙寅，太子少傅张谭为御史大夫，三年坐选举不实免。
	太仆谭。
	阳城侯刘庆忌宁君为宗正，三年迁。
	河南太守召信臣为少府，二年徙。中少府安平侯王章子然为执金吾，三年迁。
京兆尹王昌稺宾，二年转为雁门太守。	

32

孝成建始元年
骐侯驹普为太常，数月薨。
卫尉王罢军。
常山太守温顺子教为右扶风，一年迁。
弘农太守宋平次君为京兆尹。河南太守毕众为左冯翊。

31
二
宗正刘庆忌为太常，五年病免。
执金吾王章为太仆，五年病免。
蜀郡太守何寿为廷尉，四年徙。
大鸿胪浩赏，二年徙。
右扶风温顺为少府，二年坐买公田与近臣下狱论。弋阳侯任千秋长伯为执金吾，一年迁。
水衡都尉爵。太原太守让为右扶风。
河东太守杜陵甄〔尊〕〔31〕少公为京兆尹，二年贬为河南太守。

30

三
十二月丁丑，丞相衡免。
八月癸丑，大司马嘉赐金免。
十月乙卯，诸吏左曹光禄大夫尹忠为御史大夫，一年坐河决自杀。
右将军王商为左将军，一年迁。执金吾千秋为右将军，一年迁。
宗正刘通。
南阳太守王昌为右扶风，三年免。

29

四
三月甲申，右将军王商为丞相。
十一月壬戌，少府张忠为御史大夫，六年卒。
右将军千秋为左将军，三年薨。长乐卫尉史丹为右将军，三年迁。
河南太守汉为大鸿胪，一年免。
东平相钜鹿张忠子赣为少府，十一月迁。
守京辅都尉王遵为京兆尹，二年免。大鸿胪浩赏为左冯翊，九月减死罪一等论。

28	27
河平元年	二
卫尉王玄中都。师古曰："中读曰仲。"	
	北海太守安成范延寿子路为廷尉，八年卒。
千乘太守东莱刘顺为宗正，四年坐使合阳侯举子免。	廷尉何寿为大司农。
司隶校尉王骏为少府，七年徙。执金吾辅。	
水衡都尉王勋。	汉中太守平原王赏少公为右扶风，三年免。
杜陵韩勋长宾为左冯翊，三年为少府。	楚相齐宋登为京兆尹，三年贬为东莱都尉，未发，坐漏泄省中语下狱自杀。

26	25
三	四
	四月壬寅，丞相商免。六月丙午，诸吏散骑光禄大夫张禹为丞相。
右将军丹为左将军，十三年薨。太仆王章为右将军。	
宜春侯王咸长伯为太常，一年病免。平昌侯王临为太常，六年薨。	
侍中中郎将王音为太仆，三年迁。	
	大夫韦安世为大鸿胪，二年为长乐卫尉。
右曹光禄大夫辛庆忌为执金吾，四年贬为云中太守。	
	侍中奉车都尉金敞为水衡都尉，一年迁。
光禄大夫武为左冯翊。	司隶校尉王章为京兆尹，一年下狱死。

24	23
阳朔元年	二
	四月癸卯，侍中太仆王音为御史大夫，一年迁。
侍中水衡都尉金敞为卫尉，四年卒。	
	史柱国卫公为太仆。师古曰：“姓史，名柱国，字卫公也。”
	大鸿胪勋。
常山太守刘武成为宗正，四年卒。	
水衡都尉顺。河内太守甄尊为右扶风，三年迁。	
弘农太守平陵逢信少子为京兆尹，三年迁陈留太守。薛宣为左冯翊，二年迁。	

22	21
三	四
八月丁巳，大司马凤薨。九月甲子，御史大夫王音为大司马车骑将军。	
十一月丁卯，诸吏散骑光禄勋于永为御史大夫，二年卒。	
右将军王章为光禄勋，数月薨。	云中太守辛庆忌为光禄勋，四年迁。
右扶风甄尊为太仆。	京兆尹逢信为太仆，六年迁。
护西(城)〔域〕[32]骑都尉韩立子渊为执金吾，五年坐选举不实免。	左冯翊薛宣为少府，二月迁。
左曹水衡都尉河内苟参威神。	水衡都尉禹。太原太守淳于信中君为右扶风。 师古曰："中读曰仲。"
	少府王骏为京兆尹，一年迁。

20

鸿嘉元年
三月庚戌，丞相禹赐金，安车驷马免。四月庚辰，御史大夫薛宣为丞相。
正月癸巳，少府薛宣为御史大夫。四月庚辰，京兆尹王骏为御史大夫，五年卒。
光禄勋辛庆忌为右将军。
平台侯史中为太常，六月病免。建平侯杜业君都为太常，七年免。
阳平侯王襄为卫尉，五年徙。
大鸿胪慎。
千乘令刘庆忌为宗正，六月坐平都公主杀子贬为辽东太守。
东都太守琅邪王赏中子为少府，四年免。 师古曰：“中读曰仲。”
太原太守河内邓义子华为京兆尹，一年为钜鹿太守。庐江太守赵增寿穉公为左冯翊，一年迁。

19

二
左冯翊赵增寿为廷尉，五年贬为常山都尉。
陇西太守刘威子然为京兆尹，一年卒。泗水相茂陵满黔子桥为左冯翊，四年贬为汉中都尉。

18
三
右将军庆忌为光禄勋，四年迁。光禄勋并将军。
张掖太守牛商子夏为右扶风，四年免。
丞相司直翟方进为京兆尹，三年迁。

17	16
四	永始元年
中少府韩勋为执金吾，四年迁。师古曰：“中少府，皇后官。”	南阳太守陈咸为少府，二年免。
	水衡都尉淳于长，三年免。

15

二
十月己丑，丞相宣免。十一月壬子，执金吾翟方进为丞相。
正月乙巳，大司马音薨。二月丁酉，特进成都侯王商为大司马卫将军。
三月丁酉，京兆尹翟方进为御史大夫，八月贬为执金吾。十一月壬子，诸吏散骑光禄勋孔光为御史大夫，七年贬为廷尉。
诸吏散骑光禄大夫孔光为光禄勋，九月迁。执金吾韩勋为光禄勋，六月迁。
太仆逢信为卫尉，二年免。
卫尉王襄为太仆，三年病免。
长信少府平当为大鸿胪，三年迁。
御史大夫翟方进为执金吾，一月迁。
信都太守长安宗正子泄为京兆尹，二年贬为河南太守。琅邪太守朱博为左冯翊，一年迁。

14

三
右将军辛庆忌为左将军，三年卒。光禄勋韩勋为右将军，一年卒。
少府师丹为光禄勋，二年迁侍中光禄大夫。
琅邪太守陈庆君卿为廷尉，一年为长信少府。
朔方太守刘它人为宗正。左冯翊朱博为大司农，一年为犍为太守。
光禄大夫师丹为少府，五月迁。詹事许商为少府，二年为侍中光禄大夫。金城太守廉褒子上为执金吾，一年迁。
东平太傅彭宣为右扶风，一年迁。
河内太守杜陵(宠)〔庞〕[33]真稺孙为左冯翊，三年迁。

13

四
十一月庚申，大司马商赐金，安车驷马免。
执金吾廉褒为右将军，五年免。
酂侯萧尊为太常，六年薨。
侍中水衡都尉淳于长为卫尉，三年免。
右扶风彭宣为廷尉，三年以王国人为太原太守。
会稽太守沛刘交游君为宗正，十年。汝南太守严䜣子庆为大司农，三年卒。
护羌校尉尹岑子河为执金吾，一年迁。
光禄大夫颍川师临子威为水衡都尉，八月迁。水衡都尉临为右扶风，三年为沛郡都尉。
司隶校尉何武为京兆尹，一年贬为楚内史。

12	11
元延元年	二
正月壬戌，成都侯商复为大司马卫将军，十二月乙未迁为大司马大将军，辛亥薨。庚申，光禄勋王根为大司马票骑将军。	
执金吾尹岑为右将军，二年薨。	
大鸿胪平当为光禄勋，七月坐前议昌陵贬为钜鹿太守。曲阳侯王根为光禄勋，一月迁。	乐昌侯王安惠公为光禄勋，数月病免。
护军都尉甄舜子节为太仆。东莱太守平陵范隆伟公为太仆，二年免。	
	光禄大夫朱博为廷尉，一年迁。
	太山太守萧育守大鸿胪，数月徙。
左冯翊庞真为少府，四年迁。广汉太守赵护子夏为执金吾。	
侍中光禄大夫赵彪大伯为侍中水衡都尉，三年卒。	
广陵太守王建为京兆尹。河南太守徐让子张为左冯翊，四年免。	广陵太守孙宝为京兆尹，一年免。

10	9
三	四
廷尉朱博为后将军，二年免。	
尚书仆射赵(亡)〔玄〕[34]少平为光禄勋，二年为太子太傅。	
护军都尉任宏伟公为太仆，二年徙。	
沛郡太守何武为廷尉，二年迁。	
九江太守王嘉为大鸿胪，三年迁。	
大司农尧。	北地太守谷永为大司农，一年免。
水衡都尉南阳王超骄军，三年坐淳于长自杀。守鸿胪太山太守萧育为右扶风，三年免。	

8

绥和元年
四月丁丑，大司马票骑将军根更为大司马，七月甲寅赐金，安车驷马免。十一月丙寅，侍中骑都尉光禄大夫王莽为大司马。
三月戊午，廷尉何武为御史大夫，四月乙卯为大司空，一年免。
廷尉孔光为左将军，一年迁。执金吾王咸为右将军，一年迁。
侍中光禄大夫师丹为诸吏散骑光禄勋，十一月为太子太傅。大司农许商为光禄勋，四月迁。
成(汤)〔阳〕〔35〕侯赵䜣君伟为卫尉，六月。侍中光禄大夫司农赵玄为卫尉，一月为中少府。
驸马都尉王舜为太仆，二年病免。
御史大夫孔光为廷尉，九月迁。少府庞真为廷尉，二年为长信少府。
侍中光禄大夫许商为大司农，数月迁。太原太守彭宣为大司农，一年迁。
詹事(中)〔平〕陵贾延初卿为少府，三年。太仆宏为执金吾，十一月贬为代郡太守。光禄大夫王臧幼公为执金吾，三月迁，南阳谢尧长平一年迁。
京兆都尉甄丰长伯为水衡都尉，二年为泗(州)〔水〕相。
长信少府薛宣为京兆尹，一年贬为淮阳相。丞相司直琅邪遂义子赣为左冯翊，坐选举免。

7

二
二月壬子,丞相方进薨。三月丙戌,左将军孔光为丞相。
十一月丁卯,大司马莽赐金,安车驷马免。庚午,左将军师丹为大司马,四月徙。
十月癸酉,大司马丹为大司空,一年免。
右将军王咸为左将军,十月免。卫尉傅喜为右将军,十一月赐金罢。太子太傅师丹为左将军,五月迁。光禄勋彭宣为右将军,二年迁。
安丘侯刘常为太常,四年病,赐金百斤,安车驷马免就国。
大司农彭宣为光禄勋,六月迁。卫尉王能为侍中光禄勋,二年贬为弘农,坐吕宽自杀。
太子中庶子傅喜稚游为卫尉,二月迁。侍中光禄大夫王龚子即为卫尉,二月迁。城门校尉丁望为卫尉,三年迁。
执金吾谢尧为大鸿胪,三年徙。
大司农河东梁相子夏,一年迁。
光禄大夫钜鹿阎宗君阑为执金吾,六年卒。执金吾河内孙云子叔,三年迁。
故太仆范隆为右扶风,八月为冀州牧。太山马嘉次君为右扶风,一年免。
光禄大夫朱博为京兆尹,数月迁。光禄大夫郦汉游君为京兆尹,数月病,为中大夫。大鸿胪王嘉为京兆尹,二年迁。

6	5
孝哀建平元年	二
	四月乙未，丞相光免。御史大夫朱博为丞相，八月甲戌有罪自杀。十二月甲寅，御史大夫平当为丞相。
四月丁酉，侍中光禄大夫傅喜为大司马。	二月丁丑，大司马喜免。阳安侯丁明为大司马卫将军。
十月壬午，京兆尹朱博为大司空。	四月戊午，大司空博为御史大夫，乙亥迁。中尉赵玄为御史大夫，五月下狱论。九月乙酉，诸吏散骑光禄勋平当为御史大夫，二月迁。十月丙寅，京兆
右将军彭宣为左将军，一年坐与淮阳王婚免。	光禄勋丁望为左将军卒。执金吾公孙禄为右将军，一年迁。
	卫尉望为光禄勋，一月迁。光禄大夫平当为光禄勋，四月迁。
	少府贾延为卫尉，十一月还故官。执金吾孙云为卫尉，四年迁。
	城门校尉丁宪子尉为太仆，四年迁。
大司农梁相廷尉，二年贬为东海都尉。	
	大鸿胪云阳毕申世叔，五年徙。
大司农左咸，一年徙。	
	卫尉贾延为少府，一年迁。五官中郎将颍川公孙禄中子为执金吾。 师古曰：“中读曰仲。”
	侍中水衡都尉让。大鸿胪谢尧为扶风，一年迁。
司隶校尉东海方赏君宾为左冯翊，二年迁。	

4

三
三月己酉，丞相当薨。四月丁酉，御史大夫王嘉为丞相。
尹王嘉为御史大夫，一年迁。四月丁酉，河南太守王崇为御史大夫，九月贬。
右将军公孙禄为左将军，二年免。执金吾(峤)〔蟜〕〔36〕望为右将军，一年迁。
少府贾延为光禄勋，三年迁。
左冯翊方赏为廷尉，四年徙。
御史大夫王崇为大司农，二年迁。
尚书令涿郡赵昌君仲为少府，一年为河内太守。将作大匠东海蟜望王君为执金吾，三月迁。光禄大夫萧育为执金吾，一年免。
光禄大夫东海魏章子让为右扶风，一年免。
颍川太守毋将隆为京兆尹，一年迁。大司农左咸为左冯翊，三年为复土将军。

3

四
三月丁卯，诸吏散骑光禄勋贾延为御史大夫，一年迁。
诸吏散骑光禄大夫王安为右将军，一年迁。
建平侯杜业为太常，三年贬为上党都尉。
陈留太守渤海刘不恶子丽为宗正，更名容。
光禄大夫董恭君孟为少府，一年迁。京兆尹毋将隆为执金吾，一年贬为沛郡都尉。
光禄大夫龚胜为右扶风，一年归故官。
光禄大夫茂陵申屠博次孙为京兆尹，一年迁。

2

元寿元年
三月丙午，丞相嘉下狱死。七月丙午，御史大夫孔光为丞相。
正月辛丑，大司马卫将军明更为大司马票骑大将军。特进孔乡侯傅晏为大司马卫将军，辛亥赐金，安车驷马免。
五月乙卯，诸吏光禄大夫孔光为御史大夫，二月迁。七月丙午，汜乡侯何武为御史大夫，二月免。
御史大夫何武为前将军，二年免。
詹事马宫为光禄勋，二年迁。
少府董恭为卫尉，二月为光禄大夫。右扶风弘谭为卫尉，一年迁。
卫尉孙云为少府，一月。陈留太守茂陵耿丰为少府，二年为复土将军。京兆尹申屠博为执金吾，一年免。
光禄大夫沛弘谭巨君为右扶风，冬迁。
京兆尹南阳翟萌幼中。师古曰："中读曰仲。"

(二)[37]
九月己卯，大司马明免。十一月壬午，诸吏光禄大夫韦赏为大司马车骑将军，己丑卒。十二月庚子，侍中驸马都尉董贤为大司马卫将军。
八月辛卯，光禄大夫彭宣为御史大夫。
光禄大夫南夏常仲齐为右扶风。

公元前1

(三)〔二〕[38]
五月甲子，丞相光为大司徒，九月辛酉为太傅。右将军马宫为大司徒。
五月甲子，大司马卫将军贤更为大司马，六月乙未免。庚申，新都侯王莽为大司马。
五月甲子，御史大夫宣为大司空，三月病免。八月戊午，右将军王崇为大司空。
安阳侯王舜为车骑将军，八月迁。卫尉王崇为右将军，二月。光禄勋马宫为右将军，三月迁。光禄勋甄丰为右将军，六月迁。执金吾孙建为右将军，二年迁。
博阳侯丙昌长矫为太常，二年贬为东(都)〔郡〕[39]太守。
左曹中郎将甄丰为光禄勋，一年迁。
大司农王崇为卫尉，二月迁。建成侯黄辅子元为卫尉。
长乐卫尉王恽子敬为太仆，五年迁。
故廷尉梁相复为大理，二年坐除吏不次免。
复土将军左咸为大鸿胪。
卫尉弘谭为大司农。
光禄大夫韩容子伯为执金吾，一月免。护军都尉孙建子夏为执金吾，三月迁。
大鸿胪毕由为右扶风，六月贬为定襄太守。
京兆尹清河孙意子承。廷尉方赏为左冯翊，一年迁。

公元 1

孝平元始元年
二月丙辰，太傅孔光为太师，大司马王莽为太傅，大司马车骑将军王舜为太保车骑将军。
二月丙辰，大司马莽迁。
侍中奉车都尉甄邯子心为光禄勋，三年迁。
中郎将萧咸为大司农，一年卒。
少府宗伯凤君房。中郎将任岑为执金吾，一年卒。
右辅都尉赵恢君向为右扶风，一年免。
大司徒司直金钦为京兆尹，一月为侍中。光禄大夫左冯翊张嘉。

2

二
二月癸酉，大司空王崇(为)病免。四月丁酉，少(府)〔傅〕[40]左将军甄丰为大司空。
右将军孙建为左将军光禄勋。甄邯为右将军光禄勋。
安昌侯张宏子夏为太常，二年贬为越骑校尉。
大鸿胪桥仁。
光禄大夫孙宝为大司农，数月免。
左辅都尉尹赏为执金吾，一年卒。
中郎将幸成子渊为水衡都尉。大司马司直沛武襄君孟为右扶风，三年为冀州牧。

3	4
三	四
城门校尉刘岑子张为太常,二年徙为宗伯。	
尚书令颍川钟元宁君为大理。	
	宗正容更为宗伯,一年免。
执金吾长安王骏君公,三年迁。	
	将作大匠谢尧为右扶风,年七十病免,赐爵关内侯。
左冯翊匡咸子期。	京兆尹钟义。左冯翊沛孙信子儒。

5
五
四月乙未，太师光薨。大司徒宫为大司马，八月壬午免。十二月丙午，长乐少府平晏为大司徒。
执金吾王骏为步兵将军。
太仆恽为光禄勋。
大鸿胪左咸。
太常刘岑为宗伯。大司农尹咸。
尚书令南阳邓冯君侯为右扶风。
宰衡护军武襄为京兆尹，数月迁。中郎将南阳郝党子严为左冯翊。

【校勘记】

〔1〕“十年”据景祐、殿本补。

〔2〕此格原在三格，据景祐、殿、局本移下。王先谦说“窋”讹“窟”。按局本作“窋”。

〔3〕此格原在五格，据景祐、殿、局本移上。

〔4〕“仓”，殿本作“苍”。王先谦说作“苍”是。

〔5〕“奉常”据景祐、殿本补。王先谦说盖盎免而殷代也。

〔6〕王先谦说中尉都三年方免，此处不应有“中尉”二字。

〔7〕此栏二格，王先谦说“死”为“免”字之讹。按殿本作“免”。四格，王先谦说“死”亦“免”之误。

〔8〕王先谦说“后”字盖衍。

〔9〕王先谦说“年”下脱“迁”字。按各本都脱。

〔10〕王先谦说“都”当为“卫”。按景祐、殿本都作“卫”。

〔11〕王先谦说“阳”当为“杨”。按景祐、殿本都作“杨”。

〔12〕王先谦说“为”字衍。按景祐、殿本无。

〔13〕王先谦说“中尉”衍文。

〔14〕此格原在十四格，据景祐、殿本移下。

〔15〕王先谦说“道”是“首”之误字。

〔16〕“夜郎”，景祐、殿本都作“郎夜”。王先谦说“郎”在“夜”上是。

〔17〕殿本考证说“相”上脱“丞”字。按景祐本有。

〔18〕殿本“加”作“邢”。

〔19〕王先谦说“田”是“尹”之误。按景祐、局本都作“尹”。

〔20〕沈钦韩说“为”字衍。

〔21〕钱大昭说“农”当为“马”。按景祐、殿、局本都作“马”。

〔22〕此栏四格据景祐、殿本补。钱大昭说闽本有。六格原在五格，八格原在七格，据景祐、殿本移下。

〔23〕“二”，景祐、殿本都作“三”。王先谦说作“三”是。

〔24〕此格据景祐、殿本补。钱大昭说闽本有。

〔25〕殿本有“冯奉世”三字，考证说从宋本补。按景祐本无此三字。

〔26〕 此格原在十一格，据景祐、殿、局本移下。

〔27〕 钱大昭说“光禄”下脱“勋”字。按各本都脱。

〔28〕 “繁”，王先谦说殿本作“繁”是。

〔29〕 “谓”，景祐、殿、局本都作“为”。

〔30〕 沈钦韩说《史表》作“三月”，“七月”是传写之误。按景祐本正作“三月”。

〔31〕 “尊”字据景祐、殿本补。

〔32〕 景祐、殿本都作“域”，“城”字误。

〔33〕 “宠”，景祐、殿本都作“庞”。王先谦说作“庞”是。

〔34〕 “亡”，景祐、殿本都作“玄”。

〔35〕 此栏八格“汤”，景祐、殿、局本都作“阳”。王先谦说作“阳”是。十三格“中陵”，景祐、殿本都作“平陵”。王先谦说作“平陵”是。十四格“州”，景祐、殿本都作“水”。王先谦说作“水”是。

〔36〕 “峤”，景祐、殿本都作“蛴”。

〔37〕 景祐、殿本无“二”字。

〔38〕 “三”，景祐、殿本都作“二”。周寿昌说孝哀崩于元寿二年，无三年。

〔39〕 “都”，景祐、殿本都作“郡”。王先谦说作“郡”是。

〔40〕 王先谦说“病”上“为”字衍，“府”当作“傅”。

汉书卷二十

古今人表第八

师古曰："但次古人而不表今人者，其书未毕故也。"

自书契之作，先民可得而闻者，经传所称，唐虞以上，帝王有号谥，辅佐不可得而称矣，①而诸子颇言之，虽不考虖孔氏，然犹著在篇籍，归乎显善昭恶，劝戒后人，故博采焉。孔子曰："若圣与仁，则吾岂敢？"②又曰："何事于仁，必也圣乎！"③"未知，焉得仁？"④"生而知之者，上也；学而知之者，次也；困而学之，又其次也；困而不学，民斯为下矣。"⑤又曰："中人以上，可以语上也。"⑥"唯上智与下愚不移。"⑦传曰：譬如尧舜，禹、稷、卨与之为善则行，⑧鲧、讙兜欲与为恶则诛。⑨可与为善，不可与为恶，是谓上智。桀纣，龙逢、比干欲与之为善则诛，⑩于莘、崇侯与之为恶则行。⑪可与为恶，不可与为善，是谓下愚。齐桓公，管仲相之则霸，竖貂辅之则乱。⑫可与为善，可与为恶，是谓中人。因兹以列九等之序，究极经传，继世相次，总备古今之略要云。⑬

①文颖曰："言远，经传不复称序也。"师古曰："契谓刻木以记事。自唐虞以上帝王有号见于经典，其臣佐不可得而称记也。"

②师古曰："此孔子自谦，不敢当圣与仁也。"

③师古曰："言能博施于人而济众者，非止称仁，乃为圣人也。"

④师古曰："言智者虽能利物，犹不及仁者所济远也。"

⑤师古曰："困谓有所不通也。"

⑥师古曰："言中庸之人渐于训诲，可以知上智之所知也。"

⑦师古曰："言上智不染于恶，下愚虽教无成。自此已上皆见《论语》。凡引此者，盖班氏自述所表先圣后仁及智愚之次，皆依于孔子者也。"

⑧师古曰:“传谓解说经义者也。”

⑨师古曰:“鲧,梼杌也。讙兜,浑敦也。”

⑩师古曰:“关龙逢,桀之臣也;王子比干,纣之臣也:皆直谏而死也。”

⑪师古曰:“于莘,桀之勇人也。崇侯,纣之佞臣也。”

⑫师古曰:“竖貂,即寺人貂也。”

⑬张晏曰:“老子玄默,仲尼所师,虽不在圣,要为大贤,文伯之母达于礼典,动为圣人所叹,言为后世所则,而在第四。田单以即墨孤城复强齐之大,鲁连之博通,忽于荣利,蔺子申威秦王,退让廉颇,乃在第五。大姬巫怪,好祭鬼神,陈人化之,国多淫祀,寺人孟子违于大雅,以保其身,既被宫刑,怨刺而作,乃在第三。嫪毐上烝,昏乱礼度,恶不忍闻,乃在第七。其馀差违纷错不少,略举扬较,以起失谬。独驰骛于数千岁之中,旁观诸子,事业未究,而寻遇窦氏之难,使之然乎?”师古曰:“六家之论,轻重不同;百行所存,趣舍难壹。张氏辄申所见,掎摭《班史》,然其所论,又自差错。且年代久远,坟典隙亡,学者舛驳,师论分异,是以表载古人名氏,或与诸书不同。今则特有发明,用畅厥旨。自女娲以下,帝鸿以前,诸子传记,互有舛驳,叙说不同,无所取正,大要知其古帝之号而已。诸人士见于史传,彰灼可知者,无待解释,其间幽昧者,时复及焉。”

上上圣人	太昊帝宓羲氏　张晏曰："太昊，有天下号也。作罔罟田渔以备牺牲，故曰宓羲氏。"师古曰："宓音伏，字本作虙，其音同。"
上中仁人	
上下智人	
中　上	
中　中	
中　下	
下　上	
下　中	
下下愚人	

女娲氏 师古曰："娲音古蛙反，又音瓜。"	共工氏 师古曰："共读曰龚。下皆类此。"	容成氏	大廷氏 师古曰："廷读曰庭。"	柏皇氏	中央氏	栗陆氏

骊连氏　赫胥氏　尊卢氏　沌浑氏师古曰："沌音大本反。浑音胡本反。"　昊英氏　有巢氏　朱襄氏　葛天氏　阴康氏

			炎帝神农氏 张晏曰："以火德王，故号曰炎帝。作耒耜，故曰神农。"			
亡怀氏 师古曰："亡读曰无。下皆类此。"	东扈氏	帝鸿氏	悉诸 炎帝师。	少典 炎帝妃，生黄帝。	列山氏	归臧氏

黄帝轩辕氏

张晏曰："以土德王，故号曰黄帝。作轩冕之服，故谓之轩辕。"

方雷氏

黄帝妃，生玄嚣，是为青阳。

絫祖

黄帝妃，生昌意。

师古曰："絫音力追反。"

彤鱼氏

黄帝妃，生夷鼓。

仓颉

黄帝史。

蚩尤

悔母 黄帝妃，生仓林。 师古曰：“悔音暮，字从巾。即嫫母也。”	封钜 黄帝师。	大填 黄帝师。	大山稽 黄帝师。	力牧

风后	鬼臾区 师古曰："即鬼容区也。臾、容声相近。"	封胡	孔甲	岐伯	泠沦氏 服虔曰："沦音鳏，始造十二律者。"师古曰："音零纶。"

少昊帝金天氏 张晏曰:“以金德王,故号曰金天。”			颛顼帝高阳氏			
五鸟	五鸠	昌仆 昌意妃, 生颛顼。	女禄 颛顼妃, 生老童。	娇极 老童妃, 生重黎。	吴回	后土
			〔九黎〕[1]			

蓐收	玄冥	熙	柱	帅味	允格	台骀 师古曰："骀音胎。"	穷蝉 颛顼子，生敬康。

大款 颛顼师。	柏夷亮父 颛顼师。师古曰："父读曰甫。下皆同。"	绿图 颛顼师。	侨极 玄嚣子，生帝喾。

帝喾高辛氏 张晏曰："少昊以前天下之号象其德，颛顼以来天下之号因其名。高阳、高辛，皆所兴地名也。颛顼与喾，皆以字为号，上古质故也。"			
姜原 帝喾妃，生弃。	简逷 帝喾妃，生卨。 师古曰："逷音吐历反，即简狄也。"	陈丰 帝喾妃，生尧。 师古曰："即陈锋是也。"	娵訾 帝喾妃，生挚。

祝融	陆终 祝融子。	女溃 陆终妃，生六子：一曰昆吾，二曰参胡，三曰彭祖，四曰会乙，五曰曹姓，六曰季连。

廖叔安 师古曰:“《左氏传》作(戮)〔飂〕,〔2〕同音力周反,又力授反。” 舟人 赤松子 帝喾师。 柏招 帝喾师。 句望 敬康子,生蟜牛。

		〔帝尧〕[3]陶唐氏 张晏曰："翼善传圣曰尧。"						
师古曰："句音钩。蟜音矫。"	帝挚	女皇 尧妃，散宜氏女。	羲仲	羲叔	和仲	和叔	仓舒	隤敳 师古曰："隤音颓。敳音五来反。"
		朱 尧子。	阏伯		实沈			女志 鲧妃，有莘氏女，
		共工	讙兜		三苗		鲧	

梼戭 师古曰："音畴演。" 大临 龙降 师古曰："降音下江反。" 咎繇 仲容 叔达 柏奋 仲堪
生禹。师古曰："㜪音所巾反。"

叔献　季仲　柏虎　仲熊　叔豹　季熊 师古曰："即《左氏传》所谓季狸者也。"　尹寿 尧师。　被衣 师古曰："被音披。"

帝舜有虞氏 张晏曰："仁圣盛明曰舜，舜之言充也。"
方回　王兒 师古曰："齧音五奚反。"　齧缺　许繇 师古曰："即许由也。"　巢父　子州支父　娥皇 舜妃。　女罃 舜妃。师古曰：
敤手 舜妹。 师古曰："敤音口果反。流俗书本作击字
鼓叜 (娇)〔蟜〕[4]牛子，生舜。　象 舜弟。

“即女英也。蓄音於耕反。”	姞人 弃妃。 师古曰：“姞音其乙反。”		卨	垂	朱斨	柏誉 师古曰：“誉音弋於反。”	
者误。”	董父	石户之农	北人亡择	雒陶	续身	柏阳	东不訾	秦不虚 师古曰：“雒陶已
	商均 舜子。						

帝禹夏后氏
柏益　龙　夔　女趫 禹妃，涂山氏女，生启。师古曰："趫音丘遥反。"　启禹子。
下皆舜之(支)〔友〕也。身或作耳。虚或作(字)〔宇〕[5]。并见《尸子》。"　昭明 卨子。　奚仲　相土 昭明子。　六卿　不窋 弃子。师古曰：
昌若 相土子。
太康 启子，昆弟
有扈氏 师古曰："即与启战于甘者也。"

“窋音竹出反。”		
	胤	
根圉 昌若子。		有扔君 师古曰：“扔音仍。”　武罗　柏因　熊髡　尨圉
	中康 太康弟。师古曰：“中读曰(中)〔仲〕。[6]下皆类此。”	相 中康子。　后缗 相妃，生少康。
	后夔玄妻	
五人，号五观。	羲和 师古曰：“即废时乱日，胤往征之者也。”	逢门子
	羿 师古曰：“有穷君也。”	韩浞 师古曰：“羿之相也。浞音七角反。”　奡 师古曰：“音五到反。《楚辞》所谓浇者也。”

	少康 相子。	二姚 少康妃。			芬 师古曰：“音纷。”	芒 槐子。	泄
靡	女艾		冥 根圉子。	垓 冥子。 师古曰：“音该。”		微 垓子。	鞠 不窋子。
师古曰：“武罗以下四人皆羿之贤臣也。庬音龙。”		虞后氏杼 少康子。 师古曰：“杼音太吕反。”			槐 〔杼子。〕[7]		报丁 微子。
斟灌氏	斟寻氏 师古曰：“二国，夏同姓诸侯，为奡所灭。”						
殪 师古曰：“殪音许冀反。”		柏封叔					

公刘 鞠子。
不降　刘絫 师古曰："古累字。"　关龙逄
扃 不降弟。师古曰："扃音工荣反。"　廑 师古曰："音勤，又音觐。"
报乙　报丙　主壬　主癸
孔甲 不降子。　皋 师古曰："墓在殽者也。"　发　韦 师古曰："豕韦国彭姓。"　鼓 师古曰："即顾国，己姓。"
癸 发子，是为桀。　末嬉 桀妃。　于莘

帝汤殷商氏 师古曰："禹、汤皆字。三王去唐虞之文，从高古之质，故夏殷之王皆以名为号也。"				
有娎氏 汤中妃，生大丁。 师古曰："娎与莘同。"	大丁	伊尹		
仲虺 师古曰："汤左相也。"	老彭	义伯	中伯 师古曰："义、仲，汤之二臣。"	
虞公遂	逢公柏陵	费昌 师古曰："费音扶味反。"	终古 夏太史令。	
庆节 公刘子。				
皇仆 庆节子。				
昆吾 师古曰："妘姓国也。三者皆汤所诛也。"				
推侈	葛伯 师古曰："汤所征。"	尹谐 师古曰："汤所诛，见《孔子家语》。"		

咎单 师古曰：“汤臣，主土地之官也。单音善。下皆类此。”　太甲 大丁子。
卞随　务光
外丙 大丁弟。　中壬 外丙弟。　沃丁 太甲子。　大庚 沃丁弟。　小甲 大庚子。　雍己 小甲弟。
差弗 皇仆子。 师古曰：“差音楚宜反。”

大戊 雍己弟。	巫咸 师古曰:“大戊之臣也。”	祖乙 河亶甲弟。		
伊陟 师古曰:“伊尹子也。”	臣扈 师古曰:“亦汤臣。”	外壬 中丁弟。	河亶甲 外壬弟。	巫贤
孟献 益后。	中衍	中丁 大戊弟。	祖辛 祖乙子。	沃甲 祖辛弟。
毁隃 差弗子。 师古曰:“隃音逾。”	公非 毁隃子。	辟方 公非子。 师古曰:“辟音壁。”		

				盘庚 阳甲弟。	
		大彭	豕韦	阳甲 祖丁子。	小辛 盘庚子。
祖丁 祖辛子。	南庚 沃甲子。				
高圉 辟方子。		夷竢 高圉子。 师古曰：“竢与俟同。”	亚圉 高圉子。	云都 亚圉弟。	公祖 亚圉子。

武丁 小乙子。	傅说 师古曰：“说读曰悦。武丁相也。”	甘盘 师古曰：“武丁师也。”	大王亶父 公祖子。	姜女 大王妃。
小乙 小辛弟。	祖己	孝己	祖伊	
刘姓豕韦	祖庚 武丁子。			
甲 祖庚弟。				

太伯　中雍　王季　大任王季妃，生文王。　微子纣兄。　箕子
冯辛甲子。　庚丁冯辛弟。
武乙庚丁子。　大丁武乙子。　乙大丁子。
辛乙子，是为纣。

比干	伯夷	叔齐				
		太师挚	亚饭干 师古曰："饭音扶晚反。"		三饭缭 师古曰："缭音来雕反。"	
		胶鬲	微中	商容	师涓 师古曰："涓音工玄反。"	梅伯
妲己 纣妃。师古曰："妲音丁葛反。"	费中 师古曰："费音扶味反。"	飞廉	恶来		左强	

文王周氏
大姒 文王妃。
四饭缺　鼓方叔　播鞉武 师古曰："鞉音徒高反。"　少师阳　击磬襄 师古曰："自师挚已下八人皆纣时奔走分散而去。郑玄以为周平王时人，非也。"　虢中　虢叔 师古曰："中、叔二人皆文王弟也。"
邢侯　鬼侯　伯达　伯适 师古曰："适音江阔反。"　中突　中曶 师古曰："曶与忽同。"　叔夜
伯邑考 文王子。　楚熊丽 鬻子。师古曰："鬻读与粥同。"

武王 文王子。
大颠 闳夭 散宜生 南宫适 师古曰：“大颠以下，文王之四友也。” 祭公 师古曰：“祭音侧介反。” 师尚父 毕公 文王子。
粥熊 师古曰：“文王师也。粥音弋六反。” 辛甲 周任 史扁 师古曰：“扁音编。” 向挚般 〔太〕[8]史。 邑姜 武王妃。
叔夏 季随 季騧 师古曰：“伯达以下，周之八士也，騧音瓜。” 成叔武 文王子。 霍叔处 文王子。 檀伯达 师古曰：“武王臣。”
虞侯 芮侯 师古曰：“二国讼田质于文王者。” 吴周章 中雍曾孙。
芮伯 师古曰：“周同姓之国在圻内者，当武王时作《旅巢命》。” 巢伯 师古曰：“南方远国，武王克商而来〔朝〕。”[9]

太师庇 少师强 成王诵 武王子。 召公 周同姓。
大姬 武王妃。 曹叔振铎 文王子。 毛叔郑 文王子。 虞阏父 陈胡公满 舜后。 卫康叔封 文王子。
苏忿生 师古曰："武王司寇苏公。" 滕叔绣 文王子。 原公 文王子。 郜子 文王子。师古曰："郜音告。" 雍子 文王子。 酆侯 文王子。
杜伯 楚熊狂 丽子。 虞中 周章弟。 杞东楼公 禹后。 邘侯 武王子。 韩侯 武王子。 齐丁公
季胜 恶来弟。 秦女妨 恶来子。 楚子绎 狂子。
禄父 纣子。

周公 文王子。
史佚
聃季载 文王子。 君陈 芮伯 师古曰："周司徒也。" 师伯 师古曰："周宗伯也。《尚书》作彤伯。" 毛公 师古曰："周司空也。" 师氏 师古曰："周大夫也。"
郇侯 文王子。 师古曰："郇音荀。" 唐叔虞 武王子。 应侯 武王子。 右史戎夫 祝雍 邘叔
伋 师尚父子。 鲁公伯禽 周公子。 凡伯 周公子。 蒋侯 周公子。 邢侯 周公子。 茅侯 周公子。 胙侯 周公子。
孟会 季胜子。 蔡中胡 叔度子。
管叔鲜 文王子。 蔡叔 文王子。

龙臣 师古曰：“周武贲氏也。《尚书》作武臣。” 中桓 南宫髦 师古曰：“二人亦周大夫也。桓、髦皆其名也。自芮伯以下皆见《周书·顾命》。” 康王钊 成王子。师古曰：“钊音之遥反，又音工辽反。”
商子
祭侯 周公子。师古曰：“祭音侧介反。” 晋侯燮 虞子。 秦旁皋 女防子。 楚熊艾 绎子。 宋微中 启子。 鲁孝公 伯禽子。
卫康叔 封子。 陈申公 满子。 蔡伯 胡子。 楚熊亶 艾子。
蔡侯宫 伯子。
祭公 辛繇靡 师古曰：“繇读与由同。”

穆王满 昭王子。 吕侯 师古曰："穆王司寇也。"
齐乙公 丁公子。 晋武公 燮子。 秦大几 旁皋子。 鲁炀公 孝公子。师古曰："炀音式向反。" 齐癸公 乙子。 秦大雒 大乙子。 楚熊盘 艾子。
宋公稽 仲子。 卫孝伯 康伯子。 陈柏公 申公弟。 陈孝公 造父 衡父子。师古曰："造音千到反。" 徐隐王 师古曰："即偃王也。"
衡父 孟增子。
昭王瑕 康王子。 房后 师古曰："昭王后也。"

君牙 师古曰："穆王司徒也。"　伯煚 师古曰："穆王太仆也。煚音居永反。"　祭公谋父 师古曰："祭音侧介反。"　密母
卫嗣伯 孝伯子。　卫(建)〔疌〕[10] 嗣伯子。　秦非子 大雒子。
铅陵卓子　楚熊锡 盘子。　宋愍公 共公子。　卫靖伯 (建)〔疌〕子。
共王伊扈 穆王子。　晋成侯 武侯子。　陈慎侯 孝侯子。
鲁幽公 炀公子。　齐哀公 癸公子。　密康公　懿王坚 穆王子。诗作。
宋炀公 愍公弟。　齐胡公 哀公弟。

				宋弗父何〔11〕 湣公子。		芮良夫
					共伯和 师古曰：“共，国名也。伯，爵也。和，共伯之名也。共音	
		秦嬴 非子子。		秦侯 嬴子。		
楚挚红 渠子。		卫贞伯 靖伯子。	鲁献公 厉公弟。	燕惠公 邵公九世。	宋釐公 厉公子。 师古曰：“釐读曰僖。下皆类此。”	
蔡厉侯 宣侯子。	鲁厉公 魏公子。	晋厉侯 成侯子。	卫顷侯 贞伯子。	楚熊延 挚弟。	蔡武侯 厉侯子。	卫釐公 顷公子。
师古曰：“政道既衰，怨刺之诗始作也。”	孝王辟方 共王弟。 师古曰：“辟音壁。”		夷王摺 懿王子。 师古曰：“摺音燮。”		齐武公 (厉)〔献〕〔12〕公子。	
鲁魏公 幽公弟。	楚熊挚 渠子。	宋厉公 湣公子。	齐献公 胡公弟。			

召虎
恭。而《迁》史以为周召二公行政，号曰共和，无所据也。” 嘉父 谭大夫 寺人孟子
史伯 宋父何子。 秦中伯〔子〕。[13] 鲁武公慎公弟。 秦严公仲子。 楚熊霸严子。
曹夷伯振铎六世。 鲁慎公献公子。 齐文公厉公弟。 晋釐侯靖侯子。 楚熊纠严弟。师古曰：“纠音巡。” 卫武公釐公子。
楚熊勇延子。 晋靖侯厉侯子。 郕颜 夏父 蔡夷侯武侯子。 楚熊罕纠子。 陈釐公幽〔公〕[14]子。
杞题公东楼子。 曹幽伯夷伯子。 陈幽公慎公子。 齐厉公武公子。 鲁懿公武公子。 叔术 盱
厉王胡夷王子。 卫巫 楚熊严。勇子。 伯御鲁懿公兄子。 卫共伯釐公子。

		周宣王靖厉王子。						
方叔	南中	中山父	申伯	尹吉父	韩侯	蹶父师古曰：“蹶音居卫反。”	张中	程伯休父师古曰：“休音许虬反。”
	伯阳父	史伯		师服				虢文公
	宋世子士		蔡夷侯		奄父造父六世孙。		郑桓公友	
	宋惠公釐公子。		燕釐侯十世。		宋戴公惠公子。			
	晋献侯釐侯子。	晋缪侯献侯子。		齐成公文公子。	鲁孝公懿公子。		陈武公釐公子。	蔡釐侯夷侯子。
							曹戴伯幽〔伯〕[15]子。	
							晋殇公缪公弟。	幽王宫涅宣王子。

					楚若敖 咢子。
燕顷侯 十一世。	齐严侯 成侯子。	陈夷公 武公子。		陈平公 夷公弟。	
	曹惠伯 戴伯子。				
褒姒	虢石父	皇父卿士	司徒皮 师古曰：“即《十月之交》诗所谓‘蕃维司徒’是也。”	太宰冢伯	

秦襄公 严公子。 文子
晋文侯仇 缪侯子。
鲁惠公 孝公子。 秦文公 襄公子。
膳夫中术 师古曰："即所谓中允膳夫也。" 内史掫子 师古曰："掫音侧流反。" 趣马蹶 师古曰："趣音（于）〔千〕[16]后反。蹶音居卫反。" 师氏萬 师古曰："萬读与楀同，音九禹反。"

〔宋正考父〕[17]
辛有
赵叔带 奄父子。 宋武公 戴公子。 卫严公 武公子。 陈文公 平公子。 宋宣公 武公子。 楚蚡冒 霄子。师古曰：“蚡音扶粉反。”
楚霄敖 若敖子。 郑武公 桓公子。 燕哀侯 十二世。 燕郑侯 十三世。 蔡共侯 釐公子。 齐釐公 严公子。 燕缪侯 十四世。
晋昭侯 文侯子。 潘父 曹桓公 缪公子。 蔡戴侯。共公子。
申侯 平王宜臼 曹缪公 惠公子。 曲沃桓叔 晋文侯弟。

宋大金考父子。 臧釐伯 石碏师古曰："碏音千若反。"
宋缪公和宣公弟。 蔡桓侯封人宣侯子。 郕仪父 颍考叔 郑公子吕
陈桓侯鲍文侯子。 展亡骇 宋司徒皇父 司空牛父
蔡宣侯戴侯子。 郑严公寤生武公子。 叔段 晋鄂侯孝侯子。
晋孝侯昭侯子。 曲沃严伯桓叔子。 鲁隐公惠公子。 公子翚师古曰："翚音晖。" 卫桓公完严公子。

宋孔父 大金子。	卫太子伋	公子寿			
臧哀伯					
楚武王 蚠冒弟。	邓曼 楚武王夫人。	鲁施父			
曹严公亦姑 桓公子。 师古曰："即射姑也。"	秦宪公 文公子。	宋严公冯 缪公子。			
公子穀生	耏班 师古曰："耏音而。"	桓王林 平王孙，泄父子。	卫宣公晋 桓公子。	虞公	
宰咺 师古曰："咺音许远反。"	宋殇公 宣公子。	华督 师古曰："华音下化反。"	蔡哀侯 桓侯弟。	晋哀侯 鄂侯子。	晋小子侯 哀侯子。
公子州吁	芮伯	鲁桓公 惠公子。	夫人文姜	彭生	陈厉公 〔桓公弟。〕[18]

随季良　鲁申繻　楚保甲
鬬伯比　熊率且比 师古曰："率音力出反。且音子余反。"　郑祭足　楚文王武王子。　(驻)〔骓〕[19]甥　聃甥 师古曰："聃音乃甘反。"　养甥
燕宣公十五世。　观丁父薳章 师古曰："薳音于诡反。"　严王佗桓王子。　邓祁侯　卫惠公朔宣公子。　公子黔牟
虞叔　楚瑕丘　随少师　鲁严公同桓公子。
秦出公曼　郑厉公突严公子。　夫人哀姜
长狄侨如

管仲
鲍叔牙
齐寺人费师古曰：“即徒人费也。费音秘。”　王青二友　高傒师古曰：“傒音奚。”
谢丘章　辛甲　石之纷如师古曰：“纷音扶云反。”　齐桓公小白襄公弟。
左公子泄　潘和　秦武公出公兄。　燕桓侯十六世。　齐公子纠　鲁公孙隐
郑昭公忽厉公兄。　高渠弥　郑子亹昭公弟。　右公子职　王子克　纪侯　纪季
周公黑肩　连称　管至父　雍人禀　鲋里乙　宋愍公捷
齐襄公兒　公子亡知

召忽 师古曰："召读曰邵。"	隰朋	甯戚	宋仇牧	鲁曹刿 师古曰："刿音居卫反。"		
王子成父	宾须亡	麦丘人	轮边 师古曰："轮扁也。扁音翩。"			
萧叔大心	石祁子	原繁				
颛孙 师古曰："颛音上专反。"	曹釐公夷 严公子。	宋桓公御说 愍公弟。 师古曰："说读曰悦。"	秦德公 武公弟。			
齐伯氏	寺人貂 易牙	常之巫 师古曰："齐桓时人也，见《吕览》。"	卫公子开方	釐王胡齐 严王子。		
南宫万	子游	猛获	南宫牛	郑子婴齐 子亹子。	傅瑕	晋愍侯 哀侯弟。
曲沃武公 严公子。						

	楚粥拳					宰孔
平陵老	愚公	陈公子完 佗子。		虢史嚚	周内史过	
		息妫		虢叔	鲁禦孙	
	秦宣公 德公子。		燕严侯 十七世。	郑文公椄 厉公子。		彊钼
	陈宣公杵臼 严公弟。	息侯	惠王母凉	郑高克	公孙素	陈辕涛涂
	王子颓	芀国	边柏	楚杜敖 文王子。 师古曰:“即堵敖。”		陈太子御寇

鲁公子季友 鲁公子奚斯 卫弘演 师古曰：“演音演。” 荀息
楚屈(桓)〔完〕[20] 师古曰：“屈音九勿反。” 卜偃 辛廖 师古曰：“廖音聊。”
召伯廖 齐仲孙湫 师古曰：“湫音子小反。” 许夫人 先丹木 羊舌大夫 史苏
秦成公 宣公弟。 曹昭公班 釐公子，作诗。 卫戴公 黔牟子。 赵夙 毕万 毕公后。
楚申侯 鲁公子般 鲁闵公启 严公子。 史华龙滑
鲁公子牙 圉人荦 公子庆父 卜齮 师古曰：“齮音蚁。” 卫懿公 惠公子。 晋献公 武公子。
晋骊姬

宋公子目夷	宫之奇	百里奚	奄息	中行 师古曰：“行音户郎反。”				
梁馀子养	罕夷	申生	狐突	秦缪公 成公弟。	秦缪夫人	公孙枝	繇余 师古曰：“即由余。”	
鲁釐公	楚逢伯	卫甯严子	富辰	晋冀芮	庆郑	韩简	郑叔詹	
	士芀	臣猛足	井伯	卫文公 戴公弟。	宋襄公 桓公子。	蔡严侯 穆侯子。		
奚齐	卓子 师古曰：“卓音敕角反。”	赵孟 夙子，生衰。 师古曰：“衰音楚危反。”	蔡缪公	许釐公	襄王郑			
优施	梁五	东关五	虞公 为晋所灭，太王后。	虢公 为晋所灭，王季后。	郑子华	曹共公 昭公子。		

						甯武子	
	鍼虎 师古曰："鍼音其廉反。"						狐偃
蹇叔	烛之武	内史叔兴	卜徒父	禽息	王廖 师古曰："廖音聊。"	晋文公 献公子。	
皇武子釐负羁妻	曹竖侯獳 师古曰："獳音乃侯反。"		楚子玉	鬬宜申	成大心	栾悼子	
燕襄公十八世。	梁卜招父 师古曰："招音上遥反。"		卫元咺 师古曰："咺音许远反。"		叔武	鍼严子	
	晋惠公 献公子。	里克	虢(叔)〔射〕[21]		宋襄公 成公子。	齐孝公 桓公子。	
惠后		梁伯		晋怀公 惠公子。	卫成公 文公子。		
王子带			楚成王恽 师古曰："《左传》作頵，音於伦反。"		潘崇		

赵衰 师古曰："衰音楚危反。"	衰妻	介子推	推母	郤縠	舟之侨	荀林父	
夫人姜氏	魏犨 毕万子。	颠颉	胥臣	贾佗 师古曰："佗音徒何反。"	董因	竖头须	齐国严子
晋李离	寺人披		曹文公寿 共公子。	燕桓公 十九世。		秦康公 缪公子。	
仓葛	郑缪公兰 文公子。		石㚟 师古曰："㚟音丑略反。"	陈缪公 宣公子。			
	郑子臧						
曹共公 昭公子。	齐公子无诡 师古曰："《左氏传》作无亏。"		齐昭公 孝公子。				

先轸 狼瞫师古曰："瞫音审。" 阳处父 甯嬴 臾骈师古曰："骈音步千反。" 郑弦高 叔仲惠伯
周内史叔服 孟明视 西气术 士会 绕朝 石癸 公孙寿 荡意诸
晋襄公文公子。 邾文公 宋子哀 邾子玃且师古曰："玃音居碧反。且音子余反。" 鲁公孙敖
陈共公缪公子。 鲁文公 周匡王班 齐君舍昭公子。 单伯
周顷王王臣 夏父不忌 宋昭公 胥申父 狐射姑师古曰："射音夜。" 鲁宣公
楚缪王商臣

宋方叔嘉子。[22] 乐豫 董狐 令尹子文
公冉务人 卜楚丘 晋赵盾衰子。 钼麛 宋伯夏叔子。[23] （鬬伯比）楚严王穆王子。
蔡文公严公子。 单襄子 灵辄 祁弥明师古曰：“祁音上尸反。” 郑子良 士贞子
鲁叔孙得臣 秦共公康公子。 晋成公黑臀灵公弟。 秦桓公共公子。 卫穆公速
周定王榆
邴歜师古曰：“歜音触。” 阎职 晋赵穿 郑灵公
齐懿公商人 晋灵公夷皋襄公子。 陈灵公共公子。

楚蒍贾 申叔时 孙叔敖
王孙满 箴尹克黄 魏颗师古曰："颗音口果反。" 五参 陈应 申公申培师古曰："培音陪。"
泄冶 孔达 王子伯廖师古曰："廖音聊。" 晋解阳 荀尹 箕郑 公子雍
逢大夫 王札子 鲁公子归生 申舟 齐惠公懿公弟。 陈成公灵公子。
宋文公鲍昭公弟。 翟丰舒 召伯师古曰："召读曰邵。" 毛伯 少师庆 士亹 郑襄公坚灵公子。
公子归生 子公 晋(失)〔先〕[24]縠 楚子越
夏姬 孔宁 仪行父

	乐伯	优孟	郑公子弃疾	子反	逢丑父	宾媚人
秦景公 桓公子。	楚郏公	钟仪	楚共王 严王子。	晋郤克	辟司徒妻 师古曰:“辟读曰壁。”	
	燕宣公 二十世。		曹宣公庐 文公子。	吴寿梦 中雍后,十五世。 师古曰:“梦音莫风反。”		郑悼公 襄公子。
	卫缪公 成公子。		周简王夷 定王子。	鲁成公 宣公子。	齐顷公 惠公子。	卫定公 缪公子。
			穀阳竖			

曹郗时 师古曰：“即曹欣时也。郗音许其反。”
范文子 士燮。 臧宣叔 韩献子厥 程婴 羊舌
荀䓨 郑贾人 伯宗 伯宗妻 秦医缓 桑田巫 吕相 郄至
申公巫臣 王孙阅 燕昭公 二十一世。 赵朔 盾子。 郄犨 郄锜 师古曰：“锜音蚁。”
卫孙良夫 中叔于奚 宋共公瑕 文公子。 晋景公 成公子。 宋平公 成公子。
郑公子班 曹成公负刍 宣公弟。 屠颜贾 师古曰：“即屠岸贾也。音工下反。” 宋荡子 晋厉公 景公子。

公孙杵臼　刘康公　单襄公　苗贲皇　叔婴齐　宋华元　孟献子
姚句耳师古曰：“句音钩。”　吕锜　养由基　叔山舟　匡句须师古曰：“句音其于反。”
中行偃　胥童　栾书　羊鱼　鲍严子牵　向于　郑成公纶师古曰：“纶音工顽反，《左传》作睔，音工顿反。”
叔孙侨如　公子偃　长鱼矫　羊斟
宋鱼石

乐正求		牧中	晋悼公周		郑唐	楚工尹襄	祁奚	羊舌职	魏绛
鲍国	晋解狐		祁午	韩亡忌	铜鞮伯华			鲁匠庆	卫柳壮师古曰："壮读曰庄。"
燕武公二十二世。		郑廖		杨干	子服佗	叔梁纥师古曰："纥音下结反。"		秦堇父	狄斯弥
						灵王泄心简王子。		鲁襄公	
庆克	国佐					楚公子申		公子壬夫	郑釐公成公子。

张老 籍偃 汝齐 宋子罕 (白)〔向〕[25]戌 范宣子士匄。 晋邢蒯 齐殖绰
吴诸樊 齐晏桓子 楚子囊 郑师慧 卫大叔仪 公子鲄
士鞅 尹公佗 庾公差 公孙丁 无终子嘉父 姜戎驹支
齐灵公环顷公子。 卫献公衎定公子。 卫殇公猋献公弟。师古曰:“《春秋》猋作剽。”
子驷 孙蒯 朱庶其 郑尉止 卫甯喜
程郑 西钼吾

范武子 师古曰：“据今《春秋》说范武子即士会也，而此重见，岂别人乎？未详其说。”
鲁季文子　乐王鲋
郑游眅 师古曰：“眅音普板反。”　齐杞梁　殖妻　华州 师古曰：“即华周。”　祝佗父 师古曰：“佗音徒何反。”　申蒯
曹武公胜 成公子。　郑简公嘉 釐公子。　晋阳（罕）〔毕〕[26]　行人子员 师古曰：“员音云。”　子朱
楚令尹子南　观起 师古曰：“观音工唤反。”　燕文公 二十三世。　鲁国归父　郑公孙夏　燕懿公 二十四世。
孙文子 林父。　福阳子 妘姓。 师古曰：“即偪阳也。妘音云。”　楚屈建　鲁臧坚　宋华臣　晋叔鱼
巢牛臣

晋叔向　向母 师古曰："向读曰嚮。"　蘧伯玉　吴季札　郑子产　晏平仲
楚申叔豫　齐大史三人　南史氏　陈文子　卞严子　臧文仲
陈不占　士鞅　卫右宰　縠臣　厚成子　卫公子荆　绛老人　史赵　士文伯
楚湫举 师古曰："即椒举。"　薳奄　赵武 朔子。　鬷蔑 师古曰："鬷音子公反。"　郑子皮
楚康王 共王子。　晋亥唐　秦医和
齐崔杼　庆封　庆嗣　吴遏 寿梦子。　晋平公彪 悼公子。　齐陈桓子　卫襄公恶 献公子。
宋伊戾　吴馀祭 师古曰："祭音侧介反。"　景王贵 灵王子。　鲁昭公稠 师古曰："稠音直流反。"
齐严公光 灵公子。　楚夹敖 康王子。

仲尼

太子晋　左丘明　颜渊　闵子骞　冉伯牛

宰我　子贡　冉有　季路　子游　子夏

郑卑湛师古曰："卑音脾。湛音谌。"　行人子羽　冯简子　子大叔　卫北宫文子

刘定公

晋船人固来师古曰："即固乘也。"　舟人清涓　鲁谢息　郑定公简公子。

曹平公武公子。　陈惠公哀公孙。　郑孔张

晋昭公夷平公子。　燕惠公二十五世。　陈公子招　周儋桓伯　鲁南蒯　莒子庚舆

蔡景侯　蔡灵侯　陈哀公弱成公子。　吴馀昧馀祭弟。师古曰："昧音秣。"　宋寺人

仲弓
曾子　子张　曾皙　子贱　南容 师古曰：“南宫绍也，字子容。”　公冶长　公西华
鲁叔孙豹　狐丘子林　晋赵文子　孟鳌子　孟懿子　南宫敬叔 师古曰：“南宫适。”
公孙楚　公孙黑　韩宣子厥　鲁叔孙昭子　楚薳罢 师古曰：“罢读曰疲。”　吴厥由 师古曰：“即蹶由。”
燕悼公 二十六世。　薳启疆　申子亹　左史倚相　申亡宇　申亥 亡宇子。　晋籍谈
周原伯鲁
晋顷公 昭公子。　宋元公佐 平公子。　蔡平侯 景侯子。　樊顷子　司徒醜　子晁　宾猛 师古曰：“即宾孟也。”
柳　鲁竖牛　楚灵王围　晋邢侯　雍子　楚公子比　观从 师古曰：“观音工唤反。”

有若	漆彫启	澹臺灭明 师古曰："澹音大甘反。"		樊迟	巫马期	司马牛		子羔
郯子	老子	南荣畴 师古曰："即南荣赳也。赳音直俱反。"						公伯寮
卫史鳅	师旷	屠蒯		子服 惠伯	晋荀吴	裨灶		里析
子钼商	周史大弢		蜎子 师古曰："蜎音一兖反。"		孝成子		齐虞人	
			〔齐景公杵臼严公弟。〕[27]					
	蔡悼侯 灵侯孙。		梁丘据	曹桓公 平公子。		南宫极		顿子
周悼王猛 景王子。						敬王丐 景王子，悼王兄。		

原宪 颜路 商瞿 师古曰："瞿音劬。" 季次 公良 颜刻
公肩子 子石 隰成子 琴牢
梓慎 申须 林既 北郭骚 逢於何 司马穰苴 师古曰："穰音人羊反。苴音子余反。"
越石父 柏常骞 燕子干 魏献子 绛孙。 司马弥牟
裔款 许男 燕共公 二十七世。
胡子髡 沈子逞 陈夏齧 鲁季平子 宋乐大心 季公鸟
楚平王弃疾 灵王弟。 费亡极 曹声公 悼公弟。

楚伍奢 伍尚 鲁师己 子家羁
司马笃 魏戊 智徐吾 孟丙 成鲋 师古曰：“音上兖反。” 阎没 汝宽
楚太子建 燕平公 二十八世。 专诸 秦哀公 景公子。
公叔务人 寺人僚柤 师古曰：“柤音侧加反。” 臧昭伯 厚昭伯 师古曰：“即郈昭伯也。” 吴王阖庐
吴僚 馀昧子。 师古曰：“僚音聊。” 曹隐公通 平公弟。 吴夫概 师古曰：“夫音扶。概音工代反。”

楚子西　公子阖　伍子胥　江上丈人　史鱼　公叔文子
吴孙武　申包胥　蔡墨　楚史皇　王孙由于　鑢金师古曰："鑢音虑。"
楚司马子期　沈尹戌　卫彪傒师古曰："傒音奚。"　苌弘　员公辛师古曰："员读曰郧。"
楚昭王平王子。　钟建　郑献公虿定公子。　宋景公兜栾元公子。
楚郄宛　越王允常夏少康后。　鬬且师古曰："且音子余反。"　鲁定公
徐子章禹　卫灵公元襄公子。　南子　蒯聩师古曰："蒯音五怪反。"

中叔圉	祝佗 师古曰："佗音徒何反。"	王孙贾		公父文伯母		卫公子逞
	屠羊说 师古曰："说读曰悦。"		莫敖大心	蒙穀	陈逢滑	司马狗 师古曰："卫宣公臣也。见《鲁连子》。"
	王孙章	楚石奢	刘文公卷 师古曰："卷音其专反。"			季康子
	宋中幾	齐高张		荣驾鹅 师古曰："驾音加。"		〔秦惠公哀公孙。〕[28]
宋昭公	郳严公	夷射姑 师古曰："射音夜。"		楚囊瓦	唐成公	蔡昭侯悼侯弟。
宋朝	弥子瑕	雍渠黎且子。师古曰："且音子余反。"				季桓子

观射父师古曰:"观音工唤反。"
颜雠由　大夫选　陈司城贞子　颜烛雏师古曰:"即颜涿聚子也。"　郈亡恤
公父文伯　东野毕
郑声公胜献公子。
晋定公顷公子。　陈怀公惠公子。　滕悼公　许幼　莒郊公
曹靖公路声公子。　范吉射师古曰:"射音食亦反。"

鸣犊	窦犨	越句践 允常子。 师古曰："句音钩。"	大夫種		
王良	柏乐	阳城胥渠	扁鹊	董安于	田饶
周舍	田果	行人烛过	燕简公 二十九世。	严先生 师古曰："即杀陶朱公儿者也。"	
赵简子 武子孙。	韩悼子 宣子子。	齐国夏	桑掩胥		
郳悼公	顿子	胡子	薛襄子	小郳子	
中行寅 师古曰："行音户郎反。"	杞隐公 悼公子。	杞釐公 隐公子。	曹伯阳 为宋所灭。		

范蠡				叶公子高
后庸	诸稽到	苦成	皋如	计然
仇汜	荣声期 师古曰:“即荣启期也。声或作启。”	楚芋尹文 师古曰:“芋音于具反。”	隰斯弥	市南熊宜僚
	秦悼公 惠公弟。	燕献公 三十世。		楚白公胜
	鲁哀公	齐晏孺子 师古曰:“即安孺子也。”	高昭子	楚惠王章 昭王子。
	齐悼公 阳生	鲍牧	田恒 陈乞子。	诸御鞅
	公孙彊	田乞 完六世孙。	齐简公壬	子我

							朱张
					达巷党人		
				仪封人		长沮 师古曰:“沮音子余反。”	
	大陆子方	严善	鲁太师		公明贾	陈亢 师古曰:“音冈,又音抗。”	
屈固			檀弓	公仪中子	皋鱼		颜亡父
	申鸣	孔文子	太叔疾		陈辕颇	蔡成公 昭公子。	
卫太叔遗		卫出公辄	浑良夫 师古曰:“浑音下昆反。”		孔悝	石气	狐黡 师古曰:“即孟黡。”
子行							

少连
桀溺　丈人　何蒉 师古曰："蒉音匮。"　楚狂接舆
子服景伯　林放　陈司败　陈子禽　阳膚
颜喻伦　颜夷　陈弃疾　工尹商阳
齐平公惊 简公子。　厥党童子 师古曰："即阙党童子也。"　革子(戚)〔成〕[29] 师古曰："即棘(字)〔子〕成也。"　周元王赤 敬王子。
卫简公蒯聩　原壤　叔孙武叔　卫公孙朝　尾生晦 师古曰："即微生亩也。晦，古亩字。"
卫侯起　石国　阳虎

孟之反			大连		颜丁	颜柳
师襄子			师己	宾牟贾	公肩瑕 师古曰:"即公肩假也。"	
尾生高 师古曰:"即微生高也。"		申枨	师冕 师古曰:"即师免。"	郑戴胜之	南郭惠子	姑布子卿
齐禽敖 师古曰:"即黔敖也。"		饿者	陈子亢		陈尊己	
	晋出公 定公子。			公之鱼		宋桓魋
	互乡童子		弗肸 师古曰:"即佛肸也。茀音弼。"		公山不狃 师古曰:"即公山不扰也。音人九反。"	
				陈愍公 为楚所灭。		

周丰		采桑羽			乐正子春			石讐		子服子
卫视夷 师古曰:"即式夷也。见《吕氏春秋》。"				史留	豫让	青荓子 师古曰:"荓音步丁反。"			赵襄子 简子子。	知过 师古曰:"即知果。
宋子韦		公输般		离朱	陈太宰喜		吴行人仪	郑鄚魁絫 师古曰:"郑人所俘也。鄚音隽。魁,口贿反。絫音累。"		
	秦厉共公 悼公子。					郑共公丑 哀公弟。		晋定公 昭公子。		
	匡人		贞定王 元王子。						晋哀公忌	智伯
		杞愍公 釐公子。			杞釐公 师古曰:"此不当言釐公,字误也。"			郑哀公易 声公子。		蔡声侯产 成侯子。
					吴王夫差			太宰嚭		

惠子	公房皮				
鲍焦	墨翟	禽屈釐 师古曰：“即禽滑釐者是也。屈音其勿反，又音丘勿反。”	我子	田俅子 师古曰：“俅音求。”	
燕考公桓 三十一世。	魏桓子 献子曾孙。	韩康子 贞子子。	高赫	原过	任章
田襄子 悼子子。	鲁悼公 出公子。				
齐宣公 平公子。	蔡元侯 声侯子。	卫悼公 出公叔子。	卫敬公 悼公子。		
蔡侯齐 为楚所灭。	杞简公春 为楚所灭。	思王叔袭 定王子。	周考哲王嵬 思王弟。		

段干木　田子方　甯越　太史屠黍
随巢子　胡非子　魏文侯 桓子孙。　李克　魏成子
中山武公 周桓公子。　韩武子 康子子。　公季成　司马庚　司马喜
燕成公 三十二世。　秦躁公 厉公子。师古曰：“躁音千到反。”　赵献侯 襄子兄孙。　赵桓子 襄子弟。
西周桓公 考王弟。　鲁元公 悼公子。　周威公 桓公子。　东周惠公 威公子。
秦怀公 躁公子。　卫怀公 敬公弟。　周威烈王 考王子。　郑幽公 共公子。

翟黄	任座 师古曰：“座音才戈反。”	李悝 师古曰：“悝音口回反。”	赵仓堂	屈侯鲋
躬吾君	牛畜	荀䜣	徐越	
司马期	赵公中达	田大公和	秦简公 厉公子。	
楚简王 惠王子。	燕愍公 三十三世。	乐阳 师古曰：“即乐羊也。”	赵烈侯 献侯子。	
秦灵公 怀公孙。	卫慎公[30] 敬公子。			
宋昭公 景公子。	晋幽公 懿公子。	楚声王 简王子。		

<table>
<tr><td></td></tr>
<tr><td>子思</td></tr>
<tr><td>西门豹　公仪休　泄柳　申详</td></tr>
<tr><td>鲁穆公
元公子。　费惠公
师古曰:“费音秘。”　颜敢　王慎　长息　公明高</td></tr>
<tr><td>韩景侯虔
武侯子。　孙子　南宫边　列子</td></tr>
<tr><td>燕釐公
三十四世。　秦惠公
简公子。　赵武公
列侯弟。　韩烈侯
景侯子。</td></tr>
<tr><td>晋列侯
幽公子。　宋悼公
昭公子。　楚悼王
声王子。</td></tr>
<tr><td>元安王骄
威烈王子。　郑缭公骀
师古曰:“缭音聊。骀音台。”</td></tr>
<tr><td>郑相驷子阳　齐康公
为田氏所灭。</td></tr>
</table>

							孟子	
	严仲子	聂政	聂政姊	孟胜	徐弱	白圭	邹忌	孙膑 师古曰："膑音频忍反。"
魏武侯 文侯子。			阳成君	大监突		徐子	齐威王 田桓侯子。	
吴起	韩文侯	赵敬侯 烈侯子。	魏惠王 武王子。		齐桓侯 和侯子。		赵成侯 敬侯子。	
	韩相侠絫	宋休公 悼公子。	晋孝公 列公子。		秦出公 惠公子。	楚肃王 悼王子。		韩懿侯 哀侯子。
			韩哀侯 文侯子。					
					郑康公乙 为韩所灭。		晋靖公任伯 为韩魏所灭。	

赵良
田忌 太史儋 商鞅 申子
章子 大成午 甘龙
燕桓公 三十五世。 秦献公 灵公子。 赵肃侯 成侯子。 秦孝公 献公子。 韩昭侯 懿侯子。
鲁共公 缪公子。 庞涓 师古曰："涓音工玄反。" 宋辟公 休公子。 卫声公 慎公子。 楚唐蔑
周夷烈王喜 元安王子。

屈宜咎　铎椒　(郑)〔鄭〕[31]敖子华　史举
杜挚　子桑子　被雍　昭奚恤　江乙　沈尹华　冯赫
燕文公 桓公子，三十六世。　安陵繵 师古曰："繵即缠字也。"　苏秦　张仪　齐宣王辟彊 威王子。
卫成公 声公子。　楚宣王 肃王子。　鲁康公
周显圣王扁 夷烈王子。师古曰："扁音篇。"　宋剔成君 辟公子。　严跻 师古曰："跻音居略反。"

闾丘光　闾丘印　颜歜 师古曰：“歜音触。”
淳于髡　昆辩 师古曰：“齐人也，靖郭君所善，见《战国策》。而《吕览》作剧貌辩。”　司马错　犀首　公中用　史起　荡疑 师古曰：“即薄疑也。”
靖郭君　於陵中子　秦惠王 孝王子。　魏襄王 惠王子。　韩宣王 昭王子。
鲁景公 康公子。　唐尚　楚威王　卫平公 成公子。　卫嗣君 平公子。
慎靓王 〔显王子。〕[32]

屈原
昭廷
王升 尹文子 番君 唐易子 如耳 西周武公 陈轸 占尹
魏哀王 襄王子。 韩襄王 宣王子。 苏代 苏厉 宋遗
燕易王 三十七世。 周昭文君 赧王延 慎靓王子。 马犯 周景 令尹子椒
鲁平公 景公子。 燕王哙 三十八世。 子之 楚怀王 威王子。 靳尚
越王无疆 句践十世。为楚所灭。
夫人郑袖

渔父 肥义
樗里子 师古曰："樗音丑於反。" 甘茂
应竖 秦武王 惠王子。 任鄙 公羊子 穀梁子 万章 告子 薛居州
上官大夫 乌获 轧子 焣子 师古曰："聚字也。" 沈子 师古曰："鲁人也。善《春秋》。" 北宫子 鲁子 公扈子
子兰 孟说 师古曰："说读曰悦。" 戚子 根牟子 申子 慎子 严周 惠施
魏昭王 哀王子。 鲁愍公 平公子。 楚顷襄王 怀王子。 卫怀君 嗣君子。
赵武灵王 肃侯子。 李兑 田不礼 代君章 齐愍王 宣王子。

滕文公				公孙丑					
乐正子		高子	仲梁子		孔穿 子思玄孙。	王歜 师古曰：“歜音触。”		燕昭王 三十九世，哙子。	
尸子	捷子	邹衍	田骈	惠盎	王孙贾	宋玉	严辛	范雎	苏不释
公孙龙	魏公子牟		狐爰 师古曰：“即狐咺也，齐人。见《战国策》。”			唐勒	景瑳 师古曰：“瑳音子何反，即景差也。”		
齐襄王 湣王子。							燕惠王 四十世，昭王子。		
淖齿 师古曰：“淖音女教反，字或作卓。”								骑劫	
宋君偃 为齐所灭。									

鲁仲连
乐毅 廉颇 虞卿
郭隗 白起 田单 赵奢 缩高 公孙弘师古曰："齐人也，孟尝君所使。见《战国策》。" 侯嬴
叶阳君 泾阳君 安陆君 唐睢 孟尝君 魏公子 朱亥
秦昭襄王武王弟。 穰侯 赵惠文王武灵王弟。 陈筮 雍门周 范座师古曰："座音才戈反。" 左师触龙
韩釐王襄王子。 魏安釐王昭王子。 燕武成王惠王子。 赵孝成王惠文王子。
赵括 韩王安为秦所灭。

蔺相如 孙卿
朱英 王翦
平原君 毛遂 蒙恬
春申君 秦孝文王 昭襄王子。 华阳夫人 秦严襄王 文王子。 吕不韦
庞煖 师古曰："煖音许元反，又音许远反。" 楚考烈王 顷襄王子。 韩桓惠王 釐王子。 卫元君 怀君弟。
燕孝王 四十二世，武成王子。 李园 鲁顷公 为楚所灭。 魏景湣王 安釐王子。 赵悼襄王 孝成王子。
赵王迁 为秦所灭。 楚幽王 考烈王子。 燕栗腹 剧辛
楚王负刍 为秦所灭。 燕王喜 为秦所灭。

孔襄 孔鲋弟子。
韩非　燕将渠　乐閒　高渐离
淳于越　李牧　燕太子丹　鞠武 师古曰："鞠音居六反。"　荆轲　樊於期　孔鲋 孔穿孙。
秦始皇　李斯　秦武阳　项梁　秦子婴　项羽　陈胜　吴广
卫君角 为秦所灭。　董翳　司马欣
代王嘉 为秦所灭。　秦二世胡亥
魏王假 为秦所灭。　齐王建 为秦所灭。　赵高　阎乐

【校勘记】

〔1〕“九黎”二字据景祐、殿本补。

〔2〕景祐本“戮”作“飂”。齐召南说作“戮”刊本之误。

〔3〕“帝尧”二字据景祐、殿本补。

〔4〕景祐本“娇”作“蟜”。

〔5〕景祐、殿、局本“支”都作“友”。局本“字”作“宇”。

〔6〕王先谦说次“中”字当作“仲”。按景祐、局本都作“仲”。

〔7〕钱大昭说南监本、闽本有“杼子”二字。按景祐、殿本都有。

〔8〕“太”字据景祐、殿本补。

〔9〕景祐、殿本“来”下有“朝”字。王先谦说有“朝”字是。

〔10〕景祐殿本“建”作“疌”。杨树达说据钱大昭校闽本亦作“疌”，“建”字以形近而误。下六格同。

〔11〕宋弗父何本在上上格，钱大昭说南监本、闽本在上下。王先谦说殿本在上下，此误。按景祐本亦在上下。

〔12〕王先谦说“厉”作“献”。按景祐本正作“献”。

〔13〕“子”字据景祐、殿、局本补。

〔14〕王先谦说“幽”下脱“公”字。按局本有。

〔15〕王先谦说“幽”下脱“伯”字。按局本有。

〔16〕景祐、局本“于”作“千”。

〔17〕“宋正考父”据局本补。殿本作“宋考正父”。景祐本无。

〔18〕“桓公弟”三字据景祐、殿本补。

〔19〕钱大昭说南监本、闽本“驻”作“骓”。按景祐、殿、局本都作“骓”。

〔20〕景祐、殿本都作“完”。王先谦说作“完”是。

〔21〕钱大昭说“叔”当作“射”。按景祐、殿本都作“射”。

〔22〕“嘉子”本作大字，误，据局本改小。

〔23〕“叔子”本作大字，误，据局本改小。钱大昕说鬬伯比已见前五等。

〔24〕钱大昭说“失”当作“先”。按景祐、殿、局本都作“先”。

〔25〕钱大昭说“白”当作“向”。按景祐、殿、局本都作“向”。

〔26〕梁玉绳说各本“晋阳罕”三字误分为二。“罕”乃“毕”之讹。阳毕，晋大

夫，见《晋语》。

〔27〕“齐景公杵臼严公弟”八字据景祐、殿本补。

〔28〕“秦惠公哀公孙”六字据景祐、殿本补。

〔29〕景祐、殿、局本“戚”都作“成”，“字”都作“子”。

〔30〕卫慎公原在八等，据景祐、殿本移上。

〔31〕景祐、殿本“郑”都作“鄭”。

〔32〕“显王子”三字据景祐本补。

汉书卷二十一上

律历志第一上

师古曰："志，记也，积记其事也。《春秋左氏传》曰'前志有之'。"

《虞书》曰"乃同律度量衡"，①所以齐远近、立民信也。自伏戏画八卦，由数起，②至黄帝、尧、舜而大备。三代稽古，法度章焉。③周衰官失，孔子陈后王之法，曰："谨权量，审法度，修废官，举逸民，四方之政行矣。"④汉兴，北平侯张苍首律历事，⑤孝武帝时乐官考正。⑥至元始中王莽秉政，欲耀名誉，征天下通知钟律者百(馀)馀人，[1]使羲和刘歆等典领条奏，言之最详。故删其伪辞，取正义，著于篇。⑦

①师古曰："《虞书》，《舜典》也。同谓齐等。"

②师古曰："万物之数，因八卦而起也。"

③师古曰："三代，夏、殷、周也。稽，考也。考于古事，而法度益明。"

④师古曰："此《论语》载孔子述古帝王之政，以示后世。权谓斤两也。量，斗斛也。法度，丈尺也。逸民，谓有德而隐处者。"

⑤师古曰："首谓始定也。"

⑥师古曰："更质正其事。"

⑦师古曰："班氏自云作志取刘歆之义也。自此以下讫于'用竹为引者，事之宜也'，则其辞焉。"

一曰备数，二曰和声，三曰审度，四曰嘉量，五曰权衡。参五以变，错综其数，稽之于古今，效之于气物，和之于心耳，考之于经传，咸得其实，靡不协同。

数者，一、十、百、千、万也，所以算数事物，顺性命之理也。《书》曰：

“先其算命。”①本起于黄钟之数，始于一而三之，三三积之，②历十二辰之数，十有七万七千一百四十七，而五数备矣。③其算法用竹，径一分，长六寸，二百七十一枚而成六觚，为一握。④径象乾律黄钟之一，而长象坤吕林钟之长。⑤其数以《易》大衍之数五十，其用四十九，成阳六爻，得周流六虚之象也。⑥夫推历生律⑦制器，〔2〕规圜矩方，权重衡平，准绳嘉量，⑧探赜索隐，钩深致远，莫不用焉。⑨度长短者不失豪氂，⑩量多少者不失圭撮，⑪权轻重者不失黍絫。⑫纪于一，协于十，长于百，大于千，衍于万，其法在算术。宣于天下，小学是则。职在太史，羲和掌之。

①师古曰：“《逸书》也。言王者统业，先立算数以命百事也。”

②孟康曰：“黄钟，子之律也。子数一。泰极元气含三为一，是以一数变而为三也。”

③孟康曰：“初以子一乘丑三，馀则转因其成数以三乘之，历十二辰，得是积数也。五行阴阳变化之数备于此矣。”

④苏林曰：“六觚，六角也。度角至角，其度一寸，面容一分，算九枚，相因之数有十，正面之数实九，其表六九五十四，算中积凡得二百七十一枚。”

⑤张晏曰：“林钟长六寸。”韦昭曰：“黄钟管九寸，十分之一，得其一分也。”

⑥孟康曰：“以四十九成阳六爻为乾，乾之策数二百一十六，以成六爻，是为周流六虚之象也。”

⑦张晏曰：“推历十二辰以生律吕也。”

⑧张晏曰：“准，水平。量知多少，故曰嘉。”

⑨师古曰：“赜亦深也。索，求也。”

⑩孟康曰：“豪，兔豪也。十豪为氂。师古曰：“度音大各反。”

⑪应劭曰：“圭，自然之形，阴阳之始也。四圭曰撮，三指撮之也。”孟康曰：“六十四黍为圭。”师古曰：“撮音仓括反。”

⑫孟康曰：“絫音(墨)蠡。”〔3〕应劭曰：“十黍为絫，十絫为一铢。”师古曰：“絫，孟音来戈反，此字读亦音纍绁之纍。”

声者，宫、商、角、徵、羽也。所以作乐者，谐八音，荡(降)〔涤〕人之邪意，〔4〕全其正性，移风易俗也。八音：土曰埙，①匏曰笙，②皮曰鼓，③竹曰管，④丝曰弦，石曰磬，金曰钟，木曰柷。⑤五声和，八音谐，而乐成。商之为言章也，物成孰可章度也。⑥角，触也，物触地而出，戴芒角也。宫，中也，居中央，畅四方，唱始施生，为四声纲也。徵，祉也，物盛大而繁祉也。羽，宇也，物聚臧宇覆之也。夫声者，中于宫，触于角，祉于徵，章于商，宇于羽，故四声为宫纪也。协之五行，则角为木，五常为仁，五事为貌。商为金为义为言，徵为火为礼为视，羽为水为智为听，宫为土为信为思。以君臣民事物言之，则宫为君，商为臣，角为民，徵为事，羽为物。唱和有象，故言君臣位事之体也。

①应劭曰："《世本》暴辛公作埙。"师古曰："烧土为之，其形锐上而平底，六孔吹之。埙音许元反，字或作壎，其音同耳。"

②应劭曰："《世本》随作笙。"师古曰："匏，瓠也。列管瓠中，施簧管端。"

③师古曰："鼓者郭也，言郭张皮而为之。"

④孟康曰："《礼乐器记》，管，漆竹，长一尺，六孔。《尚书大传》，西王母来献白玉琯。汉章帝时零陵文学奚景于泠道舜祠下得白玉琯。古以玉作，不但竹也。"

⑤师古曰："柷与俶同，柷，始也。乐将作，先鼓之，故谓之柷。状如漆桶，中有椎，连底动之，令左右击。音昌六反。"

⑥师古曰："度音大各反。"

五声之本，生于黄钟之律。九寸为宫，或损或益，以定商、角、徵、羽。九六相生，阴阳之应也。律十有二，阳六为律，阴六为吕。律以统气类物，一曰黄钟，二曰太族，①三曰姑洗，四曰蕤宾，五曰夷则，六曰亡射。②吕以旅阳宣气，一曰林钟，二曰南吕，三曰应钟，四曰大吕，五曰夹钟，六曰中吕。③有三统之义焉。其传曰，黄帝之所作也。黄帝使泠纶，④自大夏之西，⑤昆仑之阴，取竹之解谷⑥生，其窍厚均者，⑦断两节间而吹之，[5]以为黄钟之宫。⑧制十二筒以听凤之鸣，⑨其雄鸣为六，雌鸣亦六，比黄钟之宫，而皆可以生之，是为律本。⑩至治之世，天地之气合以生风；天地之风气正，十二律定。⑪黄钟：黄者，中之色，君之服也；钟者，种也。天之中数五，⑫五为声，声上宫，五声莫大焉。地之中数六，⑬六为律，律有形有色，色上黄，五色莫盛焉。故阳气施种于黄泉，孳萌万物,⑭为六气元也。以黄色名元气律者,著宫声也。宫以九唱六,⑮变动不居,周流六虚。始于子,在十一月。大吕:吕,旅也,言阴大,旅助黄钟(宫)〔宣〕气而牙物也。[6]位于丑,在十二月。太族:族,奏也,言阳气大,奏地而达物也。⑯位于寅,在正月。夹钟,言阴夹助太族宣四方之气而出种物也。位于卯,在二月。姑洗:洗,洁也,言阳气洗物辜洁之也。⑰位于辰,在三月。中吕,言微阴始起未成,著于其中旅助姑洗宣气齐物也。位于巳,在四月。蕤宾:蕤,继也,宾,导也,言阳始导阴气使继养物也。位于午,在五月。林钟:林,君也,言阴气受任,助蕤宾君主种物使长大楙盛也。⑱位于未,在六月。夷则:则,法也,言阳气正法度而使阴气夷当伤之物也。⑲位于申,在七月。南吕:南,任也,言阴气旅助夷则任成万物也。位于酉,在八月。亡射:射,厌也,言阳气究物而使阴气毕剥落之,终而复始,亡厌已也。位于戌,在九月。应钟,言阴气应亡射,该臧万物而杂阳阂种也。⑳位于亥,在十月。

①师古曰:"族音千豆反。其下并同。"

②师古曰:"亡读曰无。射音亦石反。"

③师古曰:"中读曰仲。"

④师古曰:"泠音零。纶音伦也。"

⑤应劭曰:"大夏,西戎之国也。"

⑥孟康曰:"解,脱也。谷,竹沟也。取竹之脱无沟节者也。一说昆仑之北谷名也。"晋灼曰:"谷名是也。"

⑦应劭曰:"生者,治也。窍,孔也。"孟康曰:"竹孔与肉薄厚等也。"晋灼曰:"取谷中之竹,生而(孔外肉)〔肉孔外内〕厚薄自然均者,[7]截以为筒,不复加削刮也。"师古曰:"晋说是也。"

⑧师古曰:"黄钟之宫,律之最长者。"

⑨师古曰:"筒音大东反。"

⑩师古曰:"比,合也。可以生之,谓上下相生也,故谓之律本。比音频寐反。"

⑪孟康曰:"律得风气而成声,风和乃律调也。"臣瓒曰:"风气正则十二月之气各应其律,不失其序。"

⑫韦昭曰:"一三在上,七九在下。"

⑬韦昭曰："二四在上，八十在下。"

⑭师古曰："孳读与滋同，滋，益也。萌，始生。"

⑮孟康曰："黄钟阳九，林钟阴六，言阳唱阴和。"

⑯师古曰："奏，进也。"

⑰孟康曰："辜，必也，必使之洁也。"

⑱师古曰："种物，种生之物。楙，古茂字也。种音之勇反。"

⑲师古曰："夷亦伤。"

⑳孟康曰："(该)〔阂〕，臧塞也，[8]阴杂阳气，臧塞为万物作种也。"晋灼曰："外闭曰阂。"师古曰："阂音胡待反。下言'该阂于亥'，音训并同也。"

三统者，天施，地化，人事之纪也。①十一月，《乾》之初九，阳气伏于地下，始著为一，万物萌动，钟于太阴，故黄钟为天统，律长九寸。九者，所以究极中和，为万物元也。《易》曰："立天之道，曰阴与阳。"②六月，《坤》之初六，阴气受任于太阳，继养化柔，万物生长，楙之于未，令种刚强大，故林钟为地统，律长六寸。六者，所以含阳之施，楙之于六合之内，令刚柔有体也。"立地之道，曰柔与刚。"③《乾》知太始，《坤》作成物。"④正月，《乾》之九三，万物棣通，⑤族出于寅，人奉而成之，仁以养之，义以行之，令事物各得其理。寅，木也，为仁；其声，商也，为义。故太族为人统，律长八寸，象八卦，宓戏氏之所以顺天地、通神明、类万物之情也。⑥"立人之道，曰仁与义。"⑦"在天成象，在地成形。"⑧"后以裁成天地之道，辅相天地之宜，以左右民。"⑨此三律之谓矣，是为三统。

①李奇曰："统，绪也。"

②师古曰："《易·说卦》之辞。"

③师古曰："此亦《说卦》之辞也。"

④师古曰："此《上系》之辞。"

⑤孟康曰："棣谓通意也。"师古曰："棣音替。"

⑥师古曰："宓读与伏同。"

⑦师古曰："此《说卦》之辞。"

⑧师古曰："此《上系》之辞。"

⑨师古曰："此《泰卦》象辞也。后，君也，谓王者也。左右，助也。左读曰佐。

右读曰佑。”

其于三正也，黄钟子为天正，①林钟未之衝丑为地正，太族寅为人正。三正正始，是以地正适其始纽于阳东北丑位。《易》曰“东北丧朋，乃终有庆”，②答应之道也。及黄钟为宫，则太族、姑洗、林钟、南吕皆以正声应，无有忽微，③不复与它律为役者，同心一统之义也。非黄钟而它律，虽当其月自宫者，则其和应之律有空积忽微，④不得其正。此黄钟至尊，亡与并也。

①师古曰：“正音之成反。下皆类此。”

②孟康曰：“未在西南，阳也，阴而入阳，为失其类也。”师古曰：“此《坤卦》彖辞。”

③孟康曰：“忽微，若有若无，细于发者也。谓正声无有残分也。”

④孟康曰：“十二月之气各以其月之律为宫，非五音之正，则声有高下差降也。空积。若郑氏分一寸为数千。”

《易》曰：“参天两地而倚数。”①天之数始于一，终于二十有五。其义纪之以三，故置一得三，又二十五分之六，凡二十五置，终天之数，得八十一，以天地五位之合终于十者乘之，为八百一十分，应历一统②千五百三十九岁之章数，黄钟之实也。繇此之义，③起十二律之周径。④地之数始于二，终于三十。其义纪之以两，故置一得二，凡三十置，终地之数，得六十，以地中数六乘之，为三百六十分，当期之日，林钟之实。⑤人者，继天顺地，序气成物，统八卦，调八风，理八政，正八节，谐八音，舞八佾，监八方，被八荒，以终天地之功，故八八六十四。其义极天地之变，以天地五位之合终于十者乘之，为六百四十分，以应六十四卦，大族之实也。⑥《书》曰：“天功人其代之。”⑦天兼地，人则天，故以五位之合乘焉，“唯天为大，唯尧则之”之象也。⑧地以中数乘者，阴道理内，在中馈之象也。⑨三统相通，故黄钟、林钟、太族律长皆全寸而亡馀分也。

①师古曰：“《易·说卦》之辞也。倚，立也。参谓奇也，两谓耦也。七九阳数，六八阴数。”

②孟康曰：“十九岁为一章，一统凡八十一章。”

③师古曰："繇读(为)〔与〕由同。[9]由，用也。"

④孟康曰："律孔径三分，参天之数也；围九分，终天之数也。"

⑤孟康曰："林钟长六寸，围六分。以围乘长，得积三百六十分也。"师古曰："期音基。谓十二月为一期也。"

⑥孟康曰："大族长八寸，围八分，为积六百四十分也。"

⑦师古曰："《虞书·咎繇谟》也。言圣人禀天造化之功代而行之。"

⑧师古曰："则，法也。《论语》称孔子曰'大哉尧之为君也，唯天为大，唯尧则之'，美帝尧能法天而行化。"

⑨师古曰："馈字与馈同。《易·家人卦》六二爻辞曰'无攸遂，在中馈'，言妇人之道，取象于阴，无所必遂，但居中主馈食而已，故云然。"

天之中数五，地之中数六，而二者为合。六为虚，五为声，周流于六虚。虚者，爻律夫阴阳，登降运行，列为十二，而律吕和矣。太极元气，函三为一。①极，中也。元，始也。行于十二辰，始动于子。参之于丑，得三。又参之于寅，得九。又参之于卯，得二十七。又参之于辰，得八十一。又参之于巳，得二百四十三。又参之于午，得七百二十九。又参之于未，得二千一百八十七。又参之于申，得六千五百六十一。又参之于酉，得万九千六百八十三。又参之于戌，得五万九千四十九。又参之于亥，得十七万七千一百四十七。此阴阳合德，气钟于子，化生万物者也。故孳萌于子，纽牙于丑，引达于寅，冒茆于卯，②振美于辰，已盛于巳，咢布于午，③昧薆于未，④申坚于申，留孰于酉，毕入于戌，该阂于亥。出甲于甲，奋轧于乙，⑤明炳于丙，大盛于丁，丰楙于戊，理纪于己，敛更于庚，悉新于辛，怀任于壬，陈揆于癸。故阴阳之施化，万物之终始，既类旅于律吕，又经历于日辰，而变化之情可见矣。

①孟康曰："元气始起于子，未分之时，天地人混合为一；故子数独一也。"师古曰："函读与含同。后皆类此。"

②师古曰："茆谓丛生也，音莫保反。"

③苏林曰："咢音愕。"

④师古曰："薆，蔽也，音爱。"

⑤师古曰："轧音于黠反。"

玉衡杓建，天之纲也；①日月初(缠)〔躔〕，〔10〕星之纪也。②纲纪之交，以原始造设，合乐用焉。律吕唱和，以育生成化，歌奏用焉。指顾取象，然后阴阳万物靡不条鬯该成。③故以成之数忖该之积，④如法为一寸，则黄钟之长也。⑤参分损一，下生林钟。⑥参分林钟益一，上生太族。参分太族损一，下生南吕。参分南吕益一，上生姑洗。参分姑洗损一，下生应钟。参分应钟益一，上生蕤宾。参分蕤宾损一，下生大吕。参分大吕益一，上生夷则。参分夷则损一，下生夹钟。参分夹钟益一，上生亡射。参分亡射损一，下生中吕。阴阳相生，自黄钟始而左旋，八八为伍。⑦其法皆用铜。职在大乐，太常掌之。

①如淳曰："杓音猋，斗端星也。"孟康曰："斗在天中，周制四方，犹宫声处中，为四声纲也。"师古曰："杓音必遥反。"

②孟康曰："(缠)〔躔〕，舍也。二十八舍列在四方，日月行焉，起于星纪，而又周之，犹四声为宫纪也。"晋灼曰："下言斗纲之端连贯营室，织女之纪指牵牛之初，以纪日月，故曰星纪。五星起其初，日月起其中。是谓天之纲纪也。"师古曰："躔，践也，音直连反。"

③师古曰："条，达也，鬯与畅同。"

④孟康曰："成之数者，谓黄钟之法数。该之积；为黄钟变生十二辰积实之数也。忖，除也。言以法数除积得九寸，即黄钟之长也。言该者，该众律之数也。"师古曰："忖音千本反。"

⑤孟康曰："得一寸，则所谓得九寸也。言一者，张法辞。"

⑥张晏曰："黄钟长九寸，以二乘九得十八，以三除之，得林钟六寸。其法率如此，推当算乃解。"晋灼曰："蔡邕《律历记》'凡阳生阴曰下，阴生阳曰上'也。"

⑦孟康曰："从子数辰至未得八，下生林钟。数未至寅得八，上生太族。律上下相生，皆以此为率。伍，耦也，八八为耦。"

度者，分、寸、尺、丈、引也，所以度长短也。①本起黄钟之长。以子谷秬黍中者，②一黍之广，度之九十分，黄钟之长。一为一分，十分为寸，十寸为尺，十尺为丈，十丈为引，而五度审矣。其法用铜，高一寸，广二寸，长一丈，而分寸尺丈存焉。用竹为引，高一分，广六分，长十丈，其方法矩，高广之数，阴阳之象也。③分者，自三微而成著，可分别也。寸者，忖也。尺者，蒦也。④丈者，张也。引者，信也。⑤夫度者，别于分，忖于寸，蒦于尺，张于丈，信于引。引者，信天下也。职在内官，⑥廷尉掌之。"⑦

①师古曰："度音大各反。下皆类此。"

②孟康曰："子北方，北方黑，谓黑黍也。"师古曰："此说非也。子谷犹言谷子耳，秬即黑黍，无取北方为号。中者，不大不小也。言取黑黍谷子大小中者，率为分寸也。秬音巨。"

③孟康曰："高一分，广六分。一为阳，六为阴也。"

④师古曰："蒦音约。"

⑤师古曰："信读曰伸，言其长。"

⑥师古曰："内官，署名也。《百官表》云'内官长丞，初属少府，中属主爵，后属宗正'。"

⑦师古曰："法度所起，故属廷尉也。"

量者，龠、合、升、斗、斛也，①所以量多少也。②本起于黄钟之龠，用度数审其容，③以子谷秬黍中者千有二百实其龠，以井水准其概。④合龠为合，十合为升，十升为斗，十斗为斛，而五量嘉矣。⑤其法用铜，方尺而圜其外，旁有庣焉。⑥其上为斛，其下为斗。⑦左耳为升，右耳为合龠。其状似爵，以縻爵禄。⑧上三下二，参天两地，圜而函方，左一右二，阴阳之象也。其圜象规，其重二钧，备气物之数，合万有一千五百二十。⑨声中黄钟，始于黄钟而反覆焉，⑩君制器之象也。龠者，黄钟律之实也，跃微动气而生物也。合者，合龠之量也。升者，登合之量也。斗者，聚升之量也。斛者，角斗平多少之量也。夫量者，跃于龠，合于合，登于升，聚于斗，角于斛也。职在太仓，大司农掌之。⑪

①师古曰："龠音籥。合音阁。"

②师古曰："量音力张反。"

③师古曰："因度以生量也。其容，谓其中所容受之多少也。"

④孟康曰："概欲其直，故以水平之。井水清，清则平也。"师古曰："概所以概平斗斛之上者也，音工代反，又音工内反。"

⑤师古曰："嘉，善也。"

⑥郑氏曰："庣音条桑之条。庣，过也。算方一尺，所受一斛，过九牦五豪，然后成斛。今尚方有王莽时铜斛，制尽与此同。"师古曰："庣，不满之处也，音吐雕反。"

⑦孟康曰："其上谓仰斛也，其下谓覆斛之底，受一斗。"

⑧晋灼曰："縻，散也。"

⑨孟康曰："三十斤为钧，钧万一千五百二十铢。"

⑩孟康曰："反斛声中黄钟，覆斛亦中黄钟之宫，宫为君也。"臣瓒曰："仰斛受一斛，覆斛受一斗，故曰反覆焉。"师古曰："覆音芳目反。"

⑪师古曰："米粟之量，故在太仓也。"

衡权者，衡，平也，权，重也，衡所以任权而均物平轻重也。其道如底，①以见准之正，绳之直，左旋见规，右折见矩。其在天也，佐助旋机，斟酌建指，以齐七政，②故曰玉衡。《论语》云："立则见其参于前也，③在车则见其倚于衡也。"又曰："齐之以礼。"此衡在前居南方之义也。"

①师古曰："底，平也，谓以底石厉物令平齐也。底音指。"

②师古曰："七政，日、月、五星也。"

③孟康曰："权、衡、量，三等为参。"

权者，铢、两、斤、钧、石也，所以称物平施，知轻重也。本起于黄钟之重。一龠容千二百黍，重十二铢，两之为两。二十四铢为两。十六两为斤。三十斤为钧。四钧为石。忖为十八，《易》十有八变之象也。①五权之制，以义立之，以物钧之，其馀小大之差，以轻重为宜。圜而环之，令之肉倍好者，②周旋无端，终而复始，无穷已也。铢者，物繇忽微始，至于成著，可殊异也。③两者，两黄钟律之重也。④二十四铢而成两者，二十四气之象也。斤者，明也，三百八十四铢，《易》二篇之爻，阴阳变动之象也。十六两成斤者，四时乘四方之象也。钧者，均也，阳施其气，阴化其物，皆得其成就平均也。权与物均，重万一千五百二十铢，当万物之象也。四百八十两者，六旬行八节之象也。⑤三十斤成钧者，一月之象也。石者，大也，权之大者也。始于铢，两于两，明于斤，均于钧，终于石，物终石大也。四钧为石者，四时之象也。重百二十斤者，十二月之象也。终于十二辰而复于子，黄钟之象也。⑥千九百二十两者，阴阳之数也。三百八十四爻，五行之象也。四万六千八十铢者，万一千五百二十物历四时之象也。而岁功成就，五权谨矣。

①孟康曰："忖，度也，度其义有十八也。黄钟、龠、铢、两、钧、斤、石凡七，与下十一象为十八也。"张晏曰："象《易》三揲蓍而成一爻，十八变具六爻而成卦。"

②孟康曰："谓为（钟）〔锤〕之形如环也。"[11]如淳曰："体为肉，孔为好。"师古曰："锤者，称之权也，音直垂反，又音直睡反。"

③师古曰："繇读与由同。由，从也。"

④李奇曰："黄钟之管重十二铢，两十二得二十四也。"

⑤孟康曰："六甲为六旬，一岁有八节，六甲周行成岁，以六乘八节得之。"

⑥孟康曰："称之数始于铢，终于石。石重百二十斤，象十二月。铢之重本取于子。律，黄钟一龠容千二百黍，为十二铢，故曰复于子，黄钟之象也。"

权与物钧而生衡，①衡运生规，规圜生矩，矩方生绳，绳直生准，②准正则平衡而钧权矣。是为五则。规者，所以规圜器械，令得其类也。矩者，所以矩方器械，令不失其形也。规矩相须，阴阳位序，圜方乃成。准者，所以揆平取正也。绳者，上下端直，经纬四通也。准绳连体，衡权合德，百工繇焉，以定法式，③辅弼执玉，以翼天子。④《诗》云："尹氏大师，秉国之钧，四方是维，天子是毗，俾民不迷。"⑤咸有五象，其义一也。以阴阳言之，大阴者，北方。北，伏也，阳气伏于下，于时为冬。冬，终也，物终臧，乃可称。水润下。知者谋，谋者重，故为权也。大阳者，南方。南，任也，阳气任养物，于时为夏。夏，假也，物假大，乃宣平。火炎上。礼者齐，齐者平，故为衡也。少阴者，西方。西，迁也，阴气迁落物，于时为秋。秋，𪓐也，⑥物𪓐敛，乃成孰。金从革，改更也。义者成，成者方，故为矩也。少阳者，东方。东，动也，阳气动物，于时为春。春，蠢也，物蠢生，乃动运。木曲直。仁者生，生者圜，故为规也。中央者，阴阳之内，四方之中，经纬通达，乃能端直，于时为四季。土稼啬蕃息。⑦信者诚，诚者直，故为绳也。五则揆物，有轻重圜方平直阴阳之义，四方四时之体，五常五行之象。厥法有品，各顺其方而应其行。职在大行，鸿胪掌之。⑧

①孟康曰："谓锤与物钧，所称适停，则衡平也。"

②韦昭曰："立准以望绳，以水为平。"

③师古曰："繇读与由同。由，用也。"

④师古曰："翼，助也。"

⑤师古曰："《小雅·节南山》之诗也。言尹氏居太师之官，执持国之权量，维制四方，辅翼天子，使下无迷惑也。"

⑥师古曰："繇音子由反。"

⑦师古曰："蕃，多也。息，生也。蕃音扶元反。"

⑧师古曰："平均曲直，齐一远近，故在鸿胪。"

《书》曰："予欲闻六律、五声、八音、七始咏，以出内五言，女听。"①予者，帝舜也。言以律吕和五声，施之八音，合之成乐。七者，天地四时人之始也。顺以歌咏五常之言，听之则顺乎天地，序乎四时，应人伦，本阴阳，原情性，风之以德，感之以乐，②莫不同乎一。唯圣人为能同天下之意，故帝舜欲闻之也。今广延群儒，博谋讲道，修明旧典，同律，审度，嘉量，平衡，钧权，正准，直绳，立于五则，备数和声，以利兆民，贞天下于一，同海内之归。③凡律度量衡用铜者，名自名也，④所以同天下，齐风俗也。铜为物之至精，不为燥湿寒暑变其节，不为风雨暴露改其形，介然有常，有似于士君子之行，⑤是以用铜也。用竹为引者，事之宜也。"⑥

①师古曰："《虞书·益稷篇》所载舜与禹言。"

②师古曰："以德化之，以乐动之。《诗序》曰'上以风化下'。"

③师古曰："贞，正也。《易·下系》之辞曰'天下之动贞夫一者也'，言皆以一为正也。又曰'天下同归而殊途，一致而百虑'，言途虽殊其归则同，虑虽百其致则一也，故志引之云尔。"

④师古曰："取铜之名，以合于同也。"

⑤师古曰："介然，特异之意。"

⑥李奇曰："引长十丈，高一分，广六分，唯竹篾柔而坚为宜耳。"

历数之起上矣。传述颛顼命南正重司天，火正黎司地，①其后三苗乱德，二官咸废，②而闰馀乖次，③孟陬殄灭，④摄提失方。⑤尧复育重、黎之后，使纂其业，故《书》曰："乃命羲、和，钦若昊天，历象日月星辰，敬授民时。""岁三百有六旬有六日，以闰月定四时成岁，允厘百官，众功皆美。"⑥其后以授舜曰："咨尔舜，天之历数在尔躬。""舜亦以命禹。"⑦至周武王访箕子，⑧箕子言大法九章，而五纪明历法。⑨故自殷周，皆创业改制，咸正历纪，服色从之，顺其时气，以应天道。三代既没，五伯之末史官丧纪，畴人子弟分散，⑩或在夷狄，故其所记，有《黄帝》、《颛顼》、《夏》、《殷》、《周》及《鲁历》。战国扰攘，秦兼天下，未皇暇也，亦颇推五胜，⑪而自以为获水德，乃以十月为正，色上黑。⑫

①臣瓒曰："南正司天，则北正当司地，不得言火正也。古文火字与北相似，故遂误耳。"师古曰："此说非也。班固《幽通赋》云'玄黎醇耀于高辛'，是则黎为火正也。"

②师古曰："三苗，国名，缙云氏之后为诸侯者，即饕餮也。二官，重、黎也。"

③孟康曰："以岁之馀日为闰，故曰闰馀。次，十二次也。史推历失闰，则斗建与月名错也。"

④孟康曰："正月为孟陬。历纪废绝，闰馀乖错，不与正岁相值，谓之殄灭也。"

⑤孟康曰："摄提，星名，随斗杓所指建十二月，若历误，春三月当指辰而乃指巳，是为失方也。"

⑥师古曰："此皆《虞书·尧典》之辞也。钦，敬；若，顺也。昊天，言天气广大也。星，四方之中星也。辰，日月所会也。羲氏、和氏，重、黎之后，以其继掌天地，故尧命之，使敬顺昊天，历象星辰之分节，敬记天时，以授下人也。匝四时凡三百六十六日，而定一岁。十二月月三十日，正三百六十日，则馀六日矣。又除小月六日，是为岁有馀十二日，未盈三岁，便得一月，则置闰焉，以定四时之气节，成一岁之历象，则能信理百官，众功皆美也。"

⑦师古曰："事见《论语·尧曰篇》。"

⑧师古曰："访箕子，谓灭殷之后。"

⑨孟康曰："岁月日星辰，是谓五纪也。"师古曰："大法九章即《洪范》九畴也。其四曰协用五纪也。"

⑩李奇曰："同类之人俱明历者也。"如淳曰："家业世世相传为畴。"师古曰：

"如说是也。"

⑪孟康曰:"五行相胜,秦以周为火,用水胜之。"

⑫师古曰:"获水德,谓有黑龙之瑞。"

汉兴,方纲纪大基,庶事草创,袭秦正朔。以北平侯张苍言,用《颛顼历》,此于六历,疏阔中最为微近。然正朔服色,未睹其真,而朔晦月见,弦望满亏,多非是。

至武帝元封七年,汉兴百二岁矣,大中大夫公孙卿、壶遂、太史令司马迁等言"历纪坏废,宜改正朔"。是时御史大夫兒宽明经术,①上乃诏宽曰:"与博士共议,今宜何以为正朔?服色何上?"宽与博士赐等议,皆曰:"帝王必改正朔,易服色,所以明受命于天也。创业变改,制不相复,②推传序文,则今夏时也。臣等闻学褊陋,不能明。陛下躬圣发愤,昭配天地,③臣愚以为三统之制,后圣复前圣者,二代在前也。今二代之统绝而不序矣,唯陛下发圣德,宣考天地四时之极,则顺阴阳以定大明之制,为万世则。"于是乃诏御史曰:"乃者有司言历未定,广延宣问,以考星度,未能雠也。④盖闻古者黄帝合而不死,名察发敛,定清浊,起五部,建气物分数。⑤然则上矣。书缺乐弛,朕甚难之。⑥依违以惟,未能修明。⑦其以七年为元年。"⑧遂诏卿、遂、迁与侍郎尊、大典星射姓等⑨议造《汉历》。乃定东西,立晷仪,下漏刻,以追二十八宿相距于四方,举终以定朔晦分至,躔离弦望。⑩乃以前历上元泰初四千六百一十七岁,至于元封七年,复得阏逢摄提格之岁,中冬⑪十一月甲子朔旦冬至,日月在建星,⑫太岁在子,已得太初本星度新正。姓等奏不能为算,⑬愿募治历者,更造密度,各自增减,以造汉《太初历》。乃选治历邓平及长乐司马可、酒泉候宜君、⑭侍郎尊及与民间治历者,凡二十馀人,方士唐都、巴郡落下闳与焉。⑮都分天部,⑯而闳运算转历。其法以律起历,曰:"律容一龠,积八十一寸,则一日之分也。⑰与长相终。律长九寸,百七十一分而终复。⑱三复而得甲子。夫律阴阳九六,爻象所从出也。故黄钟纪元气之谓律。律,法也,莫不取法焉。"与邓平所治同。于是皆观新星度、日月行,更以算推,如闳、平法。法,一月之日二十九日八十一分日之四十三。先藉半日，名曰阳历；不藉，名曰阴历。所谓阳历者，先朔月生；阴历者，朔而后月乃生。平曰："阳历朔皆先旦月生，以朝诸侯王群臣便。"乃诏迁用邓平所造八十一分律历，罢废尤疏远者十七家，复使校历律昏明。宦者淳于陵渠复覆《太初历》晦朔弦望，皆最密，日月如合璧，五星如连珠。⑲陵渠奏状，遂用邓平历，以平为太史丞。"

①师古曰："兒音五奚反。"

②师古曰："复，重也，因也，音扶目反。次下亦同。"

③师古曰："躬圣者，言身有圣德也。发愤，谓念正朔未定也。昭，明也。"

④师古曰："雠，相当。"

⑤应劭曰："言黄帝造历得仙，名节会，察寒暑，致启分，发敛至，定清浊，起五部。五部，金、木、水、火、土也。建气物分数，皆叙历之意也。"孟康曰："合，作也。黄帝作历，历终而复始，无穷已也，故曰不死。名春夏为发，秋冬为敛。清浊，谓律声之清浊也。五部，谓五行也。天有四时，分为五行也。气，二十四气也。物，万物也。分，历数之分也。"晋灼曰："蔡邕《天文志》'浑天名察发敛，以行日月，以步五纬'。"臣瓒曰："黄帝圣德，与神灵合契，升龙登仙，故曰合而不死。题名宿度，候察进退。《史记》曰：'名察宿度'，谓三辰之度，吉凶之验也。"

⑥师古曰："弛，废也，音式尔反。"

⑦师古曰："依违，不决之意也。惟，思也。"

⑧李奇曰："改元封七年为太初元年。"

⑨师古曰："姓射，名姓也。"

⑩应昭曰："躔，径也。离，远也。"臣瓒曰："案离，历也，日月之所历也。"邓展曰："日月践历度次。"

⑪孟康曰："言复得者，上元泰初时亦是阏逢之岁。岁在甲曰阏逢，在寅曰摄提格，此为甲寅之岁也。"师古曰："中读曰仲。"

⑫李奇曰："古以建星为宿，今以牵牛为宿。"孟康曰："建星在牵牛间。"晋灼曰："贾逵论《太初历》冬至日在牵牛初者，牵牛中星也。古历皆在建星。建星即斗星也。《太初历》四分法在斗二十六度。史官旧法，冬夏至常不及《太初历》五度。《四分法》在斗二十一度，与行事候法天度相应。"

⑬师古曰："姓即射姓也。"

⑭师古曰:"可者司马之名也。宜君亦候之名也。候,官号也。故曰东南一尉,西北一候。"

⑮晋灼曰:"三人姓名也。《史记·历书》'唐都分天部,而巴郡落下闳运算推历'。"师古曰:"姓唐,名都,方术之士也。姓落下名闳,巴郡人也。都与闳凡二人,言三人,非也。与读曰豫。"

⑯孟康曰:"谓分部二十八宿为距度。"

⑰孟康曰:"黄钟律长九寸,围九分,以围乘长,得积八十一寸也。"

⑱师古曰:"复音扶目反。"

⑲孟康曰:"谓太初上元甲子夜半朔旦冬至时,七曜皆会聚斗、牵牛分度,夜尽如合璧连珠也。"师古曰:"言其应候不差也。"

后二十七年,元凤三年,太史令张寿王上书言:"历者天地之大纪,上帝所为。传黄帝《调律历》,汉元年以来用之。今阴阳不调,宜更历之过也。"①诏下主历使者鲜于妄人诘问,寿王不服。妄人请与治历大司农中丞麻光等二十馀人杂候日月晦朔弦望、八节二十四气,钧校诸历用状。奏可。诏与丞相、御史、大将军、右将军史各一人杂候上林清台,课诸历疏密,凡十一家。以元凤三年十一月朔旦冬至,尽五年十二月,各有第。寿王课疏远。案汉元年不用黄帝《调历》,寿王非汉历,逆天道,非所宜言,大不敬。有诏勿劾。复候,尽六年。《太初历》第一,即墨徐万且、长安徐禹治《太初历》亦第一。②寿王及待诏李信治黄帝《调历》,课皆疏阔,又言黄帝至元凤三年六千馀岁。丞相属宝、长安单安国、安陵桮育治《终始》,③言黄帝以来三千六百二十九岁,不与寿王合。寿王又移《帝王录》,舜、禹年岁不合人年。寿王言化益为天子代禹,④骊山女亦为天子,在殷周间,皆不合经术。寿王历乃太史官《殷历》也。寿王猥曰安得五家历,⑤又妄言《太初历》亏四分日之三,去小馀七百五分,以故阴阳不调,谓之乱世。劾寿王吏八百石,古之大夫,服儒衣,诵不详之辞,作袄言欲乱制度,不道。奏可。寿王候课,比三年下,⑥终不服。再劾死,更赦勿劾,⑦遂不更言,诽谤益甚,竟以下吏。故历本之验在于天,自汉历初起,尽元凤六年,三十六岁,而是非坚定。

①师古曰："更，改也。"

②师古曰："且音子余反。"

③苏林曰："栝音布回反。"师古曰："姓栝，名育也。单音善。"

④师古曰："化益即伯益。"

⑤师古曰："猥，曲也。"

⑥师古曰："比，频也。下，下狱也，音胡稼反。"

⑦师古曰："更，经也，音工衡反。"

至孝成世，刘向总六历，列是非，作《五纪论》。向子歆究其微眇，①作《三统历》及《谱》以说《春秋》，推法密要，故述焉。②

①师古曰："眇，细也，音莫小反，又读曰妙。他皆类此。"

②师古曰："自此以下，皆班氏所述刘歆之说也。"

夫历《春秋》者，天时也，列人事而(目)〔因〕以天时。[12]传曰："民受天地之中以生，所谓命也。①是故有礼谊动作威仪之则以定命也，能者养以之福，不能者败以取祸。"②故列十二公二百四十二年之事，以阴阳之中制其礼。故春为阳中，万物以生；秋为阴中，万物以成。是以事举其中，礼取其和，历数以闰正天地之中，以作事厚生，皆所以定命也。《易》金火相革之卦曰"汤武革命，顺乎天而应乎人"，③又曰"治历明时"，④所以和人道也。

①师古曰："此《春秋左氏传》周大夫刘康公之言也。中谓中和之气也。"

②师古曰："之，往也，往就福也。自此以上，皆刘康公辞。"

③师古曰："《离》下《兑》上，故云金火相革。此《革卦》彖辞。"

④师古曰："此《革卦》象辞。"

周道既衰，幽王既丧，天子不能班朔，鲁历不正，以闰馀一之岁为蔀首。①故《春秋》刺"十一月乙亥朔，日有食之"。于是辰在申，②而司历以为在建戌，史书建亥。哀十二年，亦以建申流火之月为建亥，③而怪蛰虫之不伏也。自文公闰月不告朔，至此百有馀年，莫能正历数。故子贡欲去其饩羊，孔子爱其礼，④而著其法于《春秋》。经曰："冬十月朔，日有食之。"传曰："不书日，官失之也。天子有日官，诸侯有日御，日官居卿以底日，礼也。⑤日御不失日以授百官于朝。”言告朔也。⑥元典历始曰元。传曰：“元，善之长也。”共养三德为善。⑦又曰：“元，体之长也。”合三体而为之原，故曰元。于春三月，每月书王，元之三统也。三统合于一元，故因元一而九三之以为法，⑧十一三之以为实。⑨实如法得一。黄钟初九，律之首，阳之变也。因而六之，以九为法，得林钟⑩初六，吕之首，阴之变也。皆参天两地之法也。⑪上生六而倍之，下生六而损之，皆以九为法。九六，阴阳夫妇子母之道也。⑫律娶妻⑬而吕生子，⑭天地之情也。六律六吕，而十二辰立矣。五声清浊，而十日行矣。⑮传曰“天六地五”，数之常也。天有六气，⑯降生五味。⑰夫五六者，天地之中合，⑱而民所受以生也。故日有六甲，辰有五子，⑲十一而天地之道毕，言终而复始。太极中央元气，故为黄钟，其实一龠，以其长自乘，故八十一为日法，所以生权衡度量，礼乐之所繇出也。⑳经元一以统始，《易》太极之首也。春秋二以目岁，㉑《易》两仪之中也。于春每月书王，《易》三极之统也。于四时虽亡事必书时月，《易》四象之节也。时月以建分至启闭之分，《易》八卦之位也。㉒象事成败，《易》吉凶之效也。朝聘会盟，《易》大业之本也。故《易》与《春秋》，天人之道也。传曰：“龟，象也。筮，数也。物生而后有象，象而后有滋，滋而后有数。”㉓

①孟康曰：“当以闰尽岁为蔀首，今失正，未尽一岁便以为蔀首也。”师古曰：“蔀音剖，又音部。”

②孟康曰：“辰谓斗建。”臣瓒曰：“日月之会为辰。”师古曰：“事在襄二十七年。”

③张晏曰：“周之十二月，夏之十月也。再失闰，当为八月建酉，而云建申，误也。仲尼曰：‘火犹西流，司历过也。’刘歆徒以《诗》‘七月流火’为喻，不知八月火犹西流也。”

④师古曰：“饩，生牲也。礼，人君每月告朔于庙，有祭事，故用牲。子贡见其礼废而欲去其羊，孔子曰：‘赐也，汝爱其羊，我爱其礼。’事见《论语》。”

⑤苏林曰：“底，致也。”师古曰：“音之履反。”

⑥师古曰：“刘家本有此语。”

⑦孟康曰：“谓三统之微气也，当施育万物，故谓之德。”师古曰：“共读曰供。”

⑧孟康曰："辰有十二，其三为天地人之统。《老子》曰：'三生万物'，是以馀九。辰得三气，乃能施化。故每辰者，以三统之数乘之，是谓九三之法，得积万九千六百八十三。"

⑨孟康曰："以子数一乘丑三，馀次辰，亦每三乘之，周十一辰，得十七万七千一百四十七。"

⑩孟康曰："以六乘黄钟之九，得五十四。"

⑪孟康曰："三三而九，二三而六，参两之义也。"

⑫孟康曰："异类为子母，谓黄钟生林钟也。同类为夫妇，谓黄钟以大吕为妻也。"

⑬如淳曰："黄钟生林钟。"

⑭如淳曰："林钟生太族。"

⑮李奇曰："声一清一浊，合为二，五声凡十，合于十日，从甲至癸也。"孟康曰："谓东方甲乙、南方丙丁之属，分在五方，故五声属焉。"

⑯张晏曰："六气，阴、阳、风、雨、晦、明也。"

⑰孟康曰："《月令》五方之味，酸咸是也。"

⑱孟康曰："天阳数奇，一三五七九，五在其中。地阴数耦，二四六八十，六在其中。故曰天地之中合。"

⑲孟康曰："六甲之中唯甲寅无子，故有五子。"

⑳师古曰："繇读与由同。"

㉑邓展曰："春秋则为二矣。"孟康曰："春为阳中，万物以生；秋为阴中，万物以成。举春秋以目一岁。"

㉒张晏曰："二至、二分、立春、立夏、立秋、立冬。"

㉓师古曰："《左氏传》载韩简之言也。物生则有象，有象而滋益，滋益乃数起。龟以象告吉凶，筮以数示祸福。"

是故元始有象一也，春秋二也，三统三也，四时四也，合而为十，成五体。以五乘十，大衍之数也，而道据其一，其馀四十九，所当用也，故蓍以为数。以象两两之，又以象三三之，又以象四四之，又归奇象闰十九①及所据一加之，因以再扐两之，②是为月法之实。如日法得一，则一月之日数也，而三辰之会交矣，是以能生吉凶。③故《易》曰："天一地二，天三地四，天五地六，天七地八，天九地十。天数五，地数五，五位相得而各有合。天数二十有五，地数三十，凡天地之数五十有五，此所以成变化而行鬼神也。”④并终数为十九，《易》穷则变，故为闰法。⑤参天九，两地十，是为会数。参天数二十五，两地数三十，是为朔望之会。以会数乘之，则周于朔旦冬至，是为会月。⑥九会而复元，⑦黄钟初九之数也。经于四时，虽亡事必书时月。时所以记启闭也，月所以纪分至也。启闭者，节也。分至者，中也。节不必在其月，故时中必在正数之月。故传曰：“先王之正时也，履端于始，举正于中，归馀于终。履端于始，序则不愆；举正于中，民则不惑；归馀于终，事则不悖。”⑧此圣王之重闰也。以五位乘会数，而朔旦冬至，是为章月。四分月法，以其一乘章月，是为中法。参闰法为周至，以乘月法，以减中法而约之，则(六)〔七〕扐之数，〔13〕为一月之闰法，其馀七分。此中朔相求之术也。朔不得中，是谓闰月，言阴阳虽交，不得中不生。故日法乘闰法，是为统岁。三统，是为元岁。元岁之闰，阴阳灾，三统闰法。《易》九厄曰：初入元，百六，阳九；次三百七十四，阴九；⑨次四百八十，阳九；⑩次七百二十，阴七；⑪次七百二十，阳七；⑫次六百，阴五；次六百，阳五；⑬次四百八十，阴三。；次四百八十，阳三。⑭凡四千六百一十七岁，与一元终。经岁四千五百六十，灾岁五十七。⑮是以《春秋》曰：“举正于中。”又曰：“闰月不告朔，非礼也。闰以正时，时以作事，事以厚生，⑯生民之道于是乎在矣。不告闰朔，弃时正也，何以为民？”⑰故善僖“五年春王正月辛亥朔，日南至，公既视朔，遂登观台以望，而书，礼也。凡分至启闭，必书云物，为备故也”。至昭二十年二月己丑，日南至，失闰，至在非其月。梓慎望氛气而弗正，不履端于始也。故传不曰冬至，而曰日南至。极于牵牛之初，日中之时景最长，以此知其南至也。斗纲之端连贯营室，织女之纪指牵牛之初，以纪日月，故曰星纪。五星起其初，日月起其中，凡十二次。日至其初为节，至其中斗建下为十二辰。视其建而知其次。故曰“制礼上物，不过十二，天之大数也”。经曰春王正月，传曰周正月“火出，于夏为三月，商为四月，周为五月。夏数得天”，⑱得四时之正也。三代各据一统，明三统常合，而迭为首，⑲登降三统之首，周还五行之道也。⑳故三五相包而生。

天统之正,始施于子半,㉑日萌色赤。地统受之于丑初,日肇化而黄,至丑半,日牙化而白。人统受之于寅初,日孽成而黑,至寅半,日生成而青。天施复于子,地化自丑毕于辰,㉒人生自寅成于申。㉓故历数三统,天以甲子,㉔地以甲辰,㉕人以甲申。㉖孟仲季迭用事为统首。三微之统既著,而五行自青始,其序亦如之。五行与三统相错。传曰"天有三辰,地有五行",然则三统五星可知也。《易》曰:"参五以变,错综其数。通其变,遂成天下之文;极其数,遂定天下之象。"㉗太极运三辰五星于上,而元气转三统五行于下。其于人,皇极统三德五事。故三辰之合于三统也,日合于天统,月合于地统,斗合于人统。五星之合于五行,水合于辰星,火合于荧惑,金合于太白,木合于岁星,土合于填星。三辰五星而相经纬也。天以一生水,地以二生火,天以三生木,地以四生金,天以五生土。五胜相乘,以生小周,以乘《乾坤》之策,而成大周。阴阳比类,交错相成,故九六之变登降于六体。三微而成著,三著而成象,二象十有八变而成卦,四营而成易,为七十二,参三统两四时相乘之数也。参之则得《乾》之策,两之则得《坤》之策。㉘以阳九九之,为六百四十八,以阴六六之,为四百三十二,凡一千八十,阴阳各一卦之微算策也。八之,为八千六百四十,而八卦小成。引而信之,㉙又八之,为六万九千一百二十,天地再之,为十三万八千二百四十,然后大成。五星会终,触类而长之,以乘章岁,为二百六十二万六千五百六十,而与日月会。三会为七百八十七万九千六百八十,而与三统会。三统二千三百六十三万九千四十,而复于太极上元。九章岁而六之为法,太极上元为实,实如法得一,阴(一)阳各万一千五百二十,〔14〕当万物气体之数,天下之能事毕矣。

①孟康曰:"岁有闰分七,分满十九,则为闰也。"师古曰:"奇音居宜反。"

②师古曰:"扐音勒。"

③孟康曰:"三辰,日月星也。轨道相错,故有交会。交会即阴阳有干陵胜负,故生吉凶也。"

④师古曰:"皆《上系》之辞。"

⑤孟康曰:"天终数九,地终数十。穷,终也,言闰亦日之穷馀,故取二终之数

以为义。"

⑥孟康曰:"会月,二十七章之月数也,得朔旦冬至日与岁复。"

⑦孟康曰:"谓四千六百一十七岁之月数也,所谓元月。"

⑧师古曰:"自此以上,《左氏传》之辞也。履端于始,谓步历之始,以为术之端首也。举正于中,谓分一期为十二月,举中气以正月也。归馀于终,谓有馀日,则归于终,积而成闰也。悖,乖也,音布内反。"

⑨孟康曰:"《易传》也。所谓阳九之厄,百六之会者也。初入元百六岁有厄者,则前元之馀气也,若馀分为闰也。《易》爻有九六七八,百六与三百七十四,六乘八之数也,六八四十八,合为四百八十岁也。"

⑩孟康曰:"亦六乘八之数也,于《易》爻六有变,故再数也。"如淳曰:"六八四十八,为四百八十岁,有九年旱。"

⑪孟康曰:"〔亦〕九乘八之数也。[15]八九七十二,为七百二十岁。"

⑫孟康曰:"亦九乘八之数也。于《易》爻九变,故再数也。"如淳曰:"八十岁纪一甲子冬至。以八乘九,八九七十二,故七百二十岁,乃有灾也。"

⑬孟康曰:"七八爻乘八之数也。七乘八得五百六十岁,八乘八得六百四十岁,合千二百岁也。于《易》爻七八不变,气不通,故合而数之,各得六百岁也。"如淳曰:"爻有七八,八八六十四,七八五十六,二爻之数,合千二百。满纯阴七八不变,故通其气,使各六百岁,乃有灾。"

⑭孟康曰:"此六乘八之数也。六既有变,又阴爻也,阳奇阴偶,故九再数,而六四数,七八不变,又无偶,各一数。一元之中,有五阳四阴,阳旱阴水,九七五三,皆阳数也,故曰阳九之厄。"如淳曰:"九六者,阳奇阴偶。偶,故重出,覆取上六八四十八,故同四百八十岁。正以九七五三为灾者,从天奇数也。《易》天之数曰:'立天之道,曰阴与阳。'系天故取其奇为灾岁数。八十岁则甲子冬至,一甲子六十日,一岁三百六十日,八十岁,得四百八十甲子又五日。五八四十,为四百日又四分日之一。八十岁有八十分,八十分为二十日,凡四百八十日,得七十甲子。八十岁合四百八十七甲子,馀分皆尽,故八十岁则一甲子冬至也。"

⑮孟康曰:"经岁,从百六终阳三也,得灾岁五十七,合为一元,四千六百一十七岁。"

⑯师古曰:"言四时渐差,则置闰以正之,因顺时而命事,事得其序,则年谷丰熟。"

⑰师古曰："自此以上，皆《左氏传》之辞也。为，治也。"

⑱师古曰："自此以上，《左传》之辞。"

⑲师古曰："迭，互也，音大结反。此下亦同。"

⑳师古曰："还读曰旋。"

㉑苏林曰："子之西，亥之东，其中间也。或曰于子半曰地统，受于丑初。"臣瓒曰："谓分十二辰，各有上中下，言半，谓在中也，又受于寅初，此谓上也。"

㉒如淳曰："地以十二月生万物，三月乃毕。"

㉓如淳曰："人功自正月至七月乃毕。"

㉔李奇曰："夏正月朔日。"

㉕韦昭曰："殷正月朔日。"

㉖李奇曰："周正月朔日。"

㉗师古曰："《易·上系》之辞。"

㉘苏林曰："策，数也。"

㉙师古曰："信读曰伸。"

【校勘记】

〔1〕 百(馀)馀人， 景祐、殿、局本都不重"馀"字。

〔2〕 夫推历生律(七)制器， 王先谦说"制器"二字上属为句。

〔3〕 絫音(墨)纍。 景祐本无"墨"字。

〔4〕 荡(降)〔涤〕人之邪意， 景祐、殿、局本都作"涤"。

〔5〕 取竹之解谷⑥生，其窍厚均者，⑦断两节间而吹之， 注⑥在"解谷"下，明孟康以"生"字连下文读。陈浩说此于文义不顺，当以"取竹之解谷生"为读，"其窍均厚者"为句，于文始顺。王先谦说句读当如陈说，犹言解谷所生耳。

〔6〕 言阴大，旅助黄钟(宫)〔宣〕气而牙物也。 景祐、殿本都作"宣"。

〔7〕 生而(孔外肉)〔肉孔外内〕厚薄自然均者， 据景祐、殿、局本改。

〔8〕 (该)"阂"，臧塞也。 景祐、殿本都作"阂"。王先谦说作"阂"是。

〔9〕 繇读(为)"与"由同。 景祐、殿本都作"与"。王先谦说作"与"是。

〔10〕 日月初(缠)〔躔〕， 景祐、殿本都作"躔"，孟康注同。

〔11〕 谓为(钟)〔锤〕之形如环也。 景祐、殿、局本都作“锤”。王先谦说作“锤”是。

〔12〕 列人事而(目)〔因〕以天时。 殿本作“因”,景祐本作“固”。

〔13〕 则(六)〔七〕扐之数, 钱大昕说“六”当作“七”。

〔14〕 实如法得一,阴(一)阳各万一千五百二十, 张文虎说“实如法得一”当绝句,算家常语,浅人误以“一阴”连属,遂又于“阳”上亦增“一”字。

〔15〕 〔亦〕九乘八之数也。 “亦”字据景祐、殿本补。

汉书卷二十一下

律历志第一下

统母

日法八十一。①元始黄钟初九自乘,一龠之数,得日法。

①孟康曰:"分一日为八十一分,为三统之本母也。"

闰法十九,因为章岁。合天地终数,得闰法。

统法千五百三十九。以闰法乘日法,得统法。

元法四千六百一十七。参统法,得元法。

会数四十七。参天九,两地十,得会数。

章月二百三十五。五位乘会数,得章月。

月法二千三百九十二。推大衍象,得月法。

通法五百九十八。四分月法,得通法。

中法十四万五百三十。以章月乘通法,得中法。

周天五十六万二千一百二十。以章月乘月法,得周天。

岁中十二。以三统乘四时,得岁中。

月周二百五十四。以章月加闰法,得月周。

朔望之会百三十五。参天数二十五,两地数三十,得朔望之会。

会月六千三百四十五。以会数乘朔望之会,得会月。

统月万九千三十五。参会月,得统月。

元月五万七千一百五。参统月,得元月。

章中二百二十八。以闰法乘岁中,得章中。

统中万八千四百六十八。以日法乘章中,得统中。

元中五万五千四百四。参统中，得元中。

策馀八千八十。什乘元中，以减周天，得策馀。

周至五十七。参闰法，得周至。

(统)〔纪〕母。[1]

木金相乘为十二，是为岁星小周。小周乘《巛》策，为千七百二十八，是为岁星岁数。

见中分二万七百三十六。

积中十三，中馀百五十七。

见中法千五百八十三。见数也。

见闰分万二千九十六。

积月十三，月馀万五千七十九。

见月法三万七十七。

见中日法七百三十万八千七百一十一。

见月日法二百四十三万六千二百三十七。

金火相乘为八，又以火乘之为十六而小复。小复乘《乾》策，为三千四百五十六，是为太白岁数。

见中分四万一千四百七十二。

积中十九，中馀四百一十三。

见中法二千一百六十一。复数。

见闰分二万四千一百九十二。

积月十九，月馀三万二千三十九。

见月法四万一千五十九。

晨中分二万三千三百二十八。

积中十，中馀千七百一十八。(“十”一作“七”)[2]

夕中分万八千一百四十四。

积中八，中馀八百五十六。

晨闰分万三千六百八。

积月十一，月馀五千一百九十一。

夕闰分万五百八十四。

积月八,月馀二万六千八百四十八。

见中日法九百九十七万七千三百三十七。

见月日法三百三十二万五千七百七十九。

土木相乘而合经纬为三十,是为镇星小周。小周乘《巛》策,为四千三百二十,是为镇星岁数。

见中分五万一千八百四十。

积中十二,中馀千七百四十。

见中法四千一百七十五。见数也。

见闰分三万二百四十。

积月十二,月馀六万三千三百。

见月法七万九千三百二十五。

见中日法千九百二十七万五千九百七十五。

见月日法六百四十二万五千三百二十五。

火经特成,故二岁而过初,三十二过初为六十四岁而小周。小周乘《乾》策,则太阳大周,为万三千八百二十四岁,是为荧惑岁数。

见中分十六万五千八百八十八。

积中二十五,中馀四千一百六十三。

见中法六千四百六十九。见数也。

见闰分九万六千七百六十八。

积月二十六,月馀五万二千九百五十四。

见月法十二万二千九百一十一。(“二千”一作“一千”)

见中日法二千九百八十六万七千三百七十三。

见月日法九百九十五万五千七百九十一。

水经特成,故一岁而及初,六十四及初而小复。小复乘《巛》策,则太阴大周,为九千二百一十六岁,是为辰星岁数。

见中分十一万五百九十二。

积中三,中馀三万二千四百六十九。

见中法二万九千四十一。复数也。

见闰分六万四千五百一十二。

积月三，月馀五十一万四百二十三。

见月法五十五万一千七百七十九。

晨中分六万二千二百八。

积中二，中馀四千一百二十六。

夕中分四万八千三百八十四。

积中一，中馀万九千三百四十三。

晨闰分三万六千二百八十八。

积月二，月馀十一万四千六百八十二。

夕闰分二万八千二百二十四。

积月一，月馀三十九万五千七百四十一。

见中日法一亿三千四百八万二千二百九十七。

见月日法四千四百六十九万四千九十九。

合太阴太阳之岁数而中分之，各万一千五百二十。阳施其气，阴成其物。

以星行率减岁数，馀则见数也。

东九西七乘岁数，并九七为法，得一，金、水晨夕岁数。

以岁中乘岁数，是为星见中分。

星见数，是为见中法。

以岁闰乘岁数，是为星见闰分。

以章岁乘见数，是为见月法。

以元法乘见数，是为见中日法。

以统法乘见数，是为见月日法。

五步

木，晨始见，去日半次。顺，日行十一分度二，百二十一日。始留，二十五日而旋。逆，日行七分度一，八十四日。复留，二十四日三分而旋。复顺，日行十一分度二，百一十一日有百八十二万八千三百六十二分而伏。凡见三百六十五日有百八十二万八千三百六十五分，除逆，定行星三十度百六十六万一千二百八十六分。凡见一岁，行一次而后伏。日行不盈十一分度一。伏三十三日三百三十三万四千七百三十七分，行星三度百六十七万三千四百五十一(一作"三")分。一见，三百九十八日五百一十六万三千一百二分，行星三十三度三百三十三万四千七百三十七分。通其率，故曰日行千七百二十八分度之百四十五。

金，晨始见，去日半次。逆，日行二分度一，六日。始留，八日而旋。始顺，日行四十六分度三十三，四十六日。顺，疾，日行一度九十二分度十五，百八十四日而伏。凡见二百四十四日，除逆，定行星二百四十四度。伏，日行一度九十二分度三十三有奇。① 伏八十三日，行星百一十三度四百三十六万五千二百二十分。凡晨见、伏三百二十七日，行星三百五十七度四百三十六万五千二百二十分。夕始见，去日半次。顺，日行一度九十二分度十五，百八十一日百七分日四十五。顺，迟，日行四十六分度三(一作"四")十三，四十六日。始留，七日百七分日六十二分而旋。逆，日行二(一作"三")分度一，六日而伏。凡见二百四十一日，除逆，定行星二百四十一度。伏，逆，日行八分度七有奇。伏十六("一作六十")日百二十九万五千三百五十二分，行星十四度三百六万九千八百六十八分。一凡夕见伏，二百五十七日百二十九万五千三百五十二(一作"一")分，行星二百二十六度六百九十万七千四百六十九分。一复，五百八十四日百二十九万五千三百五十二分。行星亦如之，故曰日行一度。

①师古曰："奇音居宜反。下皆类此。"

土，晨始见，去日半次。顺，日行十五分度一，八十七日，始留，三十四日而旋。逆，日行八十一分度五，百一日。复留，三十三日八十六万二千四百五十五分而旋。复顺，日行十五分度一，八十五日而伏。凡见三百四十日八十六万二千四百五十五分，除逆，定(一多"馀"字)行星五度四百四十七万三千九百三十分。伏，日行不盈十五分度三。(百)三十七日[3]千七百一十七万一百七十分，行星七度八百七十三万六千五百七十分。一见，三百七十七日千八百三万二千六百二十五分，行星十二度千三百二十一万五百分。通其率，故曰日行四千三百二十分度之百四十五。

火，晨始见，去日半次。顺，日行九十二分度五十三，二百七十六日，始留，十日而旋。逆，日行六十二分度十七，六十二日。复留，十日而旋。复顺，日行九十二分度五十三，二百七十六日而伏。凡见六百三十四日，除逆，定行星三百一度。伏，日行不盈九十二分度七十三(分)，[4]伏百四十六日千五百六十八万九千七百分，行星百一十四度八百二十一万八千五分。一见，七百八十日千五百六十八万九千七百分，凡行星四百一十五度八百二十一万八千五分。通其率，故曰日行万三千八百二十四分度之七千三百五十五。

水，晨始见，去日半次。逆，日行二度，一日。始留，二日而旋。顺，日行七分度六，(一多"十"字)七日。顺，疾，日行一度三分度一，(一多"一"字)十八日而伏。凡见二十八日，除逆，定行星二十八度。伏，日行一度九分度七有奇，三十七日一亿二千二百二万九千六百五分，行星六十八度四千六百六十一万一百二十八分。凡晨见、伏，六十五日一亿二千二百二万九千六百五分，行星九十六度四千六百六十一万一百二十八分。夕始见，去日半次。顺，疾，日行一度三分度一，十六日二分日一。顺，迟，日行七分度六，七(一作"十")日。留，一日二分日一而旋。逆，日行二度，一日而伏。凡见二十六日，除逆，定行星二十六度。伏，逆，日行十五分度四有奇，二十四日，行星六度五千八百六十六万二千八百二十分。凡夕见伏，五十日，行星十九度七千五百四十一万九千四百七十七分。一复，百一十五日一亿二千二百二万九千六百五分。行星亦如之，故曰日行一度。

统术

推日月元统，置太极上元以来，外所求年，盈元法除之，馀不盈统者，则天统甲子以来年数也。盈统，除之，馀则地统甲辰以来年数也。又盈统，除之，馀则人统甲申以来年数也。各以其统首日为纪。

推天正，以章月乘(人)〔入〕统岁数，[5]盈章岁得一，名曰积月，不盈者名曰闰馀。闰馀十二以上，岁有闰。求地正，加积月一；求人正，加二。

推正月朔，以月法乘积月，盈日法得一，名曰积日，不盈者名曰小馀。小馀三十八以上，其月大。积日盈六十，除之，不盈者名曰大馀。数从统首日起，算外，则朔日也。求其次月，加大馀二十九，小馀四十三。小馀盈日法得一，从大馀，数除如法。求弦，加大馀七，小馀三十一。求望，倍弦。

推闰馀所在，以十二乘闰馀，加(十)〔七〕得一。[6]盈章中，数所得，起冬至，算外，则中至终闰盈。中气在朔若二日，则前月闰也。

推冬至，以(算)〔策〕馀乘(人)〔入〕统岁数，[7]盈统法得一，名曰大馀，不盈者名曰小馀。除数如法，则所求冬至日也。

求八节，加大馀四十五，小馀千一(百)〔十〕。[8]求二十四气，三其小馀，加大馀十五，小馀千一十。

推中部二十四气，皆以元为法。

推五行，其四行各七十三日，统(岁)〔法〕分之七十七。[9]中央各十八日，统法分之四百四。冬至后，中央二十七日六百六分。

推合晨所在星，置积日，以统法乘之，以十九乘小馀而并之。盈周天，除去之；不盈者，令盈统法得一度。数起牵牛，算外，则合晨所入星度也。

推其日夜半所在星，以章岁乘月小馀，以减合晨度。小馀不足者，破全度。

推其月夜半所在星，以月周乘月小馀，盈统法得一度，以减合晨度。

推诸加时，以十二乘小馀为实，各盈分母为法，数起于子，算外，则所加辰也。

推月食，置会馀岁积月，以二十三乘之，盈百三十五，除之。不盈者，加二十三得一月，盈百三十五，数所得，起其正，算外，则食月也。加时，在望日冲辰。

纪术

推五星见复，置太极上元以来，尽所求年，乘大统见复数，盈岁数得一，则定见复数也。不盈者名曰见复馀。见复馀盈其见复数，一以上见在往年，倍一以上，又在前往年，不盈者在今年也。

推星所(一多"在"字)见中次，以见中分乘定见复数，盈见中法得一，则积中(法)也。[10]不盈者名曰中馀。以元中除积中，馀则中元馀也。以章中除之，馀则入章中数也。以十二除之，馀则星见中次也。中数从冬至起，次数从星纪起，算外，则星所见中次也。

推星见月，以闰分乘定见〔复数〕，[11]以章岁乘中馀从之，盈见月法得一，并积中，则积月也。不盈者名曰月(中)馀。[12]以元月除积月馀，名曰月元馀。以章月除月元馀，则入章月数也。以十二除之，至有闰之岁，除十三入章。三岁一闰，六岁二闰，九岁三闰，十一岁四闰，十四岁五闰，十七岁六闰，十九岁七闰。不盈者数起于天正，算外，则星所见月也。

推至日，以中法乘中元馀，盈元法得一，名曰积日，不盈者名曰小馀。小馀盈二千五百九十七以上，中大。数除积日如法，算外，则冬至也。

推朔日，以月法乘月元馀，盈日法得一，名曰积日，馀名曰小馀。小馀三十八以上，月大。数除积日如法，算外，则星见月朔日也。

推入中次日度数，以中法乘中馀，以见中法乘其小馀并之，盈见中日法得一，则入中日入次度数也。中(次)〔以〕至日数，[13]次以次初数，算外，则星所见及日所在度数也。求夕，在日后十五度。

推入月日数，以月法乘月馀，以见月法乘其小馀并之，盈见月日法得一，则入月日数也。并之大馀，数除如法，则见日也。

推后见中，加积中于中元馀，加后〔中〕馀于中馀，盈其法得一，从中元馀,〔除〕数如法,则〔后〕见〔中〕也。[14]

推后见月,加积月于月元馀,加后月馀于月馀,盈其法得一,从月元馀,除数如法,则后见月也。

推至日及入中次度数,如上法。

推朔日及入月数,如上法。

推晨见加夕,夕见加晨,皆如上法。

推五步,置始见以来日数,至所求日,各以其行度数乘之。其星若日有分者,分子乘全为实,分母为法。其两有分者,分母分度数乘全,分子从之,令相乘为实,分母相乘为法,实如法得一,名曰积度。数起星初见(星宿)所在宿度,[15]算外,则星所在宿度也。

岁术

推岁所在,置上元以来,外所求年,盈岁数,除去之,不盈者以百四十五乘之,以百四十四为法,如法得一,名曰积次,不盈者名曰次馀。积次盈十二,除去之,不盈者名曰定次。数从星纪起,算尽之外,则所在次也。欲知太岁,以六十除(馀)积次,[16]馀不盈者,数从丙子起,算尽之外,则太岁日也。

赢缩。传曰:"岁弃其次而旅于明年之次,以害鸟帑,①周楚恶之。"五星之(盈)〔赢〕缩不是过也。[17]过次者殃大,过舍者灾小,不过者亡咎。次度。六物者,岁时(数)日月星辰也。[18]辰者,日月之会而建所指也。

①师古曰:"帑与奴同。"

星纪,初斗十二度,大雪。中牵牛初,冬至。于夏为十一月,商为十二月,周为正月。终于婺女七度。

玄枵,初婺女八度,小寒。中危初,大寒。于夏为十二月,商为正月,周为二月。终于危十五度。

诹訾,初危十六度,立春。中营室十四度,惊蛰。今曰雨水,于夏为正月,商为二月,周为三月。终于奎四度。

降娄,初奎五度,雨水。今曰惊蛰。中娄四度,春分。于夏为二月,商为三月，周为四月。终于胃六度。

大梁，初胃七度，谷雨。今曰清明。中昴八度，清明。今曰谷雨，于夏为三月，商为四月，周为五月。终于毕十一度。

实沈、初毕十二度，立夏。中井初，小满。于夏为四月，商为五月，周为六月。终于井十五度。

鹑首，初井十六度，芒种。中井三十一度，夏至。于夏为五月，商为六月，周为七月。终于柳八度。

鹑火，初柳九度，小暑。中张三度，大暑。于夏为六月，商为七月，周为八月。终于张十七度。

鹑尾，初张十八度，立秋。中翼十五度，处暑。于夏为七月，商为八月，周为九月。终于轸十一度。

寿星，初轸十二度，白露。中角十度，秋分。于夏为八月，商为九月，周为十月。终于氐四度。

大火，初氐五度，寒露。中房五度，霜降。于夏为九月，商为十月，周为十一月。终于尾九度。

析木，初尾十度，立冬。中箕七度，小雪。于夏为十月，商为十一月，周为十二月。终于斗十一度。

角十二。　亢九。　氐十五。　房五。　心五。　尾十八。　箕十一。

东七十五度。

斗二十六。　牛八。　女十二。　虚十。　危十七。　营室十六。　壁九。

北九十八度。

奎十六。　娄十二。　胃十四。　昴十一。　毕十六。　觜二。　参九。

西八十度。

井三十三。　鬼四。　柳十五。　星七。　张十八。　翼十八。　轸十七。

南百一十二度。

九章岁为百七十一岁，而九道小终。九终千五百三十九岁而大终。三终而与元终。进退于牵牛之前四度五分。九会。阳以九终，故日有九道。阴兼而成之，故月有十九道。阳名成功，故九会而终。四营而成易，故四岁中馀一，四章而朔馀一，为篇首，八十一章而终一统。

一，甲子元首。汉太初元年。 十，辛酉。 十九，己未。 二十八，丁巳。 三十七，乙卯。 四十六，壬子。 五十五，庚戌。 六十四，戊申。 七十三，丙午，中。

甲辰二统。 辛丑。 己亥。 丁酉。 乙未。 壬辰。 庚寅。 戊子。 丙戌，季。

甲申三统。 辛巳。 己卯。 丁丑。文王四十二年。 乙亥。微二十六年。 壬申。 庚午。 戊辰。 丙寅，孟。愍二十二年。

二，癸卯。 十一，辛丑。 二十，己亥。 二十九，丁酉。 (二)〔三〕十八，甲午。〔19〕 四十七，壬辰。 五十六，庚寅。 六十五，戊子。 七十四，乙酉，中。

癸未。 辛巳。 己卯。 丁丑。 甲戌。 壬申。 庚午。 戊辰。 乙丑，季。

癸亥。 辛酉。 己未。 丁巳。周公五年。 甲寅 壬子。 庚戌。 戊申元四年。 乙巳，孟。

三，癸未。 十二，辛巳。 二十一，己卯。 三十，丙子。 三十九，甲戌。 四十八，壬申。 五十七，庚子。 六十六，丁卯。 七十五，乙丑，中。

癸亥。 辛酉。 己未。 丙辰。 甲寅。 壬子 庚戌。 丁未。 乙巳，季。

癸卯。 辛丑。 己亥。 丙申。 甲午。 壬辰。 庚寅。成十二年。 丁亥。 乙酉，孟。

四，癸亥。初元二年。 十三，辛酉。 二十二，戊午。 三十一，丙辰。　四十，甲寅。　四十九，壬子。　五十八，己酉。　六十七，丁未。　七十六，乙巳，中。

癸卯。　辛丑。　戊戌。　丙申。　甲午。　壬辰。　己丑。　丁亥。　乙酉，季。

癸未。　辛巳。　戊寅。　丙子。　甲戌。　壬申。惠三十八年。　己巳。　丁卯。　乙丑，孟。

五，癸卯。河平元年。　十四，庚子。　二十三，戊戌。　三十二，丙申。　四十一，甲午。　五十，辛卯。　五十九，己丑。　六十八，丁亥。　七十七，乙酉，中。

癸未。　庚辰。　戊寅。　丙子。　甲戌。　辛未。　己巳。　丁卯。　乙丑，季。商太甲元年。

癸亥。　庚申。　戊午。　丙辰。　甲寅。献十五年。　辛亥。　己酉。　丁未。　乙巳，孟。楚元三年。

六，壬午。　十五，庚辰。　二十四，戊寅。　三十三，丙子。　四十二，癸酉。　五十一，辛未。　六十，己巳。　六十九，丁卯。　七十八，甲子，中。

壬戌。　庚申。　戊午。　丙辰。　癸丑。　辛亥。　己酉。　丁未。　甲辰，季。

壬寅。　庚子。　戊戌。　丙申。炀二十四年。　癸巳。　辛卯。　己丑。　丁亥。康四年。　甲申，孟。

七，壬戌。始建国三年。　十六，庚申。　二十五，戊午。　三十四，乙卯。　四十三，癸丑。　五十二，辛亥。　六十一，己酉。　七十，丙午。　七十九，甲辰，中。

壬寅。　庚子。　戊戌。　乙未。　癸巳。　辛卯。　己丑。　丙戌。　甲申，季。

壬午。　庚辰。　戊寅。　乙亥。　癸酉。　辛未。　己巳。定七年。　丙寅。　甲子，孟。

八，壬寅。　十七，庚子。　二十六，丁酉。　三十五，乙未。　　四十四，癸巳。　　五十三，辛卯。　　六十二，戊子。　七十一，丙戌。　　八十，甲申，中。

壬午。　庚辰。　丁丑。　乙亥。　癸酉。　辛未。

戊辰。　丙寅。　甲子，季。

壬戌。　庚申。　丁巳。　乙卯。　癸丑。　辛亥。僖五年。　戊申。　丙午。　甲辰，孟。

九，壬午。　十八，己卯。　二十七，丁丑。　三十六，乙亥。　四十五，癸酉。　五十四，庚午。　六十三，戊辰。七十二，丙寅。　八十一，甲子，中。

壬戌。　己未。　丁巳。　乙卯。　癸丑。　庚戌。

戊申。　丙午。　甲辰，季。

壬寅。　己亥。　丁酉。　乙未。　癸巳。懿九年。　庚寅。　戊子。　丙戌。　甲申，孟。元朔六年。

推章首朔旦冬至日，置大馀三十九，小馀六十一，数除如法，各从其统首起。求其后章，当加大馀三十九，小馀六十一，各尽其八十一章。

推篇，大馀亦如之，小馀加一。求周至，加大馀五十九，小馀二十一。

世经

《春秋》昭公十七年“郯子来朝”，传曰昭子问少昊氏鸟名何故，①对曰：“吾祖也，我知之矣。昔者，黄帝氏以云纪，故为云师而云名；炎帝氏以火纪，故为火师而火名；共工氏以水纪，故为水师而水名；②太昊氏以龙纪，故为龙师而龙名。我高祖少昊(絷)〔挚〕之立也，[20]凤鸟适至，故纪于鸟，为鸟师而鸟名。”言郯子据少昊受黄帝，黄帝受炎帝，炎帝受共工，共工受太昊，故先言黄帝，上及太昊。稽之于《易》，炮牺、神农、黄帝相继之世可知。③

①师古曰：“郯，国名；子，其君之爵也。郯国即东海郯县是也。朝，朝于鲁也。昭子，鲁大夫叔孙昭子也，名婼。”

②师古曰:“共读曰龚。下皆类此。”

③师古曰:“炮与庖同也。”

太昊帝　《易》曰:“炮牺氏之王天下也。”言炮牺继天而王,为百王先,首德始于木,故为帝太昊。作罔罟以田渔,取牺牲①故天下,号曰炮牺氏。《祭典》曰:“共工氏伯九域。”②言虽有水德,在火木之间,非其序也。任知刑以强,故伯而不王。秦以水德,在周、汉木火之间。③周人罨其行序,故《易》不载。④

①师古曰:“罟音古。”

②师古曰:“《祭典》,即《礼经·祭法》也。伯读与霸同。下亦类此。”

③师古曰:“志言秦为闰位,亦犹共工不当五德之序。”

④邓展曰:“罨,去也,以其非次故去之。”师古曰:“此指谓共工也。罨,古迁字。其下并同。”

炎帝　《易》曰:“炮牺氏没,神农氏作。”言共工伯而不王,虽有水德,非其序也。以火承木,故为炎帝。教民耕农,故天下号曰神农氏。

黄帝　《易》曰:“神农氏没,黄帝氏作。”火生土,故为土德。与炎帝之后战于阪泉,遂王天下。始垂衣裳,有轩冕之服,①故天下号曰轩辕氏。

①邓展曰:“凡冠,前卑后高,故曰轩冕也。”师古曰:“此说非也。轩,轩车也。冕,冕服也。《春秋左氏传》曰‘服冕乘轩’。”

少昊帝　《考德》曰少昊曰清。①清者,黄帝之子清阳也,是其子孙名挚立。土生金,故为金德,天下号曰金天氏。周罨其乐,故《易》不载,序于行。

①师古曰:“《考德》者,考五帝德之书也。”

颛顼帝　《春秋外传》曰,少昊之衰,九黎乱德,颛顼受之,乃命重黎。苍林昌意之子也。金生水,故为水德。天下号曰高阳氏。周罨其乐,故《易》不载,序于行。

帝喾　《春秋外传》曰,颛顼之所建,帝喾受之。清阳玄嚣之孙也。〔水〕生木(故),[21]故为木德。天下号曰高辛氏。帝挚继之,不知世数。

周礐乐，故《易》不载。周人禘之。

唐帝　《帝系》曰，帝喾四妃，陈丰生帝尧，封于唐。盖高辛氏衰，天下归之。木生火，故为火德，天下号曰陶唐氏。让天下于虞，使子朱处于丹渊为诸侯。即位七十载。

虞帝　《帝系》曰，颛顼生穷蝉，五世而生瞽叟，瞽叟生帝舜，处虞之妫汭，①尧嬗以天下。②火生土，故为土德。天下号曰有虞氏。让天下于禹，使子商均为诸侯。即位五十载。

①师古曰："妫，水名也。水曲曰汭，音人锐反。"

②师古曰："嬗，古禅让字也。其下亦同。"

伯禹　《帝系》曰，颛顼五世而生鲧，鲧生禹，虞舜嬗以天下。土生金，故为金德。天下号曰夏后氏。继世十七王，四百三十二岁。

成汤　《书经·汤誓》汤伐夏桀。金生水，故为水德。天下号曰商，后曰殷。①

①孟康曰："初契封商，汤居殷而受命，故二号。"

《三统》，上元至伐桀之岁，十四万一千四百八十岁，岁在《大火房》五度，故传曰："大火，阏伯之星也。实纪商人。"后为成汤，方即世崩没之时，为天子用事十三年矣。商十二月乙丑朔旦冬至，故《书序》曰："成汤既没，太甲元年，使伊尹作《伊训》。"《伊训》篇曰："惟太甲元年十有二月乙丑朔，伊尹祀于先王，诞资有牧方明。"言虽有成汤、太丁、外丙之服，以冬至越茀祀先王于方明①以配上帝，是朔旦冬至之岁也。后九十五岁，商十二月甲申朔旦冬至，亡馀分，是为孟统。自伐桀至武王伐纣，六百二十九岁，故传曰殷"载祀六百"。

①如淳曰："觐礼，诸侯觐天子，为坛十有二寻，加方明于其上。"孟康曰："方明者，神明之象也，以木为之，方四尺，画六采，东青，西白，南赤，北黑，上玄，下黄。"

《殷历》曰，当成汤方即世用事十三年，十一月甲子朔旦冬至，终六府首。①当周公五年，则为距伐桀四百五十八岁，少百七十一岁，不盈六百二十九。又以夏时乙丑为甲子，计其年乃孟统后五章，癸亥朔旦冬至也。以为甲子府首，皆非是。凡殷世继嗣三十一王，六百二十九岁。

①师古曰："府首即蔀首。"

《四分》，上元至伐桀十三万二千一百一十三岁，其八十八纪，甲子府首，入伐桀后百二十七岁。

《春秋历》，周文王四十二年十二月丁丑朔旦冬至，孟统之二会首也。后八岁而武王伐纣。

武王 《书经·牧誓》武王伐商纣。水生木，故为木德。天下号曰周室。

《三统》，上元至伐纣之岁，十四万二千一百九岁，岁在鹑火张十三度。文王受命九年而崩，再期，在大祥而伐纣，故《书序》曰："惟十有一年，武王伐纣，〔作〕《太誓》。"〔22〕八百诸侯会。还归二年，乃遂伐纣克殷，以箕子归，十三年也。故《书序》曰："武王克殷，以箕子归，作《洪范》。"《洪范》篇曰："惟十有三祀，王访于箕子。"自文王受命而至此十三年，岁亦在鹑火，故传曰："岁在鹑火，则我有周之分野也。"师初发，以殷十一月戊子，日在析木箕七度，故传曰："日在析木。"是夕也，月在房五度。房为天驷，故传曰："月在天驷。"后三日得周正月辛卯朔，合辰在斗前一度，斗柄也，故传曰："辰在斗柄。"明日壬辰，晨星始见。①癸巳武王始发，丙午还师，戊午度于孟津。孟津去周九百里，师行三十里，故三十一日而度。明日己未冬至，晨星与婺女伏，历建星及牵牛，至于婺女天鼋之首，故传曰："星在天鼋。"《周书·武成》篇："惟一月壬辰，旁死霸，②若翌日癸巳，武王乃朝步自周，于征伐纣。"序曰："一月戊午，师度于孟津。"至庚申，二月朔日也。四日癸亥，至牧野，夜陈，甲子昧爽而合矣。故《外传》曰："王以二月癸亥夜陈。"《武成》篇曰："粤若来三月，既死霸，粤五日甲子，咸刘商王纣。"③是岁也，闰数馀十八，正大寒中，在周二月己丑晦。明日闰月庚寅朔。三月二日庚申惊蛰。四月己丑朔死霸。死霸，朔也。生霸，望也。是月甲辰望，乙巳，旁之。故《武成》篇曰："惟四月既旁生霸，粤六日庚戌，武王燎于周庙。翌日辛亥，祀于天位。粤五日乙卯，乃以庶国祀馘于周庙。”④文王十五而生武王，受命九年而崩，崩后四年而武王克殷。克殷之岁八十六矣，后七岁而崩。故《礼记·文王世子》曰：“文王九十七而终，武王九十三而终。”凡武王即位十一年，周公摄政五年，正月丁巳朔旦冬至，《殷历》以为六年戊午，距炀公七十六岁，入孟统二十九章首也。后二岁，得周公七年“复子明辟”之岁。是岁二月乙亥朔，庚寅望，后六日得乙未。故《召诰》曰：“惟二月既望，粤六日乙未。”又其三月甲辰朔，三日丙午。《召诰》曰：“惟三月丙午朏。”⑤古文《月采》篇曰“三日曰朏”。⑥是岁十二月戊辰晦，周公以反政。故《洛诰》篇曰：“戊辰，王在新邑，烝祭岁，命作策，惟周公诞保文武受命，惟七年。”

①师古曰：“㫳，古晨字也。其字从臼。臼音居玉反。”

②孟康曰：“月二日以往，月〔生〕魄死（死），[23]故言死魄。魄，月质也。”师古曰：“霸，古魄字同。”

③师古曰：“今文《尚书》之辞。刘，杀也。”

④师古曰：“亦今文《尚书》也。祀馘，献于庙而告祀也。截耳曰馘，音居获反。”

⑤孟康曰：“朏，月出也，音敷尾反。”

⑥师古曰：“《月采》说月之光采，其书则亡。”

成王元年正月己巳朔，此命伯禽俾侯于鲁之岁也。①后三十年四月庚戌朔，十五日甲子哉生霸。②故《顾命》曰“惟四月哉生霸，王有疾不豫，甲子，王乃洮沬水”，作《顾命》。③翌日乙丑，成王崩。康王十二年六月戊辰朔，三日庚午，故《毕命丰刑》曰：“惟十（月）〔有〕二年六月庚午朏，[24]王命作策《丰刑》。”④

①师古曰：“俾，使也。封之使为诸侯。”

②师古曰：“哉，始也。”

③师古曰：“洮，盥手也，沬，洗面也。洮音徒高反。沬即頮字也，音呼内反。”

④孟康曰：“《逸书》篇名。”

《春秋》、《殷历》皆以殷，鲁自周昭王以下亡年数，故据周公、伯禽以下为纪。鲁公伯禽,推即位四十六年,至康王十六年而薨。故传曰“燮父、禽父并事康王”,[①]言晋侯燮、鲁公伯禽俱事康王也。子考公就立,酋。[②]考公,《世家》即位四年,及炀公熙立。[③]炀公二十四年正月丙申朔旦冬至,《殷历》以为丁酉,距微公七十六岁。[④]

①师古曰:“燮父,晋唐叔虞之子。禽父,即伯禽也。父读曰甫。甫者,男子之美称。”

②师古曰:“又记此酋者,诸说不同,而名字或异也。下皆放此。酋音在由反。”

③师古曰:“及者,兄弟相及,非子继父也。下皆类此。”

④师古曰:“炀音弋向反。”

《世家》,炀公即位六十年,子幽公宰立。幽公,《世家》即位十四年,及微公茀立,濞。[①]微公二十六年正月乙亥朔旦冬至,《殷历》以为丙子,距献公七十六岁。

①师古曰:“茀音弗。濞,古沸字。”

《世家》,微公即位五十年,子厉公翟立,擢。厉公,《世家》即位三十七年,及献公具立。献公十五年正月甲寅朔旦冬至,《殷历》以为乙卯,距懿公七十六岁。

《世家》,献公即位五十年,子慎公执立,嚊。[①]慎公,《世家》即位三十年,及武公敖立。武公,《世家》即位二年,子懿公被立,戏。[②]懿公九年正月癸巳朔旦冬至,《殷历》以为甲午,距惠公七十六岁。

①师古曰:“嚊音皮秘反,又音吁器反。”

②师古曰:“戏音许宜反。”

《世家》,懿公即位九年,兄子柏御立。伯御,《世家》即位十一年,叔父孝公称立。孝公,《世家》即位二十七年,子惠公皇立。惠公三十八年正月壬申朔旦冬至,《殷历》以为癸酉,距釐公七十六岁。[①]

①师古曰:“釐读曰僖。下皆类此。”

《世家》,惠公即位四十六年,子隐公息立。

凡伯禽至春秋,三百八十六年。

春秋　隐公，《春秋》即位十一年，及桓公轨立。此元年上距伐纣四百岁。

桓公，《春秋》即位十八年，子庄公同立。

庄公，《春秋》即位三十二年，子愍公启方立。

愍公，《春秋》即位二年，及釐公申立。釐公五年正月辛亥朔旦冬至，《殷历》以为壬子，距成公七十六岁。

是岁距上元十四万二千五百七十七岁，得孟统五十三章首。故传曰："五年春王正月辛亥朔，日南至。""八月甲午，晋侯围上阳。"(章)〔童〕谣云〔25〕："丙子之辰，龙尾伏辰，袀服振振，取虢之旂。①鹑之贲贲，天策焞焞，火中成军，虢公其奔。"②卜偃曰："其九月十月之交乎？丙子旦，日在尾，月在策，鹑火中，必是时也。"冬十二月丙子灭虢。言历者以夏时，故周十二月，夏十月也。是岁，岁在大火。故传曰晋侯使寺人披伐蒲，重耳奔狄。③董因曰："君之行，岁在大火。"④后十二年，釐之十六岁，岁在寿星。故传曰重耳处狄十二年而行，过卫五鹿，乞食于野人，野人举凷而与之。子犯曰："天赐也，后十二年，必获此土。岁复于寿星，必获诸侯。"后八岁，釐之二十四年也，岁在实沈，秦伯纳之。故传曰董因云："君以辰出，而以参入，必获诸侯。"

①师古曰："袀音均，又弋均反。振音之人反。"

②师古曰："贲音奔。焞音徒门反，又土门反。"

③师古曰："晋侯谓献公也。寺人，奄人也，披其名也。蒲，晋邑也，公子重耳之所居。献公用骊姬之谗，故令披伐之，而重耳惧罪出奔也。事见《春秋左氏传》及《国语》。"

④师古曰："董因，晋史也。本周太史辛有之后，以董主史官，故为董氏，因其名也。"

《春秋》，釐公即位三十三年，子文公兴立。文公元年，距辛亥朔旦冬至二十九岁。是岁闰馀十三，正小雪，闰当在十一月后，而在三月，故传曰"非礼也"。后五年，闰馀十，是岁亡闰，而置闰。闰，所以正中朔也。亡闰而置闰，又不告朔，故经曰"闰月不告朔"，言亡此月也。传曰：

"不告朔，非礼也。"

《春秋》，文公即位十八年，子宣公倭立。①

①师古曰："倭音于危反。"

宣公，《春秋》即位十八年，子成公黑肱立。成公十二年正月庚寅朔旦冬至，《殷历》以为辛卯，距定公七年七十六岁。

《春秋》，成公即位十八年，子襄公午立。襄公二十七年，距辛亥百九岁。九月乙亥朔，是建申之月也。鲁史书："十二月乙亥朔，日有食之。"传曰："冬十一月乙亥朔，日有食之，于是辰在申，司历过也，再失闰矣。"言时实行以为十一月也，不察其建，不考之于天也。二十八年距辛亥百一十岁，岁在星纪，故经曰："春无冰。"传曰："岁在星纪，而淫于玄枵。"三十年岁在娵訾。三十一年岁在降娄。是岁距辛亥百一十三年，二月有癸未，上距文公十一年会于承匡之岁夏正月甲子朔凡四百四十有五甲子，奇二十日，为日二万六千六百有六旬。故传曰绛县老人曰："臣生之岁，正月甲子朔，四百四十有五甲子矣。其季于今，三之一也。"师旷曰："郤成子会于承匡之岁也，七十三年矣。"史赵曰："亥有二首六身，下二如身，则其日数也。"①士文伯曰："然则二万六千六百有六旬也。"

①孟康曰："下二画使就身也。"师古曰："杜预云'亥字二画在上，并三六为身，如算之六也。下亥上二画，竖置身旁'。"

《春秋》，襄公即位三十一年，子昭公稠立。昭公八年岁在析木，十年岁在颛顼之虚，玄枵也。十八年距辛亥百三十一岁，五月有丙子、戊寅、壬午，火始昏见，宋、卫、陈、郑火。二十年春王正月，距辛亥百三十三岁，是辛亥后八章首也。正月己丑朔旦冬至，失闰。故传曰："二月己丑，日南至。"三十二年，岁在星纪，距辛亥百四十五岁，盈一次矣。故传曰："越得岁，吴伐之，必受其咎。"

《春秋》，昭公即位三十二年，及定公宋立。定公七年，正月己巳朔旦冬至，《殷历》以为庚午，距元公七十六岁。

《春秋》，定公即位十五年，子哀公(将)〔蒋〕立。[26]哀公十二年冬十二月流火，非建戌之月也。是月也螽，故传曰："火伏而后蛰者毕，今火犹西流，司历过也。"《诗》曰："七月流火。"《春秋》，哀公即位二十七年。自《春秋》尽哀十四年，凡二百四十二年。

六国　《春秋》哀公后十三年逊于邾，子悼公曼立，宁。悼公，《世家》即位三十七年，子元公嘉立。元公四年正月戊申朔旦冬至，《殷历》以为己酉，距康公七十六岁。元公，《世家》即位二十一年，子穆公衍立，显。穆公，《世家》即位三十三年，子恭公奋立。恭公，《世家》即位二十二年，子康公毛立。康公四年正月丁亥朔旦冬至，《殷历》以为戊子，距缗公七十六岁。①康公，《世家》即位九年，子景公偃立。景公，《世家》即位二十九年，子平公旅立。平公，《世家》即位二十年，子缗公贾立。缗公二十二年正月丙寅朔旦冬至，《殷历》以为丁卯，距楚元七十六岁。缗公，《世家》即位二十三年，子顷公雠立。顷公，《表》十八年，秦昭王之五十一年也，秦始灭周。周凡三十六王，八百六十七岁。

①师古曰："缗读与愍同。下皆类此。"

秦伯①昭(公)〔王〕，《本纪》无天子五年。[27]孝文王，《本纪》即位一年。元年，楚考烈王灭鲁顷公为家人，周灭后六年也。庄襄王，《本纪》即位三年。始皇，《本纪》即位三十七年。二世，《本纪》即位三年。凡秦伯五世，四十九岁。

①师古曰："伯读曰霸。其下亦同。"

汉高祖皇帝，著《纪》，伐秦继周。木生火，故为火德。天下号曰汉。距上元年十四万三千二十五岁，岁在大棣之东井二十二度，鹑首之六度也。故《汉志》曰岁在大棣，名曰敦牂，太岁在午。八年十一月乙巳朔旦冬至，楚元三年也。故《殷历》以为丙午，距元朔七十六岁。著《纪》，高帝即位十二年。

惠帝，著《纪》即位七年。

高(帝)〔后〕，[28]著《纪》即位八年。

文帝，前十六年，后七年，著《纪》即位二十三年。

景帝，前七年，中六年，后三年，著《纪》即位十六年。

武帝建元、元光、元朔各六年。元朔六年十一月甲申朔旦冬至，《殷历》以为乙酉，距初元七十六岁。元狩、元鼎、元封各六年。汉历太初元年，距上元十四万三千一百二十七岁。前十一月甲子朔旦冬至，岁在星纪婺女六度，故《汉志》曰岁名困敦，① 正月岁星出婺女。太初、天汉、太始、征和各四年，后二年，著《纪》即位五十四年。

①师古曰："敦音顿。"

昭帝始元、元凤各六年，元平一年，著《纪》即位十三年。

宣帝本始、地节、元康、神爵、五凤、甘露各四年，黄龙一年，著《纪》即位二十五年。

元帝初元二年十一月癸亥朔旦冬至，《殷历》以为甲子，以为纪首。是岁也，十月日食，非合辰之会，不得为纪首。距建武七十六岁。初元、永光、建昭各五年，竟宁一年，著《纪》即位十六年。

成帝建始、河平、阳朔、鸿嘉、永始、元延各四年，绥和二年，著《纪》即位二十六年。

哀帝建平四年，元寿二年，著《纪》即位六年。

平帝，著《纪》即位元始五年，以宣帝玄孙婴为嗣，谓之孺子。孺子，著《纪》新都侯王莽居摄三年，王莽居摄，盗袭帝位，窃号曰新室。始建国五年，天凤六年，地皇三年，著《纪》盗位十四年。更始帝，著《纪》以汉宗室灭王莽，即位二年。赤眉贼立宗室刘盆子，灭更始帝。自汉元年讫更始二年，凡二百三十岁。

光武皇帝，著《纪》以景帝后高祖九世孙受命中兴复汉，改元曰建武，岁在鹑尾之张度。建武三十一年，中元二年，即位三十三年。

【校勘记】

〔1〕 (统)〔纪〕母。　李锐说“统”是“纪”之误。

〔2〕 积中十，中馀千七百一十八。(“十”一作“七”)　王先谦说“‘十’一作‘七’”

四字乃后人校语，此下并同。按景祐、殿本“十”作“七”。

〔3〕 (百)三十七日 钱大昕说“百”字衍。按景祐本无“百”字。

〔4〕 日行不盈九十二分度七十三(分)。 钱大昕说下“分”字衍。

〔5〕 以章月乘(人)(入)统岁数， 钱大昕说“人”当作“入”。

〔6〕 加(十)〔七〕得一。 钱大昕说“加十”当作“加七”。

〔7〕 以(算)〔策〕馀乘(人)〔入〕统岁数， 钱大昕说“算”当作“策”，“人”当作“入”。

〔8〕 小馀千一(百)〔十〕。 林文炳说当作“小馀千一十”。按景祐本正作“一十”。

〔9〕 统(岁)〔法〕分之七十七。 钱大昕说“统岁”当作“统法”。李锐说“统岁”即“统法”。

〔10〕 盈见中法得一，则积中(法)也。 钱大昕说下“法”字衍。

〔11〕 以闰分乘定见〔复数〕， “复数”二字据李锐说增。

〔12〕 不盈者名曰月(中)馀。 钱大昕说“中”字衍。

〔13〕 中(次)〔以〕至日数， 钱大昕说“次”当作“以”。

〔14〕 加后〔中〕馀于中馀，盈其法得一，从中元馀，〔除〕数如法，则〔后〕见〔中〕也。 前“中”、“除”、“后”三字都据钱大昕说增，后〔中〕字据景祐、殿本增，原注有“一多‘中’字”四字。

〔15〕 数起星初见(星宿)所在宿度， 李锐说“星宿”二字衍。

〔16〕 以六十除(馀)积次， 钱大昕说“馀”字衍。

〔17〕 五星之(盈)〔赢〕缩不是过也。 景祐、殿本都作“赢”。

〔18〕 岁时(数)日月星辰也。 钱大昕说“数”字衍。

〔19〕 (二)〔三〕十八，甲午。 景祐、殿、局本都作“三”。王先谦说作“三”是。

〔20〕 我高祖少昊(絷)〔挚〕之立也， 景祐、殿、局本都作“挚”。王先谦说作“挚”是。

〔21〕 〔水〕生木(故)， 钱大昭说“生”上脱“水”字，“木”下衍“故”字。按景祐、殿本都作“水生木”。

〔22〕 武王伐纣，〔作〕《太誓》。 王先谦说以下文“故《书序》曰”至“作《洪范》”例之，“太誓”上当有“作”字。

〔23〕 月〔生〕魄死(死)， 景祐、殿本都作“月生魄死”。

〔24〕 惟十(月)〔有〕二年六月庚午朏， 景祐、殿、局本都作“有”。王先谦说作

"有"是。

〔25〕 (章)〔童〕谣云： 景祐、殿本都作"童"，此误。

〔26〕 子哀公(将)〔蒋〕立。 殿本作"蒋"。王先谦说作"蒋"是。

〔27〕 昭(公)〔王〕，《本纪》无天子五年。 景祐、殿本都作"王"。王先谦说作"王"是。

〔28〕 高(帝)后， 钱大昭说"帝"字误。按景祐、殿本都作"后"。

汉书卷二十二

礼乐志第二

《六经》之道同归，而《礼》、《乐》之用为急。①治身者斯须忘礼，则暴嫚入之矣；②为国者一朝失礼，则荒乱及之矣。人函天地阴阳之气，有喜怒哀乐之情。③天禀其性而不能节也，④圣人能为之节而不能绝也，故象天地而制礼乐，所以通神明，立人伦，⑤正情性，节万事者也。

①师古曰："《六经》谓《易》、《诗》、《书》、《春秋》、《礼》、《乐》也。"

②师古曰："斯须，犹须臾。"

③师古曰："函，包容也，读与含同。它皆类此。"

④师古曰："禀谓给授也。"

⑤师古曰："伦，理也。"

人性有男女之情，妒忌之别，为制婚姻之礼；有交接长幼之序，为制乡饮之礼；有哀死思远之情，为制丧祭之礼；有尊尊敬上之心，为制朝觐之礼。哀有哭踊之节，乐有歌舞之容，①正人足以副其诚，邪人足以防其失。②故婚姻之礼废，则夫妇之道苦，而淫辟之罪多；③乡饮之礼废，则长幼之序乱，而争斗之狱蕃；④丧祭之礼废，则骨肉之恩薄，而背死忘先者众；⑤朝聘之礼废，则君臣之位失，而侵陵之渐起。故孔子曰："安上治民，莫善于礼；移风易俗，莫善于乐。"⑥礼节民心，乐和民声，政以行之，刑以防之。礼乐政刑四达而不悖，则王道备矣。⑦

①师古曰："踊，跳也。哀甚则踊。"

②师古曰："副，称也。"

③孟康曰："苦音盬。夫妇之道行盬不固也。"师古曰："苦，恶也，不当假借。辟读曰僻。"

④师古曰："蕃亦多也，音扶元反。他皆类此。"

⑤师古曰："先者，先人，谓祖考。"

⑥师古曰："此《孝经》载孔子之言也。譱，古善字。"

⑦师古曰："悖，乖也，音布内反。"

乐以治内而为同，[①]礼以修外而为异；[②]同则和亲，异则畏敬；和亲则无怨，畏敬则不争。揖让而天下治者，礼乐之谓也。二者并行，合为一体。畏敬之意难见，则著之于享献辞受，登降跪拜；[③]和亲之说难形，则发之于诗歌咏言，钟石筦弦。[④]盖嘉其敬意而不及其财贿，美其欢心而不流其声音。[⑤]故孔子曰："礼云礼云，玉帛云乎哉？乐云乐云，钟鼓云乎哉？"[⑥]此礼乐之本也。故曰："知礼乐之情者能作，识礼乐之文者能述，作者之谓圣，述者之谓明。明圣者，述作之谓也。"[⑦]

①李奇曰："同于和乐也。"

②李奇曰："尊卑为异也。"

③师古曰："见谓彰显也。"

④师古曰："说读曰悦。形亦见也。筦字与管同。"

⑤师古曰："流，移也。心不移溢于音声也。"

⑥师古曰："《论语》载孔子之言也。谓礼以节人为贵，乐以和人为本，玉帛钟鼓乃其末也。"

⑦师古曰："作谓有所兴造也。述谓明辨其义而循行也。"

王者必因前王之礼，顺时施宜，有所损益，即民之心，稍稍制作，[①]至太平而大备。周监于二代，礼文尤具，[②]事为之制，曲为之防，[③]故称礼经三百，威仪三千。于是教化浃洽，[④]民用和睦，灾害不生，祸乱不作，囹圄空虚，四十馀年。[⑤]孔子美之曰："郁郁乎文哉！吾从周。"[⑥]及其衰也，诸侯逾越法度，恶礼制之害己，去其篇籍。遭秦灭学，遂以乱亡。

①师古曰："即，就也。"

②师古曰："监，观也。二代，夏、殷也。言周观夏、殷之礼，而增损之也。"

③师古曰："言每事立制，委曲防闲也。"

④师古曰："浃，澈也。洽，沾也。浃音子牒反。"

⑤应劭曰："囹圄，周狱名也。"师古曰："囹，狱也。圄，守也。故总言囹圄，无

系于周。图音来丁反。圄音牛吕反。”

⑥师古曰：“《论语》载孔子之言也。郁郁，文章貌。”

汉兴，拨乱反正，日不暇给，①犹命叔孙通制礼仪，以正君臣之位。高祖说而叹曰：②“吾乃今日知为天子之贵也！”以通为奉常，遂定仪法，③未尽备而通终。

①师古曰：“拨去乱俗而还之于正道也。给，足也。言事务殷多，日日修造，尚不能足，故无暇也。”

②师古曰：“说读曰悦。”

③师古曰：“奉常，则太常也。解在《百官公卿表》。”

至文帝时，贾谊以为“汉承秦之败俗，废礼义，捐廉耻，今其甚者杀父兄，盗者取庙器，而大臣特以簿书不报期会为故，①至于风俗流溢，恬而不怪，②以为是适然耳。③夫移风易俗，使天下回心而鄉道，④类非俗吏之所能为也。夫立君臣，等上下，使纲纪有序，六亲和睦，⑤此非天之所为，人之所设也。人之所设，不为不立，不修则坏。⑥汉兴至今二十馀年，宜定制度，兴礼乐，然后诸侯轨道，百姓素朴，狱讼衰息”。⑦乃草具其仪，⑧天子说焉。⑨而大臣绛、灌之属害之，故其议遂寝。⑩

①师古曰：“特，但也。簿，文簿也。故谓大事也。言公卿但以文案簿书报答为事也。簿音步户反。”

②师古曰：“恬，安也，谓心以为安。”

③师古曰：“言正当如此，非失道也。”

④师古曰：“鄉读曰嚮。”

⑤如淳曰：“六亲，《贾谊书》以为父也，子也，从父昆弟也，从祖昆弟也，曾祖昆弟也，族昆弟也。”

⑥师古曰：“为，作也。”

⑦师古曰：“轨道，言遵道，犹车行之依轨辙也。”

⑧师古曰：“草谓创立其事也。它皆类此。”

⑨师古曰：“说读曰悦。”

⑩师古曰：“旧说以为绛谓绛侯周勃也，灌谓灌婴也。而《楚汉春秋》高祖之臣别有绛灌，疑昧之文。不可明也。此既言大臣，则当谓周勃、灌婴也。”

至武帝即位，进用英隽，议立明堂，制礼服，以兴太平。[①]会窦太后好黄老言，不说儒术，[②]其事又废。后董仲舒对策言："王者欲有所为，宜求其端于天。天道大者，在于阴阳。阳为德，阴为刑。天使阳常居大夏而以生育长养为事，阴常居大冬而积于空虚不用之处，以此见天之任德不任刑也。阳出布施于上而主岁功，阴入伏藏于下而时出佐阳。阳不得阴之助，亦不能独成岁功。王者承天意以从事，故务德教而省刑罚。刑罚不可任以治世，犹阴之不可任以成岁也。今废先王之德教，独用执法之吏治民，而欲德化被四海，故难成也。是故古之王者莫不以教化为大务，立大学以教于国，设庠序以化于邑。[③]教化已明，习俗已成，天下尝无一人之狱矣。至周末世，大为无道，以失天下。秦继其后，又益甚之。自古以来，未尝以乱济乱，大败天下如秦者也。[④]习俗薄恶，民人抵冒。[⑤]今汉继秦之后，虽欲治之，无可奈何。法出而奸生，令下而诈起，一岁之狱以万千数，如以汤止沸，沸俞甚而无益。[⑥]辟之琴瑟[⑦]不调，甚者必解而更张之，乃可鼓也。为政而不行，甚者必变而更化之，乃可理也。故汉得天下以来，常欲善治，而至今不能胜残去杀者，失之当更化而不能更化也。古人有言：'临渊羡鱼，不如归而结网。'今临政而愿治七十馀岁矣，不如退而更化。更化则可善治，而灾害日去，福禄日来矣。"是时，上方征讨四夷，锐志武功，[⑧]不暇留意礼文之事。

①师古曰："服谓衣服之色也。"

②师古曰："说读曰悦。"

③师古曰："庠序，行礼养老之处也。"

④师古曰："济，益也。"

⑤师古曰："抵，忤也。冒，犯也。言无廉耻，不畏惧也。抵音丁礼反。"

⑥师古曰："俞，进也，音逾。又音愈。它皆类此。"

⑦师古曰："辟读曰譬。"

⑧师古曰："锐，利也。言一意进求，若兵刃之锐利。"

至宣帝时，琅邪王吉为谏大夫，又上疏言："欲治之主不世出，[①]公卿幸得遭遇其时，未有建万世之长策，举明主于三代之隆者也。其务在于簿书断狱听讼而已，此非太平之基也。今俗吏所以牧民者，非有礼义科指可世世通行者也，以意穿凿，各取一切。② 是以诈伪萌生，刑罚无极，质朴日消，恩爱寖薄。③ 孔子曰‘安上治民，莫善于礼’，非空言也。愿与大臣延及儒生，述旧礼，明王制，驱一世之民，济之仁寿之域，④ 则俗何以不若成康？寿何以不若高宗？”⑤ 上不纳其言，吉以病去。

①师古曰：“言时时而一出，难常遇也。”

②师古曰：“苟顺一时，非正道。”

③师古曰：“寖，古浸字。浸，渐也。”

④师古曰：“言以仁道治之，皆得其性，则寿考也。域，界也。”

⑤师古曰：“成康，周之二王，太平之时也。高宗，殷王武丁也。有德可尊，故曰高宗。享国五十九年，故云寿。”

至成帝时，犍为郡于水滨得古磬十六枚，① 议者以为善祥。刘向因是说上：“宜兴辟雍，设庠序，陈礼乐，隆雅颂之声，盛揖攘之容，② 以风化天下。如此而不治者，未之有也。或曰，不能具礼。③ 礼以养人为本，如有过差，是过而养人也。④ 刑罚之过，或至死伤。今之刑，非皋陶之法也，而有司请定法，削则削，笔则笔，⑤ 救时务也。至于礼乐，则曰不敢，是敢于杀人不敢于养人也。为其俎豆筦弦之间小不备，因是绝而不为，是去小不备而就大不备，(大不备)或莫甚焉。⑥[1] 夫教化之比于刑法，刑法轻，是舍所重而急所轻也。⑦ 且教化，所恃以为治也，刑法所以助治也。今废所恃而独立其所助，非所以致太平也。自京师有悖逆不顺之子孙，⑧ 至于陷大辟受刑戮者不绝，繇不习五常之道也。⑨ 夫承千岁之衰周，继暴秦之馀敝，民渐渍恶俗，贪饕险诐，不闲义理，⑩ 不示以大化，而独敺以刑罚，终已不改。⑪ 故曰‘导之以礼乐，而民和睦。’⑫ 初，叔孙通将制定礼仪，见非于齐鲁之士，然卒为汉儒宗，业垂后嗣，斯成法也。”成帝以向言下公卿议，会向病卒，丞相大司空奏请立辟雍。案行长安城南，⑬ 营表未作，遭成帝崩，群臣引以定谥。⑭

①师古曰：“滨，水涯也，音宾。”

②师古曰：“攘，古让字。”

③师古曰："或曰者，刘向设为难者之言，而后答释也。"

④师古曰："过差，犹失错也。"

⑤服虔曰："言随君意也。"师古曰："削者，谓有所删去，以刀削简牍也。笔者，谓有所增益，以笔就而书也。"

⑥师古曰："大不备者，事之亏失，莫甚于此。"

⑦师古曰："舍，废也。"

⑧师古曰："悖，乖也，音布内反。"

⑨师古曰："繇与由同。五常，仁、义、礼、智、信，人性所常行之也。"

⑩师古曰："贪甚曰饕。言行险曰诐。饕音吐高反。诐音彼义反。"

⑪师古曰："敺与驱同。"

⑫师古曰："《孝经》载孔子之言也。"

⑬师古曰："行音下更反。"

⑭孟康曰："谥法曰'安民立政曰成'。帝欲立辟雍，未就而崩，群臣议谥，引为美，谓之成。"

及王莽为宰衡，欲耀众庶，遂兴辟雍，因以篡位，海内叛之。世祖受命中兴，拨乱反正，①改定京师于土中。②即位三十年，四夷宾服，百姓家给，政教清明，③乃营立明堂、辟雍。显宗即位，④躬行其礼，宗祀光武皇帝于明堂，养三老五更于辟雍，⑤威仪既盛美矣。然德化未流洽者，礼乐未具，群下无所诵说，而庠序尚未设之故也。孔子曰："辟如为山，未成一匮，止，吾止也。"⑥今叔孙通所撰礼仪，与律令同录，臧于理官，⑦法家又复不传。汉典寝而不著，民臣莫有言者。⑧又通没之后，河间献王采礼乐古事，稍稍增辑，至五百馀篇。⑨今学者不能昭见，但推士礼以及天子，说义又颇谬异，故君臣长幼交接之道寖以不章。⑩

①师古曰："谓后汉光武帝也。"

②师古曰："谓都洛阳。"

③师古曰："给，足也，言家家皆足。"

④李奇曰："明帝曰显宗。"

⑤李奇曰："王者父事三老，兄事五更。《诗》云：'三寿作朋'。"邓展曰："汉直以一公为三老，用大夫为五更，（毋常人）〔每常大〕行礼乃置。"[2]师古曰："郑

玄说云三老五更谓老人更知三德五事者也。更音工衡反。蔡邕以为更当为叟。叟,老人之称也。”

⑥师古曰:“《论语》载孔子之言。匮者,织草为器,所以盛土也。言为山欲成,尚少一匮之土,止而不为,则其功终已不就。如斯之人,吾所不能教喻也。辟读曰譬。”

⑦师古曰:“古书怀藏之字本皆作臧,《汉书》例为臧耳。理官,即法官也。”

⑧师古曰:“寝,息也。”

⑨师古曰:“辑与集同。”

⑩师古曰:“寖,渐也。”

乐者,圣人之所乐也,而可以善民心。其感人深,其移风易俗易,①故先王著其教焉。②

①师古曰:“易音弋豉反。”

②师古曰:“著,明也。”

夫民有血气心知之性,而无哀乐喜怒之常,应感而动,然后心术形焉。①是以纤微憔悴(一作“衰”)之音作,而民思忧;②阐谐嫚易之音作,而民康乐;③粗厉猛奋之音作,而民刚毅;④廉直正诚之音作,而民肃敬;宽裕和顺之音作,而民慈爱;⑤流辟邪散之音作,而民淫乱。⑥先王耻其乱也,故制雅颂之声,本之情性,稽之度数,制之礼仪,⑦合生气之和,导五常之行,⑧使之阳而不散,阴而不集,⑨刚气不怒,柔气不慑,⑩四畅交于中,而发作于外,⑪皆安其位而不相夺(也),足以感动人之善心(而)〔也〕,不使邪气得接焉,〔3〕是先王立乐之方也。

①师古曰:“言人之性感物则动也。术,道径也。心术,心之所由也。形,见也。”

②师古曰:“憔悴,谓减缩也,音子笑反。”

③师古曰:“阐,广也。谐,和也。嫚易,言不急刻也。易音弋豉反。”

④师古曰:“粗厉,抗厉也。猛奋,发扬也。粗(古)〔作〕麤字,〔非是〕。”〔4〕

⑤师古曰:“裕,饶也。”

⑥师古曰:“辟读曰僻。”

⑦师古曰:“稽,考也。”

⑧师古曰："生气，阴阳之气也。导，引也。

⑨师古曰："集谓聚滞也。"

⑩师古曰："慑，恐也，音之涉反。"

⑪师古曰："畅，通达也。"

王者未作乐之时，因先王之乐以教化百姓，说乐其俗，①然后改作，以章功德。《易》曰："先王以作乐崇德，殷荐之上帝，以配祖考。"②昔黄帝作《咸池》，颛顼作《六茎》，帝喾作《五英》，③尧作《大章》，舜作《招》，④禹作《夏》，汤作《濩》，⑤武王作《武》，周公作《勺》。《勺》，言能勺先祖之道也。⑥《武》，言以功定天下也。《濩》，言救民也。《夏》，大承二帝也。⑦《招》，继尧也。⑧《大章》，章之也。⑨《五英》，英华茂也。《六茎》，及根茎也。⑩《咸池》，备矣。⑪自夏以往，其流不可闻已，⑫《殷颂》犹有存者。⑬《周诗》既备，⑭而其器用张陈，《周官》具焉。⑮典者自卿大夫师瞽以下，皆选有道德之人，⑯朝夕习业，以教国子。国子者，卿大夫之子弟也，皆学歌九德，⑰诵六诗，⑱习六舞、五声、八音之和。⑲故帝舜命夔曰："女典乐，教胄子，⑳直而温，㉑宽而栗，㉒刚而无虐，㉓简而无敖。㉔诗言志，歌咏言，㉕声依咏，律和声，㉖八音克谐。"㉗此之谓也。又以外赏诸侯德盛而教尊者。其威仪足以充目，音声足以动耳，诗语足以感心，故闻其音而德和，省其诗而志正，㉘论其数而法立。是以荐之郊庙则鬼神飨，作之朝廷则群臣和，立之学官则万民协。听者无不虚己竦神，说而承流，㉙是以海内遍知上德，被服其风，㉚光辉日新，化上迁善，而不知所以然，至于万物不夭，天地顺而嘉应降。故《诗》曰："钟鼓锽锽，磬管锵锵，降福穰穰。"㉛《书》云："击石拊石，百兽率舞。"㉜鸟兽且犹感应，而况于人乎？况于鬼神乎？故乐者，圣人之所以感天地，通神明，安万民，成性类者也。然自《雅》、《颂》之兴，而所承衰乱之音犹在，㉝是谓淫过凶嫚之声，为设禁焉。世衰民散，小人乘君子，㉞心耳浅薄，则邪胜正。故《书》序"殷纣断弃先祖之乐，乃作淫声，用变乱正声，以说妇人。"㉟乐官师瞽抱其器而犇散，或适诸侯，或入河海。㊱夫乐本情性，浃肌肤而臧骨髓，虽经乎千载，其遗风馀烈尚犹不绝。至春秋时，陈公子完奔齐。㊲

陈，舜之后，《招乐》存焉。故孔子适齐闻《招》，三月不知肉味，曰“不图为乐之至于斯！”美之甚也。㊳

①师古曰：“说乐其俗，使和说而安乐也。说读曰悦。乐音来各反。”

②师古曰：“此《豫卦》象辞也。殷，盛大也。上帝，天也。言王者作乐，崇表其德，大荐于天，而以祖考配飨之也。”

③师古曰：“喾音酷。”

④师古曰：“招读曰韶。下皆类此。”

⑤师古曰：“濩音护。”

⑥师古曰：“勺读曰酌。酌，取也。”

⑦师古曰：“夏，大也。二帝谓尧、舜也。”

⑧师古曰：“韶之言绍，故曰继尧也。”

⑨师古曰：“章，明也。”

⑩师古曰：“泽及下也。”

⑪师古曰：“咸，皆也。池，言其包容浸润也。故云备矣。”

⑫师古曰：“言歌颂皆亡也。已，语终辞。”

⑬师古曰：“谓正考甫所得《那》以下是。”

⑭师古曰：“谓《雅》、《颂》皆得其所。”

⑮师古曰：“谓大司乐以下诸官所掌。”

⑯师古曰：“师，乐工。瞽，无目者。”

⑰师古曰：“水火金木土谷谓之六府。正德、利用、厚生谓之三事。六府三事谓之九功。九功之德皆可歌也，故言九德也。”

⑱应劭曰：“六诗者，诗有六义，一曰风，二曰赋，三曰比，四曰兴，五曰雅，六曰颂。”

⑲师古曰：“六舞谓帗舞、羽舞、翌舞、旄舞、干舞、人舞也。五声，宫、商、角、徵、羽也。八音，金、石、丝、竹、匏、土、革、木。帗音弗。翌音皇。”

⑳师古曰：“《虞书·舜典》所载也。夔，舜臣名。胄子，即国子也。”

㉑师古曰：“正直温和也。”

㉒师古曰：“宽大而敬栗。”

㉓师古曰：“刚毅而不害虐也。”

㉔师古曰：“简约而无傲慢也。敖读曰傲。”

㉕师古曰："咏，古詠字也。在心为志，发言为诗。咏，永也。永，长也，歌所以长言之。"

㉖师古曰："依，助也。五声所以助歌也，六律所以和声也。"

㉗师古曰："谐亦和也。自此以上，皆帝舜之言。"

㉘师古曰："省，视也。"

㉙师古曰："竦，敬也。说读曰悦。"

㉚师古曰："被音皮义反。言蒙其风化，若被而服之。"

㉛师古曰："此《周颂·执竞》之诗也。锽锽，和也。锵锵，盛也。穰穰，多也。言周王祭祖考之庙，奏乐而八音和盛，则神降之福至多也。锽音皇。穰音人羊反。"

㉜师古曰："《虞书·舜典》也。石谓磬也。言乐之和谐也。至于击拊磬石，则百兽相率而舞也。"

㉝师古曰："言若周时尚有殷纣之馀声。"

㉞师古曰："乘，陵也。"

㉟师古曰："今文《周书·泰誓》之辞也。说读曰悦。"

㊱师古曰："犇，古奔字。《论语》云：'太师挚适齐，亚饭干适楚，三饭缭适蔡，四饭缺适秦，鼓方叔入于河，播鼗武入于汉，少师阳、击磬襄入于海。'此志所云及《古今人表》所叙，皆谓是也。云诸侯者，追系其地，非为当时已有国名。而说《论语》者乃以为(追)鲁哀公时礼坏乐崩，[5]乐人皆去，斯亦未允也。夫《六经》残缺，学者异师，文义竞驰，各守所见。而马、郑群儒，皆在班、扬之后，向、歆博学，又居王、杜之前，校其是非，不可偏据。其《汉书》所引经文，与近代儒家往往乖别，既自成义指，即就而通之，庶免守株，以申贤达之意。非苟越异，理固然也。它皆类此。"

㊲师古曰："完，陈厉公子，即敬仲也，庄二十二年遇难出奔齐也。"

㊳师古曰："事见《论语》。"

周道始缺，怨刺之诗起。王泽既竭，而诗不能作。王官失业，《雅》、《颂》相错，①孔子论而定之，故曰"吾自卫反鲁，然后乐正，《雅》、《颂》各得其所。"②是时，周室大坏，诸侯恣行，设两观，乘大路。③陪臣管仲、季氏之属，④三归《雍》彻，八佾舞廷。⑤制度遂坏，陵夷而不反，⑥桑间、濮上，郑、卫、宋、赵之声并出，⑦内则致疾损寿，外则乱政伤民。巧伪因而饰之，以营乱富贵之耳目。⑧庶人以求利，列国以相间。⑨故秦穆遗戎而由余去，⑩齐人餽鲁而孔子行。⑪至于六国，魏文侯最为好古，⑫而谓子夏曰："寡人听古乐则欲寐，及闻郑、卫，余不知倦焉。"子夏辞而辨之，终不见纳，⑬自此礼乐丧矣。

①师古曰："错，杂也。"

②师古曰："事亦见《论语》。"

③应劭曰："观，阙门边两观也。礼，诸侯一观。大路，天子之车。"

④师古曰："陪，重也。诸侯者，天子之臣，故其臣称重臣也。季氏，鲁桓公子季友之后，专执国政而奢僭也。"

⑤师古曰："三归，取三姓女也。妇人谓嫁曰归，故曰三归。盖谓管仲耳。《雍》，乐诗也，彻馔奏之。八佾，八列之舞。皆僭天子礼也。此谓季氏耳。"

⑥师古曰："陵夷，渐颓替也。解在《成帝纪》及《诸侯王表》。"

⑦应劭曰："桑间，卫地，濮上，濮水之上，皆好新声。"师古曰："郑、卫、宋、赵诸国，亦皆有淫声。"

⑧师古曰："营犹回绕也。"

⑨师古曰："间音居苋反。"

⑩应劭曰："戎，西戎也。由余，其贤臣也。秦欲兼之，遗以女乐，由余谏而不听，遂去入秦。"

⑪师古曰："餽亦馈字。《论语》云'齐人餽女乐，季桓子受之，三日不朝，孔子行'也。"

⑫师古曰："魏文侯本晋大夫毕万之后，僭诸侯者。"

⑬师古曰："事见《礼》之《乐记》。"

汉兴，乐家有制氏，①以雅乐声律世世在大乐官，但能纪其铿鎗鼓舞，而不能言其义。②高祖时，叔孙通因秦乐人制宗庙乐。大祝迎神于庙门，奏《嘉至》，③犹古降神之乐也。皇帝入庙门，奏《永至》，以为行步之节，犹古《采荠》、《肆夏》也。④乾豆上，奏《登歌》，⑤独上歌，不以筦弦乱人声，欲在位者遍闻之，犹古《清庙》之歌也。《登歌》再终，下奏《休成》之乐，⑥美神明既飨也。皇帝就酒东厢，坐定，奏《永安》之乐，美礼已成也。又有《房中祠乐》，高祖唐山夫人所作也。⑦周有《房中乐》，至秦名曰《寿人》。凡乐，乐其所生，礼不忘本。高祖乐楚声，故《房中乐》楚声也。孝惠二年，使乐府令夏侯宽备其箫管，更名曰《安世乐》。

①服虔曰："鲁人也，善乐事也。"

②师古曰："铿铃，金石之声也。铿音丘耕反。铃音初庚反。其下亦同。"

③李奇曰："嘉，善也，善神之至也。"

④刘德曰："歌乐，在逸诗。"师古曰："荠音才私反，礼经或作赍，又作茨，音并同耳。"

⑤师古曰："乾豆，脯羞之属。"

⑥服虔曰："叔孙通所奏作也。"

⑦服虔曰："高帝姬也。"韦昭曰："唐山，姓也。"

高(祖)庙奏《武德》、《文始》、《五行》之舞；〔6〕孝文庙奏《昭德》、《文始》、《四时》、《五行》之舞；孝武庙奏《盛德》、《文始》、《四时》、《五行》之舞。《武德舞》者，高祖四年作，以象天下乐己行武以除乱也。《文始舞》者，曰本舜《招舞》也，高祖六年更名曰《文始》，以示不相袭也。《五行舞》者，本周舞也，秦始皇二十六年更名曰《五行》也。《四时舞》者，孝文所作，以(明)示天下之安和也。〔7〕盖乐己所自作，明有制也；①乐先王之乐，明有法也。②孝景采《武德舞》以为《昭德》，以尊大宗庙。至孝宣，采《昭德舞》为《盛德》，以尊世宗庙。诸帝庙皆常奏《文始》、《四时》、《五行舞》云。高祖六年又作《昭容乐》、《礼容乐》。《昭容》者，犹古之《昭夏》也，主出《武德舞》。③《礼容》者，主出《文始》、《五行舞》。舞人无乐者，将至至尊之前不敢以乐也；出用乐者，言舞不失节，能以乐终也。大氐皆因秦旧事焉。④

①师古曰："言自制作也。"

②师古曰："遵前代之法。"

③苏林曰："言《昭容乐》生于《武德舞》。"

④师古曰："氐，归也，音丁礼反。其后字或作抵，音义并同。"

初，高祖既定天下，过沛，与故人父老相乐，醉酒欢哀，作"风起"之诗，命沛中僮儿百二十人习而歌之。至孝惠时，以沛宫为原庙，①皆令歌儿习吹以相和，常以百二十人为员。文、景之间，礼官肄业而已。② 至武帝定郊祀之礼，祠太一于甘泉，就乾位也；③ 祭后土于汾阴，泽中方丘也。④ 乃立乐府，⑤ 采诗夜诵，⑥ 有赵、代、秦、楚之讴。以李延年为协律都尉，多举司马相如等数十人造为诗赋，略论律吕，以合八音之调，作十九章之歌。以正月上辛用事甘泉圜丘，⑦ 使童男女七十人俱歌，昏祠至明。夜常有神光如流星止集于祠坛，天子自竹宫而望拜，⑧ 百官侍祠者数百人皆肃然动心焉。

①师古曰："原，重也。言已有正庙，更重立(之)〔也〕。"〔8〕

②师古曰："肄，习也，音弋二反。"

③师古曰："言在京师之西北也。"

④师古曰："汾水之旁，土特堆起，是泽中方丘也。祭地，以方象地形。"

⑤师古曰："始置之也。乐府之名盖起于此，哀帝时罢之。"

⑥师古曰："采诗，依古遒人徇路，采取百姓讴谣，以知政教得失也。夜诵者，其言辞或秘不可宣露，故于夜中歌诵也。"

⑦师古曰："用上辛，用《周礼》郊天日也。辛，取齐戒自新之义也。为圜丘者，取象天形也。"

⑧韦昭曰："以竹为宫，天子居中。"师古曰："《汉旧仪》云竹宫去坛三里。"

《安世房中歌》十七章，其诗曰：

大孝备矣，休德昭清。高张四县，乐充宫庭。① 芬树羽林，云景杳冥，② 金支秀华，庶旄翠旌。③

①晋灼曰："四县，乐四县也，天子宫县。"师古曰："谓设宫县而高张之。县，古悬字。"

②师古曰："言所树羽葆，其盛若林，芬然众多，仰视高远，如云日之杳冥也。"

③张宴曰："金支，百二十支。秀华，中主有华艳也。旄，钟之旄也。"文颖曰："析羽为旌，翠羽为之也。"臣瓒曰："乐上众饰，有流溯羽葆，以黄金为支，其首敷散，若草木之秀华也。"师古曰："金支秀华，瓒说是也。庶，众也。庶旄翠旌，谓析五采羽，注翠旄之首而为旌耳。"

《七始华始》，肃倡和声。① 神来宴娭，庶几是听。② 粥粥音送，细齐人情。③ 忽乘青玄，熙事备成。④ 清思眑眑，经纬冥冥。⑤

①孟康曰："七始，天地四时人之始。华始，万物英华之始也。以为乐名，如《六英》也"。师古曰："肃，敬也。言歌者敬而倡谐和之声。"

②师古曰："娭，戏也。言庶几神来宴戏听此乐也。娭音许其反。"

③晋灼曰："粥粥，敬惧貌也。细，微也。以乐送神，微感人情，使之齐肃也。"师古曰："粥音弋六反。"

④师古曰："言还神礼毕，忽登青天而去，福熙之事皆备成也。熙与禧同。"

⑤苏林曰："晻音穷。"师古曰："晻晻，幽静也。经纬，谓经纬天地。"

我定历数，人告其心。①敕身齐戒，施教申申。②乃立祖庙，敬明尊亲。大矣孝熙，四极爰辏。③

①师古曰："言臣下各竭其心，致诚悫也。"

②应劭曰："敕，谨敬之貌。"师古曰："齐读曰斋。"

③师古曰："熙亦福也。四极，四方极远之处也。《尔雅》曰'东至于泰远，西至于邠国，南至于濮铅，北至于祝栗，谓之四极。'邠音彬。辏字与臻同。"

王侯秉德，其邻翼翼，①显明昭式。清明鬯矣，皇帝孝德。②竟全大功，抚安四极。

①师古曰："邻，言德不孤必有邻也。翼翼，恭敬也。"

②师古曰："鬯，古畅字。畅，通也。"

海内有奸，纷乱东北。①诏抚成师，武臣承德。②行乐交逆，《箫》、《勺》群慝。③肃为济哉，盖定燕国。④

①师古曰："谓匈奴。"

②师古曰："成师，言各置(郊)〔部〕校，[9]师出以律也。《春秋左氏传》曰'成师以出'。"

③晋灼曰："《箫》，舜乐也。《勺》，周乐也。言以乐征伐也。"师古曰："言制定新乐，教化流行，则逆乱之徒尽交欢也。慝，恶也。勺读曰酌。"

④师古曰："匈奴服从，则燕国安静无寇难也。"

大海荡荡水所归，高贤愉愉民所怀。①大山崔，百卉殖。民何贵？贵有德。②

①李奇曰："愉愉，怿也。"师古曰："荡荡，广大貌也。愉愉，和乐貌也。怀，思

也。言海以广大之故，众水归之；王者有和乐之德，则人皆思附也。”

②师古曰：“言大山以崔嵬之故，能生养百卉；明君以崇高其德，故为万姓所尊也。崔音才回反。”

安其所，乐终产。①乐终产，世继绪。②飞龙秋，游上天。③高贤愉，乐民人。④

①师古曰：“万物各安其所，而乐终其生也。”

②师古曰：“言传祚无穷。”

③苏林曰：“秋，飞貌也。”师古曰：“《庄子》有秋驾之法者，亦言驾马腾骧，秋秋然也。扬雄赋曰‘秋秋跄跄入西园’，其义亦同。读者不晓秋义，或改此秋字为秌稷之秌，失之远矣。”

④师古曰：“言王者有愉愉之德，故使众人皆安乐。”

丰草葽，女罗施。①䔮何如，谁能回！②大莫大，成教德；长莫长，被无极。③

①孟康曰：“葽音‘四月秀葽’。葽，盛貌也。”应劭曰：“女罗，兔丝也，延于松柏之上。异类而犹载之，况同姓，言族亲不可不覆遇也。”

②师古曰：“回，乱也。言至德之善，上古帝皇皆不如之，而不可干乱。”

③师古曰：“被音皮义反。次下亦同。

雷震震，电耀耀。明德鄉，治本约。①治本约，泽弘大。②加被宠，咸相保。③德施大，世曼寿。④

①服虔曰：“与臣民之约。”师古曰：“鄉，方也。言王者之威，取象雷电，明示德义之方，而治政本之约。约读曰要。”

②师古曰：“政教有常，则恩惠溥洽。”

③师古曰：“言德政所加，人被宠渥，则室家老幼皆相保也。”

④师古曰：“曼，延也。”

都荔遂芳，窅窊桂华。①孝奏天仪，若日月光。②乘玄四龙，回驰北行。羽旄殷盛，芬哉芒芒。③孝道随世，我署文章。④《桂华》。〔10〕

①苏林曰“窅音窅眹之窅。窊音窊下之窊。”孟康曰：“窅，出；窊，入。都良薜荔之香鼓动桂华也。”晋灼曰：“桂华似殿名，次下言‘桂华冯冯翼翼，承天之

则'，言树此香草以洁齐其芳气，乃达于宫殿也。"臣瓒曰："《茂陵中书》歌《都孋》、《桂英》、《美芳》、《鼓行》，如此复不得为殿名。"师古曰："诸家说皆未尽也。此言都良薜荔俱有芬芳，桂华之形窅窊然也。皆谓神宫所有耳。窅音一校反。窊音一瓜反。"

②师古曰："言以孝道进承于天，天神下降，故有光。"

③师古曰："芬亦谓众多。芒芒，广远之貌。"

④师古曰："署犹分部也，一曰表也。"

冯冯翼翼，承天之则。①吾易久远，烛明四极。②慈惠所爱，美若休德。③杳杳冥冥，克绰永福。④《美(芳)〔若〕》。[11]

①师古曰："冯冯，盛满也。翼翼，众貌也。"

②晋灼曰："易，疆易也。久，固也。武帝自言拓境广远安固也。"师古曰："此说非也。久犹长也，自言疆易远大耳。非武帝时也，不得云拓境。"

③师古曰："若，顺也。休亦美也。"

④师古曰："绰，缓也，亦谓延长也。"

硙硙即即，师象山则。①呜呼孝哉，案抚戎国。蛮夷竭欢，象来致福。②兼临是爱，终无兵革。③

①孟康曰："硙硙，崇积也。即即，充实也。师，众也。则，法也。积实之盛众类于山也。"师古曰："硙音五回反。"

②李奇曰："象，译也。蛮夷遣(择)〔译〕致福贡也。"[12]

③师古曰："兼临，言在上位者普包容也。"

嘉荐芳矣，告灵飨矣。告灵既飨，德音孔臧。①惟德之臧，建侯之常。承保天休，令问不忘。②

①师古曰："飨字合韵皆音乡。孔，甚也。臧，善也。"

②师古曰："建侯，封建诸侯也。《易·屯卦》曰'利建侯'。休，美也。令，善也。问，名也。"

皇皇鸿明，荡侯休德。①嘉承天和，伊乐厥福。②在乐不荒，惟民之则。③

①服虔曰："侯，惟也。"臣瓒曰："天下荡平，惟帝之休德。"

②师古曰："伊，是也。"

③师古曰："则，法也。"

浚则师德，下民咸殖。令问在旧，孔容翼翼。①

①师古曰："浚，深也。师，众也。则，法也。殖，生也。旧，久也。翼翼，敬也。言有深法众德，故能生育群黎，久有善名，其容甚敬也。"

孔容之常，承帝之明。①下民之乐，子孙保光。②承顺温良，受帝之光。嘉荐令芳，寿考不忘。③

①师古曰："帝谓天也。下皆类此。"

②师古曰："言永保其光宠也。"

③师古曰："不忘，言长久也。"

承帝明德，师象山则。①云施称民，永受厥福。②承容之常，承帝之明。下民安乐，受福无疆。③

①师古曰："众象山而为法，言不骞不崩。"

②师古曰："言称物平施，其泽如云也。称音尺孕反。"

③师古曰："疆，竟也。下皆类此。"

《郊祀歌》十九章，其诗曰：

练时日，侯有望，①焫膋萧，延四方。②九重开，灵之斿，③垂惠恩，鸿祜休。④灵之车，结玄云，驾飞龙，羽旄纷。⑤灵之下，若风马，⑥左仓龙，右白虎。⑦灵之来，神哉沛，⑧先以雨，般裔裔。⑨灵之至，庆阴阴，⑩相放悲，震澹心。⑪灵已坐，五音饬，⑫虞至旦，承灵亿。⑬牲茧栗，粢盛香，尊桂酒，宾八乡。⑭灵安留，吟青黄，⑮遍观此，眺瑶堂。⑯众嫭并，绰奇丽，⑰颜如荼，兆逐靡。⑱被华文，厕雾縠，曳阿锡，佩珠玉。⑲侠嘉夜，茝兰芳，⑳澹容与，献嘉觞。㉑

《练时日》一

①师古曰："练，选也。"

②李奇曰："膋，肠间脂也。萧，香蒿也。"师古曰："以萧焫脂合馨香也。四方，四方之神也。膋音来雕反。焫音人说反。"

③师古曰："天有九重，言皆开门而来降厥福。"

④师古曰:“鸿,大也。祜,福也。休,美也。祜音怙。”

⑤师古曰:“纷纷,言其多。”

⑥师古曰:“言速疾也。”

⑦师古曰:“以为卫。”

⑧师古曰:“沛,疾貌,音补盖反。”

⑨师古曰:“先以雨,言神欲行,令雨先驱也。般读与班同。班,布也。裔裔,飞流之貌。”

⑩师古曰:“言垂阴覆遍于下。”

⑪师古曰:“放悲犹仿佛也。澹,动也。放音昉。悲音沸。澹音大滥反。”

⑫师古曰:“饬读与敕字同,谓整也。”

⑬师古曰:“虞,乐也。亿,安也。”

⑭应劭曰:“桂酒,切桂置酒中也。”晋灼曰:“尊,大尊也。元帝时大宰丞李元记云‘以水渍桂,为大尊酒’。”师古曰:“茧栗,言角之小如茧及栗之形也。八乡,八方之神。”

⑮服虔曰:“吟音含。”师古曰:“服说非也。吟谓歌诵也。青黄,谓四时之乐也。”

⑯应劭曰:“眺,望也。瑶,石而似玉者也。”师古曰:“以瑶饰堂。瑶音遥。”

⑰孟康曰:嫭音互。嫭,好也。”如淳曰:“嫭,美目貌。”晋灼曰:“嫭音鳠埘鳠之鳠。”师古曰:“孟说是也。谓供神女乐,并好丽也。”

⑱应劭曰:“荼,野菅白华也。言此奇丽,白如荼也。”孟康曰:“兆逐靡者,兆民逐观而猗靡也。”师古曰:“菅,茅也。言美女颜貌如茅荼之柔也。荼者,今俗所谓蒹锥也。荼音涂。菅音奸。靡,合韵音武义反。”

⑲如淳曰:“阿,细缯。锡,细布也。”师古曰:“厕,杂也。雾縠,言其轻细若云雾也。”

⑳如淳曰:“佳、侠,皆美人之称也。嘉夜,芳草也。”师古曰:“侠与挟同,言怀挟芳草也。茝即今白芷。茝音昌改反。”

㉑师古曰:“澹,安也。容与,音闲舒也。澹音大滥反。”

帝临中坛,四方承宇,①绳绳意变,备得其所。②清和六合,制数以五。③海内安宁,兴文匽武。④后土富媪,昭明三光。⑤穆穆优游,嘉服上黄。⑥

《帝临》二

①师古曰："言天神尊者来降中坛，四方之神各承四宇也。坛字或作禮。读亦曰坛。字加示者，神灵之耳。下言紫坛、嘉坛，其义并同。"

②应劭曰："绳绳，谨敬更正意也。"孟康曰："众多也。"臣瓒曰："《尔雅》曰'绳绳，戒也'。"师古曰："瓒说是也。"

③张晏曰："此后土之歌也。土数五。"

④师古曰："匽，古偃字。"

⑤张晏曰："媪，老母称也。坤为母，故称媪。海内安定，富媪之功耳。"

⑥孟康曰："土色上黄也。"

青阳开动，根荄以遂，①膏润并爱，跂行毕逮。②霆声发荣，壛处顷听，③枯槁复产，乃成厥命。④众庶熙熙，施及夭胎，⑤群生啿啿，惟春之祺。"⑥

《青阳》三　邹子乐。

①臣瓒曰："春为青阳。"师古曰："草根曰荄。遂者，言皆生出也。荄音该。"

②孟康曰："跂音岐。"师古曰："并，兼也。逮，及也。凡有足而行者，称跂行也。"

③晋灼曰："壛，穴也。谓蛰虫惊听也。"师古曰："壛与岩同。言雷霆始发，草木舒荣，则蛰虫处岩崖者，莫不顷听而起。顷读曰倾。"

④师古曰："枯槁，谓草木经冬零落者也。槁音口老反。"

⑤师古曰："熙熙，和乐貌也。施，延也。少长曰夭，在孕曰胎。施音弋豉反。夭音乌老反。"

⑥服虔曰："啿音'湛湛露斯。'"如淳曰："祺，福也。"师古曰："啿啿，丰厚之貌也，音徒感反。祺音其。"

朱明盛长，旉与万物，①桐生茂豫，靡有所诎。②敷华就实，既阜既昌，③登成甫田，百鬼迪尝。④广大建祀，肃雍不忘，神若宥之，传世无疆。⑤

《朱明》四　邹子乐。

①臣瓒曰："夏为朱明。"师古曰："旉，古敷字也。旉与，言开舒也。与音弋于反。"

②师古曰："桐读为通。茂豫，美盛而光悦也。言草木皆通达而生，美悦光泽，各无所诎，皆申遂也。诎音丘物反。"

③师古曰："敷，布也。就，成也。阜，大也。昌，盛也。"

④师古曰："甫田，大田也。百鬼，百神也。迪，进也。尝谓歆飨之也。言此粢盛，皆因大田而登成，进于祀所，而为百神所歆飨也。迪音大历反。"

⑤师古曰："若，善也。宥，祐也。"

西颢沆砀，秋气肃杀，①含秀垂颖，续旧不废。②奸伪不萌，妖孽伏息。隅辟越远，四貉咸服。③既畏兹威，惟慕纯德，附而不骄，正心翊翊。"④

《西颢》五　邹子乐。

①韦昭曰："西方少昊也。"师古曰："沆音胡浪反。砀音荡。沆砀，白气之貌也。"

②师古曰："五谷百草，秀颖成实，皆因旧苗，无废绝也。不荣而实曰秀，叶末曰颖。废合韵音发。"

③师古曰："四貉犹言四夷。辟读曰僻。貉音莫客反。"

④师古曰："纯，大也。言畏威怀德，皆来宾附，无敢骄怠，尽虔敬。"

玄冥陵阴，蛰虫盖臧，①屮木零落，抵冬降霜。②易乱除邪，革正异俗，③兆民反本，抱素怀朴。条理信义，望礼五岳。④籍敛之时，掩收嘉谷。⑤

《玄冥》六　邹子乐。

①师古曰："玄冥，北方之神也。"

②孟康曰："抵，至也，至冬而降霜，音底。"师古曰："屮，古草字。"

③师古曰："易，变；革，改也。"

④师古曰："条，分也，畅也。"

⑤师古曰："籍敛，谓收籍田也。"

惟泰元尊，媪神蕃釐，①经纬天地，作成四时。精建日月，星辰度理，阴阳五行，周而复始。云风雷电，降甘露雨，百姓蕃滋，咸循厥绪。②继统共勤，顺皇之德，③鸾路龙鳞，罔不肸饰。④嘉笾列陈，庶几宴享，⑤灭除凶灾，(列)〔烈〕腾八荒。⑥[13]钟鼓竽笙，云舞翔翔，招摇灵旗，九夷宾将。⑦

《惟泰元》七 建始元年，丞相匡衡奏罢"鸾路龙鳞"，更定诗曰"涓选休成"。⑧

①李奇曰："元尊，天也。媪神，地也。祭天燔燎，祭地瘗埋也。"师古曰："李说非也，泰元，天也。蕃，多也。釐，福也。言天神至尊，而地神多福也。蕃音扶元反。釐读曰禧。"

②师古曰："蕃，多也。滋，益也。循，顺也。绪，业也。"

③师古曰："共读曰恭。皇，皇天也。此言天子继承祖统，恭勤为心而顺天也。"

④苏林曰："肸音壁涂之壁。壁，饰也。"师古曰："罔，无也。肸，振也。谓皆振整而饰之也。肸音许乙反。"

⑤师古曰："嘉笾，谓祭祀之笾实也。木曰豆，竹曰笾。享字合韵宜(因)〔音〕乡。"[14]

⑥师古曰："言威烈之盛，逾于八荒。"

⑦师古曰："画招摇于旗以征伐，故称灵旗。将犹从也。"

⑧臣瓒曰："涓，除也。除恶选取美成者也。"

天地并况，惟予有慕，①爰熙紫坛，思求厥路。②恭承禋祀，缊豫为纷，③黼绣周张，承神至尊。④千童罗舞成八溢，⑤合好效欢虞泰一。⑥九歌毕奏斐然殊，鸣琴竽瑟会轩朱。⑦璆磬金鼓，灵其有喜，⑧百官济济，各敬厥事。盛牲实俎进闻膏，⑨神奄留，临须摇。⑩长丽前掞光耀明，⑪寒暑不忒况皇章。⑫展诗应律铜玉鸣，⑬函宫吐角激徵清。发梁扬羽申以商，⑭造兹新音永久长。声气远条凤鸟鶠，⑮神夕奄虞盖孔享。⑯

《天地》八 丞相匡衡奏罢"黼绣周张"，更定诗曰"肃若旧典"。⑰

①师古曰："况，赐也。"

②师古曰："熙，兴也。紫坛，坛紫色也。思求降神之路也。"

③孟康曰："积聚修饰，为此纷华也。"师古曰："缊音於粉反。"

④师古曰:“白与黑画为斧形谓之黼。”

⑤师古曰:“溢与佾同。佾,列也。”

⑥师古曰:“虞与娱同。”

⑦师古曰:“轩朱即朱轩也。言总合音乐,会于轩槛之前。”

⑧师古曰:“璆,美玉名,以为磬也。喜,合韵音许吏反。”

⑨师古曰:“言以牲实俎,以萧焫脂,则其芬馨达于神所,故曰盛牲实俎进闻膏。”

⑩晋灼曰:“须摇,须臾也。”师古曰:“奄读曰淹。”

⑪孟康曰:“欲令神宿留,言日虽暮,长更星在前扶助,常有光明也。掞或作扶。”晋灼曰:“掞即光炎字也。”臣瓒曰:“长丽,灵鸟也。故相如赋曰‘前长丽而后矞皇’。旧说云鸾也。张衡《思玄赋》亦曰‘前长丽使拂羽’。”师古曰:“晋、瓒二说是也。丽音离。掞音艳。”

⑫晋灼曰:“况,赐也。皇,君也。章,明也。言长更星终始不改其光,神永以此明赐君也。”臣瓒曰:“忒,差也。寒暑不差,言阴阳和也,以此赐君,章贤德也。”师古曰:“瓒说是也。”

⑬晋灼曰:“铜,鸣玉声也。”师古曰:“铜音火玄反。”

⑭晋灼曰:“下有‘梁黄鼓员四人’,似新造音乐者姓名也。”师古曰:“晋说非也。自函宫吐角以下,总言五声之备耳。申,重也。发梁,歌声绕梁也。函与含同。”

⑮师古曰:“条,达也。鸦,古翔字。”

⑯师古曰:“虞,乐也。盖,语辞也。孔,甚也。享,合韵音乡。”

⑰师古曰:“肃,敬也。若,顺也。”

日出入安穷?时世不与人同。①故春非我春,夏非我夏,秋非我秋,冬非我冬。泊如四海之池,遍观是邪谓何?②吾知所乐,独乐六龙,六龙之调,使我心若。③訾黄其何不徕下!④

《日出入》九

①晋灼曰:“日月无穷,而人命有终,世长而寿短。”

②晋灼曰:“言人寿不能安固如四海,遍观是,乃知命甚促。谓何,当如之何也。”师古曰:“泊,水貌也,音步各反,又音魄。”

③应劭曰:“《易》曰‘时乘六龙以御天’。武帝愿乘六龙,仙而升天,曰‘吾所乐

独乘六龙然，御六龙得其调，使我心若'。"

④应劭曰："訾黄一名乘黄，龙翼而马身，黄帝乘之而仙。武帝意欲得之，曰：'何不来邪？'"师古曰："訾，嗟叹之辞也。黄，乘黄也。叹乘黄不来下也。訾音咨。"

太一况，，天马下，①沾赤汗，沫流赭。②志俶傥，精权奇，籋浮云，晻上驰。③体容与，迣万里，④今安匹，龙为友。⑤元狩三年马生渥洼水中作。

①师古曰："言此天马乃太一所赐，故来下也。"

②应劭曰："大宛马汗血沾濡也，流沫如赭也。"李奇曰："沬音靧面之靧。"晋灼曰："沬，古靧字也。"师古曰："沬、沫两通。沬者，言被面如颒也，字从水傍午未之未，音呼内反。沫者，言汗流沫出也，字从水傍本末之末，音亦如之。然今书字多作沬面之沬也。"

③苏林曰："籋音蹑。言天马上蹑浮云也。"师古曰："晻音乌感反。言晻然而上驰。"

④孟康曰："迣音逝。"如淳曰："迣，超逾也。晋灼曰："古迾字。"师古曰："孟音非也。迣读与厉同，言能厉渡万里也。"

⑤师古曰："言今更无与匹者，唯龙可为之友耳。"

天马徕，从西极，涉流沙，九夷服。①天马徕，出泉水，虎脊两，化若鬼。②天马徕，历无草，径千里，循东道。③天马徕，执徐时，④将摇举，谁与期？⑤天马徕，开远门，竦予身，逝昆仑。⑥天马徕，龙之媒，⑦游阊阖，观玉台。⑧太初四年诛宛王获宛马作。

《天马》十

①师古曰："言九夷皆服，故此马远来也。徕，古往来字也。"

②应劭曰："马毛色如虎脊〔者〕有两也。"[15]师古曰："言其变化若鬼神。"

③张晏曰："马从西而来东也。"师古曰："言马从西来，经行碛卤之地无草者，(几)〔凡〕千里而至东道。"[16]

④应劭曰："太岁在辰曰执徐。言得天马时岁在辰也。"孟康曰："东方震为龙，又青龙宿。言以其方来也。"师古曰："应说是也。"

⑤如淳曰："遥，远也。摇或作遥。"师古曰："如说非也。言当奋摇高举，不可

与期也。"

⑥应劭曰:"言天马虽去人远,当豫开门以待之也。"文颖曰:"言武帝好仙,常庶几天马来,当乘之往发昆仑也。"师古曰:"文说是也。"

⑦应劭曰:"言天马者乃神龙之类,今天马已来,此龙必至之效也。"

⑧应劭曰:"阊阖,天门。玉台,上帝之所居。"

天门开,詄荡荡,①穆并骋,以临飨。②光夜烛,德信著,③灵寖(平而)鸿,长生豫。④[17]大朱涂广,夷石为堂,⑤饰玉梢以舞歌,体招摇若永望。⑥星留俞,塞陨光,⑦照紫幄,珠熉黄。⑧幡比翅回集,贰双飞常羊。⑨月穆穆以金波,日华耀以宣明。⑩假清风轧忽,激长至重觞。⑪神裴回若留放,殣冀亲以肆章。⑫函蒙祉福常若期,⑬寂漻上天知厥时。⑭泛泛滇滇从高斿,⑮殷勤此路胪所求。⑯佻正嘉吉弘以昌,⑰休嘉砰隐溢四方。⑱专精厉意逝九阂,⑲纷云六幕浮大海。⑳

《天门》十一

①如淳曰:"詄读如迭。詄荡荡,天体坚清之状也。"师古曰:"詄音大结反。"

②师古曰:"言众神穆然方驾驰骋而临祠祭。"

③师古曰:"神光夜照,应诚而来,是德信著明。"

④师古曰:"神灵德泽所浸,溥博无私,其福甚大,故我得长生之道而安豫也。"

⑤师古曰:"涂,道路也。夷,平也。言通神之路,饰以朱丹,又甚广大。平夷密石,累以为堂。"

⑥师古曰:"梢,竿也,舞者所持。玉梢,以玉饰之也。招摇,申动之貌。永,长也。梢音所交反。招音韶。望,合韵音亡。"

⑦师古曰:"俞,答也。言众星留神,答我飨荐,降其光耀,四面充塞也。俞音逾。"

⑧如淳曰:"熉音殒,黄貌也。"师古曰:"紫幄,飨神之幄也。帐上四下而覆曰幄。言光照紫幄,故其珠色熉然而黄也。熉音云。"

⑨文颖曰:"舞者骨腾肉飞,如鸟之回翅而双集也。"师古曰:"常羊,犹逍遥也。"

⑩师古曰:"言月光穆穆,若金之波流也。宣,遍也。"

⑪师古曰："轧忽，长远之貌也。重觞，谓累献也。"

⑫孟康曰："殣音觐。"师古曰："言神灵裴回，留而不去，故我得觐见，冀以亲附而陈诚意，遂章明之。"

⑬师古曰："函，包也。蒙，被也。言为神所飨，故能包函蒙被，祉福应诚而至，有常期也。"

⑭应劭曰："言天虽寂漻高远，而知我飨荐之时也。漻音来朝反。"

⑮应劭曰："泛泛，上浮之意也。滇滇，盛貌也。"晋灼曰："滇音'振旅阗阗'。"师古曰："音徒千反。"

⑯应劭曰："胪，陈也。言所以殷勤此路，乃欲陈所求也。"师古曰："胪音力于反。"

⑰如淳曰："兆读曰肇。肇，始也。"

⑱师古曰："休，美也。嘉，庆也。砰音普萌以。砰隐，盛意。"

⑲如淳曰："阂亦陔也。《淮南子》曰若士者谓卢敖曰'吾与汗漫期乎九陔之上'。陔，重也。谓九天之上也。"师古曰："阂，合韵音改，又音亥。"

⑳师古曰："纷云，兴作之貌。六幕，犹言六合也。"

景星显见，信星彪列，①象载昭庭，日亲以察。②参侔开阖，爰推本纪，③汾脽出鼎，皇祜元始。④五音六律，依韦飨昭，⑤杂变并会，雅声远姚。⑥空桑琴瑟结信成，⑦四兴递代八风生。⑧殷殷钟石羽籥鸣。⑨河龙供鲤醇牺牲。⑩百末旨酒布兰生。⑪泰尊柘浆析朝酲。⑫微感心攸通修名，⑬周流常羊思所并。⑭穰穰复正直往甯，⑮冯蠵切和疏写平。⑯上天布施后土成，穰穰丰年四时荣。

《景星》十二　元鼎五年得鼎汾阴作。

①如淳曰："景星者，德星也，见无常，常出有道之国。镇星为信星，居国益地。"师古曰："谓彰著而为行列也。"

②师古曰："象谓县象也。载，事也。县象秘事，昭显于庭，日来亲近，甚明察也。"

③应劭曰："参，三也。言景星光明开阖，乃三于日月也。"晋灼曰："侔，等也。开阖，犹开辟也。言今之鼎瑞，参等于上世。"师古曰："晋说是。"

④师古曰："皇，大也。祜，福也。脽音谁。祜音怙。"

⑤师古曰："依韦，谐和不相乖离也。飨读曰响。昭，明也，言声响之明也。"

⑥师古曰："姚，僄姚，言飞扬也。"

⑦张晏曰："传曰'空桑为瑟，一弹三叹'，祭天质故也。"师古曰："空桑，地名也，出善木，可为琴瑟也。"

⑧应劭曰："四时递代成阴阳，八风以生也。"臣瓒曰："舞者四县代奏也。《左氏传》曰'夫舞者，所以节八音而行八风'也。"师古曰："瓒说是也。八方之风，谓东北曰条风，东方曰明庶风，东南曰清明风，南方曰景风，西南曰凉风，西方曰阊阖风，西北曰不周风，北方曰广莫风。"

⑨师古曰："殷殷，声盛也。石谓磬也。羽籥，《韶舞》所持者也。殷音隐。"

⑩晋灼曰："河龙，夏之所赐者也。供鲤，给厨祭也。"师古曰："醇谓色不杂也。牺牲，牛羊全体者也。"

⑪张晏曰："百末，末作之末也。"晋灼曰："百日之末酒也，芬香布列，若兰之生也。"师古曰："百末，百草华之末也。旨，美也。以百草华末杂酒，故香且美也。事见《春秋繁露》。"

⑫应劭曰："柘浆，取甘柘汁以为饮也。酲，病酒也。析，解也。言柘浆可以解朝酲也。"

⑬师古曰："言精微所应，其心攸远，故得通达成长久之名。"

⑭师古曰："周流，犹周行也。常羊，犹逍遥也。思所并，思与神道合也，下言合所思是也。"

⑮师古曰："穰穰，多也。复犹归也。直，当也。甯，愿也。言获福既多，归于正道，克当往日所愿也。复音扶目反，甯合韵音宁。"

⑯晋灼曰："冯，冯夷，河伯也。蠵，觜蠵，龟属也。"师古曰："言冯夷命灵蠵，使切厉谐和水神，令之疏导川潦，写散平均，无灾害也。蠵音弋随反，又音携。"

齐房产草，九茎连叶，①宫童效异，披图案谍。②玄气之精，回复此都，③蔓蔓日茂，芝成灵华。④

《齐房》十三　元封二年芝生甘泉齐房作。

①师古曰："齐读曰斋。其下并同。"

②臣瓒曰："宫之童竖致此异瑞也。"苏林曰："谍，谱弟之也。"

③师古曰："玄，天也。言天气之精，回旋反复于此云阳之都，谓甘泉也。"

④师古曰："蔓蔓，言其长久，日以茂盛也。"

后皇嘉坛,立玄黄服,①物发冀州,兆蒙祉福。②沇沇四塞,假狄合处,③经营万亿,咸遂厥宇。④

《后皇》十四

①师古曰:"坛,祭坛也。服,祭服也。"

②晋灼曰:"得宝鼎于汾阴也。臣瓒曰:"汾阴属冀州。"

③孟康曰:"沇音兖。"师古曰:"沇沇,流行之貌也。假狄,远夷也。合处,内附也。假即遐字耳,其字从彳。彳音丑益反。"

④师古曰:"宇,居也。言我经营万方亿兆,故得咸遂其居。"

华爗爗,固灵根。神之斿,过天门,车千乘,敦昆仑。①神之出,排玉房,周流杂,拔兰堂。②神之行,旌容容,骑沓沓,般纵纵。③神之徕,泛翊翊,甘露降,庆云集。④神之揄,临坛宇,⑤九疑宾,夔龙舞。⑥神安坐,鴹吉时,⑦共翊翊,合所思。⑧神嘉虞,申贰觞,⑨福滂洋,迈延长。⑩沛施祐,汾之阿,⑪扬金光,横泰河,⑫莽若云,增阳波。⑬遍胪欢,腾天歌。⑭

《华爗爗》十五

①师古曰:"敦读曰屯。屯,聚也。"

②师古曰:"拔,舍止也,音步曷反。"

③孟康曰:"纵音总。"晋灼曰:"音人相從勇作恶。"师古曰:"容容,飞扬之貌。沓沓,疾行也。般,相连也。纵纵,众也。容音勇。纵音总。一曰容读如本字,從音才公反。"

④如淳曰:"《天文志》云'若烟非烟,若云非云,郁郁纷纷,是谓庆云'。"师古曰:"翊音弋入反,又音立。"

⑤师古曰:"揄,引也。坛宇,谓祭祠坛场及宫室。言神引来降临之也。揄音逾。"

⑥如淳曰:"九疑,舜所葬。言以舜为宾客也。夔典乐,龙管纳言,皆随舜而来,舞以乐神。"

⑦师古曰:"鴹,古翔字也。言神安坐回翔,皆趣吉时也。"

⑧师古曰:"共读曰恭。翊翊,敬也。"

⑨师古曰:"虞,乐也。贰觞,犹重觞也。"

⑩师古曰："滂洋，饶广也。滂音普郎反。洋音羊，又音祥。"

⑪师古曰："沛音普大反。沛然泛貌也。阿，水之曲隅。"

⑫师古曰："横，充满也。泰河，大河也。"

⑬师古曰："莽，云貌。言光明之盛，莽莽然如云也。"

⑭师古曰："胪，陈也。腾，升也。言陈其欢庆，令歌上升于天。"

五神相，包四邻，① 土地广，扬浮云。扢嘉坛，椒兰芳，② 璧玉精，垂华光。③ 益亿年，美始兴，④ 交于神，若有承。⑤ 广宣延，咸毕觞，⑥ 灵舆位，偃蹇骧。⑦ 卉汩胪，析奚（道）〔遗〕？⑧[18] 淫渌泽，注然归。⑨

《五神》十六

①如淳曰："五帝为太一相也。"师古曰："包，含也。四邻，四方。"

②孟康曰："扢，摩也。"师古曰："音公忽反。谓摩拭其坛，加以椒兰之芳。"

③师古曰："言礼神之璧乃玉之精英，故有光华也。"

④师古曰："言福庆方兴起也。"

⑤师古曰："言神来降临，故尽其肃恭。"

⑥师古曰："言遍延诸神，咸歆祭祀，毕尽觞爵也。"

⑦师古曰："神既毕飨，则严驾灵舆，引其侍从之位偃蹇高骧也。蹇音居偃反。"

⑧师古曰："卉汩，疾意也。胪，陈也。析，分也。奚，何也。言速自陈列分散而归，无所留也。汩音于笔反。"

⑨师古曰："淫，久也。渌泽，泽名。言我飨神之后，久在渌泽，乃注然而归也。渌音绿。注音乌黄反。"

朝陇首，览西垠，① 雷电尞，获白麟。② 爰五止，显黄德，③ 图匈虐，熏鬻殛。④ 辟流离，抑不详，⑤ 宾百僚，山河飨。⑥ 掩回辕，鬗长驰，⑦ 腾雨师，洒路陂。⑧ 流星陨，感惟风，籋归云，抚怀心。⑨

《朝陇首》十七　元狩元年行幸雍获白麟作。

①臣瓒曰："谓朝于陇首而览西北也。"师古曰："陇坻之首也。垠，厓也。坻音丁礼反。"

②臣瓒曰："尞祭五畤，皆有报应，声若雷，光若电也。"师古曰："尞，古燎字。"

③师古曰："爰，曰也，发语辞也。止，足也。时白麟足有五蹄。"

④应劭曰："熏鬻，匈奴本号也。"师古曰："殛，穷也。一曰，殛，诛也，音居力反。"

⑤师古曰："流离不得其所者，为开道路，使之安集。违道不详善者，则抑黜之，以申惩劝也。"

⑥师古曰："百僚，百神之官也。飨，合韵音乡。"

⑦如淳曰："鬗音樠。鬗鬗，长貌也。"师古曰："音武元反。"

⑧师古曰："洒，灑也。路陂，路傍也。言使雨师灑道也。洒音灑，又音山豉反。"

⑨师古曰："怀心，怀柔之心也。箓音蹑。"

象载瑜，白集西，①食甘露，饮荣泉。②赤雁集，六纷员，③殊翁杂，五采文。④神所见，施祉福，登蓬莱，结无极。⑤

《象载瑜》十八 太始三年行幸东海获赤雁作。

①服虔曰："象载，鸟名也。"师古曰："此说非也。象载，象舆也。山出象舆，瑞应车也。瑜，美貌也。言此瑞车瑜然色白而出西方也。西，合韵音先。"

②师古曰："驾舆者之所饮食也。荣泉，言泉有光华。"

③师古曰："言六者，所获赤雁之数也。纷员，多貌也。言西获象舆，东获赤雁，祥瑞多也。员音云。"

④孟康曰："翁，雁颈也。言其文采殊异也。"

⑤师古曰："见，显示也。蓬莱，神山也，在海中。结，成也。"

赤蛟绥，黄华盖，①露夜零，昼晻濭。②百君礼，六龙位，③勺椒浆，灵已醉。④灵既享，锡吉祥，芒芒极，降嘉觞。⑤灵殷殷，烂扬光，⑥延寿命，永未央。杳冥冥，塞六合，泽汪涉，辑万国。⑦灵禗禗，象舆轙，⑧票然逝，旗逶蛇。⑨礼乐成，灵将归，托玄德，长无衰。⑩

《赤蛟》十九

①师古曰："绥绥，赤蛟貌。黄华盖，言其上有黄气，状若盖也。"

②师古曰："晻音乌感反。濭音蔼。晻濭，云气之貌。"

③师古曰："百君，亦谓百神也。"

④师古曰："勺读曰酌。"

⑤师古曰："芒芒，广大貌，音莫郎反。"

⑥师古曰："殷殷，盛也。烂，光貌。殷音隐。"

⑦师古曰："塞，满也。辑，和也。天地四方谓之六合。汪涉，言饶多也。涉音于废反，又音乌外反。辑与集同。"

⑧孟康曰："禗音近枲，不安欲去也。轙，待也。"如淳曰："轙，仆人严驾待发之意也。"师古曰："禗，孟音是也。轙，如说是也。轙音仪。"

⑨师古曰："票然，轻举意也。逶蛇，旗貌也。票音匹遥反。蛇音移。"

⑩师古曰："言托恃天德，冀获长生，无衰竭也。"

其馀巡狩福应之事，不序郊庙，故弗论。

是时，河间献王有雅材，亦以为治道非礼乐不成，因献所集雅乐。天子下大乐官，常存肄之，①岁时以备数，然不常御，常御及郊庙皆非雅声。然诗乐施于后嗣，犹得有所祖述。昔殷周之《雅》《颂》，乃上本有娀、姜原，②卨、稷始生，玄王、公刘、古公、大伯、王季、姜女、大任、太姒之德，③乃及成汤、文、武受命，武丁、成、康、宣王中兴，④下及辅佐阿衡、周、召、太公、申伯、召虎、仲山甫之属，⑤君臣男女有功德者，靡不褒扬。功德既信美矣，褒扬之声盈乎天地之间，是以光名著于当世，遗誉垂于无穷也。今汉郊庙诗歌，未有祖宗之事，八音调均，又不协于钟律，而内有掖庭材人，外有上林乐府，皆以郑声施于朝廷。

①师古曰："肄，习也。音弋二反。"

②应劭曰："简狄，有娀之女，吞燕卵而生契。"师古曰："姜嫄，后稷之母也。"

③师古曰："卨，殷之始祖。稷，周之始祖。玄王亦殷之先祖，承黑帝之后，故曰玄王。公刘，后稷之曾孙也。古公亶父，即豳公也。大伯，大王之子，王季之兄也。王季，文王之父也。姜女，亶甫之妃也。大任，文王之母也。太姒，文王之妃，武王之母也。毛、郑说诗，以玄王即卨也。此志既言卨，又有玄王，则玄王非卨一人矣。"

④师古曰："武丁，殷王高宗也。周成王，武王之子也。康王，成王之子也。宣王，厉王之子。"

⑤师古曰："阿衡，伊尹职号也。周，周公旦也。召，召公奭也。太公，师尚父也。申伯、召虎、仲山甫，皆周宣王臣也。"

至成帝时，谒者常山王禹世受(可)〔河〕间乐，[19]能说其义，其弟子宋晔等上书言之，①下大夫博士平当等考试。当以为“汉承秦灭道之后，赖先帝圣德，博受兼听，修废官，立大学，河间献王聘求幽隐，修兴雅乐以助化。时大儒公孙弘、董仲舒等皆以为音中正雅，立之大乐。春秋乡射，作于学官，希阔不讲。②故自公卿大夫观听者，但闻(鉴)〔铿〕锵[20]，不晓其意，而欲以风谕众庶，其道无由。③是以行之百有馀年，德化至今未成。今晔等守习孤学，大指归于兴助教化。衰微之学，兴废在人。宜领属雅乐，以继绝表微。④孔子曰：‘人能弘道，非道弘人。’⑤河间区区，(不)〔小〕国藩臣，⑥[21]以好学修古，能有所存，⑦民到于今称之，况于圣主广被之资，⑧修起旧文，放郑近雅，述而不作，信而好古，于以风示海内，扬名后世，诚非小功小美也。”事下公卿，以为久远难分明，当议复寝。

①师古曰：“晔音于辄反。”

②师古曰：“讲谓论习也。”

③师古曰：“风，化也。”

④师古曰：“表，显也。”

⑤师古曰：“《论语》载孔子之言。”

⑥师古曰：“区区，小貌也。”

⑦师古曰：“存意于礼乐。”

⑧师古曰：“被犹覆也，音皮义反。”

是时，郑声尤甚。黄门名倡丙彊、景武之属富显于世，贵戚五侯定陵、富平外戚之家①淫侈过度，至与人主争女乐。哀帝自为定陶王时疾之，又性不好音，及即位，下诏曰：“惟世俗奢泰文巧，而郑卫之声兴。夫奢泰则下不孙而国贫，②文巧则趋末背本者众，③郑卫之声兴则淫辟之化流，④而欲黎庶敦朴家给，犹浊其源而求其清流，⑤岂不难哉！孔子不云乎？‘放郑声，郑声淫。’⑥其罢乐府官。郊祭乐及古兵法武乐，在经非郑卫之乐者，条奏，别属他官。”丞相孔光、大司空何武奏：“郊祭乐人员六十二人，给祠南北郊。大乐鼓员六人，《嘉至》鼓员十人，邯郸鼓员二人，骑吹鼓员三人，江南鼓员二人，淮南鼓员四人，巴俞鼓员三十六人，⑦歌鼓员二十四人，楚严鼓员一人，梁皇鼓员四人，临淮鼓员三十五人，兹邡鼓员三人，⑧凡鼓十二，员百二十八人，朝贺置酒陈殿下，应古兵法。外郊祭员十三人，诸族乐人兼《云招》给祠南郊用六十七人，⑨兼给事雅乐用四人，夜诵员五人，刚、别柎员二人，⑩给《盛德》主调篪员二人，⑪[22]听工以律知日冬夏至一人，钟工、磬工、箫工员各一人，仆射二人主领诸乐人，皆不可罢。竽工员三人，一人可罢。⑫琴工员五人，三人可罢。柱工员二人，一人可罢。⑬绳弦工员六人，四人可罢。⑭郑四会员六十二人，一人给事雅乐，六十一人可罢。张瑟员八人，七人可罢。《安世》《乐》鼓员十二人，十九人可罢。沛吹鼓员十二人，族歌鼓员二十七人，陈吹鼓员十三人，商乐鼓员十四人，东海鼓员十六人，长乐鼓员十三人，缦乐鼓员十三人，⑮凡鼓八，员百二十八人，朝贺置酒，陈前殿房中，不应经法。治竽员五人，楚鼓员六人，常从倡三十人，常从象人四人，⑯诏随常从倡十六人，秦倡员二十九人，秦倡象人员三人，诏随秦倡一人，雅大人员九人，朝贺置酒为乐。楚四会员十七人，巴四会员十二人，铫四会员十二人，⑰齐四会员十九人，蔡讴员三人，齐讴员六人，竽瑟钟磬员五人，皆郑声，可罢。师学百四十二人，其七十二人给大官挏马酒，⑱其七十人可罢。大凡八百二十九人，其三百八十八人不可罢。可领属大乐，其四百四十一人不应经法，或郑卫之声，皆可罢。”奏可。然百姓渐渍日久，又不制雅乐有以相变，豪富吏民湛沔自若，⑲陵夷坏于王莽。”

①师古曰：“五侯，王凤以下也。定陵，淳于长也。富平，张放。”

②师古曰：“孙读曰逊。”

③师古曰：“趋读曰趣。趣，嚮也。”

④师古曰：“辟读曰僻也。”

⑤师古曰：“源，水泉之本。”

⑥师古曰：“《论语》载孔子之言。”

⑦师古曰：“巴，巴人也。俞，俞人也。当高祖初为汉王，得巴俞人，并趫捷善斗，与之定三秦灭楚，因存其武乐也。巴俞之乐因此始也。巴即今之巴州，俞即今之(俞)〔渝〕州，[23]各其本地。”

⑧晋灼曰:“祁音方。”

⑨师古曰:“招读与翘同。”

⑩师古曰:“刚及别柎皆鼓名也。柎音肤。”

⑪师古曰:“篪以竹为之,七孔,亦笛之类也,音池。”

⑫师古曰:“竽,笙类也,三十六簧,音于。”

⑬师古曰:“柱工,主筝瑟之柱者。”

⑭师古曰:“弦,琴瑟之弦。绳言主纠合作之也。”

⑮师古曰:“缦乐,杂乐也,音漫。”

⑯孟康曰:“象人,若今戏虾鱼师子者也。”韦昭曰:“著假面者也。”师古曰:“孟说是。”

⑰李奇曰:“疑是蕺。”韦昭曰:“铫,国名,音繇。”师古曰:“韦说是也。铫音姚。”

⑱李奇曰:“以马乳为酒,撞挏乃成也。”师古曰:“挏音动。为酪味如酒,而饮之亦可醉,故呼马酒也。”

⑲师古曰:“湛读曰沈,又读曰耽。自若,言自如故也。”

今海内更始,民人归本,户口岁息,①平其刑辟,牧以贤良,至于家给,既庶且富,则须庠序礼乐之教化矣。②今幸有前圣遗制之威仪,诚可法象而补备之,经纪可因缘而存著也。孔子曰:“殷因于夏礼,所损益,可知也;周因于殷礼,所损益,可知也;其或继周者,百世可知也。”③今大汉继周,久旷大仪,未有立礼成乐,此贾(宜)〔谊〕、[24]仲舒、王吉、刘向之徒所为发愤而增叹也。④

①师古曰:“今谓班氏撰书时也。息,生也。”

②师古曰:“家给,解已在前。庶,众也。《论语》云孔子曰:‘庶矣哉!’冉有曰:‘既庶矣,又何加焉?’曰:‘富之。’曰:‘既富矣,又何加焉?’曰:‘教之。’故班氏引之也。”

③师古曰:“《论语》载孔子答子张之言也。”

④师古曰:“感叹也。”

【校勘记】

〔1〕 (大不备)或莫甚焉。 王先谦说“大不备”三字误衍。“或”古“惑”字。《通鉴》不重三字,“或”作“惑”,是所见本不误。

〔2〕 (母常人)〔每常大〕行礼乃置。 “母常人”,景祐本作“每常大”。殿本“常”作“当”。

〔3〕 皆安其位而不相夺(也),足以感动人之善心(而)〔也〕,不使邪气得接焉, 景祐本如此。

〔4〕 麤(古)〔作〕麄字,〔非是〕。 景祐本如此。按“麄”是“麤”之俗字,故说非是。

〔5〕 而说《论语》者乃以为(追)鲁哀公时礼坏乐崩, 景祐、殿本无“追”字。

〔6〕 高(祖)庙奏《武德》、《文始》、《五行》之舞; 王念孙说“祖”字涉上下文而衍,景祐本作“高庙”,是也。

〔7〕 以(明)示天下之安和也。 王念孙说“明”字涉下两“明”字而衍,景祐本无。

〔8〕 更重立(之)〔也〕。 景祐、殿本都作“也”。

〔9〕 言各置(郊)〔部〕校, 景祐、殿、局本都作“部”。王先谦说作“部”是。

〔10〕 《桂华》 钱大昭说,此二字是《练时日》、《帝临》、《青阳》之类,所以记章数也。但存《桂华》、《美若》二章之名,其馀俱脱去耳。

〔11〕 《美(芳)〔若〕》 刘奉世说,《桂华》、《美芳》皆二诗章名,本侧注在前章之末,传写之误,遂以冠后。后词无“美芳”,亦当作“美若”矣。

〔12〕 蛮夷遣(择)〔译〕致福贡也。 景祐、殿本都作〔译〕。王先谦说作“译”是。

〔13〕 (列)〔烈〕腾八荒。 景祐、殿本都作“烈”。王先谦说作“烈”是。

〔14〕 享字合韵宜(因)〔音〕乡。 景祐、殿本都作“音”。王先谦说作“音”是。

〔15〕 马毛色如虎脊〔者〕有两也。 “者”字据景祐、殿本补。

〔16〕 (几)〔凡〕千里而至东道。 景祐、殿本都作“凡”。王先谦说作“凡”是。

〔17〕 灵寖(平而)鸿,长生豫。 王先谦说,八字不成句义,“平而”二字当衍。颜注亦未为“平”字释义,衍文明矣。

〔18〕 析奚(道)〔遗〕? 景祐、殿、局本都作“遗”。王先谦说作“遗”是。

〔19〕 世受(可)〔河〕间乐， 钱大昭说“可”当作“河”。按景祐、殿、局本都作“河”。

〔20〕 但闻(鉴)〔铿〕锵， 景祐、殿、局本都作“铿”。王先谦说作“铿”是。

〔21〕 (不)〔小〕国藩臣， 钱大昭说“不”疑“小”字之讹。按景祐、殿本都作“小”。

〔22〕 刚、别柎员二人，⑩给《盛德》主调篪员二人， 注⑩原在“盛德”下。王先谦说“给盛德”三字当下属。

〔23〕 俞即今之(俞)〔渝〕州。 景祐、殿本都作“渝”。王先谦说作“渝”是。

〔24〕 贾(宜)〔谊〕 景祐、殿本都作“谊”。王先谦说作“谊”是。

汉书卷二十三

刑法志第三

夫人宵天地之貌,①怀五常之性,②聪明精粹,③有生之最灵者也。爪牙不足以供耆欲,趋走不足以避利害,④无毛羽以御寒暑,必将役物以为养,任智而不恃力,此其所以为贵也。故不仁爱则不能群,不能群则不胜物,不胜物则养不足。群而不足,争心将作,上圣卓然先行敬让博爱之德者,众心说而从之。⑤从之成群,是为君矣;归而往之,是为王矣。⑥《洪范》曰:"天子作民父母,为天下王。"⑦圣人取类以正名,而谓君为父母,明仁爱德让,王道之本也。爱待敬而不败,德须威而久立,故制礼以崇敬,作刑以明威也。圣人既躬明哲之性,⑧必通天地之心,制礼作教,立法设刑,动缘民情,而则天象地。⑨故曰先王立礼,"则天之明,因地之性"也。⑩刑罚威狱,以类天之震曜杀戮也;⑪温慈惠和,以效天之生殖长育也。《书》云"天秩有礼","天讨有罪"。⑫故圣人因天秩而制五礼,⑬因天讨而作五刑。⑭大刑用甲兵,⑮其次用斧钺;⑯中刑用刀锯,⑰其次用钻凿;⑱薄刑用鞭扑。⑲大者陈诸原野,⑳小者致之市朝,㉑其所繇来者上矣。㉒

①应劭曰:"宵,类也。头圆象天,足方象地。"孟康曰:"宵,化也,言禀天地气化而生也。"师古曰:"宵义与肖同,应说是也,故庸妄之人谓之不肖,言其状貌无所象似也。貌,古貌字。"

②师古曰:"五常,仁、义、礼、智、信。"

③师古曰:"精,细也,言其识性细密也。粹,淳也,音先遂反。"

④师古曰:"耆读曰嗜。"

⑤师古曰:"说读曰悦。"

⑥师古曰："言争往而归之也。"

⑦师古曰："《洪范》，《周书》也。

⑧师古曰："躬谓身亲有之。"

⑨师古曰："则，法也。"

⑩师古曰："《春秋左氏传》载郑大夫子太叔之辞也。"

⑪师古曰："震谓雷电也。"

⑫师古曰："此《虞书·咎繇谟》之辞也。秩，叙也。言有礼者天则进叙之，有罪者天则讨治之。"

⑬师古曰："五礼，吉、凶、宾、军、嘉。"

⑭师古曰："其说在下也。"

⑮张晏曰："以六师诛暴乱。"

⑯韦昭曰："斩刑也。"

⑰韦昭曰："刀，割刑。锯，刖刑也。"

⑱韦昭曰："钻，髌刑也。凿，黥刑也。"师古曰："钻，钻去其髌骨也。钻音子端反。髌音频忍反。"

⑲师古曰："扑，杖也，音普木反。"

⑳师古曰："谓征讨所杀也。"

㉑应劭曰："大夫以上尸诸朝，士以下尸诸市。"

㉒师古曰："繇读与由同。"

自黄帝有涿鹿之战以定火灾，① 颛顼有共工之陈以定水害。② 唐虞之际，至治之极，犹流共工，放讙兜，窜三苗，殛鲧，然后天下服。③ 夏有甘扈之誓，④ 殷、周以兵定天下矣。⑤ 天下既定，戢臧干戈，教以文德，⑥ 而犹立司马之官，设六军之众，⑦ 因井田而制军赋。地方一里为井，井十为通，通十为成，成方十里；成十为终，终十为同，同方百里；同十为封，封十为畿，畿方千里。有税有(租)〔赋〕。⑧[1] 税以足食，赋以足兵。故四井为邑，四邑为丘。丘，十六井也，有戎马一匹，牛三头。四丘为甸。甸，六十四井也，有戎马四匹，兵车一乘，牛十二头，甲士三人，卒七十二人，干戈备具，是谓乘马之法。⑨ 一同百里，提封万井，⑩ 除山川沈斥，城池邑居，园囿术路，三千六百井，⑪ 定出赋六千四百井，戎马四百匹，兵车百乘，此卿大夫采地之大者也，⑫是谓百乘之家。一封三百一十六里，提封十万井，定出赋六万四千井，戎马四千匹，兵车千乘，此诸侯之大者也，是谓千乘之国。天子畿方千里，提封百万井，定出赋六十四万井，戎马四万匹，兵车万乘，故称万乘之主。戎马车徒干戈素具，春振旅以搜，夏拔舍以苗，秋治兵以狝，冬大阅以狩，⑬皆于农隙以讲事焉。⑭五国为属，属有长；十国为连，连有帅；⑮三十国为卒，卒有正；二百一十国为州，州有牧。连帅比年简车，⑯卒正三年简徒，⑰群牧五载大简车徒，此先王为国立武足兵之大略也。

①郑氏曰："涿鹿在彭城南。与炎帝战，炎帝火行，故云火（炎）〔灾〕。"[2]李奇曰："黄帝与炎帝战于阪泉，今言涿鹿，地有二名也。"文颖曰："《国语》云，黄帝，炎帝弟也。炎帝号神农，火行也，后子孙暴虐，黄帝伐之，故言以定火灾。《律历志》云'与炎帝后战于阪泉'。涿鹿在上谷，今见有阪泉地黄帝祠。"师古曰："文说是也。彭城者，上谷北别有彭城，非宋之彭城也。"

②文颖曰："共工，主水官也，少昊氏衰，秉政作害，颛顼伐之。本主水官，因为水行也。"师古曰："共读曰龚。次下亦同。"

③师古曰："舜受尧禅而流共工于幽州，放讙兜于崇山，窜三苗于三危，殛鲧于羽山也。殛，诛也，音居力反。"

④师古曰："谓启与有扈战于甘之野，作《甘誓》，事见《夏书》。扈国，今鄠县是也。甘即甘水之上。"

⑤师古曰："谓汤及武王。"

⑥师古曰："戢，敛也。"

⑦师古曰："司马，夏官卿，掌邦政，军旅属焉。万二千五百人为军，王则六军也。"

⑧师古曰："税者，田租也。赋谓发敛财也。"

⑨郑氏曰："甲士在车上也。"师古曰："乘音食证反。其下并同。"

⑩苏林曰："提音秖，陈留人谓举田为秖。"李奇曰："提，举也，举四封之内也。"师古曰："李说是也。提读如本字，苏音非也。说者或以为积土而封谓之提封，既改文字，又失义也。"

⑪臣瓒曰："沈斥，水田舄卤也。"如淳曰："术，大道也。"师古曰"川谓水之通流者也。沈谓居深水之下也。斥，咸卤之地。"

⑫师古曰："采，官也。因官食地，故曰采地。《尔雅》曰'采、寮，官也'。说者不晓采地之义，因谓菜地，云以种菜，非也。"

⑬师古曰："振旅，整众也。搜，搜择不任孕者。拔舍，草止，不妨农也。苗，为苗除害也。治兵，观威武也。狝，应杀气也。大阅，简车马也。狩，火田。一曰，狩，守也，围守而取之。拔音步末反。"

⑭师古曰："隙，空闲也。讲，和习之也。"

⑮师古曰："长音竹两反。帅音所类反。"

⑯师古曰："比年，频年也。"

⑰师古曰："徒，人众。"

周道衰，法度墒，①至齐桓公任用管仲，而国富民安。公问行伯用师之道，②管仲曰："公欲定卒伍，修甲兵，大国亦将修之，而小国设备，则难以速得志矣。"于是乃作内政而寓军令焉，③故卒伍定呼里，而军政成呼郊。连其什伍，④居处同乐，死生同忧，祸福共之，故夜战则其声相闻，昼战则其目相见，缓急足以相死。其教已成，外攘夷狄，内尊天子，以安诸夏。⑤齐(威)〔桓〕既没，[3]晋文接之，亦先定其民，作被庐之法，⑥总帅诸侯，迭为盟主。⑦然其礼已颇僭差，又随时苟合以求欲速之功，故不能充王制。二伯之后，浸以陵夷，⑧至鲁成公作丘甲，⑨哀公用田赋，⑩搜狩治兵大阅之事皆失其正。《春秋》书而讥之，以存王道。于是师旅亟动，百姓罢敝，⑪无伏节死难之谊。孔子伤焉，曰："以不教民战，是谓弃之。"⑫故称子路曰："由也，千乘之国，可使治其赋也。"而子路亦曰："千乘之国，摄呼大国之间，加之以师旅，因之以饥馑，由也为之，比及三年，可使有勇，且知方也。"⑬治其赋兵教以礼谊之谓也。

①师古曰："墒即堕字。堕，毁也，音火规反。

②师古曰："伯读曰霸。"

③师古曰："寓，寄也，寄于内政而修军令也。"

④师古曰："五人为伍，二伍为什。"

⑤师古曰："攘，却也。诸夏，中国之诸侯也。夏，大也，言大于四夷也。攘音人羊反。"

⑥应劭曰："搜于被庐之地，作执秩以为六官之法，因以名之也。"师古曰："被

庐，晋地也。被音皮义反。”

⑦师古曰：“迭，互也，音大结反。”

⑧师古曰：“浸，渐也。陵夷，颓替也。二伯，齐桓公、晋文公也。伯读曰霸。”

⑨师古曰：“丘，十六井也，止出戎马一匹，牛三头。四丘为甸。甸，六十四井也，乃出戎马四匹，兵车一乘，牛十二头，甲士三人，卒七十二人耳。今乃使丘出甸赋，违常制也。一说，别令人为丘作甲也。士农工商四类异业，甲者非凡人所能为，而令作之，讥不正也。”

⑩师古曰：“田赋者，别计田亩及家财各为一赋。言不依古制，役烦敛重也。”

⑪师古曰：“亟，屡也，音丘吏反。罢读曰疲。”

⑫师古曰：“《论语》载孔子之言也，非其不素习。”

⑬师古曰：“皆《论语》所载也。方，道也。比音必寐反。”

春秋之后，灭弱吞小，并为战国，稍增讲武之礼，以为戏乐，用相夸视。①而秦更名角抵，②先王之礼没于淫乐中矣。雄桀之士因势辅时，作为权诈以相倾覆，吴有孙武，齐有孙膑，③魏有吴起，秦有商鞅，皆禽敌立胜，垂著篇籍。当此之时，合从连衡，④转相攻伐，代为雌雄。⑤齐愍以技击强，⑥魏惠以武卒奋，⑦秦昭以锐士胜。⑧世方争于功利，而驰说者以孙、吴为宗。时唯孙卿明于王道，⑨而非之曰：“彼孙、吴者，上势利而贵变诈；施于暴乱昏嫚之国，君臣有间，⑩上下离心，政谋不良，故可变而诈也。夫仁人在上，为下所卬，⑪犹子弟之卫父兄，若手足之扞头目，何可当也？⑫邻国望我，欢若亲戚，芬若椒兰，顾视其上，犹焚灼仇雠。人情岂肯为其所恶而攻其所好哉？故以桀攻桀，犹有巧拙；以桀诈尧，若卵投石，夫何幸之有！⑬《诗》曰：‘武王载旆，有虔秉钺，如火烈烈，则莫我敢遏。’⑭言以仁谊绥民者，无敌于天下也。若齐之技击，得一首则受赐金。事小敌脆，则媮可用也；⑮事巨敌坚，则涣然离矣。⑯是亡国兵也。魏氏武卒，衣三属之甲，⑰操十二石之弩，负矢五十个，置戈其上，冠胄带剑，赢三日之粮，⑱日中而趋百里，⑲中试则复其户，利其田宅。⑳如此，则其地虽广，其税必寡，其气力数年而衰。是危国之兵也。秦人，其生民也陿阸，其使民也酷烈。㉑劫之以势，隐之以阸，㉒狃之以赏庆，道之以刑罚，㉓使其民所以要利于上者，非战无由也。功赏相长，五甲首而隶五家，㉔是最为有数，故能四世有胜于天下。然皆干赏蹈利之兵，庸徒鬻卖之道耳，㉕未有安制矜节之理也。㉖故虽地广兵强，鳃鳃常恐天下之一合而共轧己也。㉗至乎齐桓、晋文之兵，可谓入其域而有节制矣，㉘然犹未本仁义之统也。故齐之技击不可以遇魏之武卒，魏之武卒不可以直秦之锐士，㉙秦之锐士不可以当桓、文之节制，桓、文之节制不可以敌汤、武之仁义。"

①师古曰："视读曰示。"

②师古曰："抵音丁礼反，解在《武纪》。"

③师古曰："膑音频忍反。"

④师古曰："衡，横也。战国时，齐、楚、韩、魏、燕、赵为从，秦国为衡。从音子容反。谓其地形南北从长也。秦地形东西横长，故为衡也。"

⑤师古曰："代亦迭也。"

⑥孟康曰："兵家之技巧。技巧者，习手足，便器械，积机关，以立攻守之胜。"

⑦师古曰："奋，盛起。"

⑧师古曰："锐，勇利。"

⑨师古曰："孙卿，楚人也，姓荀字况，避汉宣帝之讳，故改曰孙卿。

⑩师古曰："言有间隙不谐和。"

⑪师古曰："印读曰仰。"

⑫师古曰："扞，御难也，音下旦反。"

⑬师古曰："言往必破碎。"

⑭师古曰："《殷颂·长发》之诗也。武王谓汤也。虔，敬也。遏，止也。言汤建号兴师，本犹仁义，虽执戚钺，以敬为先，故得如火之盛，无能止也。"

⑮师古曰："媮与偷同，谓苟且。"

⑯师古曰："巨，大也。涣然，散貌。"

⑰服虔曰："作大甲三属，竟人身也。"苏林曰："兜鍪也，盆领也，髀裈也。"如淳曰："上身一，髀裈一，跁缴一，凡三属也。"师古曰："如说是也。属，联也，音之欲反。髀音陛。跁即胫字。"

⑱师古曰："个读曰箇。箇，枚也。胄，兜鍪也。冠胄带剑者，著兜鍪而又带剑也。赢谓担负也，音盈。"

⑲师古曰："中，一日之中。"

⑳师古曰："中试，试之而中科条也。复谓免其赋税也。利田宅者，给其便利之处也。中音竹仲反。复音方目反。"

㉑师古曰："陿，地小也。隘，险固也。酷，重厚也。烈，猛威也。"

㉒郑氏曰："秦地多隘，臧隐其民于隘中也。"臣瓒曰："秦政急峻，隐括其民于隘狭之法。"师古曰："郑说是也。"

㉓师古曰："狃，串习也，音女九反。道读曰导。"

㉔服虔曰："能得著甲者五人首，使得隶役五家也。"如淳曰："役隶五家，是为相君长。"

㉕师古曰："鬻音育。"

㉖师古曰："矜，(特)〔持〕也。"〔4〕

㉗苏林曰："鳃音慎而无礼则葸之葸。鳃，惧貌也。"张晏曰："轧，践轹也。"师古曰："鳃音先祀反。轧音于黠反。"

㉘孟康曰："入王兵之域，而未尽善也。"

㉙师古曰："直亦当也。"

故曰："善师者不陈，① 善陈者不战，善战者不败，善败者不亡。"若夫舜修百僚，咎繇作士，② 命以"蛮夷猾夏，寇贼奸轨"，③ 而刑无所用，所谓善师不陈者也。汤、武征伐，陈师誓众，而放禽桀、纣，④ 所谓善陈不战者也。齐桓南服强楚，使贡周室，⑤ 北伐山戎，为燕开路，⑥ 存亡继绝，功为伯首，⑦ 所谓善战不败者也。楚昭王遭阖庐之祸，国灭出亡，⑧ 父老送之。王曰："父老反矣！何患无君？"父老曰："有君如是其贤也！"⑨ 相与从之。或犇走赴秦，号哭请救，⑩ 秦人(怜之谓)〔为〕之出兵。⑪〔5〕二国并力，遂走吴师，⑫ 昭王返国，⑬ 所谓善败不亡者也。若秦因四世之胜，据河山之阻，任用白起、王翦豺狼之徒，奋其爪牙，禽猎六国，以并天下。⑭ 穷武极诈，士民不附，卒隶之徒，还为敌雠，⑮ 猋起云合，果共轧之。⑯ 斯为下矣。凡兵，所以存亡继绝，救乱除害也。故伊、吕之将，子孙有国，与商周并。⑰ 至于末世，苟任诈力，以快贪残，争城杀人盈城，争地杀人满野。孙、吴、商、白之徒，皆身诛戮于前，而(功)〔国〕灭亡于后。⑱〔6〕报应之势，各以类至，其道然矣。

①师古曰："战陈之义本因陈列为名，而音变耳，字则作陈，更无别体。而末代

学者辄改其字旁从车，非经史之本文也。今宜依古，不从流俗也。”

②师古曰：“士师，理官，谓司寇之职也。”

③师古曰：“《虞书·舜典》舜命咎繇之文也。猾，乱也。夏，诸夏也。寇谓攻剽，贼谓杀人。在外为奸，在内为轨。”

④师古曰：“谓《汤誓》、《泰誓》、《牧誓》是也。”

⑤师古曰：“谓僖四年伐楚，次于陉，责包茅不入，王祭不供也。”

⑥师古曰：“谓庄三十年伐山戎，以其病燕故也。”

⑦师古曰：“谓存三亡国，卫、邢、鲁也。伯读曰霸。”

⑧师古曰：“谓定四年吴入郢，楚子出，涉睢济江，入于云中也。”

⑨师古曰：“言无有如此君者。”

⑩师古曰：“谓申包胥如秦乞师也。犇，古奔字。”

⑪师古曰：“谓秦子蒲、子武帅车五百乘以救楚也。”

⑫师古曰：“谓子蒲大败夫概王于沂，(遂)〔薳〕射之子[7]从子西败吴师于军祥。”

⑬师古曰：“吴师已归，楚子入郢。”

⑭师古曰：“言如猎之取兽。”

⑮师古曰：“谓陈胜、吴广、英布之徒也。”

⑯师古曰：“猋，疾风也。如猋之起，言其速也。如云之合，言其盛也。猋音必遥反。”

⑰师古曰：“言其同盛衰也。”

⑱师古曰：“孙武、孙膑、吴起、商鞅、白起也。”

汉兴，高祖躬神武之材，行宽仁之厚，总揽英雄，以诛秦、项。任萧、曹之文，用良、平之谋，骋陆、郦之辩，明叔孙通之仪，文武相配，大略举焉。天下既定，踵秦而置材官于郡国，①京师有南北军之屯。至武帝平百粤，内增七校，②外有楼船，皆岁时讲肄，修武备云。③至元帝时，以贡禹议，始罢角抵，而未正治兵振旅之事也。

①师古曰：“踵，因也。”

②晋灼曰：“《百官表》中垒、屯骑、步兵、越骑、长水、胡骑、射声、虎贲，凡八校尉，胡骑不常置，故此言七也。”

③师古曰：“肄，习也，音弋二反。”

古人有言:"天生五材,民并用之,①废一不可,谁能去兵?"鞭扑不可弛于家,②刑罚不可废于国,征伐不可偃于天下;用之有本末,行之有逆顺耳。孔子曰:"工欲善其事,必先利其器。"③文德者,帝王之利器;威武者,文德之辅助也。夫文之所加者深,则武之所服者大;德之所施者博,则威之所制者广。三代之盛,至于刑错兵寝者,其本末有序,帝王之极功也。④

①师古曰:"五材,金、木、水、火、土也。"

②师古曰:"弛,放也,音式尔反。"

③师古曰:"《论语》载孔子之言。"

④师古曰:"刑错兵寝,皆谓置而弗用也。"

昔周之法,建三典以刑邦国,诘四方:①一曰,刑新邦用轻典;②二曰,刑平邦用中典;③三曰,刑乱邦用重典。④五刑,墨罪五百,劓罪五百,宫罪五百,刖罪五百,杀罪五百,所谓刑平邦用中典者也。⑤凡杀人者踣诸市,⑥墨者使守门,⑦劓者使守关,⑧宫者使守内,⑨刖者使守囿,⑩完者使守积。⑪其奴,男子入于罪隶,⑫女子入舂槁。⑬凡有爵者,与七十者,与未龀者,皆不为奴。"⑭

①师古曰:"诘,责也,音口一反。字或作诰,音工到反。诰,谨也,以刑治之令谨敕也。"

②师古曰:"新辟地立君之国,其人未习于教,故用轻法。"

③师古曰:"承平守成之国,则用中典常行之法也。"

④师古曰:"篡杀畔逆之国,化恶难移,则用重法诛杀之也。自此以上(皆)〔大〕司寇所职也。"〔8〕

⑤师古曰:"墨,黥也,凿其面以墨涅之。劓,截鼻也。宫,淫刑也,男子割腐,妇人幽闭。刖,断足也。杀,死刑也。自此以上,司刑所职也。劓音午冀反。刖音五刮反,又音月。"

⑥师古曰:"踣谓毙之也,音妨付反。"

⑦师古曰:"黥面之人不妨禁卫也。"

⑧师古曰:"以其貌毁,故远之。"

⑨师古曰:"人道既绝,于事便也。"

⑩师古曰："驱御禽兽，无足可也。"

⑪师古曰："完谓不亏其体，但居作也。积，积聚之物也。自此以上，掌戮所职也。"

⑫李奇曰："男女徒总名为奴。"

⑬孟康曰："主暴燥舂之也。"韦昭曰："舂，舂人；槁，槁人也。给此二官之役。"师古曰："槁音古老反。"

⑭师古曰："有爵，谓命士以上也。龀，毁一齿，男子八岁，女子七岁，而毁齿矣。自此以上，司厉所职也。"

周道既衰，穆王眊荒，命甫侯度时作刑，以诘四方。①墨罚之属千，劓罚之属千，髌罚之属五百，宫罚之属三百，大辟之罚其属二百。②五刑之属三千，③盖多于平邦中典五百章，所谓刑乱邦用重典者也。

①师古曰："穆王，昭王之子也，享国既百年，而王眊乱荒忽，乃命甫侯为司寇，商度时宜，而作刑之制，以治四方也，甫，国名也。眊音莫报反。度音大各反。"

②师古曰："膑罚，去膝头骨。大辟，死刑也。髌音频忍反。"

③师古曰："五者之刑凡三千。"

春秋之时，王道浸坏，教化不行，①子产相郑而铸刑书。②晋叔向非之曰：③"昔先王议事以制，不为刑辟。④惧民之有争心也，犹不可禁御，是故闲之以谊，纠之以政，⑤行之以礼，守之以信，奉之以仁；⑥制为禄位以劝其从，⑦严断刑罚以威其淫。⑧惧其未也，故诲之以忠，慢之以行，⑨教之以务，⑩使之以和，⑪临之以敬，莅之以强，⑫断之以刚。犹求圣哲之上，明察之官，忠信之长，慈惠之师。⑬民于是乎可任使也，而不生祸乱。民知有辟，则不忌于上，并有争心，以征于书，而侥幸以成之，弗可为矣。⑭夏有乱政而作禹刑，商有乱政而作汤刑，周有乱政而作九刑。⑮三辟之兴，皆叔世也。⑯今吾子相郑国，制参辟，铸刑书，⑰将以靖民，不亦难乎！⑱《诗》曰：'仪式刑文王之德，日靖四方。'⑲又曰：'仪刑文王，万邦作孚。'⑳如是，何辟之有？㉑民知争端矣，将弃礼而征于书。㉒锥刀之末，将尽争之，㉓乱狱滋丰，货赂并行。㉔终子之世，郑其败呼！"子产报曰："若吾子之言，侨不材，不能及子孙，吾以救世也。"㉕偷薄之政，自是滋矣。孔子伤之，曰："导之以德，齐之以礼，有耻且格；导之以政，齐之以刑，民免而无耻。"㉖"礼乐不兴，则刑罚不中；刑罚不中，则民无所错手足。"㉗孟氏使阳肤为士师，㉘问于曾子，㉙亦曰："上失其道，民散久矣。如得其情，则哀矜而勿喜。"㉚

①师古曰："浸，渐也。"

②师古曰："子产，郑大夫公孙侨也。铸刑法于鼎，事在昭六年。"

③师古曰："叔向，晋大夫羊舌肸也。遗其书以非之。向音许两反。"

④李奇曰："先议其犯事，议定然后乃断其罪，不为一成之刑著于鼎也。"师古曰："虞舜则象以典刑，流宥五刑。《周礼》则三典五刑，以诘邦国。非不豫设，但弗宜露使人知之。"

⑤师古曰："闲，防也。纠，举也。"

⑥师古曰："奉，养也。"

⑦师古曰："劝其从教之心也。"

⑧师古曰："淫，放也。"

⑨晋灼曰："㦗，古竦字也。"师古曰："㦗谓奖也，又音所项反。"

⑩师古曰："时所急。"

⑪师古曰："悦以使人也。"

⑫师古曰："莅谓监视也。"

⑬师古曰："上谓公侯也。官，卿佐也。长、师，皆列职之首也。"

⑭师古曰："辟，法也。为，治也。权移于法，故人不畏上，因危文以生诈妄，侥幸而成巧，则弗可治也。"

⑮韦昭曰："谓正刑五，及流、赎、鞭、扑也。"

⑯师古曰："叔世言晚时也。"

⑰孟康曰："谓夏、殷、周乱政所制三辟也。"

⑱师古曰："靖，安也，一曰治也。"

⑲师古曰："《周颂·我将》之诗也。言法象文王之德，以为仪式，则四方日以安靖也。"

⑳师古曰："《大雅·文王》诗也。孚，信也。又言法象文王，则万国皆信顺也。"

㉑师古曰："若《诗》所言，不宜制刑辟。"

㉒师古曰："取证于刑书。"

㉓师古曰："喻微细。"

㉔师古曰："滋，益也。"

㉕师古曰："言虽非长久之法，且救当时之敝。"

㉖师古曰："《论语》载孔子之言也。格，正也。言用德礼，则人有耻而自正；尚政刑，则下苟免而无耻。"

㉗师古曰："亦《论语》所载孔子之言也。礼以治人，乐以易俗，二者不兴，则刑罚滥矣。错，置(矣)〔也〕。"[9]

㉘师古曰："亦《论语》所载。阳肤，曾子弟子也。士师，狱官。"

㉙师古曰："问何以居此职也。"

㉚师古曰："此曾子对辞。(前)〔言〕萌俗浇离，[10]轻犯于法，乃由上失其道，非下之过。今汝虽得狱情，当哀矜之，勿(自)喜也。"

陵夷至于战国，韩任申子，秦用商鞅，连相坐之法，造参夷之诛；①增加肉刑、大辟，有凿颠、抽胁、镬亨之刑。②

①师古曰："参夷，夷三族。"

②师古曰："鼎大而无足曰镬，以鬻人也。"

至于秦始皇，兼吞战国，遂毁先王之法，灭礼谊之官，专任刑罚，躬操文墨，①昼断狱，夜理书，自程决事，日县石之一。②而奸邪并生，赭衣塞路，囹圄成市，天下愁怨，溃而叛之。

①师古曰："躬，身也。操，执持也，音千高反。"

②服虔曰："县，称也。石，百二十斤也。始皇省读文书，日以百二十斤为程。"

汉兴，高祖初入关，约法三章曰："杀人者死，伤人及盗抵罪。"蠲削烦苛，兆民大说。①其后四夷未附，兵革未息，三章之法不足以御奸，②于是相国萧何攈摭秦法，③取其宜于时者，作律九章。

①师古曰："说读曰悦。"

②师古曰："御，止也。"

③师古曰："攈摭，谓收拾也。攈音九问反。摭音之石反。"

当孝惠、高后时，百姓新免毒蠚，人欲长幼养老。①萧、曹为相，填以无为，②从民之欲，而不扰乱，是以衣食滋殖，刑罚用稀。”

①师古曰：“蠚音呼各反。”

②师古曰：“言以无为之法填安百姓也。填音竹刃反。”

及孝文即位，躬修玄默，劝趣农桑，减省租赋。而将相皆旧功臣，少文多质，惩恶亡秦之政，论议务在宽厚，耻言人之过失。化行天下，告讦之俗易。①吏安其官，民乐其业，畜积岁增，户口浸息。②风流笃厚，禁罔疏阔。选张释之为廷尉，罪疑者予民，③是以刑罚大省，至于断狱四百，④有刑错之风。

①师古曰：“讦，面相斥罪也，音居谒反。”

②师古曰：“畜读曰蓄。浸，益也。息，生也。”

③师古曰：“从轻断。”

④师古曰：“谓普天之下重罪者也。”

即位十三年，齐太仓令淳于公有罪当刑，诏狱逮系长安。①淳于公无男，有五女，当行会逮，骂其女曰：“生子不生男，缓急非有益(也)！”[11]其少女缇萦，自伤悲泣，②乃随其父至长安，上书曰：“妾父为吏，齐中皆称其廉平，今坐法当刑。妾伤夫死者不可复生，刑者不可复属，③虽后欲改过自新，其道亡繇也。④妾愿没入为官婢，以赎父刑罪，使得自新。”书奏天子，天子怜悲其意，遂下令曰：“制诏御史：盖闻有虞氏之时，画衣冠异章服以为戮，而民弗犯，何治之至也！今法有肉刑三，⑤而奸不止，其咎安在？非乃朕德之薄，而教不明与！⑥吾甚自愧。故夫训道不纯而愚民陷焉。⑦《诗》曰：‘恺弟君子，民之父母。’⑧今人有过，教未施而刑已加焉，或欲改行为善，而道亡繇至，⑨朕甚怜之。夫刑至断支体，刻肌肤，终身不息，⑩何其刑之痛而不德也！岂称为民父母之意哉？其除肉刑，有以易之；及令罪人各以轻重，不亡逃，有年而免。⑪具为令。”⑫

①师古曰：“逮，及也。辞之所及，则追捕之，故谓之逮。一曰逮者，在道将送，防御不绝，若今之传送囚也。”

②师古曰：“缇萦，女名也。缇音他弟反。”

③师古曰："属，，联也，音之欲反。"

④师古曰："繇读与由同。由，从也。"

⑤孟康曰："黥、劓二，(则)〔刖〕左右趾合一，[12]凡三也。"

⑥师古曰："与读曰欤。"

⑦师古曰："道读曰导。"

⑧师古曰："《大雅·泂酌》之诗也。言君子有和乐简易之德，则其下尊之如父，亲之如母也。"

⑨师古曰："繇读与由同。"

⑩师古曰："息，生也。"

⑪孟康曰："其不亡逃者，满其年数，得免为庶人。"

⑫师古曰："使更为条制。"

丞相张苍、御史大夫冯敬奏言："肉刑所以禁奸，所由来者久矣。陛下下明诏，怜万民之一有过被刑者终身不息，及罪人欲改行为善而道亡繇至，于盛德，臣等所不及也。臣谨议请定律曰：诸当完者，完为城旦舂；①当黥者，髡钳为城旦舂；当劓者，笞三百；当斩左止者，笞五百；当斩右止，及杀人先自告，及吏坐受赇枉法，守县官财物而即盗之，已论命复有笞罪者，皆弃市。②罪人狱已决，完为城旦舂，满三岁为鬼薪白粲。鬼薪白粲一岁，为隶臣妾。隶臣妾一岁，免为庶人。③隶臣妾满二岁，为司寇。司寇一岁，及作如司寇二岁，皆免为庶人。④其亡逃及有罪耐以上，不用此令。⑤前令之刑城旦舂岁而非禁锢者，如完为城旦舂岁数以免。⑥臣昧死请。"制曰："可。"是后，外有轻刑之名，内实杀人。斩右止者又当死。斩左止者笞五百，当劓者笞三百，率多死。⑦

①臣瓒曰："文帝除肉刑，皆有以易之，故以完易髡，以笞代劓，以釱左右止代刖。今既曰完矣，不复云以完代完也。此当言髡者完也。"

②李奇曰："命，逃亡也。复于论命中有罪也。"晋灼曰："命者，名也，成其罪也。"师古曰："止，足也。当斩右足者，以其罪次重，故从弃市也。杀人先自告，谓杀人而自首，得免罪者也。吏受赇枉法，谓曲公法而受赂者也。守县官财物而即盗之，即今律所谓主守自盗者也。杀人害重，受赇盗物，赃污之身，故此三罪已被论名而又犯笞，亦皆弃市也。今流俗书本'笞三百''笞五

百'之上及'劓者'之下有'籍笞'字,'复有笞罪'亦云'复有籍笞罪',皆后人妄加耳,旧本无也。"

③师古曰:"男子为隶臣,女子为隶妾。鬼薪白粲满(三)〔一〕岁为隶臣,[13]隶臣一岁免为庶人。隶妾亦然也。"

④如淳曰:"罪降为司寇,故一岁,正司寇,故二岁也。"

⑤师古曰:"于本罪中又重犯者也。"

⑥李奇曰:"谓文帝作此令之前有刑者。"

⑦师古曰:"斩右止者弃市,故入于死。以笞五百代斩左止,笞三百代劓,笞数既多,亦不活也。"

景帝元年,下诏曰:"加笞与重罪无异,①幸而不死,不可为人。②其定律:笞五百曰三百,笞三百曰二百。"犹尚不全。至中六年,又下诏曰:"加笞者,或至死而笞未毕,朕甚怜之。其减笞三百曰二百,笞二百曰一百。"又曰:"笞者,所以教之也,其定箠令。"③丞相刘舍、御史大夫卫绾请:"笞者,箠长五尺,其本大一寸,其竹也,末薄半寸,皆平其节。当笞者笞臀。④毋得更人。⑤毕一罪乃更人。"自是笞者得全,然酷吏犹以为威。死刑既重,而生刑又轻,民易犯之。

①孟康曰:"重罪谓死刑。"

②师古曰:"谓不能自起居也。"

③师古曰:"箠,策也,所以击者也,音止蕊反。"

④如淳曰:"然则先时笞背也。"师古曰:"臀音徒门反。"

⑤师古曰:"谓行笞者不更易人也。"

及至孝武即位,外事四夷之功,内盛耳目之好,征发烦数,百姓贫耗,①穷民犯法,酷吏击断,奸轨不胜。于是招进张汤、赵禹之属,条定法令,作见知故纵、监临部主之法,②缓深故之罪,③急纵出之诛。④其后奸猾巧法,转相比况,禁罔浸密。⑤律令凡三百五十九章,大辟四百九条,千八百八十二事,死罪决事比万三千四百七十二事。⑥文书盈于几阁,典者不能遍睹。是以郡国承用者驳,⑦或罪同而论异。奸吏因缘为市,⑧所欲活则傅生议,所欲陷则予死比,⑨议者咸冤伤之。

①师古曰:"耗,损也,音呼到反。"

②师古曰："见知人犯法不举告为故纵，而所监临部主有罪并连坐也。

③孟康曰："孝武欲急刑，吏深害及故入人罪者，皆宽缓。"

④师古曰："吏释罪人，疑以为纵出，则急诛之。亦言尚酷。"

⑤师古曰："浸，渐也。其下亦同。"

⑥师古曰："比，以例相比况也。"

⑦师古曰："不晓其指，用意不同也。"

⑧师古曰："弄法而受财，若市买之交易。"

⑨师古曰："傅读曰附。"

宣帝自在闾阎而知其若此，及即尊位，廷史路温舒上疏，言秦有十失，其一尚存，治狱之吏是也。语在《温舒传》。上深愍焉，乃下诏曰："间者吏用法，巧文浸深，是朕之不德也。夫决狱不当，使有罪兴邪，不辜蒙戮，①父子悲恨，朕甚伤之。今遣廷史与郡鞠狱，任轻禄薄，②其为置廷平，秩六百石，员四人。其务平之，以称朕意。"于是选于定国为廷尉，求明察宽恕黄霸等以为廷平，季秋后请谳。时上常幸宣室，斋居而决事，③狱刑号为平矣。时涿郡太守郑昌上疏言："圣王置谏争之臣者，非以崇德，防逸豫之生也；立法明刑者，非以为治，救衰乱之起也。今明主躬垂明听，虽不置廷平，狱将自正；若开后嗣，不若删定律令。④律令一定，愚民知所避，奸吏无所弄矣。今不正其本，而置廷平以理其末也，政衰听怠，则廷平将招权而为乱首矣。"⑤宣帝未及修正。

①晋灼曰："当重而轻，使有罪者起邪恶之心也。"师古曰："有罪者更兴邪恶，无辜者反陷重刑，是决狱不平故。"

②如淳曰："廷史，廷尉史也。以囚辞决狱事为鞠，谓疑狱也。"李奇曰："鞠，穷也，狱事穷竟也。"师古曰："李说是也。"

③如淳曰："宣室，布政教之室也。重用刑，故斋戒以决事。"晋灼曰："未央宫中有宣室殿。"师古曰："晋说是也。《贾谊传》亦云受釐坐宣室，盖其殿在前殿之侧也，斋则居之。"

④师古曰："删，刊也。有不便者，则刊而除之。"

⑤苏林曰："招音翘。翘，举也，犹卖弄也。"孟康曰："招，求也，招致权著己也。"师古曰："孟说是也。"

至元帝初立，乃下诏曰："夫法令者，所以抑暴扶弱，欲其难犯而易避也。今律令烦多而不约，自典文者不能分明，而欲罗元元之不逮，①斯岂刑中之意哉！②其议律令可蠲除轻减者，条奏，唯在便安万姓而已。"

①师古曰："罗，网也。不逮，言意识所不及。"

②师古曰："中，当也。"

至成帝河平中，复下诏曰："《甫刑》云'五刑之属三千，大辟之罚其属二百'，①今大辟之刑千有馀条，律令烦多，百有馀万言，奇请它比，日以益滋，②自明习者不知所由，③欲以晓喻众庶，不亦难乎！于以罗元元之民，夭绝亡辜，岂不哀哉！其与中二千石、二千石、博士及明习律令者议减死刑及可蠲除约省者，令较然易知，条奏。《书》不云乎？'惟刑之恤哉！'④其审核之，务准古法，⑤朕将尽心览焉。"有司无仲山父将明之材，⑥不能因时广宣主恩，建立明制，为一代之法，而徒钩摭微细，毛举数事，以塞诏而已。⑦是以大议不立，遂以至今。议者或曰，法难数变，此庸人不达，疑塞治道，圣智之所常患者也。"⑧故略举汉兴以来，法令稍定而合古便今者。

①师古曰："《甫刑》，即《周书·吕刑》。初为吕侯，号曰《吕刑》，后为甫侯，又称《甫刑》。"

②师古曰："奇请，谓常文之外，主者别有所请以定罪也。它比，谓引它类以比附之，稍增律条也。奇音居宜反。"

③师古曰："由，从也。"

④师古曰："《虞书·舜典》之辞。恤，忧也，言当忧刑也。"

⑤师古曰："核，究其实也。"

⑥师古曰："有司以下，史家之言也。《大雅·蒸人》之诗曰：'肃肃王命，仲山父将之；邦国若否，仲山父明之。'将，行也。否，不善也。言王有诰命，则仲山父行之；邦国有不善之事，则仲山父明之。故引以为美，伤今不能然也。"

⑦师古曰："毛举，言举毫毛之事，轻小之甚〔者〕。塞犹当(者)也。"[14]

⑧师古曰："塞谓不通也。"

汉兴之初，虽有约法三章，网漏吞舟之鱼，①然其大辟，尚有夷三族之令。令曰："当三族者，皆先黥，劓，斩左右止，笞杀之，枭其首，菹其骨肉于市。②其诽谤詈诅者，又先断舌。"故谓之具五刑。彭越、韩信之属皆受此诛。至高后元年，乃除三族罪、袄言令。孝文二年，又诏丞相、太尉、御史："法者，治之正，所以禁暴而卫善人也。今犯法者已论，而使无罪之父母妻子同产坐之及收，朕甚弗取。其议。"左右丞相周勃、陈平奏言："父母妻子同产相坐及收，所以累其心，使重犯法也。③收之之道，所由来久矣。臣之愚计，以为如其故便。"文帝复曰："朕闻之，法正则民悫，罪当则民从。④且夫牧民而道之以善者，吏也；⑤既不能道，又以不正之法罪之，是法反害于民，为暴者也。⑥朕未见其便，宜孰计之。"平、勃乃曰："陛下幸加大惠于天下，使有罪不收，无罪不相坐，甚盛德，臣等所不及也。臣等谨奉诏，尽除收律、相坐法。"其后，新垣平谋为逆，复行三族之诛。由是言之，风俗移易，人性相近而习相远，信矣。⑦夫以孝文之仁，平、勃之知，犹有过刑谬论如此甚也，而况庸材溺于末流者乎？

①师古曰："言疏阔，吞舟，谓大鱼也。"

②师古曰："菹谓醢也。菹音侧于反。"

③师古曰："重，难也。累音力瑞反。"

④师古曰："悫，谨也，音丘角反。"

⑤师古曰："道读曰导。以善导之也。"

⑥师古曰："法害于人，是法为暴。"

⑦师古曰："《论语》云孔子曰'性相近，习相远'也，言人同禀五常之性，其所取舍本相近也，但所习各异，渐渍而移，则相远矣。

《周官》有五听、八议、三刺、三宥、三赦之法。①五听：一曰辞听，②二曰色听，③三曰气听，④四曰耳听，⑤五曰目听。⑥八议：一曰议亲，⑦二曰议故，⑧三曰议贤，⑨四曰议能，⑩五曰议功，⑪六曰议贵，⑫七曰议勤，⑬八曰议宾。⑭三刺：一曰讯群臣，二曰讯群吏，三曰讯万民。⑮三宥：一曰弗识，二曰过失，三曰遗忘。⑯三赦：一曰幼弱，二曰老眊，三曰蠢愚。⑰凡囚，"上罪梏拲而桎，中罪梏桎，下罪梏；王之同族拲，有爵者桎，以待弊。”⑱高皇帝七年，制诏御史：“狱之疑者，吏或不敢决，有罪者久而不论，无罪者久系不决。自今以来，县道官狱疑者，各谳所属二千石官，二千石官以其罪名当报之。⑲所不能决者，皆移廷尉，廷尉亦当报之。廷尉所不能决，谨具为奏，傅所当比律令以闻。”⑳上恩如此，吏犹不能奉宣。故孝景中五年复下诏曰：“诸狱疑，虽文致于法而于人心不厌者，辄谳之。”其后狱吏复避微文，遂其愚心。至后元年，又下诏曰：“狱，重事也。人有愚智，官有上下。狱疑者谳，有令谳者已报谳而后不当，谳者不为失。”㉑自此之后，狱刑益详，近于五听三宥之意。三年复下诏曰：“高年老长，人所尊敬也；鳏寡不属逮者，人所哀怜也。㉒其著令：年八十以上，八岁以下，及孕者未乳，㉓师、朱儒㉔当鞠系者，颂系之。”㉕至孝宣元康四年，又下诏曰：“朕念夫耆老之人，发齿堕落，血气既衰，亦无暴逆之心，今或罗于文法，执于囹圄，不得终其年命，朕甚怜之。自今以来，诸年八十非诬告杀伤人，它皆勿坐。”至成帝鸿嘉元年，定令：“年未满七岁，贼斗杀人及犯殊死者，上请廷尉以闻，得减死。”合于三赦幼弱老眊之人。此皆法令稍定，近古而便民者也。㉖

①师古曰：“刺，杀也。讯而有罪，则杀之也。宥，宽也。赦，舍也，谓释置也。”

②师古曰：“观其出言，不直则烦。”

③师古曰：“观其颜色，不直则变。”

④师古曰：“观其气息，不直则喘。”

⑤师古曰：“观其听聆，不直则惑。”

⑥师古曰：“观其瞻视，不直则乱。”

⑦师古曰：“王之亲族也。”

⑧师古曰：“王之故旧也。”

⑨师古曰：“有德行者也。”

⑩师古曰：“有道艺者。”

⑪师古曰：“有大勋力者。”

⑫师古曰：“爵位高者也。”

⑬师古曰：“谓尽悴事国者也。”

⑭师古曰：“谓前代之后，王所不臣者也。自五听以下至此，皆小司寇所

职也。”

⑮师古曰:“讯,问也,音信。”

⑯师古曰:“弗识,不审也。过失,非意也。遗忘,(勿)〔忽〕忘也。”[15]

⑰师古曰:“幼弱,谓七岁以下。老眊,谓八十以上。蠢愚,生而痴呆者。自三刺以下至此,皆司刺所职也。眊读与耄同。蠢音丑江反,又音贞巷反。”

⑱师古曰:“械在手曰梏,两手同械曰拳,在足曰桎。弊,断罪也。自此以上掌囚所职也。梏音古笃反。拳即拱字也。桎音之日反。弊音蔽。”

⑲师古曰:“当谓处断也。”

⑳师古曰:“傅读曰附。”

㉑师古曰:“解并在《景纪》。”

㉒师古曰:“属音之欲反。”

㉓师古曰:“乳,产也,音人喻反。”

㉔如淳曰:“师,乐师盲瞽者。朱儒,短人不能走者。”

㉕师古曰:“颂读曰容。容,宽容之,不桎梏。”

㉖师古曰:“近音其靳反。”

孔子曰:“如有王者,必世而后仁;善人为国百年,可以胜残去杀矣。”①言圣王承衰拨乱而起,被民以德教,②变而化之,必世然后仁道成焉;至于善人,不入于室,然犹百年胜残去杀矣。③此为国者之程式也。今汉道至盛,历世二百馀载,④考自昭、宣、元、成、哀、平六世之间,断狱殊死,率岁千馀口而一人,⑤耐罪上至右止,三倍有馀。⑥古人有言:“满堂而饮酒,有一人乡隅而悲泣,⑦则一堂皆为之不乐。”王者之于天下,譬犹一堂之上也,故一人不得其平,为之凄怆于心。今郡国被刑而死者岁以万数,天下狱二千馀所,其冤死者多少相覆,狱不减一人,此和气所以未洽者也。

①师古曰:“《论语》载孔子之言。此谓若有受命之王,必三十年仁政乃成也。胜残,谓胜残暴之人,使不为恶。去杀,不行杀戮也。”

②师古曰:“被,加也,音皮义反。”

③师古曰:“《论语》称子张问善人之道,子曰:‘不践迹,亦不入于室也。’言善人不但修践旧迹而已,固少自创制,然亦不能入圣人之室。”

④师古曰："今谓撰志时。"

⑤如淳曰："率天下犯罪者千口而有一人死。"

⑥李奇曰："耐从司寇以上至右止，为千口三人刑。"

⑦师古曰："乡读曰向。"

原狱刑所以蕃若此者，[1]礼教不立，刑法不明，民多贫穷，豪杰务私，奸不辄得，狱犴不平之所致也。[2]《书》云"伯夷降典，悊民惟刑"，[3]言制礼以止刑，犹堤之防溢水也。今堤防凌迟，礼制未立；死刑过制，生刑易犯；饥寒并至，穷斯滥溢；豪桀擅私，为之囊橐，[4]奸有所隐，则狃而浸广：[5]此刑之所以蕃也。孔子曰："古之知法者能省刑，本也；今之知法者不失有罪，末矣。"[6]又曰："今之听狱者，求所以杀之；古之听狱者，求所以生之。"与其杀不辜，宁失有罪。今之狱吏，上下相驱，以刻为明，深者获功名，平者多后患。谚曰："鬻棺者欲岁之疫。"[7]非憎人欲杀之，利在于人死也。今治狱吏欲陷害人，亦犹此矣。凡此五疾，狱刑所以尤多者也。"

①师古曰："蕃，多也，音扶元反。"

②服虔曰："乡亭之狱曰犴。"臣瓒曰："狱岸，狱讼也。"师古曰："《小雅·小宛》之诗云'宜岸宜狱'。瓒说是也。"

③师古曰："《周书·甫刑》之辞也。悊，知也。言伯夷下礼法以道人，人习知礼，然后用刑也。"

④师古曰："有底曰囊，无底曰橐。言容隐奸邪，若囊橐之盛物。"

⑤师古曰："狃，串习也。浸，渐也。狃音女救反。"

⑥师古曰："省谓减除之，绝于未然，故曰本也。不失有罪，事止听讼，所以为末。"

⑦师古曰："鬻，卖也。疫，疠病也。鬻音育。疫音役。"

自建武、永平，民亦新免兵革之祸，人有乐生之虑，与高、惠之间同，而政在抑强扶弱，朝无威福之臣，邑无豪杰之侠。以口率计，断狱少于成、哀之间什八，可谓清矣。[1]然而未能称意比隆于古者，以其疾未尽除，而刑本不正。

①师古曰："十少其八也。"

善乎！孙卿之论刑也，曰："世俗之为说者，以为治古者无肉刑，①有象刑墨黥之属，菲履赭衣而不纯，②是不然矣。以为治古，则人莫触罪邪，岂独无肉刑哉，亦不待象刑矣。③以为人或触罪矣，而直轻其刑，是杀人者不死，而伤人者不刑也。罪至重而刑至轻，民无所畏，乱莫大焉。凡制刑之本，将以禁暴恶，且惩其(末)〔未〕也。④[16]杀人者不死，伤人者不刑，是惠暴而宽恶也。故象刑非生〔于〕治古，[17]方起于乱今也。⑤凡爵列官职，赏庆刑罚，皆以类相从者也。一物失称，乱之端也。⑥德不称位，能不称官，赏不当功，刑不当罪，不祥莫大(矣)焉。[18]夫征暴诛悖，治之威也。杀人者死，伤人者刑，是百王之所同也，未有知其所由来者也。故治则刑重，乱则刑轻，⑦犯治之罪固重，犯乱之罪固轻也。《书》云'刑罚世重世轻'，此之谓也。"⑧所谓"象刑惟明"者，言象天道而作刑，⑨安有菲屦赭衣者哉？

①师古曰："治古，谓上古至治之时也。治音丈吏反。"

②师古曰："菲，草履也。纯，缘也。衣不加缘，示有耻也。菲音扶味反。纯音之允反。"

③师古曰："人不犯法，则象刑无所施也。"

④师古曰："惩，止也。"

⑤如淳曰："古无象刑也，所有象刑之言者，近起今人恶刑之重，故遂推言古之圣君但以象刑，天下自治。"

⑥师古曰："称，宜也，音尺孕反。"

⑦李奇曰："世所以治者，乃刑重也；所以乱者，乃刑轻也。"

⑧师古曰："《周书·甫刑》之辞也。言刑罚轻重，各随其时。"

⑨师古曰："《虞书·益稷》曰'咎繇方祗厥叙，方施象刑惟明'，言敬其次叙，施其法刑皆明白也。"

孙卿之言既然，又因俗说而论之曰：禹承尧舜之后，自以德衰而制肉刑，汤武顺而行之者，以俗薄于唐虞故也。今汉承衰周暴秦极敝之流，俗已薄于三代，而行尧舜之刑，是犹以鞿而御駻突，①违救时之宜矣。且除肉刑者，本欲以全民也，今去髡钳一等。转而入于大辟。以死罔民，失本惠矣。②故死者岁以万数，刑重之所致也。至乎穿窬之盗，忿怒伤人，男女淫佚，吏为奸臧，③若此之恶，髡钳之罚又不足以惩也。故刑者岁十万数，民既不畏，又曾不耻，刑轻之所生也。故俗之能吏，公以杀盗为威，专杀者胜任，奉法者不治，乱名伤制，不可胜条。是以罔密而奸不塞，刑蕃而民愈嫚。④必世而未仁，百年而不胜残，诚以礼乐阙而刑不正也。岂宜惟思所以清原正本之论，删定律令，篹二百章，以应大辟，⑤其馀罪次，于古当生，今触死者，皆可募行肉刑。⑥及伤人与盗，吏受赇枉法，男女淫乱，皆复古刑，为三千章。诋欺文致微细之法，悉蠲除。⑦如此，则刑可畏而禁易避，吏不专杀，法无二门，轻重当罪，民命得全，合刑罚之中，殷天人之和，⑧顺稽古之制，成时雍之化。成康刑错，虽未可致，孝文断狱，庶几可及。《诗》云"宜民宜人，受禄于天"。⑨《书》曰"立功立事，可以永年。"⑩言为政而宜于民者，功成事立，则受天禄而永年命，所谓"一人有庆，万民赖之"者也。⑪

①孟康曰："以绳缚马口之谓靰。"晋灼曰："靰，古羁字也。"如淳曰："馯音捍。突，恶马也。"师古曰："马络头曰羁也。"

②师古曰："罔，谓罗网也。"

③师古曰："佚读与逸同。"

④师古曰："塞，止也。蕃，多也，音扶元反。嫚与慢同。"

⑤孟康曰："篹音撰。"

⑥李奇曰："欲死邪，欲腐邪?"

⑦师古曰："诋谓诬也，音丁礼反。"

⑧李奇曰："殷亦中。"

⑨师古曰："《大雅·假乐》之诗也。盖嘉成王之德云。"

⑩师古曰："今文《泰誓》之辞也。永，长也。"

⑪师古曰："《吕刑》之辞也。一人，天子也。言天子用刑详审，有福庆之惠，则众庶咸赖之也。"

【校勘记】

〔1〕 有税有(租)〔赋〕。 王鸣盛说下文即云"税以足食，赋以足兵"，证之颜

注则合作“有税有赋”。按景祐、殿本都作“有赋”。

〔2〕 炎帝火行，故云火(炎)〔灾〕。 景祐、殿本都作“灾”。王先谦说作“灾”是。

〔3〕 齐(威)〔桓〕既没， 景祐、殿本都作“桓”。

〔4〕 矜，(特)〔持〕也。 景祐、殿本都作“持”。

〔5〕 秦人(怜之谓)〔为〕之出兵。 景祐本无“怜之”二字。王念孙说《通典》亦无，疑后人所加。“谓”作“为”。

〔6〕 而(功)〔国〕灭亡于后。 钱大昭说监本、闽本“功”作“国”。按景祐、殿本都作“国”。王先谦说作“国”是。

〔7〕 (遂)〔蘧〕射之子， 王先谦说“遂”当为“蘧”，各本皆误。按景祐本作“蘧”，不误。

〔8〕 自此以上，(皆)〔大〕。司寇所职也。 景祐、殿本都作“大”。

〔9〕 错，置(矣)〔也〕。 景祐、殿、局本都作“也”。王先谦说作“也”是。

〔10〕 (前)〔言〕萌俗浇离， 景祐本“前”作“言”。殿本“萌”作“民”。下“勿自喜也”，景祐本无“自”字。

〔11〕 缓急非有益(也)！ 宋祁说姚本“益也”删去“也”字。按景祐本无“也”字”

〔12〕 (则)〔刖〕左右趾合一， 景祐、殿、局本都作“刖”。王先谦说“则”乃“刖”之误。

〔13〕 鬼薪白粲满(三)〔一〕岁为隶臣， 王先谦说“三岁”误，当为“一岁”。

〔14〕 言举毫毛之事，轻小之甚〔者〕。塞犹当(者)也。 王先谦说“者”字当在“甚”字下。

〔15〕 遗忘，(勿)〔忽〕忘也。 景祐、殿本作“忽”。王先谦说作“忽”是。

〔16〕 且惩其(末)〔未〕也。 钱大昭说《荀子》作“未”。按殿本作“未”。

〔17〕 故象刑非生〔于〕治古， “于”字据景祐、殿本补。

〔18〕 不祥莫大(矣)焉。 钱大昭说“矣”字衍。按殿本无。

汉书卷二十四上

食货志第四上

《洪范》八政，一曰食，二曰货。食谓农殖嘉谷可食之物，①货谓布帛可衣，②及金刀龟贝，所以分财布利通有无者也。③二者，生民之本，兴自神农之世。“斲木为耜，煣木为耒，耒(目)〔耨〕之利以教天下”，[1]而食足；④“日中为市，致天下之民，聚天下之货，交易而退，各得其所”，而货通。⑤食足货通，然后国实民富，而教化成。黄帝以下“通其变，使民不倦”。⑥尧命四子以“敬授民时”，⑦舜命后稷以“黎民祖饥”，⑧是为政首。禹平洪水，定九州，⑨制土田，各因所生远近，赋入贡棐，⑩楙迁有无，万国作乂。⑪殷周之盛，《诗》、《书》所述，要在安民，富而教之。故《易》称“天地之大德曰生，圣人之大宝曰位；何以守位曰仁，何以聚人曰财”。⑫财者，帝王所以聚人守位，养成群生，奉顺天德，治国安民之本也。故曰：“不患寡而患不均，不患贫而患不安；盖均亡贫，和亡寡，安亡倾。”⑬是以圣王域民，⑭筑城郭以居之，制庐井以均之，⑮开市肆以通之，⑯设庠序以教之；⑰士农工商，四民有业。学以居位曰士，辟土殖谷曰农，作巧成器曰工，通财鬻货曰商。⑱圣王量能授事，四民陈力受职，故朝亡废官，邑亡敖民，地亡旷土。⑲

①师古曰：“殖，生也。嘉，善也。”

②师古曰：“衣音于既反。”

③师古曰：“金谓五色之金也。黄者曰金，白者曰银，赤者曰铜，青者曰铅，黑者曰铁。刀谓钱币也。龟以卜占，贝以表饰，故皆为宝货也。”

④师古曰：“斲，斫也。煣，屈也，耒，手耕曲木也。耜，耒端木所以施金也。耨，耕田也。耜音似。煣音人九反。耒音来内反。耨音乃构反。

⑤师古曰："自'斲木为耜'以至于此，事见《易上系辞》。"

⑥李奇曰："器币有不便于时，则变更通利之，使民乐其业而不倦也。"

⑦师古曰："四子谓羲仲、羲叔、和仲、和叔也。事见《虞书·尧典》也。"

⑧孟康曰："祖，始也。黎民始饥，命弃为稷官也。古文言阻。"师古曰："事见《〔虞书〕·舜典》。"〔2〕

⑨师古曰："九州谓冀、兖、青、徐、扬、荆、豫、梁、雍。"

⑩应劭曰："棐，竹器也，所以盛。方曰筐，隋曰棐。"师古曰："棐读与匪同，《禹贡》所谓'厥贡漆丝，厥篚织文'之类是也。隋，园而长也。隋音他果反。"

⑪师古曰："楙与茂同，勉也。言劝勉天下，迁易有无，使之交足，则万国皆治。"

⑫师古曰："《下系》之辞。"

⑬师古曰："《论语》载孔子之言。"

⑭师古曰："为邦域。"

⑮师古曰："井田之中为屋庐。"

⑯师古曰："肆，列也。"

⑰师古曰："庠序，礼官养老之处。"

⑱师古曰："鬻，卖也。鬻音弋六反。"

⑲师古曰："敖谓逸游也。旷，空也。

理民之道，地著为本。①故必建步立畮，正其经界。②六尺为步，步百为亩，亩百为夫，夫三为屋，屋三为井，井方一里，是为九夫。八家共之，各受私田百亩，公田十亩，是为八百八十亩，馀二十亩以为庐舍。③出入相友，守望相助，疾病(则)〔相〕救〔3〕，民是以和睦，而教化齐同，力役生产可得而平也。

①师古曰："地著，谓安土也，音直略反。"

②师古曰："畮，古亩字也。"

③师古曰："庐，田中屋也。春夏居之，秋冬则去。"

民受田，上田夫百亩，中田夫二百亩，下田夫三百亩。岁耕种者为不易上田；休一岁者为一易中田；休二岁者为再易下田，三岁更耕之，自爰其处。①农民户人已受田，其家众男为馀夫，亦以口受田如比。②士工商家受田，五口乃当农夫一人。此谓平土可以为法者也。若山林薮泽原陵淳卤之地，③各以肥硗多少为差。④有赋有税。税谓公田什一及工商衡虞之入也。⑤赋共车马甲兵士徒之役，⑥充实府库赐予之用。税给郊社宗庙百神之祀，天子奉养百官禄食庶事之费。民年二十受田，六十归田。七十以上，上所养也；十岁以下，上所长也；十一以上，上所强也。⑦种谷必杂五种，以备灾害。⑧田中不得有树，用妨五谷。力耕数耘，收获如寇盗之至。⑨还庐树桑，⑩菜茹有畦，瓜瓠果蓏⑪殖于疆易。⑫鸡豚狗彘毋失其时，⑬女修蚕织，则五十可以衣帛，七十可以食肉。

①孟康曰："爰，于也。"师古曰："更，互也，音工衡反。"

②师古曰："比，例也，音必寐反。"

③晋灼曰："淳，尽也，舄卤之田不生五谷也。"

④师古曰："硗，硗确也，谓瘠薄之田也，音口交反。"

⑤师古曰："赋谓计口发财，税谓收其田入也。什一，谓十取其一也。工、商、衡、虞虽不垦殖，亦取其税者，工有技巧之作，商有行贩之利，衡虞取山泽之材产也。"

⑥师古曰："徒，众也。共读曰供。"

⑦师古曰："勉强劝之，令习事也。强音其两反。"

⑧师古曰："岁月有宜，及水旱之利也。种即五谷，谓黍、稷、麻、麦、豆也。"

⑨师古曰："力谓勤作之也。如寇盗之至，谓促遽之甚，恐为风雨所损。"

⑩师古曰："还，绕也。"

⑪应劭曰："木实曰果，草实曰蓏。"张晏曰："有核曰果，无核曰蓏。"臣瓒曰："案木上曰果，地上曰蓏也。"师古曰："茹，所食之菜也。畦，区也。茹音人豫反。畦音胡圭反。蓏音来果反。"

⑫张晏曰："至此易主，故曰易。"师古曰："《诗·小雅·信南山》云'中田有庐，疆埸有瓜'，即谓此也。"

⑬师古曰："彘即豕。"

在野曰庐，在邑曰里。①五家为邻，五邻为里，四里为族，五族为党，五党为州，五州为乡。乡，万二千五百户也。邻长位下士，自此以上，稍登一级，至乡而为卿也。于〔是〕里有序而乡有庠。〔4〕序以明教，庠则行礼而视化焉。②春令民毕出在野，冬则毕入于邑。其《诗》曰："四之日举止，同我妇子，馌彼南亩。"③又曰："十月蟋蟀，入我床下，嗟我妇子，聿为改岁，入此室处。"④所以顺阴阳，备寇贼，习礼文也。春，(秋)〔将〕出民，〔5〕里胥平旦坐于右塾，邻长坐于(右)〔左〕塾，⑤〔6〕毕出然后归，夕亦如之。⑥入者必持薪樵，轻重相分，班白不提挈。⑦冬，民既入，妇人同巷，相从夜绩，女工一月得四十五日。⑧必相从者，所以省费燎火，同巧拙而合习俗也。⑨男女有不得其所者，因相与歌咏，各言其伤。⑩

①师古曰："庐各在其田中，而里聚居也。"

②师古曰："视读为示也。"

③师古曰："此《豳诗·七月》之章也。馌，馈也。四之日，周之四月，夏之二月也。农人无不举足而耕也，则其妇与子同以食来至南亩治田之处而馈之也。馌音于辄反。"

④师古曰："亦《七月》之章也。蟋蟀，蛬也，今谓之促织。聿，曰也。言寒气既至，蟋蟀渐来，则妇子皆曰岁将改矣，而去田中入室处也。蛬音拱。"

⑤孟康曰："里胥，如今里吏也。"师古曰："门侧之堂曰塾。坐于门侧者，督促劝之，知其早晏，防怠惰也。塾音孰。"

⑥师古曰："言里胥邻长亦待入毕，然后归也。

⑦师古曰："班白者，谓发杂色也。不提挈者，所以优老人也。"

⑧服虔曰："一月之中，又得夜半为十五日，凡四十五日也。

⑨师古曰："省费燎火，省燎火之费也。燎所以为明，火所以为温也。燎音力召反。"

⑩师古曰："怨刺之诗也。"

是月，馀子亦在于序室。①八岁入小学，学六甲五方书计之事，②始知室家长幼之节。十五入大学，学先圣礼乐，而知朝廷君臣之礼。其有秀异者，移乡学于庠序；庠序之异者，移国学于少学。诸侯岁贡少学之异者于天子，学于大学，命曰造士。③行同能偶，则别之以射，④然后爵命焉。

①苏林曰："馀子，庶子也。或曰，未任役为馀子。"师古曰："未任役者是也。幼童皆当受业，岂论嫡庶乎？"

②苏林曰："五方之异书，如今秘书学外国书也。"臣瓒曰："辨五方之名及书艺也。"师古曰："瓒说是也。"

③李奇曰："造，成也。"

④师古曰："以射试之。"

孟春之月，群居者将散，①行人振木铎徇于路，以采诗，②献之大师，比其音律，以闻于天子。③故曰王者不窥牖户而知天下。

①师古曰："谓各趣农亩也。"

②师古曰："行人，遒人也，主号令之官。铎，大铃也，以木为舌，谓之木铎。徇，巡也。采诗，采取怨刺之诗也。"

③师古曰："大师，掌音律之官，教六诗以六律为之音者。比谓次之也。比音频二反。"

此先王制土处民富而教之之大略也。故孔子曰："道千乘之国，敬事而信，节用而爱人，使民以时。"①故民皆劝功乐业，先公而后私。其《诗》曰："有渰凄凄，兴云祁祁，雨我公田，遂及我私。"②民三年耕，则馀一年之畜。③衣食足而知荣辱，廉让生而争讼息，故三载考绩。④孔子曰"苟有用我者，期月而已可也，三年有成"，成此功也。⑤三考黜陟，馀三年食，进业曰登；⑥再登曰平，馀六年食；三登曰泰平，二十七岁，遗九年食。然后(目)〔至〕德流洽，〔7〕礼乐成焉。故曰"如有王者，必世而后仁"，⑦繇此道也。⑧

①师古曰："《论语》载孔子之言。道，治也。举事必敬，施令必信，不为奢侈，爱养其民，无夺农时。"

②师古曰："《小雅·大田》之诗也。渰，阴云也。凄凄，云起貌也。祁祁，徐也。言阴阳和，风雨时，民庶庆悦，喜其先雨公田，乃及私也。"

③师古曰："畜读曰蓄。其下并同。"

④师古曰："绩，功也。言主治民者，三年一考其功也。"

⑤师古曰："《论语》载孔子之言也。用谓使为政，期月可以易俗，三年乃得成功也。"

⑥郑氏曰："进上百工之业也。或曰进上农工诸事业，名曰登。"

⑦师古曰："亦孔子之言也。解在《刑法志》。"

⑧师古曰:"繇读与由同。由,用也,从也。"

周室既衰,暴君污吏慢其经界,①繇役横作,②政令不信,上下相诈,公田不治。故鲁宣公"初税亩",《春秋》讥焉。③于是上贪民怨,灾害生而祸乱作。

①师古曰:"污谓贪秽也。"

②师古曰:"繇读曰徭。横音胡孟反。"

③孟康曰:"《春秋》谓之履亩,履践民所种好者而取之,讥其贪也。"

陵夷至于战国,贵诈力而贱仁谊,先富有而后礼让。是时,李悝为魏文侯作尽地力之教,①以为地方百里,提封九万顷,除山泽邑居参分去一,为田六百万亩,治田勤谨则亩益三升,②不勤则损亦如之。地方百里之增减,辄为粟百八十万石矣。又曰籴甚贵伤民,③甚贱伤农;民伤则离散,农伤则国贫。故甚贵与甚贱,其伤一也。善为国者,使民毋伤而农益劝。今一夫挟五口,治田百亩,岁收亩一石半,为粟百五十石,除十一之税十五石,馀百三十五石。食,人月一石半,五人终岁为粟九十石,馀有四十五石。石三十,为钱千三百五十,除社闾尝新春秋之祠,用钱三百,馀千五十。衣,人率用钱三百,五人终岁用千五百,不足四百五十。④不幸疾病死丧之费,及上赋敛,又未与此。⑤此农夫所以常困,有不劝耕之心,而令籴至于甚贵者也。是故善平籴者,必谨观岁有上中下孰。上孰其收自四,馀四百石;⑥中孰自三,馀三百石;⑦下孰自倍,馀百石。⑧小饥则收百石,⑨中饥七十石,⑩大饥三十石。⑪故大孰则上籴三而舍一,中孰则籴二,下孰则籴一,使民适足,贾平则止。⑫小饥则发小孰之所敛,⑬中饥则发中孰之所敛,大饥则发大孰之所敛,而粜之。故虽遇饥馑水旱,籴不贵而民不散,取有馀以补不足也。行之魏国,国以富强。

①师古曰:"李悝,文侯臣也。悝音恢。"

②服虔曰:"与之三升也。"臣瓒曰:"当言三斗。谓治田勤,则亩加三斗也。"师古曰:"计数而言,字当为斗。瓒说是也。"

③韦昭曰:"此民谓士工商也。"

④师古曰:“少四百五十,不足也。”

⑤师古曰:“与读曰豫。”

⑥张晏曰:“平岁百亩收百五十石,今大孰四倍,收六百石,计民食终岁长四百石,官粜三百石,此为粜三舍一也。”

⑦张晏曰:“自三,四百五十石也。终岁长三百石,官粜二百石,此为粜二而舍一也。”

⑧张晏曰:“自倍,收三百石,终岁长百石,官粜其五十石,云下孰粜一,谓中分百石之一。”

⑨张晏曰:“平岁百亩之收,收百五十石,今小饥收百石,收三分之二也。”

⑩张晏曰:“收二分之一。”

⑪张晏曰:“收五分之一也。以此准之,大小中饥之率也。”

⑫师古曰:“贾读曰价。”

⑬李奇曰:“官以敛臧出粜也。”

及秦孝公用商君,坏井田,开仟伯,①急耕战之赏,虽非古道,犹以务本之故,倾邻国而雄诸侯。然王制遂灭,僭差亡度。庶人之富者累巨万,②而贫者食糟糠;有国强者兼州域,而弱者丧社稷。至于始皇,遂并天下,内兴功作,外攘夷狄,收泰半之赋,③发闾左之戍。④男子力耕不足粮饟,⑤女子纺绩不足衣服。竭天下之资财以奉其政,犹未足以澹其欲也。⑥海内愁怨,遂用溃畔。⑦

①师古曰:“仟伯,田间之道也。南北曰仟,东西曰伯。伯音莫白反。”

②师古曰:“巨,大也。大万,谓万万也。累者兼数,非止一也。言其资财积累万万也。”

③师古曰:“泰半,三分取其二。”

④应劭曰:“秦时以適发之,名適戍。先发吏有过及赘婿、贾人,后以尝有市籍者发,又后以大父母、父母尝有市籍者。戍者曹辈尽,复入闾,取其左发之,未及取右而秦亡。”师古曰:“闾,里门也。言居在(闾)〔里〕门之左者,[8]一切发之。此闾左之释,应最得之,诸家之义烦秽舛错,故无所取也。”

⑤师古曰:“饟,古饷字也。”

⑥师古曰:“澹,古赡字也。赡,给也。其下并同。”

⑦师古曰:“下逃其上曰溃。”

汉兴,接秦之敝,诸侯并起,民失作业,而大饥馑。凡米石五千,人相食,死者过半。高祖乃令民得卖子,就食蜀汉。天下既定,民亡盖臧,① 自天子不能具醇驷,② 而将相或乘牛车。③ 上于是约法省禁,轻田租,什五而税一,量吏禄,度官用,以赋于民。④ 而山川园池市肆租税之入,自天子以至封君汤沐邑,皆各为私奉养,不领于天子之经费。⑤ 漕转关东粟以给中都官,岁不过数十万石。⑥ 孝惠、高后之间,衣食滋殖。文帝即位,躬修俭节,思安百姓。时民近战国,皆背本趋末,贾谊说上曰:

①苏林曰:"无物可盖臧。"

②师古曰:"醇,不杂也。无醇色之驷,谓四马杂色也。"

③师古曰:"以牛驾车也。"

④师古曰:"才取足。"

⑤师古曰:"言各收其所赋税以自供,不入国朝之仓廪府库也。经,常也。"

⑥师古曰:"中都官,京师诸官府也。"

筦子曰"仓廪实而知礼节"。① 民不足而可治者,自古及今,未之尝闻。古之人曰:"一夫不耕,或受之饥;一女不织,或受之寒。"生之有时,而用之亡度,则物力必屈。② 古之治天下,至孅至悉也,③ 故其畜积足恃。今背本而趋末,食者甚众,是天下之大残也;④ 淫侈之俗,日日以长,是天下之大贼也。残贼公行,莫之或止;大命将泛,⑤ 莫之振救。⑥ 生之者甚少而靡之者甚多,⑦ 天下财产何得不蹶!⑧ 汉之为汉几四十年矣,⑨ 公私之积犹可哀痛。⑩ 失时不雨,民且狼顾;⑪ 岁恶不入,请卖爵、子。⑫ 既闻耳矣,⑬ 安有为天下阽危者若是而上不惊者!⑭

①师古曰:"筦与管同。《管子》,管仲之书也。"

②师古曰:"屈,尽也。音其勿反。"

③师古曰:"孅,细也。悉,尽其事也。孅与纤同。"

④师古曰:"本,农业也。末,工商也。言人已弃农而务工商矣,其食米粟者又甚众。残谓伤害也。"

⑤孟康曰:"泛音方勇反。泛,覆也。"师古曰:"字本作覂,此通用也。"

⑥师古曰:"振,举也。"

⑦师古曰："靡，散也，音縻。"

⑧应劭曰："蹶，倾竭也。"师古曰："蹶音厥。"

⑨师古曰："几，近也。音巨衣反。"

⑩师古曰："言年载已多，而无储积。"

⑪郑氏曰："民欲有畔意，若狼之顾望也。"李奇曰："狼性怯，走喜还顾。言民见天不雨，今亦恐也。"师古曰："李说是也。"

⑫如淳曰："卖爵级又卖子也。"

⑬如淳曰："闻于天子之耳。"

⑭师古曰："阽危，欲坠之意也。言阎，又音丁念反。"

世之有饥穰，天之行也，①禹、汤被之矣。②即不幸有方二三千里之旱，国胡以相恤？③卒然边境有急，数十百万之众，国胡以馈之？④兵旱相乘，天下大屈，⑤有勇力者聚徒而衡击，⑥罢夫羸老易子而咬其骨。⑦政治未毕通也，远方之能疑者并举而争起矣，⑧乃骇而图之，岂将有及乎？⑨

①李奇曰："天之行气，不能常孰也。或曰，行，道也。"师古曰："穰，丰也，音人常反。"

②师古曰："谓禹遭水，而汤遭旱也。"

③师古曰："胡，何也。"

④师古曰："卒读曰猝。馈亦馈字也"

⑤师古曰："屈音其勿反。"

⑥师古曰："衡，横也。"

⑦师古曰："罢读曰疲。咬，啮也，音五巧反。"

⑧师古曰："疑读曰拟。拟，僭也，谓与天子相比拟。"

⑨师古曰："图谓谋也。"

夫积贮者，天下之大命也。苟粟多而财有馀，何为而不成？以攻则取，以守则固，以战则胜。怀敌附远，何招而不至？①今殴民而归之农，皆著于本，②使天下各食其力，末技游食之民转而缘南亩，③则畜积足而人乐其所矣。可以为富安天下，而直为此廪廪也，④窃为陛下惜之！

①师古曰："怀，来也，安也。"

②师古曰："敺亦驱字。著音直略反。"

③师古曰："言皆趋农作也。"

④李奇曰："廪廪，危也。"师古曰："言务耕农，厚畜积，则天下富安，何乃不为，而常不足廪廪若此。"

于是上感谊言，始开籍田，躬耕以劝百姓。晁错复说上曰：

圣王在上而民不冻饥者，非能耕而食之，织而衣之也，①为开其资财之道也。故尧、禹有九年之水，汤有七年之旱，而国亡捐瘠者，②以畜积多而备先具也。今海内为一，土地人民之众不避汤、禹，加以亡天灾数年之水旱，而畜积未及者，何也？地有遗利，民有馀力，生谷之土未尽垦，山泽之利未尽出也，游食之民未尽归农也。民贫，则奸邪生。贫生于不足，不足生于不农，不农则不地著，不地著则离乡轻家，民如鸟兽，虽有高城深池，严法重刑，犹不能禁也。

①师古曰："食读曰饲。衣音于既反。"

②孟康曰："肉腐为瘠。捐，骨不埋者。或曰，捐谓民有饥相弃捐者。或谓贫乞者为捐。"苏林曰："瘠音渍。"师古曰："瘠，瘦病也。言无相弃捐而瘦病者耳。不当音渍也。贫乞之释，尤疏僻焉。"

夫寒之于衣，不待轻暖；①饥之于食，不待甘旨；②饥寒至身，不顾廉耻。人情，一日不再食则饥，终岁不制衣则寒。夫腹饥不得食，肤寒不得衣，虽慈母不能保其子，君安能以有其民哉！明主知其然也，故务民于农桑，薄赋敛，广畜积，以实仓廪，备水旱，故民可得而有也。

①师古曰："以御风霜，不求靡丽也。暖音乃短反。"

②师古曰："旨，美也。"

民者，在上所以牧之，趋利如水走下，四方亡择也。①夫珠玉金银，饥不可食，寒不可衣，然而众贵之者，以上用之故也。其为物轻微易臧，在于把握，可以周海内而亡饥寒之患，②此令臣轻背其主，而民易去其乡，盗贼有所劝，亡逃者得轻资也。粟米布帛生于地，长于时，聚于力，非可一日成也；数石之重，中人弗胜，③不为奸邪所利，一日弗得而饥寒至。是故明君贵五谷而贱金玉。

①师古曰："走音奏。"

②师古曰："周谓周遍而游行。"

③师古曰："中人者，处强弱之中也。"

今农夫五口之家，其服役者不下二人，①其能耕者不过百亩，百亩之收不过百石。春耕夏耘，秋获冬臧，伐薪樵，治官府，给繇役；春不得避风尘，夏不得避暑热，秋不得避阴雨，冬不得避寒冻，四时之间亡日休息；又私自送往迎来，吊死问疾，养孤长幼在其中。勤苦如此，尚复被水旱之灾，急政暴(虐)〔赋〕，[9]赋敛不时，朝令而暮改。当具有者半贾而卖，②亡者取倍称之息，③于是有卖田宅鬻子孙以偿责者矣。而商贾大者积贮倍息，小者坐列贩卖，④操其奇赢，日游都市，⑤乘上之急，所卖必倍。⑥故其男不耕耘，女不蚕织，衣必文采，食必(粱)〔粱〕肉；⑦[10]亡农夫之苦，有仟伯之得。⑧因其富厚，交通王侯，力过吏势，以利相倾；千里游敖，冠盖相望，乘坚策肥，履丝曳缟。⑨此商人所以兼并农人，农人所以流亡者也。

①师古曰："服，事也，给公事之役也。"

②师古曰："本直千钱者，止得五百也。贾读曰价。"

③如淳曰："取一偿二为倍称。"师古曰："称，举也，今俗所谓举钱者也。"

④师古曰："行卖曰商，坐贩曰贾。列者，若今市中卖物行也。贾音古。"

⑤师古曰："奇赢，谓有馀财而畜聚奇异之物也。一说，(字)〔奇〕谓残馀物也，[11]音居宜反。"

⑥师古曰："上所急求，则其价倍贵。"

⑦师古曰："(粱)〔粱〕，好粟也，即今之(粱)〔粱〕米。"

⑧师古曰："仟谓千钱，伯谓百钱也。伯音莫白反。今俗犹谓百钱为一伯。"

⑨师古曰："坚谓好车也。缟，皓素也，缯之精白者也。"

今法律贱商人，商人已富贵矣；尊农夫，农夫已贫贱矣。故俗之所贵，主之所贱也；吏之所卑，法之所尊也。上下相反，好恶乖迕,①而欲国富法立,不可得也。方今之务,莫若使民务农而已矣。欲民务农,在于贵粟;贵粟之道,在于使民以粟为赏罚。今募天下入粟县官,得以拜爵,得以除罪。如此,富人有爵,农民有钱,粟有所渫。②夫能入粟以受爵,皆有馀者也;取于有馀,以供上用,则贫民之赋可损,③所谓损有馀补不足,令出而民利者也。顺于民心,所补者三:一曰主用足,二曰民赋少,三曰劝农功。今令民有车骑马一匹者,复卒三人。④车骑者,天下武备也,故为复卒。⑤神农之教曰:"有石城十仞,⑥汤池百步,⑦带甲百万,而亡粟,弗能守也。"以是观之,粟者,王者大用,政之本务。令民入粟受爵至五大夫以上,乃复一人耳,⑧此其与骑马之功相去远矣。爵者,上之所擅,出于口而亡穷;⑨粟者,民之所种,生于地而不乏。夫得高爵与免罪,人之所甚欲也。使天下〔人〕入粟于边,[12]以受爵免罪,不过三岁,塞下之粟必多矣。

①师古曰:"迕,违也。好音呼到反。恶音乌故反。迕音五故反。"

②师古曰:"渫,散也,音先列反。此下亦同也。"

③师古曰:"损,减也。"

④如淳曰:"复三卒之算钱也。或曰,除三夫不作甲卒也。"师古曰:"当为卒者,免其三人;不为卒者,复其钱耳。复音方目反。"

⑤师古曰:"为音于伪反。"

⑥应劭曰:"仞,五尺六寸也。"师古曰:"此说非也。八尺曰仞,取人申臂之一寻也。"

⑦师古曰:"池,城边池也。以沸汤为池,不可辄近,喻严固之(基)〔甚〕。[13]"

⑧师古曰:"五大夫,第九等爵也。复音方目反。"

⑨师古曰:"擅,专也。"

于是文帝从错之言,令民入粟边,六百石爵上造,①稍增至四千石为五大夫,②万二千石为大庶长,③各以多少级数为差。错复奏言:"陛下幸使天下入粟塞下以拜爵,甚大惠也。窃恐塞卒之食不足用大渫天下粟。边食足以支五岁,可令入粟郡县矣;④足支一岁以上,可时赦,勿收农民租。如此,德泽加于万民,民俞勤农。⑤时有军役,若遭水旱,民不困乏，天下安宁；岁孰且美，则民大富乐矣。”上复从其言，乃下诏赐民十二年租税之半。明年，遂除民田之租税。

①师古曰：“上造，第二等爵也。”

②师古曰：“五大夫，第九等爵。”

③师古曰：“大庶长，第十八等爵也。”

④师古曰：“入诸郡县，以备凶灾也。”

⑤师古曰：“俞，进也，音逾，又音愈。”

后十三岁，孝景二年，令民半出田租，三十而税一也。其后，上郡以西旱，复修卖爵令，而裁其贾以招民；① 及徒复作，得输粟于县官以除罪。② 始造苑马以广用，③ 宫室列馆车马益增修矣。然娄敕有司以农为务，④ 民遂乐业。至武帝之初七十年间，国家亡事，非遇水旱，则民人给家足，都鄙廪庾尽满，而府库馀财。京师之钱累百巨万，贯朽而不可校。⑤ 太仓之粟陈陈相因，⑥ 充溢露积于外，腐败不可食。众庶街巷有马，仟伯之间成群，⑦ 乘牸牝者摈而不得会聚。⑧ 守间阎者食粱肉；为吏者长子孙；⑨ 居官者以为姓号。⑩ 人人自爱而重犯法，⑪ 先行谊而黜愧辱焉。⑫ 于是罔疏而民富，役财骄溢，或至并兼豪党之徒以武断于乡曲。⑬ 宗室有土，公卿大夫以下争于奢侈，⑭ 室庐车服僭上亡限。物盛而衰，固其变也。

①师古曰：“贾读曰价。裁谓减省之也。”

②师古曰：“复音房目反。解在《宣纪》。”

③师古曰：“苑马，谓为苑以牧马。”

④师古曰：“娄，古屡字。”

⑤师古曰：“累百巨万，谓数百万万也。校谓计数也。”

⑥师古曰：“陈谓久旧也。”

⑦师古曰：“谓田中之阡陌也。”

⑧孟康曰：“皆乘父马，有牝马间其间则踶啮，故斥出不得会同。”师古曰：“言时富饶；故耻乘牸牝，不必以其踶啮也。踶，蹋也，音大奚反。”

⑨如淳曰：“时无事，吏不数转，至于(长生)〔生长〕子孙而不转职也。[14]”

⑩如淳曰：“《货殖传》仓氏、庾氏是也。”

⑪师古曰："重，难也。"

⑫师古曰："以行谊为先，以愧辱相黜也。行音下更反。"

⑬师古曰："恃其饶富，则擅行威罚也。断音丁唤反。"

⑭师古曰："有土，谓国之宗姓受封邑土地者也。"

是后，外事四夷，内兴功利，役费并兴，而民去本。董仲舒说上曰："《春秋》它谷不书，至于麦禾不成则书之，以此见圣人于五谷最重麦与禾也。今关中俗不好种麦，是岁失《春秋》之所重，而损生民之具也。愿陛下幸诏大司农，使关中民益种宿麦，令毋后时。"①又言："古者税民不过什一，其求易共；②使民不过三日，其力易足。民财内足以养老尽孝，外足以事上共税，下足以畜妻子极爱，故民说从上。③至秦则不然，用商鞅之法，改帝王之制，除井田，民得卖买，富者田连仟伯，贫者亡立锥之地。又颛川泽之利，管山林之饶，④荒淫越制，逾侈以相高；邑有人君之尊，里有公侯之富，小民安得不困？又加月为更卒，已，复为正一岁，屯戍一岁，力役三十倍于古；⑤赋，盐铁之利，二十倍于古。⑥或耕豪民之田，见税什五。⑦故贫民常衣牛马之衣，而食犬彘之食。重以贪暴之吏，刑戮妄加，⑧民愁亡聊，亡逃山林，转为盗贼，赭衣半道，断狱岁以千万数。汉兴，循而未改。古井田法虽难卒行，宜少近古，⑨限民名田，以澹不足，⑩塞并兼之路。盐铁皆归于民。去奴婢，除专杀之威。⑪薄赋敛，省徭役，以宽民力。然后可善治也。"仲舒死后，功费愈甚，天下虚耗，人复相食。⑫

①师古曰："宿麦，谓其苗经冬。"

②师古曰："共读曰供。次下亦同。"

③师古曰："说读曰悦也。"

④师古曰："颛与专同。管，主也。"

⑤师古曰："更卒，谓给郡县一月而更者也。正卒，谓给中都官者也。率计今人一岁之中，屯戍及力役之事三十倍多于古也。更音工衡反。"

⑥如淳曰："秦卖盐铁贵，故下民受其困也。"师古曰："既收田租，又出口赋，而官更夺盐铁之利。率计今人一岁之中，失其资产，二十倍多于古也。"

⑦如淳曰："十税其五。"师古曰："言下户贫人，自无田而耕垦豪富家田，十分

之中，以五输本田主也。”

⑧师古曰：“重音直用反。”

⑨师古曰：“卒读曰猝。近音其靳反。”

⑩师古曰：“名田，占田也。各为立限，不使富者过制，则贫弱之家可足也。”

⑪服虔曰：“不得专杀奴婢也。”

⑫师古曰：“秏音呼到反。”

武帝末年，悔征伐之事，乃封丞相为富民侯。①下诏曰：“方今之务，在于力农。”以赵过为搜粟都尉。过能为代田，一亩三圳。②岁代处，故曰代田，③古法也。后稷始圳田，以二耜为耦，④广尺深尺曰圳，长终亩。一亩三圳，一夫三百圳，而播种于圳中。⑤苗生叶以上，稍耨陇草，⑥因隤其土以附(根苗)〔苗根〕。⑦[15]故其《诗》曰：“或芸或芓，黍稷儗儗。”⑧芸，除草也。(秄)〔芓〕，附根也。[16]言苗稍壮，每耨辄附根，比盛暑，陇尽而根深，⑨能风与旱，⑩故儗儗而盛也。其耕耘下种田器，皆有便巧。率十二夫为田一井一屋，故亩五顷，⑪用耦犁，二牛三人，一岁之收常过缦田亩一斛以上，⑫善者倍之。⑬过使教田太常、三辅，⑭大农置工巧奴与从事，为作田器。二千石遣令长、三老、力田及里父老善田者受田器，学耕种养苗状。⑮民或苦少牛，亡以趋泽，⑯故平都令光教过以人挽犁。⑰过奏光以为丞，教民相与庸挽犁。⑱率多人者田日三十亩，少者十三亩，以故田多垦辟。过试以离宫卒田其宫壖地，⑲课得谷皆多其旁田亩一斛以上。令命家田三辅公田，⑳又教边郡及居延城。㉑是后边城、河东、弘农、三辅、太常民皆便代田，用力少而得谷多。

①韦昭曰：“沛蕲县也。”师古曰：“欲百姓之殷实，故取其嘉名也。”

②师古曰：“圳，垄也，音工犬反，字或作畎。”

③师古曰：“代，易也。”

④师古曰：“并两耜而耕。”

⑤师古曰：“播，布也。种谓谷子也。”

⑥师古曰：“耨，锄也。”

⑦师古曰：“隤谓下之也，音颓。”

⑧师古曰：“《小雅·甫田》之诗。儗儗，盛貌。芸音云。芓音子。儗音拟。”

⑨师古曰:"比音必寐反。"

⑩师古曰:"能读曰耐也。"

⑪邓展曰:"九夫为井,三夫为屋。夫百亩,于古为十二顷。古百步为亩,汉时二百四十步为亩,古千二百亩,则得今五顷。"

⑫师古曰:"缦田,谓不为(亩)〔圳〕者也。[17]缦音莫干反。"

⑬师古曰:"善为圳者,又过缦田二斛以上也。"

⑭苏林曰:"太常主诸陵,有民,故亦课田种也。"

⑮苏林曰:"为法意状也。"

⑯师古曰:"趋读曰趣。趣,及也。泽,雨之润泽也。"

⑰师古曰:"挽,引也,音晚。"

⑱师古曰:"庸,功也,言(挽)〔换〕功共作也。[18]义亦与庸赁同。"

⑲师古曰:"离宫,别处之宫,非天子所常居也。壖,馀也。宫壖地,谓外垣之内,内垣之外也。诸缘河壖地,庙垣壖地,其义皆同。守离宫卒,闲而无事,因令于壖地为田也。壖音而缘反。"

⑳李奇曰:"令,使也。命者,教也。令离宫卒教其家田公田也。"韦昭曰:"命谓爵命者。命家,谓受爵命一爵为公士以上,令得田公田,优之也。"师古曰:"令音力成反。"

㉑韦昭曰:"居延,张掖县也。时有甲卒也。"

至昭帝时,流民稍还,田野益辟,颇有畜积。宣帝即位,用吏多选贤良,百姓安土,岁数丰穰,①谷至石五钱,农人少利。时大司农中丞耿寿昌以善为算能商功利②得幸于上,五凤中奏言:"故事,岁漕关东谷四百万斛以给京师,③用卒六万人。宜籴三辅、弘农、河东、上党、太原郡谷足供京师,可以省关东漕卒过半。"又白增海租三倍,天子皆从其计。御史大夫萧望之奏言:"故御史属徐宫④家在东莱,言往年加海租,鱼不出。长老皆言武帝时县官尝自渔,海鱼不出,后复予民,鱼乃出。夫阴阳之感,物类相应,万事尽然。今寿昌欲近籴漕关内之谷,筑仓治船,费直二万万馀,⑤有动众之功,恐生旱气,民被其灾。寿昌习于商功分铢之事,其深计远虑,诚未足任,宜且如故。"上不听。漕事果便,寿昌遂白令边郡皆筑仓,以谷贱时增其贾而籴,以利农,谷贵时减贾而粜,名曰常平仓。⑥民便之。上乃下诏，赐寿昌爵关内侯。而蔡癸以好农使劝郡国，至大官。⑦

①师古曰："数音所角反。穰音人常反。"

②师古曰："商，度也。"

③师古曰："漕，水运。"

④李奇曰："御史大夫属。"

⑤服虔曰："万万，亿也。"

⑥师古曰："贾并读曰价。"

⑦师古曰："为使而劝郡国也。使音山(史)〔吏〕反。[19]"

元帝即位，天下大水，关东郡十一尤甚。二年，齐地饥，谷石三百馀，民多饿死，琅邪郡人相食。在位诸儒多言盐铁官及北假田官、常平仓可罢，①毋与民争利。上从其议，皆罢之。又罢建章、甘泉宫卫，角抵，齐三服官，省禁苑以予贫民，减诸侯王庙卫卒半。又减关中卒五百人，转谷振贷穷乏。其后用度不足，独复盐铁官。

①孟康曰："北假，地名也。"

成帝时，天下亡兵革之事，号为安乐，然俗奢侈，不以畜聚为意。永始二年，梁国、平原郡比年伤水灾，①人相食，刺史守相坐免。

①师古曰："比，频也。"

哀帝即位，师丹辅政，建言："古之圣王莫不设井田，然后治乃可平。①孝文皇帝承亡周乱秦兵革之后，天下空虚，故务劝农桑，帅以节俭。民始充实，未有并兼之害，故不为民田及奴婢为限。②今累世承平，豪富吏民訾数巨万，而贫弱俞困。盖君子为政，贵因循而重改作，③然所以有改者，将以救急也。亦未可详，宜略为限。"④天子下其议。丞相孔光、大司空何武奏请："诸侯王、列侯皆得名田国中。列侯在长安，公主名田县道，及关内侯、吏民名田皆毋过三十顷。诸侯王奴婢二百人，列侯、公主百人，关内侯、吏民三十人。期尽三年，犯者没入官。"时田宅奴婢贾为减贱，丁、傅用事，董贤隆贵，皆不便也。⑤诏书且须后，⑥遂寝不行。宫室苑囿府库之臧已侈，百姓訾富虽不及文景，然天下户口最盛矣。

①师古曰:"建,立也,立其议也。"

②师古曰:"不为作限制。上为音于伪反。"

③师古曰:"重,难也。"

④师古曰:"详谓悉尽也。"

⑤师古曰:"丁、傅及董贤之家皆不便此事也。"

⑥师古曰:"须,待也。"

平帝崩,王莽居摄,遂篡位。王莽因汉承平之业,匈奴称藩,百蛮宾服,舟车所通,尽为臣妾,府库百官之富,天下晏然。莽一朝有之,其心意未满,①狭小汉家制度,以为疏阔。②宣府始赐单于印玺,与天子同,而西南夷钩町称王。③莽乃遣使易单于印,贬钩町王为侯。二方始怨,侵犯边境。莽遂兴师,发三十万众,欲同时十道并出,一举灭匈奴;募发天下囚徒丁男甲卒转委输兵器,自负海江淮而至北边,④使者驰传督趣,⑤海内扰矣。又动欲慕古,不度时宜,⑥分裂州郡,改职作官,下令曰:"汉氏减轻田租,三十而税一,常有更赋,罢癃咸出,⑦而豪民侵陵,分田劫假,⑧厥名三十,实什税五也。富者骄而为邪,贫者穷而为奸,俱陷于辜,刑用不错。⑨今更名天下田曰王田,奴婢曰私属,皆不得卖买。其男口不满八,而田过一井者,分馀田与九族乡党。"犯令,法至死,制度又不定,吏缘为奸,天下謷謷然,陷刑者众。⑩

①师古曰:"谓爱惜之意未厌饱也。"

②师古曰:"莽以汉家制度为泰疏阔,而更之令狭小。"

③师古曰:"钩音巨于反。町音大鼎反。"

④如淳曰:"负,背也。"

⑤师古曰:"传音张恋反。趣读曰促。"

⑥师古曰:"度音大各反。"

⑦晋灼曰:"虽老病者,皆复出口算。"师古曰:"更音工衡反。罢读曰疲。"

⑧师古曰:"分田,谓贫者无田而取富人田耕种,共分其所收也。假亦谓贫人赁富人之田也。劫者,富人劫夺其税,侵欺之也。"

⑨师古曰:"错,置也。"

⑩师古曰："謷謷，众口愁声也，音敖。"

后三年，莽知民愁，下诏诸食王田及私属皆得卖买，勿拘以法。然刑罚深刻，它政悖乱。①边兵二十馀万人仰县官衣食，②用度不足，数横赋敛，③民俞贫困。常苦枯旱，亡有平岁，谷贾翔贵。④

①师古曰："悖，乖也，音布内反。"

②师古曰："仰音牛向反。"

③师古曰："数音所角反。横(因)〔音〕胡孟反。"[20]

④晋灼曰："翔音常。"师古曰："晋说非也。翔言如鸟之回翔，谓不离于贵也。若暴贵，称腾踊也。"

末年，盗贼群起，发军击之，将吏放纵于外。北边及青徐地人相食，雒阳以东米石二千。莽遣三公将军开东方诸仓振贷穷乏，又分遣大夫谒者教民煮木为酪；①酪不可食，重为烦扰。②流民入关者数十万人，置养澹官以禀之，吏盗其禀，③饥死者什七八。莽耻为政所致，乃下诏曰："予遭阳九之厄，百六之会，④枯旱霜蝗，饥馑荐臻，蛮夷猾夏，寇贼奸轨，百姓流离。予甚悼之。害气将究矣。"⑤岁为此言，以至于亡。

①服虔曰："煮木实，或曰如今饵术之属也。"如淳曰："作杏酪之属也。"师古曰："如说是也。"

②师古曰："重音直用反。"

③师古曰："禀，给也。盗其禀者，盗所给之物。禀音彼甚反。"

④师古曰："此历法应有灾岁之期也。事在《律历志》。"

⑤师古曰："究，竟尽也。"

【校勘记】

〔1〕 耒(目)〔耨〕之利以教天下， 王先谦说据颜注，作"耨"是。按景祐、殿本都作"耨"。

〔2〕 事见《〔虞书〕·舜典》。 王先谦说唐写本"事见"下有"虞书"二字。按景祐本有。

〔3〕 疾病(则)〔相〕救。 景祐、殿本都作"相"。王先谦说作"相"是。

〔4〕 于〔是〕里有序而乡有庠。 宋祁说“于里有序”“于”字下当添“是”字。按景祐本有“是”字。

〔5〕 春,(秋)〔将〕出民, 张文虎说粤本“秋”作“将”,是。按景祐、殿本都作“将”。

〔6〕 邻长坐于(右)〔左〕塾, 景祐、殿、局本都作“左”,此误。

〔7〕 然后(目)〔至〕德流洽, 景祐本作“至”。王先谦说作“至”是。

〔8〕 言居在(间)〔里〕门之左者, 景祐、殿本都作“里”。

〔9〕 急政暴(虐)〔赋〕, 景祐本作“赋”。王念孙说作“赋”是。按《通鉴》亦作“赋”。

〔10〕 食必(粱)〔粱〕肉; 景祐、殿、局本都作“粱”。王先谦说作“粱”是。注同。

〔11〕 一说,(字)〔奇〕谓残馀物也, 景祐、殿、局本都作“奇”。王先谦说作“奇”是。

〔12〕 使天下〔人〕入粟于边, 景祐、殿本都有“人”字,《通鉴》亦有。

〔13〕 喻严固之(基)〔甚〕。 景祐、殿本都作“甚”。王先谦说作“甚”是。

〔14〕 至于(长生)〔生长〕子孙而不转职也。 景祐、殿本都作“生长”。

〔15〕 因隤其土以附(根苗)〔苗根〕。 景祐、殿本都作“苗根”。王先谦说作“苗根”是。

〔16〕 (秄)〔芓〕,附根也。 王先谦说殿本“秄”作“芓”是。

〔17〕 缦田,谓不为(亩)〔圳〕者也。 景祐、殿本都作“圳”。王先谦说作“圳”是。

〔18〕 言(挽)〔换〕功共作也。 景祐、殿本都作“换”。王先谦说作“换”是。

〔19〕 使音山(史)〔吏〕反。 景祐、殿本都作“吏”。王先谦说唐写本同。

〔20〕 横(因)〔音〕胡孟反。 景祐、殿本都作“音”,此误。

汉书卷二十四下

食货志第四下

凡货，金钱布帛之用，夏殷以前其详靡记云。太公为周立九府圜法：①黄金方寸，而重一斤；钱圜函方，②轻重以铢；③布帛广二尺二寸为幅，长四丈为匹。故货宝于金，利于刀，④流于泉，⑤布于布，⑥束于帛。⑦

①李奇曰："圜即钱也。圜一寸，而重九两。"师古曰："此说非也。《周官》太府、玉府、内府、外府、泉府、天府、职内、职金、职币皆掌财币之官，故云九府。圜谓均而通也。"

②孟康曰："外圜而内孔方也。"

③师古曰："言黄金以斤为名，钱则以铢为重也。"

④如淳曰："名钱为刀者，以其利于民也。"

⑤如淳曰："流行如泉也。"

⑥如淳曰："布于民间。"

⑦李奇曰："束，聚也。"

太公退，又行之于齐。至管仲相桓公，通轻重之权，曰："岁有凶穰，故谷有贵贱；①令有缓急，故物有轻重。②人君不理，则畜贾游于市，③乘民之不给，百倍其本矣。④故万乘之国必有万金之贾，千乘之国必有千金之贾者，利有所并也。计本量委则足矣，⑤然而民有饥饿者，谷有所臧也。⑥民有馀则轻之，故人君敛之以轻；民不足则重之，故人君散之以重。⑦凡轻重敛散之以时，则准平。〔守准平〕，[1]使万室之邑必有万钟之臧，臧繦千万；⑧千室之邑必有千钟之臧，臧繦百万。春以奉耕，夏以奉耘，⑨耒耜器械，种饟粮食，必取澹焉。⑩故大贾畜家不得豪夺吾民矣。"⑪桓公遂用区区之齐合诸侯，显伯名。⑫

①师古曰："穰音人常反。"

②李奇曰："上令急于求米则民重米，缓于求米则民轻米。"

③师古曰："畜读曰蓄。蓄贾，谓贾人之多蓄积者。"

④师古曰："给，足也。"

⑤李奇曰："委，积也。"

⑥师古曰："言富人多臧谷，故令贫者食不足也。"

⑦李奇曰："民轻之时，为敛籴之；重之时，官为散也。"

⑧李奇曰："繦，落也。"孟康曰："六斛四斗为钟。繦，钱贯也。管子曰'凶(戾)〔岁〕籴，釜十繦'。"[2]师古曰："孟说是也。繦音居两反。"

⑨师古曰："奉谓供事也。"

⑩师古曰："种，五谷之种也。饟字与饷同，谓饷田之具也。"

⑪师古曰："畜读曰蓄。豪谓轻侮之也，字本作势，盖通用耳。"

⑫师古曰："伯读曰霸。"

其后百馀年，周景王时患钱轻，将更铸大钱，①单穆公曰："不可。②古者天降灾戾，③于是乎量资币，权轻重，以救民。④民患轻，则为之作重币以行之，于是有母权子而行，民皆得焉。⑤若不堪重，则多作轻而行之，亦不废重，于是乎有子权母而行，小大利之。⑥今王废轻而作重，民失其资，能无匮乎？民若匮，王用将有所乏；乏将厚取于民；⑦民不给，将有远志，是离民也。⑧且绝民用以实王府，犹塞川原为潢洿也，⑨竭亡日矣。王其图之。"弗听，卒铸大钱，文曰"宝货"，肉好皆有周郭，⑩以劝农澹不足，百姓蒙利焉。⑪

①应劭曰："大于旧钱，其价重也。"

②师古曰："单穆公，周大夫单旗。单音善。"

③师古曰："戾，恶气也。一曰，戾，至也。"

④应劭曰："资，财也。量资币多少有无，平其轻重也。"师古曰："凡言币者，皆所以通货物，易有无也，故金之与钱，皆名为币也。"

⑤应劭曰："母，重也，其大倍，故为母也。子，轻也，其轻少半，故为子也。民患币之轻而物贵，为重币以平之，权时而行，以废其轻。故曰母权子，犹言

重权轻也。民皆得者，本末有无皆得其利也。”孟康曰：“重为母，轻为子，若市八十钱物，以母当五十，以子三十续之。”

⑥应劭曰：“民患币重，则多作轻钱而行之，亦不废去重者，言重者行其贵，轻者行其贱也。”

⑦师古曰：“厚犹多也，重也。”

⑧师古曰：“远志，谓去其本居而散（忘）〔亡〕也。”〔3〕

⑨师古曰：“原谓水泉之本也。潢洿，停水也。潢音黄。洿音一胡反。”

⑩韦昭曰：“肉，钱形也。好，孔也。”

⑪孟康曰：“单穆公曰‘竭无日矣’，不得复云百姓蒙利焉。”臣瓒曰：“但是不听不铸大钱耳，犹自从其不废轻，此言母子并用，故蒙其利也。”师古曰：“二说皆非也。单旗虽有此言，王终自铸钱，果有便，故百姓蒙其利也。”

秦兼天下，币为二等：黄金以溢为名，上币；①铜钱质如周钱，②文曰“半两”，重如其文。而珠玉龟贝银锡之属为器饰宝臧，不为币，然各随时而轻重无常。

①孟康曰：“二十两为溢。”师古曰：“改周一斤之制，更以溢为金之名数也。高祖初赐张良金百溢，此尚秦制也。上币者，二等之中黄金为上而钱为下也。”

②臣瓒曰：“言钱之形质如周钱，唯文异耳。”

汉兴，以为秦钱重难用，更令民铸荚钱。①黄金一斤。②而不轨逐利之民畜积馀赢以稽市物，痛腾跃，③米至石万钱，马至匹百金。天下已平，高祖乃令贾人不得衣丝乘车，重税租以困辱之。④孝惠、高后时，为天下初定，复弛商贾之律，⑤然市井子孙亦不得（宦为吏）〔为官吏〕。〔4〕孝文五年，为钱益多而轻，乃更铸四铢钱，其文为“半两”。除盗铸钱令，使民放铸。⑥贾谊谏曰：

①如淳曰：“如榆荚也。”师古曰：“荚音颊。”

②师古曰：“复周之制，更以斤名金。”

③李奇曰：“稽，贮滞也。”晋灼曰：“痛，甚也。言计市物贱，豫益畜之，物贵而出卖，故使物甚腾跃也。”师古曰：“不轨，谓不循轨度者也。言以其赢馀之财蓄积群货，使物稽滞在己，故市价甚腾贵。今书本痛字或作踊者，误耳。

踊、腾一也,不当重累言之。畜读曰蓄。"
④师古曰:"欲令务农。"
⑤师古曰:"弛,解也。"
⑥师古曰:"恣其私铸。"

法使天下公得顾租铸铜锡为钱,敢杂以铅铁为它巧者,其罪黥。①然铸钱之情,非淆杂为巧,则不可得赢;②而淆之甚微,为利甚厚。③夫事有召祸而法有起奸,今令细民人操造币之势,④各隐屏而铸作,因欲禁其厚利微奸,虽黥罪日报,其势不止。⑤乃者,民人抵罪,多者一县百数,及吏之所疑,榜笞奔走者甚众。夫县法以诱民,⑥使入陷阱,孰积于此!⑦曩禁铸钱,死罪积下;⑧今公铸钱,黥罪积下。法若此,上何赖焉!⑨

①师古曰:"顾租,谓顾庸之直,或租其本。"
②师古曰:"淆谓乱杂也。赢,馀利也。言不杂铅铁,则无利也。淆音爻。"
③师古曰:"微谓精妙也。言淆杂铅铁,其术精妙,不可觉知,而得利甚厚,故令人轻犯之,奸不可止也。"
④师古曰:"操,持也。人人皆得铸钱也。操音千高反。"
⑤郑氏曰:"报,论。"
⑥师古曰:"县谓开立之。"
⑦师古曰:"阱,穿地以陷兽也。积,多也。阱音才性反。"
⑧苏林曰:"下,报也,积累下报论之也。"张晏曰:"死罪者多,委积于下也。"师古曰:"苏说是也。下音胡亚反。次后亦同。"
⑨师古曰:"赖,利也。一曰恃也。"

又民用钱,郡县不同:或用轻钱,百加若干;①或用重钱,平称不受。②法钱不立,③吏急而壹之乎,则大为烦苛,而力不能胜;纵而弗呵乎,④则市肆异用,钱文大乱。苟非其术,何乡而可哉!⑤

①应劭曰:"时钱重四铢,法钱百枚,当重一斤十六铢,轻则以钱足之若干枚,令满平也。"师古曰:"若干,且设数之言也。干犹个也,谓当如此个数耳。而胡广云'若,顺也;干,求也'。当顺所求而与之矣。"
②应劭曰:"用重钱,则平称有馀,不能受也。"臣瓒曰:"秦钱重半两,汉初铸荚

钱，文帝更铸四铢钱。秦钱与荚钱皆当废，而故与四铢并行。民以其见废，故用轻钱，则百加若干；用重钱，虽以一当一犹复不受之。是以郡县不同也。"师古曰："应说是也。称音尺孕反。"

③师古曰："法钱，依法之钱也。"

④师古曰："呵，责怒也，音火何反。"

⑤师古曰："乡读曰向。"

今农事弃捐而采铜者日蕃，①释其耒耨，冶熔炊炭，②奸钱日多，五谷不为多。③善人怵而为奸邪，④愿民陷而之刑戮，⑤刑戮将甚不详，奈何而忽！⑥国知患此，吏议必曰禁之。禁之不得其术，其伤必大。令禁铸钱，则钱必重；⑦重则其利深，盗铸如云而起，⑧弃市之罪又不足以禁矣。奸数不胜而法禁数溃，铜使之然也。⑨故铜布于天下，其为祸博矣。⑩

①师古曰："蕃，多也，音扶元反。其下亦同。"

②应劭曰："镕，形容也，作钱模也。"师古曰："镕音容。"

③师古曰："言皆采铜铸钱，废其农业，故五谷不多也。为音于伪反。不为多，犹言为之不多也。"

④李奇曰："怵，诱也，动心于奸邪也。"师古曰："怵音先律反，又音黜。"

⑤师古曰："愿，谨也。"

⑥师古曰："详，平也。忽，忽忘也。"

⑦师古曰："今谓法令也。"

⑧师古曰："言其多。"

⑨师古曰："数，并音所角反。"

⑩师古曰："博，大也。"

今博祸可除，而七福可致也。何谓七福？上收铜勿令布，则民不铸钱，黥罪不积，一矣。伪钱不蕃，民不相疑，二矣。采铜铸作者反于耕田，三矣。铜毕归于上，上挟铜积以御轻重，①钱轻则以术敛之，重则以术散之，货物必平，四矣。以作兵器，以假贵臣，多少有制，用别贵贱，五矣。②以临万货，以调盈虚，以收奇羡，③则官富实而末民困，六矣。④制吾弃财，以与匈奴逐争其民，收敌必怀，七矣。⑤故善为天下者，因祸而为福，转败而为功。今久退七福而行博祸，臣诚伤之。

①师古曰："铜积，谓多积铜也。"

②如淳曰："古者以铜为兵，秦销锋鍉铸金人十二，是也。"

③师古曰："调，平均也。奇，残馀也。羡，饶溢也。奇音居宜反。羡音弋战反。"

④师古曰："末谓工商之业也。"

⑤师古曰："末业既困，农人敦本，仓廪积实，布帛有馀，则招诱胡人，多来降附。故言制吾弃财逐争其人也。弃财者，可弃之财。逐，竞也。"

上不听。是时，吴以诸侯即山铸钱，富埒天子，①后卒叛逆。邓通，大夫也，以铸钱财过王者。故吴、邓钱布天下。

①师古曰："即，就也。埒，等也。"

武帝因文、景之畜，忿胡、粤之害，①即位数年，严助、朱买臣等招徕东瓯，事两粤，江淮之间萧然烦费矣。②唐蒙、司马相如始开西南夷，凿山通道千馀里，以广巴蜀，巴蜀之民罢焉。③彭吴穿秽貊、朝鲜，置沧海郡，④则燕齐之间靡然发动。及王恢谋马邑，匈奴绝和亲，侵扰北边，兵连而不解，天下共其劳。⑤干戈日滋，行者赍，居者送，⑥中外骚扰相奉，百姓抏敝以巧法，⑦财赂衰耗而不澹。⑧入物者补官，出货者除罪，选举陵夷，廉耻相冒，⑨武力进用，法严令具。兴利之臣自此而始。⑩

①师古曰："畜读曰蓄。"

②师古曰："萧然犹骚然，劳动之貌。"

③师古曰："罢读曰疲。"

④师古曰："彭吴，人姓名也。本皆荒梗，始开通之也，故言穿也。"

⑤师古曰："共犹同。"

⑥师古曰："赍谓将衣食之具以自随也，音子奚反。"

⑦师古曰："抏，讹也，谓摧挫也。巧法，为巧诈以避法也。抏音五官反。"

⑧师古曰："耗，减也。澹，足也。"

⑨师古曰："冒，蒙也。"

⑩师古曰："谓桑弘羊、东郭咸阳、孔仅之属也。"

其后，卫青岁以数万骑出击匈奴，遂取河南地，筑朔方。时又通西南夷道，作者数万人，千里负担馈饷，①率十馀钟致一石，②散币于邛僰以辑之。③数岁而道不通，蛮夷因以数攻（吏）[5]，吏发兵诛之。悉巴蜀租赋不足以更之，④乃募豪民田南夷，入粟县官，而内受钱于都内。⑤东置沧海郡，人徒之费疑于南夷。⑥又兴十馀万人筑卫朔方，⑦转漕甚远，自山东咸被其劳，费数十百巨万，⑧府库并虚。乃募民能入奴婢得以终身复，为郎增秩，⑨及入羊为郎，始于此。

①师古曰："餽亦馈字。饟，古饷字。"

②师古曰："言其劳费用功重。"

③应劭曰："邛属临邛，僰属犍为。"晋灼曰："僰音蒲贼反。"师古曰："本西南夷两种也。邛，今邛州也。僰，今僰道县也。辑与集同，谓安定也。"

④李奇曰："不足用，终更其事也。"韦昭曰："更，续也。"师古曰："二说并非也。悉，尽也。更，偿也。虽尽租赋不足偿其功费也。更音庚。"

⑤服虔曰："入谷于外县，而受粟钱于内府也。"师古曰："此说非也。都内，京师主臧者也。《百官公卿表》大司农属官有都内令丞也。"

⑥师古曰："疑读曰儗。儗谓比也。"

⑦师古曰："既筑其城，又守卫之。"

⑧师古曰："数十万乃至百万万。"

⑨师古曰："庶人入奴婢则复终身，先为郎者就增其秩也。一曰入奴婢少者复终身，多者得为郎，旧为郎更增秩也。"

此后四年，卫青比岁十馀万众击胡，①斩捕首虏之士受赐黄金二十馀万斤，而汉军士马死者十馀万，兵甲转漕之费不与焉。②于是大司农陈臧钱经用，赋税既竭，不足以奉战士。③有司请令民得买爵及赎禁锢免（臧）〔减〕罪；[6]请置赏官，名曰武功爵。④级十七万，凡直三十馀万金。诸买武功爵官首者试补吏，先除；千夫如五大夫；⑤其有罪又减二等；爵得至乐卿，⑥以显军功。军功多用超等，大者封侯卿大夫，小者郎。吏道杂而多端，则官职秏废。⑦

①师古曰："比岁，频岁也。"

②师古曰："与读曰豫。"

③师古曰："陈谓列奏之。经，常也。既，尽也。言常用之钱及诸赋税并竭尽也。"

④臣瓒曰："《茂陵中书》有武功爵，一级曰造士，二级曰闲舆卫，三级曰良士，四级曰元戎士，五级曰官首，六级曰秉铎，七级曰千夫，八级曰乐卿，九级曰执戎，十级曰政戾庶长，十一级曰军卫。此武帝所制，以宠军功。"师古曰："此下云级十七万，凡直三十馀万金，今瓒所引《茂陵中书》止于十一级，则计数不足，与本文乖矣。或者《茂陵书》说之不尽也。"

⑤师古曰："五大夫，旧二十等爵之第九级也。至此以上，始免徭役，故每先选以为吏。千夫者，武功十一等爵之第七也，亦得免役，今则先除为吏，比于五大夫也。"

⑥师古曰："乐卿者，武功爵第八等也。言买爵唯得至第八也。此文止论武功爵级，而作注者乃以旧二十等爵解之，失其本意，故删而不取。"

⑦师古曰："秏，乱也，音莫报反。"

自〔公〕孙弘以《春秋》之义绳臣下取汉相，[7]张汤以峻文决理为廷尉，于是见知之法生，而废格沮诽穷治之狱用矣。①其明年，淮南、衡山、江都王谋反迹见，②而公卿寻端治之，竟其党与，坐而死者数万人，吏益惨急而法令察。③当是时，招尊方正贤良文学之士，或至公卿大夫。公孙弘以宰相，布被，食不重味，为下先，然而无益于俗，稍务于功利矣。

①张晏曰："吏见知不举劾为故纵，官有所作，废格沮败诽谤，则穷治之也。"如淳曰："废格天子文法，使不行也。诽谓非上所行，若颜异反唇之比也。"师古曰："沮，(上)〔止〕坏之，[8]音材汝反。"

②师古曰："踪迹显见也。"

③师古曰："惨，毒也。察，微视也。"

其明年，票骑仍再出击胡，大克获。①浑邪王率数万众来降，②于是汉发车三万两迎之。③既至，受赏，赐及有功之士。是岁费凡百馀巨万。

①师古曰："仍，频也。"

②师古曰："浑音胡昆反。"

③师古曰："一两，一乘。"

先是十馀岁，河决，灌梁、楚地，固已数困，而缘河之郡堤塞河，辄坏决，费不可胜计。其后番燕欲省底柱之漕，① 穿汾、河渠以为溉田；郑当时为渭漕回远，凿漕直渠自长安至华阴；② 而朔方亦穿溉渠。作者各数万人，历二三期而功未就，费亦各以巨万十数。③

①师古曰："番，姓；燕，名也。番音普安反。傒音工系反。"

②师古曰："回，曲绕也，音胡内反。"

③师古曰："谓十万万也。"

天子为伐胡故，盛养马，马之往来食长安者数万匹，① 卒掌者关中不足，乃调旁近郡。② 而胡降者数万人皆得厚赏，衣食仰给县官，③ 县官不给，④ 天子乃损膳，解乘舆驷，出御府禁臧以澹之。

①师古曰："食读曰饲。"

②师古曰："调谓选发之也。调音徒钓反。"

③师古曰："仰音牛向反。次下亦同。"

④师古曰："给，足也。"

其明年，山东被水灾，民多饥乏，于是天子遣使虚郡国仓廪以振贫。犹不足，又募豪富人相假贷。① 尚不能相救，乃徙贫民于关以西，及充朔方以南新秦中，② 七十馀万口，衣食皆仰给于县官。数岁，贷与产业，使者分部护，③ 冠盖相望，费以亿计，县官大空。而富商贾或墆财役贫，④ 转毂百数，⑤ 废居居邑，⑥ 封君皆氐首仰给焉。⑦ 冶铸煮盐，财或累万金，而不佐公家之急，黎民重困。"⑧

①师古曰："贷音土戴反。次下亦同。"

②应劭曰："秦始皇遣蒙恬攘却匈奴，得其河南造阳之北千里地甚好，于是为筑城郭，徙民充之，名曰新秦。四方杂错，奢俭不同，今俗名新富贵者为'新秦'，由是名也。"

③师古曰："分音扶问反。"

④孟康曰："墆，停也。"晋灼曰："墆音滞。"

⑤李奇曰："毂，车也。"

⑥服虔曰："居谷于邑也。"如淳曰："居贱物于邑中以待贵也。"师古曰："二说皆未尽也。此言或有所废置，有所居蓄，而居于邑中，以乘时射利也。"

⑦晋灼曰："氐音抵距之抵。"服虔曰："仰给于商贾，言百姓好末作也。"师古曰："二说皆非也。封君，受封邑者，谓公主及列侯之属也。氐首，犹俯首也。时公主、列侯虽有国邑而无馀财，其朝夕所须皆俯首而取给于富商大贾，后方以邑入偿之。氐音丁奚反。"

⑧师古曰："重音直用反。"

于是天子与公卿议，更造钱币以澹用，①而摧浮淫并兼之徒。是时禁苑有白鹿而少府多银锡。自孝文更造四铢钱，至是岁四十馀年，从建元以来，用少，县官往往即多铜山而铸钱，②民亦盗铸，不可胜数。钱益多而轻，③物益少而贵。④有司言曰："古者皮币，诸侯以聘享。金有三等，黄金为上，白金为中，赤金为下。⑤今半两钱法重四铢，⑥而奸或盗摩钱质而取鋊，⑦钱益轻薄而物贵，则远方用币烦费不省。"乃以白鹿皮方尺，缘以缋，为皮币，⑧直四十万。王侯宗室朝觐聘享，必以皮币荐璧，然后得行。

①师古曰："更，改也。"

②师古曰："就多铜之山而铸钱也。"

③臣瓒曰："铸钱者多，故钱轻。轻亦贱也。"

④如淳曰："民但铸钱，不作馀物故也。"

⑤孟康曰："白金，银也。赤金，丹阳铜也。"

⑥郑氏曰："其文为半两，实(为)〔重〕四铢也。"[9]

⑦如淳曰："钱一面有文，一面幕，幕为质。民盗摩漫面而取其鋊，以更铸作钱也。"臣瓒曰："许慎云'鋊，铜屑也'。摩钱漫面以取其屑，更以铸钱。《西京黄图叙》曰'民摩钱取屑'是也。"师古曰："鋊音浴。瓒说是也。"

⑧师古曰："缋，绣也，绘五彩而为之。"

又造银锡白金。①以为天用莫如龙，地用莫如马，人用莫如龟，故白金三品：其一曰重八两，圆之，其文龙，名"白撰"，直三千；二曰以重差小，方之，其文马，直五百；②三曰复小，椭之，其文龟，直三百。③令县官销半两钱，更铸三铢钱，重如其文。盗铸诸金钱罪皆死，而吏民之犯者不可胜数。

①如淳曰："杂铸银锡为白金。"

②晋灼曰："以半斤之重差为三品，此重六两，则下品重四两也。"

③师古曰："椭，圆而长也，音佗果反。"

于是以东郭咸阳、孔仅为大农丞，①领盐铁事，而桑弘羊贵幸。咸阳，齐之大鬻盐，孔仅，南阳大冶，皆致产累千金，故郑当时进言之。弘羊，洛阳贾人之子，以心计，②年十三侍中。故三人言利事析秋豪矣。

①师古曰："二人也，姓东郭名咸阳，姓孔名仅。仅音巨刃反。"

②师古曰："不用筹算。"

法既益严，吏多废免。兵革数动，民多买复①及五大夫、千夫，征发之士益鲜。②于是除千夫、五大夫为吏，不欲者出马；③故吏皆适令伐棘上林，作昆明池。④

①师古曰："入财于官，以取优复。复音方目反。"

②师古曰："鲜，少也，音先浅反。"

③如淳曰："千夫、五大夫不欲为吏者，令之出马也。"

④师古曰："适读曰谪。谪，责罚也，以其久为奸利。"

其明年，大将军、票骑大出击胡，赏赐五十万金，军马死者十馀万匹，转漕车甲之费不与焉。①是时财匮，②战士颇不得禄矣。

①师古曰："与读曰豫。"

②师古曰："匮，空也。"

有司言三铢钱轻，轻钱易作奸诈，乃更请郡国铸五铢钱，周郭其质，令不可得摩取(铅)〔镕〕。①〔10〕

①孟康曰："周匝为郭，文漫皆有。"

大农上盐铁丞孔仅、咸阳言：①"山海，天地之臧，宜属少府，陛下弗私，以属大农佐赋。愿募民自给费，因官器作鬻盐，官与牢盆。②浮食奇民欲擅斡山海之货，以致富羡，③役利细民。其沮事之议，不可胜听。敢私铸铁器煮盐者，钛左趾，④没入其器物。郡不出铁者，置小铁官，⑤使属在所县。"使仅、咸阳乘传举行天下盐铁，⑥作官府，⑦除故盐铁家富者为吏。吏益多贾人矣。

①师古曰："奏上其言也。"

②苏林曰："牢，价直也。今世人言顾手牢。"如淳曰："牢，廪食也。古者名廪为牢。盆，鬻盐盆也。"师古曰："牢，苏说是也。鬻，古煮字也。"

③师古曰："斡谓主领也，读与管同。羡，饶也，音弋战反。"

④师古曰："钛，足钳也，音徒计反。"

⑤邓展曰："铸故铁。"

⑥师古曰："举，皆也，普天之下皆行之也。〔行〕音下更反。"〔11〕

⑦师古曰："主鬻铸用出纳之处也。"

商贾以币之变，多积货逐利。于是公卿言："郡国颇被灾害，贫民无产业者，募徙广饶之地。陛下损膳省用，出禁钱以振元元，宽贷，而民不齐出南亩，①商贾滋众。贫者畜积无有，皆仰县官。②异时算轺车贾人之缗钱皆有差，③请算如故。诸贾人末作贳贷卖买，居邑贮积诸物，④及商以取利者，虽无市籍，各以其物自占，⑤率缗钱二千而算一。⑥诸作有租及铸，⑦率缗钱四千算一。非吏比者、三老、北边骑士，轺车一算；⑧商贾人轺车二算；⑨船五丈以上一算。匿不自占，占不悉，戍边一岁，没入缗钱。⑩有能告者，以其半畀之。⑪贾人有市籍，及家属，皆无得名田，⑫以便农。敢犯令，没入田货。"

①师古曰："言农人尚少，不皆务耕种也。"

②师古曰："畜读曰蓄。仰音牛向反。"

③师古曰："异时，言往时也。轺，小车也。缗谓钱贯也。轺音弋昭反。缗音武巾反。"

④师古曰："贳，赊也。贷，假与也。贳音式制反。贷音土戴反。"

⑤师古曰："占，隐度也，各隐度其财物多少，而为名簿送之于官也。占音之赡反。"

⑥师古曰："率计有二千钱者则出一算。"

⑦如淳曰："以手力所作而卖之者。"

⑧师古曰："比，例也。身非为吏之例，非为三老，非为北边骑士，而有轺车，皆令出一算。比音必寐反。"

⑨如淳曰："商贾人有轺车，又使多出一算，重其赋。"

⑩师古曰："悉，尽也。"

⑪师古曰："畀，与也，音必寐反。"

⑫师古曰："一人有市籍，则身及家内皆不得有田也。"

是时，豪富皆争匿财，唯卜式数求入财以助县官。天子乃超拜式为中郎，赐爵左庶长，田十顷，布告天下，以风百姓。①初，式不愿为官，上强拜之，稍迁至齐相。语自在其传。孔仅使天下铸作器，三年中至大司农，列于九卿。而桑弘羊为大司农中丞，管诸会计事，稍稍置均输以通货物。始令吏得入谷补官，郎至六百石。②

①师古曰："风读曰讽。"

②师古曰："吏更迁补高官，郎又就增其秩，得至六百石也。"

自造白金五铢钱后五岁，而赦吏民之坐盗铸金钱死者数十万人。其不发觉相杀者，不可胜计。赦自出者百馀万人。然不能半自出，天下大氐无虑皆铸金钱矣。①犯法者众，吏不能尽诛，于是遣博士褚大、徐偃等分行郡国，②举并兼之徒守相为利者。③而御史大夫张汤方贵用事，减宣、杜周等为中丞，④义纵、尹齐、王温舒等用急刻为九卿。直指夏兰之属始出。⑤而大农颜异诛矣。初，异为济南亭长，以廉直稍迁至九卿。上与汤既造白鹿皮币，问异。异曰："今王侯朝贺以仓璧，直数千，而其皮荐反四十万，本末不相称。"天子不说。⑥汤又与异有隙，及人有告异以它议，事下汤治。异与客语，客语初令下有不便者，⑦异不应，微反唇。⑧汤奏当异九卿见令不便，不入言而腹非，⑨论死。自是后有腹非之法比，⑩而公卿大夫多谄谀取容。

①师古曰："氐读曰抵。抵，归也。大归犹言大凡也。无虑亦谓大率无小计虑耳。"

②师古曰："行音下更反。"

③师古曰："守，郡守也。相，诸侯相。"

④师古曰："减，姓也，音减省之减。"

⑤苏林曰："夏兰，人姓名。"

⑥师古曰："说读曰悦。"

⑦李奇曰："异与客语，道诏令初下有不便处。"

⑧师古曰："盖非之。"

⑨师古曰："当谓处断其罪。"

⑩师古曰："比，则例也，读如字，又音必寐反。"

天(下)〔子〕既下缗钱令而尊卜式[12]，百姓终莫分财佐县官，于是告缗钱纵矣。①

①师古曰："纵，放也，放令相告言也。"

郡国铸钱，民多奸铸，①钱多轻，而公卿请令京师铸官赤仄，②一当五，赋官用非赤仄不得行。③白金稍贱，民弗宝用，县官以令禁之，无益，岁馀终废不行。是岁，汤死而民不思。其后二岁，赤仄钱贱，民巧法用之，不便，又废。于是悉禁郡国毋铸钱，专令上林三官铸。钱既多，而令天下非三官钱不得行，诸郡国前所铸钱皆废销之，输入其铜三官。而民之铸钱益少，计其费不能相当，④唯真工大奸乃盗为之。⑤

①师古曰："谓巧铸之，杂铅锡。"

②应劭曰："所谓子绀钱也。"如淳曰："以赤铜为其郭也。(令)〔今〕钱郭见有赤者，[13]不知作法云何也。"

③师古曰："充赋及给官用，皆令以赤仄。"

④师古曰："言无利。"

⑤师古曰："其术巧妙，故得利。"

杨可告缗遍天下，①中家以上大氐皆遇告。杜周治之，狱少反者。②乃分遣御史廷尉正监分曹往，③(往)即治郡国缗钱，④[14]得民财物以亿计，奴婢以千万数，田大县数百顷，小县百馀顷，宅亦如之。于是商贾中家以上大氐破，民偷甘食好衣，不事畜臧之业，⑤而县官以盐铁缗钱之故，用少饶矣。益广(开)〔关〕，置左右辅。[15]

①如淳曰："告缗令杨可所告言也。"师古曰："此说非也。杨可据令而发动之，故天下皆被告。"

②如淳曰："治匿缗之罪，其狱少有反者。"苏林曰："反音幡。"师古曰："幡谓从轻而出。"

③服虔曰："分曹职案行也。"师古曰："服说非也。曹，辈也，分辈而出为使也。"

④师古曰："就其所在而治也。"

⑤师古曰："偷，苟且也。"

初，大农(偄)〔斡〕盐铁官布多，[16]置水衡，欲以主监铁；及杨可告缗，上林财物众，乃令水衡主上林。上林既充满，益广。是时粤欲与汉用船战逐，①乃大修昆明池，列馆环之。②治楼船，高十馀丈，旗织加其上，③其壮。于是天子感之，乃作柏梁台，高数十丈。宫室之修，繇此日丽。

①孟康曰："水战相逐也。"

②师古曰："环，绕也。"

③师古曰："织读曰(炽)〔帜〕，[17]音昌志反。"

乃分缗钱诸官，而水衡、少府、太仆、大农各置农官，往往即郡县比没入田田之。①其没入奴婢，分诸苑养狗马禽兽，及与诸官。官益杂置多，②徒奴婢众，而下河漕度四百万石，及官自籴乃足。③

①师古曰："即，就也。比谓比者所没入也。"

②如淳曰："水衡、少府、太仆、司农皆有农官，是为多也。"师古曰："此说非也。谓杂置官员分掌众事耳，非农官也。"

③师古曰："度，计也，音大各反。"

所忠言："世家子弟富人或斗鸡走狗马，弋猎博戏，乱齐民。"①乃征诸犯令，相引数千人，名曰"株送徒"。入财者得补郎，郎选衰矣。②

①如淳曰："世家，谓世世有禄秩家也。齐，等也。无有贵贱，谓之齐民，若今言平民矣。"晋灼曰："中国被教齐整之民也。"师古曰："所，姓也，忠，名也，武帝之近臣。《郊祀志》云'公孙卿因所忠言宝鼎'，《石庆传》云'欲请诏近臣所忠，《广川王传》云'言汉公卿及幸臣所忠'，《司马相如传》云'所忠往取书'。考其踪迹，此并一人也。而说者或以为所忠信之人，此释大谬。齐等之义，如说是也。"

②应劭曰："株，根本也。送，致也。"如淳曰："株，蒂也。诸坐博戏事决为徒者，能入钱，得补郎。"李奇曰："先至者为魁株也。"师古曰："言被牵引者为其根株所送，当充徒役，而能入财者，即当补郎。"

是时山东被河灾，及岁不登数年，人或相食，方二三千里。天子怜之，令饥民得流就食江淮间，欲留，留处。①使者冠盖相属于道护之，②下巴蜀粟以振焉。

①师古曰："流谓恣其行移，若水之流。至所在，有欲(往)〔住〕者，亦留而处(之)〔也〕。"[18]

②师古曰："属，联续也，音之欲反。"

明年，天子始出巡郡国。东度河，河东守不意行至，不辩，自杀。行西逾陇，卒，①从官不得食，陇西守自杀。于是上北出萧关，从数万骑行猎新秦中，以勒边兵而归。新秦中或千里无亭徼，②于是诛北地太守以下，而令民得畜边县。③官假马母，三岁而归，及息什一，以除告缗，用充入新秦中。④

①孟康曰："逾，度也。卒，仓卒也。"

②晋灼曰："徼，塞也。"臣瓒曰："既无亭候，又不徼循，无御边之备，故诛北地太守。"师古曰："晋说是也。"

③孟康曰："令得畜牧于边县。"

④李奇曰："边有官马，今令民能畜官母马者，满三岁归之，十母马还官一驹，此为息什一也。"师古曰："官得母马之息，以给用度，得充实秦中人，故除告缗之令也。"

既得宝鼎，立后土、泰一祠，公卿白议封禅事，而郡国皆豫治道，修缮故宫，及当驰道县，县治宫储，设共具，①而望幸。

①师古曰："共音居用反。"

明年，南粤反，西羌侵边。天子为山东不澹，赦天下囚，因南方楼船士二十馀万人击粤，发三河以西骑击羌，又数万人度河筑令居。①初置张掖、酒泉郡，而上郡、朔方、西河、河西开田官，斥塞卒六十万人戍田之。②中国缮道馈粮，远者三千，近者千馀里，皆仰给大农。③边兵不足，乃发武库工官兵器以澹之。车骑马乏，县官钱少，买马难得，乃著令，令封君以下至三百石吏以上差出(牡)〔牝〕马[19]天下亭，亭有畜字马，岁课息。

①师古曰："令音零。"

②师古曰："开田，始开屯田也。斥塞，广塞令却。初置二郡，故塞更广也。以开田之官广塞之卒戍而田也。"

③师古曰："仰音牛向反。此下并同。"

齐相卜式上书，愿父子死南粤。天子下诏褒扬，赐爵关内侯，黄金四十斤，田十顷。布告天下，天下莫应。列侯以百数，皆莫求从军。至饮酎，少府省金，① 而列侯坐酎金失侯者百馀人。乃拜卜式为御史大夫。式既在位，见郡国多不便县官作盐铁，器苦恶，② 贾贵，③ 或强令民买之。而船有算，商者少，物贵，乃因孔仅言船算事。上不说。④

①李奇曰："省，视也。至尝酎饮宗庙时，少府视其金多少。"

②如淳曰："苦或作盬。盬，不攻严也。"臣瓒曰："谓作铁器，民患苦其不好也。"师古曰："二说非也。盐既味苦，器又脆恶，故总云苦恶也。"

③师古曰："盐铁并贵也。贾读曰价。"

④师古曰："说音悦。"

汉连出兵三岁，诛羌，灭两粤，番禺以西至蜀南者置初郡十七，① 且以其故俗治，无赋税。南阳、汉中以往，各以地比给初郡吏卒奉食币物，传车马被具。② 而初郡又时时小反，杀吏，汉发南方吏卒往诛之，间岁万馀人，③ 费皆仰大农。大农以均输调盐铁助赋，故能澹之。然兵所过县，县以为訾给毋乏而已，不敢言轻赋法矣。

①晋灼曰："元鼎六年定越地以为南海、苍梧、郁林、合浦、交趾、九真、日南、珠崖、儋耳郡，定西南夷以为武都、牂柯、越嶲、沈黎、汶山郡，及《地理志》、《西南夷传》所置犍为、零陵、益州郡，凡十七。"

②师古曰："地比，谓依其次第，自近及远也。比音频寐反。传音张恋反。被音皮义反。"

③师古曰："间岁，隔一岁。"

其明年，元封元年，卜式贬为太子太傅。而桑弘羊为治粟都尉，领大农，尽代仅斡天下盐铁。① 弘羊以诸官各自市相争，物以故腾跃，而天下赋输或不偿其僦费，② 乃请置大农部丞数十人，分部主郡国，各往往置均输盐铁官，令远方各以其物如异时商贾所转(贬)〔贩〕者为赋，[20]而相灌输。置平准于京师，都受天下委输。召工官治车诸器，皆仰给大农。大农诸官尽笼天下之货物，贵则卖之，贱则买之。如此，富商大贾亡所牟大利，③则反本，而万物不得腾跃。故抑天下之物，名曰“平准”。天子以为然而许之。于是天子北至朔方，东封泰山，巡海上，旁北边以归。④所过赏赐，用帛百馀万匹，钱金以巨万计，皆取足大农。

①师古曰：“代孔仅。”

②师古曰：“僦，顾也，言所输赋物不足偿其馀雇庸之费也。僦音子就反。”

③如淳曰：“牟，取也。”

④师古曰：“旁音步浪反。”

弘羊又请令民得入粟补吏，及罪以赎。令民入粟甘泉各有差，以复终身，①不复告缗。它郡各输急处，而诸农各致粟，山东漕益岁六百万石。一岁之中，太仓、甘泉仓满。边馀谷，诸均输帛五百万匹。民不益赋而天下用饶。于是弘羊赐爵左庶长，②黄金者再百焉。③

①师古曰：“复音方目反。”

②师古曰：“第十等爵。”

③师古曰：“凡再赐百金。”

是岁小旱，上令百官求雨。卜式言曰：“县官当食租衣税而已，①今弘羊令吏坐市列，贩物求利。②亨弘羊，天乃雨。”③久之，武帝疾病，拜弘羊为御史大夫。

①师古曰：“衣音于既反。”

②师古曰：“市列，谓列肆。”

③师古曰：“亨，煮也，音普庚反。”

昭帝即位六年，诏郡国举贤良文学之士，问以民所疾苦，教化之要。皆对愿罢盐铁酒(榷)〔榷〕均输官，[21]毋与天下争利，视以俭节，①然后教化可兴。弘羊难，②以为此国家大业，所以制四夷，安边足用之本，不可废也。乃与丞相千秋共奏罢酒酤。弘羊自以为国兴大利，伐其功，欲为子弟得官，怨望大将军霍光，遂与上官桀等谋反，诛灭。

①师古曰:"视读曰示。"

②师古曰:"诘难议者之言也。"

宣、元、成、哀、平五世,亡所变改。元帝时尝罢盐铁官,三年而复之。贡禹言:"铸钱采铜,一岁十万人不耕,民坐盗铸陷刑者多。富人臧钱满室,犹无厌足。民心动摇,弃本逐末,耕者不能半,奸邪不可禁,原起于钱。疾其末者绝其本,宜罢采珠玉金银铸钱之官,毋复以为币,除其贩卖租铢之律,①租税禄赐皆以布帛及谷,使百姓一意农桑。"议者以为交易待钱,布帛不可尺寸分裂。禹议亦寝。

①师古曰:"租铢,谓计其所卖物价,平其锱铢而收租也。"

自孝武元狩五年三官初铸五铢钱,至平帝元始中,成钱二百八十亿万馀云。

王莽居摄,变汉制,以周钱有子母相权,于是更造大钱,径寸二分,重十二铢,文曰"大钱五十"。又造契刀、错刀。契刀,其环如大钱,身形如刀,长二寸,文曰"契刀五百"。错刀,以黄金错其文,曰"一刀直五千"。①与五铢钱凡四品,并行。

①张晏曰:"案今所见契刀、错刀,形质如大钱,而肉好轮厚异于此。大钱形如大刀环矣,契刀身形圆,不长二寸也。其文左曰'契',右曰'刀',无'五百'字也。错刀则刻之作字也,以黄金填其文,上曰'一',下曰'刀'。二刀泉甚不与志相应也,似扎单差错,文字磨灭故耳。"师古曰:"张说非也。王莽钱刀今并尚在,形质及文与志相合,无差错也。"

莽即真,以为书"刘"字有金刀,乃罢错刀、契刀及五铢钱,而更作金、银、龟、贝、钱、布之品,名曰"宝货"。

小钱径六分,重一铢,文曰"小钱直一"。次七分,三铢,曰"幺钱一十"。①次八分,五铢,曰"幼钱二十"。次九分,七铢,曰"中钱三十"。次一寸,九铢,曰"壮钱四十"。因前"大钱五十",是为钱货六品,直各如其文。

①师古曰:"幺,小也,音一尧反。"

黄金重一斤，直钱万。朱提银重八两为一流，直一千五百八十。① 它银一流直千。是为银货二品。

①师古曰："朱提，县名，属犍为，出善银。朱音殊。提音上支反。"

元龟岠冉长尺二寸，①直二千一百六十，为大贝十朋。②公龟九寸，直五百，为壮贝十朋。侯龟七寸以上，直三百，为幺贝十朋。子龟五寸以上，直百，为小贝十朋。是为龟宝四品。

①孟康曰："冉，龟甲缘也。岠，至也。度背两边缘尺二寸也。"臣瓒曰："元，大也。"

②苏林曰："两贝为朋。朋直二百一十六，元龟十朋，故二千一百六十也。"

大贝四寸八分以上，二枚为一朋，直二百一十六。壮贝三寸六分以上，二枚为一朋，直五十。幺贝二寸四分以上，二枚为一朋，直三十。小贝寸二分以上，二枚为一朋，直十。不盈寸二分，漏度不得为朋，率枚直钱三。是为贝货五品。

大布、次布、弟布、壮布、中布、差布、厚布、幼布、幺布、小布。小布长寸五分，重十五铢，文曰"小布一百"。自小布以上，各相长一分，相重一铢，文各为其布名，直各加一百。上至大布，长二寸四分，重一两，而直千钱矣。是为布货十品。①

①师古曰："布亦钱耳。谓之布者，言其分布流行也。"

凡宝货五物，六名，二十八品。

铸作钱布皆用铜，淆以连锡，①文质周郭放汉五铢钱云。②其金银与它物杂，色不纯好，龟不盈五寸，贝不盈六分，皆不得为宝货。元龟为蔡，非四民所得居，③有者，入大卜受直。

①孟康曰："连，锡之别名也。"李奇曰："铅锡璞名曰连。"应劭曰："连似铜。"师古曰："孟、李二说皆非也。许慎云'链，铜属也'，然则以连及锡杂铜而为钱也。此下又云能采金银铜连锡，益知连非锡矣。"

②师古曰："放，依也，音甫往反。"

③如淳曰："臧文仲居蔡，谓此也，说谓蔡国出大龟也。"臣瓒曰："蔡是大龟之名也。《书》曰'九江纳锡大龟'，大龟又不出蔡国也。若龟出楚，不可名龟

为楚也。"师古曰:"瓒说非也。本以蔡出善龟,故因名大龟为蔡耳。"

百姓愦乱,其货不行。民私以五铢钱市买。莽患之,下诏:"敢非井田挟五铢钱者为惑众,投诸四裔以御魑魅。"于是农商失业,食货俱废,民涕泣于市道。坐卖买田宅奴婢铸钱抵罪者,自公卿大夫至庶人,不可称数。莽知民愁,乃但行小钱直一,与大钱五十,二品并行,龟贝布属且寝。

莽性躁扰,不能无为,每有所兴造,必欲依古得经文。国师公刘歆言周有泉府之官,收不雠,与欲得,① 即《易》所谓"理财正辞,禁民为非"者也。② 莽乃下诏曰:"夫《周礼》有赊贷,③《乐语》有五均,④ 传记各有斡焉。今开赊贷,张五均,设诸斡者,所以齐众庶,抑并兼也。"遂于长安及五都立五均官,更名长安东西市令及洛阳、邯郸、临甾、宛、成都市长皆为五均司市(称)师。〔22〕东市称京,西市称畿,洛阳称中,馀四都各用东西南北为称,皆置交易丞五人,钱府丞一人。工商能采金银铜连锡登龟取贝者,⑤ 皆自占司市钱府,顺时气而取之。⑥

①师古曰:"雠读曰售。言卖不售者,官收取之;无而欲得者,官出与之。"

②师古曰:"《易·下系辞》曰:'理财正辞,禁人为非曰义。'言财货辞讼正,乃得人不为非,合事宜。"

③师古曰:"《周礼》泉府之职曰:'凡赊者,祭祀无过旬日,丧纪无过三月。凡人之贷者,与其有司辨而授之,以国服为之息。'谓人以祭祀、丧纪故从官赊买物,不过旬日及三月而偿之。其从官贷物者,以共其所属吏定价而后与之。各以其国服事之税而输息,谓若受园廛之田而贷万钱者,一期之月,出息五百。贷音土戴反。"

④邓展曰:"《乐语》,《乐元语》,河间献王所传,道五均事。"臣瓒曰:"其文云:'天子取诸侯之(士)〔土〕以立五均,〔23〕则市无二贾,四民常均,强者不得困弱,富者不得要贫,则公家有馀,恩及小民矣。'"

⑤如淳曰:"登,进也。龟有灵,故言登。"

⑥师古曰:"各以其所采取之物自隐实于司市钱府也。占音之渐反。其下并同。"

又以《周官》税民:凡田不耕为不殖,出三夫之税;城郭中宅不树艺者为不毛,①出三夫之布;民浮游无事,出夫布一匹。其不能出布者,冗作,县官衣食之。②诸取众物鸟兽鱼鳖百虫于山林水泽及畜牧者,嫔妇桑蚕织纴纺绩补缝,③工匠医巫卜祝及它方技商贩贾人坐肆列里区谒舍,④皆各自占所为于其在所之县官,除其本,计其利,十一分之,而以其一为贡。敢不自占,自占不以实者,尽没入所采取,而作县官一岁。

①师古曰:"树艺,谓种树果木及菜蔬。"

②师古曰:"冗,散也,音人勇反。衣音于既反。食读曰饲。"

③师古曰:"机缕曰纴,音人禁反。"

④如淳曰:"居处所在为区。谒舍,今之客舍也。"

诸司市常以四时中月实定所掌,①为物上中下之贾,②各自用为其市平,毋拘它所。众民卖买五谷布帛丝绵之物,周于民用而不雠者,③均官有以考检厥实,用其本贾取之,毋令折钱。④万物卬贵,过平一钱,则以平贾卖与民。⑤其贾氐贱减平者,听民自相与市,⑥以防贵庾者。⑦民欲祭祀丧纪而无用者,钱府以所入工商之贡但赊之,⑧祭祀无过旬日,丧纪毋过三月。民或乏绝,欲贷以治产业者,均授之,除其费,计所得受息,毋过岁什一。⑨

①师古曰:"中读曰仲。"

②师古曰:"贾读曰价。其下并同。"

③师古曰:"雠读曰售。下亦类此也。"

④师古曰:"折音上列反。"

⑤师古曰:"卬,物价起,音五刚反,亦读曰仰。"

⑥师古曰:"贵(既)〔即〕为卬。[24]贱则为氐,音丁奚反。"

⑦师古曰:"庾,积也。以防民积物待贵也。"

⑧师古曰:"但,空也,徒也。言空赊与之,不取息利也。"

⑨师古曰:"均谓各依先后之次。除其费,谓衣食之费已用者也。"

羲和鲁匡言:"名山大泽,盐铁钱布帛,五均赊贷,斡在县官,①唯酒酤独未斡。酒者,天之美禄,帝王所以颐养天下,享祀祈福,扶衰养疾。百礼之会,非酒不行。故《诗》曰'无酒酤我',②而《论语》曰'酤酒不食’，③二者非相反也。夫《诗》据承平之世，酒酤在官，和旨便人，可以相御也。④《论语》孔子当周衰乱，酒酤在民，薄恶不诚，是以疑而弗食。今绝天下之酒，则无以行礼相养；放而亡限，则费财伤民。请法古，令官作酒，以二千五百石为一均，率开一卢以卖，⑤雠五十酿为准。一酿用粗米二斛，曲一斛，得成酒六斛六斗。各以其市月朔米曲三斛，并计其贾而参分之，⑥以其一为酒一斛之平。除米曲本贾，计其利而什分之，以其七入官，其三及醩截灰炭⑦给工器薪樵之费。”

①师古曰：“斡谓主领也。”

②师古曰：“《小雅·伐木》之诗也。酤，买也。言王于族人恩厚，要在燕饫，无酒则买而饮之。”

③师古曰：“《乡党》所说孔子齐之时也。”

④师古曰：“旨，美也。御，进。”

⑤如淳曰：“酒家开肆待客，设酒垆，故以垆名肆。”臣瓒曰：“卢，酒瓮也。言开一瓮酒也。赵广汉入丞相府破卢瓮。”师古曰：“二说皆非也。卢者，卖酒之区也，以其一边高，形如锻家卢，故取名耳，非即谓火卢及酒瓮也。此言仇五十酿为准，岂一瓮乎？广汉所破卢及罂卢，亦谓所居罂瓮之处耳。”

⑥师古曰：“参，三也。”

⑦师古曰：“截，酢浆也，音才代反。”

羲和置命士督五均六斡，郡有数人，皆用富贾。洛阳薛子仲、张长叔、临菑姓伟等，①乘传求利，交错天下。②因与郡县通奸，多张空簿，③府臧不实，百姓俞病。莽知民苦之，复下诏曰：“夫盐，食肴之将；④酒，百药之长，嘉会之好；铁，(曰)〔田〕农之本；[25]名山大泽，饶衍之臧；五均赊贷，百姓所取平，卬以给澹；⑤铁布铜冶，通行有无，备民用也。此六者，非编户齐民所能家作，⑥必卬于市，虽贵数倍，不得不买。豪民富贾，即要贫弱，先圣知其然也，故斡之。每一斡为设科条防禁，犯者罪至死。”奸吏猾民并侵，众庶各不安生。

①如淳曰：“姓姓名伟也。”

②师古曰：“传音张恋反。”

③师古曰：“簿，计簿也，音步户反。”

④师古曰："将，大也，一说为食肴之将帅。"

⑤师古曰："卬音牛向反。其下并同。"

⑥师古曰："家谓家家自作也。"

后五岁，天凤元年，复申下金银龟贝之货，颇增减其贾直。而罢大小钱，改作货布，长二寸五分，广一寸，首长八分有奇，①广八分，其圜好径二分半，②足枝长八分，间广二分，其文右曰"货"，左曰"布"，重二十五铢，直货泉二十五。货泉径一寸，重五铢，文右曰"货"，左曰"泉"，枚直一，与货布二品并行。又以大钱行久，罢之，恐民挟不止，乃令民且独行大钱，与新货泉俱枚直一，并行尽六年，毋得复挟大钱矣。每壹易钱，民用破业，而大陷刑。莽以私铸钱死，及非沮宝货投四裔，犯法者多，不可胜行，乃更轻其法：私铸作泉布者，与妻子没入为官奴婢；吏及比伍，知而不举告，与同罪；③非沮宝货，民罚作一岁，吏免官。犯者俞众，及五人相坐皆没入，郡国槛车铁锁，传送长安钟官，④愁苦死者什六七。

①师古曰："奇音居宜反，谓有馀也。"

②师古曰："好，孔也。"

③师古曰："比音频寐反。"

④师古曰："钟官，主铸钱者。"

作货布后六年，匈奴侵寇甚，莽大募天下囚徒人奴，名曰猪突豨勇，①壹切税吏官，訾三十而取一。又令公卿以下至郡县黄绶吏，皆保养军马，②吏尽复以与民。③民摇手触禁，不得耕桑，繇役烦剧，④而枯旱蝗虫相因。又用制作未定，上自公侯，下至小吏，皆不得奉禄，而私赋敛，货赂上流，狱讼不决。吏用苛暴立威，旁缘莽禁，侵刻小民。⑤富者不得自保，贫者无以自存，起为盗贼，依阻山泽，吏不能禽而覆蔽之，浸淫日广，⑥于是青、徐、荆楚之地往往万数。战斗死亡，缘边四夷所系虏，陷罪，饥疫，人相食，及莽未诛，而天下户口减半矣。

①服虔曰："猪性触突人，故取以喻。"师古曰："东方名豕曰豨，一曰，豨，豕走也，音许岂反。"

②师古曰："保者，不许其死伤。"

③师古曰："转令百姓养之。"

④师古曰："繇读曰徭也。"

⑤师古曰："旁，依也，音步浪反。"

⑥师古曰："浸淫，犹渐染也。它皆类此。"

自发猪突豨勇后四年，而汉兵诛莽。后二年。世祖受命，荡涤烦苛，复五铢钱，与天下更始。

赞曰：《易》称"裒多益寡，称物平施"，[①]《书》云"茂迁有无"，[②]周有泉府之官，[③]而《孟子》亦非"狗彘食人之食不知敛，[④]野有饿莩而弗知发"。[⑤]故管氏之轻重，[⑥]李悝之平粜，弘羊均输，寿昌常平，亦有从徕。[⑦]顾古为之有数，吏良而令行，[⑧]故民赖其利，万国作乂。[⑨]及孝武时，国用饶给，而民不益赋，其次也。至于王莽，制度失中，奸轨弄权，官民俱竭，亡次矣。

①师古曰："《谦卦》象辞。裒，取也。言取于多者以益少者，故万物皆称而施与平也。裒音薄侯反。"

②应劭曰："茂，勉也。迁，徙也。言天下食货有无相通足也。"师古曰："《虞书·益稷》之辞。言劝勉天下迁徙有无，使相通也。"

③师古曰："司徒之属官也，掌市之征布，敛市货之不雠，货之滞于人用者，以其价买之。"

④应劭曰："养狗彘者使食人之食，而不知以法度敛之也。"师古曰："《孟子》，孟轲之书。言岁丰孰，菽粟饶多，狗彘食人之食，此时可敛之也。"

⑤郑氏曰："莩音'蔈有梅'之蔈。莩，零落也。人有饿死零落者，不知发仓廪贷之也。"师古曰："莩音频小反。诸书或作殍字，音义亦同。"

⑥服虔曰："作轻重货，在《管子》书。"

⑦师古曰："言所从徕久矣。"

⑧师古曰："顾，思念。"

⑨师古曰："乂，治也。"

【校勘记】

〔1〕 则准平。〔守准平〕， 王念孙说景祐本“则准平”下有“守准平”三字，是也。

〔2〕 凶(戾)〔岁〕粲，釜十繦。 景祐、殿本都作“岁”。王先谦说作“岁”是。

〔3〕 谓去其本居而散(忘)〔亡〕也。 景祐、殿本都作“亡”。王先谦说作“亡”是。

〔4〕 然市井子孙亦不得(宦为吏)〔宦官吏〕。 景祐、殿本都作“为官吏”。

〔5〕 蛮夷因以数攻(吏)， 景祐、殿本都无“吏”字,《平准书》亦无。

〔6〕 赎禁锢免(臧)〔减〕罪； 王先谦说“臧”当作“减”,《平准书》作“减”。

〔7〕 自〔公〕孙弘以《春秋》之义绳臣下取汉相， “公”字据景祐、殿、局本补。

〔8〕 沮,(上)〔止〕坏之， 景祐、殿本都作“止”。王先谦说作“止”是。

〔9〕 实(为)〔重〕四铢也。 景祐、殿本都作“重”。王先谦说作“重”是。

〔10〕 令不可得摩取(铅)〔鋊〕。 钱大昭说“铅”当作“鋊”。按景祐、殿本都作“鋊”

〔11〕 〔行〕音下更反。 朱一新说“音”上脱“行”字。按各本都脱。

〔12〕 天(下)〔子〕既下缗钱令而尊卜式， 钱大昭说“天下”之“下”字疑是“子”字。王先谦说钱说是。按景祐、殿本都作“子”。

〔13〕 (令)〔今〕钱郭见有赤者， 殿本考证说“令”当作“今”。按《平准书集解》作“今”。

〔14〕 乃分遣御史廷尉正监分曹往,③(往)即治郡国缗钱， 注③原在“分曹”下。王先谦说《平准书》不重“往”字,“往”字当属上句,其重文盖衍。

〔15〕 益广(开)〔关〕,置左右辅。 何焯说当从《平准书》作“益广关”,“开”字误。

〔16〕 大农(筦)〔斡〕盐铁官布多， 王先谦说“筦”字误，当作“斡”,《平准书》作“筦”,同。

〔17〕 织读曰(炽)〔帜〕， 殿本作“帜”。王先谦说作“帜”是。

〔18〕 至所在，有欲(往)〔住〕者，亦留而处(之)〔也〕。 王先谦说“往”疑作“住”。宋祁说“处之”当改“处也”。按景祐本“往”正作“住”,“之”正作“也”。

〔19〕 差出(牡)〔牝〕马， 钱大昭说“牡”当作“牝”，昭帝始元元年罢天下亭母马是也。按《平准书》亦作“牝”。

〔20〕 令远方各以其物如异时商贾所转(贬)〔贩〕者为赋， 景祐、殿、局本都作“贩”。

〔21〕 皆对愿罢盐铁酒(榷)〔榷〕均输官， 景祐、殿本都作“榷”。

〔22〕 皆为五均司市(称)师。 王念孙说“称”字涉下文四“称”字而衍。

〔23〕 天子取诸侯之(土)〔土〕以立五均， 景祐、殿本都作“土”。王先谦说作“土”是。

〔24〕 贵(既)〔即〕为印。 王先谦说殿本“既”作“即”，是。

〔25〕 铁，(曰)〔田〕农之本； 钱大昭说“曰”疑当作“田”。按殿、局本都作“田”。

汉书卷二十五上

郊祀志第五上

《洪范》八政，三曰祀。①祀者，所以昭孝事祖，通神明也。旁及四夷，莫不修之；下至禽兽，豺獭有祭。②是以圣王为之典礼。民之精爽不贰，齐肃聪明者，神或降之，③在男曰觋，在女曰巫，④使制神之处位，为之牲器。使先圣之后，能知山川，敬于礼仪，明神之事者，以为祝；能知四时牺牲，坛场上下，氏姓所出者，以为宗。⑤故有神民之官，各司其序，不相乱也。民神异业，敬而不黩，⑥故神降之嘉生，⑦民以物序，⑧灾祸不至，所求不匮。⑨

①师古曰："祀谓祭祀也。"

②师古曰："《礼记·月令》：'季秋之月，豺祭兽。''孟春之月，獭祭鱼。'豺，挚搏之兽，形似狗。獭，水居而食鱼。祭者，谓杀之而布列，以祭其先也。豺音仕皆反。獭音吐曷反。"

③师古曰："爽，明也，齐读曰斋。斋肃，庄敬也。"

④师古曰："巫觋亦通称耳。觋音下狄反。"

⑤应劭曰："上下，谓天地之属神也。氏姓，王族之别也。宗，大宗也。"臣瓒曰："宗，宗伯也。"师古曰："二说皆非也。祝谓主祭之赞词者。积土为坛，平地为场。氏姓，谓神本所出，及见所当为主者也。宗，宗人，主神之列位尊卑者也。《春秋左氏传》曰'虢公使祝应宗区享神'也，又云'祝宗用马于四墉'，并非宗伯及大宗也。"

⑥师古曰："黩，污渫也。黩音读。"

⑦应劭曰："嘉谷也。"师古曰："嘉生，谓众瑞。"

⑧孟康曰："各有分叙也。"

⑨师古曰："匮，乏也。"

及少昊之衰，九黎乱德，①民神杂扰，不可放物。②家为巫史，享祀无度，黩齐明而神弗蠲。③嘉生不降，祸灾荐臻，莫尽其气。④颛顼受之，乃命南正重司天以属神，命火正黎司地以属民，⑤使复旧常，亡相侵黩。

①孟康曰："少昊时诸侯作乱者也。"韦昭曰："黎氏九人也。"

②师古曰："放，依也。物，事也。放音甫往反。"

③师古曰："齐读曰斋。蠲，絜也。"

④师古曰："言不究其性命也。"

⑤应劭曰："黎，阴官也。火数二，二，地数也，故火正司地以属万民。"师古曰："属，委也，以其事委之也。属音之欲反。"

自共工氏霸九州，其子曰句龙，能平水土，死为社祠。①有烈山氏王天下，其子曰柱，能殖百谷，死为稷祠。②故郊祀社稷，所从来尚矣。③

①师古曰："共工氏在太昊、炎帝之间。无禄而王，故谓之霸。句读曰钩。"

②师古曰："烈山氏，炎帝。"

③师古曰："尚，上也。谓起于上古。"

《虞书》曰，舜在璇玑玉衡，以齐七政。①遂类于上帝，禋于六宗，②望秩于山川，遍于群神。③辑五瑞，④择吉月日，见四岳诸牧，班瑞。⑤岁二月，东巡狩，至于岱宗。⑥岱宗，泰山也。柴，望秩于山川。⑦遂见东后。东后者，诸侯也。⑧合时月正日，同律度量衡，⑨修五礼五乐，⑩三帛二生一死为贽。⑪五月，巡狩至南岳。南岳者，衡山也。八月，巡狩至西岳。西岳者，华山也。十一月，巡狩至北岳。北岳者，恒山也。皆如岱宗之礼。中岳，嵩高也。五载一巡狩。⑫

①师古曰："《虞书·舜典》也。在，察也。璇，美玉也。玑转而衡平。以玉为玑衡，谓浑天仪也。七政，日、月、五星也。言舜观察玑衡，以齐同日、月、五星之政，度合天意。"

②孟康曰："六宗，星、辰、风伯、雨师、司中、司命。一说云《乾》、《坤》六子。又一说：天宗三，日、月、星辰；地宗三，泰山、河、海。或曰天地间游神也。"师古曰："类，以类祭也。上帝，天也。絜精以祀谓之禋。六宗之义，说者多矣。《乾》、《坤》六子，其最通乎。"

③师古曰："望，谓在远者望而祭之。秩，次也。群神，丘陵坟衍之属。"

④师古曰："揖与辑同。揖，合也。五瑞，公、侯、伯、子、男之瑞玉。"

⑤师古曰："四岳诸牧，谓四方诸侯也。班，布也。"

⑥师古曰："狩，守也。诸侯为天子守土，故巡行。"

⑦师古曰："柴，积柴而燔。"

⑧师古曰："后，君也。东方诸侯，故谓之东后也。"

⑨师古曰："时，四时也。月，十二月也。日，三百六十日。律，六律也。度，尺丈也。量，斛斗也。衡，斤两也。"

⑩师古曰："五礼，吉、凶、宾、军、嘉也。五乐，谓春则琴瑟，夏则笙竽，季夏则鼓，秋则钟，冬则磬也。五乐，《尚书》作五玉，今志亦有作五玉者。五玉即五瑞。"

⑪师古曰："三帛，玄、纁、黄也。二牲，羔、雁也。一死，雉也。贽者，所执以为礼也。"

⑫师古曰："此以上皆《舜典》所载。"

禹遵之。后十三世，至帝孔甲，淫德好神，神黩，二龙去之。①其后十三世，汤伐桀，欲迁夏社，不可，作《夏社》。②乃迁烈山子柱，而以周弃代为稷祠。后八世，帝太戊有桑穀生于廷，一暮大拱，③惧。伊陟曰："祅不胜德。"④太戊修德，桑穀死。伊陟赞巫咸。⑤后十三世，武帝丁得傅说为相，⑥殷复兴焉，称高宗。有雉登鼎耳而雊，⑦武丁惧。祖己曰："修德。"武丁从之，位以永宁。⑧后五世，帝乙嫚神而震死。⑨后三世，帝纣淫乱，武王伐之。由是观之，始未尝不肃祗，后稍怠嫚也。

①应劭曰："夏帝孔甲，天赐之乘龙，河汉各二，其后媟黩嫚神，故龙去之。"

②应劭曰："遭大旱七年，明德以荐，而旱不止，故迁社，以弃代为稷。欲迁句龙，德莫能继，故作《夏社》，说不可迁之义也。"师古曰："迁，古迁字。《夏社》，《尚书》篇名，今则序在而书亡逸。"

③师古曰："穀即今之楮树也。其字从木。合两手曰拱。"

④师古曰："伊陟，太戊臣，伊尹之子。"

⑤孟康曰："巫咸，殷贤臣。赞，说也，谓伊陟说其意也。"师古曰："因此作《咸乂》四篇。事见《商书序》，其篇亦亡逸也。"

⑥师古曰："说读曰悦。"

⑦师古曰："雊，雉鸣，音工豆反。"

⑧师古曰："事见《商书·说命》及《高宗肜日》。祖己，殷之贤臣。"

⑨师古曰："帝乙，武乙也，为韦囊盛血，仰而射之，号曰射天，后遇雷震而死。"

周公相成王，王道大洽，制礼作乐，天子曰明常辟雍，①诸侯曰泮宫。②郊祀后稷以配天，宗祀文王于明堂以配上帝。③四海之内各以其职来助祭。天子祭天下名山大川，怀柔百神，咸秩无文。④五岳视三公，四渎视诸侯。⑤而诸侯祭其疆内名山大川，⑥大夫祭门、户、井、灶、中霤五祀，⑦士庶人祖考而已。各有典礼，而淫祀有禁。

①师古曰："明堂辟雍，解在《平纪》。"

②师古曰："泮之言半也。制度半于天子之辟雍也。泮音普半反。"

③师古曰："郊祀，祀于郊也。后稷，周之始祖也。宗，尊也。文王，周始受命之王。上帝，太微五帝也。"

④师古曰："怀，来也。柔，安也。言招来百神而安处之也。称百者，言其多也。秩，序也。旧无礼文者，皆以次序而祭之。"

⑤师古曰："江、河、淮、济为四渎。渎者，发源而注海者也。视谓其礼物之数也。"

⑥师古曰："疆，境也。"

⑦韦昭曰："古者穴居，故名室中为中霤。"

后十三世，世益衰，礼乐废。幽王无道，为犬戎所败，平生东徙雒邑。秦襄公攻戎救周，列为诸侯，而居西，自以为主少昊之神，作西畤，祠白帝，其牲用骝驹黄牛羝羊各一云。①

①师古曰："骝，赤马黑鬣尾也。羝，牡羊也。骝音留。羝音丁奚反。"

其后十四年，秦文公东猎汧渭之间，①卜居之而吉。文公(蘉)〔梦〕黄蛇自天下属地，②[1]其口止于鄜衍。③文公问史敦，④敦曰："此上帝之征，君其祠之。"于是作鄜畤，用三牲郊祭白帝焉。

①师古曰："汧渭，二水名。汧音牵。"

②师古曰："属，著也，音之欲反。"

③李奇曰："鄜音孚。三辅谓山阪间为衍。"晋灼曰："左冯翊鄜县之衍也。"师古曰："今之鄜州盖取名于此也。"

④师古曰："秦之太史也，敦其名也。"

自未作鄜畤，而雍旁故有吴阳武畤，①雍东有好畤，皆废无祀。或曰："自古以雍州积高，神明之隩，②故立畤郊上帝，诸神祠皆聚云。盖黄帝时尝用事，虽晚周亦郊焉。"③其语不经见，缙绅者弗道。④

①李奇曰："于旁有吴阳地也。"

②师古曰："土之可居者曰隩，音于六反。"

③师古曰："晚谓末时也。"

④李奇曰："缙，插也，插笏于绅。绅，大带也。"臣瓒曰："缙，赤白色也。绅，大带也。《左氏传》有缙云氏。"师古曰："李云缙插是也。字本作搢，插笏于大带与革带之间耳，非插于大带也。或作荐绅者，亦谓荐笏于绅带之间，其义同。"

作鄜畤后九年，文公获若石云，于陈仓北阪城祠之。①其神或岁不至，或岁数。来也常以夜，光辉若流星，从东方来，集于祠城，若雄雉，其声殷殷云，野鸡夜鸣。②以一牢祠之，名曰陈宝。③

①苏林曰："质如石，似肝。"师古曰："陈仓之北阪上城中也。云，语辞也。"

②师古曰："殷殷，声也。云，传声之乱也。野鸡，亦雉也，避吕后讳，故曰野鸡。言陈宝若来而有声，则野鸡皆鸣以应之也。上言雄雉，下言野鸡，史驳文也。殷音隐。"

③臣瓒曰："陈仓县有宝夫人祠，或一岁二岁与叶君合。叶君神来时，天为之殷殷雷鸣，雉为之雊也。"

作陈宝祠后七十一年，秦德公立，卜居雍。①子孙饮马于河，遂都雍。雍之诸祠自此兴。用三百牢于鄜畤。作伏祠。②磔狗邑四门，以御蛊灾。

①师古曰："即今之雍县。"

②孟康曰："六月伏日也。周时无，至此乃有之。"师古曰："伏者，谓阴气将起，迫于残阳而未得升，故为臧伏，因名伏日也。立秋之后，以金代火，金畏于火，故至庚日必伏。庚，金也。"

后四年，秦宣公作密畤于渭南，祭青帝。

后十三年，秦穆公立，病卧五日不寤；①寤，乃言梦见上帝，②上帝命穆公平晋乱。史书而藏之府。③而后世皆曰上天。

①师古曰："寤，觉也。觉音公孝反。"

②师古曰："上帝谓天也。"

③师古曰："府，臧书之处。"

穆公立九年，齐桓公既霸，会诸侯于葵丘，而欲封禅。①管仲曰："古者封泰山禅梁父者七十二家，②而夷吾所记者十有二焉。昔无怀氏封泰山，禅云云；③虙羲封泰山，禅云云；④神农氏封泰山，禅云云；炎帝封泰山，禅云云；⑤黄帝封泰山，禅亭亭；⑥颛顼封泰山，禅云云；帝喾封泰山，禅云云；尧封泰山，禅云云；舜封泰山，禅云云；禹封泰山，禅会稽；汤封泰山，禅云云；周成王封泰山，禅于社首；⑦皆受命然后得封禅。"桓公曰："寡人北伐山戎，过孤竹；⑧西伐，束马县车，上卑耳之山；⑨南伐至召陵，⑩登熊耳山，以望江汉。⑪兵车之会三，乘车之会六，九合诸侯，一匡天下，⑫诸侯莫违我。昔三代受命，亦何以异乎？"于是管仲睹桓公不可穷以辞，因设之以事，曰："古之封禅，鄗上黍，北里禾，所以为盛；⑬江淮间一茅三脊，所以为藉也。⑭东海致比目之鱼，⑮西海致比翼之鸟。⑯然后物有不召而自至者十有五焉。今凤凰麒麟不至，嘉禾不生，而蓬蒿藜莠茂，鸱枭群翔，⑰而欲封禅，无乃不可乎？"于是桓公乃止。

①师古曰："葵丘会在僖九年。葵丘在陈留外黄县东。封禅者，封土于山而禅祭于地也。禅音上战反，解在《武纪》。"

②师古曰："父音甫。"

③郑氏曰："无怀氏，古之王者，在伏羲前，见《庄子》。"服虔曰："云云在梁父东，山名也。"晋灼曰："云云山在蒙阴县故城东北，下有云云亭。"

④师古曰："虙读曰伏。"

⑤李奇曰："炎帝，神农后。"

⑥服虔曰："亭亭山在牟阴。"晋灼曰："《地理志》巨平有亭亭山。"师古曰："晋说是也。"

⑦应劭曰："山名，在博县。"晋灼曰："在巨平南十二里。"师古曰："晋说是也。"

⑧应劭曰："伯夷国也，在辽西令支。"师古曰："令音郎定反。支音神祇之祇。"

⑨韦昭曰："将上山，缠束其马，县钩其车也。卑耳即《齐语》所谓辟耳。"

⑩师古曰："召陵，楚地也，在汝南。召读曰劭。"

⑪师古曰："熊耳山在顺阳北益阳县东，非《禹贡》所云'导洛自熊耳'者也。其山两峰，状亦若熊耳，因以为名也。"

⑫师古曰："兵车之会三，谓庄十三年会于北杏以平宋乱，僖四年侵蔡，蔡溃，遂伐楚，次于陉，六年伐郑围新城也。乘车之会六，谓庄十四年会于鄄，十五年又会于鄄，十六年同盟于幽，僖五年会于首止，八年盟于洮，九年会于葵丘也。匡，正也。一匡天下，谓定襄王为天子之位也。一说谓阳谷之会令诸侯云'无障谷，无贮粟，无以妾为妻'，天下皆从，故云一匡者也。"

⑬应劭曰："鄗音臛。"苏林曰："鄗上、北里，皆地名也。"师古曰："盛谓以实簠簋。"

⑭服虔曰："茅草有三脊也。"张晏曰："谓灵茅也。"师古曰："藉，以藉地也，音才夜反。"

⑮师古曰："《尔雅》云'东方有比目鱼焉，不比不行，其名谓之鲽'，音土盍反。"

⑯师古曰："《山海经》云'崇吾之山有鸟状如凫，而一翼一目，相得乃飞，其名曰蛮'。《尔雅》曰'南方有比翼鸟焉，不比不飞，其名谓之鹣鹣'。而管仲乃云西海，其说异也。"

⑰师古曰："蓬蒿藜莠，皆秽恶之草。枭，不祥之鸟也。鸱，盖今所谓角鸱也。枭，土枭也。"

是岁，秦穆公纳晋君夷吾。其后三置晋国之君，平其乱。① 穆公立三十九年而卒。

①师古曰："三立其君，谓惠公、怀公、文公。"

后五十年，周灵王即位。时诸侯莫朝周，苌弘乃明鬼神事，① 设射不来。不来者，诸侯之不来朝者也。依物怪，欲以致诸侯。诸侯弗从，而周室愈微。后二世，至敬王时，晋人杀苌弘。②

①师古曰："苌弘，周大夫。"

②李奇曰："周为晋杀之也。"师古曰："《春秋左氏传》哀公三年传称'刘氏、范氏世为婚姻，苌弘事刘文公，故周与范氏赵鞅以为讨，周人杀苌弘'也。"

是时，季氏专鲁，旅于泰山，仲尼讥之。①

①师古曰："旅，陈也，陈礼物而祭之也。陪臣祭泰山，僭诸侯之礼。孔子非之曰：'呜乎，曾谓泰山不如林放乎！'事见《论语》。"

自秦宣公作密畤后二百五十年，而秦灵公于吴阳作上畤，祭黄帝；作下畤，祭炎帝。

后四十八年，周太史儋见秦献公①曰："周始与秦国合而别，别五百载当复合，②合七十年而伯王出焉。"③儋见后七年，栎阳雨金，献公自以为得金瑞，故作畦畤栎阳，而祀白帝。④

①孟康曰："太史儋谓老子也。"师古曰："此亦周之太史名，非必老聃。老聃非秦献公时。儋音丁甘反，又吐甘反。"

②应劭曰："秦，伯翳之后也。始周孝王封非子为附庸，邑诸秦。平王东迁洛邑，襄公以兵卫之，嘉其勋力，列为侯伯，与周别五百载矣。昭王时，西周君自归受罪，尽献其邑三十六城，此复合也。"孟康曰："谓周封秦为别，秦并周为合。此襄王为霸，始皇为王也。"韦昭曰："周封秦为始别，谓秦仲也。五百岁，谓从秦仲至孝公强大，显王致伯，与之亲合也。"师古曰："诸家之说皆非也。自非子至西周献邑，凡六百五十三岁，自仲至显王二十六年孝公称伯，止有四百二十六岁，皆不合五百之数也。按《史记·秦本纪》及《年表》，并云周平王封襄公，始列为诸侯，于是始与诸侯通。又《周本纪》及吴、齐、晋、楚诸《系家》皆言幽王为犬戎所杀，秦始列为诸侯，正与此志符会，是乃为别。至昭襄王五十二年，西周君自归献邑，凡五百一十六年，是为合也。言五百者，举其成数也。"

③韦昭曰："武王、昭王皆伯，至始皇而王天下。"师古曰："七十当为十七，今《史记》旧本皆作十七字。伯王者，指谓始皇。始皇初立，政在太后、嫪毒，未得称伯。自昭王灭周后，至始皇九年诛嫪毒，止十七年。《本纪》、《年表》其义显，而韦氏乃合武王、昭王为数，失之远矣。伯读曰霸。"

④师古曰："畦畤者，如种韭畦之形，而畤于畦中各为一土封也。畦音下圭反。"

后百一十岁，周赧王卒，九鼎入于秦。或曰，周显王之四十二年，宋大丘社亡，①而鼎沦没于泗水彭城下。

①师古曰："《尔雅》云'左陵泰丘'，谓丘左有陵者其名泰丘也。郭璞云'宋有泰丘'，盖以丘名此地也。"

自赧王卒后七年，秦庄襄王灭东周，周祀绝。后二十八年，秦并天下，称皇帝。

秦始皇帝既即位，或曰："黄帝得土德，黄龙地螾见。①夏得木德，青龙止于郊，草木鬯茂。②殷得金德，银自山溢。③周得火德，有赤乌之符。④今秦变周，水德之时。昔文公出(腊)〔猎〕，[2]获黑龙，此其水德之瑞。"于是秦更名河曰"德水"，以冬十月为年首，色尚黑，度以六为名，⑤音上大吕，⑥事统上法。⑦

①应劭曰："螾，蚯蚓也。黄帝土德，故地见其神，蚓大五六围，长十余丈。"如淳曰："《吕氏春秋》云黄帝之时天先见大蝼大螾，黄帝曰土气胜，故其色尚黄。"师古曰："螾音蚓。蝼音楼，谓蝼蛄也。"

②师古曰："鬯与畅同。"

③苏林曰："流出也。"

④师古曰："谓武王伐纣师渡孟津之时也。《尚书·中候》曰'有火自天止于王屋，流为赤乌，五至，以谷俱来'。"

⑤张晏曰："水北方黑，终数六，故以方六寸为符，六尺为步。"

⑥师古曰："大吕，阴律之始也。"

⑦服虔曰："政尚法令也。"臣瓒曰："水阴，阴主刑杀，故上法。"

即帝位三年，东巡狩郡县，祠驺峄山，①颂功业。②于是从齐鲁之儒生博士七十人，至于泰山下。诸儒生或议曰："古者封禅为蒲车，恶伤山之土石草木；③扫地而祠，席用苴秸，④言其易遵也。"始皇闻此议各乖异，难施用，由此黜儒生。⑤而遂除车道，上自泰山阳。至颠，立石颂德，明其得封也。从阴道下，⑥禅于梁父。其礼颇采泰祝之祀雍上帝所用，而封臧皆秘之，世不得而记也。

①苏林曰："驺，鲁县也。"臣瓒曰："峄山在北。"师古曰："峄音亦。"

②师古曰："谓刻石自著功业。"

③师古曰："蒲车，以蒲裹轮。"

④应劭曰："秸，稾本也，去皮以为席。"如淳曰："苴读如租。秸读如戛。"晋灼曰："苴，藉也。"师古曰："茅藉也。苴字本作蒩，假借用。"

⑤师古曰："黜，退也。"

⑥师古曰："山南曰阳，山北曰阴。"

始皇之上泰山，中阪遇暴风雨，休于大树下。诸儒既黜，不得与封禅，①闻始皇遇风雨，即讥之。

①师古曰："与读曰豫也。"

于是始皇遂东游海上，行礼祠名山川及八神，(来)〔求〕僊人羡门之属。①[3]八神将自古而有之；或曰太公以来作之。齐所以为齐，以天齐也。②其祀绝，莫知起时。八神，一曰天主，祠天齐。天齐渊水，居临菑南郊山下下者。③二曰地主，祠泰山梁父。盖天好阴，祠之必于高山之下畤，命曰"畤"；④地贵阳，祭之必于泽中圜丘云。三曰兵主，祠蚩尤。蚩尤在东平陆监乡，齐之西竟也。⑤四曰阴主，祠三山；⑥五曰阳主，祠之罘山；⑦六曰月主，祠(之)莱山：⑧[4]皆在齐北，并勃海。⑨七曰日主，祠盛山。盛山斗入海，⑩最居齐东北阳，以迎日出云。八曰四时主，祠琅邪。琅邪在齐东北，盖岁之所始。⑪皆各用牢具祠，而巫祝所损益，圭币杂异焉。⑫

①应劭曰："羡门名子高，古仙人也。"师古曰："古亦以僊为仙字。下皆类此。"

②苏林曰："当天中央齐也。"师古曰："谓其众神异，如天之腹齐也。"

③师古曰："下下，谓最下者。临菑城南有天齐水，五泉并出，盖谓此也。"

④师古曰："名其祭处曰畤也。"

⑤师古曰："东平陆，县名也。监，其县之乡名也。"

⑥师古曰："三山，即下所谓三神山。"

⑦韦昭曰："之罘山在东莱腄县。"师古曰："罘音浮。腄音直瑞反。"

⑧韦昭曰："在东莱长广也。"

⑨师古曰："并音步浪反。"

⑩韦昭曰："盛山在东莱不夜县，斗入海也。"师古曰："斗，绝也。盛音成。"

⑪师古曰："《山海经》云琅邪台在勃海间，谓临海有山形如台也。"

⑫师古曰："言八神牲牢皆同，而圭币各异也。"

自齐威、宣时，驺子之徒论著终始五德之运，①及秦帝而齐人奏之，故始皇采用之。而宋毋忌、正伯侨、元尚、羡门高最后，皆燕人，[5]为方仙道，②形解销化，③依于鬼神之事。驺衍以阴阳主运④显于诸侯，而燕齐海上之方士传其术不能通，然则怪迂阿谀苟合之徒自此兴，不可胜数也。⑤

①如淳曰："今其书有《五德终始》。五德各以所胜为行。秦谓周为火德，灭火者水，故自谓水德。"师古曰："驺子即驺衍。"

②韦昭曰："皆慕古人之名，效为神仙者也。"师古曰："自宋毋忌至最后，皆其人姓名也，凡五人。"

③服虔曰："尸解也。"张晏曰："人老而解去，故骨如变化也。今山中有龙骨，世人谓之龙解骨化去。"应劭曰："《列仙传》曰崔文子学仙于王子乔，〔王子乔〕化为白霓，[6]文子惊，引戈击之，俯而见之，王子乔之尸也，须臾则为大鸟飞而去。"师古曰："服、张二说是也。"

④晋灼曰："燕昭王筑宫师之，故作《主运》之篇也。"如淳曰："今其书有(王)《〔主〕运》。[7]五行相次转用事，随方(而)〔面〕为服也。"

⑤师古曰："迂谓回远也，音于。"

自威、宣、燕昭使人入海求蓬莱、方丈、瀛洲。此三神山者，其传在勃海中，①去人不远。盖尝有至者，诸仙人及不死之药皆在焉。其物禽兽尽白，而黄金银为宫阙。未至，望之如云；及到，三神山反居水下，水临之，患且至，则风辄引船而去，终莫能至云。世主莫不甘心焉。②

①服虔曰："其传书云尔。"臣瓒曰："世人相传云尔。"师古曰："瓒说是也。"

②师古曰："甘心，言贪嗜之心不能已也。"

及秦始皇至海上，则方士争言之。始皇如恐弗及，使人赍童男女入海求之。船交海中，皆以风为解，①曰未能至，望见之焉。其明年，始皇复游海上，至琅邪，过恒山，从上党归。后三年，游碣石，考入海方士，②从上郡归。后五年，始皇南至湘山，遂登会稽，并海上，③几遇海中三神山之奇药。④不得，还到沙丘崩。⑤

①师古曰："自解说云为风不得至。"

②师古曰："考，校其虚实也。"

③师古曰："附海而上也。并音步浪反。上音时掌反。"

④师古曰："几读曰冀。"

⑤臣瓒曰："沙丘在巨鹿县东北也。"

二世元年，东巡竭石，并海，①南历泰山，至会稽，皆礼祠之，而刻勒始皇所立石书旁，以章始皇之功德。②其秋，诸侯叛秦。三年而二世弑死。

①师古曰："并音步浪反。"

②师古曰："今此诸山皆有始皇所刻石及胡亥重刻，其文并具存焉。"

始皇封禅之后十二年而秦亡。诸儒生疾秦焚《诗》《书》，诛灭文学，百姓怨其法，天下叛之，皆说曰："始皇上泰山，为风雨所击，不得封禅云。"此岂所谓无其德而用其事者邪？

昔三代之居皆河洛之间，①故嵩高为中岳，而四岳各如其方，四渎咸在山东。至秦称帝，都咸阳，则五岳、四渎皆并在东方。自五帝以至秦，迭兴迭衰，②名山大川或在诸侯，或在天子，其礼损益世殊，不可胜记。③及秦并天下，令祠官所常奉天地名山大川鬼神可得而序也。

①师古曰："谓夏都安邑，殷都朝歌，周都洛阳。"

②师古曰："迭，互也，音大结反。"

③师古曰："代代殊异，故不可尽记。"

于是自崤以东，名山五，大川祠二。①曰太室。太室，嵩高也。恒山，泰山，会稽，湘山。水曰泲，曰淮。②春以脯酒为岁祷，因泮冻；③秋涸冻；④冬塞祷祠。⑤其牲用牛犊各一，牢具圭币各异。自华以西，名山七，名川四。曰华山，薄山。薄山者，襄山也。⑥岳山，岐山，吴山，鸿冢，渎山。渎山，蜀之岷山也。⑦水曰河，祠临晋；⑧沔，祠汉中；⑨湫渊，祠朝那；⑩江水，祠蜀。亦春秋泮涸祷塞如东方山川；而牲亦牛犊牢具圭币各异。而四大冢鸿、岐、吴、岳，皆有尝禾。⑪陈宝节来祠，⑫其河加有尝醪。此皆雍州之域，近天子都，故加车一乘，骝驹四。霸、产、丰、涝、泾、渭、长水，皆不在大山川数，⑬以近咸阳，尽得比山川祠，而无诸加。⑭汧、洛二渊，鸣泽、蒲山、岳婿山之属，⑮为小山川，亦皆祷塞泮涸祠，礼不必同。而雍有日、月、参、辰、南北斗、荧惑、太白、岁星、填星、辰星、二十八宿、风伯、雨师、四海、九臣、十四臣、诸布、诸严、诸逐之属，百有馀庙。⑯西亦有数十祠。于湖有周天子祠。于下邽有天神。丰、镐有昭明、天子辟池。于杜、亳有五杜主之祠、寿星祠；⑰而雍、菅庙祠亦有杜主。⑱杜主，故周之右将军，⑲其在秦中最小鬼之神者也。⑳各以岁时奉祠。

①师古曰："崤即今之陕州二崤也。"

②师古曰："泲音子礼反，此本济水之字。"

③服虔曰："解冻也。"师古曰："泮音普半反。"

④师古曰："涸读与冱同。冱，凝也，音下故反。春则解之，秋则凝之。《春秋左氏传》曰'固阴冱寒'。《礼记·月令》曰'孟冬行春令则冻闭不密'。"

⑤师古曰："塞谓报其所祈也，音先代反。下并同也。"

⑥师古曰："说者云薄山在河东，一曰在潼关北十馀里，而此志云自华以西者，则今阌乡之南山连延西出，并得华山之名。"

⑦师古曰："《周礼》职方氏：'雍州，其山曰岳。'《尔雅》亦云'河西曰岳'。说者咸云岳即吴岳也。今志有岳，又有吴山，则吴岳非一山之名，但未详岳之所在耳。徐广云：'岳山在武功。'据《地理志》，武功但有垂山，无岳山也。岐山即在今之岐山县，其山两岐，俗呼为箭括岭。吴山在今陇州吴山县。鸿冢，释在下。岷山在湔氐道。"

⑧师古曰："即今之同州朝邑县界。"

⑨师古曰："沔，汉水之上名也。汉中，今梁州是也。沔音弥善反。"

⑩苏林曰："湫渊在安定朝那县，方四十里，停水不流，冬夏不增不减，不生草木。湫音将蓼反。"师古曰："此水今在泾州界，清澈可爱，不容秽浊，或喧污，辄兴云雨。土俗亢旱，每于此求之，相传云龙之所居也。而天下山川隈曲，亦往往有之。湫音子由反。"

⑪孟康曰："以新谷祭之。"

⑫服虔曰："陈宝神应节来也。"

⑬师古曰："霸、产出蓝田。丰、涝出鄠。长水者，言其源流长也。涝音劳。"

⑭师古曰："加谓车及骝驹之属。"

⑮苏林曰："婿音胥。"韦昭曰："音苏计反。"师古曰："韦说是也。"

⑯师古曰："风伯，飞廉也。雨师，屏翳也，一曰屏号。而说者乃谓风伯箕星也，雨师毕星也。此志既言二十八宿，又有风伯、雨师，则知非箕、毕也。九臣、十四臣，不见名数所出。诸布、诸严、诸逐，未闻其义。逐字或作逑，音求。屏并音步丁反。"

⑰韦昭曰："亳音薄，汤所都也。"臣瓒曰："济阴薄县是也。"师古曰："杜即京兆杜县也。此亳非汤都也，不在济阴。徐广云京兆杜县有薄亭，斯近之矣。"

⑱李奇曰："菅，茅也。"师古曰："菅音奸。"

⑲师古曰："《墨子》云周宣王杀杜伯不以罪，后宣王田于圃田，见杜伯执弓矢射，宣王伏弓衣而死，故周人尊其鬼而右之，盖谓此也。"

⑳师古曰："其鬼虽小而有神灵也。"

唯雍四(时)〔畤〕上帝为尊，[8]其光景动人民，唯陈宝。故雍四畤，春以为岁祠祷，因泮冻，秋涸冻，冬赛祠，五月尝驹，及四中之月月祠，①若陈宝节来一祠。春夏用骍，②秋冬用駵。畤驹四匹，③木寓龙一驷，④木寓车马一驷，各如其帝色。黄犊羔各四，圭币各有数，皆生瘗埋，无俎豆之具。三年一郊。秦以十月为岁首，故常以十月上宿郊见，⑤通权火，⑥拜于咸阳之旁，而衣上白，其用如经祠云。⑦西畤、畦畤，祠如其故，上不亲往。诸此祠皆太祝常主，以岁时奉祠之。至如它名山川诸神及八神之属，上过则祠，去则已。郡县远方祠者，民各自奉祠，不领于天子之祝官。祝官有秘祝，即有灾祥，辄祝祠移过于下。

①师古曰："中读曰仲。谓四时之仲月皆祠之。"

②师古曰："骍，纯赤色也，音先营反。"

③师古曰："每畤用驹四匹，而春秋异色。"

④李奇曰："寓，寄也，寄生龙形于木也。"师古曰："一驷亦四龙也。"

⑤李奇曰："上宿，上斋戒也。"

⑥张晏曰："权火，烽火也，状若井挈皋矣。其法类称，故谓之权火。欲令光明远照，通于祀所也。汉祀五畤于雍，五十里一烽火。"如淳曰："权，举也。"师古曰："凡祭祀通举火者，或以天子不亲至祠所而望拜，或以众祠各处，欲其一时荐飨，宜知早晏，故以火为之节度也。它皆类此。"

⑦服虔曰："经，常也。"

汉兴，高祖初起，杀大蛇，有物曰："蛇，白帝子，而杀者赤帝子也。"①及高祖祷丰枌榆社，②徇沛，为沛公，则祀蚩尤，衅鼓旗。遂以十月至霸上，立为汉王。因以十月为年首，色上赤。

①师古曰："物谓鬼神也。"

②郑氏曰："枌榆，乡名也。社在枌榆。"晋灼曰："枌，白榆也。社在丰东北十五里。"师古曰："以此树为社神，因立名也。枌音符云反。"

二年(冬)[9]，东击项籍而还入关，问："故秦时上帝祠何帝也？"对曰："四帝，有白、青、黄、赤帝之祠。"高祖曰："吾闻天有五帝，而四，何也？"莫知其说。于是高祖曰："吾知之矣，乃待我而具五也。"乃立黑帝祠，名曰北畤。有司进祠，上不亲往。悉召故秦祀官，复置太祝、太宰，如其故仪礼。因令县为公社。①下诏曰："吾甚重祠而敬祭。今上帝之祭及山川诸神当祠者，各以其时礼祠之如故。"

①李奇曰："犹官社。"

后四岁，天下已定，诏御史令丰治枌榆社，常以时，春以羊彘祠之。令祝立蚩尤之祠于长安。长安置祠祀官、女巫。其梁巫祠天、地、天社、天水、房中、(当)〔堂〕上之属；[10]晋巫祠五帝、东君、云中君、巫社、巫祠、族人炊之属；①秦巫祠杜主、巫保、族累之属；②荆巫祠堂下、巫先、司命、施糜之属；③九天巫祠九天：④皆以岁时祠宫中。其河巫祠河于临晋，而南山巫祠南山、秦中。秦中者，二世皇帝也。⑤各有时日。

①服虔曰："东君以下皆神名也。"师古曰："东君，日也。云中君谓云神也。巫社、巫祠，皆古巫之神也。族人炊，古主炊母之神也。炊谓饎爨也。"

②师古曰："杜主即上所云五杜主也。巫保、族累，二神名。累音力追反。"

③师古曰："堂下，在堂之下。巫先，巫之最先者也。司命，说者云文昌第四星也。施糜，其先常施设糜鬻者也。"

④师古曰："九天者，谓中央钧天，东方苍天，东北旻天，北方玄天，西北幽天，西方浩天，西南朱天，南方炎天，东南阳天也。其说见《淮南子》。一说云东方旻天，东南阳天，南方赤天，西南朱天，西方成天，西北幽天，北方玄天，东北变天，中央钧天也。"

⑤张晏曰："以其强死，魂魄为厉，故祠之。成帝时匡衡奏罢之。"

其后二岁，或言曰周兴而邑立后稷之祠，①至今血食天下。②于是高祖制诏御史："其令天下立灵星祠，③常以岁时祠以牛。"

①师古曰："以其有播种之功，故令天下诸邑皆祠之。"

②师古曰："祭有牲牢，故言血食遍天下也。"

③张晏曰："龙星左角曰天田，则农祥也。(晨)〔辰〕见而祭之。"[11]

高祖十年春，有司请令县常以春二月及腊祠稷以羊彘，民里社各自裁以祠。①制曰："可。"

①师古曰："随其祠具之丰俭也。"

文帝即位十三年，下诏曰："秘祝之官移过于下，朕甚弗取，其除之。"

始名山大川在诸侯，诸侯祝各自奉祠，天子官不领。及齐、淮南国废，令太祝尽以岁时致礼如故。

明年，以岁比登，①诏有司增雍五畤路车各一乘，驾被具；②西畤、畦畤寓车各一乘，寓马四匹，驾被具；河、湫、汉水，玉加各二；及诸祀皆广坛场，圭币俎豆以差加之。

①师古曰："年谷频孰也。"

②师古曰："驾车被马之饰皆具也。被音皮义反。下亦同。"

鲁人公孙臣上书曰："始秦得水德，及汉受之，推终始传，①则汉当土德，土德之应黄龙见。宜改正朔，服色上黄。"时丞相张苍好律历，以为汉乃水德之时，河决金堤，其符也。年始冬十月，色外黑内赤，②与德相应。公孙臣言非是，罢之。明年，黄龙见成纪。③文帝召公孙臣，拜为博士，与诸生申明土德，草改历服色事。④其夏，下诏曰："有异物之神见于成纪，毋害于民，岁以有年。朕几郊祀上帝诸神，⑤礼官议，毋讳以朕劳。"⑥有司皆曰："古者天子夏亲郊祀上帝于郊，故曰郊。"⑦于是夏四月，文帝始幸雍郊见五畤，祠衣皆上赤。

①郑氏曰："音亭传。"师古曰："音张恋反。谓转次之。"

②服虔曰："十月阴气在外，〔故外〕黑；[12]阳气尚伏在地，故内赤也。或曰，十月百草外黑内赤也。"

③师古曰："天水之县也。"

④师古曰："草谓创造之。后例皆同也。"

⑤师古曰："几读曰冀。"

⑥师古曰："无讳以朕为劳，自言不以为劳也。"晋灼曰："讳，忌难也。"

⑦师古曰："邑外谓之郊。"

赵人新垣平以望气见上，言"长安东北有神气，成五采，若人冠冕焉。或曰东北神明之舍，西方神明之墓也。①天瑞下，宜立祠上帝，以合符应。"于是作渭阳五帝庙，同宇，②帝一殿，面五门，各如其帝色。祠所用及仪亦如雍五畤。

①张晏曰："神明，日也。日出东北，舍谓阳谷。日没于西，故曰墓。墓，濛谷也。"师古曰："此说非也。灵总言凡神明以东北为居，西方为冢墓之所，故立庙于渭阳者也。"

②师古曰："宇谓屋之覆也。言同一屋之下而别为五庙，各立门室也。《庙记》云五帝庙在长安东北也。"

明年夏四月，文帝亲拜霸渭之会，①以郊见渭阳五帝。五帝庙临渭，其北穿蒲池沟水。②权火举而祠，若光辉然属天焉。③于是贵平至上大夫，赐累千金。而使博士诸生刺《六经》中作《王制》，④谋议巡狩封禅事。

①如淳曰："二水之合也。"

②师古曰："蒲池，为池而种蒲。蒲字或作满，言其水满也。"

③师古曰："属，联也，音之欲反。"

④师古曰："刺，采取之也，音千赐反。"

文帝出长门，①若见五人于道北，遂因其直立五帝坛，②祠以五牢。

①如淳曰："亭名也。"

②郑氏曰："因其所立处以立祠也。"师古曰："直犹当也，当其处。"

其明年，平使人持玉杯，上书阙下献之。平言上曰："阙下有宝玉气来者。”已视之,果有献玉杯者,刻曰“人主延寿”。平又言“臣候日再中”。居顷之,日却复中。于是始更以十七年为元年,令天下大酺。平言曰:“周鼎亡在泗水中,今河决通于泗,臣望东北汾阴直有金宝气,①意周鼎其出乎?兆见不迎则不至。”于是上使使治庙汾阴南,临河,欲祠出周鼎。人有上书告平所言皆诈也。下吏治,诛夷平。②是后,文帝怠于改正服鬼神之事,③而渭阳、长门五帝使祠官领,以时致礼,不往焉。

①师古曰:“汾阴直,谓正当汾阴也。”

②师古曰:“夷者,平也,谓尽平除其家室宗族。”

③师古曰:“正,正朔也。服,服色也。正音之成反。”

明年,匈奴数入边,①兴兵守御。后岁少不登。数岁而孝景即位。十六年,祠官各以岁时祠如故,无有所兴。

①师古曰:“数音所角反。”

武帝初即位,尤敬鬼神之祀。汉兴已六十馀岁矣,天下艾安,①缙绅之属皆望天子封禅改正度也,②而上乡儒术,③招贤良。赵绾、王臧等以文学为公卿,欲议古立明堂城南,以朝诸侯,草巡狩封禅改历服色事未就。④窦太后不好儒术,使人微伺赵绾等奸利事,按绾、臧,绾、臧自杀,诸所兴为皆废。六年,窦太后崩。其明年,征文学之士。

①师古曰:“艾读曰乂。乂,治也。《汉书》皆以艾为乂,其义类此也。”

②师古曰:“正亦正朔。度,度量也。服色度量,互言之耳。”

③师古曰:“乡读曰向。”

④师古曰:“就,成也。”

明年,上初至雍,郊见五畤。后常三岁一郊。是时上求神君,舍之上林中磃氏馆。①神君者,长陵女子,以乳死,见神于先后宛若。②宛若祠之其室,民多往祠。平原君亦往祠,其后子孙以尊显。③及上即位,则厚礼置祠之内中。闻其言,不见其人云。

①如淳曰:“磃音蹏。”郑氏曰:“音斯。”师古曰:“郑音是也。其字从石从虒。”

②孟康曰:“产乳而死也。兄弟妻相谓先后。宛若,字也。”师古曰:“先音苏见

反。后音胡构反。古谓之娣姒，今关中俗呼为先后，吴楚俗呼之为妯娌，音轴里。”

③应劭曰：“平原君，武帝外祖母也。”

是时，李少君亦以祠灶、谷道、却老方见上，①上尊之。少君者，故深泽侯人，主方。②匿其年及所生长。③常自谓七十，能使物，却老。④其游以方遍诸侯。无妻子。人闻其能使物及不死，更馈遗之，⑤常馀金钱衣食。人皆以为不治产业而饶给，⑥又不知其何所人，愈信，争事之。少君资好方，善为巧发奇中。⑦常从武安侯宴，坐中有年九十馀老人，少君乃言与其大父游射处，老人为儿从其大父，识其处，⑧一坐尽惊。少君见上，上有故铜器，问少君。少君曰：“此器齐桓公十年陈于柏寝。”⑨已而按其刻，果齐桓公器。⑩一宫尽骇，以为少君神，数百岁人也。少君言上：“祠灶皆可致物，⑪致物而丹沙可化为黄金，黄金成以为饮食器则益寿，益寿而海中蓬莱仙者乃可见之，以封禅则不死，黄帝是也。臣尝游海上，见安期生，⑫安期生食臣枣，大如瓜。⑬安期生仙者，通蓬莱中，合则见人，不合则隐。”⑭于是天子始亲祠灶，遣方士入海求蓬莱安期生之属，而事化丹沙诸药齐为黄金矣。⑮久之，少君病死。天子以为化去不死也，使黄锤史宽舒受其方，⑯而海上燕齐怪迂之方士多更来言神事矣。⑰

①如淳曰：“祠灶可以致福。”李奇曰：“谷道，辟谷不食之道也。”

②如淳曰：“侯家人，主方药也。”

③师古曰：“生长，谓其郡县所属及居止处。”

④如淳曰：“物谓鬼物也。”

⑤师古曰：“更音工衡反。”

⑥师古曰：“给，足也。”

⑦如淳曰：“时时发言有所中。”师古曰：“中音竹仲反。”

⑧师古曰：“识，记也，音式志反。”

⑨臣瓒曰：“《晏子书》柏寝，台名也。”师古曰：“以柏木为寝室于台之上。”

⑩师古曰：“刻谓器上所铭记。”

⑪师古曰：“物亦谓鬼物。”

⑫服虔曰："古之真人也。"师古曰："《列仙传》云安期生琅邪人，卖药东海边，时人皆言千岁也。"

⑬师古曰："食读曰饲。"

⑭师古曰："合谓道相合。"

⑮师古曰："齐，药之分齐也，音才计反。"

⑯孟康曰："二人皆方士也。"师古曰："锤音直垂反。"

⑰师古曰："更音工衡反。"

亳人谬忌奏祠泰一方，①曰："天神贵者泰一，泰一佐曰五帝。②古者天子以春秋祭泰一东南郊，日一太牢，七日，③为坛开八通之鬼道。"于是，天子令太祝立其祠长安城东南郊，常奉祠如忌方。其后，人上书言"古者天子三年一用太牢祠三一：天一、地一、泰一。"天子许之，令太祝领祠之于忌泰一坛上，如其方。后人复有言"古天子常以春解祠，祠黄帝用一枭、破镜；④冥羊用羊祠；马行用一青牡马；泰一、皋山山君用牛；武夷君用干鱼；阴阳使者以一牛。"⑤令祠官领之如其方，而祠泰一于忌泰一坛旁。

①如淳曰："亳亦薄也，下所谓薄忌也。"晋灼曰："济阴薄县人也。"

②师古曰："谓青帝灵威仰，赤帝赤熛怒，白帝白招矩，黑帝叶光纪，黄帝含枢纽也。一说苍帝名灵符，赤帝名文祖，白帝名显纪，黑帝名玄矩，黄帝名神斗。"

③师古曰："每日以一太牢，凡七日祭也。"

④张晏曰："黄帝，五帝之首也，岁之始也。枭，恶逆之鸟。方士虚诞，云以岁始祓除凶灾，令神仙之帝食恶逆之物，使天下为逆者破灭讫竟，无有遗育也。"孟康曰："枭，鸟名，食母。破镜，兽名，食父。黄帝欲绝其类，使百吏祠皆用之。破镜如貙而虎眼。"如淳曰："汉使东郡送枭，五月五日作枭羹以赐百官。以其恶鸟，故食之也。"师古曰："解祠者，谓祠祭以解罪求福。"

⑤孟康曰："阴阳之神也。"

后二年，郊雍，获一角兽，若麃然。①有司曰："陛下肃祗郊祀，上帝报享，锡一角兽，盖麟云。"于是以荐五畤，畤加一牛以燎。赐诸侯白金，以风符应合于天也。②于是济北王以为天子且封禅，上书献泰山及其旁邑，天子以它县偿之。常山王为罪，慁，③天子封其弟真定，以续先王祀，而以常山为郡。然后五岳皆在天子之郡。

①师古曰："麃，鹿属也，形似獐，牛尾，一角，音蒲交反。"

②晋灼曰："符，瑞也。"臣瓒曰："风示诸侯以此符瑞之应也。"

③师古曰："慁与迁同也。"

明年，齐人少翁以方见上。上有所幸李夫人，夫人卒，少翁以方盖夜致夫人及灶鬼之貌云，天子自帷中望见焉。乃拜少翁为文成将军，赏赐甚多，以客礼礼之。文成言："上即欲与神通，宫室被服非象神，神物不至。"乃作画云气车，及各以胜日①驾车辟恶鬼。又作甘泉宫，中为台室，画天地泰一诸鬼神，而置祭具以致天神。居岁馀，其方益衰，神不至。乃为帛书以饭牛，②阳不知，言此牛腹中有奇(书)。[13]杀视得书，书言甚怪。天子识其手，③问之，果为书。于是诛文成将军，隐之。

①服虔曰："甲乙五行相克之日。"如淳曰："如火胜金，用丙丁日，不用庚辛也。"

②师古曰："谓杂草以饭牛也，音扶晚反。"

③师古曰："手谓所书手迹。"

其后又作柏梁、铜柱、承露仙人掌之属矣。①

①苏林曰："仙人以手掌擎盘承甘露。"师古曰："《三辅故事》云建章宫承露盘高二十丈，大七围，以铜为之，上有仙人掌承露，和玉屑饮之。盖张衡《西京赋》所云'立修茎之仙掌，承云表之清露，屑琼蕊以朝餐，必性命之可度'也。"

文成死明年，天子病鼎湖甚，①巫医无所不致。游水发根言上郡有巫，病而鬼下之。②上召置祠之甘泉。及病，使人问神君，神君言曰："天子无忧病。病少愈，强与我会甘泉。"于是上病愈，遂起，幸甘泉，病良已。③大赦，置寿宫神君。④神君最贵者曰太一，其佐曰太禁、司命之属，皆从之。非可得见，闻其言，言与人音等。时去时来，来则风肃然。居室帷中，时昼言，然常以夜。天子祓，然后人。⑤因巫为主人，关饮食，所欲言，行下。⑥又置寿宫、北宫，张羽旗，设共具，⑦以礼神君。神君所言，上使受书,其名曰“画法”。⑧其所言,世俗之所知也,无绝殊者,而天子心独憙。其事秘,世莫知也。⑨

①晋灼曰:“《黄图》宫名,在京兆。《地理志》,湖本在京兆,后分属弘农也。”

②服虔曰:“游水,县名。发根,人姓名。”晋灼曰:“《地理志》游水,水名,在临淮淮浦也。”师古曰:“二说皆非也。游水,姓也。发根,名也,盖因水为姓也。本尝遇病,而鬼下之,故为巫也。”

③孟康曰:“良已,善已,谓愈也。”

④孟康曰:“更立此宫也。”臣瓒曰:“寿宫,奉神之宫也。《楚辞》曰‘蹇将澹兮寿宫’也。”

⑤孟康曰:“崇絜自除祓,然后入也。”师古曰:“祓音发勿反。”

⑥李奇曰:“神所欲言,上辄为下之也。”晋灼曰:“神君所言行下于巫。”师古曰:“晋说是也。”

⑦师古曰:“共读曰供,音居用反。”

⑧孟康曰:“策画之法也。”

⑨师古曰:“憙读曰喜。喜,好也,音许吏反。”

后三年,有司言元宜以天瑞,不宜以一二数。①一元曰“建”,②二元以长星曰“光”,③今郊得一角兽曰“狩”云。④

①苏林曰:“得诸瑞以名年。”

②苏林曰:“建元元年是。”

③苏林曰:“以有长星之光,故曰元光元年。”

④如淳曰:“改元狩元年。”

其明年,天子郊雍,曰:“今上帝朕亲郊,而后土无祀,则礼不答也。”①有司与太史令谈、祠官宽舒议:②“天地牲,角茧栗。③今陛下亲祠后土,后土宜于泽中圜丘为五坛,坛一黄犊牢具。已祠尽瘗,而从祠衣上黄。”④于是天子东幸汾阴。汾阴男子公孙滂洋等见汾旁有光如绛,⑤上遂立后土祠于汾阴脽上,⑥如宽舒等议。上亲望拜,如上帝礼。礼毕,天子遂至荥阳。还过雒阳,下诏封周后,令奉其祀。语在《武纪》。上始巡幸郡县,浸寻于泰山矣。⑦

①师古曰:“答,对也。郊天而不祀地,失对偶之义。一曰,阙地祇之祀,故不

为神所答应也。”

②师古曰：“谈即司马谈也。”

③师古曰：“牛角之形或如茧，或如栗，言其小。”

④师古曰：“侍祠之人皆著黄衣也。”

⑤师古曰：“滂音普郎反。洋音羊也。”

⑥师古曰：“脽音谁。解在《武纪》。”

⑦郑玄曰：“寻，用也。”晋灼曰：“寻，遂往之意也。”师古曰：“二说皆非也。浸，渐也。寻，就也。”

其春，乐成侯(登)上书言栾大。〔14〕栾大，胶东宫人，①故尝与文成将军同师，已而为胶东王尚方。②而乐成侯姊为康王后，③无子。王死，它姬子立为王，而康后有淫行，与王不相中，相危以法。④康后闻文成死，而欲自媚于上，乃遣栾大人，因乐成侯求见言方。⑤天子既诛文成，后悔其方不尽，乃见栾大，大说。⑥大为人长美，⑦言多方略，〔15〕而敢为大言，处之不疑。大言曰：“臣常往来海中，见安期、羡门之属，顾以臣为贱，不信臣。⑧又以为康王诸侯耳，不足与方。臣数以言康王，康王又不用臣。臣之师曰：‘黄金可成，而河决可塞，不死之药可得，仙人可致也。’然臣恐效文成，则方士皆掩口，恶敢言方哉！”⑨上曰：“文成食马肝死耳。子诚能修其方，我何爱乎！”大曰：“臣师非有求人，人者求之。陛下必欲致之，则贵其使者，令为亲属，以客礼待之，勿卑，使各佩其信印，乃可使通言于神人。神人尚肯邪不邪，尊其使然后可致也。”于是上使验小方，斗棋，棋自相触击。

①服虔曰：“王家人。”

②师古曰：“主方药。”

③孟康曰：“胶东王后也。”

④师古曰：“不相可也。相危以法，谓以罪法相欲倾危也。中音竹仲反。”

⑤师古曰：“言神仙之方。”

⑥师古曰：“说读曰悦。”

⑦师古曰：“善为甘美之言也。”

⑧师古曰：“顾，念也。”

⑨师古曰："恶音乌，谓于何也。"

是时，上方忧河决而黄金不就，①乃拜大为五利将军。居月馀，得四印；得天士将军、地士将军、大通将军印。制诏御史："昔禹疏九河，决四渎。间者，河溢皋陆，堤繇不息。②朕临天下二十有八年，天若遗朕士而大通焉。《乾》称'飞龙'，'鸿渐于般'，③朕意庶几与焉。④其以二千户封地士将军大为乐通侯。"赐列侯甲第，童千人。乘舆斥车马帷帐器物以充其家。⑤又以卫长公主妻之，⑥赍金十万斤，更名其邑曰当利公主。天子亲如五利之弟，使者存问共给，相属于道。⑦自大主将相以下，皆置酒其家，⑧献遗之。天子又刻玉印曰"天道将军"，使使衣羽衣，夜立白茅上，五利将军亦衣羽衣，立白茅上受印，以视不臣也。⑨而佩"天道"者，且为天子道天神也。⑩于是五利常夜祠其家，欲以下神。后装治行，东入海求其师云。大见数月，佩六印，贵震天下，而海上燕齐之间，莫不扼搤掔⑪而自言有禁方能神仙矣。

①师古曰："铸黄金不成。"

②师古曰："皋，水旁地。广平曰陆。言水泛溢，自皋及陆，而筑作堤防，繇役甚多，不暇休息。"

③孟康曰："般，水涯堆也。渐，进也。武帝云得栾大如鸿进于般，一举千里。得道若飞龙在天。"师古曰："飞龙在天，《乾卦》九五爻辞也。鸿渐于般，《渐卦》六二爻辞也。般，山石之安者。"

④师古曰："与读曰豫。"

⑤师古曰："斥，不用者也。"

⑥孟康曰："卫太子妹。"如淳曰："卫太子姊也。"师古曰："《外戚传》云子夫生三女，元朔三年生男据。是则太子之姊也。孟说非也。"

⑦师古曰："共读曰供。属，及也，音之欲反。"

⑧韦昭曰："大主，武帝姑，窦太后之女也。"

⑨师古曰："羽衣，以鸟羽为衣，取其神仙飞翔之意也。视读曰示。"

⑩师古曰："为音于伪反。道天神，道读曰导。"

⑪师古曰："搤，捉持也。掔，古手腕之字也。搤音厄。"

其夏六月，汾阴巫锦①为民祠魏脽后土营旁，②见地如钩状，掊视得鼎。③鼎大异于众鼎，文镂无款识，④怪之，言吏。吏告河东太守胜，胜以闻。天子使验问巫得鼎无奸诈，乃以礼祠，迎鼎至甘泉，从上行，荐之。⑤至中山，晏温，⑥有黄云焉。有鹿过，上自射之，因之以祭云。至长安，公卿大夫皆议尊宝鼎。天子曰："间者河溢，岁数不登，故巡祭后土，祈为百姓育谷。今年丰茂未报，鼎曷为出哉？"⑦有司皆言："闻昔泰帝兴神鼎一，⑧一者一统，天地万物所系象也。黄帝作宝鼎三，象天地人。禹收九牧之金，⑨铸九鼎，象九州。皆尝鬺亨上帝鬼神。⑩其空足曰鬲，⑪以象三德，⑫飨承天祜。⑬夏德衰，鼎迁于殷；殷德衰，鼎迁于周；周德衰，鼎迁于秦；秦德衰，宋之社亡，鼎乃沦伏而不见。《周颂》曰：'自堂徂基，自羊徂牛，鼐鼎及鼒；不吴不敖，胡考之休。'⑭今鼎至甘泉，以光润龙变，承休无疆。合兹中山，有黄白云降，⑮盖若兽为符，⑯路弓乘矢，集获坛下，⑰报祠大享。唯受命而帝者心知其意而合德焉。⑱鼎宜视宗祢(广)〔庙〕，[16]臧于帝庭，以合明应。"⑲制曰："可。"

①应劭曰："锦，巫名。"

②应劭曰："魏，故魏国也。"师古曰："汾脽本魏地之境，故云魏脽也。营谓祠之兆域也。"

③师古曰："掊谓手杷土也，音蒲沟反。杷音蒲巴反，其字从木。

④韦昭曰："款，刻也。"师古曰："识，记也，音式志反。其下美阳鼎亦同也。"

⑤如淳曰："以鼎从行上甘泉，将荐之于天。"师古曰："上音时掌反。"

⑥如淳曰："三辅谓日出清济为晏。晏而温，乃有黄云，故为异也。"师古曰："中读曰仲。即今云阳之中山也。下云'合兹中山'，亦同也。"

⑦师古曰："茂，美也，言稼穑美也。未报者，获年丰而未报赛也。一曰，虽祈谷而未获年丰之(谷)〔报〕也。[17]其下张敞引此诏文云'谷嗛未报'，嗛者，少也。"

⑧师古曰："泰帝者，即泰昊伏羲氏也。"

⑨师古曰："九牧，九州之牧也。"

⑩服虔曰："以享祀上帝也。"师古曰："鬺亨一也。鬺亨，煮而祀也。《韩诗·采蘋》曰：'于以鬺之，唯锜及釜。'亨音普庚反。"

⑪苏林曰："鬲音历。足中空不实者，名曰鬲也。"

⑫如淳曰："鼎有三足故也。三德，三正之德。"师古曰："如说非也。三德，一曰正直，二曰刚克，三曰柔克。事见《周书·洪范》。"

⑬师古曰："祜，福也，音怙。"

⑭师古曰："《周颂·丝衣》之诗也。基，门塾之基也。鼎绝大者谓之鼐，圜弇上谓之鼒。吴，喧哗也。敖，慢也。考，寿也。休，美也。言执祭事者，或升堂室，或之门塾，视羊牛之牲，及举大小之鼎，告其致絜，神降之福，故获寿考之美，曰何寿之美！何寿之美者，叹之之言也。鼐音乃代反。鼒音兹。敖读曰傲。"

⑮师古曰："言鼎至甘泉之后，光润变见，若龙之神，能幽能明，能小能大，乘此休福，无穷竟也。有黄白云降，与初至仲山黄云之瑞相合也。"

⑯服虔曰："云若兽在车盖也。"晋灼曰："盖，辞也。符谓鹿也。"师古曰："二说非也。盖，发语辞也。言甘泉之云又若兽形，以为符瑞也。"

⑰李奇曰："宜言卢弓。"韦昭曰："路，大也。四矢曰乘。"师古曰："韦说是也。又于坛下获弓矢之应。"

⑱服虔曰："高祖受命知之，宜见鼎于其庙也。"师古曰："合德，谓与天合德。"

⑲师古曰："视读曰示。宗谓先帝有德可尊者也。祢，父庙也。帝庭，甘泉天神之庭。"

入海求蓬莱者，言蓬莱不远，而不能至者，殆不见其气。上乃遣望气佐候其气云。

其秋，上雍，且郊。① 或曰"五帝，泰一之佐也，宜立泰一而上亲郊之"。上疑未定。

①师古曰："雍地形高，故云上也，音时掌反。"

齐人公孙卿曰："今年得宝鼎，其冬辛巳朔旦冬至，与黄帝时等。"① 卿有札书② 曰："黄帝得宝鼎冕候，问于鬼臾区，③ 鬼臾区对曰：'黄帝得宝鼎神策，是岁己酉朔旦冬至，得天之纪，终而复始。'于是黄帝迎日推策，④ 后率二十岁复朔旦冬至，凡二十推，三百八十年，黄帝仙登于天。"卿因所忠欲奏之。⑤ 所忠视其书不经，⑥ 疑其妄言，谢曰："宝鼎事已决矣。尚何以为！"⑦ 卿因嬖人奏之。上大说，⑧ 乃召问卿。对曰："受此书申公，申公已死。"上曰："申公何人也？"卿曰："齐人，与安期生通，受黄帝言，无书，独有此鼎书。曰‘汉兴复当黄帝之时。’曰‘汉之圣者，在高祖之孙且曾孙也。宝鼎出而与神通，封禅。封禅七十二王，唯黄帝得上泰山封。’申公曰：‘汉帝亦当上封（禅），〔上〕封（禅）则能仙登天矣。[18]黄帝万诸侯，而神灵之封君七千。⑨天下名山八，而三在蛮夷，五在中国。中国华山、首山、太室山、泰山、东莱山，此五山黄帝之所常游，与神会。黄帝且战且学仙，患百姓非其道，乃断斩非鬼神者。百馀岁然后得与神通。黄帝郊雍上帝，宿三月。鬼臾区号大鸿，死葬雍，故鸿冢是也。⑩其后黄帝接万灵明庭。明庭者，甘泉也。所谓寒门者，谷口也。⑪黄帝采首山铜，铸鼎于荆山下。⑫鼎既成，有龙垂胡髯下迎黄帝。⑬黄帝上骑，群臣后宫从上龙七十馀人，龙乃〔上〕去。[19]馀小臣不得上，乃悉持龙髯，龙髯拔，堕，堕黄帝之弓。百姓印望⑭黄帝既上天，乃抱其弓与龙髯号，故后世因名其处曰鼎湖，其弓曰乌号。’”于是天子曰：“嗟乎！诚得如黄帝，吾视去妻子如脱屣耳。”⑮拜卿为郎，使东候神于太室。

①师古曰：“等，同也。”

②师古曰：“札，木简之薄小者也。”

③师古曰：“鬼臾区，黄帝臣也。《艺文志》云鬼容区，而此志作臾区，臾、容声相近，盖一也。今流俗书本臾字作申，非也。”

④晋灼曰：“迎，数之也。”臣瓒曰：“日月朔望未来而推之，故曰迎日。”

⑤师古曰：“所忠，人姓名也。解在《食货志》。”

⑥师古曰：“不合经典也。”

⑦师古曰：“谓不须更言之。”

⑧师古曰：“说读曰悦。”

⑨应劭曰：“黄帝时，诸侯会封禅者七千人也。”李奇曰：“说仙道得封者七千国也。”张晏曰：“神灵之封，谓山川之守也。”师古曰：“张说是也。山川之守谓尊山川之神令主祭祀也，即《国语》所云‘汪芒氏之君守封嵎之山’也。”

⑩苏林曰：“今雍有鸿冢。”

⑪服虔曰：“黄帝升仙之处也。”师古曰：“谷口，仲山之谷口也，汉时为县，今呼之治谷是也。以仲山之北寒凉，故谓此谷为寒门也。”

⑫晋灼曰：“《地理志》首山属河东蒲阪，荆山在冯翊怀德县也。”

⑬师古曰："胡谓颈下垂肉也。髯，其毛也，音人占反。"

⑭师古曰："卬读曰仰。"

⑮师古曰："屣，小履。脱屣者，言其便易，无所顾也。屣音山尔反。"

上遂郊雍，至陇西，登空桐，幸甘泉。令祠官宽舒等具泰一祠坛，祠坛放亳忌泰一坛，三陔。①五帝坛环居其下，各如其方。黄帝西南，除八通鬼道。②泰一所用，如雍一畤物，而加醴枣脯之属，杀一犛牛③以为俎豆牢具。而五帝独有俎豆醴进。④其下四方地，为腏，食群神从者及北斗云。⑤已祠，胙馀皆燎之。⑥其牛色白，白鹿居其中，彘在鹿中，鹿中水而酒之。⑦祭日以牛，祭月以羊彘特。⑧泰一祝宰则衣紫及绣。五帝各如其色，日赤，月白。

①师古曰："陔，重也。三陔，三重坛也。音该。"

②服虔曰："坤位在未，黄帝从土位。"

③李奇曰："音狸。"师古曰："西南夷长尾髦之牛也。一音茅。"

④师古曰："具俎豆酒醴而进之。一曰，进谓杂物之具，所以加礼也。"

⑤师古曰："腏字与餟同，谓联续而祭也，音竹芮反。食读曰饲。"

⑥师古曰："胙谓祭馀酒肉也。"

⑦服虔曰："水，玄酒；酒，真酒也。"晋灼曰："此言合牲物而燎之也。"师古曰："言以白鹿内牛中，以彘内鹿中，又以水及酒合内鹿中。"

⑧师古曰："若牛，若羊，若彘，止一牲也。"

十一月辛巳逆旦冬至，昒爽，①天子始郊拜泰一。朝朝日，夕夕月，②则揖；而见泰一如雍郊礼。其赞飨曰："天始以宝鼎神策授皇帝，朔而又朔，终而复始，皇帝敬拜见焉。"③而衣上黄。其祠列火满坛，坛旁亨炊具。有司云"祠上有光"。公卿言"皇帝始郊见泰一云阳，有司奉瑄玉④嘉牲荐飨，⑤是夜有美光，及昼，黄气上属天。"⑥太史令谈、祠官宽舒等曰："神灵之休，祐福兆祥，宜因此地光域立泰畤坛以明应。⑦令太祝领，秋及腊间祠。(二)〔三〕岁天子壹郊见。"[20]

①师古曰："昒爽，谓日尚冥，盖未明之时也。昒音忽。"

②师古曰："以朝旦拜日为朝。下朝音丈昭反。"

③师古曰："赞飨谓祝辞。"

④孟康曰："璧大六寸谓之瑄。"

⑤师古曰："《汉旧仪》云祭天养牛五岁，至三千斤也。"

⑥师古曰："属音之欲反。"

⑦师古曰："明著美光及黄气之祥应。"

其秋，为伐南越，告祷泰一，以牡荆画幡日月北斗登龙，以象太一三星，为泰一锋（旗），①[21]命曰"灵旗"。为兵祷，则太史奉以指所伐国。而五利将军使不敢入海，之泰山祠。上使人随验，实无所见。五利妄言见其师，其方尽，多不雠。②上乃诛五利。

①李奇曰："牡荆作幡柄也。"如淳曰："牡荆，荆之无子者，皆絜斋之道。"晋灼曰："牡，节间不相当也，月晕刻之为券以畏病者。《天文志》：'天极星，其一明者，太一也；旁三星，三公也。'画一星在后，三星在前，为泰一锋（旗）也。"师古曰："李、晋二说是也。以牡荆为幡竿，而画幡为日月龙及星。"

②师古曰："雠，应当也。不雠，无验也。"

其冬，公孙卿候神河南，言见仙人迹缑氏城上，有物如雉，往来城上。天子亲幸缑氏视迹，问卿："得毋效文成、五利乎？"卿曰："仙者非有求人主，人主者求之。其道非少宽暇，神不来。言神事，如迂诞，①积以岁，乃可致。"于是郡国各除道，缮治宫馆名山神祠所，以望幸矣。

①师古曰："迂，回远也。诞，大言也。"

其春，既灭南越，嬖臣李延年以好音见。上善之，下公卿议，曰："民间祠有鼓舞乐，今郊祀而无乐，岂称乎？"公卿曰："古者祠天地皆有乐，而神祇可得而礼。"或曰："泰帝使素女鼓五十弦瑟，悲，帝禁不止，①故破其瑟为二十五弦。"于是塞南越，祷祠泰一、后土，始用乐舞。益召歌儿，②作二十五弦及空侯瑟自此起。③

①师古曰："泰帝亦谓泰昊也。不止，谓不能自止也。"

②师古曰："益，多也。"

③苏林曰："作空侯与瑟。"

其来年冬，上议曰："古者先振兵释旅，然后封禅。"乃遂北巡朔方，勒兵十馀万骑，还祭黄帝冢桥山，释兵凉如。① 上曰："吾闻黄帝不死，有冢，何也?"或对曰："黄帝以仙上天，群臣葬其衣冠。"既至甘泉，为且用事泰山，先类祠泰一。②

①李奇曰："地名也。"

②师古曰："且，犹将也。类祠，谓以事类而祭也。"

自得宝鼎，上与公卿诸生议封禅。封禅用希旷绝，莫知其仪体，而群儒采封禅《尚书》、《周官》、《王制》之望祀射牛事。① 齐人丁公年九十馀，曰："封禅者，古不死之名也。秦皇帝不得上封。陛下必欲上，稍上② 即无风雨，遂上封矣。"上于是乃令诸儒习射牛，草封禅仪。数年，至且行。天子既闻公孙卿及方士之言，黄帝以上封禅皆致怪物与神通，欲放黄帝③ 以接神人蓬莱，高世比德于九皇，④ 而颇采儒术以文之。群儒既已不能辩明封禅事，又拘于《诗》、《书》古文而不敢骋。上为封祠器视群儒，⑤ 群儒或曰"不与古同"，徐偃又曰"太常诸生行礼不如鲁善"，⑥ 周霸属图封事，⑦ 于是上黜偃、霸，而尽罢诸儒弗用。

①师古曰："天子有事宗庙，必自射牲，盖示亲杀也。事见《国语》也。"

②师古曰："稍，渐也。"

③师古曰："放，依也，音甫往反。"

④张晏曰："三皇之前有人皇，九首。"韦昭曰："上古有人皇者九人。"师古曰："韦说是也。"

⑤师古曰："视读曰示。"

⑥师古曰："徐偃，博士姓名。"

⑦服虔曰："属，会也，会诸儒图封事也。"师古曰："周霸，亦人姓名也。属音之欲反。"

三月，乃东幸缑氏，礼登中岳太室。从官在山上闻若有言"万岁"云。问上，上不言；问下，下不言。乃令祠官加增太室祠，禁毋伐其山木，以山下户凡三百封崈高，为之奉邑，① 独给祠，复，无有所与。② 上因东上泰山，③ 泰山草木未生，乃令人上石立之泰山颠。④

①师古曰："崈，古崇字耳。以崇奉嵩高之山，故谓之崈高奉邑。奉音扶

用反。"

②师古曰："复音方目反。与读曰预。"

③如淳曰："言易上也。泰山从南面直上，步道三十里，车道百里。"

④师古曰："从山下转石而上。"

上遂东巡海上，行礼祠八神。齐人之上疏言神怪奇方者以万数，乃益发船，令言海中神山者数千人求蓬莱神人。公孙卿持节常先行候名山，至东莱，言夜见大人，长数丈，就之则不见，见其迹甚大，类禽兽云。群臣有言见一老父牵狗，言"吾欲见巨公"，①已忽不见。上既见大迹，未信，及群臣又言老父，则大以为仙人也。宿留海上，②与方士传车③及间使求神仙人以千数。④

①郑氏曰："天子也。"张晏曰："天子为天下父，故曰巨公也。"师古曰："巨，大也。"

②师古曰："宿留，谓有所须待也。宿音先欲反。留音力就反。它皆类此。"

③师古曰："传音张恋反。"

④师古曰："间，微也，随间隙而行也。"

四月，还至奉高。上念诸儒及方士言封禅人殊，不经，难施行。①天子至梁父，礼祠地主。至乙卯，令侍中儒者皮弁缙绅，射牛行事。封泰山下东方，如郊祠泰一之礼。封广丈二尺，高九尺，其下则有玉牒书，书秘。礼毕，天子独与侍中奉车子侯上泰山，②亦有封。其事皆禁。明日，下阴道。丙辰，禅泰山下阯东北肃然山，③如祭后土礼。天子皆亲拜见，衣上黄而尽用乐焉。江淮间一茅三脊为神藉。五色土益杂封。纵远方奇兽飞禽及白雉诸物，颇以加祠。兕牛象犀之属不用。皆至泰山，然后去。封禅祠，其夜若有光，昼有白云出封中。④

①师古曰："人人殊异，又不合经，故难以施行。"

②服虔曰："子侯，霍去病子也。"

③师古曰："阯者，山之基足，音止。"

④师古曰："白云出于所封之中。"

天子从禅还，坐明堂，群臣更上寿。①下诏改元为元封。语在《武纪》。又曰："古者天子五载一巡狩，用事泰山，诸侯有朝宿地。其令诸侯各治邸泰山下。"

①师古曰："更，互也，音工衡反。"

天子既已封泰山，无风雨，而方士更言蓬莱诸神①若将可得，于是上欣然庶几遇之，复东至海上望焉。奉车子侯暴病，一日死。上乃遂去，并海上，②北至碣石，巡自辽西，历北边至九原。五月，乃至甘泉，周万八千里云。

①师古曰："更音工衡反。"

②师古曰："并音步浪反。上音时掌反。"

其秋，有星孛于东井。后十馀日，有星孛于三能。①望气王朔言："候独见填星出如瓜，食顷，复入。"有司皆曰："陛下建汉家封禅，天其报德星云。"②

①师古曰："能读曰台。"

②师古曰："德星，即填星也。言天以德星报于帝。"

其来年冬，郊雍五帝。还，拜祝祠泰一。①赞飨曰："德星昭衍，厥维休祥。②寿星仍出，渊耀光明。信星昭见，皇帝敬拜泰祝之享。"

①师古曰："拜而祠之，加祝辞。"

②师古曰："昭，明；衍，大；休，美也。"

其春，公孙卿言见神人东莱山，若云"欲见天子"。天子于是幸缑氏城，拜卿为中大夫。遂至东莱，宿，留之数日，毋所见，见大人迹云。复遣方士求神人采药以千数。是岁旱。天子既出亡名，乃祷万里沙，①过祠泰山。②还至瓠子，自临塞决河，留二日，湛祠而去。③

①应劭曰："万里沙，神祠也，在东莱曲城。"如淳曰："故祷万里沙以为名也。"

②郑氏曰："泰山东自复有小泰山。"臣瓒曰："即今之泰山也。"师古曰："瓒说是也。"

③师古曰："湛读曰沉，谓沉祭具于水中也。《尔雅》曰'祭川曰浮沉'。"

【校勘记】

〔1〕 文公(蘉)〔梦〕黄蛇自天下属地， 景祐、殿、局本都作“梦”。朱一新说作“梦”是，《封禅书》同。

〔2〕 昔文公出(腊)〔猎〕， 景祐、殿、局本都作“猎”。王先谦说作“猎”是。

〔3〕 (来)〔求〕僊人羡门之属。 景祐、殿本都作“求”。朱一新说作“求”是，《封禅书》同。

〔4〕 六曰月主，祠(之)莱山： 王先谦说“之”字不当有，缘上“之”字而衍。

〔5〕 羡门高最后，皆燕人， 王鸣盛说，案服虔、司马贞说，最后者，自是谓其在驺子之后耳，非姓名。其实止四人。颜注谬。

〔6〕 〔王子乔〕化为白霓， “王子乔”三字据景祐、殿本补。

〔7〕 今其书有(王)《〔主〕运》。五行相次转用事，随方(而)〔面〕为服也。 景祐、殿本“王”都作“主”，“而”都作“面”，《封禅书集解》引同。

〔8〕 唯雍四(时)〔畤〕上帝为尊， 景祐、殿、局本都作“畤”。王先谦说作“畤”是。

〔9〕 二年(冬)， 王念孙说景祐本无“冬”字是也。按《封禅书》亦无“冬”字。

〔10〕 (当)〔堂〕上之属； 景祐、殿、局本都作“堂”。

〔11〕 (晨)〔辰〕见而祭之。 王先谦说殿本“晨”作“辰”是。

〔12〕 〔故外〕黑； “故外”二字据景祐、殿本补。

〔13〕 言此牛腹中有奇(书)。 景祐本无“书”字，《封禅书》亦无。王念孙说无“书”字是。

〔14〕 乐成侯(登)上书言栾大。 王先谦说“登”字盖衍。

〔15〕 大为人长美，⑦言多方略， 注⑦原在“言”字下，明颜以“长美言”连读。武亿说“言”字当连下“多方略”为句。杨树达说颜注非，武读是。

〔16〕 鼎宜视宗祢(广)〔庙〕 景祐、殿、局本都作“庙”。

〔17〕 虽祈谷而未获年丰之(谷)〔报〕也。 景祐、殿本都作“报”。朱一新说作“报”是。

〔18〕 汉帝亦当上封(禅)，〔上〕封(禅)则能仙登天矣。 据景祐本改。王念孙说景祐本是。

〔19〕 龙乃〔上〕去。 景祐、殿本都有“上”字。朱一新说《史记》同，此脱。

〔20〕 (二)〔三〕岁天子壹郊见。 景祐、殿本都作“三”。王先谦说《封禅书》、《通鉴》作“三”是,此误。

〔21〕 为泰一缝(旗), 王念孙说“锋旗”之“旗”后人以意加之也。景祐本无“旗”字,注同。

汉书卷二十五下

郊祀志第五下

是时既灭两粤，粤人勇之乃言“粤人俗鬼，①而其祠皆见鬼，数有效。昔东瓯王敬鬼，寿百六十岁。后世怠嫚，故衰耗。”②乃命粤巫立粤祝祠，安台无坛，亦祠天神帝百鬼，③而以鸡卜。④上信之，粤祠鸡卜自此始用。⑤

①师古曰：“勇之，越人名也。俗鬼，言其土俗尚鬼神之事。”

②师古曰：“耗，减也，音火到反。”

③师古曰：“天帝之神及百鬼。”

④李奇曰：“持鸡骨卜，如鼠卜。”

⑤师古曰：“言国家始用。”

公孙卿曰：“仙人可见，上往常遽，以故不见。①今陛下可为馆如缑氏城，②置脯枣，神人宜可致。且仙人好楼居。”于是上令长安则作飞廉、桂馆，③甘泉则作益寿、延寿馆，④使卿持节设具而候神人。乃作通天台，⑤置祠具其下，将招来神仙之属。于是甘泉更置前殿，始广诸宫室。夏，有芝生甘泉殿房内中。天子为塞河，兴通天，若有光云，⑥乃下诏赦天下。

①师古曰：“遽，速也，音其庶反。”

②师古曰：“依其制度也。”

③师古曰：“飞廉馆及桂馆二名也。”

④师古曰：“益寿、延寿，亦二馆名。”

⑤师古曰：“《汉旧仪》云台高三十丈，望见长安城。”

⑥师古曰：“为塞河及造通天台而有神光之应，故赦天下也。”

其明年，伐朝鲜。夏，旱。公孙卿曰："黄帝时封则天旱，干封三年。"① 上乃下诏："天旱，意干封乎？② 其令天下尊祠灵星焉。"

①师古曰："三岁不雨，暴所封之土令干也。"

②郑氏曰："言适新封则致旱，天欲干我所封乎？"

明年，上郊雍五畤，通回中道，遂北出萧关，历独鹿、鸣泽，① 自西河归，幸河东祠后土。

①师古曰："解并在《武纪》。"

明年冬，上巡南郡，至江陵而东。登礼灊之天柱山，号曰南岳。① 浮江，自浔阳出枞阳，② 过彭蠡，礼其名山川。北至琅邪，并海上。③ 四月，至奉高修封焉。

①师古曰："灊，庐江县也，天柱山在焉。武帝以天柱山为南岳。灊音潜。"

②师古曰："枞音千庸反。"

③师古曰："并音步浪反。上音时掌反。"

初，天子封泰山，泰山东北阯古时有明堂处，处险不敞。① 上欲治明堂奉高旁，未晓其制度。济南人公玉带上黄帝时明堂图。② 明堂中有一殿，四面无壁，以茅盖，通水，水圜宫垣，③ 为复道，上有楼，从西南入，④ 名曰昆仑，天子从之入，以拜祀上帝焉。于是上令奉高作明堂汶上，如带图。⑤ 及是岁修封，则祠泰一、五帝于明堂上坐，⑥ 合高皇帝祠坐对之。⑦ 祠后土于下房，以二十太牢。天子从昆仑道入，始拜明堂如郊礼。毕，尞堂下。⑧ 而上又上泰山，[1] 自有秘祠其颠。而泰山下祠五帝，各如其方，黄帝并赤帝所，⑨ 有司侍祠焉。山上举火，下悉应之。还幸甘泉，郊泰畤。春幸汾阴，祠后土。

①师古曰："言其阻厄不显敞。"

②师古曰："公玉，姓也。带，名也。《吕氏春秋》齐有公玉丹，此盖其旧族。而说者读公玉为宿，非也。单姓玉者，后汉司徒玉况，自音宿耳。"

③师古曰："圜，绕也。"

④师古曰："复读曰複也。"

⑤师古曰："汶，水名也，出琅邪朱虚。作明堂于汶水之上也。带图，公玉带所

上明堂图。汶音问。"

⑥师古曰:"坐音才卧反。"

⑦服虔曰:"汉是时未以高祖配天,故言对。光武以来乃配之。"

⑧师古曰:"尞,古燎字。"

⑨师古曰:"与赤帝同处。"

明年,幸泰山,以十一月甲子朔旦冬至日祀上帝于明堂,(后每)〔毋〕修封。[2]其赞飨曰:"天增授皇帝泰元神策,周而复始。皇帝敬拜泰一。"①东至海上,考入海及方士求神者,莫验,然益遣,几遇之。②乙酉,柏梁灾。十二月甲午朔,上亲禅高里,③祠后土。临勃海,将以望祀蓬莱之属,几至殊庭焉。④

①师古曰:"自此以上,赞祝者辞。"

②师古曰:"益,多也。几读曰冀。言更遣人求之,冀必遇也。"

③师古曰:"高里,山名。解在《武纪》。"

④师古曰:"殊庭,蓬莱中仙人庭也。几读曰冀。"

上还,以柏梁灾故,受计甘泉。公孙卿曰:"黄帝就青灵台,十二日烧,①黄帝乃治明庭。明庭,甘泉也。"方士多言古帝王有都甘泉者。其后天子又朝诸侯甘泉,甘泉作诸侯邸。勇之乃曰:"粤俗有火灾,复起屋,必以大,用胜服之。"于是作建章宫,度为千门万户。前殿度高未央。②其东则凤阙,高二十馀丈。③其西则商中,数十里虎圈。④其北治大池,渐台高二十馀丈,名曰泰液,⑤池中有蓬莱、方丈、瀛州、壶梁,象海中神山龟鱼之属。⑥其南有玉堂璧门大鸟之属。⑦立神明台、井幹楼,高五十丈,辇道相属焉。⑧

①师古曰:"就,成也,造台适成,经十二日即遇火烧。"

②师古曰:"度并音大各反。"

③师古曰:"《三辅故事》云其阙圜上有铜凤凰。"

④如淳曰:"商中,商庭也。"师古曰:"商,金也。于序在秋,故谓西方之庭为商庭,言广数十里。於菟亦西方之兽,故于此置其圈也。"

⑤师古曰:"渐,浸也。台在池中,为水所浸,故曰渐台。一音子廉反。《三辅黄图》或为瀸字,瀸亦浸耳。"

⑥师古曰："《三辅故事》云池北岸有石鱼，长二丈，高五尺，西岸有石鳖三枚，长六尺。"

⑦师古曰："立大鸟象也。"

⑧师古曰："《汉宫阁疏》云神明台高五十丈，上有九室，恒置九天道士百人。然则神明、井幹俱高五十丈也。井幹楼积木而高，为楼若井幹之形也。井幹者，井上木栏也，其形或四角，或八角。张衡《西京赋》云'井幹叠而百层'，即谓此楼也。幹或作韩，其义并同。"

夏，汉改历，以正月为岁首，而色上黄，官更印章以五字，①因为太初元年。是岁，西伐大宛，蝗大起。丁夫人、雒阳虞初等②以方祠诅匈奴、大宛焉。

①师古曰："解在《武纪》。"

②应劭曰："丁夫人，其先丁复，本越人，封阳都侯。夫人其后，以诅军为功。"韦昭曰："丁，姓；夫人，名也。"

明年，有司言雍五畤无牢孰具，芬芳不备。乃令祠官进畤犊牢具，色食所胜，①而以木寓马代驹云。及诸名山川用驹者，悉以木寓马代。独行过亲祠，乃用驹，它礼如故。

①孟康曰："若火胜金，则祠赤帝以白牲也。"

明年，东巡海上，考神仙之属，未有验者。方士有言黄帝时为五城十二楼，①以候神人于执期，②名曰迎年。③上许作之如方，名曰明年。④上亲礼祠，上犊黄焉。

①应劭曰："昆仑玄圃五城十二楼，仙人之所常居。"

②郑氏曰："地名也。"

③师古曰："迎年，若云祈年。"

④师古曰："言明其得延年也。"

公玉带曰："黄帝时虽封泰山，然风后、封巨、岐伯令黄帝封东泰山，①禅凡山，②合符，然后不死。"天子既令设祠具，至东泰山，东泰山卑小，不称其声，乃令祠官礼之，而不封焉。其后令带奉祠候神物。复还泰山，修五年之礼如前，而加禅祠石闾。石闾者，在泰山下阯南方，③方士言仙人间也，故上亲禅焉。

①韦昭曰："风后、封钜、岐伯皆黄帝臣也。"臣瓒曰："东泰山在琅邪朱虚界，中有小泰山是。"

②师古曰："凡山在朱虚县，见《地理志》也。"

③师古曰："下基之南面。"

其后五年，复至泰山修封，还过祭恒山。

自封泰山后，十三岁而周遍于五岳、四渎矣。

后五年，复至泰山修封。东幸琅邪，礼日成山，登之罘，浮大海，用事八神延年。①又祠神人于交门宫，若有乡坐拜者云。②

①师古曰："解并在《武纪》。延年，即上所谓迎年者。"

②师古曰："如有神人景象向祠坐而拜也。事具在《武纪》。乡读与向同。"

后五年，上复修封于泰山。东游东莱，临大海。是岁，雍县无云如靁者三，①或如虹气苍黄，若飞鸟集棫阳宫南，②声闻四百里。陨石二，黑如黳，有司以为美祥，以荐宗庙。而方士之候神入海求蓬莱者终无验，公孙卿犹以大人之迹为解。③天子犹羁縻不绝，④几遇其真。⑤

①师古曰："靁，古雷字也。空有雷声也。"

②师古曰："棫音域。"

③师古曰："言见大人之迹，以自解说也。"

④师古曰："羁縻，系联之意。马络头曰羁也。牛靷曰縻。"

⑤师古曰："几读曰冀。"

诸所兴，如薄忌泰一及三一、冥羊、马行、赤星，五(牀)。宽舒之祠(宫)〔官〕①以岁时致礼。[3]凡六祠，皆大祝领之。至如八神，诸明年、凡山它名祠，行过则祠，去则已。方士所兴祠，各自主，其人终则已，祠官不主。它祠皆如故。甘泉泰一、汾阴后土，三年亲郊祠，而泰山五年一修封。武帝凡五修封。昭帝即位，富于春秋，未尝亲巡祭云。

①李奇曰："皆祠名。"

宣帝即位，由武帝正统兴，故立三年，尊孝武庙为世宗，行所巡狩郡国皆立庙。告祠世宗庙日,有白鹤集后庭。以立世宗庙告祠孝昭寝,有雁五色集殿前。西河筑世宗庙,神光兴于殿旁,有鸟如白鹤,前赤后青。神光又兴于房中,如烛状。广川国世宗庙殿上有锺音,门户大开,夜有光,殿上尽明。上乃下诏赦天下。

时,大将军霍光辅政,上共己正南面,①非宗庙之祀不出。十二年,乃下诏曰:"盖闻天子尊事天地,修祀山川,古今通礼也。间者,上帝之祠阙而不亲十有馀年,朕甚惧焉。朕亲饬躬齐戒,亲奉祀,为百姓蒙嘉气,获丰年焉。"

①师古曰:"共读曰恭。"

明年正月,上始幸甘泉,郊见泰畤,数有美祥。修武帝故事,盛车服,敬齐祠之礼,颇作诗歌。

其三月,幸河东,祠后土,有神爵集,改元为神爵。制诏太常:"夫江海,百川之大者也,今阙焉无祠。其令祠官以礼为岁事,①以四时祠江海雒水,祈为天下丰年焉。"自是五岳、四渎皆有常礼。东岳泰山于博,中岳泰室于嵩高,南岳灊山于灊,②西岳华山于华阴,北岳常山于上曲阳,③河于临晋,④江于江都,⑤淮于平氏,⑥济于临邑界中,⑦皆使者持节侍祠。唯泰山与河岁五祠,江水四,馀皆一祷而三祠云。

①师古曰:"言每岁常祠之。"

②师古曰:"灊与潜同也。"

③师古曰:"上曲阳,常山郡之县也。"

④师古曰:"冯翊之县也,临河西岸。"

⑤师古曰:"广陵之县也。"

⑥师古曰:"南阳之县也。"

⑦师古曰:"东郡之县也。"

时,南郡获白虎,献其皮牙爪,上为立祠。又以方士言,为随侯、剑宝、玉宝璧、周康宝鼎立四祠于未央宫中。又祠太室山于即墨,三户山于下密,①祠天封苑火井于鸿门。②又立岁星、辰星、太白、荧惑、南斗祠于长安城旁。又祠参山八神于曲城,③蓬山石社石鼓于临朐,④之罘山于腄，成山于不夜，莱山于黄。⑤成山祠日，莱山祠月。又祠四时于琅邪，蚩尤于寿良。⑥京师近县鄠，则有劳谷、五床山、日月、五帝、仙人、玉女祠。云阳有径路神祠，祭休屠王也。⑦又立五龙山仙人祠及黄帝、天神、帝原水，凡四祠于肤施。⑧

①师古曰："即墨、下密皆胶东之县也。"

②如淳曰："《地理志》西河鸿门县有天封苑火井祠，火从地中出。"

③师古曰："东莱之县也。"

④师古曰："临朐，齐郡县也。朐音劬。《地理志》蓬山作达山也。"

⑤应劭曰："腄音甀。"晋灼曰："腄、不夜、黄县皆属东莱。"师古曰："腄音丈瑞反。"

⑥师古曰：东郡之县也。"

⑦师古曰："休屠，匈奴王号也。径路神，本匈奴之祠也。休音许虬反。屠音除。"

⑧师古曰："肤施，上郡之县也。"

或言益州有金马碧鸡之神，①可醮祭而致，于是遣谏大夫王褒使持节而求之。

①如淳曰："金形似马，碧形似鸡。"

大夫刘更生献淮南枕中洪宝苑秘之方，①令尚方铸作。事不验，更生坐论。京兆尹张敞上疏谏曰："愿明主时忘车马之好，斥远方士之虚语，②游心帝王之术，太平庶几可兴也。"后尚方待诏皆罢。

①师古曰："洪，大也。苑秘者，言秘术之苑囿也。"

②师古曰："远音于万反。"

是时，美阳得鼎，献之。①下有司议，多以为宜荐见宗庙，如元鼎时故事。张敞好古文字，案鼎铭勒而上议曰："臣闻周祖始乎后稷，后稷封于斄，②公刘发迹于豳，③大王建国于郊梁，④文武兴于酆镐。⑤由此言之，则郊梁丰镐之间周旧居也，固宜有宗庙坛场祭祀之臧。今鼎出于郊东，中有刻书曰：'王命尸臣："官此栒邑，⑥赐尔旂鸾黼黻琱戈。"⑦尸臣拜手稽首曰："敢对扬天子丕显休命。"'⑧臣愚不足以迹古文，⑨窃以传记言之，此鼎殆周之所以褒赐大臣，大臣子孙刻铭其先功，臧之于宫庙也。昔宝鼎之出于汾脽也，河东太守以闻，诏曰：'朕巡祭后土，祈为百姓蒙丰年，⑩今谷嗛未报，⑪鼎焉为出哉？'博问耆老，意旧臧与？⑫诚欲考得事实也。有司验脽上非旧臧处，鼎大八尺一寸，高三尺六寸，殊异于众鼎。今此鼎细小，又有款识，⑬不宜荐见于宗庙。"制曰："京兆尹议是。"

①师古曰："美阳，扶风之县也。"

②师古曰："斄读与邰同，今武功故城是。"

③师古曰："今豳州是也。"

④师古曰："梁山在岐山之东，九嵕之西，非夏阳之梁山也。郊，古岐字。"

⑤师古曰："酆，今长安城西丰水上也。镐在昆明池北。"

⑥师古曰："尸臣，主事之臣也。栒邑，即豳地是也。栒音荀。"

⑦师古曰："交龙为旂。鸾谓有鸾之车也。黼黻，冕服也。琱戈，刻镂之戈也。琱与凋同。"

⑧师古曰："拜手，首至于手也。"

⑨师古曰："寻其文迹。"

⑩师古曰："为音于伪反。"

⑪师古曰："嗛，少意也。言谷稼尚少，未获丰年也。嗛音苦簟反。"

⑫服虔曰："言鼎岂旧臧于此地。"师古曰："与读曰欤。"

⑬师古曰："款，刻也。识，记也，音式志反。"

上自幸河东之明年正月，凤凰集祋祤，①于所集处得玉宝，起步寿宫，乃下诏赦天下。后间岁，凤凰神爵甘露降集京师，②赦天下。其冬，凤凰集上林，乃作凤凰殿，以答嘉瑞。③明年正月，复幸甘泉，郊泰畤，改元曰五凤。明年，幸雍祠五畤。其明年春，幸河东，祠后土，赦天下。后间岁，改元为甘露。正月，上幸甘泉，郊泰畤。其夏，黄龙见新丰。建章、未央、长乐宫锺虡铜人皆生毛，长一寸所，④时以为美祥。后间岁正月，上郊泰畤，因朝单于于甘泉宫。后间岁，改元为黄龙。正月，复幸甘泉，郊泰畤，又朝单于于甘泉宫。至冬而崩。凤凰下郡国凡五十馀所。

①师古曰："祋祤，冯翊之县也。祋音丁活反，又丁外反。祤音况矩反。"

②师古曰："间岁，隔一岁也。"

③师古曰："答，应也。"

④师古曰："虡，神兽名也，县钟之木，刻饰为之，因名曰虡也。"

元帝即位，遵旧仪，间岁正月，一幸甘泉郊泰畤，又东至河东祠后土，西至雍祠五畤。凡五奉泰畤、后土之祠。亦施恩泽，时所过毋出田租，赐百户牛酒，①或赐爵，赦罪人。

①师古曰："言有时如此，不常然也。"

元帝好儒，贡禹、韦玄成、匡衡等相继为公卿。禹建言汉家宗庙祭祀多不应古礼，上是其言。后韦玄成为丞相，议罢郡国庙，自太上皇、孝惠帝诸园寝庙皆罢。后元帝寝疾，梦神灵谴罢诸庙祠，上遂复焉。后或罢或复，至哀、平不定。语在《韦玄成传》。

成帝初即位，丞相衡、御史大夫谭①奏言："帝王之事莫大乎承天之序，承天之序莫重于郊祀，故圣王尽心极虑以建其制。祭天于南郊，就阳之义也；瘗地于北郊，即阴之象也。②天之于天子也，因其所都而各飨焉。往者，孝武皇帝居甘泉宫，即于云阳立泰畤，祭于宫南。今行常幸长安，郊见皇天反北之泰阴，祠后土反东之少阳，事与古制殊。又至云阳，行溪谷中，厄狭且百里，汾阴则渡大川，有风波舟楫之危，③皆非圣主所宜数乘。郡县治道共张，吏民困苦，④百官烦费。劳所保之民，行危险之地，⑤难以奉神灵而祈福祐，殆未合于承天子民之意。昔者周文武郊于丰镐，成王郊于雒邑。由此观之，天随王者所居而飨之，可见也。甘泉泰畤、河东后土之祠宜可徙置长安，合于古帝王。愿与群臣议定。"奏可。大司马车骑将军许嘉等八人以为所从来久远，宜如故。右将军王商、博士师丹、议郎翟方进等五十人以为《礼记》曰"燔柴于太坛，祭天也；瘗埋于大折，祭地也。"⑥兆于南郊，所以定天位也。⑦祭地于大折，在北郊，就阴位也。郊处各在圣王所都之南北。《书》曰"越三日丁巳，用牲于郊，牛二。"⑧周公加牲，告徙新邑，定郊礼于雒。明王圣主，事天明，事地察。天地明察，神明章矣。天地以王者为主，故圣王制祭天地之礼必于国郊。长安，圣主之居，皇天所观视也。甘泉、河东之祠非神灵所飨，宜徙就正阳大阴之处。违俗复古，循圣制，定天位，如礼便。于是衡、谭奏议曰："陛下圣德，悤明上通，⑨承天之大，典览群下，使各悉心尽虑，议郊祀之处，天下幸甚。臣闻广谋从众，则合于天心，故《洪范》曰'三人占，则从二人言'，⑩言少从多之议也。论当往古，宜于万民，则依而从之；⑪违道寡与，则废而不行。今议者五十八人，其五十人言当徙之义，皆著于经传，同于上世，便于吏民；八人不案经艺，考古制，而以为不宜，无法之议，难以定吉凶。《太誓》曰：'正稽古立功立事，可以永年，丕天之大律。'⑫《诗》曰'毋曰高高在上，陟降厥士，日监在兹'，⑬言天之日监王者之处也。又曰'乃眷西顾，此维予宅'，⑭言天以文王之都为居也。宜于长安定南北郊，为万世基。"天子从之。

①师古曰："衡，匡衡。谭，张谭。"

②师古曰："祭地曰瘗埋，故云瘗地也，即，就也。"

③师古曰："楫音集。其字从木。"

④师古曰："共读曰供，音居用反。张音竹亮反。下皆类此。"

⑤师古曰："保，养也。"

⑥韦昭曰："大折，谓为坛于昭晰地也。"师古曰："折，曲也。言方泽之形，四曲折也。"

⑦邓展曰："除地为营埒，有形兆也。"

⑧师古曰："《周书·洛诰》之辞。"

⑨师古曰："悤与聪同。"

⑩师古曰："《洪范》，《周书》也。"

⑪师古曰："论，议也，音来顿反。"

⑫师古曰："今文《泰誓》，《周书》也。稽，考也。永，长也。丕，奉也。律，法也。言正考古道而立事，则可长年享有天下，是则奉天之大法也。"

⑬师古曰："《诗·周颂·敬之》诗也。陟，升也。士，事也。言无谓天之高而又高，远在上而不加敬，天乃上下升降，日日监观于此，视人之所为者耳。"

⑭师古曰："《大雅·皇矣》之诗也。宅，居也。言天眷然西顾，以周国为居也。

商纣在东，故谓周为西也。”

既定，衡言：“甘泉泰畤紫坛，八觚宣通象八方。①五帝坛周环其下，又有群神之坛。以《尚书》禋六宗、望山川、遍群神之义，紫坛有文章采镂黼黻之饰及玉、女乐，②石坛、仙人祠，瘗鸾路、骍驹、寓龙马，不能得其象于古。臣闻郊(紫坛)〔柴〕飨帝之义，[4]扫地而祭，上质也。歌大吕舞《云门》以俟天神，歌太蔟舞《咸池》以俟地祇，③其牲用犊，其席槁秸，其器陶匏，④皆因天地之性，贵诚上质，不敢修其文也。以为神祇功德至大，虽修精微而备庶物，犹不足以报功，唯至诚为可，(致)〔故〕上质不饰，[5]以章天德。紫坛伪饰、女乐、鸾路、骍驹、龙马、石坛之属，宜皆勿修。”

①服虔曰：“八觚，如今社坛也。”师古曰：“觚，角也。”

②师古曰：“《汉旧仪》云祭天用六彩绮席六重，用玉几玉饰器凡七十。女乐，即《礼乐志》所云‘使童男童女俱歌’也。”

③师古曰：“此周礼也。大吕合于黄锺。黄锺，阳声之首也。《云门》，黄帝乐也。太蔟，阳声次二者也。《咸池》，尧乐也。”

④师古曰：“陶，瓦器；匏，瓠也。秸音戛。”

衡又言：“王者各以其礼制事天地，非因异世所立而继之。①今雍鄜、密、上下畤，②本秦侯各以其意所立，非礼之所载术也。汉兴之初，仪制未及定，即且因秦故祠，复立北畤。今既稽古，建定天地之大礼，郊见上帝，青赤白黄黑五方之帝皆毕陈，各有位馔，祭祀备具。诸侯所妄造，王者不当长遵。及北畤，未定时所立，③不宜复修。”天子皆从焉。及陈宝祠，由是皆罢。

①师古曰：“异世，谓前代。”

②晋灼曰：“秦文公、宣公所立犇也。”

③师古曰：“谓高祖之初，礼仪未定。”

明年，上始祀南郊，赦奉郊之县及中都官耐罪囚徒。①是岁衡、谭复条奏：“长安厨官县官给祠郡国候神方士使者所祠，凡六百八十三所，其二百八所应礼，及疑无明文，可奉祠如故。其馀四百七十五所不应礼，或复重，②请皆罢。”奏可。本雍旧祠二百三所，唯山川诸星十五所为应礼云。若诸布、诸严、诸逐，皆罢。杜主有五祠，置其一。又罢高祖所立梁、晋、秦、荆巫、九天、南山、莱中之属，及孝文渭阳、孝武薄忌泰一、三一、黄帝、冥羊、马行、泰一、皋山山君、武夷、夏后启母石、万里沙、八神、延年之属，及孝宣参山、蓬山、之罘、成山、莱山、四时、蚩尤、劳谷、五牀、仙人、玉女、径路、黄帝、天神、原水之属，皆罢。候神方士使者副佐、本草待诏七十馀人皆归家。③

①师古曰："中都官，京师诸官府也。"

②师古曰："复音扶目反。重音丈庸也。"

③师古曰："本草待诏，谓以方药本草而待诏者。"

明年，匡衡坐事免官爵。众庶多言不当变动祭祀者。又初罢甘泉泰畤作南郊日，大风坏甘泉竹宫，折拔畤中树木十围以上百馀。天子异之，以问刘向。对曰："家人尚不欲绝种祠，①况于国之神宝旧畤！且甘泉、汾阴及雍五畤始立，皆有神祇感应，然后营之，非苟而已也。武、宣之世，奉此三神，礼敬敕备，②神光尤著。祖宗所立神祇旧位，诚未易动。及陈宝祠，自秦文公至今七百馀岁矣，汉兴世世常来，光色赤黄，长四五丈，直祠而息，音声砰隐，野鸡皆雊。③每见雍太祝祠以太牢，遣候者乘一乘传驰诣行在所，④以为福祥。高祖时五来，文帝二十六来，武帝七十五来，宣帝二十五来，初元元年以来亦二十来，此阳气旧祠也。及汉宗庙之礼，不得擅议，皆祖宗之君与贤臣所共定。古今异制，经无明文，至尊至重，难以疑说正也。前始纳贡禹之议，后人相因，多所动摇。《易大传》曰：'巫神者殃及三世。'恐其咎不独止禹等。"上意恨之。⑤

①师古曰："家人，谓庶人之家也。种祠，继嗣所传祠也。"

②师古曰："敕，整也。"

③师古曰："直，当也。息，止也。当祠处而止也。砰音普萌反。"

④师古曰："报神之来也。传音张恋反。"

⑤师古曰："恨，悔也。"

后上以无继嗣故，令皇太后诏有司曰："盖闻王者承事天地，交接泰一，尊莫著于祭祀。孝武皇帝大圣通明，始建上下之祀，①营泰畤于甘泉，定后土于汾阴，而神祇安之，飨国长久，子孙蕃滋，②累世遵业，福流于今。今皇帝宽仁孝顺，奉循圣绪，靡有大愆，而久无继嗣。思其咎职，殆在徙南北郊，③违先帝之制，改神祇旧位，失天地之心，以妨继嗣之福。春秋六十，未见皇孙，④食不甘味，寝不安席，朕甚悼焉。《春秋》大复古，善顺祀。⑤其复甘泉泰畤，汾阴后土如故，及雍五畤、陈宝祠在陈仓者。"天子复亲郊礼如前。又复长安、雍及郡国祠著明者且半。

①师古曰："上下，谓天地。"

②师古曰："蕃音扶元反。"

③师古曰："职，主也，咎过主于此也。"

④师古曰："皇太后自谓。"

⑤师古曰："以复古为大，以顺祀为善也。"

成帝末年颇好鬼神，亦以无继嗣故，多上书言祭祀方术者，皆得待诏，祠祭上林苑中长安城旁，费用甚多，然无大贵盛者。谷永说上曰："臣闻明于天地之性，不可或以神怪；知万物之情，不可罔以非类。①诸背仁义之正道，不遵《五经》之法言，而盛称奇怪鬼神，广崇祭祀之方，求报无福之祠，及言世有仙人，服食不终之药，遥兴轻举，②登遐倒景，③览观县圃，浮游蓬莱，④耕耘五德，朝种暮获，⑤与山石无极，⑥黄冶变化，⑦坚冰淖溺，⑧化色五仓之术者，⑨皆奸人惑众，挟左道，怀诈伪，以欺罔世主。⑩听其言，洋洋满耳，若将可遇；⑪求之，盪盪如系风捕景，终不可得。⑫是以明王距而不听，圣人绝而不语。⑬昔周史苌弘欲以鬼神之术辅尊灵王会朝诸侯，而周室愈微，诸侯愈叛。楚怀王隆祭祀，事鬼神，欲以获福助，却秦师，⑭而兵挫地削，身辱国危。秦始皇初并天下，甘心于神仙之道，遣徐福、韩终之属多赍童男童女入海求神采药，因逃不还，天下怨恨。汉兴，新垣平、齐人少翁、公孙卿、栾大等，皆以仙人、黄冶、祭祠、事鬼使物、入海求神采药贵幸，赏赐累千金。大尤尊盛，至妻公主，爵位重絫，震动海内。⑮元鼎、元封之际，燕齐之间方士瞋目扼掔，言有神仙祭祀致福之术者以万数。其后，平等皆以术穷诈得，诛夷伏辜。⑯至初元中，有天渊玉女、钜鹿神人、轑阳侯师张宗之奸，纷纷复起。⑰夫周秦之末，三五之隆，⑱已尝专意散财，厚爵禄，竦精神，举天下以求之矣。旷日经年，靡有毫氂之验，足以揆今。经曰：'享多仪，仪不及物，惟曰不享。'⑲《论语》说曰：'子不语怪神。'⑳唯陛下拒绝此类，毋令奸人有以窥朝者。"上善其言。

①师古曰："罔犹蔽。"

②如淳曰："遰，远也。兴，举也。"师古曰："遰，古遥字也。兴，起也。谓起而远去也。"

③如淳曰："在日月之上，反从下照，故其景倒。"师古曰："遐亦远也。"

④李奇曰："昆仑九成，上有县圃，县圃之上即阊阖天门。"

⑤晋灼曰："翼氏《风角》，五德东方甲，南方丙，西方庚，北方壬，中央戊。种五色禾于(北)〔此〕地而耕耘也。"[6]

⑥师古曰："言获长寿，比于山石无穷也。"

⑦晋灼曰："黄者，铸黄金也。道家言冶丹沙令变化，可铸作黄金也。"

⑧晋灼曰："方士诈以药石若陷冰丸投之冰上，冰即消液，因假为神仙道使然也。或曰，谓冶金令可饵也。"师古曰："或说非也。淖，濡甚也，音女教反。"

⑨李奇曰："思身中有五色，腹中有五仓神；五色存则不死，五仓存则不饥。"

⑩师古曰："左道，邪僻之道，非正义也。"

⑪师古曰："洋洋，美盛之貌也。洋音羊，又音祥。"

⑫师古曰："盪盪，空旷之貌也。盪音荡。"

⑬师古曰："谓孔子不语怪神。"

⑭师古曰："却，退。音丘略反。"

⑮师古曰："絫，古累字。"

⑯师古曰："诈得，谓主上得其诈伪之情。"

⑰师古曰："轑阳侯，江仁也，元帝时坐使家丞上印绶随宗学仙免官。轑音辽。"

⑱师古曰："三谓三皇，五谓五帝也。"

⑲师古曰："《周书·洛诰》之辞也。言祭享之道，唯以絜诚，若多其容仪，而不及礼物，则不为神所享也。"

⑳师古曰："说谓《论语》之说也。"

后成都侯王商为大司马卫将军辅政，杜邺说商曰："'东邻杀牛，不如西邻之瀹祭'，①言奉天之道，贵以诚质大得民心也。行秽祀丰，犹不蒙祐；德修荐薄，吉必大来。古者坛场有常处，尞禋有常用，②赞见有常礼；牺牲玉帛虽备而财不匮，车舆臣役虽动而用不劳。是故每(奉)〔举〕其礼，[7]助者欢说，③大路所历，黎元不知。④今甘泉、河东天地郊祀，咸失方位，违阴阳之宜。及雍五畤皆旷远，奉尊之役休而复起，缮治共张无解已时，皇天著象殆可略知。前上甘泉，先敺失道；⑤礼月之夕，奉引复迷。⑥祠后土还，临河当渡，疾风起波，船不可御。又雍大雨，坏平阳宫垣。乃三月甲子，震电灾林光宫门。⑦祥瑞未著，咎征仍臻。迹三郡所奏，皆有变故。⑧不答不飨，何以甚此！⑨《诗》曰'率由旧章'。⑩旧章，先生法度，文王以之，交神于祀，子孙千亿。宜如异时公卿之议，复还长安南北郊。"

①师古曰："此《易·既济》九五爻辞也。东邻，谓商纣也。西邻，周文王也。瀹祭，谓瀹煮新菜以祭。言祭祀之道莫盛修德，故纣之牛牲，不如文王之蘋藻也。瀹音龠。"

②师古曰："尞，古燎字。"

③师古曰："助谓助祭也。说读曰悦。"

④师古曰："大路，天子祭天所乘之车也。黎元不知，言无(伪)〔傜〕费，[8]不劳于于也。"

⑤师古曰："敺与驱字同。"

⑥韦昭曰："奉引，前导引车。"

⑦孟康曰："甘泉一名林光。"师古曰："林光，秦离宫名也。汉又于其旁起甘泉宫，非一名也。"

⑧师古曰："迹谓观其事迹也。"

⑨师古曰："不答，不当天意。不飨，不为天所飨也。"

⑩师古曰："《大雅·假乐》之诗也。率，循也。由，用也。循用旧典之文章也。"

后数年，成帝崩，皇太后诏有司曰："皇帝即位，思顺天心，遵经义，定郊礼，天下说憙。①惧未有皇孙，故复甘泉泰畤、汾阴后土，庶几获福。皇帝恨难之，卒未得其祐。其复南北郊长安如故，以顺皇帝之意也。”

①师古曰：“说读曰悦。”

哀帝即位，寝疾，博征方术士，京师诸县皆有侍祠使者，尽复前世所常兴诸神祠官，凡七百馀所，一岁三万七千祠云。

明年，复令太皇太后诏有司曰：“皇帝孝顺，奉承圣业，靡有解怠，①而久疾未瘳。夙夜唯思，殆继体之君不宜改作。其复甘泉泰畤、汾阴后土祠如故。”上亦不能亲至，遣有司行事而礼祠焉。后三年，哀帝崩。

①师古曰：“解读曰懈。”

平帝元始五年，大司马王莽奏言：“王者父事天，故爵称天子。孔子曰：‘人之行莫大于孝，孝莫大于严父，严父莫大于配天。’①王者尊其考，欲以配天，缘考之意，欲尊祖，推而上之，遂及始祖。是以周公郊祀后稷以配天，宗祀文王于明堂以配上帝。《礼记》天子祭天地及山川，岁遍。《春秋穀梁传》以十二月下辛卜，正月上辛郊。②高皇帝受命，因雍四畤起北畤，而备五帝，未共天地之祀。③孝文十六年用新垣平，初起渭阳五帝庙，祭泰一、地祇，以太祖高皇帝配。日冬至祠泰一，夏至祠地祇，皆并祠五帝，而共一牲，上亲郊拜。后平伏诛，乃不复自亲，而使有司行事。孝武皇帝祠雍，曰：‘今上帝朕亲郊，而后土无祠，则礼不答也。’于是元鼎四年十一月甲子始立后土祠于汾阴。或曰，五帝，泰一之佐，宜立泰一。五年十一月癸未始立泰一祠于甘泉，二岁一郊，与雍更祠，④亦以高祖配，不岁事天，皆未应古制。建始元年，徙甘泉泰畤、河东后土于长安南北郊。永始元年三月，以未有皇孙，复甘泉、河东祠。绥和二年，以卒不获祐，复长安南北郊。建平三年，惧孝哀皇帝之疾未瘳，复甘泉、汾阴祠，竟复无福。臣谨与太师孔光、长乐少府平晏、大司农左咸、中垒校尉刘歆、太中大夫朱阳、博士薛顺、议郎国由等六十七人议，皆曰宜如建始时丞相衡等议，复长安南北郊如故。”

①师古曰：“《孝经》载孔子之言。”

②师古曰："豫卜郊之日。"

③师古曰："共读曰恭。"

④师古曰："更音工衡反。"

莽又颇改其祭礼，曰："《周官》天墬之祀，① 乐有别有合。其合乐曰'以六律、六钟、五声、八音、六舞大合乐'，祀天神，祭地祇，祀四望，祭山川，享先妣先祖。② 凡六乐，奏六歌，而天地神祇之物皆至。③ 四望，盖谓日月星海也。三光高而不可得亲，海广大无限界，故其乐同。祀天则天文从，祭地则地理从。三光，天文也。山川，地理也。天地合祭，先祖配天，先妣配地，其谊一也。天地合精，夫妇判合。祭天南郊，则以地配，一体之谊也。天地位皆南乡，同席，④ 地在东，共牢而食。高帝、高后配于坛上，西乡，后在北，亦同席共牢。牲用茧栗，⑤ 玄酒陶匏。《礼记》曰天子籍田千晦以事天地，⑥ 繇是言之，宜有黍稷。⑦ 天地用牲一，燔尞瘗埋用牲一，高帝、高后用牲一。天用牲左，及黍稷燔尞南郊；地用牲右，及黍稷瘗于北郊。其旦，东乡再拜朝日；其夕，西乡再拜夕月。然后孝弟之道备，而神祇嘉享，万福降辑。⑧ 此天地合祀，以祖妣配者也。其别乐曰'冬日至，于地上之圜丘奏乐六变，则天神皆降；夏日至，于泽中之方丘奏乐八变，则地祇皆出'。⑨ 天地有常位，不得常合，此其各特祀者也。阴阳之别于日冬夏至，其会也以孟春正月上辛若丁。天子亲合祀天地于南郊，以高帝、高后配。阴阳有离合，《易》曰'分阴分阳，迭用柔刚'。⑩ 以日冬至使有司奉祠南郊，高帝配而望群阳，日夏至使有司奉祭北郊，高后配而望群阴，皆以助致微气，通道幽弱。⑪ 当此之时，后不省方，⑫ 故天子不亲而遣有司，所以正承天顺地，复圣王之制，显太祖之功也。渭阳祠勿复修。群望未悉定，定复奏。"奏可。三十馀年间，天地之祠五徙焉。

①师古曰："墬，古地字也。下皆类也。"

②师古曰："此《周礼》春官大司乐之职也。六律，合阳声者。六钟，以六律六钟之均也。五声，宫、商、角、徵、羽。八音，金、石、丝、竹、匏、土、革、木。六舞，《云门》、《咸池》、《大韶》、《大夏》、《大护》、《大武》也。大合乐者，遍作之

也。先妣，姜嫄也。先祖，先王先公也。”

③师古曰：“谓一变而致羽物及川泽之祇，再变而致(蠃)〔蠃〕物[9]及山林之祇，三变而致鳞物及丘陵之祇，四变而致毛物及坟衍之祇，五变而致介物及地祇，六变而致象物及天神。”

④师古曰：“乡读曰向。其下并同。”

⑤师古曰：“谓牛角如茧及栗者，牛之小也。”

⑥师古曰：“晦，古亩字。”

⑦师古曰：“繇读与由同。”

⑧师古曰：“辑与集同。”

⑨师古曰：“此亦《春官》大司乐之职也。天神之乐：圜锺为宫，黄锺为角，太蔟为徵，姑洗为羽，雷鼓雷鼗，孤竹之管，云和之琴瑟，《云门》之舞。地祇之乐，函锺为宫，太蔟为角，姑洗为徵，南吕为羽，灵鼓灵鼗，孙竹之管，空桑之琴瑟，《咸池》之舞。先奏是乐，以致其神，礼之以玉，然后合乐而祭。”

⑩师古曰：“《易·说卦》之辞也。阳为刚，阴为柔，阴阳既分，则刚柔迭用也。迭，互也，音大结反。”

⑪师古曰：“道读曰导。”

⑫师古曰：“谓冬夏日至之时。后，君也。方，常也。不视常务。”

后莽又奏言：“《书》曰‘类于上帝，禋于六宗’。①欧阳、大小夏侯三家说六宗，皆曰上不及天，下不及地，旁不及四方，在六者之间，助阴阳变化，实一而名六，名实不相应。《礼记》祀典，功施于民则祀之。天文日月星辰，所昭仰也；地理山川海泽，所生殖也。《易》有八卦，《乾》、《坤》六子，水火不相逮，雷风不相悖，山泽通气，然后能变化，既成万物也。②臣前奏徙甘泉泰畤、汾阴后土皆复于南北郊。谨案《周官》‘兆五帝于四郊’，山川各因其方，③今五帝兆居在雍五畤，不合于古。又日月雷风山泽，《易》卦六子之尊气，所谓六宗也。星辰水火沟渎，皆六宗之属也。今或未特祀，或无兆居。谨与太师光、大司徒宫、羲和歆等八十九人议，皆曰天子父事天，母事地，今称天神曰皇天上帝，泰一兆曰泰畤，而称地祇曰后土，与中央黄灵同，又兆北郊未有尊称。宜令地祇称皇地后祇，兆曰广畤。《易》曰‘方以类聚，物以群分’。④分群神以类相从为五部，兆天地之别神：中央帝黄灵后土畤及日庙、北辰、北斗、填星、中宿中宫于长安城之未地兆；东方帝太昊青灵勾芒畤及靁公、风伯庙、岁星、东宿东宫于东郊兆；南方炎帝赤灵祝融寿及荧惑星、南宿南宫于南郊兆；西方帝少皞白灵蓐收畤及太白星、西宿西宫于西郊兆；北方帝颛顼黑灵玄冥畤及月庙、雨师庙、辰星、北宿北宫于北郊兆。"奏可。于是长安旁诸庙兆畤甚盛矣。

①师古曰："《虞书·舜典》也。并已解于上。"

②师古曰："《乾》为父，《坤》为母。《震》为长男，《巽》为长女，《坎》为中男，《离》为中女，《艮》为少男，《兑》为少女，故云六子也。水火，《坎》、《离》也。靁风，《震》、《巽》也。山泽，《艮》、《兑》也。逮，及。悖，乱也。既，尽也。靁，古雷字也。悖音布内反。"

③师古曰："《春官》小宗伯之职也。兆谓为坛之营域也。五帝于四郊，谓青帝于东郊，赤帝及黄帝于南郊，白帝于西郊，;黑帝于北郊也。各因其方，谓顺其所在也。"

④师古曰："《易·上系》之辞也。方谓所向之地。"

莽又言："帝王建立社稷，百王不易。社者，土也。宗庙，王者所居。稷者，百谷之主，所以奉宗庙，共粢盛，① 人所食以生活也。王者莫不尊重亲祭，自为之主，礼如宗庙。《诗》曰'乃立冢土'。② 又曰'以御田祖，以祈甘雨'。③《礼记》曰'唯祭宗庙社稷，为越绋而行事'。④ 圣汉兴，礼仪稍定，已有官社，未立官稷。"⑤ 遂于官社后立官稷，以夏禹配食官社，后稷配食官稷。稷种穀树。⑥ 徐州牧岁贡五色土各一斗。

①师古曰："共读与供同。"

②师古曰："《大雅·绵》之诗也。冢，大也。土，土神，谓太社也。"

③师古曰："《小雅·甫田》之诗也。田祖，稷神也。言设乐以御祭于神，为农求甘雨也。"

④李奇曰："引棺车谓之绋。当祭天地五祀，则越绋而行事，不以私丧废公祀。"师古曰："绋，引车索也。音弗。"

⑤臣瓒曰："高帝除秦社稷，立汉社稷，《礼》所谓太社也。时又立官社，配以夏禹，所谓王社也。见《汉祀令》。而未立官稷，至此始立之。世祖中兴，不立

官稷，相承至今也。”

⑥师古曰：“穀树，楮树也。其子类谷，故于稷种。”

莽篡位二年，兴神仙事，以方士苏乐言，起八风台于宫中。台成万金，①作乐其上，顺风作液汤。②又种五粱禾于殿中，③各顺色置其方面，先鬻鹤髓、毒冒、犀玉二十馀物渍种，④计粟斛成一金，言此黄帝谷仙之术也。以乐为黄门郎，令主之。莽遂烾鬼神淫祀，⑤至其末年，自天地六宗以下至诸小鬼神，凡千七百所，用三牲鸟兽三千馀种。后不能备，乃以鸡当鹜雁，犬当麋鹿。数下诏自以当仙，语在其传。

①师古曰：“费值万金也。”

②如淳曰：“《艺文志》有《液汤经》，其义未闻也。”

③师古曰：“(玉)〔五〕色禾也，[10]谷永所谓耕耘五德也。”

④师古曰：“鬻，古煮字也。髓，古髓字也。谓煮取汁以渍谷子也。毒音代，冒音莫内反。”

⑤师古曰：“烾，古崇字。”

赞曰：汉兴之初，庶事草创，唯一叔孙生略定朝廷之仪。若乃正朔、服色、郊望之事，数世犹未章焉。至于孝文，始以夏郊，而张仓据水德，公孙臣、贾谊更以为土德，卒不能明。孝武之世，文章为盛，太初改制，而兒宽、司马迁等犹从臣、谊之言，①服色数度，遂顺黄德，彼以五德之传从所不胜，②秦在水德，故谓汉据土而克之。刘向父子以为帝出于《震》，故包羲氏始受木德，③其后以母传子，终而复始，自神农、黄帝下历唐虞三代而汉得火焉。故高祖始起，神母夜号，著赤帝之符，旗章遂赤，自得天统矣。④昔共工氏以水德间于木火，⑤与秦同运，非其次序，故皆不永。由是言之，祖宗之制盖有自然之应，顺时宜矣。究观方士祠官之变，谷永之言，不亦正乎！不亦正乎！

①李奇曰：“公孙臣、贾谊。”

②服虔曰：“音亭传之传。五帝相承代，常以金木水火相胜之法，若火灭金，便以火代金。”师古曰：“传音张恋反。”

③师古曰：“包读曰庖。”

④邓展曰："向父子虽有此议，时不施行，至光武建武二年，乃用火德，色尚赤耳。"

⑤师古曰："共读曰龚。间音工苋反。"

【校勘记】

〔1〕毕，瘗堂下。⑧而上又上泰山，　注⑧原在"而上"下。刘敞说"而上"字属下句。

〔2〕(后每)〔毋〕修封。　宋祁说越本"每"作"毋"，新本无"后"字，但云"毋修封"。按景祐本作"毋修封"。

〔3〕诸所兴，如薄忌泰一及三一、冥羊、马行、赤星，五(脉)。宽舒之祠(宫)〔官〕以岁时致礼。　王先谦说"脉"字疑后人误加，《封禅书》、《孝武纪》并无。"宫"字《封禅书》、《孝武纪》并作"官"，是，此误。

〔4〕臣闻郊(紫坛)〔柴〕飨帝之义，　何焯说以文义求之，作"柴"为是，亦不当有"坛"字。按景祐、殿本"紫"都作"柴"，无"坛"字。

〔5〕(致)〔故〕上质不饰，　景祐、殿本都作"故"。朱一新说作"故"是。

〔6〕种五色禾于(北)〔此〕地而耕耘也。　景祐、殿本都作"此"。朱一新说作"此"是。

〔7〕是故每(奉)〔举〕其礼，　景祐、殿本都作"举"。朱一新说作"举"是。

〔8〕言无(伪)〔徭〕费，　景祐、殿本都作"徭"。朱一新说作"徭"是。

〔9〕再变而致(蠃)〔羸〕物　朱一新说"蠃"当作"羸"。按景祐、殿本都作"羸"。

〔10〕(玉)〔五〕色禾也，　景祐、殿、局本都作"五"。王先谦说作"五"是。